DEUTSCHE
BURGENSAGEN

Deutsche Burgensagen

Burgen- und Rittersagen
Illustrierte Gesamtausgabe

Magnus Verlag

Zusammengestellt aus alten Sammlungen
sowie dem heutigen Sprachgebrauch angepaßt
von Bodo von Petersdorf.
Unter Zugrundelegung des deutschen Sagenschatzes
von Ludwig Bechstein
und den Originalzeichnungen der Erstausgabe
von A. Federer.

Herstellung: SVS, Stuttgart
Einbandgestaltung: Aab-Design, Stuttgart
Satz: Typobauer Filmsatz GmbH, Ostfildern 3
Druck und Bindung: May + Co., Darmstadt

Jarl Iron von Brandenburg

Zu dem Könige Etzel oder Attila von Heunen- oder Hunnenland kamen einst zwei Brüder, die hießen Iron und Apollonius. Sie waren die Söhne eines Königs Artus von Bertangerland, die nach dem Tode ihres Vaters vor einem andern Könige Isung, der ihr ganzes Reich mit starker Hand eroberte, hatten flüchten und ihr Land auf immer verlassen müssen. Iron war der ältere, Apollonius der jüngere Bruder, beide waren nur von wenigen Mannen begleitet, die sich gleich ihnen vor Isung gerettet hatten.

Etzel nahm die beiden vertriebenen Königssöhne freundschaftlich auf, behielt sie bei sich und gewann sie lieb, denn sie waren tüchtige Kämpen und leisteten ihm in seinen Kriegen große und wichtige Dienste. Zum Dank dafür setzte er sie nach einigen Jahren als Jarle oder Grafen über Teile seines Landes. Iron machte er zum Jarl von Brandenburg und Apollonius zum Jarl von Thyra, worunter einige Thüringen verstehen wollen, obwohl die Sage berichtet, daß dies Land am Rhein gelegen haben soll.

Auch Brandenburg hat mit dem Jarl Iron eigentlich weiter nichts zu tun, als daß es den Namen hergegeben hat, denn die Geschichte der beiden Brüder spielt gar nicht daselbst, sondern am Rhein, im Frankenlande, im Wasgenwalde und in Italien. Da es aber eines der ältesten aus dem germanischen Norden stammenden Dokumente ist, in welchem von Brandenburg geredet wird, wenigstens dem Namen nach, so setzen wir auch hier diese uralte Historie voran.

So waren beide Brüder durch König Etzels Freundschaft doch noch zu Land gekommen. Iron hatte sich die schöne und kluge Isolde zur Gemahlin genommen. Apollonius war noch unverheiratet, hatte aber viel von der schönen Herburg, der Tochter des Königs Salomon von Frankenland gehört und trachtete danach, diese als sein Weib heimzuführen. Er sandte also einige seiner Mannen dorthin, die zwar gut aufgenommen, mit ihrer Werbung für Apollonius jedoch abgewiesen wurden, wie es bei Salomon schon vielen Fürsten und Herren gegangen war. Da ergrimmte Apollonius, er ging zu seinem Bruder Iron, und beide beschlossen, diesen Schimpf durch einen Kriegszug gegen das Frankenland zu rächen.

Damit war Irons kluge Gemahlin Isolde aber nicht einverstanden. Sie sprach: »Ihr seid zwar berühmte Helden und habt viele starke Recken in eurem Dienst, aber gegen die große Macht des Frankenkönigs könnt ihr beide nicht aufkommen, ihr würdet nur schmählich unterliegen und zum Schimpf auch noch den Schaden haben. Ich würde euch raten, daß ihr mit nur wenigen, vortrefflich ausgerüsteten Mannen reitet und den König Salomon um die Hand seiner Tochter bittet. Dann wird er sie euch nicht versagen.«

»Und wenn doch?«

»So nimm hier diesen Ring, Apollonius. In diesem Goldreif, den einst mein

Vater meiner Mutter gab, ist ein Stein, welcher die Kraft hat, ein Weib zur Liebe zu entzünden, daß es nichts anderes mehr mag als den Mann, von dem es den Ring empfangen hat.«

Des waren die Brüder zufrieden. Sie taten nach dem Rate Isoldes und wurden bei König Salomon mit großer Auszeichnung empfangen. Trotzdem erreichte Apollonius seinen Zweck doch nicht, denn Salomon verweigerte ihm die Tochter, weil er nur ein Jarl und nicht ein König sei. Auch bei der schönen Herburg, nach der er, als er sie nun gesehen und kennengelernt, mehr denn je Verlangen trug, hatte Apollonius zunächst nicht besseres Glück. Sie erklärte auf seine Werbung einfach, daß sie als gehorsame Tochter sich dem Willen ihres Vaters fügen müsse und nur den zum Manne nehmen würde, den er ihr bestimme. Mit großer Mühe nur vermochte er sie zu bewegen, daß sie den Ring von ihm annahm. Dann ritt er mit seinem Bruder und den Mannen wieder heim.

Der Stein in dem Goldringe tat jedoch seine Wirkung, und es verging nicht lange Zeit, da erhielt Apollonius durch einen Boten einen Brief von Herburg, worin diese ihm mitteilte, daß ihr Vater demnächst einer Einladung des Königs Ermenrich nach Rom folgen würde, und daß Apollonius mit wenigen Mannen heimlich kommen solle; sie würde es dann anstellen, daß sie zusammenkommen könnten, bezeichnete auch den Ort, wo er sie in einer bestimmten Nacht erwarten sollte.

Wer war froher als Apollonius. Rechtzeitig ritt er mit einigen Begleitern von Hause fort und war pünktlich in bezeichneter Nacht an Ort und Stelle. Aber die Nacht verging, und Herburg erschien nicht. Am Morgen befahl daher Apollonius seinen Leuten, hier still verborgen auf ihn zu warten, er würde auf Kundschaft ausgehen. Bei dem Umherschleichen kam er in ein Dorf, wo er von einem alten Weibe ein Kopftuch und einen Rock entlieh und nun als alte Frau unter dem Namen Heppa, das Bettelweib, dreist in die Stadt ging und auch Eingang in den Hof des Königs fand, wo die Alte, deren Kleidung der Jarl angelegt hatte, schon oft Gaben empfangen hatte.

Er saß in der Küche und aß, was die Frauen im vorgesetzt hatten, als auch Herburg kam und die Alte aufmerksam betrachtete. Dann sagte sie: »Warte, ich will dir auch etwas geben«, ging und kehrte nach kurzem mit einigen Äpfeln zurück, davon Apollonius einen erhielt und die Frauen die andern. Als der Jarl seinen zu verzehren begann, bemerkte er, daß ein Brieflein darin steckte, barg den Rest also in der Tasche und verließ, allen Heil wünschend, die Küchenhalle. Als er sich allein sah, las er, daß Herburg ihn trotz seiner Verkleidung erkannt habe und daß sie diese Nacht sicher an den verabredeten Ort kommen würde. Als sie nun, wie sie versprochen, erschien, wurden die Rosse rasch gesattelt, und alle ritten heimwärts nach Thyra.

Hier herrschte große Freude über die gelungene Entführung, als aber nun Apollonius in Herburg drang, daß sie sich vermählen wollten, bat sie, erst noch die Verzeihung ihres Vaters zu erbitten, die Vermählung würde dann um so ehrenvoller sein. König Salomon zeigte sich nach der ersten Botschaft zwar sehr erzürnt, nach Monatsfrist aber empfing er eine zweite freundlichere und bestimmte Apollonius Ort und Tag, wo sie zur Versöhnung zusammenkommen wollten.

Ehe diese Boten aber nach Thyra zurückkehrten, war Herburg an einem schweren Siechtum erkrankt und starb. Da änderte sich des Königs Sinn wieder, und es war von Stund an bittere Feindschaft zwischen ihm und den beiden Brüdern.

Einst kehrten die Jäger des Jarl Apollonius heim und berichteten ihm, daß fremde Jäger in seinem Walde gejagt hätten, das könnten nur Mannen des Königs Salomon gewesen sein. Als sich dies als richtig erwies, beschloß Apollonius, Gleiches mit Gleichem zu vergelten und nun seinerseits in dem Walslöngwalde zu jagen, der dem Könige gehörte. Er lud auch seinen Bruder Iron dazu ein, und dieser, ein leidenschaftlicher Jäger, war um so schneller bereit dazu, als es dort noch die gewaltigen wilden Stiere gab, die man Wisent nennt und die in ihren Landen schon ausgerottet waren.

Frau Isolde hatte aber böse Träume gehabt, und als sie sah, daß Iron alles zu einer großen Jagd zusammenrief, Jäger und Hunde, da wurde ihr angst und sie flehte: »Mein lieber Herr, tu' nicht so und bleib' heim in deiner Burg und reite nicht um solcher Ursache willen in den Wald des Königs Salomon.«

Der Jarl antwortete: »Frau, mein Bruder hat mir Botschaft gesendet, und wir müssen zusammen ausreiten.«

Sie aber flehte weinend: »Ich kann dich nicht abhalten, Tiere zu jagen, aber jage in deinem eigenen Lande, nur gelobe mir, nicht in den Walslöngwald zu reiten.«

»Wie kann ich das geloben«, entgegnete der Jarl, »wenn König Salomon in meines Bruders Walde jagt, so müssen wir ihm das entgelten und auch in seinem Walde jagen.«

»Ich ahne«, meinte Frau Isolde, »daß daraus große Feindschaft entstehen wird, nicht nur zwischen ihm und deinem Bruder, sondern auch mit dir.«

Iron achtete der Angst seiner Frau nicht, sondern ritt mit sechzig Rittern und Mannen in den Walslöngwald. Hier erlegten sie viele Tiere und ließen sie liegen, denn sie waren nur darauf aus, dem Könige Salomon soviel Schaden wie möglich zuzufügen. Besonders hatte es Iron auf die wenigen in dem Walde noch lebenden Wisente abgesehen, und es gelang ihm, das größte dieser damals schon seltenen Tiere zu erlegen.

Als dies König Salomon erfuhr, geriet er in großen Zorn und beschloß, sich an Apollonius und Iron zu rächen. An der Spitze einer Schar von fünfhundert Reitern fiel er in des Apollonius Land ein, um dasselbe zu verwüsten. Hier traf er zunächst auf Iron und seine Jagdgesellschaft, die, als sie die große Macht des Königs erblickte, feige die Flucht ergriff. Iron dünkte es jedoch schimpflich, zu entfliehen, und nur einer seiner Jäger, Nordian hieß der treue Mann, blieb bei ihm. Diese beiden kämpften nun wie die Löwen gegen Salomons Leute und schlugen manchen zu Boden, wurden aber natürlich doch sehr bald überwältigt und gefangen.

König Salomon ließ die Gefangenen binden, und da sein Feldzug mit diesem Erfolge reichlich belohnt war, so verzichtete er auf eine weitere Verwüstung des Landes und zog wieder heim. Hier ließ er Nordian frei, damit er in Brandenburg Irons schmähliche Niederlage verkünde. Iron aber wurde in einem festen Turme bewahrt.

Als Apollonius die Schreckenskunde erfuhr, sammelte er ein ansehnliches Heer, um seinen Bruder zu befreien. Auf dem Zuge nach dem Frankenlande befiel ihn aber, wie vormals seine Braut Herburg, ein schweres Siechtum, so daß er starb, und das Heer, nun seines Führers beraubt, kehrte heim. So blieb denn Iron in der Gefangenschaft des Königs Salomon.

Als Nordian heimkam zu Isolde und ihr die Nachricht von ihres Gatten Gefangenschaft brachte, und daß dieser ihr sagen lasse, sie möchte einen reichen Schatz zusammenbringen und ihn damit aus der Gefangenschaft lösen, war sie zwar tief betrübt, aber sie war eine weise und tüchtige Frau, die sofort auf Abhilfe sann. Sie ließ das Unglück im ganzen Lande bekannt machen und schrieb eine allgemeine Schatzung aus, um ein reiches Lösegeld aufzubringen, und da kamen so viele Kostbarkeiten an Gold, Silber und Kleinodien zusammen, daß ein großer Wagen damit vollgeladen werden konnte.

Mit diesem Schatze wendete sich nun Isolde nicht gleich nach dem Frankenlande, sondern fuhr zunächst zu König Etzel, dem Oberherrn ihres gefangenen Gatten. Sie wußte, daß Etzel mit König Salomon eng befreundet war und bat ihn deshalb um seine Fürsprache bei diesem. Etzel sagte das gern zu und ließ einen Brief an Salomon schreiben, worin er ihm dringend ans Herz legte, den Gefangenen freizugeben.

Hierauf fuhr Isolde nach Frankenland und brachte Salomon den Brief. Sie wurde mit großen Ehren aufgenommen, und Salomon setzte sie bei der Tafel neben sich und die Königin. Nach der Tafel stand Isolde auf, tat einen Fußfall vor dem Könige, klagte ihm ihr Leid und bot ihm als Lösegeld alle die mitgebrachten Kostbarkeiten an Gold und Silber, Perlen und Edelsteinen, Rossen und Rüstungen. »Dies alles«, schloß sie, »soll das Lösegeld für den Gefangenen sein. Auch mancher tüchtige Ritter hat sich erboten, dazu noch aus unserm Dienst in den Euren zu treten. Nun laßt aber auch meinen Herrn Jarl Iron los, daß er mit mir heimkehre. Er wird gewiß fortan Frieden halten!«

Doch König Salomon schüttelte das Haupt und antwortete nach einigem Nachdenken: »Vieledle Frau! Solche Treue und solcher Edelmut sind selten geworden in der Welt; aber ich begehre Eures Opfers nicht, reiset mit all' den Kostbarkeiten heim in Euer Land. Euern Gemahl kann ich jedoch nicht frei geben, zu groß ist der Schimpf und der Schaden, den er uns angetan hat. Er mag seine Strafe auch ferner tragen.«

Da weinte Isolde bitterlich und rang die Hände. Davon aufs tiefste bewegt, stand nun aber die Königin auf, trat zu ihrem Gemahl, küßte ihn und sagte: »Mein liebster Herr! Denken wir, daß uns die teure Frau Isolde ein liebwerter Besuch ist, dem man eine Bitte nicht abschlagen soll. Meint Ihr aber, daß Ihr diesem Gaste gegenüber bei Eurer Weigerung beharren sollt, so gewährt mir nur, daß ich ihre Bitte zu der meinigen mache und diese mit der Eures lieben Freundes König Etzel vereinige, um den gefangenen Jarl loszulassen.«

Solcher schmeichelnden Bitte seiner geliebten Gemahlin konnte König Salomon nicht widerstehen. Er befahl, den Gefangenen aus dem Turm herbeizuholen. Iron war nicht wenig erstaunt, sein Weib vor Salomon knien zu finden, aber ehe er seinem Erstaunen noch Worte geben könnte, wendete sich der König zu Isolde und sprach: »Vieledle Frau, da ist Euer Herr Jarl Iron. Wir wollen ihn freigeben auf Fürsprache unseres Freundes, des Königs Etzel, und auf Grund Eurer Treue und Eures Edelmutes!«

Da stand Isolde auf, schlang beide Arme um den Hals ihres Gatten und küßte ihn innig. Dann aber dankten beide dem Könige aus vollem Herzen für seine Milde. Dieser wies ihnen nun Plätze neben sich auf dem Hochsitze an, und seine Knappen mußten ihnen dienen wie ihm selber. Als sie am nächsten Morgen aufbrechen wollten, leistete Jarl Iron einen feierlichen Eid, daß er die Gefangenschaft an König Salomon nicht rächen und dessen Land niemals wieder befehden wolle. Dann zogen sie zuvörderst zu König Etzel in das Hunnenland, denn Iron mußte diesem als seinem Oberherrn Kunde von seiner Sühne geben, daß er alle Feindschaft gegen König Salomon abgeschworen habe und daß Etzel für den Fall eines Krieges gegen den König auf ihn nicht rechnen könne. Doch Etzel hieß ihn getrost sein und seine Mark wieder einnehmen, wie er sie zuvor gehabt.

Danach unternahm König Etzel eine Gastfahrt zu König Ermenrich nach Rom und entbot dazu alle seine hervorragendsten Heerführer, darunter auch Iron von Brandenburg, dem vor einiger Zeit seine Frau Isolde gestorben war, die er als seinen größten Verlust betrauerte.

Die Fahrt ging über Breisach (jetzt Brescia) zu Herzog Ake oder Hache, genannt der Harlunger Trost. Dieser veranstaltete für die zahlreichen vornehmen Gäste ein großartiges Gastmahl, bei welchem seine Gemahlin Bolfriana für die vornehmsten das Amt des Mundschenken verwaltete. Sie war eine der liebreizendsten Frauen ihrer Zeit, stammte vom Drachenfels am Rhein, und da auch Iron ein stattlicher, schöner Mann war, so konnte es nicht ausbleiben, daß sie Wohlgefallen aneinander fanden, zumal Bolfriana nur wider ihren Willen mit dem Herzog Ake vermählt worden war. Sie verständigten sich miteinander, und beim Abschiede steckte ihr Iron den Ring mit dem Zauberstein an den Finger, durch den einst sein Bruder Apollonius die Jungfrau Herburg an sich gebunden hatte.

Nachdem Etzels Romfahrt beendet war, kehrte jeder Teilnehmer in sein Land zurück, auch Iron nach Brandenburg. Nach einiger Zeit aber rüstete der Jarl wieder zu einer langen Jagd, und nachdem er diesem seinem Hauptvergnügen lange obgelegen, ritt er allein weiter und zwar südwärts nach Breisach. Hier hörte er, daß der berühmte Recke Dietrich von Bern erwartet würde, der mit dem Herzog zusammen eine Romfahrt machen wollte. Da sandte Iron einen Brief von Bolfriana in die Burg, in welchem er sie zu einer Zusammenkunft an einem bestimmten Ort im Walde aufforderte, wenn die Recken nach Rom aufgebrochen sein würden.

Irons Bote hatte sich als Spielmann verkleidet und kam so zu einem großen Trinkgelage in die Burg. Hier ersah er eine Gelegenheit, um der Herzogin den Brief zuzustecken, die ihn schnell in ihrem Säckel verbarg, wie man die Tasche nannte, welche die Damen damaliger Zeit umgehängt trugen. Trotz der Heimlichkeit war das aber von Herzog Ake beobachtet worden, doch ließ er sich nichts merken, sondern trank nur seiner Gemahlin fleißig zu, so daß dieselbe trunken wurde und ins Bett getragen werden mußte. Dann schlich er sich in das Schlafzimmer, nahm den Brief aus dem Säckel, las ihn und legte dann alles wieder an seinen Ort.

Am Morgen nahm er freundlichen Abschied von Bolfriana, sagte, daß er Dietrich unterwegs erwarten würde und ritt mit zwölf Rittern gen Rom. Nach einigen Stunden schon rastete er aber mitten im Walde und ließ die Ritter umherstreifen, nach einem fremden Reiter zu spähen. Erst gegen Sonnenuntergang jedoch wurde ihm gemeldet, daß ein Reiter daherkäme mit einem goldenen Habicht und Hunden im Schilde, einem lebenden Habicht auf der linken Faust und begleitet von zwei Hunden.

»Das ist der Rechte«, sagte Ake grimmig zu seinen Rittern. »Mit dem habe ich zu kämpfen. Bleibt, denn unser Kampf geht euch nichts an.«

Ake trat dem langsam daherkommenden Reiter entgegen, stellte ihn zur Rede, und der Kampf begann. So tapfer sich Iron auch wehrte, er unterlag dennoch dem kampfgeübteren Ake und sank endlich zu Tode getroffen vom Pferde. Akes Rache war befriedigt, er ließ den Toten liegen und ritt nun mit seinen Begleitern weiter durch den Wald, erreichte die Straße nach Rom und übernachtete hier in einem Hause, das ihm gehörte, wo er auch Dietrich erwarten wollte.

Dieser war an demselben Abend noch in Breisach angekommen, und da er hörte, daß Ake ihn unterwegs erwarten wollte, so brach er am nächsten Morgen mit seinen Mannen wieder auf. Sie kamen durch den Wald und hörten darin Hunde entsetzlich heulen, sowie einen Raubvogel beständig schreien. Dietrich ließ halten und sandte ein paar Reiter ab die Sache zu untersuchen. Sie fanden den toten Mann, bei ihm die beiden Hunde, welche niemand herankommen ließen, wie auch das Roß um sich biß und schlug, sobald jemand den Zügel fassen wollte, und der auf einem Baumast darübersitzende Habicht erfüllte die Luft mit seinem durchdringenden Geschrei. Nun hieß Dietrich alle absteigen. Es gelang ihm, die Hunde zu beruhigen, und so erkannte er nun an dem Wappenzeichen, daß der Tote Iron von Brandenburg sei. Er beklagte den wackeren Recken, ließ ein Grab bereiten und den Toten mit all seinem Heergeräte hineinlegen. Dann schichteten sie über dem Grabe aus Baumstämmen und Steinen ein Grabmal und zogen weiter, mußten Irons Hunde, Pferd und Habicht aber zurücklassen, da die nicht zu bewegen waren, die traurige Stätte zu verlassen.

Erst nach einigen Tagen wurden sie von Nordian und drei andern Rittern gefunden, denen Iron zu lange ausgeblieben war und die ihm nachgeritten waren. Sie waren den Tieren bekannt, und diese schlossen sich ihnen willig an. Daß Iron hier erschlagen worden und sein Leichnam unter dem Grabmal geborgen sei, unterlag den Männern keinem Zweifel, ebenso daß er von Herzog Ake erschlagen worden sei, denn schon auf der Romfahrt war wenigstens Nordian der Liebeshandel seines Herrn mit der Herzogin nicht verborgen geblieben.

Ob der Tod des Jarl Iron von Brandenburg an dem Herzog Ake aber jemals gerächt worden ist, das verkündet die Sage nicht.

Der falsche Waldemar

So hoffnungsreich das 14. Jahrhundert für die Mark Brandenburg begonnen, so trübe hatten sich die Verhältnisse gegen die Mitte desselben gestaltet. Im Jahre 1308 hatte Markgraf Waldemar die Regierung des Landes übernommen, und schon im folgenden Jahre vereinigte er als Haupt des askanischen Fürstenhauses, welches 1134 mit Albrecht dem Bären die Herrschaft in der Mark begonnen hatte, sämtliche märkische Besitzungen in seiner Hand. Dazu entriß er den Polen noch Pommerellen und zwang den Markgrafen von Meißen zur Abtretung der Niederlausitz. Im Lande selbst waltete er als ein weiser Fürst, sorgte für Recht und Ordnung, förderte die Städte und erfreute sich der Liebe der Märker.

Um so größer war die Trauer im Lande, als Markgraf Waldemar, nicht mit Unrecht oft auch der Große genannt, schon 1319 zu Bärwalde starb und im Kloster Chorin begraben wurde. Seine Ehe war kinderlos geblieben. Zwar hinterließ er als Erben einen Vetter, Heinrich mit Namen, einen unmündigen Knaben, der mit seiner Mutter in Landsberg lebte, deshalb auch gewöhnlich Heinrich von Landsberg genannt wird, aber auch dieses Kind starb schon 1320, und mit ihm erlosch der letzte Sproß des askanischen Fürstenhauses in der Mark Brandenburg.

Nun war das Land fürstenlos und wurde von dem deutschen Kaiser, Ludwig dem Bayer, als erledigtes Reichslehen eingezogen. Da die aus verschiedenen Fürstenhäusern erwählten Kaiser zumeist ihre Macht in erster Linie dazu benutzten, ihre eigene Familie zu stärken und deren Besitz und Macht zu vergrößern, so konnte es nicht überraschen, daß auch Kaiser Ludwig die erledigte Markgrafschaft nicht dem nächsten Seitenverwandten der Askanier, dem Fürsten von Anhalt, sondern seinem eigenen ältesten Sohne verlieh, der auch Ludwig hieß und gewöhnlich, zum Unterschiede von einem jüngeren Bruder, Ludwig der Ältere genannt wurde. Denselben Sohn hatte der Kaiser aber auch mit der Erbin von Tirol vermählt und ihm so auch den Besitz dieses Landes gesichert.

Markgraf Ludwig, ein gutherziger, aber auch leichtlebiger junger Fürst, lebte zumeist in Tirol, weil es ihm dort in dem herrlichen Lande weit besser gefiel, als in dem vergleichsweise ärmlichen Brandenburg, um das er sich herzlich wenig kümmerte. Handel und Wandel stockten, der Wohlstand minderte sich, von allen Seiten erstanden feindliche Nachbarn, von denen der Friede zumeist mit Abtretung ganzer Stücke Landes erkauft wurde, und ganze Strecken verödeten.

Dazu kam, daß der Kaiser mit der Geistlichkeit in stetem Unfrieden lebte, und der Bannfluch, welcher ihn und seine Familie traf, wirkte natürlich auch mit schwerem Druck auf die Mark Brandenburg und ihre Bewohner. Wohl erkannten die Märker die guten Eigenschaften ihres Fürsten an, freuten sich auch wohl über seine ritterliche Tapferkeit, die er in den mancherlei Kriegen seines Vaters entwickelte, aber er stand ihnen stets nur als ein Fremdling gegenüber, sie liebten ihn ebensowenig, wie die bayrischen Herren, welche im Lande walteten. Und es schien noch schlimmer werden zu sollen, als die deutschen Fürsten, mit dem Kaiser ebenso unzufrieden, diesem in Karl von Luxemburg (Lützelburg) einen Gegenkaiser aufstellten und nun im deutschen Reiche zwei Kaiser einander befehdeten. Ein tiefer Mißmut gegen die Bayern ging durch das Land Brandenburg, und mit wehmütiger Trauer gedachte man der Zeiten unter Waldemar.

Es war im Herbst des Jahres 1347, als die Kunde durch das Land lief, Kaiser Ludwig sei auf der Bärenjagd verunglückt und sein Gegner als Karl der Vierte nunmehr einziger deutscher Kaiser. Und nicht lange danach erzitterten alle märkischen Herzen bei der ebenso überraschenden wie wunderbaren Nachricht: Markgraf Waldemar sei nicht gestorben, in Chorin sei an seiner Statt ein gleichgültiger Fremder begraben worden, er selbst aber nach dem heiligen Lande gepilgert und nun von dort zurückgekehrt, um sein Land vom Verderben zu retten. Und die wunderbare Nachricht bestätigte sich, denn sie wurde von Fürsten und Herren beglaubigt.

Am Hofe des Erzbischofs von Magdeburg zu Wolmirstedt erschien im Sommer 1348 ein alter Pilger, welcher in den Becher, den man ihm mit Wein gefüllt zur Labung gereicht, einen Ring fallen ließ, mit dem Auftrage, ihn dem Erzbischof zu bringen. Dieser erkannte zu seinem höchsten Erstaunen darin den echten Siegelring des verstorbenen Markgrafen Waldemar. Vor den Erzbischof geführt, bekannte der Pilger, er sei der vor achtundzwanzig Jahren angeblich verstorbene Markgraf Waldemar selbst. Gewissensqualen wegen seiner Ehe mit seiner Gemahlin, die ihm in zu nahem Grade verwandt gewesen, hätten ihn damals veranlaßt, sich den weltlichen Dingen ganz zu entziehen, angeblich zu sterben und einen Fremden an seiner Stelle begraben zu lassen, in Wirklichkeit aber heimlich zum Grabe des Erlösers nach dem heiligen Lande zu pilgern, um dort in völliger Entsagung seinen Frevel abzubüßen. Dort habe er nun vernommen, sein Vetter Heinrich, der letzte Sproß aus dem regierenden Askanierlande, sei bald nach seinem Weggange gestorben und das Land sei nicht den askanischen Seitenverwandten, sondern von dem Kaiser seinem eigenen Sohne zugewendet worden, und wie unverantwortlich diese Fremden in seinem Lande wirtschafteten. So sei er denn nun zurückgekommen, um sein Recht zu fordern, die Mark an die Seitenverwandten des Hauses Askanien, denen sie von Rechts wegen gehöre, auszuliefern.

Außerordentlich aber war der Eindruck, den diese Erzählung auf alle Hörer in Wolmirstedt machte, am außerordentlichsten aber wirkte sie auf die alten Herren, welche den Markgrafen Waldemar noch gekannt hatten, denn in Gestalt und Antlitz, in Miene und Gebärde, in Sprache und allerhand kleinen Eigentümlichkeiten stand dieser Fürst jetzt leibhaftig vor ihnen. Dazu kam, daß er sich mit dem Leben Waldemars bis ins kleinste hinein vertraut zeigte, daß er im weiteren Gespräche Dinge berührte, die nicht wohl ein anderer wissen konnte, als nur Waldemar selbst. Kurz: die Mehrzahl der Herren wurde mehr und mehr überzeugt, daß man es mit dem wirklichen Markgrafen Waldemar zu tun habe, und die Zweifler verstummten, denn sie wagten es nicht, ihren Zweifel laut werden zu lassen.

Von Wolmirstedt aus flog nun die Botschaft ins Land. Alle Ritter, Stände und Bürger wurden aufgefordert, den Bayern zu verlassen, und an den angestammten alten Herrn verwiesen. Allen wurden neue Freiheiten und Vorteile zugesichert, und die Unfolgsamen mit Strafe bedroht. Fast überall wurde die Botschaft mit Jubel aufgenommen, um so mehr, als die Fürsten von Anhalt, Herzog Rudolf von Sachsen, sowie die Herzöge von Pommern und Mecklenburg sich gleich anfangs auf die Seite des alten Herrn stellten und schließlich sogar Kaiser Karl die Rechte des Pilgers als wirklicher Markgraf anerkannte und ihm seine nachdrückliche Hilfe zusagte. Die Geistlichkeit fiel ihm nach dem Vorgange des Erzbischofs von Magdeburg ohnehin zu.

Eine Aufforderung an Ludwig, die Mark herauszugeben, blieb natürlich fruchtlos, und so überschritt denn Waldemar an der Spitze von mecklenburgischen, pommerschen, magdeburgischen und sächsischen Truppen die Grenzen des Landes und zog gegen Berlin. Überall, wo er erschien, wurde er mit Jubel empfangen, und das Volk fiel ihm zu. Wenige Städte nur versagten ihm den Gehorsam und blieben Ludwig treu, darunter als die wichtigsten Briezen, welches darum den Namen Treuenbriezen erhielt, und Frankfurt an der Oder. In letztere Stadt warf sich Ludwig, der infolge des drohenden Unwetters im Fluge herbeigeeilt war, und wurde hier vom Kaiser, welcher ebenfalls zur Unterstützung des alten Markgrafen erschien, belagert.

Kaiser Karl war indes nicht gekommen, um zu kämpfen. Dies war überhaupt nicht seine Sache. Alles, was er erreichte, und das war in seinem Leben nicht wenig, erlangte er durch List und schlaue Unterhandlung, und so ließ er auch hier Frankfurt zwar umlagert, er selbst aber begab sich nach Müncheberg, um über die Sache der beiden Gegner zu richten. Des alten Waldemar Reden, bekräftigt durch die Eidschwüre des Erzbischofs von Magdeburg, der Herzöge von Sachsen und Mecklenburg und anderer Herren, führten dazu, daß der Kaiser die Ansprüche des Pilgers anerkannte, ihn feierlich mit allen ihm zustehenden Landen und Rechten belehnte, die Fürsten von Anhalt, die nächsten Verwandten anerkannte, für sich selbst aber und sein Haus Luxemburg die Niederlausitz in Beschlag nahm.

Ob es Karl schon damals auf die ganze Mark abgesehen hatte, weiß man nicht, jedenfalls war es seine Absicht, Ludwig den Bayer zu stürzen und die Bayern in der Mark überhaupt unmöglich zu machen. Ludwig entwickelte nun aber eine Tätigkeit, die ihm niemand zugetraut hatte. Infolge der rauhen Winterwitterung hatte Karl die Umlagerung von Frankfurt aufgehoben und sein Heer nach Böhmen zurückgezogen. Dies schon machte einen für den alten Waldemar sehr ungünstigen Eindruck. Dazu kam dem Bayern Hilfe von mehreren Seiten, so daß er wieder festeren Boden unter seinen Füßen fühlte, und nun unternahm er gegen den Kaiser denselben Schachzug, wie dieser gegen ihn unterstützt, vielleicht sogar selbst ins Werk gesetzt hatte. Durch unausgesetzte Bemühungen gelang es ihm nämlich, in Günther von Schwarzburg einen Gegenkaiser aufzustellen, der zu Anfang des Jahres 1349 von vier Kurfürsten auch wirklich gewählt wurde.

Nun handelte es sich für den ränkevollen Karl um seine eigene Krone, und da er jeden ernsten Kampf scheute, so zögerte er keinen Augenblick, eine Versöhnung mit Markgraf Ludwig herbeizuführen, denn er mochte wohl einsehen, daß er diesen unterschätzt hatte. Und nun begann ein Spiel, wie es die

Geschichte nicht leicht gesehen: Karl verpflichtete sich, den Markgrafen Waldemar aufzugeben, und Ludwig gelobte, den Gegenkaiser Günther fallen zu lassen. Letzterer erlebte diese Schmach allerdings nicht mehr, denn er starb schon wenige Monate nach seiner Wahl ganz plötzlich, man glaubt an Gift. Der alte Waldemar aber wurde nun auf einem Reichstage zu Nürnberg für einen Betrüger erklärt und der Mark Brandenburg von Rechts wegen und aus königlicher Gewalt geboten, von ihm zu lassen und dem Markgrafen Ludwig den Treueid zu leisten.

So endete das frevelhafte Spiel, und der alte Waldemar sah sich plötzlich von allen verlassen. Nur die Fürsten von Anhalt, welche als nächste Verwandte der Askanier seine Erben gewesen wären, hielten trotzdem treu zu ihm, und so zog er sich denn nach Dessau zurück und lebte dort in fürstlichen Ehren bis an seinen Tod im Jahre 1356.

In der Geschichte heißt der Pilger allgemein der falsche Waldemar, aber die Frage nach seiner Echtheit oder Unechtheit ist niemals entschieden worden. Die Verteidiger der letzteren behaupten, daß er ein Müllergeselle Jakob Rehbock aus Hundeluft bei Zerbst gewesen sei, der als bevorzugter Knappe im Dienst des Markgrafen Waldemar dessen Eigenheiten und Gewohnheiten genau kennengelernt und eine täuschende Ähnlichkeit mit ihm gehabt habe. Andere nennen in gleicher Weise einen Bäckergesellen Mänicke aus Belitz. Bewiesen ist keins von beiden. Wäre es das, so wäre auch die Annahme gerechtfertigt, daß das schmachvolle Gaukelspiel von dem ränkevollen Karl vom Vierten selbst angezettelt worden ist, um die Mark zu gewinnen, die er trotzdem nicht aus den Augen ließ und, nachdem Ludwig der Ältere vom Schauplatze abgetreten war, durch List und Überredung dennoch gewann.

Die elf Berge bei Potsdam

In der Burg von Potsdam, welche an der Stelle gelegen hat, wo heute die Heiligengeistkirche steht, wurde das Osterfest gefeiert. Als Gäste dazu hatten sich elf junge Ritter aus der Umgegend eingefunden, die sich in letzter Zeit kurz hintereinander um die Hand der einzigen Tochter des Burgherrn beworben hatten. Das Mädchen war aber nicht zu bewegen gewesen, sich für einen der Freier zu entschließen, deshalb hatte sie der Vater eingeladen, damit die Tochter sie alle persönlich kennenlerne, und die Werbung auf irgendeine Art zur Entscheidung gebracht würde.

Das war nun zwar sehr schön ausgedacht, und die Jungfrau war auch ganz damit einverstanden, dennoch zögerte sie auch jetzt noch und konnte zu keiner Erklärung kommen. Da sie nun aber sowohl von den Freiern wie auch von ihrem Vater immer stärker bedrängt wurde, so erklärte sie am Abend folgendes: sie wolle demjenigen ihre Hand reichen, den sie am nächsten Morgen an demjenigen Punkte treffen würde, von dem man die schönste Aussicht in das Land habe.

Der falsche Waldemar

Das gab freilich viel Kopfzerbrechen, denn welches war ein solcher Punkt, und welchen konnte die Jungfrau gemeint haben? Es gibt in der Umgegend von Potsdam elf Höhen, welches aber war diejenige, von der man die schönste Aussicht hatte? Die jungen Leute hätten sich nun leicht einigen können, da sie ja auch gerade ihrer elf waren, daß jeder auf eine dieser Höhen ritte. Aber sie hüteten sich wohl, davon zu sprechen, denn wenn einer den einen der Berge besonders empfahl, so hätte ja ein anderer auf den Gedanken kommen können, auch diesen Berg zu wählen. Sie schwiegen daher wohlweislich gegeneinander, jeder behielt die Vorzüge des Berges, den er sich dachte, bei sich.

Nun wollte es aber der Zufall, daß sie wirklich jeder einen andern der elf Berge gewählt hatten. Als sie am andern Morgen ihre Rosse gesattelt hatten, ritt der erste auf den Heineberg bei Baumgartenbrück, der zweite auf den Krähenberg bei Caput, der dritte auf den Telegraphenberg, der vierte auf den Ravensberg, der fünfte auf den Babelsberg, der sechste auf den Klein-Glienicker Berg, der siebente auf den Schäferberg bei Klein-Glienicke, der achte auf den Pfingstberg, der neunte auf den Berg hinter Sanssouci, der zehnte auf den Panberg bei Bornim und der elfte auf den Brauhausberg. Da wartete nun ein jeder, daß das Burgfräulein kommen und ihn holen sollte.

Die Jungfrau hatte eine wenig erfreuliche Nacht gehabt. Erst konnte sie gar nicht einschlafen, denn die Angelegenheit ging ihr doch sehr im Kopfe herum. Einer der jungen Männer hatte ihr ja wohl am besten gefallen, und obgleich er der ärmste unter allen war, so hätte sie am liebsten seine Gattin werden mögen; aber das konnte sie ihm doch nicht vor den andern sagen, denn sie würde diese damit ja schwer beleidigt haben. Deshalb eben hatte sie den obigen Ausweg ersonnen, dann mußte die Entscheidung als eine Wahl des Schicksals und nicht als die ihrige gelten.

Dann aber war sie in festen Schlaf gesunken, und im Traume erschien ihr derselbe junge Ritter, und sie wandelte als seine Gattin an seiner Hand durch eine blumige Aue. In so lieblichen Träumen verschlief sie die Zeit, und als sie erwachte, war es schon so spät, daß sie höchstens noch den nächsten der elf Berge zu der festgesetzten Zeit erreichen konnte, den Brauhausberg. Sie besann sich nun nicht lange, eilte nach dem Ufer der Havel hinunter und setzte auf der Fähre über.

Und wen fand sie auf dem Brauhausberge? Denselben jungen Ritter, von dem sie so angenehm geträumt hatte, und der gerade diesen Punkt wählte, weil er von hier oben die Burg und auch die Gemächer des Burgfräulein erblicken konnte, was er für die schönste Aussicht im ganzen Land erklärte. Natürlich trug er den Preis über alle die andern Bewerber davon, und die Hochzeit des jungen Paares wurde bald darauf mit großer Pracht gefeiert.

Die Burg auf dem Babelsberg

Der Babelsberg bei Potsdam soll vorzeiten weiter in die Havel hineingereicht und da noch eine dritte Kuppe gehabt haben. Auf dieser Kuppe hat, wie die Sage meldet, die Burg eines mächtigen heidnischen Häuptlings gestanden, der durch seine Wildheit und seine Räubereien das ganze Land in Schrecken setzte. Raubzüge waren an der Tagesordnung, und in der Burg fanden dann die wüstesten Gelage statt.

Von einer großen Streife, die sich bis über die Elbe ausdehnte, hatte er einmal ein sächsisches Ritterfräulein mit heimgebracht, deren Vater und Brüder er erschlagen, und die er nun zwang, seine Frau zu werden. Mathilde, so hieß sie, führte nun ein freudloses und ganz vereinsamtes Dasein. Der rohe Gatte kümmerte sich nicht um sie, und selbst die Dienerschaft hielt sich fern von ihr, denn sie war ja eine von den verhaßten Christen.

Nur die allernotwendigsten Dienste konnte sie von den verstockten heidnischen Mägden erlangen, und als sie ein Mägdlein geboren hatte, wäre sie ganz und gar verlassen gewesen, wenn ihr nicht unerwartet Hilfe von einer andern Seite gekommen wäre. Der Fußboden ihres Zimmers nämlich öffnete sich, und herauf stiegen einige zwerghafte Weiblein, die sich ihrer annahmen, sie pflegten und ihr mit aller Sorgfalt alle Dienste leisteten, die eine Frau in solchem Falle braucht.

Frau Mathilde hatte sich zuerst vor ihnen entsetzt, aber das zutrauliche Wesen der Kleinen, sowie ihre sorgsame Geschäftigkeit machten auch sie bald zutraulich, und so erfuhr sie denn, daß sie Frauen der kleinen Wichtelmännchen seien, die in dem Berge wohnten, und daß sie von ihrem Könige abgeschickt seien, um die Gattin des bösen Häuptlings zu pflegen. Die Weiblein kamen nun jede Nacht, sie mußte aber versprechen, niemand etwas von ihrer Anwesenheit zu sagen.

Lange nachher erst kehrte der Häuptling von einem großen Raubzuge zurück, und das Brüllen und Toben seiner Zechgenossen tönte bis in das Zimmer Mathildens hinein. Nun hatte sie noch bösere Tage als je zuvor, denn der Tyrann geriet in den heftigsten Zorn, als er sah, daß ihm ein Mägdlein und nicht ein Knabe geboren war, und bekümmerte sich fortan um seine Gattin gar nicht mehr. Die Wichtelweiblein trösteten die Ärmste, so gut sie vermochten, und nahmen sie sogar mit in ihre unterirdische Wohnung und zeigten ihr alle die kostbaren Schätze, welche dort aufgehäuft lagen.

So dienten die Weiblein der Frau, und nun fühlte sie sich auch nicht mehr so vereinsamt. Eines Tages aber geschah es, daß der Häuptling so plötzlich in ihr Zimmer trat, daß die Zwergweiblein nicht mehr Zeit hatten, sich rechtzeitig unter die Erde zurückzuziehen. Da kannte seine Wut keine Grenzen mehr. Er schalt sie eine Hexe und Zauberin, die Umgang mit bösen Geistern habe, ließ sie ergreifen und samt ihrem Kinde in den tiefen Schloßbrunnen werfen. Das tat ihr jedoch keinen Schaden, denn die Wichtelmännchen fingen sie mit ihren Armen auf und richteten ihr unten bei sich eine Wohnung ein, da sie nun fortan bei ihnen leben sollte.

Droben auf der Erde war der Winter eingezogen, und die Havel hatte sich mit dickem Eise bedeckt. Als aber der Frühling herannahte, als das Eis brach und der Schnee schmolz, da bemerkte Mathilde eine unsägliche Geschäftigkeit unter den kleinen Leuten. Sie pochten und hämmerten, gruben und schaufelten Tag und Nacht, und Mathilde sah mächtige Höhlen in dem Berge entstehen. Auf ihr Befragen, was das alles zu bedeuten habe, teilte ihr der Zwergkönig mit, daß der böse Häuptling einen Zauberer verschrieben habe, der die Wichtelmänner bannen solle, und daß sie infolgedessen noch vorher ausziehen müßten; sie würden also nach dem Harzgebirge auswandern, zu dort lebenden verwandten Stammgenossen, und Mathilde würde sie dorthin begleiten und es da noch besser haben als hier. Über das eifrige Schaufeln und Wühlen in dem Berge sagte er ihr aber nichts, und sie fragte auch nicht weiter. Als nun der Frühling eingezogen war, senkten sich dichte Nebelballen über die ganze Gegend, und aus ihnen fielen dicke Wassertropfen hernieder auf die Erde. Dies hielt mehrere Tage an, dann hob sich der Nebel wieder, und bald trieb ihn der Ostwind in langen Streifen auseinander. Als aber der blaue Himmel wieder sichtbar ward, da war die Kuppe mit der Burg verschwunden, und steil fiel der Abhang des Babelsberges nach dem Flusse ab. Die Havel hatte sie verschlungen und sich an dieser Stelle zu einem Becken ausgedehnt, das den Schiffern als die breiteste und tiefste Stelle des Stromes in dieser Gegend bekannt ist.

Die verzauberte Gräfin

Von dem Panberge bei Bornim unweit Potsdam geht die Sage, daß in demselben eine verzauberte Gräfin mit ihrer Tochter sitzt.

Diese Gräfin war eine gar eitle Frau und ganz besonders stolz auf die Schönheit ihrer Tochter, in deren prachtvolles, langes, goldblondes Haar sie närrisch verliebt war. Es gab für sie kein größeres Vergnügen, als dieses Haar zu liebkosen, zu kämmen und zu strählen und dann in alle nur denkbaren Frisuren zu ordnen, so daß das Mädchen jeden Tag mit einem anders gebildeten Kopfputz einherging, den einzig und allein ihr in der Tat sehr schönes Haar bildete.

So närrisch verliebt war die Frau in das Haar ihrer Tochter, daß sie stundenlang mit dieser Arbeit verbringen konnte und sich infolgedessen um ihr Hauswesen wenig oder gar nicht mehr kümmerte. Ja, endlich machte sie selbst des Sonntags keine Ausnahme mehr, sondern mied eher die Kirche, als daß sie ihre Lieblingsbeschäftigung unterlassen oder auch nur unterbrochen hätte.

Eines Tages, als sie sich gerade wieder mit dem Haar ihrer Tochter abmühte, trat ein alter Mann in das Zimmer, ein Bettler, der demütig um ein Obdach für die Nacht bat. Die Gräfin aber fuhr ihn zornig an, nannte ihn einen Lungerer, einen Tagedieb, der nur eine Gelegenheit erspähen wolle, um sie zu bestehlen. Sanft verwies ihr der alte Mann ihre harte Rede und fuhr dann fort: »Seid nicht hartherzig, Frau. Ich bin ein alter Mann und kann nicht mehr weiter. Ihr verdient Euch einen Gotteslohn an mir, und der Himmel wird dafür Euer Kind segnen mit Schönheit und Verstand.«

Da lachte die Gräfin laut auf und rief: »Ach, dazu brauche ich den Himmel nicht, denn mein Kind ist schon so schön, daß er nichts mehr dazu zu tun braucht.«

»Versündigt Euch nicht, Frau«, sprach da der alte Mann ernst. »Schönheit ist vergänglich, und des Himmels Segen ist jedem Menschen notwendig, sofern er hofft, selig zu werden.«

Da umarmte die Frau ihre Tochter, drückte sie an sich und spottete: »Meine Seligkeit will ich gern dahingeben, wenn ich nur immer bei meinem schönen Kinde bleiben kann.«

Nach diesen frevelhaften Worten richtete sich der alte Mann aber hoch auf, blitzte sie mit seinen dunklen Augen zornig an und sprach mit einer Stimme, die wie Donnergrollen klang: »Das soll dir werden, vermessenes Weib! Harren sollst du auf deine Seligkeit, bis ein Mädchen kommt, das noch schönere Haare hat als deine Tochter.«

Danach war der alte Mann plötzlich verschwunden, aber auch die Gräfin ward von Stund an nicht mehr gesehen samt ihrem Kinde.

Viele Jahre danach lebte am Hofe des Großen Kurfürsten Wilhelm der Alchimist Kunkel, der zur Unterhaltung der Herrschaften damit prahlte, in den Panberg hineinsehen zu können. Da dem Kurfürsten die Prahlereien seines Alchimisten ein Dorn im Auge waren, zwang er ihn den Beweis anzutreten. So schritt der Alchimist Kunkel auf die Spitze des Panberges und erzeugte unter großem Getöse einen Dampf, der nicht in die Höhe stieg, sondern den Gipfel des Berges ringförmig umschwebte. Plötzlich wurde der gesamte Berg für die Herrschaften, die sich rund um den Berg versammelt hatten, durchsichtig. Tief unten im Berg sah man auf einem prächtigen Sessel, umgeben von vielen Kostbarkeiten, regungslos eine Frau in reich verzierter alter Tracht sitzen, die in ihren Armen ein zartes, liebreiches Mädchen mit langen, hellblondgoldenen Locken hielt und tat, als wäre sie beschäftigt, die Locken zu kämmen und zu ordnen.

Das ist die verzauberte alte Gräfin im Panberge, und da sitzt sie noch heute, bis ein Mädchen kommt, das noch schöneres Haar hat als ihre Tochter und sie von dem Fluch des alten Mannes erlöst.

Irmgard von Kynast

Von der Burg Kynast im Riesengebirge erzählt man sich im Volke außer der bekannten Sage von dem Mauerritt noch eine ganze Reihe Historien, von denen wir hier nur eine wiedererzählen wollen.

Zu derselben Zeit, als die stolze Kunigunde lebte, welche nur den als Freier annehmen wollte, der einen Ritt auf der Mauer rings um ihre Burg glücklich vollendete, eine Bedingung, mit der sie viele gute Ritter in den Tod trieb, lebte bei ihr eine Base, Irmgard mit Namen. Diese erschien neben der ebenso schönen wie stolzen Kunigunde nur unbedeutend. Keiner der vielen Gäste der Herrin beachtete sie besonders, und sie kümmerte sich auch fast nur um das Hauswesen. Kunigunde betrachtete sie auch kaum als etwas anderes denn als eine etwas höhere Art von Dienerin.

Eines Tages, als Kunigunde mit ihren Gästen wieder einmal eine Jagdpartie unternahm, erhielt Irmgard den Auftrag, die wenigen, welche nicht daran teilnahmen, zu unterhalten. Um diesen die Zeit zu verkürzen, schlug Irmgard einen Spaziergang im Gebirge vor. Man versah sich mit Mundvorräten, und die kleine Gesellschaft, aus einigen Damen und Herren bestehend, wanderte unter Scherzen und Lachen bis zum Kochelfall. Hier wurde auf einer schönen Waldwiese das Frühstück eingenommen, und das Gespräch kam auf Rübezahl, den Geist des Gebirges, an dessen Streiche dieser und jener nicht glauben mochte.

Plötzlich ertönte im Holze ein lautes Krachen und Prasseln, und hervor stürzte ein ungeheurer Eber, mit einem Pfeil in der Seite. Gleich hinter ihm aber sprang ein junger Rittersmann, gefolgt von einem Knappen, aus dem Gebüsch, der dem wütenden Tier mitten auf dem Frühstücksplatze sein Schwert in den Rachen stieß, daß es sofort tot zusammenbrach. Die entsetzt auseinander gestobene Gesellschaft sammelte sich nun wieder und lud den Fremden ein, an dem unterbrochenen Mahle teilzunehmen. Er ließ es sich gut schmecken und erzählte, daß er ein Ritter aus dem Brandenburgischen sei, der hier Verwandte in der Nähe besucht habe und ein wenig durch das Gebirge streife. Er wurde eingeladen, die Gesellschaft nach dem Kynast zu begleiten, was er jedoch dankend ablehnte, da er weiter müsse.

Jetzt erst bemerkten die jungen Herren, daß ihre Waffen, die sie zuvor abgelegt hatten, nicht mehr an der Erde lagen, sondern an den Zweigen der Bäume hingen, und nun waren alle von Rübezahls Dasein und Nähe überzeugt. Da hörten sie Klagelaute aus dem Walde, liefen der Stimme nach und fanden einen verwundeten Jäger, der, wie er angab, von einem angeschossenen Eber niedergeschlagen worden war. Man leitete den Verwundeten nach dem Frühstücksplatze, und hier verband ihn Irmgard mit ihrem Schleier. Da sprang der Jäger plötzlich vergnügt umher und sprach dann zu Irmgard: »Euer Schleier hat Wunder gewirkt, wie Ihr seht. Es ist billig, daß ich Euch einen andern

Irmgard von Kynast

dafür schaffe.« Nun riß er dem Eber eine Hand voll Borsten aus und warf sie über Irmgards Haupte in die Luft. Sofort verwandelten sie sich hier in einen goldigen Schleier, der sich auf die Jungfrau niedersenkte. Dann nahm der Jäger den Eber auf den Rücken und verschwand mit einem Donnerschlage. Der Schleier aber blieb.

Die Gesellschaft kehrte nach dem Kynast zurück, der junge Ritter aber setzte seine Streiferei im Gebirge fort, verirrte sich jedoch und stürzte, als dichter Nebel ihn einhüllte, mit seinem Pferde in eine Tiefe. Als er aus seiner Betäubung erwachte, fand er sich in der Hütte eines Klausners, der ihn unter dem Beistand des Knappen gerettet hatte. Böse Quetschungen hielten ihn längere Zeit hier gefangen, als er aber geheilt war, begab er sich nach Hirschberg, um ein neues Pferd zu kaufen, da das seinige beim Sturze sich zu Tode gefallen hatte. Hier lernte er die schöne Kunigunde von Kynast kennen und war Feuer und Flamme, den verhängnisvollen Mauerritt um die Burg zu wagen, mußte jedoch für jetzt darauf verzichten, da ihn seine Geschäfte nach Wien riefen.

Auf der Rückkehr von dort kehrte er aber auf Burg Kynast ein, und Kunigunde bezauberte ihn derart, daß er die Burg nicht verlassen mochte, ohne den Ritt unternommen zu haben, zum Schrecken Irmgards, die den Ritter seit jener Szene am Kochelfall nicht wieder hatte vergessen können und nun für ihn zitterte, obwohl er sie nur flüchtig beachtete.

Der Tag für den Todesritt wurde festgesetzt. Am Abend zuvor aber wand Irmgard den goldigen Schleier um ihr Haupt und flüchtete in ihrer Herzensangst in den Wald, um sich auszuweinen. Als sie nun so auf einem Baumstamme saß, trat der Jägersmann vom Kochelfall zu ihr, tröstete sie und reichte ihr ein Fläschchen, von dessen Inhalt wenige Tropfen in einem Glase Wasser genügen würden, um Kunigunde nimmer erwachen zu lassen; dann könnte sie mit dem brandenburgischen Ritter glücklich werden. Entrüstet wies Irmgard dies Ansinnen zurück, lieber wollte sie sich dem geliebten Manne in den Abgrund nachstürzen, als zur Verbrecherin werden. Der Jäger verschwand mit einem lächelnden: Auf Wiedersehen!

Am andern Tage sollte der verhängnisvolle Ritt stattfinden. Alle Burgleute waren auf dem Burghofe versammelt, und auch Irmgard erschien, den goldigen Schleier im Haar, fest entschlossen, ihrem nunmehr hoffnungslosen Leben durch einen Sprung in den Abgrund ein Ende zu machen. Ein Gewitter war im Anzuge, aber trotzdem stand der kühne Brandenburger nicht von seinem Vorhaben ab. Was jeder erwartet hatte, geschah: er stürzte, als der Sturmwind sich erhob, mit seinem Pferde in den Abgrund. Gleichzeitig brach auch das Gewitter mit voller Gewalt los, und alles floh unter das schützende Obdach. Nur Irmgard nicht, denn sie hatte mit dem Leben abgeschlossen, doch gerade als sie ihr Vorhaben ausführen wollte, sah sie ein blaues Flämmchen aus dem Schloßbrunnen aufsteigen, das ihr zu winken schien und nach dem Schloßtor zutanzte. Unwillkürlich folgte sie ihm, und es führte sie in das tiefe Tal hinab.

Hier fand sie den gestürzten Ritter auf seinem toten Rosse liegend, anscheinend aber friedlich schlummernd. Da trat wieder der Jäger zu ihr und fragte sie, ob sie noch immer den Wunsch hege, die Gattin dieses Ritters zu werden. Als sie beteuerte, daß dies das Glück ihres Lebens sein würde, daß sie dazu aber keine Aussicht habe, da der Ritter ja ihre schöne Base vorziehe, zog der rätselhafte Weidmann einen Spiegel aus der Tasche und hieß sie hineinschauen. Sie war erstaunt, denn wenn sich ihre Gesichtszüge auch nicht verändert hatten, so war ihnen durch den Zauberschleier doch ein Liebreiz verliehen worden, der auf jeden, welcher hineinschaute, unwiderstehlich wirken mußte.

Dies erwies sich sogleich, denn als der Ritter in demselben Augenblick erwachte, starrte er Irmgard wie eine überirdische Erscheinung an und gelobte sich dann ihrem Dienste für sein ganzes Leben. Überglücklich in ihrem Herzen führte ihn nun Irmgard auf die Burg zurück, wo der Ritter auch alsbald bei Kunigunde um die Hand der Jungfrau anhielt. Die Burgbesitzerin gab sehr gern ihre Einwilligung, denn Base Irmgard war ihr längst ein Dorn im Auge; sie behielt es sich sogar vor, die Hochzeit auszurichten, und das geschah in der glänzendsten Weise.

Nach der Hochzeit reisten die Neuvermählten in die Heimat des Ritters, blieben dort aber nicht lange, denn ein Bote brachte ihnen die Nachricht, daß ein Ritter, der sich längere Zeit auf dem Kynast aufgehalten und den Kunigunde lieben gelernt hatte, den verhängnisvollen Ritt glücklich vollbracht, dann aber die Hand des stolzen Burgfräuleins ausgeschlagen habe, da er, der Landgraf von Thüringen, längst glücklicher Familienvater war und den Ritt mit einem wohlabgerichteten Pferde nur unternommen hatte, um einen lieben Freund, der dort seinen Tod gefunden, an der hochmütigen Kunigunde zu rächen. Diese war darüber in Trübsinn verfallen und hatte sich in ein Kloster zurückgezogen, den Kynast aber ihrer einzigen Verwandten Irmgard überlassen.

So wurden Irmgard und ihr Gatte Besitzer der Burg Kynast. Wo aber der goldige Zauberschleier geblieben ist, das weiß niemand.

Johann Ulrich von Kynast

Graf Ulrich feierte auf Burg Kynast seinen Geburtstag und hatte dazu eine Menge Gäste aus der Nachbarschaft eingeladen, darunter auch den evangelischen Pfarrer Thieme, von dem man wußte, daß er sich eifrig mit der Sterndeuterei beschäftigte, das heißt mit der angeblichen Wissenschaft, aus der Stellung der Gestirne bei der Geburt eines Menschen dessen Schicksal voraussagen zu können. Man nannte dies: die Nativität stellen, und es gab damals noch viele Gläubige, welche von dem Einfluß der Gestirne auf die Geschicke der Menschen fest überzeugt waren.

Auch unter den Gästen befanden sich viele Gläubige, aber auch manche Ungläubige, die nicht begreifen konnten, wie z.B. ein Mann wie Wallenstein sein Vertrauen auf die Gestirne setzen konnte, denn jedermann wußte, daß der große Feldherr sich sogar einen eigenen Astrologen hielt, dessen Ratschläge für ihn maßgebend waren. Da der Pastor selbst der Sterndeutekunst huldigte, so war er natürlich der wärmste Verteidiger seiner geliebten Wissenschaft, und als Graf Ulrich einmal das Zimmer verlassen hatte, sagte er den Gästen sehr ernst: er habe ohne Wissen des Grafen Ulrich dessen Nativität gestellt und sei fest davon überzeugt, daß derselbe eines gewaltsamen Todes durch kaltes Eisen sterben werde.

Selbst die Ungläubigen erschraken vor der entsetzlichen Ankündigung, und man kam überein, dem liebenswürdigen Wirte nichts davon zu sagen. Er erfuhr es aber dennoch, wenn auch nicht an demselben Tage, und da er selber zu den Zweiflern gehörte, ja, die Astrologen, welche einen Beruf aus ihrer angeblichen Wissenschaft machten, sogar für Betrüger hielt, was sie großenteils ja auch wirklich waren, so beschloß er, seinen Gästen einen schlagenden Beweis dafür zu liefern. Er lud also die ganze Geburtstagsgesellschaft abermals und zwar zu einem fröhlichen Jagdvergnügen ein.

Bevor die Gesellschaft zur Jagd aufbrach, gab es ein tüchtiges Frühstück, und hierbei brachte Graf Ulrich das Gespräch wieder auf die Sterndeutekunst, ohne aber die Prophezeiung, die ihn selbst betraf, zu berühren. Lebhaft verfocht der Pfarrer wieder seine Überzeugung von der hohen Bedeutung der Sternkunde und dem Einfluß der Gestirne auf das Menschenleben, daß er sich, von dem Grafen dazu veranlaßt, sogar zu dem Ausspruch verstieg, dieser Einfluß sei selbst auf Tiere nachweisbar, wenn auch nicht mit derselben Sicherheit, wie auf den Menschen.

Das war es, was der Graf gewollt hatte. Er ließ nun ein junges Lamm in das Zimmer bringen und verlangte von dem Pfarrer, er solle diesem Tier die Nativität stellen. Thieme weigerte sich zwar, da aber die ganze Gesellschaft in ihn drang, so gab er endlich nach, ließ sich von dem Schäfer Tag und Stunde von der Geburt des Lammes angeben und tat nach kurzer Berechnung den Ausspruch: dieses Lamm wird der Wolf fressen! Graf Ulrich erklärte sich damit zufriedengestellt, und die Jagdgesellschaft rüstete nun zum Aufbruch. Bevor sich aber der Graf ihr zugesellte, begab er sich in die Küche und befahl dem Koch, das Lamm zu schlachten, und für die nach der Jagd stattfindende Tafel als Hauptgericht zuzubereiten.

Nun trieb sich aber in der Burg schon seit mehreren Jahren ein zahmer Wolf umher, der überall Zutritt hatte, auch in die Küche kam, wo er jedoch wie ein gutgezogener Haushund nie etwas anrührte, sondern nur fraß, was ihm gereicht wurde. Dieser Wolf kam nun zufällig auch in die Küche, als das Lamm schon am Spieß steckte. Es war von dem Küchenpersonal gerade niemand anwesend, und der köstliche Bratenduft mochte für das Tier zu verführerisch sein, genug, es machte sich über den Braten her, und als der Koch in die Küche trat, war nichts mehr davon zu retten. Was half es, daß er den Wolf nun fürchterlich durchprügelte? Der Braten war hin, und der Koch konnte nur hoffen, daß man dessen Fehlen unter den vielen andern köstlichen Speisen nicht besonders bemerken werde; denn was gerade dieser Braten für eine Bedeutung hatte, das wußte er ja nicht.

Nach beendigter Jagd ging es an der Tafel sehr fröhlich zu. Man war lustig und guter Dinge, und der Lustigsten einer war Graf Ulrich, der sich schon auf den Augenblick und auf die Überraschung seiner Gäste freute, wenn der Lammbraten auf den Tisch gebracht würde. Eine Speise nach der andern erschien, aber das Lamm blieb aus. Da schickte der Graf einen Diener nach der Küche und ließ den Koch fragen, warum denn der Lammbraten nicht aufgetragen würde? Anstatt des Bratens erschien aber der Koch selber, bleich und verstört, fiel seinem Herrn zu Füßen und erzählte, was der Wolf in der Küche angerichtet hatte.

Jäh war die Fröhlichkeit aus dem Kreise der Jäger geschwunden. Schauern und Schrecken lagerte auf allen Gesichtern über dieses merkwürdige Zusammentreffen einer Prophezeiung und deren Erfüllung. Der Graf war totenbleich geworden, faltete nun aber in frommer Ergebung die Hände und sprach: »Wenn Gott es fügt, daß ich eines gewaltsamen Todes durch kaltes Eisen sterben soll, was auf eine Hinrichtung deutet, so geschehe des Herrn Wille. Ich bin mir keines Verbrechens bewußt, habe dem Kaiser stets treu gedient, und so wird es Gott fügen, daß meine Unschuld an den Tag kommt.«

Und es geschah wirklich, wie der Pfarrer Thieme in den Sternen gelesen haben wollte: Johann Ulrich, der immer treu zu Wallenstein gehalten, wurde auch in dessen Sturz mit verwickelt, und ohne daß man sich die Mühe gab, genügende Beweise für eine Schuld zu sammeln, daß er in verräterischer Weise mit den Schweden in Verbindung gestanden haben sollte, wurde er mit andern Wallensteinschen Führern zu Regensburg enthauptet. Solches geschah im Jahre 1635.

Die Ahnfrau von Greiffenstein

Die Burgherren von Greiffenstein waren die Grafen von Schaffgotsch, denen auch der Kynast gehörte. Einst war der Besitzer abwesend, als mehrere Ritter Einkehr begehrten, und da der Graf auch für solchen Fall seine Weisungen gegeben hatte, daß die bekannte Gastfreiheit der Burg nicht litte, so wurden sie von dem Burgvogt aufgenommen, der sich ihnen auch sonst zur Verfügung stellte, wie sein Herr befohlen hatte, daß es in seiner Abwesenheit gehalten werden solle.

Die Fremden zeigten sich als wilde, gottlose Gesellen, die mit allem ihren Spott und Mutwillen trieben. Auch nach der Ahnfrau erkundigten sie sich und machten sich weidlich lustig über sie. Der Burgvogt verwies ihnen solche Spöttereien und bat sie ernst, dergleichen zu unterlassen, wenn sie nicht wollten, daß ihnen ein Unglück widerfahren sollte. Da lachten sie nur noch unbändiger und trieben arge Possen, verspotteten auch den Burgvogt für seinen Glauben an einen solchen Spukgeist, der doch nur in der Einbildung dummer Menschen vorhanden sei. Der Burgvogt schwieg und führte die Männer kopfschüttelnd in das Gastzimmer, wo ihnen ein Mahl zubereitet werden sollte.

Als nun ein Knappe mit einer großen Schüssel herbeikam und durch die Tür trat, stolperte er über die Schwelle und stürzte zu Boden, so daß die Schüssel in Stücke zerbrach und die darin enthaltenen Speisen auf dem Fußboden umherflogen. Unter Fluchen und Schimpfen schickten sie den Burschen wieder hinab in die Küche, um andere Speisen zu holen. Als derselbe nun zum zweitenmal kam und mit Hilfe eines andern die Schüsseln auf einem großen Anrichtebrett vorsichtig hereintrug, hatten sich die Brote und der Schinken in

Stein verwandelt und der gebratene Truthahn erhob sich aus der Schüssel, schlug mit den Flügeln und flog zum Fenster hinaus. Der Wein aber, welcher auf dem Tische stand und von dem die Ritter bereits getrunken hatten, war in übelriechendes Wasser verwandelt worden.

Nun hätten sie freilich merken können, daß mit der Ahnfrau von Greiffenstein nicht zu spaßen sei, statt aber in sich zu gehen, fluchten sie nur um so ärger. Als der Lärm am höchsten gestiegen war, wurden ihnen plötzlich die Sessel unter den Füßen weggezogen und sie stürzten zu Boden, so hart, daß sie sich nicht wieder erheben konnten. Nun verlöschten auch die Kerzen, und unter gewaltigem Donnern wich der Fußboden unter ihnen, und sie stürzten in ein Gewölbe hinab, in welchem sie am andern Tage mit halb zerschlagenen Gliedern gefunden wurden.

Ein andermal hatte bei einem Festmahl, welches der Burgherr seinen Leuten gab, ein Knappe die Verwegenheit, die Ahnfrau zu dem Kindtaufschmause, den er am andern Tage geben wollte, einzuladen. Plötzlich stand dieselbe vor ihm und nickte ihm zu, daß sie die Einladung gehört habe und annehmen wolle. Der mutwillige Knappe, der im Weine schon des Guten zu viel getan hatte, erschrak keineswegs, sondern lachte nur und hatte am andern Tage seine Verwegenheit schon wieder vergessen.

Es ward ihm aber doch nicht wohl zumute, als am andern Tage die Kindtaufsgesellschaft an den Tischen saß und plötzlich draußen ein donnerartiges Getöse erscholl. Die Tür sprang auf, und herein trat die hohe, weiße Gestalt der Ahnfrau. Entsetzen faßte alle, und sie wollten aufspringen und davonlaufen. Die Ahnfrau aber machte ein Zeichen der Beruhigung, setzte sich mit zu Tische und forderte mit hohler, geisterhafter Stimme ein Glas Wein. Nachdem sie dasselbe auf das Wohl des getauften Säuglings ausgetrunken hatte, lud sie den Vater desselben über acht Tage zu sich zu Gaste; sie würde kommen und ihn abholen, damit er nicht irre. Dann war sie plötzlich verschwunden.

Alle atmeten auf, als die gefürchtete Ahnfrau fort war, aber die frühere Fröhlichkeit der Tafelgesellschaft kehrte nicht wieder. Der Kindtaufsvater jedoch fühlte sich am übelsten daran, und er erwartete nun mit Angst und Zittern den von der Ahnfrau angekündigten Tag. Und sie blieb nicht aus. Unter Blitz und Donner trat sie zur angegebenen Stunde bei ihm ein und forderte ihn durch eine Handbewegung auf, ihr zu folgen. Halbtot vor Entsetzen schritt er durch die Gänge der Burg hinter ihr her bis in das Grabgewölbe der Familie Schaffgotsch, wo sie plötzlich verschwand und den Knappen mitten unter den Särgen stehen ließ. Jetzt sah dieser, wie sich die Deckel von den Särgen hoben, die Gerippe der Toten herausstiegen und ihre Knochenarme nach ihm ausstreckten. Was weiter geschah, konnte er nachher nicht sagen, denn er war bewußtlos zur Erde gesunken und kam erst wieder zu sich, als der Morgen bereits angebrochen war und die Ahnfrau ihn zur Besinnung brachte und ihn nach seiner Wohnung zurückführte.

Ein hitziges Fieber, von dem sich der Knappe nur langsam erholte, war in diesem Falle die Folge des an der Ahnfrau verübten Mutwillens.

Man sagt, daß einst ein frommer Pilger den Mut gehabt habe, die Erscheinung anzureden und zu fragen, wie sie erlöst werden und die Ruhe im Grabe finden könne. Da soll sie ihm ihre in dem Burgverließ noch unbegraben liegenden Gebeine gezeigt haben, die man dann in geweihter Erde bestattete.

Das hat jedoch auch nicht geholfen, denn sie ist nachher ebenfalls noch in den Gängen der Burg gewandelt, und erst mit der letzten Messe, welche in der schon fast ganz verfallenen Burgkapelle gelesen wurde, verschwunden.

Hildegard von Falkenstein

Hildegard, die letzte Besitzerin der schon seit langer, langer Zeit in Trümmern liegenden Burg Falkenstein in Schlesien, war eine über alle Maßen stolze Dame. Sie entstammte dem Königsgeschlecht der Piasten, und so viele Freier auch kamen, um die ebenso schöne wie reiche Jungfrau zu heiraten, sie wies sie alle ab, denn sie wollte nur einem Fürsten oder Prinzen ihre Hand reichen, das meinte sie ihrer hohen Abstammung schuldig zu sein.

Endlich kam ein wirklicher Prinz, schön und tapfer, den der Ruf ihrer Schönheit hergelockt hatte, und warb um sie. Es war aber nur ein morgenländischer Prinz, und als solcher schien er der stolzen Hildegard den einheimischen doch noch nicht ebenbürtig, und sie wies auch seine Bewerbung zurück. Da ward der fremde Prinz sehr zornig, und da er auch ein großer Zauberer war, so sprach er: »So soll dein maßloser Stolz auch nimmer befriedigt werden, du hoffärtiges Weib! Deine Burg soll zerfallen, du aber sollst gebannt sein in ihrer Nähe, bewacht von Unholden, die jedes Menschenkind so in Furcht und Schrecken setzen, daß jeder, der wirklich den Versuch wagen sollte, dich erlösen zu wollen, zurückbeben wird. Erst wenn einmal in ferner, ferner Zukunft die Fahne eines edlen Fürsten auf den Trümmern deiner Burg wehen wird, der die Tyrannei in diesem Lande brechen und es der alten Freiheit zurückgeben wird, dann sollst auch du Ruhe finden; nicht eher!«

Was der Prinz gesprochen, das ging in Erfüllung. Die Burg Falkenstein ist zerfallen, und daß Hildegard keine Ruhe gefunden, das hat vor langer Zeit einmal ein junger Hirt erfahren. Derselbe hütete in der Nähe des Falkenstein seine Herde und vertiefte sich eines Tages in den Wald, der immer dichter und finsterer wurde, je weiter er darin vordrang.

Plötzlich öffnete sich vor ihm ein heiteres Tal, und er sah sich am Fuße des Falkensteinfelsens. Als er in die Höhe blickte, sah er dort oben im hellen Sonnenschein eine wunderschöne, blondlockige Jungfrau sitzen, die an einem silberweißen Rocken spann. Dieselbe blickte mit freundlichem Lächeln zu dem Schäfer herab, als aber in demselben Augenblicke in dem Dorfe Fischbach die Mittagsglocke schlug, war sie verschwunden. Lange noch stand der Hirt und sah zu der Höhe empor, aber die Jungfrau kam nicht wieder.

Der Schäfer konnte am nächsten Morgen kaum die Zeit erwarten, seine Herde auszutreiben, und er wählte nun natürlich dieselbe Gegend. Wieder vertiefte er sich in den Wald, fand das Tal und sah auch wieder die schöne Jungfrau dort oben sitzen. Und so wiederholte sich die Erscheinung Tag für Tag und immer in der gleichen Weise. Da aber kam der Johannistag. Als der

Schäfer nun an dieselbe Stelle kam, schwebte die Jungfrau an der steilen Felswand federleicht zu ihm hernieder und setzte sich zu ihm.

Nun erzählte sie ihm, daß sie Hildegard, die letzte Besitzerin des Falkenstein sei und wie sie es in ihrem Leben getrieben habe aus übergroßem Hochmut, wie dieser aber durch den morgenländischen Prinzen so schrecklich bestraft worden. »Du kannst mich erlösen«, schloß sie, »wenn du den Mut dazu finden kannst, die Unholde, welche mich bewachen, zu töten; dann werde ich dein Weib, und du wirst der Besitzer unermeßlicher Schätze.«

Der Hirt fühlte einen Löwenmut in seiner Brust und versprach, sein Bestes zu tun. Da überreichte ihm die gebannte Jungfrau einen Dolch und bezeichnete ihm genau die Stelle im Walde, wo er den Eingang zu der Höhle finden würde. Danach war sie plötzlich verschwunden.

Da es noch früh am Tage war, so machte sich der Schäfer sogleich auf, brach sich Bahn durch den dichten Wald in die ihm angegebene Schlucht und fand hier richtig den Eingang zu einer Höhle, von deren Dasein er bisher nie etwas gehört hatte. Mutig drang er hinein, sah sich aber bald von stockfinsterer Nacht umgeben, die nur dann und wann von fahlen Blitzen erleuchtet wurde. Nun ertönten auch dumpfe Donnerschläge, die Felswände begannen zu beben und schreckliche Ungetüme traten daraus hervor, die ihre Krallen nach ihm ausstreckten und blutlechzend die gewaltigen Zähne fletschten.

Endlich begannen sogar die Gewölbe zu prasseln, als wenn sie auf ihn herabstürzen wollten, der Boden zitterte, als wollte er sich öffnen und ihn verschlingen. Da ergriff den Schäfer das fürchterliche Entsetzen. Er wendete sich zur Flucht, warf den Dolch von sich und rief verzweifelt: »Hildegard, ich kann dich nicht erlösen.« In demselben Augenblick verschwand aber der ganze Spuk, und in der Mitte der Höhle stand, von Licht umflossen, die Jungfrau, welche mit wehmütiger Stimme sprach: »So gehe denn hin, nun kann mich kein Sterblicher mehr erlösen und ich muß harren, bis der Fluch des Prinzen sich in ferner Zukunft erfüllen und die Fahne eines edlen Fürsten, der dem Lande seine alte Freiheit zurückgibt, von der Ruine des Falkenstein in die Lüfte flattern wird.«

Der Schäfer siechte langsam dahin und ist im nächsten Jahre am Johannistage gestorben. Ob sich der Fluch des morgenländischen Prinzen mit dem Übergange des Dorfes Fischbach, zu dem der Falkenstein gehört, in den Besitz des Königs von Preußen erfüllt hat, das weiß man nicht. Jedenfalls hat man nie wieder etwas von einer Erscheinung der Hildegard von Falkenstein gehört.

Die Gluckhenne auf der Kynsburg

Auf einsam stehender Bergeshöhe lag in dem reizenden Tale, welches die Weistritz durchströmt, die rasch und rauschend über Felsenstücke dahinschießt, die alte Kynsburg, auch Kinsberg genannt, eine der ältesten und größten Burgen des Schlesierlandes.

Vorzeiten ließ in einem alten Gemach der alten Burg sich zuweilen des Nachts eine Gluckhenne sehen, die jedesmal unter dem Ofen des Zimmers hervorkam. Der Burgherr selbst hatte sie nie erblickt, glaubte es auch nicht, aber unter den Leuten war das Gerede von der schwarzen Gluckhenne und ihren goldgelben Küchlein ganz allgemein, und es vermied jeder, in dem Zimmer zu übernachten.

Einst kam ein fremder Ritter in die Burg, als es schon dämmerte, und erbat für sich, seinen Knappen und die beiden Rosse Nachtlager. Da er erklärte, ein Freund des Burgherrn zu sein, wurde ihm das Tor geöffnet, und freundlicher Empfang und gastfreie Bewirtung fehlten dem Ermüdeten nicht. Der Burgherr aber befahl, dem Gast jenes Zimmer einzuräumen, welches die abergläubischen Diener für den Sitz eines Gespenstes erklärten.

Nachdem die Herrschaft das Abendessen genossen, wurde dem Gaste und seinem Knappen das Schlafzimmer angewiesen. Zwei saubere Betten standen einander gegenüber, dazwischen ein Tisch und zwei Stühle; eine Lampe blieb auf dem Tische zur Nachtbeleuchtung stehen und erhellte nur matt den weiten Raum. Ritter und Knappe gingen bald zur Ruhe, denn sie wollten am nächsten Morgen zeitig weiter. Aber schon mit Tagesanbruch ließ der Gast dem Burgherrn melden, daß er gesonnen sei, abzureisen, und nur die dringende Bitte, zu warten, bis das Morgenmahl bereitet sei, konnte ihn vom augenblicklichen Abreisen abhalten.

Als der Gast zum Frühstück eintrat, fiel dem Burgherrn der etwas verstörte Blick und das abgespannte Antlitz desselben auf, und er fragte daher teilnehmend, wie der Gast geschlafen habe.

»Aus dem Schlafe ist leider nicht viel geworden«, entgegnete der Ritter.

»Wie das?« fuhr der Burgherr auf, »wer kann es gewagt haben, die Nachtruhe meines verehrten Gastes zu stören?«

»Keiner Eurer Hausgenossen, Herr«, begütigte der Fremde; »aber hört, was mir in dieser Nacht in Eurem Hause begegnet ist:

Als wir uns gestern Abend zur Ruhe begeben hatten, war ich bald eingeschlummert und mochte wohl eine Stunde geschlafen haben, als ich plötzlich, ich weiß nicht wodurch, erweckt ward. Aufblickend sah ich, daß die Lampe noch gut brannte, und die Turmuhr schlug eben elf. Ein kleines Geräusch zog meine Aufmerksamkeit auf sich. Ich richtete mich im Bett auf und wendete meinen Blick auf die Stelle, wo das Geräusch herzukommen schien. In dem Augenblick kam eine schwarze Gluckhenne unter dem Ofen hervor, begleitet von einigen Küchlein. Sie ging mit ihnen in die Mitte des Zimmers, gluckte und scharrte dort, sträubte sich dann und krächzte, als wenn ihr ein Raubtier nahe wäre, und schlug mit ihren Flügeln so stark, daß die auf dem Tische stehende Lampe flackerte und zu erlöschen drohte. Darauf durchwandelte sie das ganze Zimmer und kam endlich auch vor mein Bett; da flatterte sie hoch auf, und die Lampe verlosch.

Beim schwachen Schimmer des Mondes, der durch die Fenster dämmerte, bemerkte ich, daß sie nach einer Weile wieder emporflatterte, und nun brannte auch die Lampe aufs neue wieder hell. Darauf sich beruhigend, kehrte sie wieder um und pickte am Fußboden; die Küchlein versammelten sich um sie her, und hinter dem Ofen verschwand die Gluckhenne mit ihrer kleinen Brut. Zweifelnd, ob ich ein wahres Ereignis gesehen, oder ob eine Erscheinung mich getäuscht, stand ich nach einer Weile auf, nachdem ich mich von meinem Erstaunen erholt, nahm die Lampe und untersuchte den Ort, aber keine Spur eines Hühnernestes, keine Gluckhenne, keine Küchlein waren zu finden.

Mein Knappe hatte nichts davon gesehen oder gehört, denn er schlief so fest, daß ich ihn erst einigemal rufen mußte. Ein Grauen hatte mich ergriffen, und wenn auch in dem übrigen Teile der Nacht alles still blieb, so konnte ich doch keine Ruhe finden, und so unbedeutend auch die ganze Erscheinung gewesen sein mochte, so schien meinem Gefühl nach doch etwas Grausendes dahinter verborgen. So stehe ich nun also früher vor Euch, als ich eigentlich gewollt. Nehmt meinen Dank für die freundliche Aufnahme und Bewirtung und gedenket nicht weiter der Geisterseherei Eures Gastes!«

Damit empfahl sich der Ritter, und man ließ ihn in Frieden ziehen.

Nun wurde das alte Gerede von der Gluckhenne und ihren Küchlein nur um so lauter, und die alten grauhaarigen Diener erzählten wahre Schauergeschichten von dem, was sie früher darüber gehört hatten. Auch der Burgherr konnte sich dem Gerede nicht länger verschließen, hatte er doch nun einen offenbaren Beweis von dem Vorhandensein eines solchen sonderbaren Spukgeistes erhalten. Er fragte seinen Burgkaplan um Rat, und dieser meinte, es sei sicherlich ein Gott wohlgefälliges Werk, solchen wunderbaren Anzeichen auf den Grund zu gehen.

Da ließ der Burgherr den Ofen abreißen, und auf seinem Grunde fand man ein festgefügtes flaches Kästchen. Als man dasselbe öffnete, enthielt es die Gerippe zweier ganz kleiner Kinder. Vergebens forschte man in den Archiven der Burg nach, um eine Spur zu entdecken, was es mit diesen Kindern für eine Bewandtnis haben könnte; aber man fand nichts und mußte sich mit der Mutmaßung begnügen, daß hier aller Wahrscheinlichkeit nach einst ganz im geheimen ein Verbrechen verübt worden sei.

Der Burgkaplan wurde in sein Kloster, das benachbarte Grussau, abgesandt, um sich dort Rats zu erholen, was mit dem seltsamen Funde zu geschehen habe, und der Abt ordnete an, daß derselbe eingesegnet und in geweihter Erde bestattet werden solle. Das geschah, und seitdem hat sich die Gluckhenne mit ihren Küchlein nie wieder sehen lassen.

Burg Ragaine

Unfern der Stadt Ragnit an der Memel stand in grauer Vorzeit auf dem heute noch so benannten Schloßberge eine alte Heidenburg, welche denselben Namen führte wie die heutige Stadt oder vielmehr litauisch Ragaine. Das war zur Zeit, als es noch das Riesenvolk auf der Erde gab, das aber schon im Aussterben begriffen war.

Der alte Riesenfürst, welcher hier hauste, hatte drei Söhne und eine Tochter. Die Söhne hatten sich drüben auf dem östlichen Ufer der Memel, das sehr hoch und durch tiefe Schluchten in eine Menge einzelner Höhen geteilt ist, Burgen erbaut. Das veranlaßte den alten Vater, ihnen nachzueifern, und so baute er sich denn auf dem linken Ufer diese Burg Ragaine. Aber schnell schwand das Riesengeschlecht dahin, die drei Söhne starben sogar noch vor dem Vater, und so sah sich dieser endlich mit seiner Tochter weit und breit als die letzten des einstmals so mächtigen Geschlechts.

Das Riesengeschlecht war teils durch den fortwährenden Kampf mit den sich immer mehr ausbreitenden Menschen, teils durch innere Entkräftung zu Grunde gegangen; waren doch die letzten nur ein Schatten von dem, was ihre Vorväter gewesen waren und kaum noch Riesen zu nennen. Auch die Söhne und die Tochter des alten Fürsten unterschieden sich kaum noch von den Menschenkindern, die Tochter war sogar nicht mehr über ansehnliche Menschengröße hinausgewachsen.

Als nun der Alte fühlte, daß es auch mit ihm zu Ende ginge, erklärte seine Tochter, daß sie ihn nicht überleben, sondern mit ihm sterben wolle. Des freute sich der Vater, und da die Burg mit Lebensmitteln versehen war, so daß sie die paar Tage, die es noch dauern konnte, bis zu seinem Ende, leben konnten, so schloß er das Tor zu und warf den Schlüssel von der Zinne herab mitten auf den Weg, so daß jeder, der daherkam und ihn fand, das Tor aufschließen und von der Burg Besitz nehmen konnte.

Da er aber doch noch einige Sorge um die Tochter trug, so band er den Schlüssel mit einem Zauber an die Erde, daß ihn niemand sollte aufheben können, solange sein Kind noch am Leben wäre.

Schon am andern Tage geschah es, daß eine kleine Schar von Menschenkindern den Burgberg heraufzog, bewaffnete Männer, die wohl aus der Fremde kamen, sich hier niederlassen und auf der Burg Erkundigungen einziehen wollten. Als sie das Tor erreichten, sah der Führer der Schar den Schlüssel auf der Erde liegen und wollte ihn aufheben, aber es ging nicht, keiner von allen den Männern vermochte den Schlüssel von der Erde zu trennen. Da streckte der Riese den Kopf über die Zinne und sprach: »Hört, ihr Männer, was ich euch zu sagen habe. Ich bin der Letzte meines Stammes und will euch erlauben, hierzubleiben; aber nur dieser Schlüssel öffnet das Tor. Er ist durch einen Zauber an die Erde gebannt, jedoch mit einem einzigen Worte leicht zu lösen:

Wie heißt die Jungfrau, die zum Zeichen unserer uralten Abkunft von den Göttern ihr Haupt mit des Mondes goldenen Hörnern und Stirn und Achseln mit den Zeichen des Himmels schmückt? Wer den Namen der Jungfrau errät, der erhält Schloß und Land und dazu meiner Tochter Hand. Drei Tage gebe ich euch Zeit, die Frage zu beantworten. Wenn ihr es habt, dann pocht nur an das Tor.«

Der Riese verschwand, und die Männer lagerten sich vor der Burg. So sehr sie aber auch ihre Köpfe anstrengten, keiner vermochte die rätselhafte Frage zu lösen. Der dritte Tag war bereits erschienen, und noch immer sannen sie vergeblich. Da schritt ein hochgewachsener Jüngling den Berg herauf, schlicht gekleidet, eine einfache Brottasche umgehängt und einen Schäferstock in der Hand. Er hörte von den Männern, um was es sich handelte, nickte dazu und pochte dann an das Tor. Bald erschienen der Riese und seine Tochter neben ihm auf der Zinne. Als der Jüngling und das Mädchen einander erblickten, lief es wie ein Blitz der Freude über beider Antlitz. Der Alte sah es nicht.

»Nun, habt ihr's ausgefunden?« fragte er.

»Wir nicht, aber dieser uns fremde junge Mann hat an dein Tor gepocht«, antwortete der Führer.

»Ja, das tat ich«, rief der Jüngling. »Diese Männer haben mir von einer Frage gesprochen, die du ihnen vorgelegt hast. Darf ich dieselbe noch einmal von dir selbst hören?«

Der Riese legte auch ihm die Frage vor, und der Jüngling antwortete ohne Besinnen: »Diese Jungfrau ist deine Tochter und sie heißt Raga, und nach ihrem Namen hast du auch deine Burg Ragaine genannt.«

Da lachte der Riese fröhlich und sprach: »Du hast es getroffen und wirst nun den Schlüssel dort ohne Mühe aufheben können, denn Burg und Land und die Hand meiner Tochter sind dein. Ihr Männer aber schwört, daß ihr diesen meinen Eidam als euren Oberherrn anerkennen wollt, dann wird er euch hier oder anderswo in seinem Lande Wohnplätze geben.«

Die Männer, froh, so ohne weitere Mühe Wohnsitze erlangen zu können, leisteten mit Freuden den Eid. Dann nahm der Jüngling den Schlüssel von der Erde auf, schloß das Tor auf und begrüßte Raga als seine liebe Braut.

Ihm war es nicht schwer geworden, die rätselhafte Frage zu beantworten, denn Raga trug ihr schönes Haar in zwei hornartige Buckel geordnet und um die Stirn ein schwarzes, mit goldenen Sternen gesticktes Band, und auch die weiten, schneeweißen Hemdärmel waren auf den Achseln kunstvoll mit Sternen gestickt. Den Namen aber wußte er von ihr selbst, denn sie war dasselbe Mädchen, welches er schon mehrmals unten am Memelufer lustwandelnd getroffen hatte, und die beiden jungen Leute hatten da gern miteinander geplaudert.

Der Retter von Christburg

Die alten Preußen in der preußischen Provinz Ostpreußen waren ein wildes Heidenvolk, das dem Christentum lange und kräftig widerstand. Erst nachdem das Christentum in Pommern und Polen dauernd Eingang gefunden, war auch auf die endliche Bekehrung der wilden Preußen zu rechnen.

Mit Hilfe des Herzogs Subislaw von Pommern, der das große Cisterzienserkloster Oliva gründete, sowie des Herzogs Konrad von Masovien gelang es den Mönchen, einige Häuptlinge der Preußen zur Annahme der Taufe zu bewegen, aber das währte nicht lange, da brach die wilde Hauptmasse des Volkes wieder los und brachte so manchen der Getauften wieder zum Abfall.

Da entschloß sich Herzog Konrad, die Hilfe des deutschen Ritterordens, dessen Hochmeister Hermann von Salza in Venedig lebte, anzurufen. Der ebenso kluge wie fromme Hochmeister war nicht abgeneigt, den Antrag anzunehmen, ließ sich aber von dem Kaiser Friedrich dem Zweiten, mit dem er eng befreundet war, mit dem ganzen zu erobernden Lande Preußen belehnen und alle Verträge von dem Kaiser und dem Papst bestätigen. Der Hochmeister sandte den tapferen Hermann Balk als »Landmeister und obersten Gebietiger« mit den Ordensrittern nach Preußen, von deutschen Fürsten wurde ihnen manche Hilfe gewährt, und in den fünfziger Jahren des 13. Jahrhunderts konnte Preußen als erobert betrachtet werden. Das erlebten freilich Hermann von Salza und Hermann Balk nicht mehr. Sie waren längst tot, als sich im Jahre 1266 noch einmal ein wilder Sturm der empörten Stämme erhob.

In diese Zeit fällt die Sage von einem heldenmütigen Preußen, der zum Christentum übergetreten war.

Der Mann hieß Syrene, war ein treuer Christ und mochte sich an dem allgemeinen Aufstande nicht beteiligen, sondern war nach der Komthurei Christburg gekommen, um auf der Seite der Ritter gegen seine Landsleute zu kämpfen. Die Christburger trauten ihm jedoch nicht, sondern hielten ihn für einen Spion und setzten ihn gefangen.

Da brachen die wilden Horden in das Kulmerland ein, und ein Teil derselben wußte das Heer der Ordensritter, welches natürlich sofort von Christburg aufgebrochen war, um ihnen entgegenzutreten, listig hinter sich herzulocken, während ein anderer Teil die wichtige Burg Tappeinen umschlossen hatte. Hierher wurde auch das Christburger Heer gelockt, bei dessen Erscheinen die Aufständischen scheinbar in wilder Flucht auseinanderstoben.

Die Führer des Ordensheeres hielten den Kampf damit für erledigt, lagerten sich an dem Fluß Sirgune und überließen sich sorglos der Ruhe. Die auseinander geflüchteten Preußen hatten sich inzwischen aber wieder gesammelt, überfielen das Ordensheer und töteten zwölf Ordensritter und weitere fünfhundert Streiter. Dann zogen sie gegen Christburg, das sie nun leicht zu nehmen dachten.

Hier waren die wenigen zurückgebliebenen Ritter nicht minder sorglos gewesen. Sie hatten von der schweren Niederlage ihres Heeres keine Ahnung, glaubten dasselbe vielmehr siegreich in der Verfolgung des Feindes begriffen, von dem nun nichts mehr zu fürchten war, und hatten es nicht einmal für nötig befunden, die Zugbrücken aufzuziehen. Sie wären unrettbar verloren gewesen, wenn der gefangene Syrene nicht für sie gewacht hätte.

Die Feinde hatten sich heimlich bis an die Burg geschlichen, fanden zu ihrem Erstaunen hier sogar die Zugbrücke niedergelassen und waren über diese bereits bis in die Vorburg eingedrungen. Den Gefangenen hatte das Getrappel auf der Brücke aber aufmerksam gemacht; er sah durch das kleine Fenster seines Gefängnisses die schleichenden Gestalten und begriff sogleich, was im Werke sei. Mit fast übermenschlicher Anstrengung sprengte er die Tür seines Kerkers, ergriff eine dort liegende Keule und sprang ihnen in dem engen Zugang zu dem Tore, das sie schon fast erreicht hatten, entgegen.

Syrene war ein Mann von ungewöhnlichen Körperkräften. Er ließ die schwere Keule um seinen Kopf schwirren, und es gelang ihm, die Feinde in dem engen Gange sowohl wie über die schmale Brücke zurückzudrängen. Von dem Kampflärm waren inzwischen auch die Ritter erwacht, eilten herbei und sahen noch, wie Syrene soeben die Feinde über die Brücke hinweg weiter trieb. Statt ihm nun aber zu Hilfe zu eilen, zogen sie feiger Weise die Brücke hinter ihm in die Höhe, so daß sich der heldenmütige Retter abgeschnitten sah und der wilden Feindeshorde ganz allein gegenüberstand.

Hier wäre er nun selbstverständlich sehr bald der Übermacht erlegen, aber die Geistesgegenwart verließ ihn keinen Augenblick. Noch einmal schaffte er sich mit der wuchtigen Keule Luft von den ihn schon hart umdrängenden Feinden, dann sprang er in den Graben, schwamm hinüber, und die zahllosen Pfeile, die ihn umschwirrten, nicht achtend, klomm er droben an dem Bollwerk und danach sogar an den Ketten der aufgezogenen Zugbrücke in die Höhe und gelangte so glücklich wieder in die Burg.

Was für ein Lohn ihm für diese heldenmütige Tat geworden, davon schweigt die Sage.

Klaas Leemke
Der Schatz der Borsumer Burg

Klaas Leemke war ein gefürchteter Räuber. Er wohnte auf der Borsumer Burg und machte die ganze Gegend in weitem Umkreise unsicher. Es galt ihm gleich, ob ein einzelner Reisender oder ein ganzer Warenzug von Kaufleuten daherkam. Überall lagen seine Spione auf der Lauer, die ihm rechtzeitig davon Kunde brachten, und Leute genug hatte er zur Verfügung, um auch das Schutzgeleit eines Warenzuges zu überwältigen und sich der Waren zu bemächtigen. Und in die Hände des Klaas Leemke zu fallen, galt soviel als sicheres Verderben.

Der Retter von Christburg

Die Untaten des bösen Raubritters erreichten aber endlich eine Höhe, daß sich der König dreinlegen mußte. Er sandte eine bedeutende Streitmacht aus, um den gefürchteten Räuber zu fangen und seine Burg zu zerstören. Das war nun freilich keine leichte Sache, denn die Burg Borsum erwies sich als ein uneinnehmbares Raubnest, das man mit Sturm nicht nehmen konnte, und so mußte man sich denn damit begnügen, die Burg ringsum einzuschließen und den Versuch zu machen, den Räuber auszuhungern. Das wäre nun gewiß auch gelungen, wenn nicht Klaas Leemke ein so schlauer Patron gewesen wäre.

Die in seiner Burg vorhandenen Vorräte waren nahezu aufgezehrt, nur eine einzige Kuh war von lebendem Vieh noch vorhanden. Was tat er, um die Belagerer glauben zu machen, daß er noch Vieh in Hülle und Fülle habe? Er ließ die Kuh jeden Tag über den Burgwall führen, jedesmal aber mit einem andern Fell umkleidet, und damit erreichte er, was er wollte: die Belagerer vor der Burg ließen sich täuschen, glaubten, daß sie die Burg sobald nicht würden einnehmen können, da die Eingeschlossenen an Lebensmitteln noch lange keinen Mangel leiden konnten, und so ließen sie denn in ihrer Wachsamkeit nach.

Das aber hatte Klaas Leemke gewollt, denn das war zu dem von ihm entworfenen Plan notwendig. Es floß nämlich hart an der Burgmauer ein Bach vorbei, und zu dem Bache hinunter führte ein kleines Ausfallpförtchen. Dies wollte Klaas zum Entschlüpfen benutzen, einige Kähne lagen da ja immer bereit, und so zog sich der schlaue Räuber aus der Schlinge.

Was er von seinem unmäßigen Reichtum hatte mitnehmen können, das wußte niemand. Als die Belagerer merkten, daß die Burg verlassen sei und sie dieselbe nun ohne Mühe einnehmen konnten, durchsuchten sie zwar alle Räume, fanden aber nichts. Später ging nur das Gerede, daß Klaas Leemke alles in den tiefen Brunnen auf dem Burghofe versenkt habe.

Da fanden sich denn auch Schatzgräber ein, welche von dem Reichtum heben wollten, was davon zu erlangen wäre. Mit langen Stangen, an welche Haken gebunden waren, begannen sie die Arbeit, und nach vieler Mühe fühlten sie endlich, daß sie einen schweren Gegenstand geangelt hatten. Sie zogen und zogen, und als derselbe über dem Wasserspiegel erschien, sahen sie, daß es ein bis an den Rand mit Gold- und Silberstücken gefüllter Braukessel war.

Nun verdoppelten sie natürlich ihre Anstrengungen. Da begab sich aber etwas ganz Rätselhaftes. Sie hörten ein Geräusch, und als sie aufblickten, sahen sie zu ihrem unsäglichen Erstaunen, wie sich vier weiße Mäuse bemühten, einen hochbeladenen Heuwagen in das Burgtor hineinzuziehen. Sie konnten die Augen gar nicht wieder davon abwenden, versäumten darüber, ihre Achtsamkeit voll und ganz auf den fast schon gehobenen Schatz zu wenden, und auf einmal entglitt der schwere Braukessel dem Haken und stürzte polternd in die Tiefe, und das Wasser schlug über ihm zusammen. Alle weitere Mühe, die sie sich nun noch gaben, war vergebens. Sie fischten stundenlang mit den Stangen, erlangten aber nichts mehr und mußten die Arbeit endlich aufgeben. Seit der Zeit liegt nun der Schatz des Klaas Leemke in dem tiefen Brunnen, und es hat niemand wieder unternommen, denselben heben zu wollen.

Der Tanzteich bei Nordhausen

Es wird eine Sage von dem sogenannten Tanzteich erzählt, welcher sich in der Nähe von Nordhausen bei dem Dorfe Niedersachswerfen befindet. An seiner Stelle stand einst ein stolzes Ritterschloß, dessen Besitzer sehr reich war. Aber er war auch ein harter, grausamer, jähzorniger Mann, der kein Mitleid mit der Armut kannte, keinem Notleidenden auch nur die geringste Kleinigkeit spendete und Bettler, die es wagten, seinen Hof zu betreten, mit Hunden hetzen ließ.

Sein Reichtum erlaubte ihm, in aller Fülle zu leben, und ein Fest jagte das andere, und es ging dabei in der verschwenderischsten Weise zu. Die Tische seufzten förmlich unter der Last der teuersten, oft aus fernen Ländern verschriebenen Speisen, die kostbarsten Weine flossen in Strömen, und es war dem Hausherrn eine besondere Freude, wenn er sah, wie es seinen stets zahlreich anwesenden Gästen herrlich schmeckte und ihre Augen vor Lust und Vergnügen funkelten. Und sie folgten seinen Einladungen alle gern, denn eine so reiche Tafel führte keiner im ganzen Lande, so prachtvolle Musik und so lustigen Tanz gab es sonst nirgends, und bei ihm brauchte sich niemand irgendwelchen Zwang anzutun.

Einstmals war wieder ein solches Fest in dem Schlosse, und die Gesellschaft war um so lustiger, als draußen ein greuliches Unwetter tobte. Der Sturm heulte, der Regen prasselte auf die Dächer nieder und gegen die Fenster, und in den schwarzen Wolken zuckten die Blitze und rollte der Donner. In den Sälen des Schlosses hörte man kaum etwas davon, die rauschende Musik und der Lärm der Tanzenden übertönten alles.

Da schlich in dem Gebraus des Unwetters ein Greis dem Schlosse zu, mühsam an seinem Stabe sich hinschleppend. Er wollte sehen, ob er hier ein Unterkommen finden könnte und eine Wenigkeit zu essen, um seinen Hunger zu stillen. Als er das Schloß betreten, sah er aber niemand, an den er sich mit einer solchen Bitte hätte wenden können, denn die Diener waren alle nach den Saaltüren gelaufen, um den lustigen Tänzern zuzuschauen. So kam auch der alte Mann dorthin.

Niemand sah ihn. Doch! Einer erblickte ihn sogleich, und zwar der Schloßherr selber. Dieser stutzte erst, dann aber flammte dunkle Zornesglut in seinem Gesicht auf. Wütend sprang er nach der Tür, daß die gaffenden Diener auseinanderstoben, packte den Greis bei der Brust und zerrte ihn in den Saal hinein. Sogleich brach die Musik ab, der Tanz hörte auf, und die ganze Gesellschaft eilte herzu und umringte den Schloßherrn, der den alten Mann schüttelte, daß er wie ein schwaches Rohr zusammenknickte.

»Hund von einem Bettler, wie kannst du es wagen, hier einzudringen?« schnob er ihn an, aber eine Antwort wartete der Wütende gar nicht ab, sondern fuhr brüllend fort: »Aber warte! Langsam bist du hereingekommen, um desto schneller sollst du nun hinauskommen.« Damit hob er den Greis wie eine Feder vom Boden auf, trug ihn zum Fenster, stieß dasselbe auf und stürzte den alten Mann mit einem schweren Fluch in die Tiefe.

Brüllendes Gelächter und unendlicher Beifallsjubel von seiten der Gäste belohnte diese schreckliche Tat. Plötzlich aber verstummte das Gelächter, erstarb der Jubel, und alle standen erstarrt, als ob ihnen das heiße Blut in den Adern geronnen wäre: denn vor dem Fenster erschien die Gestalt des Greises, von wundersamem Lichte umflossen, und er rief mit furchtbarer Stimme: »Verflucht seist du, grausamer Wüterich, der du dich so boshaft an einem armen, wehrlosen Greise vergriffen! Verflucht ihr alle, die ihr den Armen noch gehöhnt und ihn mit brüllendem Gelächter habt dem Tode weihen lassen! Verflucht sei diese Stätte der schändlichsten Üppigkeit! Zur Stunde soll sie versinken in Nacht und Finsternis!«

Kaum hatte der Greis das letzte Wort gesprochen, so züngelte ein Blitz wie eine feurige Schlange auf das Schloß nieder, ein furchtbarer Donnerschlag folgte ihm auf dem Fuße, und die Erde barst und verschlang alles, Schloß, Schloßherrn, Diener und Gäste. Am nächsten Morgen war an der Stelle, wo das Schloß gestanden, nichts zu sehen, als ein finsterer Teich von unergründlicher Tiefe, und da das Strafgericht mitten in der Tanzlust über die Frevler gekommen, so wurde das Wasser der Tanzteich genannt und heißt so bis auf den heutigen Tag.

Der Schatz in der Dummburg

In dem ehemaligen Fürstentum Halberstadt, zwischen den alten Klöstern Hadersleben und Adersleben, liegt ein Gehölz, welches der Hakel heißt, und in demselben sind noch die Trümmer der alten Feste Dummburg vorhanden. Diese werden von den Umwohnern gern gemieden, denn sie stehen in keinem guten Rufe, da sie von Geistern mancherlei Art bewohnt werden, welche die in den unterirdischen Gewölben aufgehäuften großen Schätze bewachen. Verfallene Eingänge sind zwar mehrere vorhanden, allein die eigentlichen Pforten kennt man nicht; doch hat man wiederholt Mönchsgestalten gesehen, die hinabgestiegen sind.

Nur ein Fall ist bekannt, in welchem es einem Menschen vergönnt gewesen ist, einmal einen solchen gespenstigen Mönch zu belauschen und ebenfalls zu den Schätzen zu gelangen. Das war ein armer Holzhauer, der eine zahlreiche Familie hatte, mit der er sich kümmerlich durch die Welt schlug. Der war beschäftigt, einen Baum zu fällen, als er einen anscheinend tief in Gedanken versunkenen Mönch daherkommen sah. Er erschrak, denn er dachte gleich an die verrufene Dummburg und trat schnell hinter den Baum.

Der Mönch ging vorüber, ohne ihn zu bemerken, und schlug den Weg nach den Trümmern der Burg ein. Barthel, der Holzhauer, schlich ihm nach, folgte ihm auch in die Trümmer, war aber so vorsichtig, überall an den Sträuchern, wo er vorbeiging, Zweige zu knicken oder auffallende Steine so zu legen, daß sie gleich bemerkt werden könnten, damit er den Rückweg zu finden vermöchte, denn der sehr langsam dahinschreitende Mönch bewegte sich in vielen Windungen vorwärts, ohne Weg und Steg.

Barthel war wohl schon manchmal, ohne bestimmte Absicht, in den Trümmern umhergekrochen und glaubte sie sehr genau zu kennen, aber die kleine, eiserne Pforte, vor welche ihn der Mönch endlich führte, hatte er doch noch nie bemerkt. Nun sah er, wie der Mönch einige Augenblicke vor derselben stillstand, dann leise anklopfte, und hörte wie er sprach: »Türlein, öffne dich!« Sofort sprang die Pforte auf. Dann hörte er die Stimme innen sprechen: »Türlein, schließe dich!« und die Pforte schloß sich wieder.

Jetzt war alles wieder still, wie zuvor. Kein Blättchen rührte sich an dem Gesträuch, keine Vogelstimme ließ sich hören, und nun so ganz allein in dem unheimlichen Gemäuer und nach einem so geheimnisvollen Vorgange, wurde es dem Holzhauer doch ganz grausig zumute. Er zitterte am ganzen Leibe und wagte sich lange Zeit nicht zu rühren, denn er meinte, der Mönch könnte noch hinter der geschlossenen Pforte stehen und ihn entdecken, und dann würde es ihm ganz gewiß schlimm ergehen. Aber es rührte sich nichts, und so faßte sich Barthel endlich wieder, daß er den Rückweg antreten konnte, den er an den von ihm gemachten Zeichen leicht auffand.

Man kann sich nun wohl denken, daß ihm das Erlebnis Tag und Nacht im Kopfe lag und daß es ihm keine Ruhe ließ. Was mochte hinter der Pforte sein? Jedenfalls doch ein Keller und in dem Keller wahrscheinlich doch die ungeheuren Schätze der Dummburg, von denen er als Kind schon viel gehört hatte und von denen man sich auch sonst so viel erzählte. Und als er nun dabei dachte, daß er immer gehört habe, kein Mensch wisse das Geheimnis, wie man dazu gelangen könne, da schoß es ihm aufs Herz, daß er ja dasselbe entdeckt habe und er also der einzige Mensch sei, der imstande wäre, zu den Schätzen zu kommen. Habgier war es nicht, was ihn dazu antrieb, denn er hatte nicht den geringsten Gedanken, daß er auf diese Weise ein reicher Mann werden könnte; es war nur Neugier, und die wurde immer heftiger, so daß er endlich den Entschluß faßte, den Versuch zu wagen.

Die Zeichen, welche er gemacht hatte, waren so deutlich, daß er den Weg unschwer fand, und so stand er endlich auch wieder vor der versteckten Pforte. Hier aber entfiel ihm doch der Mut, indessen nahm er seinen Rosenkranz vor und betete zu allen Heiligen und zur Jungfrau Maria. Das beruhigte ihn soweit, daß er nun, wie er es von dem Mönch gesehen hatte, leise anklopfte und das »Türlein, öffne dich!« sprechen konnte. Sofort sprang auch die Pforte auf und zitternd vor Aufregung trat er ein. Dann sprach er: »Türlein, schließe dich!« Die Pforte schloß sich, und er war nun allein in dem geheimnisvollen Kellerraume.

Hier herrschte ein ungewisses Zwielicht. Als sich aber seine Augen daran gewöhnt hatten, mußte er vor unbegrenztem Staunen die Hände falten, denn da stand ein Sack neben dem andern, der eine mit kleinen Geldstücken gefüllt, der andere mit Gulden, der dritte mit Talern und so fort mit Goldstücken, mit Goldgeschmeide, mit silbernen und goldenen Pokalen, mit Edelsteinen in allen Farben und Größen. Kurz, er sah einen Schatz vor sich, wie ihn ganz gewiß selbst nicht einmal der Kaiser besitzen konnte.

Lange stand Barthel mit gefalteten Händen und wagte sich nicht zu rühren. Er staunte nur, und je länger er stand, desto heller schien es zu werden, desto mehr schienen die Kostbarkeiten zu blitzen und zu leuchten. Er bekreuzte und segnete sich, aber er wünschte sich doch tausend Meilen weit fort, damit er nur nicht in die Versuchung käme, davon zu nehmen, was ihm doch gar nicht gehörte. Dann aber traten wieder seine Frau und seine Kinder vor seine Augen, die er von einer Wenigkeit dieses Schatzes hätte ordentlich kleiden können, woran es ihnen doch so sehr fehlte. Und wer sah es denn? Auch der Besitzer dieses unermeßlichen Schatzes würde es ja gar nicht einmal bemerken, wenn er eine Kleinigkeit davon zu sich steckte.

Er drückte die Augen zu und streckte die Hand aus, zog sie aber schnell wieder zurück, und so probierte er's ein paarmal und sah sich dann ängstlich um; aber es näherte sich nichts, es war totenstill um ihn her, niemand sah etwas von seinen ängstlichen Versuchen. Das beruhigte ihn etwas, und so faßte er sich denn soweit, daß er endlich in den ihm zunächst stehenden Sack hineingriff und eine Hand voll kleiner Münzen herausnahm. Das konnte ihm den Kopf kosten und er griff schnell danach, aber der Kopf saß fest, und nichts rührte sich.

Nun hatte er schon mehr Mut, und nachdem er sich noch einmal umgeschaut, griff er beherzter in den Sack mit den Talern hinein und füllte sich endlich sogar die Taschen mit Goldstücken. Da hörte er eine dumpfe Stimme aus der Tiefe des Kellers, die ihm zurief: »Komm wieder!« Da bekam er einen so fürchterlichen Schreck, daß er sich sogleich nach der Tür umwandte und, da sich alles mit ihm im Kreise zu drehen begann, schnell rief: »Türlein, öffne dich!« Sogleich tat sich die Pforte auf, und er sprang, hoch aufatmend, hinaus; »Türlein, schließe dich!« rief er, und die Pforte schloß sich.

So schnell, als ihm die vollgepfropften Taschen zu laufen erlaubten, eilte er nun nach Hause, sagte aber niemand etwas von dem erworbenen Schatze, auch seiner Frau nicht. Als er dann seine Taschen an einem verborgenen Ort auspackte, erschrak er wieder über die große Menge von Goldstücken und Silbermünzen, die er sich angeeignet hatte; da ihm aber keinerlei Unfall begegnet war und ihn die Geister, welche den Schatz in der Dummburg doch wohl sorgsam bewachten, unangefochten damit hatten gehen lassen, so mußte die nach seinen Begriffen ungeheure Summe doch wohl sein unbestreitbares Eigentum sein.

Es kam nun darauf an, den Reichtum sorgfältig zu verstecken, und er meinte dies am sichersten tun zu können, wenn er ihn im Keller vergrübe. Vorher hätte er jedoch gern gewußt, wieviel er eigentlich besäße, und da er mit dem Zählen nicht zurecht kam, weil er nie in seinem Leben lesen, schreiben und rechnen gelernt hatte, so ging er zu seinem Nachbarn, einem reichen Müller, und borgte sich eine Metze, um seinen Reichtum darin zu messen. Dann vergrub er ihn im Keller und behielt zunächst nur zwei Goldstücke zurück, um damit einige Einkäufe zu bestreiten.

Am andern Morgen machte er sich auf nach der Stadt, gab auf diesem Wege zugleich die geborgte Metze bei dem Nachbarn wieder zurück und kehrte erst am Abend heim. Er hatte Kleidungsstücke für Frau und Kinder eingekauft, und die Frau beruhigte sich über den Erwerb des Geldes völlig damit, als er ihr sagte, daß er unter der gefällten Buche einen alten Taler und mehrere Gulden gefunden hätte. Als er nun die Freude der Seinigen genugsam geteilt hatte und hörte, daß der Nachbar schon zweimal nach ihm gefragt hätte, ging er zu ihm, um zu hören, was der Mann von ihm wolle.

Der Müller war allenthalben als ein arger Geizhals bekannt, der, um seinen Reichtum zu mehren, die Leute betrog, wo er nur irgend konnte. Auch seine Maße waren danach eingerichtet, denn er hatte sie am Boden mit Spalten versehen, und wenn er dann Mehl oder Getreide eingemessen hatte und dagegen klopfte, so fiel, unbemerkt von dem Käufer, immer wieder etwas von der Ware auf den Haufen zurück. Eine solche Metze war auch die gewesen, welche er dem Holzhauer geliehen hatte, und da waren in den Spalten zwei der kleinen Geldstücke eingeklemmt zurückgeblieben, was Barthel gar nicht bemerkt, der Müller aber sogleich entdeckt hatte. Er witterte natürlich ein Geheimnis, und dies wollte er aus dem Holzhauer herauszupressen suchen.

»Nun sagt einmal, Nachbar«, empfing er ihn mit lauernden Blicken, »was habt Ihr denn eigentlich in der Metze gemessen?«

»O, nichts weiter«, stotterte Barthel verlegen, »als etwas Hamsterkorn, denn ich habe einen Hamsterbau aufgefunden und darin einen hübschen Vorrat von Getreide aller Art.«

»Jetzt, um diese Jahreszeit einen Hamsterbau mit Wintervorräten?« lachte der Müller; »na, wißt Ihr, Meister Barthel, das müßt Ihr aber einem andern weismachen.«

»Aber wirklich, Nachbar –«

»Nichts da«, unterbrach ihn aber der Müller rauh, »wir sind keine Kinder, und ich bin nicht der Mann, der sich so etwas aufbinden läßt. Gesteht nur ruhig ein, daß Ihr einen Schatz gefunden und Geld gemessen habt.«

»Ich, Geld?« rief Barthel und wurde leichenblaß vor Schreck.

»Ja, Geld«, triumphierte der Müller, »hier ist der Beweis.« Damit hielt er ihm die in der Metze vorgefundenen Geldstücke entgegen. »Hier das Gepräge zeigt, daß es gutes, altes Geld ist, also jedenfalls von einem vor langer Zeit vergrabenen Schatz stammt, den Ihr Tausendsassa so glücklich gewesen seid aufzuspüren. Also nun man heraus mit der Sprache, Mann!«

»Aber ich versichere Euch, Nachbar –«

»Versichert lieber nichts, sondern gesteht die Wahrheit, dann bleibt das Geheimnis unter uns. Wollt Ihr aber nicht, auch gut! Dann gehe ich hin und bringe die Sache zur Anzeige, wie es vielleicht auch eigentlich meine Pflicht wäre. Das Gericht wird Euch dann schon zusetzen, daß Ihr die Wahrheit gestehen müßt; das hat so allerhand hübsche Mittel, wie z.B. die Folter, wie Ihr ja auch wißt.«

Diese fürchterliche Drohung brachte den Müller zum Ziel seiner Wünsche, denn der Holzhauer erschrak so gewaltig, daß er versprach, dem Nachbarn alles einzugestehen. Und der schlaue Geizhals ließ nicht nach, bis er alles haarklein wußte, auch die geheimnisvollen Worte, welche die eiserne Pforte öffneten und schlossen. Er wußte sich vor Freude gar nicht zu lassen und versicherte einmal über das andere, daß nun der ungeheure Schatz so gut wie schon sein Eigentum wäre, daß er das ganze Dorf und noch viel mehr kaufen und dem Holzhauer aus Dankbarkeit auch etwas davon abgeben würde.

»Aber hinführen müßt Ihr mich, Barthel, denn ich weiß ja noch nicht, wo die eiserne Pforte ist. Ja, das gehört natürlich notwendig mit zu Eurem Geheimnis.«

Der Holzhauer mochte sich sträuben, mochte warnen, abraten, soviel er wollte; es half ihm nichts. Neue Drohungen des Müllers und die Furcht vor dem Gericht machten ihn endlich willig, daß er auch noch dies Versprechen gab, und so wurde ein Tag verabredet, an welchem der Schatz in der Dummburg gehoben werden sollte.

Nichts Geringeres hatte der Müller im Sinn, als den ganzen Schatz zu heben und so mit einem Schlage ein Krösus zu werden, wie es keinen zweiten im ganzen Lande gab. Ja, er wollte die Höhle auch genau untersuchen, denn ganz sicher gab es da noch Nebenhöhlen, die gewiß noch ebenso voll Kostbarkeiten steckten wie die Haupthöhle. Es war gar nicht auszudenken, was für ein unberechenbarer Reichtum nun schon so gut wie in seinen Händen war, er brauchte ihn ja nur noch zu holen. An dem verabredeten Tage sollte nur erst der Anfang mit dem Herausschaffen gemacht werden. Kannte er dann erst den Zugang, so wollte er den dummen Holzhauer schon beseitigen, denn mit ihm teilen fiel ihm gar nicht ein.

Als der verabredete Tag erschienen war, hatte der Müller für diesen Anfang nur erst einen großen Dreischeffelsack besorgt, in welchem aber noch zwanzig kleinere Säcke steckten. Dann nahm er Hacke und Spaten, und nun machten sich beide auf den Weg in den Wald. Der Holzhauer führte; als sie aber der eisernen Pforte ansichtig wurden, hieß ihn der Müller stehenbleiben und ordnete an, daß er allein in die Höhle gehen, die Säcke füllen und herausschleppen wolle; der Holzhauer solle draußen bleiben und die gefüllten Säcke beiseite stellen, damit Platz für alle würde.

Mit dieser Anordnung war Barthel sehr zufrieden, denn ihm klapperten förmlich die Zähne vor Angst, da er ahnte, daß die Geschichte nicht gut ablaufen würde. Der Müller aber lachte ihn aus, als er ein Wort davon fallen ließ, ging zur Pforte, klopfte an und sprach die geheimnisvollen Worte, worauf die Pforte sich öffnete. Er ging hinein, vergaß aber, dieselbe sich wieder schließen zu lassen, oder hielt das vielleicht auch nicht mehr für notwendig, so daß also der draußen stehende Barthel alles übersehen konnte.

Zuerst stand auch der Müller, wie damals der Holzhauer, förmlich betäubt vor diesen ungeheuren Reichtümern, schüttelte das Erstaunen jedoch schnell ab, packte die zwanzig kleinen Säcke aus und begann einen davon mit Goldstücken zu füllen. In seinem Eifer bemerkte er gar nicht, was Barthel zu seinem Entsetzen sah, daß nämlich ein riesig großer schwarzer Hund mit feurig leuchtenden Augen langsam aus dem Hintergrunde der Höhle hervorkam. Erst als eine Stimme wie dumpfer Donner erklang: »Packe dich fort, Geizhals! Diese Schätze sind nicht für dich und deinesgleichen!« blickte er auf.

Da sah er das Ungetüm mit den feurigen Augen auf sich zukommen und viel vor Schreck auf den Rücken, dann aber kroch er auf Händen und Füßen dem Ausgang zu, in der Verwirrung fortwährend schreiend: »Türlein, öffne dich! Türlein, öffne dich!« obgleich die Pforte noch immer groß offen stand. Der Holzhauer war in die Knie gesunken, seinen Rosenkranz betend, und sah nun, wie der Hund auf den Müller zusprang, ihn bei der Kehle packte und grimmig zerfleischte. Über diesem gräßlichen Anblick verließ ihn die Besinnung.

Als Barthel wieder zu sich kam, sah er nur den toten Müller, der unfern von ihm ausgestreckt auf der Erde lag. Alles andere, Hund, Schatz, Höhle, alles war verschwunden und auch von der eisernen Pforte keine Spur mehr zu entdekken. Er hätte glauben können, daß er das alles nur geträumt habe, wenn nicht der tote Müller gewesen wäre, ein Bild des Entsetzens, aber auch ein warnendes Beispiel, wie unersättliche Habsucht sich selbst bestraft.

Und so haben die Leute wahrscheinlich ganz recht, die da meinen, daß in den unterirdischen Gewölben der Dummburg heute noch unermeßliche Schätze verborgen liegen. Es weiß nur niemand, wie man dazu gelangen kann, denn auch der Holzhauer, der durch das von ihm so bescheiden erhobene kleine Teilchen ein vermögender Mann geworden war, hat die eiserne Pforte nie wiederfinden können, so viel er auch danach suchte.

Die Rothenburg

Von dem Kyffhäuser in Thüringen führt ein breiter Weg auf dem Gebirgsrücken, etwas sich senkend, in etwa dreiviertel Stunden nach der Rothenburg, die in ihrem Hauptgebäude und einem runden Turme noch wohlerhalten ist.

Hier ging einst in später Nachtstunde der Schulmeister Renatus aus dem Dorfe Hackpfiffel vorüber, mit seiner Zither auf dem Rücken, denn er war ein feiner Zitherspieler und auch in den geheimen Wissenschaften wohlerfahren. Er sang ein Liedlein vor sich hin, das aber plötzlich abbrach, als von dem Turme eine große, schwarze Gestalt sich löste und ihm den Weg vertrat. In dem Zwielicht sah er, daß es ein langer, hagerer Mann war, in einem langen, grauen Gewande, einen Strick um den Leib, eine hohe, spitze Mütze auf dem Kopfe und auf der Brust einen Totenkopf. Neben ihm stand ein mächtiger schwarzer Bullenbeißer mit feurig rollenden Augen.

Heftig erschrak Renatus, und noch unheimlicher wurde es ihm, als die Gestalt von ihm verlangte, er solle in den Burghof treten und dort in einer Ecke für ein totes Kind ein Grab graben: »Weigerst du dich, so ist es dein Tod!« fügte der Unheimliche hinzu. Was wollte der erschrockene Schulmeister machen! Er mußte gehorchen, legte seine Zither an der Tür nieder und trat in den Burghof. Hier führte ihn der Mann in eine Ecke, wo eine still jammernde Mutter über ein totes Kind gebeugt an der Erde lag und alles zum Graben bereit war. Auf den wiederholten Befehl schaufelte er das kleine Grab aus, die Frau legte das in ein feines Tuch gewickelte Kind hinein, und Renatus machte den Grabhügel fertig.

»Ich bin zufrieden mit dir, Renatus«, sprach da der Unheimliche, »hier nimm Speise und Trank und stärke dich. Dann findest du draußen ein Pferd, das dich sanft und sicher nach Hause tragen wird, nicht nur jetzt, sondern immer, denn es soll dein sein.«

Dem wagte Renatus zu widersprechen, er könne nicht reiten und verlasse sich lieber auf seine Füße.

»Du sollst und mußt reiten, ich befehle es«, rief jedoch der Mann grimmig, und der Bullenbeißer knurrte unheimlich dazu. »Doch hüte dich, daß du, so lange du auf dem Pferde sitzest, nicht die Saiten deiner Zither berührst, sonst geht das Pferd mit dir davon und du mußt reiten und immer reiten, bis dir zufällig einmal ein Reiter auf einem milchweißen Rosse begegnet.«

Einen Widerspruch gab es nicht weiter, denn der unheimliche Mann begleitete ihn hinaus und half ihm, nachdem er seine Zither umgehängt, auf das Pferd hinauf, das sogleich in sanftem Trabe mit ihm sich in Bewegung setzte.

Nachdem der Schulmeister nur erst einmal das Gemäuer der Rothenburg und den unheimlichen Gesellen hinter sich hatte, kehrte sein alter, fröhlicher Mut zurück, und er wurde endlich so lustig, daß er ein Lied anstimmte und, uneingedenk der Warnung, sogar seine Zither vornahm. Aber o weh! Kaum hat er die ersten Töne darauf angeschlagen, so schnaubt der Rappe fürchterlich und geht im tollsten Jagen mit ihm davon. Er sucht ihn zu beruhigen, sucht sich sogar hinabzuwerfen, alles vergebens! Er betet, flucht,jammert, wimmert, nichts hilft, das Roß jagt mit ihm rastlos weiter, und er sitzt darauf wie festgebunden. So geht es die ganze Nacht hindurch, auch den folgenden Tag, die folgende Nacht und noch einen Tag, und der arme Schulmeister hängt matt und totenbleich auf dem Pferde.

Da plötzlich steht es still. Renatus schlägt die matten Augen auf und sieht einen Reiter auf einem weißen Rosse auf sich zukommen. Dann aber verlassen ihn die Sinne, und er sinkt vom Rosse.

Als er erwachte, fand er sich in einem weichen, prächtigen Bett, an welchem ein Mann und ein bildschönes Mädchen in türkischer Kleidung standen. Auf seine erstaunten Fragen erfuhr er nun, daß die Fremden seine Geschichte kannten. Er sei in der Rothenburg von einem bösen Zauberer als Werkzeug zu einer Freveltat benutzt worden, und derselbe habe ihn, um ihn als Zeugen zu beseitigen, auf das Zauberpferd gesetzt, und da er wohl wußte, daß Renatus das geliebte Zitherspiel nicht lassen würde, jenen Fluch ausgesprochen, daß er so lange ruhelos reiten müsse, bis ihm ein Reiter auf einem milchweißen Rosse begegne. In einem Zauberspiegel hätte das Mädchen das alles gesehen und dann ihren Vater, der ein milchweißes Roß besaß, gebeten, dem armen Schulmeister entgegenzureiten. Nun sei er allerdings tausend Meilen von seiner Heimat entfernt und befinde sich im Morgenland.

Es bedurfte nicht vielen Zuredens, daß Renatus bei ihnen bleiben sollte. Er blieb und wurde der Gatte der schönen Türkin, und nach dem Tode des alten Vaters zog er mit seiner Gattin zurück nach Hackpfiffel. Hier lebten sie dann noch lange in großem Reichtum, und als sie endlich in derselben Stunde starben, bettete man sie zur ewigen Ruhe in ein Grab.

Das Geheimnis der Staufenburg

Etwa zwei Stunden von dem klimatischen Kurort Grund, der ältesten der sieben Bergstädte des Harzes, liegt die Ruine Staufenburg. Diese Burg wurde von einem Grafen von Katlenburg erbaut, gehörte im 12. Jahrhundert dem Kaiser Lothar und kam dann an die Welfen. Hier wohnte im 16. Jahrhundert im tiefsten Geheimnis Eva von Trotha, die Geliebte des Herzogs Heinrich des Jüngeren von Braunschweig-Wolfenbüttel mit ihren Kindern, von der man sagt, daß sie heute noch daselbst als »Jungfer« umgeht.

Eva, die Schwester des kurbrandenburgischen Marschalls Adam von Trotha, lebte als Hoffräulein der Herzogin Maria zu Wolfenbüttel. Sie war ein sehr schönes und liebenswürdiges Mädchen, das die Augen des lebenslustigen Herzogs Heinrich auf sich zog, so daß er ein Liebesverhältnis mit ihr anknüpfte. Dies wurde zwar natürlich sehr geheimgehalten, aber endlich kam es dennoch zu den Ohren der Herzogin, und da alle ihre Vorstellungen und Bitten bei ihrem Gemahl nichts halfen, so wendete sie sich an ihren Vater, den Herzog von Württemberg, und dieser ging den Kaiser um Vermittlung an.

Da wurde es dem Herzog Heinrich doch etwas bänglich zumute, und er entwarf einen ebenso feinen wie verwegenen Plan, um die Sache anscheinend aus der Welt zu schaffen und doch seine geliebte Eva nicht entbehren zu müssen. Das Fräulein bat um Entlassung vom Hofe, um, wie Eva aufrichtig angab, den Hausfrieden nicht länger zu stören, und sie wurde ihr natürlich sehr gern gewährt. Sie reiste ab, erkrankte aber in Gandersheim, und bald kam die Nachricht nach Wolfenbüttel, daß die Krankheit sich ungewöhnlich schnell verschlimmert habe und das Fräulein in Gandersheim gestorben sei. Die Leiche wurde öffentlich ausgestellt und dann mit großem Prunk beerdigt.

So war nun der Stein des Anstoßes ein- für allemal beseitigt, und doch war alles nichts als eine Täuschung. Man hatte in Gandersheim nur ein Wachsbild ausgestellt, so entfernt von dem Volke, das zu schauen kam, daß die Täuschung nicht entdeckt werden konnte, und während die feierliche Beerdigung stattfand, saß Fräulein Eva frisch und munter auf der Staufenburg. Herzog Heinrich hatte es sich etwas kosten lassen, um alle die dazu nötigen Helfershelfer und ihre Verschwiegenheit zu erkaufen.

Ein leidenschaftlicher Jäger war der Herzog immer gewesen, und es konnte weiter nicht auffallen, daß er nun für seine Jagden mit Vorliebe die Wälder des Harzes wählte, waren dieselben doch ganz in seiner Nähe. Das Geheimnis wurde auch treu bewahrt, für das gemeine Volk nahm man sogar zu der Erscheinung einer weißen Frau seine Zuflucht, und in der Tat wurde eine solche oftmals gesehen. Das war aber niemand sonst, als die weißgekleidete Eva selbst, die sich in der Umgebung der Staufenburg erging.

Schließlich drohte das Geheimnis aber dennoch offenkundig und als Klage gegen Heinrich vor den Kaiser gebracht zu werden. Er war nämlich ein Feind der protestantischen Konfession, und hatte durch seinen Beitritt zur katholischen Liga die protestantischen Fürsten des Schmalkaldischen Bundes derart gegen sich aufgebracht, daß diese auch seinem Privatleben nachspüren ließen und das Geheimnis entdeckt wurde. Ehe es aber zu einer Aufdeckung desselben kam, starb Eva von Trotha wirklich und fast zu derselben Zeit auch die Herzogin Maria.

Herzog Heinrich belehnte den ältesten Sohn Evas mit dem Gute Kirchberg unweit der Staufenburg, und so lieb hatte er dessen Mutter gehabt, daß er sogar mit dem Plane umging, den Papst zu bestimmen, denselben zu legitimieren, damit er sein Nachfolger werden könnte, denn er gedachte seinem ehelichen Sohne Julius die Regierung zu entziehen, weil dieser zur protestantischen Religion übergetreten war. Der junge Graf von Kirchberg, Eitel Heinrich mit Namen, dachte aber so edel, daß er keins von beiden annahm.

Die Staufenburg birgt auch noch ein anderes Geheimnis. Es soll hier nämlich im Jahre 1588 die Äbtissin von Gandersheim, Margarete von Warberg, wegen Bruches ihres Klostergelöbnisses lebendig eingemauert worden sein.

Die Weidelburg

Einige Stunden von Arolsen im Fürstentum Waldeck, in der Nähe der Stadt Wolfhagen, erhebt sich der hohe Weidelsberg, auf dessen Gipfel noch die ansehnlichen Trümmer der ehemaligen Weidelburg vorhanden sind. Diese war im 15. Jahrhundert im Besitz eines Ritters Reinhard, der im Volksmunde den Beinamen der Ungeborene erhalten hat, weil seine Geburt nur durch die Kunst der Ärzte hatte ermöglicht werden können.

Dieser Reinhard war einer der berühmtesten Ritter seiner Zeit, wegen seiner Fehdelust aber auch allgemein gefürchtet, denn Händel mußte er immer haben, und bisweilen hatte er sie auch mit mehreren zu gleicher Zeit. Sein Mut und seine Tapferkeit fanden aber nicht leicht ihresgleichen und erregten, verbunden mit der Pracht, die er auf seiner Burg entfaltete, und die er sich infolge der überreich zusammengeschleppten Beute erlauben konnte, den Neid der ganzen Ritterschaft.

Da er nun aber in seinen Fehden keinen Unterschied machte, mit wem er anband, und gar nicht danach fragte, ob er nicht auch Herren und Fürsten dabei schädigte, mit denen er gar nicht in Fehde lag, so kamen natürlich auch zahlreiche Übergriffe vor. Das wurde dem Landgrafen Ludwig von Hessen aber endlich doch zu viel. Da er sich zu schwach fühlte, um gegen die sprichwörtliche Tapferkeit Reinhards etwas Entscheidendes unternehmen zu können, so bat er den Erzbischof von Mainz um Hilfe. Dieser gewährte seine Bitte, und so kam ein stattliches Heer von hessischen und kurmainzischen Truppen zusammen, und an dessen Spitze zog nun der Landgraf gegen den argen Mann zu Felde.

Gegen diese Streitmacht vermochte Ritter Reinhard nichts auszurichten und mußte sich in die feste Weidelburg zurückziehen. Hier wurde er nun eng umlagert, und obwohl er manchen wütenden, aber immer vergeblichen Ausfall machte und die Belagerer mannigfach schädigte, so sah er doch endlich ein, daß es unmöglich sei, die Burg auf die Dauer zu halten. Damit aber verlor er auch jede Hoffnung auf einen glücklichen Ausgang dieses Streites, denn der Landgraf schlug nicht nur jeden Antrag auf einen Vergleich rundweg ab, sondern verlangte, daß sich Reinhard auf Gnade und Ungnade ergeben und ihm sich in Person stellen sollte, und da das nicht geschah, so schwur er, daß er auf der Burg nicht einen Hund leben lassen wolle.

Da faßte Reinhards Gattin Agnes den mutigen Entschluß, sich ins Mittel zu legen und den Versuch zu machen, den erzürnten Landgrafen umzustimmen. Sie begab sich in das feindliche Lager und ließ sich zu dem Fürsten führen. Hier tat sie einen Fußfall und bat um Gnade. Lange verharrte Ludwig in seinem Zorn und wollte nichts von Gnade wissen, weder für den argen Sünder Reinhard, noch für einen seiner Genossen auf der Burg. Endlich vermochte er den weiblichen Bitten und Tränen nicht zu widerstehen und verstand sich wenigstens zu einer Mäßigung seines gerechten Unwillens.

»Nun gut«, entschied er, »ich habe zwar gelobt, keinen Hund auf der Burg leben zu lassen; da aber die Weiber unschuldig an all' dem Frevel sind, so sollen sie Gnade finden, und mögen ungehindert abziehen. Ihr, edle Frau, mögt also Eure Mägde und Jungfrauen, denn andere Weiber sind ja nicht auf dem Schlosse, zusammenrufen, Euch selbst und sie mit dem Liebsten beladen, was Ihr mitzunehmen wünscht, und herunterkommen ins Lager; es soll Euch freier Abzug gestattet sein und Euch mein Schutz angedeihen. Allen Mannspersonen aber ist das Heruntersteigen untersagt, sie haben meinen ferneren Entscheid zu erwarten.«

Das war wenig, was sie erlangt hatte, und doch viel, denn die mutige Frau entwarf sofort einen Plan, wie sie ihren Gatten, der ja außer seiner unbezwinglichen Lust an Kampf und Fehde sonst ein wackerer Mann war und den sie innig liebte, retten könnte. Da ihr der Landgraf auf sein Versprechen sein fürstlich Wort gegeben, so kehrte sie ziemlich beruhigt in die Burg zurück. Hier rief sie ihre Frauen und Mägde zusammen und belud sie mit ihren Kleinodien, Kleidern und sonstigen Kostbarkeiten. Sie selbst aber suchte ihren Mann zu bereden, daß sie ihn auf ihren Rücken nehmen und hinabtragen würde.

Der tapfere Ritter sträubte sich natürlich dagegen: »Denn«, sagte er, »der Landgraf hat dir Gnade angedeihen lassen, hat aber befohlen, daß alle Mannpersonen seinen ferneren Bescheid abwarten sollen.«

»Gewiß«, wendete Frau Agnes ein, »aber er hat mir sein fürstlich Wort gegeben, daß ich das Liebste, was ich habe, heruntertragen und in seinen Schutz stellen kann. Und was hätte ich denn Lieberes als dich?« Und sie begann heftig zu weinen.

»Du gutes Weib!« rief Reinhard gerührt. »Aber so wie du dir das denkst, geht ja sein innigster Wunsch in Erfüllung: ich falle ihm lebend und ohne Widerstand in die Hände. Das kann aber nicht sein. Sehe ich nur dich gerettet, so bin ich zufrieden. Aus mir mag dann werden, was da will. Ohne Widerstand bis aufs äußerste ergebe ich mich nicht, sondern werde mein Leben so teuer wie möglich verkaufen.«

»Du denkst immer nur an Kampf und Streit, du Wilder. Aber du wirst sehen, Ludwig wird sein Wort halten, denn ich werde mich auf Kaiser Konrad berufen.«

»Auf Kaiser Konrad? Wie kommst du auf den? Der ist ja lange tot.«

»Hast du vergessen, was heute noch jedermann weiß, daß es ihm in Schwaben ebenso erging, daß er den Weibern von Weinsberg dasselbe Versprechen gab, wie jetzt Landgraf Ludwig mir gegeben hat, und daß ihn dann die Weiber in derselben Weise überlisteten? Ludwig ist weit und breit bekannt als ein edler Fürst, und er wird an seinem fürstlichen Worte ebensowenig drehen und deuteln lassen, wie es weiland Kaiser Konrad nicht duldete. Überdies hat er auch nur geboten, daß die Mannspersonen in der Burg nicht herunter »steigen« dürfen, und das tust du ja auch nicht, wenn ich dich trage.«

Kurz und gut, Frau Agnes wußte so viel und so gut zu reden, daß Reinhard endlich auf ihren Plan einging, und so zog denn das weibliche Geschlecht in langer Reihe aus der Weidelburg, Frau Agnes mit dem Ritter auf dem Rücken in der Mitte, hinab in das feindliche Lager.

Der Landgraf wollte zwar zornig auffahren, da das nicht so gemeint gewesen wäre. Frau Agnes ließ sich aber nicht einschüchtern. Sie fragte ihn, was sie denn anderes noch lieb haben könnte, wenn sie ihren Herrn in Todesgefahr hinter sich wüßte; sie erinnerte ihn daran, daß ihr Mann ja nicht von der Burg herabgestiegen sei, wie er allein verboten habe, und daß sie ihn deshalb als ihr Liebstes herabgetragen hätte und nun unter den Schutz des Landgrafen stelle; sie berief sich endlich auch noch auf die Weiber von Weinsberg und auf den Kaiser Konrad. Da war denn der Landgraf entwaffnet. Er verzieh, aber der Ritter Reinhard mußte danach auf einem Landtage erscheinen, fußfällig um Gnade flehen und samt seiner Gemahlin auf die Weidelburg Verzicht leisten.

Das Volk hat sich jedoch mit diesem friedlichen Ausgange der Historie nicht zufrieden gegeben, sondern sagt, daß Ritter Reinhard noch immer in der Ruine Weidelburg umgehe und den in den Kellern verborgenen Schatz hüte. Auch seine Schwestern sollen dahin gebannt sein und sich bei Tage als Eulen, des Nachts in ihrer wahren Gestalt als drei schwarze Schatten sehen lassen. Der Ritter erscheint bei Tage als ein riesiger Habicht; wehe aber dem Jäger, der etwa mit diesem Vogel anbinden wollte, ihm widerfährt sicher gar bald ein schweres Unglück.

Seeseburg

Bei Rotenkirchen am Fuße des Solinger Waldes geht ein Flüßchen vorüber, welches die Hauna heißt. Dieselbe teilt sich dort in zwei Arme, welche sich indessen bald wieder vereinigen, so daß eine Insel gebildet wird. Auf dieser Insel soll einst die Seeseburg gestanden haben, deren Besitzer ein Raubritter war, der hier der Sage nach große Schätze vergraben haben soll.

Diese Schätze zu heben hatte sich einmal ein Edelmann, der all' sein Hab und Gut verpraßt hatte und auch den Teufel nicht fürchtete, mit einem mutigen Schmied verbunden. Sie nahmen mehrere Arbeiter, denen auch ein Teil davon versprochen worden, mit und begaben sich auf die Insel. Diese war mit Gestrüpp überwachsen, welches weggehauen wurde, und nachdem der Boden so gesäubert worden, wurde er überall genau untersucht.

An einer Stelle klang es offenbar hohl, und hier, meinten sie, müsse eingeschlagen werden. Das geschah, und sie hatten schon ein tiefes Loch gegraben, als sie auf etwas Hartes stießen. Nun arbeiteten sie mit verdoppeltem Eifer, und bald wurde der Rand eines verschlossenen, großen Kessels bloßgelegt. Stricke wurden durch die Henkel gezogen, und nun begann das Heraufwinden. Schon fing der Kessel an sich zu bewegen, als plötzlich zwei der Arbeiter stockten und nun der Kessel wieder zurückrutschte.

Sie sahen nämlich auf einem der Steine eine nebelhafte riesige Mannsgestalt sitzen, und selbst dem Edelmann wurde es bei diesem Anblick unheimlich. Nur der Schmied behielt seinen Mut und fragte die Gestalt: »Freundchen, was bringst du Neues?«

»Daß einer von euch bald hängen wird«, war die dumpfe Antwort.

»Und wer ist das?«

»Der da mit der roten Weste«, sagte der Unheimliche und deutete auf den Edelmann.

Dieser fuhr auf und wollte sich auf die Gestalt stürzen, um sie dafür zu züchtigen, doch sie war verschwunden, und als man nun die Hebearbeit von neuem begann, zeigte sich der Kessel so schwer, daß alle Mühe vergebens war. Hatten sie ihn eine Wenigkeit gehoben, dann rutschte er immer wieder in das Loch zurück und sank jedesmal tiefer in das Loch hinein.

Da kam der Schmied auf den Gedanken, daß man den Kessel am besten wohl stückweise herausbringen könnte, nahm seinen großen Schmiedehammer und schlug darauf los. Aber nur einen Henkel behielt er in der Hand, alles übrige versank vor den Augen der Männer, und die aus dem Loche herausgeschaufelte Grube fiel von selbst hinterher, so daß von dem Loche in einer Minute überhaupt nichts mehr zu sehen war. Da packte die Männer das Entsetzen, und sie flohen davon.

Als der Schmied zu Hause angekommen war, legte er den Henkel, der ebenso groß wie schwer war, ins Feuer, denn er wollte sich zum Andenken an die Begebenheit irgendeinen Gegenstand daraus formen. Das Metall erwies sich jedoch so hart, daß es von dem Feuer gar nicht angegriffen wurde. Als er aber am andern Morgen in die Schmiede trat, schimmerte ihm der hingeworfene Henkel eigentümlich glänzend entgegen, und er erwies sich bei näherer Untersuchung als pures Gold.

So machte der Schmied durch die Schatzgräberei sein Glück, von dem Edelmann aber hat niemand wieder etwas gehört, und da er ein wüster Mensch war, so ist sehr wahrscheinlich, daß er so schimpflich geendet hat, wie die unheimliche Gestalt ihm prophezeit hatte.

Kloster Steinfelden

Zu Altenahr lebte einst ein Ritter Sibold, ein mächtiger und reicher Herr, der jedoch von den vielen Gebräuchen, welche die Kirche vorschrieb, nicht allzuviel hielt, sie wenigstens nicht als so notwendig betrachtete, wie die Priester sie angesehen wissen wollten. So unterließ er es unter anderm auch, sich bei jeder Gelegenheit zu bekreuzigen, das habe der fromme Priester über ihm bei seiner Taufe getan, sagte er, und das müsse doch für das ganze Leben gelten, darum brauche er es nun nicht mehr zu tun. Gottlos war er darum keineswegs, er hielt nur eben alle diese Dinge nicht für so wichtig wie andere Leute.

Sein Burgpriester warnte ihn öfter, daß er sich wohl in acht nehmen möge, denn gerade bei solcher Gesinnung sei der Teufel besonders wachsam, daß er nach und nach die Seele dessen, der sie hege, ganz und gar in seine Gewalt bekäme; das geschähe ganz unvermerkt, aber desto sicherer. Sibold lachte dazu, und sein Diener, welcher Lespion hieß, noch mehr.

Dieser Lespion war ein gewandter, fleißiger, unermüdlicher Mensch, zeigte eine seltene Anhänglichkeit an seinen Herrn und hatte sich diesem geradezu unentbehrlich zu machen gewußt. Er begleitete ihn überall hin, auf die Jagd sowohl, wie in den Kampf, und selbst bei Festgelagen war man schon daran gewöhnt, daß Sibold seinen Diener Lespion mitbrachte und sich selbst bei der Tafel nur von diesem bedienen ließ. Mancher schüttelte wohl den Kopf über solche Unzertrennlichkeit, und es wurde auch allerlei gemunkelt, aber es kam nie etwas vor, was einem Verdachte Boden gegeben hätte, und Sibold selbst wußte nichts davon.

Dennoch sollten ihm endlich die Augen aufgehen, und er sollte erfahren, wer und was dieser Diener eigentlich war.

Einst war Sibold während einer Fehde in einem hitzigen Kampfe von seinen Leuten abgekommen und lagerte sich müde und matt in einem kühlen Wäldchen. Lespion war natürlich bei ihm. Da erscholl plötzlich Waffenlärm, die Feinde hatten ihn aufgespürt, und es wäre wohl um ihn geschehen gewesen, wenn Lespion nicht, wie immer, treulich gewacht hätte. Schnell weckte er den Ritter, umfaßte ihn mit starken Armen, warf ihn sich, trotz seiner schweren Rüstung, auf den Rücken und erhob sich plötzlich mit ihm hoch in die Luft.

Da endlich sah der Ritter ein, daß sein Diener, der ihm seit Jahren schon so unermüdlich zur Seite gestanden, kein anderer war, als der Teufel, und wie recht sein Burgpriester mit der Warnung gehabt hatte. Unwillkürlich entschlüpfte ihm da der Ausruf: »Gott sei mir gnädig!« Aber unwillig knurrte Lespion: »Schweigt damit, wenn ihr nicht wollt, daß ich Euch in den Rhein hier unten werfen soll, so daß Ihr für immer genug habt!« Wirklich flogen sie soeben über den Rhein hinweg, und Sibold schwieg ganz still.

Nachdem sie sicher auf dem andern Ufer angekommen waren, setzte der

Teufel den Ritter ab und war nun wieder der alte, gehorsame Diener Lespion, der er immer gewesen war. Sibold wußte jetzt freilich, woran er war, und sein altes Vertrauen war dahin; da er jedoch mit dem Teufel keinen Vertrag abgeschlossen hatte und in keiner Weise an ihn gebunden war, so meinte er, daß er sich seine freiwilligen Dienste auch ferner ruhig gefallen lassen könnte, das würde ihm keinen Schaden bringen.

So blieb das Verhältnis nun mehrere Jahre. Lespion diente seinem Herrn treu und ehrlich, und Sibold würde nichts Verdächtiges darin haben finden können, wenn jener Luftritt nicht gewesen wäre, und wenn der Diener ihm nicht außerdem mehrmals aus Lagen geholfen hätte, wo Menschenwitz offenbar nicht ausreichte. Besondere Fallstricke aber zeigten sich nirgends, und so ließ sich Sibold alles ruhig gefallen.

Da erkrankte einmal des Ritters Gattin schwer, und die Doktoren gaben alle Hoffnung auf; nur einer war der Ansicht, daß hier allein noch eine Arznei helfen könnte, die aus Löwen- und Drachenblut gemischt wäre. Solche Arznei aber gab es nirgends sonst als in Indien oder China, und die Kranke mußte also verlorengegeben werden. Da erbot sich Lespion, die Arznei herbeizuschaffen. Die Ärzte lachten zwar, aber Sibold wußte, daß es möglich sein würde, und gab dem Diener den Auftrag. Und siehe! Nach zwei Stunden schon war Lespion zurück, die Arznei tat ihre Wirkung, und die Frau war gerettet.

Wie erschrak sie aber, als der Ritter ihr nun offen gestand, wie es geschehen und wer der Diener sei. Lespion sollte nun sofort entlassen werden, doch dazu konnte sich Sibold nicht entschließen, da er ihm ja sein und seiner Gemahlin Leben zu danken hatte und sonst nie etwas sichtbar Unrechtes vorgekommen war. Wohl aber erklärte er sich gern bereit, aus Dankbarkeit für ihre Rettung ein Kloster zu bauen.

Als Platz dafür schlug die Gattin ein hochgelegenes, ödes Steinfeld vor, und der Ritter dachte in seinem Sinn, daß ihm auch dabei Lespion wackere Dienste leisten könnte, doch mußte diesem natürlich der eigentliche Zweck des Baues verborgen bleiben. Er begab sich deshalb mit ihm auf die Jagd, und wie zufällig äußerte er, daß sich in dem wildreichen Walde da oben ein hübsches, großes Jagdschloß recht lustig ausnehmen würde. Lespions Augen funkelten vor Vergnügen, und er erbot sich sogleich, dabei tätig zu sein.

Nun begann der Bau, und wenn sich Lespion bisweilen auch über die merkwürdige Größe und Einrichtung des angeblichen Jagdschlosses wunderte, so merkte er doch den Betrug nicht und schleppte unverdrossen das Material herbei, half aufrichten und wölben, und so wurde das Gebäude bis zum Schlußstein fertig. Diesen herbeizuschaffen war der Diener eben davongegangen. Der Ritter aber dachte, daß es nun die höchste Zeit sei, den eigentlichen Zweck des Baues zu offenbaren. Er stieg also hinauf und pflanzte auf die höchste Wölbung, wo der Schlußstein eingefügt werden mußte, ein großes Kreuz.

Als nun der Teufel mit einem riesigen Steine durch die Luft dahergesaust kam und das Kreuz erblickte, sah er, daß er betrogen war. Wütend warf er den Stein nach dem Kreuz, um das ganze Gebäude zu zertrümmern; aber eine höhere Macht, gegen welche der Böse nichts vermag, lenkte den Stein von dem heiligen Gebäude ab, und er flog vorbei. Lespion aber fuhr nun als brüllender Teufel zur Hölle und wurde nicht wieder gesehen. Der von ihm geworfene

Stein ist noch zu sehen, er liegt bei dem Orte Dieffenbach und heißt heute noch der Teufelsstein.

Das Kloster wurde nun ohne des Satans Hilfe vollendet, mit Nonnen aus dem Orden der Benediktiner besiedelt und erhielt den Namen Steinfelden, von dem Platze, der zu seinem Bau erwählt worden war.

Der Treppenstein auf Thurnberg

Auf dem alten, zerfallenen Schlosse Thurnberg bei Welmenach im Rheinland geht, wie die Umwohner erzählen, der letzte Besitzer, ein Ritter Reinhart, noch immer ruhelos um. Das ist die Folge einer Untat, welche er im Zorne beging, obwohl er sonst ein durchaus biederer Mann war.

Ritter Reinhart hatte eine Tochter, Jutta mit Namen, die er der Erziehung des Burgkaplans anvertrauen mußte, da er zumeist am Hofe des Kaisers lebte und seine Gattin längst gestorben war. Da seine Vermögensverhältnisse nichts weniger als glänzend waren, so glaubte er für seine Tochter einen begüterten Edelmann zum Gatten wählen zu müssen, und eines Tages erhielt der Burgkaplan einen Brief von ihm, worin er ihm ankündigte, daß er demnächst mit einem reichen Herrn aus Westfalen eintreffen würde, der sein Schwiegersohn werden solle, und daß für diesen alles in Bereitschaft sein müßte.

Als der Kaplan Jutta diesen Brief vorlas, erbleichte sie und gestand ihm, daß sie schon einen jungen Ritter aus der Nachbarschaft innig liebe, auch mit demselben viele Zusammenkünfte gehabt habe. Nimmermehr könne sie einen andern Mann heiraten, es wäre ihr Tod. Der weichherzige Kaplan ließ nun auch den jungen Mann kommen, und gerührt von der innigen, treuen Liebe des jungen Paares führte er sie in die Kapelle, traute sie und gab ihnen den Rat, zu entfliehen und den Zorn des alten Herrn, den er auf sich nehmen wolle, vorübergehen zu lassen. Das geschah denn auch.

Der alte Ritter kam mit seinem Gaste, und als er dem Kaplan sagen ließ, daß er die Tochter in den Rittersaal bringen möge, erschien derselbe allein und trug ein großes Kruzifix in den Händen. Offen und ehrlich gestand er dem Ritter, was geschehen war, und verhehlte auch seine Mitwirkung dabei nicht. Da loderte Reinhart in fürchterlichem Zorn auf, befahl den Dienern, den Kaplan ins Burgverließ zu werfen, und da diese vor dem Hochheiligen in des Priesters Händen zurückbebten, so packte er ihn mit eigener Hand beim Kragen, schleifte ihn über die Gänge des Schlosses und stürzte ihn selbst in die Tiefe.

Am andern Morgen nahm der Gast Abschied, und der Ritter begleitete ihn die Treppe hinab. Da riet jener, daß Reinhart die Sache bedenken und seiner Tochter vergeben möge; aber der Ritter legte die Hand auf den Treppenstein und sagte grimmig: »Hier will ich verderben und keine Ruhe finden, bis dieser Stein von den Händen der Auf- und Abgehenden sich abgerieben hat, wenn ich einem Kinde vergebe, das seinem alten Vater solch Herzeleid bereitet hat.«

Nun lebte Ritter Reinhart einsam in der öden Burg und verwünschte sich, seine Tochter und die ganze Welt. Um den grübelnden Gedanken zu entgehen, ritt er häufig auf die Jagd. Eines Tages verlor er sich, einen mächtigen Eber verfolgend, von seinen Leuten. Zwar gelang es ihm endlich, das Tier zu stellen, aber der Wurfspieß ging fehl, und er sah sich schon verloren, denn die Hilfe war fern, als plötzlich ein ungeheurer Schweißhund auf den Eber lossprang und ein Wurfspieß durch die Luft geflogen kam, der das wütende Tier so gut traf, daß es tot zusammenbrach.

Das war Hilfe in der höchsten Not und Reinhart bat den Jäger, welcher jetzt aus dem Gebüsch trat, daß er auf seine Burg kommen möchte, wo er ihm seinen Dank besser aussprechen könne, als hier im Walde. Der Jäger sagte zu, daß er noch in dieser Nacht erscheinen würde, und der Ritter hieß, als er zurückgekehrt war, das beste Zimmer für den zu erwartenden Gast bereithalten.

Als der Gast erschien, war er begleitet von einer tief verschleierten Frau, welche die Diener an der Stimme sofort für die Tochter des Hauses erkannten. Erschrocken traten sie zurück, und so mußte das Paar allein nach dem Rittersaale gehen. Als sie hier eintraten, kam ihnen Ritter Reinhart, der seinen Gast schon ungeduldig erwartete, erstaunt entgegen und fragte nach dem Namen des Mannes, dem er sein Leben verdanke.

»Herr Ritter«, entgegnete dieser, »Ihr könnt Euren Dank am besten abtragen, wenn Ihr vergebt, was wir an Euch gefrevelt haben. Hier neben mir steht Eure Tochter.«

Da schlug Jutta den Schleier zurück und sank dem Vater weinend zu Füßen.

Reinharts Augen aber wurden starr, er faßte den Jäger krampfhaft am Arm und sprach: »So kommt mit, Herr, an die Stelle, auf der ich den schweren Fluch getan habe, daß dies nimmer geschehen wird.«

Er führte den jungen Mann an die Treppe. Da plötzlich war es ihm, als sähe er unter sich den Geist des ermordeten Burgkaplans stehen, tat einen lauten Schrei, taumelte und stürzte, noch ehe der zuspringende Jäger ihn halten konnte, die Treppe hinab. Als jener hinzueilte, fand er ihn tot; er hatte sein Leben an derselben Stelle ausgehaucht, wo er seine Tochter verflucht hatte.

Als das junge Ehepaar nun hörte, wie Entsetzliches hier geschehen war, beschlossen beide, sich zu trennen und der Welt zu entsagen. Der Ritter wurde Mönch in einem Kloster, und Jutta nahm den Schleier in einem Frauenstift, dem sie alle ihre Güter vermachte. Die Burg blieb verlassen, zum Andenken an diese Begebenheit aber wurde ein Kruzifix in die vordere Mauer gefaßt, das heute noch zu sehen ist. Ritter Reinhart hat noch keine Ruhe im Grabe gefunden, denn der Treppenstein ist noch immer nicht abgerieben.

Die Brömserburg in Rüdesheim

Rüdesheim am Rhein war in früheren Zeiten im Besitz der Freiherren von Brömser, deren Geschlecht im 17. Jahrhundert ausgestorben ist. An dasselbe erinnern in Rüdesheim die uralten Reste der Brömserburg unmittelbar am Rhein.

Zur Zeit der Kreuzzüge war Hans Brömser der Vertreter seines Geschlechtes, und auch er machte einen Zug nach Palästina mit. Hier erwarb er großen Ruhm durch seine Tapferkeit, geriet aber in die Gefangenschaft der Sarazenen. Das ging so zu: Einst hatte das Christenheer sein Lager in einer fast wasserlosen Gegend aufgeschlagen. Das nötige Trinkwasser mußte von einer Quelle aus einem dichten Walde geholt werden. Das war aber eine gefährliche Sache, denn in dem Dickicht hauste ein fürchterlicher Drache, der viele Wasserträger zerriß, so daß endlich keiner mehr den Wald betreten wollte.

Da nahm Brömser Schwert und Schild und ging allein in den Wald, um das Ungeheuer zu erlegen. Das gelang ihm nun zwar, als er aber eben dabei war, dem Drachen die Haut abzuziehen, wurde er von einer Horde der Sarazenen überrascht, die unendlich jubelten, einen so tapferen Kämpen gefangen zu haben, und gar nicht daran dachten, denselben auszuwechseln. Erst als die Christen danach eine türkische Stadt eroberten, wurde er befreit. Da er nun aber in der Gefangenschaft das Gelübde getan hatte, seine Tochter dem Himmel zu weihen und eine Kirche, sowie ein Kloster zu bauen, wenn ihn Gott erlöse, so legte er nach seiner Befreiung das Schwert ab, tat ein Pilgerkleid um und trat den Heimweg an, um sein Gelübde zu erfüllen.

Glücklich gelangte er an den Rhein und nach Rüdesheim zurück. Hier fand er seine Tochter, die er als Kind verlassen, zur blühenden Jungfrau erwachsen, zu seinem Schrecken aber auch bereits mit einem jungen Manne aus der Nachbarschaft verlobt, denn auf Brömsers Rückkehr hatte niemand mehr gehofft. Diese Verlobung durfte natürlich nicht bestehen bleiben, denn was hätte aus seinem Gelübde werden sollen? Alle Bitten und Tränen der Tochter halfen nicht, er befahl ihr mit äußerster Strenge, dem jungen Ritter zu entsagen und den Schleier zu nehmen.

Das ging so mehrere Tage hindurch, und als wieder eine solche Szene zwischen Vater und Tochter stattgefunden hatte, eilte diese auf den über den Rhein hinausgebauten Söller und sprang in Verzweiflung hinab in den Strom. Untröstlich freilich war nun der Ritter, als am andern Tage die Leiche seines Kindes am Mäuseturm bei Bingen ans Land gespült wurde, aber es war nicht mehr zu ändern. Um so härter traf es ihn, als er nun den einen Teil seines Gelübdes nicht mehr erfüllen konnte. In dem Nachdenken darüber, was nun werden solle, vergaß er aber auch den andern, denn er dachte weder an die Kirche, noch an das Kloster, die er zu bauen gelobt hatte.

So verging geraume Zeit. Da hatte er einmal einen merkwürdigen Traum. Er sah sich wieder in Palästina und den schnaubenden Drachen vor sich, der aber verschwand, als die Gestalt seiner Tochter in himmlischem Glanze herbeischwebte. In demselben Augenblick fielen die Sklavenketten, die er aus Palästina mitgebracht und an der Wand zum Andenken aufgehängt hatte, herab, und von dem Gepolter erwachte er. Er sprang auf, und eine Zentnerlast fiel ihm vom Herzen, denn hatte er nicht seine Tochter soeben als Himmelsbraut gesehen, zu der er sie zu machen gelobt hatte? So schien ihm ein Teil seines Gelübdes erfüllt, und nun sollte es auch sogleich an die Erfüllung des andern Teiles gehen.

Dazu wurde ihm sogar noch ein besonderer Wink des Himmels. An demselben Morgen nämlich kam ein Knecht gelaufen und berichtete ihm, daß ein Stier beim Pflügen nicht mehr von der Stelle gewollt und immer nur gescharrt habe, dabei habe er eine Stimme aus der Erde immer »Not Gottes!« rufen hören. Brömser eilte mit hinaus aufs Feld, wo der Stier noch immer in der Nähe eines hohlen Baumes stand und scharrte. Auch die Stimme hörte er, aber sie kam nicht aus der Erde, sondern aus dem Baume.

Als man in diesem nachforschte, fand man eine Hostie, und als man an der Stelle, wo der Stier scharrte, nachgrub, ein Christusbild, zwei heilige Gegenstände, die vor einiger Zeit aus einer Nachbarkirche gestohlen und hier versteckt worden waren. Brömser nahm dies natürlich als eine Mahnung von oben, daß er sein Gelübde erfüllen und hier an dieser Stelle die Kirche und das Kloster errichten sollte. Das geschah, und die Kirche und Kloster erhielten den Namen: Not Gottes.

Burg Thuron

Bei Alken an der Mosel schaut aus großer Höhe die Burg Thuron herunter, die für uneinnehmbar galt und nur etwa durch Hunger bezwungen werden konnte.

Einst gehörte die Burg dem Pfalzgrafen Otto von Bayern, und dieser sandte, als Zwistigkeiten zwischen ihm und dem Erzbischof ausgebrochen waren, seinen Feldhauptmann Zorno nach Thuron, von dessen erprobter Festigkeit und Entschlossenheit er erwarten durfte, daß er die Burg nicht in die Hände des Erzbischofs fallen lassen würde.

Dieser Zorno war jedoch nicht nur ein sehr tapferer, sondern auch ein roher, zu Grausamkeiten geneigter Mann, dem man sogar nachsagte, daß er den Säugling einer Verwandten des Erzbischofs, die als Gefangene auf Thuron saß, vor den Augen der Mutter in den Abgrund schleuderte. Die Mutter soll danach durch einen glücklichen Zufall entkommen sein, und der Erzbischof schwor nun, daß er nicht eher ruhen wolle, bis er das Felsennest in seiner Gewalt habe, und umlagerte dasselbe.

Als Erzbischof Arnold hörte, daß der Pfalzgraf mit einem Heere heranzöge, um dem Feldhauptmann Zorno zu Hilfe zu kommen und die wichtige Feste zu entsetzen, verband er sich mit dem Erzbischof Konrad von Köln, und sie zogen vereinigt dem anrückenden Heere entgegen. Es gelang ihnen, den Pfalzgrafen zurückzuschlagen, und nun wurde Thuron ganz eng umlegt, so daß niemand heraus und hinein konnte. Indessen spottete Zorno aller Anstrengungen, denn daß die Burg nicht zu erstürmen war, wußte er, überdies war sie zur hartnäckigsten Verteidigung mit allen Hilfsmitteln der damaligen Zeit wohlversehen, und Vorräte waren so reich vorhanden, daß er es mindestens ein halbes Jahr aushalten konnte; und unter der Zeit, meinte er, werde sein Herr, der Pfalzgraf, schon Mittel finden, ihm zu Hilfe zu kommen.

Zornos Härte und beispiellose Strenge, die er auch in der Burg gegen seine Leute zügellos walten ließ, hatten zur Folge, daß ein junger Ritter, namens Brenner, den er in der unverantwortlichsten Weise behandelt hatte, eine Verschwörung gegen ihn anzettelte. Dazu fand er unter den Burgleuten nur zu willige Ohren, und es wurde beschlossen, Zorno zu überfallen, ihn zu binden und dem Erzbischof auszuliefern.

Die Verschworenen machten zwar alles natürlich ganz heimlich ab, aber es fand sich unter ihnen doch ein Verräter, und Zorno erhielt Wind von dem Anschlage. So wurde denn eine solche heimliche Versammlung plötzlich überfallen, wer sich wehrte, wurde niedergehauen, und die übrigen wurden in das Burgverließ geworfen, unter diesen auch Brenner. Da dieser dem Feldhauptmann als der Anstifter der Verschwörung verraten worden war, so ersann er gegen ihn eine ganz entsetzliche Strafe.

»Du hattest Lust, mein Bursche«, sagte er zu ihm, »die Burg zu verlassen und zum Erzbischof zu gehen, noch dazu in meiner Gesellschaft. Dies letztere kann nun zwar nicht geschehen, denn ich habe dazu nicht die geringste Lust, dir aber will ich das Vergnügen nicht versagen, und dein Wunsch soll in wenigen Tagen erfüllt werden.« Und dem Erzbischof, welcher jenseits des tiefen und breiten Abgrundes, der den Thuronfelsen an der Morgenseite einfaßte, auf dem Bleidenberge sein Standquartier hatte, teilte er in einem Briefe, welcher mit einem Bolzen hinausgeschossen wurde, mit, daß er ihm durch die Wurfmaschine einen Mann schicken würde, der als des Erzbischofs treuer Verbündeter geplant habe, ihm den Feldhauptmann gebunden auszuliefern; einen so treuen Mann könne der Erzbischof doch unmöglich entbehren.

Unverzüglich wurde nun an dieser Seite auf der Mauerzinne ein starkes Gerüst gebaut und mit einer Wurfmaschine versehen, welche einen besonders starken Treibbalken erhielt. Als Brenner nun zu diesem Gerüst geführt wurde und erkannte, was hier mit ihm geschehen sollte, hielt er es zwar unter seiner Würde, den Wüterich um Gnade zu bitten, aber angesichts des sicheren Todes bat er wenigstens um einen Priester, dem er seine Beichte ablegen könnte. Das wurde ihm bewilligt, obwohl er kaum darauf gerechnet hatte.

Der Priester kam, Brenner beichtete und tat zum Schlusse das Gelübde: wenn er drüben lebendig ankommen würde, so wolle er an der Stelle, wo er niederfalle, der Jungfrau Maria ein Kirchlein erbauen. Dann legte er alle Rüstungsgegenstände ab, bestieg mutig die Zinne und wurde auf die Wurfmaschine gelegt. Wohl war da so mancher der Hauptleute, der noch ein gutes Wort für ihn bei Zorno einlegte, aber der Wüterich wies alle zurück.

Drüben im Lager des Erzbischofs hatte man die Veranstaltungen auf der Mauerzinne beobachtet, und so sah man dort nun auch den Augenblick gekommen, den der Feldhauptmann in seinem Briefe so höhnisch angekündigt hatte. Der Erzbischof hatte die im Lager befindlichen Geistlichen um sich versammelt, und alle sanken nun auf die Knie und flehten zur Jungfrau Maria um Schutz für den Unglücklichen.

Nun wurde die Maschine in Bewegung gesetzt, und unter dem Hohngelächter des Feldhauptmanns flog der Körper des jungen Ritters durch die Luft. Zorno hatte wohl kaum etwas anderes erwartet, als daß derselbe in den Abgrund stürzen und zerschellen würde, aber die Kraft der Wurfmaschine war so stark, daß er wirklich über den Abgrund hinwegflog und in das Gesträuch stürzte, das den Abhang des Bleidenberges bedeckte. Hier konnte sich Brenner an den Zweigen festklammern, und mit Unterstützung der herabeilenden Krieger, die in ein Triumphgeschrei ausbrachen, erklomm er die Höhe und wurde vor dem Erzbischof geführt.

Daß die Burg nicht zu erstürmen war, wußte der Erzbischof sehr wohl. Nun hörte er zwar von Brenner, daß dieselbe auch mit Vorräten für ein halbes Jahr versehen sei, dennoch aber beschloß er, dieselbe umlagert zu halten, möchte es dauern, solange es wollte, und Zorno durch Hunger zur Übergabe zu zwingen. Aufforderungen dazu, die ihm vorher zugesandt wurden, wies der Feldhauptmann zwar barsch ab, da er immer noch hoffte, der Pfalzgraf werde zum Entsatz kommen; als dies aber nicht geschah und der Hunger unter seinen Leuten zu wüten begann, mußte er selbst die Übergabe anbieten. Sein Leben wurde ihm zwar zugesichert, aber er mußte Urfehde schwören und geloben, in ein Kloster gehen zu wollen.

An der Stelle, wo Brenner niedergefallen, ließ er, treu seinem Gelübde mit Unterstützung des Erzbischofs eine Kapelle erbauen, und diese Kapelle auf dem Bleidenberge ist dann lange Zeit ein vielbesuchter Wallfahrtsort gewesen.

Der Scherfenberger

Graf Mainhard von Tirol hatte auf Befehl des Kaisers Rudolf von Habsburg das Land Kärnten gezüchtigt und erobert und war zum Herzog von Kärnten ernannt worden. Darauf geriet er in Fehde mit dem Grafen Ulrich von Heunburg, der an dem Ritter Wilhelm von Scherfenberg zwar eine treffliche Hilfe fand, aber dennoch unterlag. Dieser Scherfenberger hätte sich nun freilich dem Grafen Mainhard zu großem Dank verpflichtet fühlen müssen, da dieser ihm mannigfach beigestanden hatte und ihm vielfach behilflich gewesen war, und es verdroß den Grafen auch nicht wenig, diesen Mann nun auf der Seite des Gegners gegen ihn zu sehen. Der Scherfenberger war aber schon als ein ungetreuer Mann bekannt, und wer ihn genauer kannte, der wunderte sich auch nicht sonderlich darüber, daß er sich auch gegen den Grafen Mainhard so erwiesen hatte.

Als man nach Beendigung des Kampfes das Feld absuchte, fand der Ritter von Aufensteiner auch den Scherfenberger auf dem Sande liegen. Er war mit einem Speer durch den Leib gestochen, und blutete außerdem noch aus sieben Wunden. Es war klar, daß es mit dem Manne zu Ende ging. Auf die Frage des Ritters, ob er denn wirklich der Herr Wilhelm wäre, schlug er die todmüden Augen auf.

»Seid Ihr's, Aufensteiner?« fragte er matt. »So steigt ab und kommt zu mir.«

Der Aufensteiner tat, was der todwunde Mann verlangte und richtete ihn auf seine Bitte in die Höhe. Nun zog der Sterbende einen Ring vom Finger, reichte ihn dem andern und sagte mit großer Anstrengung: »Ihr habt Euch oft als Freund erwiesen, Aufensteiner, und ich hätte wohl auf Eurer Seite fechten müssen. Das ist nun vorbei. So nehmt denn dies Ringlein zum Angedenken an mich. Solange es in Eurem Besitz ist, wird es Euch an Reichtum und Ehre nimmer fehlen, wenn Ihr Euch untadelig haltet.«

»Warum habt Ihr das nicht getan, Wilhelm?« sprach der Aufensteiner, »wenn Ihr unserem Herrn nicht die Treue gebrochen hättet, würde Gott es nicht an Euch rächen zu dieser Stunde.«

Wilhelm von Scherfenberg antwortete darauf nichts mehr, als man ihn aber auf ein Pferd heben wollte, um ihn fortzubringen, verschied er, und er wurde von manchem beklagt, der ihn sonst als einen tapferen Degen gekannt hatte.

Mit dem Ringlein, welches er dem Aufensteiner zum Andenken verehrt, hatte es aber folgende Bewandtnis.

Eines Tages, als der Scherfenberger von seiner Burg herabritt, sah er auf dem Felde einen seltsamen Aufzug. Auf vier langen, vergoldeten Stangen trugen vier Zwerge einen Thronhimmel von kostbarem Scharlachtuch. Darunter ritt ein Zwerg von edler Haltung, eine goldene Krone auf seinem kleinen Haupte, und in allen seinen Gebärden wie ein König. Sattel und Zaum des Pferdes waren mit Gold durchwirkt und beschlagen, Edelsteine blitzten daran, wie auch an seinem Gewande.

Scherfenberg sah das eine Weile mit an, dann ritt er näher hinzu und nahm grüßend seinen Hut ab.

Der Zwerg dankte mit einem: »Guten Morgen, Wilhelm! Gott grüße Euch!«

»Woher kennt Ihr mich?« fragte Scherfenberg verwundert.

»Das laßt Euch nicht leid sein, daß Ihr mir bekannt seid«, antwortete der Zwerg. »Euch gerade suche ich und Eure Tapferkeit, von der mir viel erzählt worden ist. Hoffe, daß sich auch Eure Treue bewähren wird. Ein gewaltiger König ist mein Widersacher um ein Land und will mir's abgewinnen. Aber sechs Wochen schon dauert der Krieg, und mein Feind wird mir übermächtig. Da haben mir meine Freunde geraten, zu versuchen, Euch zu gewinnen, und ich komme daher und frage: Wollt Ihr Euch des Kampfes unterwinden, so will ich Euch stark machen, daß er einen Riesen bringen könnte, und Ihr würdet doch obsiegen; ich versehe Euch mit einem Gürtel, der Euch die Stärke von zwanzig Männern geben soll.«

Das dünkte den Scherfenberger annehmbar, und er antwortete: »Da Ihr ein solches Vertrauen zu mir habt, so möchte ich die Sache wohl wagen, käme denn auch, was da wolle.«

Der Zwerg mochte in dem Gesicht des Ritters wohl einigen Zweifel lesen, denn rasch fiel er ein: »Ihr braucht nicht zu besorgen, daß ich ein Ungeheuer bin. O nein, mir wohnt der christliche Glaube an die heilige Dreifaltigkeit inne, so gut wie Euch selbst.«

Darüber wurde der Scherfenberger froh und versprach, wenn nicht Tod oder Krankheit ihn abhielte, pünktlich zu kommen.

»Nun gut, so kommt von heute in drei Tagen mit Roß, Rüstung und einem Knappen wieder her an diese Stelle. Ihr dürft aber niemand etwas davon sagen, auch Eurem Weibe nicht, sonst ist die Sache verloren.«

Das versprach der Ritter hoch und teuer auf seine Ritterehre. Da zog der Zwerg einen Ring vom Finger, gab ihm den und sagte: »Dies Ringlein soll als Zeuge unseres Bundes dienen. Mit Freuden sollt Ihr ihn besitzen, denn lebtet Ihr auch tausend Jahre, so würde Euer Gut doch nimmermehr zerrinnen. Darum seid guten Mutes und haltet mir Treue!«

Nach diesen Worten ritt der Zwerg über die Heide dahin, und der Scherfenberger sah ihn zwischen den Bergen verschwinden.

Nachdem der Ritter nach Hause zurückgekehrt war, fiel es jedermann auf, wie still er sich gegen seine sonstige Gewohnheit verhielt. Auch ließ er seinen Beichtiger kommen, mit dem er lange allein blieb. Im übrigen aber schwieg er, wie es ihm ja auch von dem Zwerge zur Bedingung gemacht worden war. Das fing die Frau jedoch an zu ängstigen, da sie gewohnt war, ihren Mann in der Burg umherpoltern zu hören, und sie besorgte, daß er etwas Gefährliches vorhabe.

Da sie ihn selbst nicht zu befragen wagte, so suchte sie von dem Beichtiger zu erfahren, was sie gern wissen mochte. Der aber stand ihr natürlich nicht Rede, weil er das Beichtgeheimnis nicht verletzen durfte. Da nahm sie einige Freunde beseite, und ihrer Überredung gelang es, diese zu vermögen, den Versuch zu machen, ob sie nicht dem Burgpriester das Geheimnis entreißen könnten. Sie lockten also den Beichtiger in eine Kammer, setzten ihm die Dolche an die Kehle und drohten ihm mit augenblicklichem Tode, wenn er sich weigere, ihnen zu verraten, was Wilhelm von Scherfenberg im Schilde führe. Die Todesangst ließ den Priester auch wirklich das Beichtgeheimnis brechen.

Nun mußten die Freunde dem Ritter selbst zusetzen, daß er ihnen sein Unternehmen mitteile, und als er sich dessen beharrlich weigerte, sagten sie ihm auf den Kopf zu, in welche gefährliche Sache er sich mit dem Zwerge eingelassen habe, denn man wisse ja, daß diese Wichte Betrüger und Lügner gewesen seien von jeher. Als nun der Scherfenberger sah, daß sein Geheimnis ohne sein Zutun verraten sei, bekannte er die Wahrheit, erzählte ihnen die Begegnung und Unterredung mit dem Zwerge und wollte auch ihre Meinung wissen. Da holten sie auch die Frau des Ritters dazu, und nun begannen sie ihm vorzustellen, wie er damit unbedingt nur in sein Verderben renne und daß er für den Zwerg nur die Kastanien aus dem Feuer holen solle; nichts als der schwärzeste Undank würde sein Lohn sein, das kenne man schon.

Ritter Wilhelm berief sich nun zwar darauf, daß er seine Ritterehre verpfändet habe und dem Zwerge Treue halten müsse; aber man entgegnete ihm, daß solchen Schelmen niemand sein Wort zu halten brauche und die Ritterehre da gar nicht ins Spiel kommen könne. Den Ring, meinte die Frau, könne er ruhig behalten, helfe er nichts, so schadete er doch auch sicherlich nichts und wäre ein einfacher Fingerschmuck, wie jeder andere. Kurz, sie wußte den wankelmütigen Mann so zu überreden, daß er die drei Tage verstreichen ließ und dem Zwerge die Treue brach.

Ein halbes Jahr mochte vergangen sein, als der Scherfenberger einmal mit seinen Leuten nach der Feste Landstrotz ritt und in tiefen Gedanken weit hinter den Seinigen blieb. Plötzlich war der Zwerg neben ihm und sprach: »Ritter Scherfenberg, wer mir Eure Tapferkeit gelobt hat, der hat gelogen, und Eure Treue ist wie der Sand, den der Wind verweht. Gottes und der Weiber Haß habt Ihr verdient. In Zukunft sollt Ihr zur Strafe für Euren Treubruch sieglos sein, und wenn Ihr den Ring nicht hättet, so solltet Ihr mit Weib und Kind auch in Armut leben.«

Nun versuchte der Zwerg, ihm den Ring von der Hand zu ziehen, aber der Scherfenberger steckte die Hand schnell in den Brustlatz, und der Zwerg trabte über die Heide, von niemand sonst gesehen. Das Wort des Zerges erfüllte sich, denn als Besitzer des Zauberringes konnte der Ritter zwar nimmer in Armut sinken, aber er war fortan sieglos. Alles, was er unternahm, schlug zu seinem Schaden aus, und in der Fehde des Grafen Mainhard von Tirol mit dem Ritter von Heunburg wurde er gar erschlagen.

Was aus dem Ringe geworden ist, den er noch vor seinem Tode dem Ritter Aufensteiner übergab, das weiß niemand.

Dietrichstein und Osterwitz in Kärnten

Margarete Maultasch, die ihren sonderbaren Beinamen von dem Schlosse Maultasche bei Terlan in Tirol erhalten hat, war die Erbtochter des Herzogs Heinrich von Kärnten und Grafen von Tirol. Als der Herzog gestorben war, erhob Österreich Ansprüche auf ihr Erbe, da es meinte, mit einer Frau leicht fertig zu werden. Margarete war indessen eine tatkräftige Dame, ergriff sofort die Waffen und rückte in Kärnten ein, das von dem Feinde zunächst bedroht war.

Da nun Frau Margarete nichts weniger als eine sanfte Herrin war, so waren viele vom kärntischen Adel zu Österreich übergegangen, hielten auch viele festen Plätze besetzt. Darunter galten Dietrichstein und Osterwitz als die bedeutendsten, und Margarete schickte sich an, diesselben zu belagern. Das geschah im Jahre 1334.

Dietrichstein war der erste Platz, den sie umschloß. Die Burg war auf eine Verteidigung nicht sonderlich eingerichtet, nur etwa dreihundert Kämpfer waren darin, aber Erzherzog Otto hatte versprochen, Hilfe zu bringen. Als sich jedoch zeigte, daß daran nicht zu denken war, traten die Obersten zusammen und hielten einen Rat, in welchem sie beschlossen, die Feste bei günstiger Gelegenheit zu verlassen. Diese fand sich eines Morgens, da dichter Nebel das ganze Land umher bedeckte, und sie gelangten auch unentdeckt durch die Reihen des Feindes.

Margarete fand bei dem nächsten Sturm, den sie unternehmen ließ, Dietrichstein leer, ließ in ihrem Zorn, der Verteidiger nicht habhaft geworden zu sein, die Mauern brechen, die Türme und Tore niederreißen und die Zimmer verbrennen, so daß nur wenig von dem festen Bau übrig blieb. Nun zog sie vor Osterwitz, wohin die Dietrichsteiner und viele vom kärntischen Adel, sowie auch viele Bauern aus der Umgegend sich geflüchtet hatten, denn Osterwitz lag sehr fest auf hohem Felsen und galt für die damalige Zeit als uneinnehmbar.

Die Feste gehörte dem Herrn Reinherr Schenk, der sie auch in den besten Verteidigungszustand gesetzt hatte, und Margarete mußte sich bald überzeugen, daß sie mit aller ihrer Macht dagegen nichts auszurichten vermochte. Sie ließ deshalb den Felsen von Osterwitz von einem Teil ihres Heeres eng umlegen, und mit dem andern verwüstete sie die Gegend und verbrannte Dörfer und Schlösser, wovon heute noch gar manche Ruine Zeugnis gibt.

Danach ließ sie Reinherr Schenk auffordern, die Feste zu übergeben, wogegen er mit seinen Leuten freien Abzug haben sollte, wenn nicht, so sollte kein Stein auf dem andern bleiben und keine Seele verschont werden. Er erwiderte aber, daß er kein Kind wäre, und ihre Drohungen verachte, sie möchte nur kommen und sich Osterwitz holen. Da blieb denn nichts übrig, was ihr auch alle ihre Hauptleute rieten, als die Feste auszuhungern.

Dies würde ihr auch in gar nicht so langer Zeit gelungen sein, denn zu der zahlreichen Mannschaft waren ja noch dreihundert Esser aus Dietrichstein hinzugekommen, und die Nahrungsmittel begannen in Osterwitz bald knapp zu werden. Man mußte schon zu Rossen, Katzen und Hunden seine Zuflucht nehmen, und so stand der Fall der Feste in wenigen Tagen bevor. Da beschlossen Reinherr Schenk und der Rat seiner Hauptleute, zu einer List ihre Zuflucht zu nehmen, vielleicht, daß es ihnen dadurch gelänge, die Maultasche zum Abziehen zu bewegen.

Eine Untersuchung der Vorräte hatte ergeben, daß nur noch eine Kuh und zwei Vierlinge Roggen vorhanden wären. Die Kuh wurde geschlachtet, und der Rest Getreide fest in die Kuhhaut eingenäht. Dieser Ballen wurde dann von der Burg in das feindliche Lager hinabgeworfen. Als derselbe vor Margarete Maultasch gebracht und geöffnet wurde, glaubte man darin nichts anderes, als ein Zeichen des Hohnes erblicken zu müssen, durch das ihnen Reinherr Schenk anzeigen wollte, wie reich seine Feste mit Vorräten versehen wäre.

Das aber hatten die Belagerten nur gewollt, diesen Glauben zu erwecken war gerade ihre List, und sie erreichten damit vollkommen ihren Zweck. Margarete sah ein, daß sie eine Feste, die so reich versehen wäre, noch monatelang zwecklos belagern müßte, und da es ihr selbst im eigenen Lager an Nahrungsmitteln zu fehlen begann, weil sie die ganze Umgegend verwüstet hatte, und Vorräte von weither herangeschafft werden mußten, so entschied sie, die Belagerung aufzuheben und »andere fette Vögel aufzusuchen.«

Ehe sie aber abzog, ordnete sie noch an, daß ein jeder ihrer Krieger so viel Erde herbeitragen sollte, als er in seiner Sturmhaube zu fassen vermöchte. Diese Erde wurde auf einen Haufen zusammengeschüttet, und daraus ist ein ziemliches Berglein entstanden, welches lange Zeit hindurch der »Maultasch-Schutt« genannt wurde, und vielleicht heute noch so heißt.

König Goldemar

An der Ruhr in Westfalen liegen die Trümmer der Burg Hardenstein, auf welcher im 15. Jahrhundert der Ritter Neveling von Hardenberg wohnte. Auf dieser Burg fand sich einstmals ein Erdmännchen ein, das sich König Goldemar nannte. Es redete mit den Menschen, sang, spielte schön auf einer Harfe und tat niemand etwas zuleide. Es sagte dem Ritter, daß er es einstweilen auf der Burg wohnen lassen solle, es würde ihm und seinem Geschlecht Glück bringen. Sehen aber konnte es niemand, es war nur manchmal, als ob ein Schatten husche, und dann war wieder nichts da.

Ritter Neveling war ein gutmütiger Mann und hatte nichts dagegen einzuwenden, daß der Zwergkönig auf der Burg bliebe, erfüllte auch alle Wünsche, die der kleine Unsichtbare zu erkennen gab. So wurde ihm ein Kämmerlein eingerichtet, auch beim Essen ein Plätzchen am Tische eingeräumt, und man gewöhnte sich daran, das Männchen reden zu hören, sah auch, wie das Weinglas in die Luft erhoben wurde und der Wein daraus verschwand, sonst aber sah man nichts weiter.

Der Ritter bereute es auch in anderer Weise nicht, den König Goldemar aufgenommen zu haben, denn seitdem hatte er mit allen seinen Unternehmungen Glück. Der Kleine warnte ihn stets rechtzeitig, wenn von irgendeinem Feinde ein Anschlag geplant war, und belehrte ihn, wie er den Nachstellungen am besten entgehen könne. Die Ernten fielen reicher aus, als sonst wohl, das Vieh gedieh vortrefflich, und was dergleichen Dinge mehr waren.

Nur die Gäste Nevelings waren bisweilen unzufrieden mit diesem unsichtbaren Einwohner von Hardenstein. Dieser fürchtete sich nicht im geringsten vor ihnen, scheute sich auch gar nicht, mit ihnen zu plaudern. Er kam zu Tische, wie gewöhnlich, aber dann schien es ihm großes Vergnügen zu machen, die fremden Herren zu necken und allerhand kleine Sünden von ihnen, die sie ganz verborgen wähnten, aufzudecken. Das gab freilich mancherlei Verdruß, aber Goldemar lachte dazu.

Ein Küchenjunge war schuld daran, daß dieses schöne Verhältnis zwischen dem Burgbesitzer und Goldemar aufhörte und damit auch das bisherige Glück von den Hardenbergs wich.

Der vorwitzige Junge nämlich hatte Verlangen danach, den Zwergkönig einmal zu sehen, und kam auf den Gedanken, Erbsen auszustreuen, damit Goldemar ausrutschen und fallen sollte; dann, meinte er, würde er doch gewiß sichtbar werden müssen. Das geschah nun zwar nicht, aber Goldemar geriet über den bloßen Anschlag schon in eine fürchterliche Wut. Als er daher den Jungen eines Tages einmal in der Küche allein erwischte, fiel er über ihn her, erwürgte ihn und hackte seinen Körper in Stücke. Einige davon kochte er, andere briet er, und dem Koch, der dazu kam und dem vor Grausen die Haare zu Berge standen, befahl er, diese Gerichte in sein Kämmerlein zu tragen. Bei all dem blieb Goldemar aber immer unsichtbar.

Der Koch wagte nicht, sich dem Befehl zu widersetzen, und da hörte man denn den Kleinen das Gericht unter großem Freudengeschrei und unter Begleitung einer lieblichen Musik verzehren. Von Stund an aber war König Goldemar aus Hardenstein verschwunden und man hat nichts wieder von ihm gehört. Nur fand man an seiner Kammertür angeschrieben, daß das Haus Hardenstein fortan ebenso unglücklich sein würde, wie es bisher glücklich gewesen wäre, und daß die Güter zersplittert werden und nicht eher wieder zusammenkommen sollten, als bis drei Hardenberge aus dem Hardenstein zugleich am Leben sein würden, was dann nachmals aber nie der Fall gewesen ist.

Die Drude der Burg Ranis

Zwischen den Städten Pößneck und Ranis, unfern der Saale, hat vor Zeiten eine alte Felsenburg gestanden, die dem räuberischen Clidengeschlechte gehörte, weshalb der Felsen auch noch der Clidenstein heißt.

Der letzte Sproß dieses Geschlechtes hatte eine einzige Tochter, Ilsa mit Namen, die zu einer wunderschönen Jungfrau heranblühte. Sie war aber ganz aus der wilden Art geschlagen, denn während auch die weiblichen Glieder des Geschlechtes sonst das wilde Leben der Männer teilten, war sie ein sanftes, liebes Mädchen geworden, dem das wilde Treiben auf der Burg im höchsten Grade zuwider war. Oft floh sie daher aus den Hallen der Burg, wenn ihr das Getümmel zu arg wurde, und streifte einsam in der schönen Gegend umher.

Auf einer solchen Wanderung geriet sie einmal an den Eingang einer Höhle, von der sie bis dahin nichts gewußt hatte. Neugierig trat sie hinein und fand zu ihrem Staunen, daß dieselbe immer höher und weiter wurde. Es war auch durchaus nicht finster darin, und die wunderbar schimmernden Gebilde an den Wänden verlockten sie immer tiefer. Dazu war es ihr, als hörte sie wunderliebliche Töne, und mit einem Male stand sie in einer lachenden, blühenden Aue, so schön, so duftig, wie sie nie geschaut. Zierliche, kleine Wesen, die ihr kaum bis an das Knie reichten, umdrängten sie, ergriffen sie bei den Händen, kletterten an ihr in die Höhe, streichelten ihre Wangen und liebkosten und küßten sie, so daß sich Ilsa schnell zu den kleinen Wesen hingezogen fühlte und die Oberwelt, aus der sie gekommen, wie auch die Burg ihres Vaters ganz vergaß.

Ilsa war in das unterirdische Reich der Heimchen eingedrungen, welche nach einem erbitterten Kampfe mit den Riesen, in dem sie den kürzeren zogen, die Oberwelt verlassen und hier unten ein neues Reich gegründet hatten, in welchem sie nun ungestört hausen konnten. Obgleich sie den Riesen unterlegen waren, so hatten sie doch mit großer Schlauheit sich deren Schätze zu bemächtigen gewußt und dieselben glücklich entführt. Ilsa mußte staunen über die Kostbarkeiten, welche die Zwerge hier hüteten, denn sie führten das Mädchen überall in ihrem Wunderreiche umher. Am liebsten hätten sie ja das holde Kind gänzlich bei sich behalten; doch durften sie es nicht zwingen, freiwillig mußte sich Ilsa dazu bereit erklären, und das sollte wirklich gelingen.

Das kostbarste Stück der Schätze war eine kleine Herde goldener Schäfchen, die von einem goldenen Hündchen bewacht wurden. Ilsa geriet außer sich vor Entzücken, und unwillkürlich rief sie aus: »Ach, wenn ich doch diese Schäfchen immer hüten könnte!«

»Das kannst du, Lieb-Ilsa«, sagte da die Königin der Heimchen, »wenn du bei uns bleiben willst. Du wirst dann nie alt werden, sondern immer so jung bleiben, wie du jetzt bist.«

»Ach ja, ich will, ich will!« rief Ilsa freudig, denn sie hatte die Oberwelt und ihr Vaterhaus nun vollständig vergessen.

So blieb denn Ilsa im Reiche der Heimchen, leistete gern das erneute Versprechen, nicht wieder auf die Oberwelt zurückkehren zu wollen, und die Heimchen jubelten und veranstalteten in ihrer Freude ein großes Fest. Ilsa erhielt einen goldenen Schäferstab und hütete nun ihre Schäfchen, und die Heimchen gaben sich alle Mühe, ihr das Leben so angenehm wie möglich zu machen.

So verging nun lange Zeit, wieviel, das konnte Ilsa nicht ermessen, denn sie prangte immer in frischer Jugend und wußte nichts von älter werden. Nur eine Änderung trat ganz allmählich ein. Es schlich ihr nämlich, sie wußte selbst nicht, wie es kam, eine Sehnsucht ins Herz, einmal wenigstens einen Blick auf die Oberwelt tun zu können. So sehr sie sich auch mühte, den Gedanken zu verbannen, er kam immer wieder, und je öfter er wiederkehrte, desto stärker wurde er, und das machte sie ganz traurig.

Das sahen die Heimchen mit Schmerz, und sie gingen zu Rate, wie sie ihren Liebling aufs neue fesseln könnten. Sie glaubten das nicht besser tun zu können, als wenn sie dem Mädchen Gespielinnen verschafften, die ihm an Gestalt und Größe gleich wären. Nun befand sich kaum eine Stunde von dem Clidensteine, auf welchem die Burg von Ilsas Geschlecht gestanden hatte, die nun inzwischen schon längst zerfallen war, das mit Wasser gefüllte Krinnelsloch. Hier wohnten Nixen, welche Ilsa an Gestalt und Größe glichen. Mit ihnen waren die Heimchen sehr befreundet, und deshalb sendeten sie eine Gesandtschaft an deren Königin mit der Bitte, zwei der Nixen zu ihnen zu senden, um Ilsas Gefährtinnen zu werden.

Gern wurde der Wunsch der Heimchen erfüllt, und die schönhaarigen Nixen Inka und Zibezasel wurden gesandt, um fortan bei Ilsa zu bleiben. Nun begann für das Mädchen ein ganz neues Leben, da es nie mehr ohne diese ihre Gefährtinnen war und nichts mehr ohne sie tat. Unter fröhlichen Spielen, in deren Erfindung die beiden Nixen unerschöpflich waren, verstrich nun wieder lange Zeit. Endlich aber begann sich der alte Wunsch doch wieder in Ilsas Herzen zu regen, und er wurde von Tag zu Tag lebhafter.

Endlich blieb den Heimchen nichts anderes übrig, als den Wunsch zu erfüllen, wenn sie ihren Liebling nicht wollten vor Gram zugrunde gehen sehen. Sie führten Ilsa an die Öffnung der Höhle, belegten den Ausgang aber mit einem Zauber, so daß Ilsa denselben nicht zu überschreiten vermochte. Nur bis zur Öffnung konnte sie vordringen, von da aber die ganze Gegend überschauen, an der sie sich gar nicht satt sehen konnte, so daß sie oft dahin zurückkehrte, immer gefolgt von ihren Schäfchen, die sich so ganz an sie gewöhnt hatten.

Hier wurde sie denn auch bald von vorübergehenden Landleuten bemerkt, und da sie trotz ihres jugendlichen Aussehens schon mehrere Menschengeschlechter überlebt hatte und nun klüger war, als die ältesten Leute, so gab sie den Bauern mancherlei gute Ratschläge. So wurde sie denn bald als eine kluge, weissagende Alruna allgemein verehrt, und viele kamen, um sich ihren Rat zu erbitten.

Von der klugen Alruna hörte auch die Hexe Bilbze, welche in dem Godaminteiche lebte, der den bösen Göttern gewidmet war. Diese hörte nicht sobald, daß die Alruna den Ausgang der Höhle nicht überschreiten könne, als sie auch kam, um mit Ilsa selbst zu reden und den Grund davon zu erfahren. Ilsa hatte des natürlich gar kein Arg und erzählte dem alten Weibe, daß die Heimchen den Ausgang der Höhle mit einem Zauber belegt hätten, den sie nicht zu brechen vermöchte, so gern sie es auch täte, um in die Ebene hinabzusteigen.

Da es der Hexe ein leichtes war, einen solchen Zauber zu heben, und sie überdies gegen die Heimchen keine freundlichen Gesinnungen hegte, so tat sie es, und Ilsa konnte sich nun mit ihren Schäfchen ungehindert auf der Oberwelt ergehen und war damit dem Einflusse der Heimchen entrückt. Nur die ihr verliehene ewige Jugend konnte ihr nicht wieder genommen werden, und so geht denn die Sage, daß man sie drei Menschenalter hindurch in den Gefilden zwischen Orla und der Saale ihre Schäfchen habe weiden sehen.

Das hörte dann aber plötzlich auf, und daran war ein Riese schuld, der auf dem Roneberg hauste. Er hatte Ilsa gesehen und wollte sie für sich gewinnen. Da er aber von dem Mädchen abgewiesen wurde, so verwandelte sich seine Freundlichkeit in bitteren Haß, und da er zugleich ein mächtiger Zauberer war, so bannte er Ilsa und ihre Schäfchen für alle Zeiten in die unterirdischen Räume der alten Burg Ranis. Da muß sie ihre Schäfchen einsam hüten und darf nur bei bevorstehenden wichtigen Ereignissen den Bewohnern der Burg als weissagende Drude erscheinen. Erlöst kann sie erst dann werden, wenn der Klang der christlichen Glocken, vor denen die Heimchen entflohen und ausgewandert sind, verstummt sein und das Christentum aufgehört haben wird.

Hermann von Riedesel

Hermann Riedesel von der Brockenburg war als ein tapferer Ritter und biederer junger Mann bekannt, der allgemein die größte Achtung genoß. Nichtsdestoweniger wollte es ihm mit seiner Liebe zu dem schönen Fräulein Margareta von Röhrenfurth nicht gelingen, trotzdem er wußte, daß seine Liebe in demselben Grade erwidert wurde.

Das Fräulein war die einzige Tochter des Erbmarschalls Röhrig von Röhrenfurth, aber der alte Herr war durchaus nicht zu bewegen, einer Verbindung des jungen Paares zuzustimmen, obgleich selbst der Landgraf ein gutes Wort für den tapferen Riedesel einlegte. Der Erbmarschall hatte gar nichts gegen die Tüchtigkeit und Achtbarkeit des jungen Ritters einzuwenden, aber dieser war arm, er galt dem Alten nur als ein Abenteurer, und so sagte denn der Erbmarschall kurz und bündig: »Die reiche Erbin meiner Güter soll nicht die Beute eines Abenteurers werden.« Und dabei blieb es, selbst Margaretas Tränen konnten nichts daran ändern. Er hatte auch schon einen Schwiegersohn ins Auge gefaßt, einen reichen und bei Hofe angesehenen älteren Herrn, der nicht übel Lust zeigte, Margareta zu seiner Gemahlin zu machen.

Dennoch sollten die jungen Leute zu dem erwünschten Ziele gelangen.

Eines Tages ritt Hermann Riedesel, einem Auftrage des Landgrafen zufolge, im vollen Harnisch durch den Wald, als er plötzlich Kampflärm und lautes Hilfegeschrei hörte. Sofort sprengte er natürlich, für alle Fälle das Visier des Helmes schließend, dem Lärm entgegen, um einem Bedrängten zu Hilfe zu kommen. Über ein niedriges Gebüsch hinwegsetzend gelangte er auf eine kleine Waldblöße und sah hier zu seinem Entsetzen den Erbmarschall in den Händen von Räubern. Der alte Herr mußte wohl auf der Jagd gewesen sein und war hier überfallen worden. Er lag schon am Boden und schwebte in der größten Gefahr, ermordet zu werden. Vom Pferde springen, das Schwert herausreißen, und wacker auf die Räuber losschlagen, war für Hermann Riedesel eins, und nachdem zwei niedergehauen waren, ergriffen die andern die Flucht.

Nun half er dem Alten auf die Füße, der einige Zeit brauchte, um sich von dem Schrecken und der Anstrengung zu erholen. Dann aber sagte er: »Unbekannter Herr Ritter, Ihr habt mich vom augenscheinlichen Tode gerettet, denn es war nahe daran, daß mir die Raubgesellen in der schimpflichsten Weise den Garaus machten. Das war Hilfe in der höchsten Not. Heischt von mir, was Ihr wollt, kein Lohn wird mir zu hoch sein, daß ich ihn nicht gewähren sollte. Ihr habt mein Wort, und es kann von mir niemand sagen, daß der alte Röhrenfurth sein Wort nicht gehalten hätte.«

»Herr Erbmarschall – «

»Wie, Ihr kennt mich?« unterbrach der alte Herr die begonnene Rede des jungen Mannes.

»Wer sollte den Erbmarschall Röhrig von Röhrenfurth nicht kennen!«

»Nun, um so besser, so kann ich nur meine Worte wiederholen: bittet, um was Ihr wollt, und wäre es mein Liebstes, es ist Euch gewährt.«

»Nun gut, Herr, aber meine Bitte ist wirklich kühn: Ich bitte um die Hand Eurer Tochter!«

Der Marschall stutzte zwar einen Augenblick, sagte dann aber sofort: »Ihr sollt sie haben, da ich sehe, daß Ihr von edlem Blute seid.«

»Das bin ich, Herr Erbmarschall«, sagte der junge Mann stolz und schlug das Visier in die Höhe.

»Riedesel!« rief der alte Herr erstaunt.

»Hermann Riedesel, ja! Der das Glück gehabt hat, soeben das Ritterwort des Herrn Erbmarschalls Röhrig von Röhrenfurth zu erhalten.«

»Und der wird sein Wort halten, mein Sohn«, rief der Marschall gerührt, breitete die Arme aus und schloß den glücklichen Schwiegersohn an sein Herz.

So wurden Hermann Riedesel und Margareta Röhrenfurth ein Paar, und niemand beneidete den armen jungen Ritter um sein Glück.

Hermann von Riedesel

Der Ritter und die Nixe vom Spring

Ein junger Ritter war im Kampfe schwer verwundet worden und hielt sich zur Heilung seiner Wunde auf der Burg zu Potsdam auf, wo ein Heilkundiger lebte, der in großem Rufe stand. Dieser hatte ihn auch soweit wiederhergestellt, daß er schon ausgehen durfte, und von einem der Knechte sich gern auf der blauen Havel im Kahne hin- und herfahren ließ. Da war er denn bald auch soweit, daß er diesem seinem Lieblingsvergnügen ohne Hilfe eines andern allein nachgehen konnte.

Am liebsten fuhr er flußaufwärts, wo das Ufer des Stromes von schönen Wäldern eingefaßt war, trieb den Kahn ans Land und erging sich unter den würzig duftenden Bäumen, oder ließ den Kahn abwärts treiben, wobei es sich so schön träumen ließ, wie sonst nirgendwo.

Da geschah es eines Abends, daß er auch ans Land gefahren, aber nicht ausgestiegen, sondern im Kahn entschlummert war. Als er nach einiger Zeit erwachte, sah er sich in den Armen eines weiblichen Wesens, und aus einem wunderlieblichen Frauenangesicht blickten ihn zwei große blaue Augen so innig an, daß ihm ganz wunderbar zumute wurde und er die Augen wieder schloß. Er entschlummerte abermals, und als er dann wieder erwachte, war alles verschwunden. Diese Erscheinung wiederholte sich nun täglich, immer an derselben Stelle, wo ein kleiner Bach sein Wasser leise rauschend in die Havel ergoß.

Dies ging so fort bis zur Zeit des Vollmondes. Da verschwand das Traumbild nicht wieder, sondern das schöne Frauenbild stand leibhaftig vor ihm in blauem Gewande, schlang den Arm um ihn und führte ihn an dem Bache aufwärts, wo dieser als Springquell unter schönen Buchenbäumen aus der Erde sprudelte. Sie machte kein Hehl daraus, daß sie die Nixe dieses Springs sei und führte ihn hinab in ihren wunderbar schönen kristallenen Palast. Das durfte sie nur bei Vollmondschein, sonst war ihr unterirdisches Reich jedem Menschen verschlossen.

So lebten sie nun fort lange Zeit. Sie trafen sich fast jeden Abend am Bache und am Spring, und wenn der Vollmond am Himmel stand, stieg der Ritter mit hinab in den Palast der Nixe. Sie hatten dabei nichts zu fürchten. Nur vor einem warnte sie ihn, das war der böse Nix vom nahen Schwielowsee. Dieser war ihr bitterer Feind, denn sie hatte einst seine Werbung um ihre Hand ausgeschlagen, und er trachtete nun gewiß danach, den Ritter zu verderben. Dies vermochte er aber nur, wenn der junge Mann in den Bereich des Schwielow kam, denn darüber hinaus hatte er keine Macht. Dies sollte endlich aber dennoch geschehen.

Es begab sich, daß der Ritter seinem Lehnsherrn in den Kampf gegen eine Räuberbande folgen mußte, die den Mönchen von Lehnin großen Schaden zufügte. Die Räuber wurden gezüchtigt, aber sowie der Kampf zu Ende war, zog es ihn auch wieder mit Übermacht zu seiner geliebten Nixe am Spring, die er nun viele Tage lang nicht gesehen hatte. Er nahm Abschied von seinen Kampfgenossen und trabte quer durch den Wald der Havel zu. Ehe er diese erreichte, sank aber der Abend nieder und den Niederungen entstiegen die feuchten Nebel. Als er an das Ende des Waldes gelangte, sah er vor sich eine breite Wiese, durch welche ein seichtes Fließ dahineilte; dahinter aber glänzte zwischen den Nebelstreifen hindurch das Band der Havel, die er also nun sehr bald erreichen mußte.

Unbedenklich ritt er in die Wiese hinein. Noch aber hatte er das kleine Fließ in deren Mitte nicht erreicht, als ihn der Nebel in dichten Ballen umgab. Er fühlte nur, daß das Pferd jetzt durch Wasser schritt, mußte also wohl in dem Fließ sein. Zugleich aber fühlte er auch, daß er immer tiefer einsank. Nun wollte er umkehren, aber das vermochte er nicht mehr, zu tief schon war das Pferd in den morastigen Grund eingesunken, und es war ihm, als ob ihn graue Nebelgestalten gewaltsam tiefer drückten und ihm die Sinne vergingen. Er begriff nur noch, daß der Boden unter ihm völlig schwand, dann wußte er nichts mehr.

Als er erwachte, fand er sich in einer feuchten, dumpfigen Höhle, deren Wände mit widerlichem Wurzelmoos bekleidet waren. Auf dem Boden hüpften blaue Flämmchen umher und entwickelten einen erstickenden Dunst, der sich dem Ritter schwer auf die Brust legte. Und immer schwerer wurde ihm das Atmen, er fühlte, wie ihm nach und nach die Sinne wieder schwanden und hörte nur noch ein gellendes Hohngelächter; dann war alles vorüber, der junge Ritter war tot.

Ohne es zu ahnen, war er in den Bereich des bösen Nix geraten, denn das kleine Fließ lief nicht in die Havel, sondern in den Schwielow, und der boshafte Geist des Sees hatte ja stets auf der Lauer gelegen, um den jungen Mann in seine Gewalt zu bekommen und ihn aus Rache gegen die Nixe zu verderben. Nun war es ihm endlich gelungen, und als die arme Nixe am Abend ihrem Spring entstieg, um den Geliebten zu erwarten, fand sie im weichen Moose nur seinen Leichnam, den der Nix hierher getragen hatte.

Wohl gab sie sich alle Mühe, das entflohene Leben wieder zu erwecken, aber alle Versuche blieben vergebens, und es blieb ihr nur die traurige Pflicht, den Leichnam zu bestatten. Darüber türmte sie einen Hügel auf, der an der rechten Seite des Spring heute noch vorhanden ist, von Farnkräutern und Brombeergesträuch überwachsen. Sie selbst aber verließ die für sie nun verödete Gegend, und infolgedessen schleicht der ehemals so lustig sprudelnde Spring nur noch als träges Bächlein zur Havel hinunter.

Der Rabenberg

Auf dem Wolfsberge stand vorzeiten die Wolfsburg, in welcher der Ritter Bruno hauste. Im Seitentale hatte unfern davon sein Bruder Adelbert eine Schenke angelegt, an welcher eine Heerstraße aus dem Gebirge in die Ebene hinabführte. Beide waren arge Räuber und handelten immer gemeinschaftlich. Von der Wolfsburg und von dem Wartturme, den sie oben auf dem Rabenberge errichtet hatten, konnten sie alle benachbarten Täler überschauen und sich stets unterrichten, wenn Kaufleute mit Gütern oder Reisende daherkamen, die ihrem Aussehen nach Beute versprachen. Ungerupft kam so leicht keiner davon. Die Wolfsburg hatte tiefe Verließe, in welche die Gefangenen in hartem Kerker gehalten wurden, bis sie hohes Lösegeld zahlten. Die geraubten Schätze wurden in der Höhle des Rabenberges in Sicherheit gebracht. Zahlreich waren die Opfer, welche sich verleiten ließen, in der Schenke einzukehren, denn viele verschwanden darin spurlos.

Endlich aber war das Maß ihrer Schandtaten gefüllt bis zum Überlaufen. Eines Tages hatten sie von dem Wartturme einen kleinen Reiterzug entdeckt, der des Weges dahergezogen kam, einen Ritter mit zwei Begleiterinnen und einen Knecht dahinter, der zwei Packpferde am Zügel führte. Schnell waren sie bei der Hand, rannten den sich keines Überfalls versehenden Ritter gleich im ersten Anlauf nieder und hieben auch die beiden Frauen von den Pferden. Der Knecht hatte inzwischen Zeit gewonnen, zu entfliehen.

Nachdem die Leichen verscharrt waren, wurden die Habseligkeiten der Erschlagenen in den Rabenberg geschafft. Als sie dieselben hier untersuchten, entdeckten sie zu ihrem Entsetzen, daß die beiden Frauen ihre eigene Mutter und ihre Schwester gewesen waren, von denen sie nichts mehr gehört hatten, seit der Vater die beiden Buben wegen ihrer bösen Streiche verstoßen hatte. Namenlose Angst ergriff die Bösewichte, die sich um so entsetzlicher steigerte, als gleichzeitig ein furchtbares Unwetter losbrach; der Sturm heulte, die Blitze zuckten, der Donner krachte. Sie flohen aus dem Rabenberg in die Schenke, die sie aber leer fanden, denn auch die Knechte waren entflohen. Nun wollten sie in den Rabenberg zurückkehren, da verwandelte sich aber die Tür der Schenke in Stein und verwehrte ihnen den Ausgang.

Da die Schenke nur diesen einen Ausgang hatte, so eilten sie in den Keller hinab, von welchem ein unterirdischer Gang zu einem Felsen führte, durch den sie ebenfalls in die Rabenhöhle gelangen konnten. Hier angekommen, bestiegen sie den Wartturm und blickten, halb wahnsinnig vor Aufregung, in das Unwetter hinaus. Da sahen sie, wie sich drüben über der Wolfsburg die schwarzen Wolken gelagert hatten, sahen die Blitze wie einen Feuerregen auf die Burg niederprasseln und endlich den Berg sich öffnen und alles, was auf demselben gewesen war, darin versinken.

Wieder eilten sie hinab in die Höhle, um in das Seitental zu entfliehen, aber auch hier war der Ausgang versperrt, ebenso wie der Spalt, durch den sie hineingekommen waren. Sie sahen sich rettungslos gefangen und setzten sich verzweifelt auf die Truhen, in denen sie ihre Schätze aufbewahrten, die sie wie ihnen zum Hohn durch die Finsternis blinken sahen.

Plötzlich wurde die Höhle durch ein fahles Licht erhellt, und eine finstere Gestalt stand vor ihnen, welche sprach: »Wehe euch! Ihr habt niemals Erbarmen gehabt mit euren Opfern, also soll auch euch kein Erbarmen werden. Eure Leiber sollen in Stein verwandelt werden, aber das Leben nicht daraus entweichen. So sollt ihr auf euren blutbefleckten Schätzen unbeweglich sitzen, von unaufhörlicher Reue gefoltert. Dennoch hat der Allerbarmer euch noch einen Weg offengelassen. In jeder Christnacht wird mit dem Schlage der Mitternacht das Tor der Höhle sich öffnen und eine Viertelstunde offen stehen. Dann kann ein Sterblicher Zutritt haben, euch drei Fragen vorlegen, eure Steinhüllen zertrümmern und von den Schätzen nehmen, so viel er mag. Erreicht er dann mit dem Schlage der abgelaufenen Viertelstunde den Ausgang, so ist er gerettet, wenn nicht, so ist er mit eingeschlossen und stirbt eines elenden Todes, aber sein Blut lastet auf euch.«

Nachdem die Gestalt dieses gesprochen, verschwand sie, aber es geschah nach ihren Worten, denn die Leiber der auf den Truhen sitzenden Bösewichter erkalteten und wurden zu unbeweglichem Stein.

Viele Jahre vergingen, da kam einmal ein junger Ritter mit seinem Knappen nach Goldberg. Er nannte sich Bertold und hörte auch von dem Rabenberge und von allen Einzelheiten, die sich da vor langer Zeit zugetragen. Woher die Leute das alles wußten, da doch niemand dabeigewesen war, als das alles geschah, das erzählt die Sage nicht; aber genug, sie wußten es, und so erfuhr es auch der Ritter. Er beschloß, der Sache nachzuspüren und begab sich in das öde, völlig menschenleere Seitental, das niemand mehr zu betreten wagte. Er fand auch den Rabenberg, sowie die verschlossene steinerne Pforte, und da die Christnacht nahe war, so wollte er bis dahin warten und sein Glück versuchen.

Rechtzeitig, wie er meinte, machte er sich in der Christnacht auf den Weg, gefolgt von seinem Knappen, aber es war doch schon zu spät gewesen, denn als er den Rabenberg erreichte, stand die Steinpforte schon weit offen und er sah die beiden sitzenden Steinbilder, aber auch ein menschliches Wesen, das soeben ein Bündel aufraffte. Da schlug eine ferne Turmuhr die Viertelstunde, und mit gewaltigem Sprunge stürzte der Mensch zur Tür heraus, dabei noch sein Bündel verlierend. Hart hinter ihm schloß sich mit donnerartigem Krachen die Höhle.

Staunend sahen die Männer, daß es eine Frau war, die in dem Rabenberge gewesen. Sie stand erst völlig betäubt, dann aber schlug sie plötzlich die Hände zusammen, raufte sich das Haar und schrie verzweifelt: »Mein Kind! Mein Kind!« Es dauerte lange, ehe Bertold die Frau soweit beruhigen konnte, daß er erfuhr, was geschehen war. Sie war eine arme Witwe, die den Versuch gewagt hatte, ihrer Armut im Rabenberge abzuhelfen. Sie war deshalb mit ihrem Kindchen rechtzeitig angekommen, als die Höhle sich öffnete und hatte drin ihr Kindchen auf einen Steintisch gesetzt, aber nicht gewußt, was für Fragen sie den Steinfiguren vorlegen sollte, sich dann verspätet und wäre auf ein Haar eingeschlossen worden. Nun aber hatte sie ihr Kind vergessen, das drin geblieben und somit unrettbar verloren war.

Für den Ritter Bertold war nun die Sache für diesmal auch zu Ende, aber er verließ Goldberg mit dem festen Vorsatze, im nächsten Jahre zurückzukehren. Dies geschah, und nun befand er sich wieder in der Christnacht, versehen mit einer schweren Axt, mit seinem Knappen schon vor dem Rabenberge, als dieser sich krachend öffnete. Schnell trat er ein und sah zu seinem unbegrenzten Staunen das im vorigen Jahre vergessene Kind auf dem Tische jauchzend mit Geldstücken spielen. Rasch hob er es auf und reichte es seinem Knappen hinaus. Dann trat er vor die Steinbilder, warf seinen Mantel ab und ergriff die Axt. Da er alles vorher genau überlegt hatte, so ging auch alles in größter Schnelligkeit von statten.

»Seid Ihr die Ritter Bruno und Adelbert, von deren Schandleben man so viel erzählt?« fragte er die Steinbilder.

»Wir sind es«, tönte es dumpf heraus.

»Ihr verdient zwar kein Erbarmen, aber ich will euch helfen, daß ihr erlöst werdet. Ist das möglich?«

»Ja, es ist möglich.«

»Genügt es, wenn ich die Steinhülle zerschlage?«

»Es genügt, aber eile!«

Berthold schlug mit der Axt gegen die Steinbilder, deren steinerne Hülle sofort in Stücke zerfiel, und hervor schwebten zwei nebelhafte Gestalten, die sich langsam nach dem Hintergrunde der Höhle zu bewegten, während eine Stimme sprach: »Habe Dank, daß du uns erlöst hast. Nimm von den Schätzen, soviel du magst, lebe fromm und tue Gutes den Armen. Aber eile dich, denn die Zeit ist fast abgelaufen.«

Schnell raffte Bertold von Gold und Edelsteinen zusammen, was der hingeworfene Mantel zu fassen vermochte, und schleppte diesen Schatz zur Höhle hinaus; gerade zur rechten Zeit, denn kaum war er bei seinem Knappen angekommen, der das Kind in seinen Mantel gewickelt hielt, als sich der Rabenberg mit Donnerkrachen schloß.

Wer war glücklicher als die arme Witwe, die ihr vielbeweintes Kind auf so wunderbare Weise zurückerhielt. Außerdem aber wurde sie nun von dem Ritter Bertold reich beschenkt, der, in seine Heimat zurückgekehrt, der Mahnung eingedenk war, fromm lebte und seinen Reichtum mit allen Bedürftigen teilte.

Burchard von Itzehude

Zwischen dem König Christoph von Dänemark und dem Grafen Gerhardt oder Geert von Holstein war einmal ein böser Zwist ausgebrochen, infolgedessen der König ein Heer aufbot, um den Grafen zu züchtigen und damit zugleich das schöne und feste Schloß Gottorp in seine Hände zu bekommen, das ihm schon lange als ein sehr wünschenswerter Besitz erschienen war.

Da Graf Gerhardts Macht gegen die des dänischen Königs nur gering war, so schickte er zu seinen Freunden, den Herren und Edlen jenseits der Elbe bis an den Rhein eilige Boten, daß sie kämen und ihm Hilfe brächten. Sie ließen ihn auch nicht im Stich, und es kam viel fremdes Kriegsvolk herbeigezogen und sammelte sich in der Stadt Rendsburg. Dasselbe wurde vom Grafen Gerhard unter den Oberbefehl eines Edelmannes, namens Burchard von Itzehude gestellt, den er zum Feldhauptmann ernannte.

Als der Feind immer näher heranzog und es dazu kam, daß gehandelt werden mußte, stellte sich jedoch eine große Schwierigkeit heraus. Das Kriegsvolk war länger in der Stadt geblieben, als es zwischen dem Grafen und den Bürgern vereinbart worden war, und die letzteren wollten die Soldaten nicht abziehen lassen, es sei denn, daß das, was sie über die Vereinbarung hinaus gegessen und getrunken hatten, auch bezahlt würde. Darauf war der Graf nicht vorbereitet. Für sich und seine Leute vermochte er recht wohl zu bezahlen, nicht aber auch noch für das fremde Kriegsvolk. Da indessen die Lage sehr drängte, so meinte er, daß Burchard von Itzehude die Sache schon in Ordnung bringen werde und verließ mit seiner kleinen Schar von Reisigen die Stadt, in der Erwartung, daß ihm die andern bald nachfolgen würden.

Der Feind zog heran, und Graf Gerhardt beschloß, sich nur verteidigend zu verhalten, bis die Hilfe aus Rendsburg angekommen wäre, denn gegen das weit mehr als doppelt so starke Heer des dänischen Königs etwas anderes auszurichten, konnte er nicht hoffen. Aber wie das Kriegsglück manchmal gar wunderlich spielt: die Holsteiner schlugen auf die angreifenden Dänen so wacker los, daß sich diese gar bald selber verteidigen mußten und sich endlich zur Flucht wandten. Graf Gerhardt hatte ganz unerwartet einen glänzenden Sieg erfochten. Das war die berühmte Schlacht auf der Lohheide im Jahre 1331.

Die Kunde von der auf der Heide tobenden Schlacht war auch nach Rendsburg gedrungen, doch wußte man noch nichts von dem Ausfall derselben. Da gelang es dem Feldhauptmann Burchard, die Bürger zu bewegen, daß sie ihn mit dem größten Teil des Kriegsvolkes ziehen ließen, um dem Grafen zu Hilfe zu eilen; dann, sagte er, würden die Dänen gewiß überwältigt werden und aus der gemachten Beute würden sie am sichersten die verlangte Zahlung erwarten dürfen. Das sahen die Bürger auch ein, und so zog Burchard ab.

Als er in die Nähe von Sehestadt gekommen war, hörte er des Nachts, daß ein riesiger Zug dem Orte zugeeilt käme. Er stellte seine Leute auf, um für alle Fälle bereit zu sein, denn ob es der flüchtige Graf oder gar das Heer des Feindes sei, konnte er nicht wissen. Endlich aber erkannte man, daß es ein Trupp Dänen war, umzingelte sie und nahm sie gefangen. Und welcher Erfolg: unter den Gefangenen befand sich König Christoph selbst. Da war nun große Freude unter Burchards Kriegsvolk, denn daran erkannte man, daß Graf Gerhardt Sieger geblieben war.

Burchard erfuhr nun, daß Gerhardt sich nach Schloß Gottorp gewendet habe, und dahin zog auch er mit seinen Leuten und kam in der nächsten Nacht daselbst an. Ein Trompeter gab das Signal, und als man von der Zinne herab fragte, wer da sei und was man wolle, hieß es: eilige Botschaft an den Grafen Gerhardt.

Graf Gerhardt wurde geweckt, kam auf die Zinne, obgleich er in der Schlacht verwundet worden war, und fragte nun ebenfalls, wer da sei und was man ihm mitten in der Nacht bringe.

Da antwortete Burchard, um ihn zu versuchen: »Ach, Herr, ich bin schwer verwundet und noch dazu gefangen; wes habe ich mich von Euch zu vertrösten?«

Der Graf erkannte die Stimme seines Feldhauptmannes und rief hinunter: »Das ist ein böser Fall, mein lieber Burchard; aber sei nur getrost, ich habe ihrer auch viele gefangen, da wirst du ausgewechselt und sogleich frei sein.«

Burchard freute sich über diese wackere Gesinnung des Grafen und rief nun hinauf: »Laßt das nur gut sein, Herr, denn ich bin weder verwundet, noch gefangen, sondern ich bringe vielmehr den König Christoph von Dänemark gefangen. Laßt nur schnell das Tor auftun, damit er sicher verwahrt werden kann.«

Das geschah denn auch. König Christoph wurde auf Schloß Gottorp in sicheren Gewahrsam gebracht und mußte zufrieden sein, als ihm endlich für seine Befreiung aus der Gefangenschaft noch einigermaßen gnädige Bedingungen bewilligt wurden. Burchard von Itzehude aber wurde von jedermann hochgehalten und gerühmt im ganzen Lande.

Der Helfensteiner

In der Nähe des Städtchens Geislingen im Württembergischen lag einst die starke Feste Helfenstein.

Als die Burg noch hoher Blüte sich erfreute, war ein Besitzer der Ritter Bloß von Helfenstein. Er war in seiner Jugend wohl ein wüster Geselle gewesen, hatte erst in späteren Jahren geheiratet, war dann aber durch den Einfluß seiner tüchtigen Hausfrau ein fester, kernhafter Burgherr geworden, der nur den einen Fehler behielt, daß er sich häufig von einem unbezwingbaren Jähzorn fortreißen ließ. Das trat wieder recht hervor, als ihm die Frau nach einer Reihe von Jahren bei der Geburt eines Töchterchens gestorben war. Da geschah es sogar eines Tages, daß er einen Mann, der sich gegen ihn aufsässig zeigte, in einer Anwandlung dieser bösen Leidenschaft erschlug.

Wohl peinigte ihn danach die aufrichtigste Reue, aber die rasche Tat war nicht ungeschehen zu machen, und als ihm nun der Burgkaplan noch arg zusetzte und ihm die Qualen der Hölle in Aussicht stellte, ging er auch darauf ein, sein Töchterchen Klothilde, die damals etwa zwölf Jahre alt sein mochte, dem Kloster zu geloben. Nach seinem Tode mußte dann freilich der Helfenstein und alles, was dazu gehörte, dem Kloster als Erbschaft zufallen, doch da der Ritter sonst keine Erben hatte, als nur höchst entfernte Seitenverwandte, so war ihm diese Sühne seines Frevels ganz recht.

Auch Klothilde war damit einverstanden, denn sie hatte noch kein Urteil, hatte sich auch sehr bald an den Gedanken gewöhnt, einmal eine heilige Klosterfrau zu werden. So blieb es nun mehrere Jahre hindurch, bis die aufblühende Jungfrau den jungen Hugo von der Au, einen benachbarten Ritter, gesehen hatte. Dieser war in die Burg gekommen, um dem Nachbar Helfenstein seinen Dank für die Teilnahme an dem Begräbnis seines Vaters abzustatten. Hier lernten die jungen Leute einander kennen, und in beider Herzen wuchs die Liebe empor.

Das ging nun freilich schnurstracks gegen das Gelöbnis, welches der Ritter für die Zukunft seiner Tochter getan hatte, aber darauf bauend, daß die Liebe eines Vaters zu seinem Kinde stärker sein würde, trat Hugo, nachdem er sich der Liebe Klothildens versichert halten durfte, vor den Helfensteiner und warb um die Hand seiner Tochter. Ritter Bloß war wie aus den Wolken gefallen, und als nun auch Klothilde bat und flehte und nicht von dem teuren Manne lassen zu können erklärte, übermannte ihn einmal wieder sein alter Jähzorn in voller Stärke: er ließ den Ritter Hugo zur Burg hinauswerfen und sperrte die Tochter in ein einsames Turmzimmer.

Da dem jungen Mann nun der Eintritt in die Burg verschlossen war, so umlauerte er heimlich den Helfenstein, um eine Gelegenheit zu erspähen, die Geliebte gewaltsam zu entführen und damit zugleich an dem Vater die ihm zugefügte Schmach zu rächen. Lange wollte sich nichts zeigen. Da eines Abends hörte er, als er spähend an einer abgelegenen Stelle im Gebüsch lag, eine klagende Frauenstimme herabtönen. Aufmerksam lauschend glaubte er sich nicht zu täuschen, daß dies Klothildens Stimme sei. Er kletterte den hier ziemlich steilen Felsen mühsam hinan, wobei ihm das in dem Gestein sprießende Gebüsch gute Dienste leistete, und befand sich bald am Fuße des Gemäuers eines der Türme, das von hoch aufgeschossenem Gesträuch umgeben war.

Hier fand er, daß die klagenden Töne aus einem vergitterten Fenster kamen, das zwar weit über Manneshöhe lag, zu dem er sich aber auf den Ästen der hohen Sträucher ohne Mühe hinaufschwingen konnte. Das tat er und versicherte sich bald, daß dort in der Tat Klothilde in dem Turmgemach gefangen gehalten wurde. Mit seinen starken Armen hatte er das morsche Eisengitter bald zerbrochen, zwängte sich durch das Fenster und sprang, die Höhe nicht achtend, in das Gemach hinab zu Klothilden.

Es war ein seliges Wiedersehen, aus dem sie aber jäh aufgeschreckt werden sollten. Sie hatten nicht darauf geachtet, daß inzwischen der Tag angebrochen und die Sonne am Himmel heraufgestiegen war. Da hörten sie plötzlich eine äußere Tür schließen, und Klothilde sprang entsetzt auf: »Der Vater«, rief sie, »der täglich um diese Zeit kommt, mich von dir abwendig und wieder dem Klosterleben geneigt zu machen.« Auch Hugo war entsetzt aufgesprungen und sah sich nach Rettung um; aber an ein Hinaufkommen zu dem Fenster, von dem er herabgesprungen, war nicht zu denken. Auch sonst war nirgends ein Raum, wo er sich hätte verbergen können; er sah sich rettungslos verloren.

Und er war es, denn wenige Minuten später rasselte der Schlüssel in der eisernen Tür, und der Ritter Bloß trat ein. Mit einem Blick übersah er die Lage der beiden jungen Leute, lachte grimmig auf und zischte zwischen den Zähnen hindurch: »So recht, mein Pärchen! So sollt ihr denn nun auch für immer zusammen bleiben.« Schnell wollte er das Gefängnis wieder verlassen, doch schneller noch kam ihm Hugo zuvor, packte den Alten und warf ihn in den Hintergrund, daß er schwer niederstürzte. Dann griff er Klothilde auf, eilte mit ihr hinaus, warf die Tür ins Schloß und schob von außen noch einen schweren Riegel davor.

Hinauf eilte er die Treppe, Klothilde mit gütigem Zureden beruhigend, und betrat mit ihr den Burghof. Hier befahl Klothilde mit fester Stimme einigen Knappen, schnell zwei Rosse zu satteln und vorzuführen. Die Burschen waren zwar sehr verwundert, gehorchten aber doch dem Befehl der jungen Herrin. Dann schwangen sich beide auf die Rosse und trabten über die Zugbrücke. Drüben angekommen, rief Hugo den Knappen zu, wo sie ihren Herrn finden würden. Dann sprengte er mit Klothilden davon und erreichte mit ihr glücklich seine Burg.

Nun war die Reihe an Ritter Bloß, das Schloß des verwegenen Nachbarn zu umlauern, um seine Tochter zu befreien. Daran war aber mit Gewalt nicht zu denken, denn auch diese Burg war sehr fest, das junge Paar befand sich hier in völliger Sicherheit. Dennoch fühlten sich die jungen Leute nichts weniger als glücklich, denn ehelich verbinden wollte sie der Burgkaplan nicht, dazu fehlte die Einwilligung des Vaters. Hier konnte nur List helfen, und Hugo entwarf einen Plan, der fast ebenso verwegen war, wie die Entführung seiner Braut.

Eines Tages stellte sich ein Burgmann Hugos von der Au bei dem Ritter Bloß ein, der ihm angeblich Kunde von seiner Tochter brachte. Wie der Mann erzählte, habe sich Klothilde trotz aller Liebe zu Hugo doch standhaft geweigert, ohne Einwilligung ihres Vaters des jungen Ritters Gattin zu werden. Da sei dieser endlich zornig geworden und habe sie in das Verließ geworfen, wo sie sich eines Besseren besinnen solle. Nun ließ ihm die Tochter sagen: an einem bestimmten Tage werde Hugo die Burg verlassen, dann möge der Vater um die Mittagszeit mit einigen vertrauten Knechten kommen, es solle ihm das Ausfallpförtchen geöffnet werden und er könne sie dann leicht befreien. Der Helfensteiner ging um so leichter in die Falle, als der Bote treuherzig versicherte, er befinde sich ganz im Vertrauen der jungen Edeldame und werde dafür sorgen, daß alles wohl gelinge. Es wurde alles genau besprochen, und der Bote kehrte in seine Burg zurück, um auch dort, wie er vorgab, die Flucht vorzubereiten.

Der bestimmte Tag erschien. Um die Mittagsstunde befand sich Ritter Bloß mit einigen vertrauten Knechten an der unbewachten Hinterseite der Auburg, gab das verabredete Zeichen, und das Pförtchen wurde von demselben Manne geöffnet, der ihm die Botschaft gebracht hatte. Die Knechte sollten draußen harren, bis er mit der Tochter erscheinen würde.

Die Burg schien völlig ausgestorben zu sein, denn der Burgmann führte den Ritter auf Hintertreppen weiter. Plötzlich stand der Führer still, stampfte dreimal mit seinem Schwert auf den Boden, und eine von dem Ritter nicht bemerkte Tür sprang zur Seite auf. Er fühlte sich hindurchgeschoben, und sie schloß sich sofort wieder hinter ihm.

Mit offenem Munde stand der Helfensteiner, denn nicht in ein Gefängnis war er getreten, sondern in den Rittersaal, wo eine große Gesellschaft von Rittern und Damen versammelt war, die bei seinem Erscheinen in einen tobenden Jubel ausbrach. Ritter Bloß sah hier alle Nachbarn versammelt, auch einige, mit denen er eng befreundet war, und diese traten nun auf ihn zu, ergriffen seine Arme und führten ihn auf den leer gelassenen Ehrenplatz, und der Helfensteiner ließ vor lauter Erstaunen alles mit sich geschehen.

Ehe er aber noch den Platz einnahm, löste sich aus der Gesellschaft eine weibliche Gestalt und stürzte zu seinen Füßen nieder. Es war Klothilde, welche den Vater unter herzzerreißendem Schluchzen um seine Verzeihung anflehte. Sofort kniete auch Hugo von der Au an ihrer Seite und vereinigte seine Bitten mit den ihrigen. Zuerst schien es ja in der Brust des Helfensteiners wieder zornig auflodern zu wollen, als nun aber auch die guten Freunde herzutraten und ihr gewichtiges Wort einlegten, da schmolz doch die Eisrinde, die bis dahin sein Herz umhüllt hatte. Er hob die Tochter, die er ja innig liebte, an seine Brust, reichte dem jungen Manne die Rechte, und so wurde noch an demselben Tage die Hochzeit des jungen Paares gefeiert.

Reck von Volmestein

An der Mündung der Volme in die Ruhr in Westfalen liegt der Marktflecken Volmestein, auch Volmarstein genannt, heute noch im Besitz der alten Familie von der Recke. Zur Ritterzeit stand hier eine Burg, und der damalige Reck von Volmestein galt als einer der tapfersten Ritter seiner Zeit. Es konnte niemand sagen, daß er schon je besiegt worden sei, und wo in einem Turnier sein Schleier wehte, da wußte man auch im voraus, daß er Sieger bleiben würde.

Sein Schleier? Nun ja! Es war nämlich damals Sitte, daß sich mancher tapfere Ritter irgendeine edle Dame erwählte, zu deren Ruhm und Ehre er allein kämpfte, ohne sonst irgendwelche Anforderungen an diese Dame zu stellen. Solcher sogenannter Frauenritter zogen viele im Lande umher und suchten zur Ehre ihrer Damen Abenteuer auf. Zu diesen gehörte auch Reck von Volmestein, denn von seinem Helme und von seinem Fähnlein wehte ein silberfarbener Schleier, das sichere Zeichen, daß er sich einer Dame gelobt hatte.

Wo also dieser silberfarbene Schleier wehte, da war auch stets der Sieg, und niemand freute sich mehr darüber als der Kaiser, denn solcher Tapferen hatte er nicht viele. Nur eins freute ihn nicht, daß nämlich ein so tapferer Ritter sich nicht verheiratete, er würde ihn sonst noch weit mehr ausgezeichnet haben, als er es schon um seiner Tapferkeit willen tat.

Einst in einer vertraulichen Unterredung beim Mahle fragte ihn der Kaiser scherzend, warum er sich denn nicht eine Hausfrau wähle, er habe doch so reiche Besitzungen und des Ruhmes mehr als genug.

Reck zuckte die Achseln, schlug den Blick verlegen nieder und antwortete nicht.

Da fuhr der Kaiser dringender fort: »Kann mir's denken, daß dir die Wahl unter all den Schönen schwer wird. Aber ich will dir helfen, Reck, und schlage dir gleich meine Base Gertrudis vor; du wirst zugeben, daß sie ein schönes Fräulein ist.«

»Mein Herr und Kaiser«, antwortete der Ritter, »die Ehre ist zwar sehr verlockend, dennoch aber muß ich sie ausschlagen.«

»Des Kaisers Base ausschlagen?« fragte der Kaiser mit leichtem Stirnrunzeln, »weshalb?«

»Weil ich längst verlobt bin, Herr«, versetzte der Ritter ruhig.

Da glättete sich die Stirn des Kaisers wieder, und er schien angenehm überrascht.

»Das hätte ich mir nach dem silberfarbenen Schleier auf deinem Helme freilich denken können. So nenne uns denn die Glückliche, die du heimzuführen gedenkst.«

»Das kann ich nicht, Herr«, antwortete Reck mit der gleichen Ruhe, »denn ich habe mit Hand und Mund geloben müssen, davon gegen jedermann zu schweigen.«

»Du weißt, Reck, daß der Kaiser die Macht hat, solch Gelöbnis zu lösen.«

»Wohl weiß ich das, Herr, aber ich würde dennoch bei meinem Schweigen verharren müssen.«

»Nun gut, so löse ich hiermit dein Gelöbnis«, rief nun der Kaiser aufbrausend. »Nenne den Namen deiner Verlobten oder fürchte meinen Zorn!«

Da blickte Reck den Kaiser groß an und sagte ernst: »Mag dieser Zorn des Kaisers mich noch so schwer treffen, ich werde ihn ertragen, denn größer noch ist der Schmerz, meinem Herrn und Kaiser hierin ungehorsam sein zu müssen. Mein gegebenes Ritterwort kann ich nicht brechen, selbst meinem kaiserlichen Herrn gegenüber.«

Mit diesen Worten nahm der Ritter seinen Helm und stand auf, um die Tafel zu verlassen. Die Herren, welche mit an derselben saßen, blickten einander erschrocken an. Doch der Kaiser legte seine Hand auf des Ritters Arm und sprach: »Laß es gut sein, Volmestein, wir wollen den Scherz nicht weiter treiben. Denn ein solcher war es nur, daß du es weißt. Ich erlasse dir den Namen deiner Verlobten, er würde mir ja doch keine Freude machen.«

Da wurde der Ritter dunkelrot von aufsteigendem Zorn, denn er meinte in diesen Worten des Kaisers eine Verachtung seiner Verlobten erblicken zu müssen, als ob diese von niederem und verächtlichem Stande wäre.

»Herr«, rief er daher mit dumpf grollender Stimme, »wähnt nicht, daß Ihr meine Verlobte als niedrig geborene Magd verachten dürft. Wahrlich, ihre Hand und ihre Macht sind nicht geringer als die des Kaisers selbst, und ihre Schönheit übertrifft jede Dame unter dem Himmel, wenn sie aus den Fluten auftaucht in silbernem Gewande!«

Als er das gesagt hatte, wich alle Farbe aus seinem Gesicht und er wurde totenbleich, denn im zornigen Eifer hatte er damit sein Geheimnis verraten. Mit zermalmender Wucht aber schien dieser Verrat an seinem Gelöbnis auf ihn zu wirken, als er einen Blick auf seinen Helm warf, an welchem sich der silberfarbene Schleier in einen schwarzen Trauerschleier verwandelt hatte. Mit wankenden Schritten verließ er den Saal.

Als Reck von Volmestein am andern Tage mit dem schwarzen Schleier am Helme in die Turnierschranken ritt und in gewohnter Weise auf seinen Gegner lossprengte, wurde er von dessen Lanze beim ersten Stoße durchbohrt und sank tot vom Rosse, am meisten betrauert von dem Kaiser, der dieses Unglück, wie er meinte, durch seinen unzeitigen Scherz verschuldet hatte.

Heinrich und Berta

Wo die Mosel gegenwärtig frei und offen dem Vater Rhein sich nähert, etwa vor der dritten oder vierten ihrer letzten Krümmungen, lag vorzeiten mitten im Strome ein riesiger Felsblock, welcher das Wasser nach beiden Ufern hin gewissermaßen zu zwei Kanälen verengte, daß es durch diese beiden Engpässe zu beiden Seiten des Felsens wild rauschend dahinschoß. Vor dem Block hatte sich sogar ein gefährlicher Strudel gebildet, der schon manchem Schiffer, welcher die nötige Vorsicht außer acht ließ, Verderben gebracht hatte.

Später ist der Felsblock natürlich weggesprengt worden, und wo sonst die gefährlichen Engpässe und der Strudel gewesen sind, da ist jetzt freies, offenes Fahrwasser für die Schiffahrt.

So gefahrdrohend der Felsen einerseits für die Schiffe und Kähne war, so nützlich war er anderseits den Uferbewohnern geworden, denn sie hatten ihn benutzt, um einen Übergang herzustellen und von einem Ufer zum andern zu gelangen. Einen abgeplatteten Baumstamm hatten sie vom linken Ufer bis zu dem Felsen gelegt, und von diesem dann wieder einen zweiten zum rechten Ufer hinüber. Ein sicherer Fuß gehörte freilich dazu, um über diese Brücke zu schreiten, namentlich wenn das Wasser angeschwollen war und mit verdoppelter Wildheit darunter hinwegschoß. Dennoch wurde sie viel benutzt, die Menschen der damaligen Zeit waren eben nicht so zimperlich, wie sie heutzutage sind.

Es gab nun eine Zeit, da konnte man tagtäglich einen jungen Ritter stundenlang auf dem Felsblock in der Mitte des Stromes stehen und den Strom aufwärts blicken sehen. Ritter Heinrich kam vom linken Ufer her, wo unfern die Zinnen seiner Burg durch die Bäume lugten, schritt festen Fußes über den Baumstamm und stand dann auf dem Felsen, an eine hoch hervorragende Spitze gelehnt. Da stand er mit übereinandergeschlagenen Beinen unbeweglich, stundenlang und blickte stromaufwärts.

Eine in dämmeriger Ferne gelegene Burg auf demselben Ufer, aber von dem Felsen aus deutlich sichtbar, schien das Ziel seiner Blicke zu sein. Und sie war es, denn dort wohnte Berta, die Tochter eines alten Ritters, die er bei einem Turniere kennen und lieben gelernt hatte, und auch Berta war ihm in heißer Liebe zugetan. Der reiche Mann wollte jedoch von dem armen Junker nichts wissen, und als dieser sich dennoch erkühnte, um die Hand der Tochter anzuhalten, war er barsch abgewiesen und ihm das Betreten der Burg verboten worden. Und dies strenge Verbot wagte Heinrich nicht zu überschreiten und etwa heimliche Zusammenkünfte mit Berta zu haben, denn er glaubte, daß Nachgiebigkeit seinerseits und strengste Innehaltung der Zucht und Sitte das Herz des Vaters am ehesten erweichen würde.

Anders dachte Berta. Ihr war ja auch nichts verboten worden, und als der

Lenz gekommen war, der die Herzen überall höher schlagen macht, da erfaßte sie eine übermächtige Sehnsucht nach dem Geliebten, von dem sie wußte, daß er nun täglich auf der Brücke stand, im Anschauen des Platzes verloren, der sie umschlossen hielt.

Ihren Zelter zu besteigen, durfte sie nicht wagen, denn das konnte nicht unbemerkt geschehen, und man würde ihren Ausflug verhindert haben. Aber war da nicht der Strom? Wohl gingen seine Wasser hoch und reißend, doch Furcht kannte ein Burgfräulein damaliger Zeit nicht, und Berta war ein überaus kühnes Mädchen. Zwei treu ergebene Knechte fand sie, die ebensowenig Schreckhaftes in einer Stromfahrt abwärts fanden, und so wurde denn die heimliche Fahrt beschlossen.

Als Heinrich am andern Morgen wieder auf dem Felsen stand und die Frühsonne die Landschaft mit goldenem Scheine übergoß, sah er in der Ferne einen dunklen Punkt auf dem Wasser erscheinen, der rasch größer wurde, weil er sich schnell näherte. Um Gott, rief er, wer wagt es, in diesem wilden Wasser zu Tal zu fahren? Eine bange Ahnung überkam ihn, und bald mußte er sich überzeugen, daß diese ihn nicht betrogen. Mit rasender Schnelligkeit näherte sich der Nachen, und bald erkannte er Berta. Da sah sie auch ihn, und ein weißes Tuch schwang sie in hocherhobener Hand, dem Geliebten zum Morgengruße.

Nur einen Augenblick wurden die Knechte dadurch von ihrer Aufmerksamkeit abgelenkt, nur einen Augenblick, aber er war genügend gewesen, um den Nachen ins Verderben zu stürzen. Pfeilschnell kam er herangeflogen, aber schon hatte ihn der wilde Strudel erfaßt. Ein Stoß, ein Schrei, und der Nachen war an dem Felsen zerschellt, barst auseinander, und Berta und die Knechte wurden von den Wogen fortgerissen.

Mit Entsetzen hatte Heinrich das Unglück kommen sehen, und noch ehe die Geliebte versank, schwang er sich von der Brücke hinab und erfaßte glücklich noch ihr Gewand. Von dem Strome zwar auch durch den Engpaß fortgerissen, hatte er sie doch bald mit dem einen Arme umfaßt, während er mit dem andern die Wogen teilte und dem Ufer zustrebte, das er auch glücklich erreichte. Unter unsäglicher Mühe erklomm er dasselbe mit seiner teuren Last, bettete sie auf dem weichen Grase und schloß sie in die Arme, und unter seinen heißen Küssen erwachte sie endlich aus der tiefen Ohnmacht.

Sie fand sich in seinen Armen, und beide vergaßen die ganze Welt um sich her. Sie achteten es nicht, daß Leute aus dem nahen Uferdorfe gelaufen kamen, die den Nachen hatten kommen und das Unglück geschehen sehen; sie hörten es nicht, daß Reiter dahersprengten, bis sie endlich durch die Stimme des Vaters aufgeschreckt wurden.

Der alte Ritter hatte am Fenster gestanden, als er die Tochter mit zwei Knechten nach dem Ufer eilen sah, und hatte sofort erkannt, was dieselbe im Schilde führe. Bei diesem wilden Wasser sich dem Strome anvertrauen, war sicherer Tod; die Treppe hinabspringen, ein paar Pferde aus dem Stalle reißen und einige Knechte aufsitzen heißen, war alles eins gewesen, und in rasender Jagd sprengten die Reiter am Ufer abwärts.

So fand der Vater sein über alles geliebtes Kind, zu dessen Rettung er zu spät gekommen wäre, aber er fand es in den Armen des von ihm so barsch abgewiesenen Geliebten. Da rannen Tränen über seine Wangen, und er schloß nicht nur seine Berta, sondern auch deren Retter in seine Arme.

Herzog Ernst

Herzog Ernst, der Sohn eines gleichnamigen Herzogs von Bayern und Österreich, verlor seinen Vater sehr früh. Als er allmählich herangewachsen war, verheiratete sich seine Mutter Adelheid zum zweiten Mal mit dem Kaiser Otto dem Ersten, und das Verhältnis zwischen diesem und seinem Stiefsohn gestaltete sich anfänglich aufs beste. Dies erregte aber den bitteren Neid des Pfalzgrafen Heinrich, der bei dem Kaiser die Stellung eines bevorzugten Rates einnahm, und wohl fürchten mochte, daß er von dem jungen Ernst verdrängt werden würde. Er verdächtigte diesen daher bei dem Kaiser, daß Ernst mit hochverräterischen Plänen umgehe, daß er dem Kaiser nach Krone und Leben trachte, und da sich Heinrich erbot, dafür auch Zeugen zu stellen, so glaubte ihm der Kaiser und sandte ihn mit einem Heere gegen den jungen Herzog, diesen aus seinem Lande zu vertreiben.

Alle Versuche des jungen Mannes, der sich keiner Schuld bewußt war, alle Bitten der Kaiserin, die ihren Sohn besser kannte und an eine Schuld desselben nicht glauben mochte, den Zorn des Kaisers zu besänftigen, schlugen fehl. Die Kaiserin kam jedoch dahinter, daß das alles nur von dem hinterlistigen Pfalzgrafen angezettelt worden sei, und ließ dies ihrem Sohne durch einen vertrauten Boten melden. Da machte sich der Herzog Ernst, nur von seinem vertrauten Freunde Wetzel und einem Diener begleitet, heimlich auf nach Speier, wohin der Kaiser gerade einen Reichstag berufen hatte, um den Pfalzgrafen zu entlarven und den Kaiser zu versöhnen. Heimlich gelangte er in das Schloß und traf den Kaiser mit dem verräterischen Ratgeber allein. Als Herzog Ernst aber diesen erblickte, übermannte ihn der Zorn, er zog sein Schwert und stach ihn nieder. Der Kaiser entsprang in die Kapelle, denn er glaubte nicht anders, als daß Ernst nun auch ihm ans Leben gehen würde. Daran hatte der Herzog nun freilich gar nicht gedacht, sondern nachdem er seine Rache an dem Verräter gekühlt, ritt er schleunigst wieder davon.

Die Folge aber war, daß nun der Kaiser selbst mit großer Heeresmacht auszog, um den Stiefsohn zu strafen, und obwohl diesem von dem Herzog von Sachsen Ritter und Reisige zur Hilfe gesandt wurden, so vermochten sie doch nichts gegen die große Macht des Kaisers auszurichten. Eine Stadt nach der andern ging verloren, und da Herzog Ernst des vielen nutzlos vergossenen Blutes jammerte, so beschloß er, das Land zu verlassen. Er entließ die Sachsen in ihre Heimat und unternahm in Begleitung einer getreuen Ritterschar einen Zug ins heilige Land.

Durch Ungarn gelangten sie in das griechische Kaiserreich, wo sie wohl aufgenommen wurden. Auch ließ ihnen der griechische Kaiser ein Schiff ausrüsten, das sie nach Jerusalem bringen sollte. Auf der Seefahrt aber wurden sie von einem fürchterlichen Sturme heimgesucht, so daß sie Gott danken mußten, als sie endlich nach vielen Wochen ein unbekanntes Land erreichten.

In der Nähe der Küste, wo sie ihr Schiff in einer Bucht geborgen hatten, sahen sie eine wohlbefestigte Stadt, in die sie sich aber lange nicht hinein wagten. Als sie dazu endlich doch Mut faßten, fanden sie eine schöne Stadt mit einem herrlichen Schlosse, aber keinen Menschen darin. In dem Schlosse war eine große Tafel mit den üppigsten Speisen gedeckt, an der sie sich nicht allein gütlich taten, sondern noch soviel fanden, daß sie auch ihr Schiff für kurze Zeit mit Vorräten aller Art versehen konnten.

Am nächsten Tage begab sich Ernst, nur von seinem Freunde Wetzel begleitet, abermals in die leere Stadt und das Schloß, besahen alles, badeten in einem köstlichen Wasserbecken, ruhten ein wenig in herrlichen Betten und wollten sich schon wieder entfernen, als sie plötzlich ein großes Heer daherziehen sahen. Aber o Schrecken! Es waren wohl Menschengestalten, aber sämtlich mit langgeschnäbelten Kranichköpfen. Zum Entfliehen war es zu spät; die beiden Freunde versteckten sich daher in einem Winkel, um das Tun und Treiben dieser sonderbaren Geschöpfe zu beobachten.

Die Kranichleute nahmen an den Tischen Platz, aßen und tranken und waren fröhlich. Sie waren alle ausgezogen gewesen, um für ihren König eine königliche Jungfrau zu rauben, die nun sehr traurig mit an der Tafel saß. Da beschlossen die Freunde, die Jungfrau zu befreien. Als das Mahl beendet, die Gäste gegangen waren, der König sich zurückgezogen hatte und sich nun von seinen Dienern die Jungfrau zuführen ließ, fielen die beiden über die Diener her. Der König aber sprang herzu, stach die Jungfrau mit seinem langen Schnabel tot, und wenn er nun von Herzog Ernst auch wieder erstochen wurde, so hatte der Lärm doch viele Kranichleute herbeigezogen. Schwer nur vermochten sich die Freunde der Übermacht zu erwehren, schlugen sich jedoch bis zum Stadttor durch, das sie aber leider geschlossen fanden, und nun hätten sie erliegen müssen, wenn ihnen nicht von außen Hilfe gekommen wäre.

Die auf dem Schiffe gebliebenen Ritter nämlich hatten gefürchtet, daß Ernst und Wetzel in Gefahr gekommen wären. Sie waren daher nach der Stadt geeilt, und als sie drinnen den Kampflärm vernahmen, schlugen sie das Tor mit den Streitäxten ein, und nun zog sich die Schar, fortwährend kämpfend, nach dem Schiffe zurück, das sie endlich auch glücklich erreichten, aber mit Verlust einer Anzahl der Freunde.

Sie fuhren wieder ins Meer hinaus, wurden jedoch abermals vom Sturme gepackt und umhergeschleudert, daß sie jeden Augenblick zu versinken meinten. Ihr Unglück war aber noch nicht vorüber, denn als die Sturmnacht zu Ende ging, erkannte der Schiffsführer, daß sie unaufhaltsam dem Magnetberge zutrieben, der das Schiff anzog, und daß sie nun erst unrettbar verloren seien. Der Magnetberg war umgeben von vielen gescheiterten Schiffen und was sie gefürchtet hatten, das trat ein: auch ihr Schiff barst entzwei, und mit genauer Not entgingen nur Ernst, Wetzel und fünf ihrer Gefährten dem Tode in den Wogen und retteten sich auf eins der gescheiterten Schiffe.

Auf dem Verdeck sahen sie die Leichen der Mannschaft liegen, und als sie die Räume durchstöberten, fanden sie, daß das Fahrzeug mit Ochsenhäuten beladen war. Da wurden sie durch ein gewaltiges Rauschen erschreckt und sahen von der Kajüte aus, wie ein ungeheurer Riesenvogel aus der Luft herabschoß, mit jeder Klaue eine der Leichen packte und davontrug. Da machte Wetzel den Vorschlag, daß sie sich auf dieselbe Weise retten könnten, indem

Herzog Ernst

sie sich von dem Greif durch die Luft tragen ließen. Er und Herzog Ernst ließen sich in voller Rüstung von den Gefährten in Ochsenhäute nähen und auf das Verdeck legen. Nach einigen Stunden kam wirklich der Greif wieder geflogen, packte die beiden Ballen und trug sie seinen Jungen zu. Die saßen in ihrem Neste auf einem hohen Felsenberge. Hier trennten die Ritter, nachdem sie gehört, daß der alte Greif wieder davongeflogen, die Häute auf, kletterten von dem Berge herab und gelangten in einen großen Wald.

Auf dieselbe Weise retteten sich auch immer je zwei ihrer Gefährten von dem Magnetberge. Nur der fünfte mußte zurückbleiben, da er sich nicht selbst in eine Ochsenhaut nähen konnte. Ebenso wie die beiden Freunde stiegen nun die Ritter von dem Greifenberge herab und kamen in den Wald, und nach langem Suchen fanden sich endlich diese sechs Abenteurer an einer Quelle zusammen.

Mehrere Tage durchirrten sie nun den Wald und lebten von Wurzeln, die sie aus der Erde gruben. Endlich gelangten sie ins Freie und sahen eine Stadt vor sich. Als sie das Tor erreichten, waren sie erstaunt, denn die Menschen, welche ihnen entgegen kamen, hatten nur ein Auge mitten auf der Stirn, und diese waren ebenso erstaunt, nun Menschen mit zwei Augen zu sehen. Das war ihnen eine so wunderbare Erscheinung, daß der König dieser Einäugigen, Cyklopen oder auch Arimasper genannt, befahl, die Fremdlinge unverzüglich zu ihm zu führen.

Der König nahm den Herzog Ernst und seine Gefährten gütig auf, ließ sie reichlich verpflegen, und nachdem er ihre Abenteuer erfahren und erkannt hatte, daß er es mit sehr tapferen und kriegskundigen Leuten zu tun hatte, beschloß er, sie an seinen Hof zu fesseln. Das gelang ihm, und sie wurden bald die besten Freunde, um so mehr, als der König sich nicht geirrt und in der Tat an ihnen eine kräftige Hilfe gegen alle seine Feinde gewonnen hatte, die zu besiegen ihm noch niemals gelungen war.

Da kam zuerst das Volk der Sciopoden oder Monokolen. Das waren Menschen, die nur einen Fuß hatten, mit dem sie aber außerordentlich behende hüpfen konnten und der so groß und breit war, daß sie sich mit demselben gegen die Sonne zu bedecken vermochten. Nach diesen zogen die Panochen heran, Menschen mit so großen Ohren, daß sie ihnen wie gewaltige Lappen bis auf die Erde niederhingen. Endlich erschienen auch noch die Riesen, die das Land verwüsteten. Alle diese Völker hatten bisher Tribut von dem König der Arimasper eingefordert, den dieser auch zahlte, um nur einigermaßen Ruhe vor ihnen zu haben.

Auf den Rat des Herzogs Ernst verweigerte er nun jedem dieser Völker den Tribut, und so begann nacheinander gegen jedes derselben ein Krieg, in welchem die im Morgenlande ganz unbekannte Kriegskunst des Herzogs und seiner Gefährten, die der König zu seinen Heerführern gemacht hatte, den Sieg davontrug. Die feindlichen Heere wurden nicht allein geschlagen, sondern fast ganz aufgerieben. Herzog Ernst aber behielt von allen diesen merkwürdigen Menschen einen oder den andern Gefangenen als Merkwürdigkeit zurück, die ihm denn auch willige und treue Diener wurden.

Hochgeehrt lebten nun Herzog Ernst und seine Begleiter eine Zeitlang bei den Arimaspern, doch vergaßen sie nicht, daß das eigentliche Ziel ihrer Abenteuerfahrt Jerusalem gewesen war. Aber auch dahin sollten sie endlich gelangen und sogar ohne besondere Abenteuer.

Herzog Ernst hatte nämlich eine Fahrt nach dem unfern gelegenen Indien unternommen zur Hilfe des Mohrenkönigs gegen den König von Babylon. Wieder war es ihm gelungen, diesen zu besiegen und sogar gefangenzunehmen. Er wußte nun aber den Mohrenkönig zu bewegen, den Gefangenen nicht zu töten, wie es zuerst seine Absicht gewesen war, sondern sich damit zu begnügen, daß der Babylonier ein für allemal allen Feindseligkeiten entsagte und fortan ein treuer Bundesgenosse des Mohrenkönigs zu sein gelobte. Danach erhielt er nicht nur seine Freiheit, sondern auch sein Land zurück.

Dafür nun war der König von Babylon dem Herzog Ernst sehr dankbar, lud ihn ein, sein Gast zu sein und versprach ihm, nachdem er erfahren, was die Fremden ins Morgenland geführt habe, ihn und seine Gefährten sicher nach Jerusalem geleiten zu lassen. Das geschah denn auch, und so gelangte der Herzog endlich an das Ziel seiner Wünsche und konnte in Jerusalem am Grabe des Heilandes seine Gebete verrichten.

Auch in Jerusalem erwarb sich Herzog Ernst die Gunst des Königs in so hohem Grade, daß dieser ihm nach Jahr und Tag ein Schiff ausrüstete, um in seine Heimat, wohin ihn die Sehnsucht trieb, endlich zurückkehren zu können. Der Herzog segelte darauf nach Frankreich und ging nach Paris, wo leider von seinen merkwürdigen Dienern, zu denen auch zwei Zwerge gekommen waren und die überall das größte Aufsehen machten, der Einfuß starb. Was ihn nach Paris geführt hatte, war der Gedanke, einen Vermittler zwischen sich und seinem wahrscheinlich immer noch zürnenden Vater zu finden. Da das nicht gelang, so begab er sich nach Rom, um den Papst für diesen Zweck anzurufen; aber auch dieser weigerte sich, da er selber mit dem Kaiser Otto verfeindet war, und so unternahm Herzog Ernst endlich das Wagestück auf eigene Hand.

Als er hörte, daß der Kaiser, sein Vater, einen Reichstag nach Nürnberg ausgeschrieben hatte, begab er sich mit seiner ganzen Begleitung dorthin, denn da kannte ihn niemand, und er konnte sich deshalb vorläufig verborgen halten. Es war das Christfest nahe, und als Ernst erfuhr, daß seine Mutter, die Kaiserin, am ersten Feiertage die Kirche besuchte, ging er auch dorthin und sprach sie als ein Bettler an, der um ihres Sohnes Ernst willen ein Almosen erbat. Der Gedanke an ihren Sohn, den sie so viele Jahre nicht gesehen hatte und von dessen Unschuld sie ja stets überzeugt gewesen war, rührte die Kaiserin derart, daß er sich ihr zu erkennen gab. Das war nun eine große, wenn auch vorläufig noch heimlich gehaltene Freude, aber sie versprach ihm, den Bischof von Bamberg und andere Herren zu gewinnen, daß sie mit ihr vereint den Kaiser um Gnade für den Sohn anflehen sollten.

Das geschah nun am zweiten Festtage, ebenfalls in der Kirche. Nach dem Evangelium tat Herzog Ernst einen Fußfall vor dem Kaiser, und wenn dieser zunächst auch noch weiter zürnen wollte, so gelang es doch den vereinten Bitten der Kaiserin, des Bischofs und vieler Großen des Reiches, ihn zu besänftigen und eine völlige Versöhnung zwischen Vater und Sohn herbeizuführen. Da nun hernach bei dem Festmahle das schmähliche Lügengewebe des erstochenen Pfalzgrafen Heinrich aufgedeckt wurde und der Kaiser erkannte, daß Herzog Ernst niemals den frevelhaften Gedanken gehabt hatte, ihm nach dem Leben zu trachten, so wurde Ernst wieder in alle seine vormaligen Würden eingesetzt.

Die Kaiserin aber ließ zum Dank gegen Gott zu Salza einen herrlichen Münster erbauen, in welchem sie dann später auch begraben wurde.

Bayer von Boppard und der Marienberg

Der bekannteste Vertreter der sehr alten Familie Bayer von Boppard ist der Ritter Konrad, welcher zur Zeit des Kaisers Friedrich Barbarossa lebte. Dem von diesem Kaiser unternommenen Kreuzzug nach Palästina hatte er sich nicht angeschlossen, obgleich er ein sehr kriegs- und fehdelustiger Mann war. Es war aber gerade zu der Zeit im Rheinlande sehr unsicher, eine große Zahl von Strauchrittern und andern Wegelagerern trieb dort ihr Unwesen, und da die Rheinländer den Ritter Konrad Bayer von Boppard als ihren vornehmsten Schutz hochachteten, so hatte er sich bestimmen lassen, zurückzubleiben, so schwer es ihm auch wurde.

Dazu kam, daß er mit der Schwester eines benachbarten jungen Ritters verlobt war, und die Bitten und Tränen der schönen Maria haben wohl nicht wenig dazu beigetragen, daß er sich überwand und daheim blieb, so gern er auch ihrem Bruder gefolgt wäre, der sich dem Kreuzheere anschloß. Genug zu tun gab es hier auch für ihn, denn es verging keine Woche, wo er nicht aufsitzen und gegen die frechen Räuber einschreiten mußte, die selbst die Städte nicht unbelästigt ließen. Aber sie fürchteten ihn auch über die Maßen, seinen Helm mit den beiden mächtigen Adlerflügeln durften sie nur kommen sehen, dann ließen sie gewiß alles im Stich und gaben Fersengeld. Rücksichtslos schritt er gegen sie ein und machte sich ihnen so furchtbar, daß die Rheinlande bald wieder aufatmen konnten und Sicherheit einkehrte.

Dies freie, ungebundene Leben, stets im Sattel und in steter Geschäftigkeit war sein Element, in dem er sich wohl fühlte, und als dasselbe nachließ, kamen ihm allerlei Gedanken. Wohl war er seiner Braut herzlich zugetan, aber doch wollte es ihn nun manchmal bedünken, daß er für ein ruhiges Leben an der Seite eines lieben Weibes nicht geschaffen sei; und wenn er gar daran dachte, wie andere jetzt im gelobten Lande Ruhm und Ehre ernteten, während er sich hier nur mit Räubern und Spitzbuben herumschlagen mußte und endlich wohl ganz versauern würde, dann wurde es ihm siedend heiß. Dann warf er sich aufs Pferd und jagte im Walde umher, nur um solchen Gedanken zu entfliehen.

Immer seltener wurden seine Besuche bei Maria, und sie sah mit herbem Kummer, daß seine Liebe zu ihr mehr und mehr erkaltete. Ihre Tränen halfen nichts, sondern bewirkten nur das Gegenteil, denn eines Tages brachte ihr ein Bote einen Brief, worin er ihr mitteilte, daß er mehr und mehr eingesehen habe, wie ein Weib ihn nur von dem ritterlichen Leben zurückhalte und ihr deshalb ihr Wort zurückgebe. Maria war in Verzweiflung. Lange lag sie bewegungslos in dumpfem Schmerze, dann ging sie ruhelos während der ganzen Nacht in ihrem Zimmer auf und ab. Erst gegen Morgen schien sie einen Entschluß zu fassen, ihre Hände ballten sich krampfhaft zusammen, und mit blitzenden Augen verließ sie ihr Gemach.

Auch Konrad Bayer war an diesem Morgen mit einer Schar von Dienern auf die Sauhetze geritten, er wollte in wildem Jagen den Gedanken entfliehen, die über den Abbruch des Verhältnisses mit Maria in ihm arbeiteten. In der hitzigen Verfolgung eines Ebers verlor er sich von seinem Jagdgefolge und gelangte auf eine lichte Waldfläche. Da schimmerte ihm eine silberhelle Rüstung entgegen, und ein völlig gerüsteter Reiter mit geschlossenem Visier trabte ihm entgegen.

Konrad zügelte seinen heftig schnaubenden Rappen und rief rauh: »Halt da! Freund oder Feind?«

»Ehemals Freund, aber jetzt nicht mehr!« tönte ihm eine bekannte Stimme entgegen.

»Und was willst du?« fragte Konrad weiter.

»Kämpfen mit dir auf Tod und Leben, eidbrüchiger Konrad Bayer von Boppard!«

»Eidbrüchig ich? Wer wagt mir eine solche Verleumdung ins Gesicht zu schleudern?«

»Ich wage es! Hast du nicht der edlen Maria Treue geschworen für das ganze Leben und sie nun treulos verlassen? Ich bin gekommen, um die Arme zu rächen, und fordere dich zum Zweikampf auf Tod und Leben, hier gleich auf der Stelle.«

»Du scheinst dein Leben gering zu achten, Freund, daß du es wagst, Konrad Bayer in solcher Weise entgegenzutreten. Ehrlich habe ich dem Fräulein erklärt, daß ich frei sein will wie der Adler in der Luft, daß ich erkannt habe, wie ein Weib mich nur vom ritterlichen Leben zurückhalten würde.«

»Herunter vom Roß, meineidiger Verräter! Deine glatten Worte ködern mich nicht«, rief aber der andere wild und sprang vom Roß herab.

Da verlor auch Konrad die Geduld, sprang vom Pferde und schrie zornig dagegen: »Visier auf! Daß ich sehe, wer hier sein Leben wegwirft und von meiner Hand fallen will.«

Da erhob der Gegner seinen Schild. »Kennst du den goldenen Löwen im blauen Felde nicht? Ich bin der Bruder der armen Verlassenen, der aus Palästina zurückgekehrt ist und dich hier zur Rechenschaft ziehen will. Schließ dein Visier! Schon zu lange wird hier mit Worten gestritten.«

Beide rissen gleichzeitig die Schwerter aus den Scheiden, und der Kampf begann. Aber nicht lange, so sank Konrads Gegner mit durchbohrter Brust auf den Rasen, den sein Herzblut färbte. Mit unnennbarer Angst sprang der Ritter hinzu und löste dem Gefallenen den Helm – da blickten ihn Marias große, schöne Augen aus todbleichem Antlitz entgegen.

»Konrad!« hauchten ihre Lippen todesmatt, »ich wollte sterben – von deiner Hand – es ist geschehen – ich danke – und verzeihe dir!«

Wilde Verzweiflung hatte den Ritter ergriffen. Er warf sich neben sie hin und suchte den Blutstrom zu hemmen. Er beschwor sie, nicht von ihm zu scheiden, er liebe sie heißer denn je, und sie würden miteinander glücklich werden. Sie lächelte mild und verschied in seinen Armen.

Die tiefste Reue nagte nun an seinem Herzen. Auf einer Anhöhe ließ er Maria bestatten und über ihrem Grabe ein Nonnenkloster erbauen, so prächtig, wie es in den Rheinlanden kein zweites gab. Er nannte es Marienberg, aber die ersehnte Ruhe fand er darum doch nicht. Er entsagte der Welt und begrub sich in eine Einsiedelei, aber auch das gab ihm keine Beruhigung.

Da legte er sich denn wieder den Harnisch an, setzte sich zu Roß und zog mit seinen Knechten dem Kreuzheere nach gen Palästina. Zwar fand er dort seinen Kaiser nicht mehr, denn Friedrich Barbarossa war im Flusse Saleph in Kleinasien beim Baden ertrunken; aber der tapfere Richard Löwenherz von England gab ihm um so mehr Arbeit, daß er sein Elend wohl hätte vergessen können. Ruhm und Ehre erwarb sein tapferes Schwert vollauf, aber er schien gefeit gegen die Sarazenenschwerter. Da kam der Sturm auf das feste Ptolemais. Er legte den Panzer ab, und nur mit dem Koller bekleidet war er der erste auf der Mauer. Da traf ihn der Todespfeil eines feindlichen Bogenschützen, und mit dem Namen Maria auf den Lippen fand er endlich die Ruhe, die er so lange vergeblich gesucht.

Der Drache von Trautenau

Zwei Knechte des Ritters Albrecht, welcher als Burggraf den Bürgern von Trautenau vorstand, ging einmal in den Wald, um einen Steinbruch zu entdecken, aus dem das Material zu einem Bau entnommen werden könnte. Als sie in das tiefste Waldesdickicht kamen, vernahmen sie das Geschrei eines Raben, und als sie dem unaufhörlichen Geschrei nachgingen, gelangten sie an ein Fichtenholz, zwischen dessen Stämmen ihnen der Eingang zu einer ungeheuren Höhle entgegengähnte. Nachdem sie sich näher herangeschlichen hatten, sahen sie, daß der Rabe in der Höhle immer von dem Fußboden zur Decke, und von der Decke zum Fußboden auf und ab flog.

Das mußte seine besondere Ursache haben, und um diese zu erforschen, traten sie in den Eingang der Höhle und sahen mit Grausen in derselben zahllose Gerippe und Reste von Tierkörpern liegen. Im Hintergrunde aber war ein gewaltiger Klumpen zusammengeballt, und die Haare sträubten sich ihnen empor, denn sie erkannten den Körper eines Drachen, der sich augenscheinlich übersatt gefressen hatte und nun seine Mittagsruhe hielt.

Entsetzt flohen die Knechte von dannen, vergaßen aber nicht, ihre Messer zu ziehen und an den Bäumen Zeichen zu machen, damit sie den Weg zu der Höhle wiederfinden könnten. Noch fast atemlos kamen sie in Trautenau an und erstatteten Herrn Abrecht Bericht von ihrem greulichen Funde. Der Ritter bot sogleich seine Mannschaft auf und zog in den Wald, und die Knechte führten ihn den bezeichneten Weg.

Bei dem Tannenholz angekommen, schlich er zunächst mit den beiden Knechten nach dem Eingang der Höhle, um erst mal die Gelegenheit genau zu erkunden. Er überzeugte sich bald, daß der Drache nicht von vorn angegriffen werden durfte, denn wenn derselbe aus der Höhle hervorbrach, so konnte das mehrere Menschenleben kosten. Deshalb faßte er den Felsen, in welchen die Höhle hineinging, von oben ins Auge und ersann etwas, daß der Drache beim Hervorbrechen sich irgendwie verwickeln mußte, dann konnte er getötet werden, ohne Schaden anzurichten.

Ritter Albrecht zog daher die Leute zurück und ließ weitab von der Höhle, damit der Drache nicht gestört würde, aus starken Baumstämmen eine Art Falle bauen. Die wurde oben auf den Felsen hinaufgeschafft und dann an Ketten und Stricken vor den Eingang der Höhle hinabgelassen. Als Köder diente ein lebendes Kalb, welches hineingesetzt worden war. Was man erwartet hatte, geschah: der Drache hatte kaum die Witterung von dem Kalbe, als er auch mit Gebrüll aus der Höhle hervorschoß, um sich desselben zu bemächtigen. Da die Falle aber den ganzen Eingang deckte, so mußte er durch diese hindurch, und dabei klemmte er seinen Leib zwischen die Baumstämme, daß er gefangen war.

Der Wald erdröhnte von seinem Gebrüll, und er arbeitete so fürchterlich in der Falle, daß die Gefahr nahelag, er würde dieselbe sprengen. Daher wurden noch stärkere Baumstämme zur Stütze der Falle von oben herabgelassen, denn in seine Nähe durfte sich niemand wagen. Damit bekam man ihn endlich fest. Nun wurden rings herum Feuer von grünem Holze angezündet, die einen möglichst dichten Rauch gaben, und so wurde das Ungeheuer erstickt. Ritter Albrecht ließ danach, nachdem die Haut abgezogen war, das Fleisch des Drachen in die Erde graben, die Haut aber ausstopfen und nach seiner Trautenauer Burg bringen, wo dieser Überrest des Drachen an Ketten aufgehängt wurde.

Ritter Ulrich und das Geisterheer von Württemberg

Uralt ist das Stammschloß der Regenten von Württemberg, von dem heute das ganze Land den Namen trägt. Die geschichtlich sichere Reihe der Grafen beginnt allerdings erst im 13. Jahrhundert, aber lange vorher schon hat die Burg gestanden. Ein Herr von Württemberg wird schon im 9. Jahrhundert genannt, so daß die Entstehung der alten Feste nicht mehr mit Sicherheit zu ermitteln ist.

Die Sage greift in noch weit frühere Zeit zurück. Sie weiß zu erzählen, daß auf der Burg vorzeiten ein Graf Hartmann gehaust hat, dessen Dienstmann ein Ritter Ulrich gewesen ist. Dieser Ulrich zog eines Tages in den Wald, um zu jagen, konnte aber den ganzen Tag über kein Wild vor seine Armbrust bekommen und verirrte sich zuletzt noch ganz und gar, so daß er endlich in eine Gegend kam, von der er sich nicht erinnern konnte, sie jemals betreten zu haben.

Da sah er einen Ritter und eine Frau, beide von edlem Anstande, ihm entgegengeritten kommen. Höflich grüßte er, wie es Rittersitte erforderte, aber sie erwiderten seinen Gruß gar nicht, sondern ritten schweigend vorüber, ohne ihn zu beachten. Hatte sich Ulrich schon über solche Unhöflichkeit gewundert, so staunte er noch mehr, als ihm dasselbe mit einem zweiten, einem dritten Paare begegnete, und als er deren immer mehr daherkommen sah, lenkte er zur Seite in den Tann, um den Zug vorüberzulassen. Aber niemand dankte seinem Gruße, alle ritten schweigend und seiner nicht achtend dahin.

So hatte er an die dreihundert Paare gezählt, als endlich eine einzelne Frau ohne männlichen Begleiter den Zug beschloß. Diese grüßte er wieder mit ritterlichem Anstande, und nun war er fast noch mehr verwundert, als ihm von ihrem Munde ein freundliches »Gott vergelt's!« entgegentönte.

Er fragte nun weiter, was das für sonderbare Leute wären, die in ritterlicher Haltung an ihm vorüberzögen und nicht einmal seinen Gruß erwiderten?

Die Frau zügelte ihr Pferd und antwortete: »Laßt Euch das nicht verdrießen, Herr! Wir grüßen nicht, denn wir sind tote Leute.«

»Tote Leute?« fragte Ulrich; »wie kommt es denn aber, daß Ihr mit ihnen reitet? Ihr danktet doch, und Euer Mund ist auch frisch und rot.«

»Das ist nur Schein«, sagte die Frau trübe; »denn auch ich bin schon vor dreißig Jahren gestorben, aber die Seele leidet arge Pein.«

Das mochte Ritter Ulrich nun wohl nicht glauben, denn er schüttelte den Kopf: »Höchst sonderbar, was ich da vernehme. Und warum ziehet Ihr allein, da doch jede Dame von einem Ritter begleitet war?«

»Weil der Ritter, den ich als Begleiter haben soll, noch nicht tot ist. Aber ich will auch lieber allein dahinfahren, wenn er nur seine Sünde bereuen und Buße tun wollte.«

»Wer ist dieser Ritter?«

»Ritter von Schenkenburg ist sein Name.«

»Den kenne ich sehr wohl, er ist sogar mein Gevatter, denn er hat mir ein Kind aus der Taufe gehoben. Gern würde ich ihm eine Botschaft von Euch überbringen, aber wie soll er mir glauben?«

»So sagt ihm zum Wahrzeichen: Mein Mann war ausgeritten, da ließ ich ihn in mein Haus und er küßte mich. Wir wurden miteinander sehr bekannt, er zog sogar ein gülden Ringlein von seinem Finger, und steckte mir's an meine Hand. Wollte Gott, meine Augen hätten ihn nie gesehen!«

»Vermag denn nichts Eure Seele zu retten, Gebete oder Wallfahrten?« fragte Ulrich in tiefem Mitleiden.

»Mir kann niemand helfen«, rief die Frau mit schwerem Seufzer, »darum, daß ich vor meinem Tode nicht mehr zur Beichte gelangt bin und nicht gebüßt habe.«

»Weshalb nicht?«

»Weil ich die Beichte scheute und meinen Mann; wäre ihm etwas von meiner Untreue zu Ohren gekommen, so hätte es mich das Leben gekostet.«

Nach diesen Worten schien es der vor dreißig Jahren gestorbenen toten Frau genug geredet. Sie setzte ihr Pferd wieder in Bewegung. Der Ritter aber mochte gern noch mehr von diesen sonderbaren toten Leuten erfahren und erbot sich, mit ihr dem Zuge bis zur Herberge nachzureiten. Das widerriet sie ihm sehr ernstlich, denn er laufe dabei die größte Gefahr. Als er aber weiter in sie drang und schon an ihrer Seite dahinritt und nicht davon abzubringen war, empfahl sie ihm: keine Speisen anzurühren, die man ihm bieten würde, und sich nicht daran zu kehren, wenn man dies ersichtlich sehr übelnehmen sollte.

So ritten sie denn dahin durch Wald und Feld und gelangten endlich an einen Berg, auf dem eine schöne Burg stand, die dem Ritter Ulrich aber ganz unbekannt schien. In diese Burg zogen sie nicht ein, sondern die ganze Schar lagerte sich davor in das grüne Gras, denn Tische und Sessel waren auch nicht vorhanden. Die einzelne Frau nahm ganz am Ende ihren Platz, niemand achtete ihrer. Wildbret und Fische und die edelsten Speisen, die man erdenken konnte, wurden in kostbaren Geräten gebracht, weiße Semmel und Brot dazu; köstlicher Wein wurde in goldene Becher gefüllt, und alle bedienten sich nach Herzenslust und schienen fröhlichen Mutes.

Ritter Ulrich, den niemand beachtete, begab sich zu der einzelnen Frau und lagerte sich an ihrer Seite. Hier wurde nun auch ihm von den Speisen angeboten, doch er erinnerte sich der Warnung und nahm nichts davon. Als nun aber ein köstlich gebratener Fisch gereicht wurde, der gar so lieblich duftete, wollte er zwar ebenfalls nicht für sich davon nehmen, meinte aber, daß es der ritterliche Anstand erfordere, seine Nachbarin zu bedienen. Tischgabeln kannte man damals noch nicht, sondern man bediente sich mit der Hand, und als er nun zugriff, war es, als ob er in glühendes Erz gegriffen hätte, und vier Finger wurden ihm glatt weggebrannt, so daß er einen lauten Schrei ausstieß. Niemand kümmerte sich jedoch darum.

Die Frau aber, die bis jetzt noch nicht ein Wort gesprochen hatte, griff schweigend nach dem Jagdmesser an seiner Seite und zog ihm mit der scharfen Klinge ein Kreuz über die Hand. Als das Blut floß, war der Brand auch sogleich gestillt, aber die Finger waren verloren.

Dann flüsterte ihm die Frau zu: »Merkt auf! Jetzt wird ein Turnier beginnen, und man wird auch Euch ein edles Pferd vorführen und goldverzierte Waffen reichen; aber hütet Euch davor, wenn Euch das Leben lieb ist.«

Wirklich kam bald darauf ein Knecht mit einem Pferde und Waffen zu ihm, aber er hütete sich wohl, dieselben anzunehmen.

Nach dem Turniere begann nach einer unsichtbaren Musik der Tanz, und auch vor diesem hatte die Frau ihn heimlich gewarnt. Freilich mußte sie mit in die Reihen treten, aber sie war ja allein, und obwohl man ihr die Lust ansah, tanzte doch niemand mit ihr. Da ergriff den Ritter das Mitleid, er vergaß alles und eilte zu ihr; kaum aber berührte er ihre Hand, so sank er tot in das Gras.

Da nahm ihn die Frau in ihre starken Arme, trug ihn auf einen Rain und pflückte hier ein bestimmtes Kraut. Das steckte sie ihm in den Mund, und danach wurde er wieder lebendig, sah die Frau neben sich und die Tänzer eine Strecke davon wieder im Grase ruhen.

Da sprach die Frau: »Der Tag naht, und es währt nicht lange, so kräht der Hahn; dann müssen wir alle von hinnen.«

Verwundert sagte Ulrich: »Wie, ist es denn Nacht? Mir hat es doch geschienen, als ob diese ganze Zeit über heller Tag gewesen wäre.«

»Das war eben nur Schein, der Wahn trügt Euch. Aber nun verweilt Euch nicht länger, denn ich kann nicht weiter bei Euch sein, um Euch vor Schaden zu bewahren. Wenn der Hahn kräht, dürft Ihr nicht mehr in unserer Gesellschaft sein. Dort hinter jenen Bäumen werdet Ihr einen Waldsteig finden, der Euch aus dieser Wildnis heimführen wird. Eilt Euch nun!«

Ritter Ulrich hatte genug gesehen und erfahren, um diese Mahnung zu beherzigen. Er bestieg sogleich sein Roß, und als er hinter die Bäume gelangt war, die ihm alles verdeckten, was hinter ihm gewesen, hörte er in der Ferne den Hahn krähen. So kam er mit dem Verluste von vier Fingern glücklich davon.

Mit höchster Verwunderung hörte Graf Hartmann den Bericht seines Dienstmannes an. Einmal über das andere entfuhr ihm unwillkürlich ein: Unglaublich! Aber die verstümmelte Hand Ritter Ulrichs war der beredteste Zeuge für die Wahrheit seiner Erzählung.

Gleich am andern Tage beurlaubte er sich bei seinem Grafen und machte sich auf nach der Burg seines Gevatters, des Ritters von Schenkenburg. Dieser wollte nun erst recht nicht glauben, was Ulrich ihm erzählte, aber das Wahrzeichen, das ihm die Frau bestellen ließ, und des Ritters verbrannte Hand überzeugten ihn, und er beschloß, gutzumachen, was noch möglich war.

Einen Zug nach dem gelobten Lande wollte er mitmachen, und Ulrich schloß sich ihm an. Beide verrichteten dort große Taten gegen die ungläubigen Sarazenen, bis sie glaubten, deren so viele ausgetilgt zu haben, daß die Seele der Frau von ihrer Pein erlöst sein könnte. Dann erst kehrten sie heim.

Die Herren von Hohensar

Zwischen dem Altmann-Berge, dem Nachbar des Hohen Säntis, und dem Rheintale liegt die alte Stammburg der Freiherren von Hohensax. Deren einer hieß Hand, Philipp, war ein ritterlicher Kriegsheld und zog ins Niederland, für dessen Freiheit er mitfocht, war ein Protestant und gerade in Frankreich, als die Ketzerverfolgung begann. Mit Mühe entrann er der Pariser Bluthochzeit. Dieser Freiherr von Hohensax hielt die alten Lieder gar wert, welche die Minnesänger in der Schweiz und in Schwaben gedichtet und gesungen hatten, und besaß von ihnen jenes hochwerte Buch, das ein Stolz der deutschen Poesie, jetzt aber in den Händen der Franzosen ist, die es vordessen aus Deutschland entführt haben und nimmermehr wieder herausgeben, weil man es ihnen nicht wieder genommen hat, da es rechte Zeit dazu war. Gar wert hielt der Freiherr das alte Liederbuch, da geschah es, daß ihn, manche sagen um des Glaubens willen, sein Neffe Ulrich Georg von Hohensax erschlug, das geschah im Jahre 1559. Darauf kam das Buch mit dem unverwelklichen altdeutschen Liederschatz in die Hände und in die Liberei des Kurfürsten von der Pfalz gen Heidelberg, von wo es durch die Franzosen weggeschleppt wurde. Wunderbares aber begab sich mit dem Leichnam des Ermordeten; dieser verwesete nicht, als er in der Kirche zu Sennewald beigesetzt war, das dünkete die Umwohner ein absonderliches Zeichen, und meinten, obgleich der Verstorbene stetig ein Protestant gewesen, er müsse etwa doch ein heiliger Mann gewesen sein. Verschafften sich heimlich von ihm erst einen Finger, dann deren mehr, endlich wurde der ganze Leichnam hinweggeführt, gerade wie sein alter Liederschatz, nur mit dem Unterschied, daß die Sennenwalder Klage erhoben um den Leichnam des Hohensaxers und derselbe wieder herüberwandern mußte, da sie ihn denn noch heutigen Tages in ihrer Kirche als eine Mumie zeigen. – Vordessen lebte auch noch ein Freiherr dieses edlen Geschlechts auf Hohensax, der war mit einem Ding begabt, das nicht eben selten ist in diesen felsreichen Alpentälern, einem Glied, das ihn ärgerte, und konnt' und mocht' es doch nicht ausreißen und von sich werfen, wie die Schrift gebeugt. Da zog er mit zu Felde, und in einer heißen Schlacht, in welcher Mann gegen Mann kämpfte, empfing er einen Schwerthieb, daß ihm gleich das Blut stromweis vom Halse abquoll. Doch hatte der Feind den glücklichsten Streich getan, er hatte dem Freiherrn von Hohensax das ärgernde Glied weggehauen, seinen Kropf.

Ida von der Toggenburg

Rheinaufwärts vom Bodensee liegt die Toggenburg, der nach ihr genannten Grafen uralter Stammsitz. Darinnen wohnte eine fromme Gräfin, Ida geheißen, aus dem Stamme derer von Kirchberg. Da geschah es eines Tages, daß sie ihren Brautring in das offne Fenster legte und die Sonne darauf schien, daß er hell blitzte. Ein Rabe sah den Ring, schoß daher, erfaßte ihn mit seinem Schnabel und trug ihn fort in sein Nest. Wohl vermißte die Gräfin ihren Ring, doch fürchtete sie ihres heftigen Gemahls Zorn, wenn sie den Verlust ihm melde, und daher schwieg sie. Nach einiger Zeit fand ein Jäger oder sonst ein Diener im Walde des Raben Nest und in dem Nest den Ring der Herrin, ohne daß er wußte, wem der Ring gehörte, steckte ihn an seinen Finger und trug in sonder Scheu. Da sah und erkannte der Graf seiner Gemahlin Ring, den er ihr selbst gegeben, am Finger des Knechts, glaubte sie treulos, ließ alsbald den unschuldigen jungen Gesellen am Schweif eines wilden Pferdes den felsigen Burgweg hinab zu Tode schleifen und warf die ebenso unschuldige Gemahlin vom Söller des Palas hinab in den waldigen Felsenabgrund. Aber Engel schirmten die Unschuld; sanft sank Ida, von unsichtbaren Händen getragen, durch schützendes Gezweig auf weiches Moos. Inbrünstig dankte sie den Heiligen für ihre wunderbare Rettung und wandelte weit von der Burg hinweg in eine unwegsame Wildnis. Dort erbaute sie sich eine Hütte von Gezweig und lebte als Einsiedlerin nur dem Gebet und der Andacht. Wasser war ihr Getränk, Waldbeeren und Wurzeln waren ihre Nahrung. Bald darauf sagte ein Diener dem Grafen von seines Mitgesellen Ringfund im Rabennest, und nun lastete seine Tat schwer auf des Grafen Seele. Einstmals verirrte sich unversehens ein Jäger des Grafen in diese Waldeinöde und fand die Einsame. Schnell trug er diese Kunde zu seinem Herrn, der längst jene übereilte Tat eines doppelten Mords ohne Verhör und Richterspruch bereute, und der Graf eilte zu der Einsiedlerin, wollte sie wieder hinauf in sein Schloß führen und erflehte ihre Vergebung. Aber Ida ließ sich nimmer bewegen. Der Graf von Toggenburg nahm das Kreuz, entbot seine Dienstmannen rings im Schweizerlande und zog mit ihnen, zur Büßung und Entsühnung seiner Tat, nach dem Heiligen Lande, dort gegen die Ungläubigen zu fechten. Dort kämpfte er mit in großen Schlachten und machte seinen Namen gefürchtet – aber es zog ihn die mächtige Sehnsucht im Busen immer wieder nach der

Heimat zurück; immer noch hoffte er, Ida werde sich wieder mit ihm einigen, denn nie hatte er sie mehr geliebt, als seit er sie wiedergefunden. Und nach einem Jahr schiffte er wieder der Heimat zu. Aber da er nach Ida fragte, ward ihm die Kunde, daß sie im Kloster Fischingen den Schleier genommen und dort lebe, still und heilig. Da tat der Graf sich allen ritterlichen Geschmuckes ab, hing Wehr und Waffen in seine Kapelle und pilgerte hinab gen Fischingen als armer Einsiedler, erkor sich einen Platz in der Nähe des Klosters, darin lebte, büßte und betete der Graf, bis er starb.

Der Besserstein

Im Aargau, da, wo Reuß und Limmat in die Aar und die Aar in den Rhein fließen, liegt der Geißberg, der trägt auf seinem Gipfel die Trümmer einer Ritterburg. Ein Herr von Villigen baute die Burg auf das schönste und festeste, hatte seine Herzensfreude daran, gedachte in ihr glücklichen Alters froh zu werden und in Leutseligkeit und Güte seinen Untersassen ein treuer Vater zu sein. Fertig stand der Bau, und festlich sollte er eingeweiht werden. Des Bauherrn Söhne und alle Gefreundete rings im Gau waren versammelt, und die Humpen kreisten. Der Ritter von Villigen sprach zu den Söhnen: Da schaut nun, wie gut sich's hier wohnen wird in der Pracht der Gegend, rund um uns her unsre fleißigen Leute und Mannen, mitten im Kreis der Dörfer unser stattliches Burghaus, fest gegen den Feind, offen dem Freund, den Bedrängten ein Schutz, den Dürftigen ein Hospitium! So wollt ich's haben.

Ja, Vater, sprachen die Söhne, das ist traun eine wackre Trutzburg worden; da mag sich das nichtsnutzige Volk auflehnen oder nicht, wir zwingen es von hier aus, wir werden ihm den Fuß auf den Nacken setzen. Von hier aus können wir Zölle legen auf die Flüsse und den Rheinstrom, auf Wege und Stege. Der ganze Gau muß uns tributpflichtig werden, damit unser Gut sich mehre und unser Name ein gefürchteter sei im Rhein- und Schweizerlande. – Als der Herr von Villigen diese Rede seiner Söhne vernahm, war es ihm, als wolle sein Blut stocken und sein Herz brechen, und zürnend brach er aus: Entartete Söhne! So ist euer Sinn? Wartet, den will ich euch bessern! – Und warf seinen vollen Humpen zur Erde, daß er in tausend Scherben zerklirrte. Wie dieser Humpen zertrümmert liegt, so soll dieser stolze Bau, meine Lust und meine Freude, zertrümmert liegen! – Und berief seine Mannen, seine Untersassen, sein ganzes Volk, und hieß sie den neuen Bau abbrechen und verfluchte die Hand, die ihn wiederum zu bauen beginnen werde. Besser Stein, ein wüster Stein, als eine Zwingburg des Volkes und des Gaues, die Schimpf auf den edeln Namen derer von Villigen häuft! rief er – und seitdem liegt auf dem Geißenberge der öde Mauerrest und heißt allwege im Volke der Besserstein.

Herzog Bernhard hält sein Wort

Im Dreißigjährigen Kriege kämpfte der Sachsenherzog Bernhard von Weimar in den Gefilden des Oberrheins. Da belagerte er das Städtchen Neuenburg, zwischen Basel und Breisach gelegen, das noch gut kaiserlich war und sich tapfer hielt. Der langen Belagerung und des hartnäckigen Widerstandes der Neuenburger äußerst müde, erzürnte sich der Sachsenherzog und verschwur sich hoch und teuer bei Himmel und Hölle: Komme ich in das Nest hinein, so soll weder Hund noch Katze mit dem Leben davonkommen. – Bald darauf mußten sich die tapferen Neuenburger, da sie die Belagerung nicht länger aushalten konnten, dennoch ergeben, und die Soldateska wollte schon ihr Mütlein im Blute der Bürgerschaft kühlen und alles ermorden. Da gereute dem Herzog sein vermessener Eid und des vielen edeln auch zum Teil unschuldigen Blutes, das hier vergossen werden sollte, und er sprach: Nur was ich schwur, wird gehalten, und nicht mehr und minder. Schont nicht Hunde, nicht Katzen, aber bei Leib und Leben gebiet' ich, daß der Menschen geschont werde. – Und also geschah es. Herzog Bernhard, der große Kriegsheld, hatte auch Breisach belagert und erobert, Freiburg eingenommen und bei Rheinfelden das Heer der Kaiserlichen geschlagen. Große Hoffnungen baute auf ihn das deutsche Volk, auch das im Elsaß, und jubelte ihm zu und begrüßte ihn überall als einen Retter, wie als einen Schirmvogt gegen das treulose Nachbarland. Aber er sprach ahnungsvoll: Ich werde des großen Schwedenkönigs Gustav Adolf Schicksal teilen – sobald das Volk ihn mehr ehrte als Gott, mußte er sterben. – Und ein Jahr nach Neuenburgs Einnahme starb er alldort, wo er menschlich gewaltet, der allgemeinen Sage nach an Gift.

Das Riesenspielzeug

An einem wilden Wasserfall in der Nähe des Breuschtales im Elsaß liegen die Trümmer einer alten Riesenburg, Schloß Nideck geheißen. Von der Burg herab ging einstmals ein Fräulein bis schier gen Hasloch, das war des Burgherrn riesige Tochter, die hatte noch niemals Menschenleute gesehen, und da gewahrte sie unversehens einen Ackersmann, der mit zwei Pferden pflügte, das dünkte ihr etwas sehr Gespaßiges, das kleine Zeug; sie kauerte sich zum Boden nieder, breitete ihr Schürztuch aus und raffte mit der Hand Bauer, Pflug und Pferde hinein, schlug die Schürze um sich herum, hielt's mit der Hand recht fest und lief, was sie nur laufen konnte, und sprang eilend den Berg hinauf. Mit wenigen Schritten, die sie tat, war sie droben und trat jubelnd über ihren Fund und Fang vor ihren Vater, den Riesen, hin, der gerade beim Tische saß und sich am vollen Humpen labte. Als der die Tochter so mit freudeglühendem Gesicht eintreten sah, so fragte er: nu min Kind, was hesch so Zwaselichs in di Furti? Krom's us, krom's us! – O min Vater! rief die Riesentochter, gar ze nettes Spieldinges ha i funden. – Und da kramte sie aus ihrem Vortuch aus, Bauer und Pferde und Pflug, und stellt's auf den Tisch hin und hatte ihre Herzensfreude daran, daß das Spielzeug lebendig war, sich bewegte und zappelte. Ja min Kind, sprach der alte Riese, do hest de ebs Schöns gemacht, dies is jo ken Spieldings nit, dies is jo einer von die Burn; trog alles widder fort und stells widder hin ans nämlich Plätzli, wo du's genommen hast! – Das hörte das Riesenfräulein gar nicht gern, daß sie ihren Fund wieder forttragen sollte, und greinte, der Riese aber ward zornig und schalt: Potz tusig! daß de mir net murrst! E Bur ist nit e Spieldings! Wenn die Burn net ackern, so müssen die Riesen verhungern! – Da mußte das Riesenfräulein seinen vermeintlichen Spielkram als wieder forttragen und stellte alles wieder auf den Acker hin.

Diese Sage wird auch von manchem andern Ort in Deutschland erzählt, und zwar auf ganz ähnliche Weise, vom Schlosse Blankenburg oder Greifenstein ohnweit Schwarzburg im Thüringerlande, auch vom Lichtenberg im Odenwalde, allwo gewaltige Riesen hausten.

Der Krötenstuhl

Im Elsaß war eine Burg, hieß Nothaeder, auf der wohnte ein Herzog, welcher eine überaus schöne Tochter hatte. Sie war aber nicht weniger stolz als schön, kein Freier, so viel deren kamen, ihre Hand zu erlangen, war ihr gut genug, und mancher nahm sich das Leben, weil er ihre Gunst nicht erlangen konnte. Der letzte, der das tat, verwünschte die hartherzige Jungfrau in einen harten Steinfelsen, und daß sie nur alle Freitag einmal sichtbarlich sich zeigen dürfe, aber auch nur alle drei Wochen einmal in ihrer wahren Gestalt als Jungfrau, zum andern Mal als eine Schlange und zum dritten als eine häßliche Kröte. Jeden Freitag kommt sie nun hervor, wäscht oder badet sich auf dem Felsen an einem Quellborn und sieht sich um nach allen Weiten, ob kein Erlöser nahe. Wollte jemand an das Wagestück gehen, der muß an einem Freitag auf den Felsen gehen, da findet er eine Muschel, darin liegen drei Wahrzeichen: eine dunkelgelbe Schlangenschuppe, ein Stückchen grasgelbe Krötenhaut und eine goldgelbe Haarlocke. Diese drei Dinge muß der Befreier zu sich stecken und bei sich tragen und zur Mittagsstunde am nächsten Freitag wieder hinauf auf den wüsten Felsen steigen, und zwar dreimal, und muß einmal die Schlange, zum andern die Kröte, zum dritten die Jungfrau küssen. Das war mehr verlangt als bei der schönen Schlangenjungfrau im Heidenloch bei Augst, eine Schlange und eine Kröte zu küssen, ohne zu entfliehen! Wem das aber möglich ist, der erlöset die Verzauberte, bringt sie zur Ruhe und wird durch ihre Schätze unermeßlich reich. Schon mancher fand die Merkzeichen, wagte sich in die öden Burgtrümmer und kam nimmermehr wieder, sei es, daß, ehe er den Kuß gewagt, Furcht und Grausen ihn tötete, sei es, daß er den Kuß wagte und vor Entsetzen in des Todes Arme sank, denn wie lieblich sie als Jungfrau erscheint, immer gleich jung, niemals gealtert, so schrecklich ist sie als Kröte, nämlich so groß wie etwa ein mäßiger Backofen, und spaucht Feuer – wer kann da küssen? Am allerschrecklichsten ist sie als Schlange, lang und stark wie ein Heubaum. Einmal hatte ein kecker Bursch doch sich überwunden und die Schlange geküßt, da war die Schlange hinweg, nun kam die Kröte, die war über alle Maßen abscheulich anzusehen, das Eingeweide drehte sich ihm im Leibe um, und er entrann; die Kröte aber hüpfte plump und schwer hinter ihm her und verfolgt' ihn bis zum Krötenstuhl – und spie ihm den Berg hinab noch ganze Bündel Feuer nach.

Sankt Ottilia

Es saß auf Hohenburg ein stolzer Graf, Herr Attich geheißen, dessen Frau gebar ihm ein Mägdlein, und das war blind. Darob ergrimmte Herr Attich und schrie: Ein blindes Kind will ich nicht, fort mit dem Wurme, und schlagt ihm den Schädel an einem Felsen ein!, und tobte fort; die Mutter aber sandte alsbald die Amme in Begleitung treuer Knechte mit dem blinden Kinde weit, weit von dannen, gen Palma, das liegt jenseits der Alpenberge in Friaul, dort war ein Frauenmünster, und dorthin ward Herrn Attichs Töchterlein gebracht. Im Bayerlande aber war ein Bischof mit Namen Erhardus, der hörte im Traume eine Stimme: Mache dich auf gen Palma in das Stift, dort findest du ein blindes Mägdelein, das sollst du taufen und Ottilia heißen. Erhardus folgte ohne Weilen der Stimme des Herrn, so er im Traume vernommen, zog gen Palma in das Stift und fand das Kind und taufte es und segnete es, und siehe, da gingen über der Taufe dem Kinde die Augen auf, und ward sehend. Und Ottilia blieb im Frauenmünster zu Palma, erwuchs darinnen züchtiglich, erlernte die Orgel schön zu spielen, der Blumen zu pflegen und ihrer Pflichten treulich zu warten. – Herr Attich aber ward vom Himmel heimgesucht, daß er Reue und Leid fühlte ob seines von ihm verstoßenen Kindes willen, und es trieb ihn zu einer Pilgerfahrt nach Welschland, sein Kind zu suchen, und da er der Tochter Aufenthalt erfahren, zog er des rechten Weges und hörte nun in Andacht das Wunder, das mit ihr sich begeben, und führte sie zurück nach Hohenburg und an das Herz ihrer Mutter. Glanz und Reichtum umgab das holde fromme Kind, aber das alles lockte sie nicht, und auch als der Ruf ihrer Schönheit und Lieblichkeit sich in der Gegend verbreitete und Freier angezogen kamen, die gern um ihre Hand werben mochten, zeigte sie sich allen abgewendet, wollte allein des Heilands Braut sein. Da nun unter diesen Freiern ein reicher Graf des Gaues war, so gelobte Herr Attich diesem sein Kind zum Ehegenoß und gebot Ottilien, sich nicht länger zu weigern. Das erschreckte die fromme Jungfrau gar sehr, sie suchte Trost und Rettung im Gebet und fand endlich einen Ratschluß, welcher kein anderer war als schnelle Flucht. Da nun der Bräutigam am Morgen angeritten kam, war die Braut abhanden und nirgends zu finden. Boten ritten und liefen wohl im Vogesengebirge umher und auf und ab all um den Rhein, und keiner fand Herrn Attichs Tochter, bis nach dreien Tagen endlich die Kunde kam, Ottilia sei in einem Schifflein über den Rhein gefahren, mutterseelenallein, und mochte wohl ein Engel ihr Ferge gewesen sein. Da forschten nun ihr Vater und der Graf gar fleißig nach ihr und waren weit aus und kamen bis gen Freiburg im Breisgau, und als sie dort im Tale ritten, sahen sie auf einmal auf einer Bergeshöhe die Jungfrau wandeln und sprengten eilend hinab. Wie nun Ottilia ihre ihr schon nahen Verfolger erkannte, erschrak sie heftig und rief den Himmel um seinen Schutz an, und da sie an eine Felswand kam, die ihre Schritte gänzlich hemmte, da tat vor ihr die Wand sich auf und schloß sich wieder hinter ihr zu. Aus dem Felsen aber rieselte alsbald ein klarer Wasserquell, und die Verfolger standen davor und wußten nicht, wie ihnen geschehen war.

Nun begann Herr Attich, aufs neue in sich zu gehen, seufzte nach der Tochter, blieb an der Quelle und rief dem starren Fels das Gelübde zu, wenn Ottilia wieder zu ihm komme, so wolle er an diesen Ort eine Kapelle bauen und aus seiner Burg ein Kloster, und das mit reichem Gut begaben. Solches alles geschah, und der Brunnen aus dem Fels ward der Ottilienbrunnen geheißen und übte wundersame Kraft an kranken Augen. Ottilia aber wurde Äbtissin des neuen Klosters, pflegte und heilte Kranke, ward ein Schutzengel des ganzen Gaues, ließ an den Bergesfuß noch ein Kloster, Niedermünster bauen, und als sie endlich sanft und selig verschieden, ist sie heiliggesprochen worden und ward die Patronin der Augen und von Augenleidenden insbesonders angerufen.

Trifels

Über dem Anweiler Tale bei Landau erhob sich eine stattliche Kaiserpfalz, Burg Trifels. Es geht die allgemeine Sage, daß König Richard Löwenherz von England darinnen gefangengehalten worden vom Kaiser Heinrich. Niemand wußte, wo er hingekommen, und war große Sehnsucht nach Richards Wiederkehr in seinem Reiche. Nun hatte Richard einen treuen Dienstmann, der war ein Minnesänger und verstand sich meisterlich auf die Kunst des Gesanges und der Töne. Der machte sich mit einer Schar redlicher Mannen auf, seinen König allüberall zu suchen. Reichen Schatz an Gold und Kleinodien, den das Volk geopfert, nahmen sie mit sich zum Lösegeld. Auch König Richard war ein Minnesänger, und Blondel, so hieß jener treue Dienstmann, kannte und konnte des Königs Lieder. Vor mancher Burg, darinnen er den König gefangen glaubte, hatte Blondel schon Weisen angestimmt, auf welche, wie er sicher voraussetzte, der König, wenn er ihn höre, singend antworten mußte, aber es war still geblieben hinter den festen Mauern. Schon war er am Donaustrom auf- und abgezogen und hatte auch all um den Rhein gesucht und gesungen, da vernahm er, daß in der Nähe der Stadt Landau, allwo man dazumal des Heiligen Reiches Kleinodien aufbewahrte, die Kaiser Friedrich auf den Trifels selbst eine Zeitlang bringen und bewahren ließ, auf dreien Felsenzacken gar ein großes und stattliches Kaiserschloß stehe, und da Blondel der Meinung war, nur in einem solchen Schloß werde der römische Kaiser seinen König und Herr gefangenhalten, so wandte er sich dorthin mit den Seinen, umschlich spähend die Mauern und stimmte am Fuße der starken und hohen Türme, in deren Tiefen und Verliesen man gewöhnlich die Gefangenen schmachten ließ, jene Weisen an, die nur König Richard konnte. Und – o Freude – endlich, endlich drang aus dem Gemäuer des Turmes auf Trifels antwortender Gesang in gleicher Weise – hoch schlug vor Freude Blondels Herz, sein Richard, sein König war gefunden und bald darauf auch aus seiner Haft befreit.

St. Katharinens Handschuh

Gar eine schöne Schildsage hatten die edlen Herren von Handschuchsheim, deren letzter im Jahre 1600 des Todes verblich, indem ihn Friedrich von Hirschhorn zu Heidelberg auf offnem Markt zur Nachtzeit auf den Tod verwundet hatte, und mit deren erstem sich das Folgende soll begeben haben. Er war ein frommer junger Ritter, der ging fleißig zur Kirche, und es geschah, daß er im Gebet vor dem Altar der heiligen Jungfrau und Märtyrerin Katharina einstmals entschlummerte. Da sah er drei überirdisch schöne Jungfrauen vor sich stehen, doch die mittelste war die schönste von den dreien, die sprach: Wir kommen, dich anzuschauen, und deine Augen sind geschlossen; siehe uns an, und willst du dir ein Gemahl erkiesen, so wähle eine von uns dreien. Da sah der junge Rittersmann an der Palme und am Zackenrad, welches Flammen umweberten, daß St. Katharina selbst es war, die zu ihm gesprochen, und gelobte sich ihr mit allen Freuden. Sie aber setzte ihm einen Rosenkranz auf das Haupt, des Rosen dufteten wie Blüten des himmlischen Paradieses, und verschwand. Der Ritter, als er von seinem Traumgesicht erwachte, fand wirklich den Rosenkranz und bewahrte ihn heilig und fand, daß dessen Rosen nicht welkten. Nun drangen aber seine Verwandten in ihn, daß er sich vermähle, hatten ihm auch schon eine sehr tugendsame adelige Jungfrau auserkoren, und er konnte sich der Heirat nicht entsagen, fuhr aber doch fort, seiner himmlischen Verlobten in Andacht zu dienen. Seine Hausfrau nahm indes bald wahr, daß der junge Gemahl sie nicht selten verließ, absonderlich des Morgens, wo er nach der Kirche ging, und argwöhnte Schlimmes, fragte auch ihre Kammermagd, wohin ihr Herr wohl immer gehe. Diese nährte nur den Verdacht der Frau, indem sie sprach, es dünke ihr, daß er zu des Pfaffen Schwester schleiche. Da ward die Frau unsäglich betrübt und weinte sehr, und als ihr Gemahl sie fragte, warum sie weine, so sagte sie ihm ihren Verdacht und ihren Kummer an. – Du bist töricht, antwortete ihr der Ritter, die, so ich inniglich minne, ist des Pfaffen Schwester nicht, ist eine viel Höhere und Schönere – und wandte sich hinweg von seiner Frau. Dieser brach solche Antwort fast das Herz, zumal sie gesegneten Leibes sich befand, und in Unsinnigkeit der Eifersucht ergriff sie ein Messer und stach sich's in den Hals.

Da der Ritter nach Hause kam vom Gebet und das Unheil sah, erschrak er, daß ihm das Herz kalt ward, und fiel ihn Ohnmacht, und als er wieder zu sich kam, raufte er sein Haar und klagte aller Schuld sich an und rief unter tausend Tränen seine Heilige um Schutz und Beistand. Da erschien ihm die heilige Katharina abermals sichtbarlich mit ihren beiden Jungfrauen und sprach: Auf dein Gebet und meine Fürbitte ist deine Frau wieder lebendig geworden und hat ein Töchterlein geboren! Und neigte sich über ihn und wischte mit ihrer Hand über seine tränenquillenden Augen, daß die Hand ganz davon überfeuchtet wurde, und siehe, da ward aus dem Tränennaß ein Handschuh, so weiß und zart wie das Häutchen im Ei, und St. Katharina streifte ihn sanft ab und entschwand mit ihren Begleiterinnen, und der Ritter fand den Handschuh in seiner Hand liegen. Indem so kam ein Bote, der ihn suchte, und rief: Herr! dein Gemahl lebt und hat ein Töchterlein geboren. – Da ging der Ritter freudenvoll heim, umarmte und küßte Weib und Kind, und beide lobten Gott und die heilige Katharina. Die Frau ließ ein Kloster bauen, und der Ritter tat eine Bußfahrt in das Heilige Land, und als er zurückkam, ließ er jenen Rosenkranz und den Handschuh, den er auf seinen Helm gebunden mit sich geführt und der in allen Gefahren ihn wunderbarlich geschirmt hatte, in der Kirche zum Gedächtnis aufbewahren, nahm auch den Handschuh auf in sein Wappenschild und nannte sein Geschlecht und seinen Sitz Handschuchsheim.

Des Rodensteiners Auszug

Im Odenwalde oder nahe dabei stehen zwei Trümmerburgen, die heißen der Rodenstein und der Schnellert, zwei Stunden voneinander entfernt. Die Herren von Rodenstein waren ein mächtiges Rittergeschlecht. Einer derselben war ein gewaltiger Kriegs- und Jagdfreund, Kampf und Jagd war sein Vergnügen, bis er auf einem Turnier zu Heidelberg auch die Minne kennenlernte und ein schönes Weib gewann. Doch lange hielt er es nicht aus im friedsamen Minneleben auf seiner Burg, eine nachbarliche Fehde lockte ihn zu blutiger Teilnahme. Vergebens und ahnungsvoll warnte sein Weib, bat und flehte, sie nicht zu verlassen, da sie in Hoffnung und ihrer schweren Stunde nahe war. Er zog von dannen, achtete ihres Flehens nicht – sie aber war so sehr erschüttert, daß ihre Wehen zu früh kamen – sie genas eines toten Sohnes und – starb. Der Ritter war, dem Feinde näher zu sein, auf seine Burg Schnellert gezogen – dort erschien ihm im Nachtgraun der Geist seines Weibes und sprach eine Verwünschung gegen ihn aus. Rodenstein! sprach sie, du hast nicht meiner, nicht deiner geschont, der Krieg ging dir über die Liebe, so sei fortan ein Bote des Krieges fort und fort bis an den Jüngsten Tag!

Bald darauf begann der Kampf. Der Rodensteiner fiel und ward auf Burg Schnellert begraben. Ruhelos muß von Zeit zu Zeit sein Geist ausziehen und dem Lande ein Unheilsbote werden. Wenn ein Krieg auszubrechen droht, erhebt er sich schon ein halbes Jahr zuvor, begleitet von Troß und Hausgesinde, mit lautem Jagdlärm und Pferdegewieher und Hörner- und Trompetenblasen. Das haben viele Hunderte gehört, man kennt sogar im Dorfe Oberkains sbach einen Bauernhof, durch den er hindurchbraust mit seinem Zuge, dann durch Brensbach und Fränkisch-Krumbach und endlich hinauf zum Rodenstein zieht. Dort weilt das Geisterheer bis zum nahenden Frieden, dann zieht es, doch minder lärmend, nach dem Schnellert zurück. Im vorigen Jahrhundert sind im Gräflich-Erbachischen Amte zu Reichelsheim gar viele Personen, die den Nachtspuk mit eigenen Ohren gehört hatten, amtlich verhört worden und haben ihre Aussagen zu Protokoll geben müssen.

Viele sagen zwar, es sei des Lindenschmieds Geist, der so ruhelos ziehe, und von dem am Rhein alte Lieder gehen, aber der Lindenschmied war ein Schnapphahn, den Kaspar von Freundsberg gefangennahm, und lange vor seinem Leben war der Rodensteiner zum Auszug und Kriegsherold bis zum Jüngsten Tage verwünscht worden.

Die Windecker

Über der Stadt Weinheim an der Bergstraße erhebt sich die Burgtrümmer Windeck, von welcher manche Sagen gehen. Einst jagte ein freisamer Rittersmann, als Windeck schon verfallen war, einen flüchtigen Hirsch, der flüchtete sich geradezu mitten in die Ruinen der alten Burg und entschwand seinen Augen, der Ritter aber sah sich einsam in stiller Öde. Der Tag war heiß, und ihn dürstete sehr, er gedachte wohl der Sage, daß in den verschütteten Kellern der Windeck noch manch ein gutes Trünklein liege. Siehe, da stand vor ihm ein Jungfräulein im schloßenweißen Gewande, die hielt ein köstlich Trinkhorn, das bis zum Rande gefüllt war, und bot es ihm zum Tranke. Der Ritter trank und konnte kein Auge mehr von der schönen Jungfrau wenden; sie aber nahm ihr Trinkhorn zurück und verschwand. Seitdem blieb der Ritter fort und fort an die Trümmer von Windeck gebannt, immer hoffend, daß die Herrliche, die ihn bezaubert mit ihren Augen, wie mit dem Tranke, ihm einmal wieder erscheine; niemand aber kann sagen, ob der Ritter sie noch einmal gesehen, denn auch als er endlich verstorben war, wandelte sein Geist noch ruhelos durch die Trümmer.

Auch der Geist eines der letzten Windeckers soll zuzeiten auf dem Turme der alten Windeck erblickt werden, die Arme sehnend hinüberstreckend in der Richtung nach Straßburg. Eine Straßburgerin war sein Weib, Heimatliebe zog sie aus seinen Armen, im hohen Münster dort betete sie, im Münster starb sie, im Münster ist ihr Grab. Sehnend nach ihr brach im Tode des Gatten Herz.

Anders als dieses Ritters Herz beschaffen waren die Herzen der allerletzten Sprossen des edlen Geschlechtes derer von Windeck. Unsaglicher Geiz war ihr alleiniges Glück. Einsam hausten und als Junggesellen die Brüder in der verfallenen Feste; diese baulich zu erhalten, hätte Geld gekostet, und solches hatten die Brüder viel zu lieb, um es hinauszustoßen aus ihrem Kasten in die feindliche böse Welt. Aller Dienerschaft taten sie sich ab, denn Diener kosten etwas, nämlich Kost und nebenbei doch noch Geld. Selbst Hund und Katze fraßen den Brüdern endlich doch gar zu viel, und sie fanden, daß es ein kostspieliges Ding sei, vierbeiniges Vieh zu halten, zumal wenn es nicht zum wenigsten Milch oder Wolle gebe. Dennoch hielten sie beide gemeinschaftlich noch ein Tierchen, und das war eine Meise – die brauchte nicht viel – sie gaben ihr täglich eine Nuß. Da hatte einstmals einer der Brüder eine schlaflose Nacht, und in schlaflosen Nächten pflegen die Geizigen zu rechnen. Und da rechnete der Herr von Windeck und brachte heraus, daß das Jahr 365 Tage, auch manchesmal 366 Tage habe, und daß ebenso viele Nüsse sechs Schock und einige darüber machten, und daß ein Schock Nüsse, wenn sie billig, wie an der Bergstraße – anderwärts kosten sie mehr – drei Kreuzer kosteten, und daß dieses alljährlich die Summe von achtzehn Kreuzern und mehr betrage, sechsmal so viel, als eine Meise wert sei. – Am andern Tage teilte der Windecker seinem Bruder die angestellte Rechnung mit, worüber dieser erschrak und eine Zeitlang ganz tiefsinnend wurde. Wenn wir bedenken, lieber Bruder, sprach er endlich, daß bei sechs Schock Nüssen auch viele taube sind, so können wir sogar sieben Schock rechnen, ohne die Mühewaltung, welche das Füttern, Wassergeben und Bauerreinigen eines solchen unnützen Fressers verursacht. – Ja, lieber Bruder, sprach der erste wieder mit einem Seufzer, wir haben uns da von unserer Gutherzigkeit gegen dieses unvernünftige Geschöpf, gegen unsere Meise, zu einer unverantwortlichen Verschwendung hinreißen lassen, denn bedenke, wie viele Jahre wir nun schon das nutzlose Geschöpf füttern! Es ist ganz unerhört! – Darauf wurden die Brüder alsbald einig, dem unnützen, kostspieligen Kostgänger den Bauer zu öffnen und ihn hinfliegen zu lassen, wohin er wollte. Aber der Schmerz über ihre zu spät von ihnen erkannte Verschwendung nagte den Brüdern am Herzen, sie konnten sich jene nicht vergeben, diesen nicht überwinden, und am folgenden Tage hatte der Gram über ihre Verschwendung ihnen zu gleicher Zeit das Herz gebrochen.

Der Lindwurm auf Frankenstein

Überm Dorfe Eberstadt, zwei Stunden von Darmstadt, liegen die umfangreichen Trümmer der Burg Frankenstein. Darauf saß ein Ritter, der hieß Hands, nach andern aber Georg; drunten im Dorfe aber floß ein Brunnen, aus dem die Bauern ihr Wasser schöpften, und auch auf die Burg hinauf wurde solches Wasser geholt. Neben dem Brunnen wohnte ein greulicher Lindwurm, der ließ niemand zum Brunnen, es mußte ihm zuvor ein nicht zu kleines Tier geopfert werden, ein Schaf, ein Hund, ein Kalb, ein Schwein – er fraß alles und viel, und solange er fraß, konnte jedermann zum Brunnen – wenn er aber nichts hatte, so fraß er die Leute, die zum Brunnen kamen. Da entschloß sich der Ritter von Frankenstein, das Dorf und die Gegend von dem schädlichen Ungetüm zu befreien, wappnete sich und stritt mit dem Lindwurm, der wehrte sich gar wacker, spie so viel Feuer, als ihm möglich war, aber der Ritter schlug dem Wurm endlich den Kopf glatt ab, aber der spitze Pfeilschweif des Drachen kringelte sich um den Ritter und stach ihn hinterwärts, wo die Rüstung nicht deckte, in die Kniekehle, und da der ganze Wurm über und über, außen und innen giftig war, so mußte der wackere Ritter von Frankenstein am Drachengifte sterben.

Der Teufelsweg auf Falkenstein

Auf der Höhe, vier Stunden von Frankfurt a.M., erhebt sich auf fast unzugänglichem Fels die Burgtrümmer Falkenstein, die Wiege eines im Taunus und der Wetterau gar mächtigen Geschlechts, von dessen Sprossen einige sogar Erzbischöfe von Trier wurden.

Ein Ritter von Sayn minnte die Tochter eines Falkensteiners, aber der Vater war ihm abhold und wies des Ritters Werbung mit den höhnenden Worten ab: Meine Tochter will ich Euch gern zum Ehegespons geben, ich verlange nur einen geringen Gegendienst. Schafft diese Felsenzacken in einer Nacht zum gang- und reitbaren Wege um – das ist mein Beding und mein Bescheid! – Unmögliches war begehrt, und hätten tausend und aber tausend Hände sich zugleich zerarbeitet an dem harten Felsgestein, es wäre nicht möglich gewesen, in solch kurzer Frist das Werk zu vollenden. Traurig zog der Ritter von Sayn, Kuno geheißen, von dannen, zog nach dem Heiligen Lande, focht tapfer in vielen Sarazenenschlachten, suchte den Tod, fand ihn nicht, blieb stets eingedenk seiner Minne und kehrte endlich in die Heimat zurück. Mit schmerzlichen Gedanken umirrte er den felsumtürmten Falkenstein, hätte gerne Kunde gehabt von seiner Geliebten – und starrte trübe die Felsen an, die mit ihrer Härte sein Geschick versinnbildeten. Hier hilft keine menschliche Macht, nur Zauber könnte diese Felsen zum Wege bahnen! seufzte der Ritter. Horch – da war es ihm, als höre er seinen Namen rufen – und wie er umschaut, hebt sich ein Erdmännchen in brauner Kutte, eisgrau und mit verschrumpfeltem Gesicht, aus einer Felskluft herauf und redet ihn mit sondrer Stimme an: Kuno von Sayn, was lässest du nach Silber wühlen drunten auf deinem Gebiet und störst unsre Ruhe? Willst du diese Felsen zum Wege gebahnt sehen? Willst du die Erbtochter vom Falkenstein, die droben noch einsam um dich trauert, nach dir sich sehnt, dein nennen? Dann gelobe nur eins und schwöre, es zu halten.

Dem Ritter war es seltsam zumute bei dieser Erscheinung und Rede, und dachte, es möcht' etwa eine Versuchung des bösen Feindes, und was er geloben solle, möchte etwa seine Seele sein. Er fragte daher nicht ohne Zagen: Was ist dein Begehr? – Da sprach das Erdmännchen: Versprich mir auf dein ritterlich Wort, daß du morgendes Tages alle deine Gruben, Schachte und Stollen willst zuschütten lassen, die wir ohnedies, so wir wollten, ersäufen könnten, so wollen wir in heutiger Nacht noch die Felsen ebnen, daß du, wenn du getan, was ich heische, am lichten Tag hinaufreiten und den Falkensteiner an seine Zusage mahnen kannst. – Des war der Ritter hocherfreut, er sagte gern zu, was der kleine Erdzwerg verlangte, und begab sich zur Ruhe. Als es Nacht geworden, regte sich's wunderbarlich um die Burg, es krachte, es polterte, es hackte, es schaufelte – tausend kleine Berggeister allzumal, obschon sie zwerghaft gestaltet waren, mit Riesenkraft begabt, förderten das verheißne Werk, und als der Hahn den Morgen ankrähte, war's vollbracht, und als die Sonne hinterm fernen Spessart heraufstieg, da ritt schon Kuno von Sayn den neuen Weg und ließ sein Horn erschallen, daß sich der Wächter auf dem Turme des Falkenstein nicht wenig verwunderte, und noch mehr der Falkensteiner, doch freute er sich auch ob des so lang ersehnten Weges und hat sein Wort gehalten und die Liebenden vereinigt. Der Ritter Kuno von Sayn hielt gleichermaßen auch sein Wort, das er dem Zwerg gegeben, und ließ die Schachte, darin er nach Silber gegraben, zuwerfen und eingehen. Der Felsenpfad, den die Erdgeister bahnten, heißt heute noch der Teufelsweg.

Das Pfaffenkäppchen

Zwischen schroff und steil überm Tal der Nahe zum Himmel sich aufgipfelnden Felskolossen werden jetzt die Trümmer der einst trotzigen Burgfeste Rheingrafenstein erblickt. Auf der Kauzenburg saß ein junger Rheingraf, jagdlustig, mutig, der wünschte sich eine Burg auf diesen ungeheuren Felsen, stattlich wie die Ebernburg und der Landstuhl der Sickinger, unnahbar dem Feinde – und mit solchen Wünschen weilte er einstens sehnend und sinnend in der Nähe der Felsriesen, deren Gipfel noch kein Mensch erstiegen hatte. Da gesellte sich einer zu ihm, den man nicht gern nennt, der las in des jungen Rheingrafen Seele den Wunsch und redete ihn an und sprach: Eine Burg da droben, eine schöne stattliche, feste, ja, die wär' Euch recht! Nicht so? Fehlt nur der Baumeister – ja – und wenn einer käme, und baute sie über Nacht – dem verschriebet Ihr wohl einen stattlichen Lohn? Was gäbet ihr solchem? Sagt es an! – Ihr redet wunderlich, erwiderte der Rheingraf. Seid Ihr der Mann, der das vermag, so fordert und bestimmt den Lohn. – Nur eine einzige Seele – die Seele dessen, der zuerst durchs Fenster der neuen Burg herab ins Tal der Nahe und über alle die Täler und Berge ausschaut – das ist wohl wenig für eine stattliche Grafenburg. – Kommt heute abend wieder her, ich will es in Überlegung ziehen! sagte der Rheingraf und verließ gedankenvoll den Ort – eine Seele seinem Wunsche zu opfern, dünkte ihm sündlicher Frevel, und doch war sein Wunsch stark und groß. Daheim ließ er seinen Burgpfaffen kommen und offenbarte dem den Handel. Der Pfaffe schlug viele Kreuze und riet ernstlich ab, warnte gar treu vor des bösen Feindes List und Tücken und rückte sein schwarzes Käppchen auf dem Scheitel wohl hin und her. Da trat des Rheingrafen junges Ehegemahl herein und hörte das Gespräch und ließ erst den Pfaffen hinausgehen, dann sagte sie: Laß jenem nur gewähren, versprich ihm, was er begehrt, das andere findet sich. – Da ritt der Ritter wieder hinaus ins Nahetal und hielt ganz allein am Fuß der Felsen, und es dämmerte schon, oben aber sprang eine schwarze Gestalt von Fels zu Felsen, einer Gemse gleich, und mit einem Male stand der Fremde auch unten im Tale. Was machtest du da droben? fragte der Ritter. Ich nahm einstweilen die Maße, antwortete jener und fragte: nun, soll ich? Fast hätte der Rheingraf gesagt: In Gottes Namen – da wäre es gleich aus gewesen – er besann sich und sagte bloß: Ja – aber bis morgen früh fertig, und daß nichts fehle, Bergfried, Mushaus, Palas, Luginsland, Mauern, Brücken, alles, was zu einer stattlichen Burg gehört. – Am andern Morgen glänzte die Burg flammenrot ins Nahetal herab, alle Welt war erstaunt, solch Wunder- und Zauberwerk war noch nicht da gewesen. Der Rheingraf ritt nun hinauf, und der Architekt der Nacht führte ihn in dem neuen herrlichen Eigentum umher, zeigte ihm Hallen und Säle, Brücken und Gänge und öffnete im Palas ein hohes Bogenfenster, die herrliche Aussicht bewundern zu lassen. Aber der Ritter sah nicht hinaus, er sagte spöttisch: Machet zu, hier zieht's, wir sind warm vom Steigen. Morgen wollen wir die Kauzenburg verlassen und hier heraufziehen. Ihr räumt wohl den Platz und nehmt ein Zimmer im Wächterturme? Nicht? – Der Teufel zog ein schiefes Maul, er hatte sich schon unendlich darauf gefreut, dem Rheingrafen einen Stoß aus dem Fenster in die schwindelnde Tiefe zu geben und mit dessen Seele davonzufahren.

Am andern Morgen kamen der Rheingraf und die Gräfin, und der Burgkaplan, und das Hofgesinde, die Leibdiener, die Jäger, die Knappen, die Stalleute, die Wächter, die Hundejungen, die Hühnerwärter, die Schloßmägde, die Käsemutter, die Zwergin und die Pferde, die Kühe, die Esel, die Rüden, der Meeraffe, die Katzen. Es war ein Zug, schier gleich dem des Erzvaters Noah, da er in den Kasten einging, zu Roß, zu Esel, zu Wagen – alles auf das neue Schloß.

Die junge Gräfin scherzte freundlich mit dem Burgkaplan, da droben werde es sehr zugig sein, sie wolle ihm ein wärmeres Käpplein nähen, er möge ihr das alte zum Muster einmal leihen – und als sie oben angelangt war, ließ sie durch die Knappen auch ein Eselfüllen hinauf in den Palas führen, und hieß es halten, und band ihm das Pfaffenkäpplein auf den Kopf, und ließ das Fenster öffnen und das Füllen daranstellen, das schaute gar fromm und bedächtiglich zum Fenster hinaus und spitzte die Ohren und witterte die frische Morgenluft. Der Teufel hatte lange schon still lauernd seitwärts gegenüber auf der Turmzinne gesessen, jetzt sah er das Fenster sich öffnen, sah des Pfaffen ihm wohlbekanntes Käppchen zum Vorschein kommen, und fuhr im Nu hin, und krallte seiner Meinung nach den Pfaffen heraus, und schmetterte ihn ins Tal, und fing die Seele auf. Herrgott, was der Teufel für einen Zorn hatte, als er von einer Tochter Evas sich überlistet sah und statt einer Pfaffenseele eine Eselsfüllenseele in den Klauen hielt!

Der Stiefel voll Wein

Auf dem Steine, wo nun fortan dieser Rheingraf fröhlich hauste, ging es zum öftern gar hoch her. Da saßen eines Abends die Wild- und Rheingrafen und eine große Schar Ritter von den Nachbarburgen im Saale beisammen und zechten baß, und die Humpen kreisten. Da saßen Ritter von Sponheim, von Dhaun, von der Ebernburg, von Flörsheim, von Stromberg und tranken scharf und fest. Jetzt hob der Rheingraf einen mächtigen Reiterstiefel auf den Tisch und goß den voll Weines und rief: Wer diesen Humpen leert auf einen Zug, dem soll Hüffelsheim zu eigen sein mit Wonne und Weide und aller Zubehör! Des verwunderten sich die Mannen und mocht sich's keiner vermessen, schien ihnen allen der Schluck doch zu groß, und selbst der Burgpfaff, der etwas zu leisten vermochte in guten Trünken, und mancher andere Wackere wagten sich nicht daran. Da saß auch ein alter Zecher im Kreise, Ritter Boos von Waldeck, der sah die andern alle der Reihe nach an und wartete, ob einer den Stiefel leeren wolle, und da es keiner tat, da faßte er ihn in die Hand, und ließ den Wein rinnen in seinen Schlund, und trank ihn leer bis auf die Nagelprobe, und dann sagte er: Lieber Rheingraf, dein Hüffelsheim schmeckte gut, wie wär' es nun mit Waldbökelheim? Der Mensch kann doch nicht in einem Stiefel gehen? Aber der Rheingraf wollte nicht noch einen Ort an eine Rittergurgel verlieren und schwieg stille. Darnach ist das Sprichwort aufgekommen: der verträgt einen guten Stiefel.

Die sieben Schwestern

Am Rhein unterhalb dem Pfalzgrafenstein steht eine hochragende Burgtrümmer, Schloß Schönberg. Darauf sollen sieben so schöne Ritterfräulein gewohnt haben, daß ihre Schönheit selbst dem Schlosse, darinnen sie hausten, den Namen lieh. Aber die Fräulein, welches sieben Schwestern waren, so groß ihre Schönheit war, so kalt und gefühllos waren sie gegen die Minne. Keines Ritters Bewerbung erhörten sie, einen Freier nach dem andern wiesen sie ab, manches junge edle Herz brach an den Felsenherzen der sieben schönen Schwestern. Aber das Geschick beschloß ihre Strafe. Eines Tages landete ein Nachen unten am Fuße des Berges, darinnen sieben herrliche Jünglinge saßen, in ritterlicher Tracht und von vornehmem Gebaren. Sie kamen zur Burg, sie stellten sich den Fräulein dar, sie warben um Herzen und Hände. Es war vergebens, die sieben Schwestern blieben kalt. Mit einem Male verdunkelte sich der Himmel, eine höllische Musik ertönte, die Jünglinge umschlangen die sieben Schwestern, jeder eine, wie zum Tanzreigen, und schwangen sie tanzend und drehend aus der Burg, über die Zugbrücke, den Berg hinab in den Strom hinein, der stürmisch unter Donnern und Blitzen wogte. – Als es wieder hell und friedlich am reizenden Stromesufer geworden war, siehe, da ragten sieben Felsenspitzen aus dem Strome, in diese waren die Jungfrauen mit den Felsenherzen zur Strafe ihrer unnatürlichen Härte verwandelt. Größere Flut überwogt sie, kleinere läßt sie sichtbar werden. Die Rheinschiffer kennen sie unter dem Namen der sieben Jungfern und haben unter sich die Sage: Wenn einst ein Mächtiger diese Felsen dem Strombette enthübe und sie zu Säulen einer Betkapelle am Ufer bilde, so würden die Jungfrauen erlöst werden, wieder auf die sich erneuende Burg zurückkehren und jede nach der jahrhundertelangen harten Buße einen Mann beglücken.

Die Brüder

Auf den nachbarlichen Burgen Sternfels und Liebenstein am Rhein wohnten zwei Brüder, die waren sehr reich und hatten die Burgen stattlich von ihres Vaters Erbe erbaut. Da ihre Mutter starb, wurden sie noch reicher, beide hatten aber eine Schwester, die war blind, mit der sollten nun die Brüder der Mutter Erbe teilen. Sie teilten aber, da man das Geld in Scheffeln maß, daß jedes ein volles Maß nach dem andern nahm, und die blinde Schwester fühlte bei jedem, daß eines so richtig voll war wie das andere;

die arglistigen Brüder drehten aber jedesmal, wenn es ans Maß der Schwester ging, dieses um und deckten nur den von schmalem Rand umgebenen Boden mit Geld zu, da fühlte die Blinde oben darauf und war zufrieden, daß sie ein volles Maß empfing, wie sie nicht anders glaubte. Sie war aber gottlos betrogen, dennoch war mit ihrem Gelde Gottes Segen; sie konnte reiche Andachten in drei Klöster stiften, zu Bornhofen, zu Kidrich und Zur Not Gottes. Aber mit dem Gelde der Brüder war der Unsegen für und für, ihre Habe verringerte sich, ihre Herden starben, ihre Felder verwüstete der Hagel, ihre Burgen begannen zu verfallen, und sie wurden aus Freunden Feinde und bauten zwischen ihren nachbarlich nahe gelegenen Burgen eine dicke Mauer als Scheidewand, deren Reste noch heute zu sehen sind. Als all ihr Erbe zu Ende gegangen, versöhnten sich die feindlichen Brüder und wurden wieder Freunde, aber auch ohne Glück und Segen. Beide bestellten einander zu einem gemeinschaftlichen Jagdritt, wer zuerst munter sei, solle den andern Bruder frühmorgens durch einen Pfeilschuß an den Fensterladen wecken. Der Zufall wollte, daß beide gleichzeitig erwachten, beide gleichzeitig die Armbrust spannten, im gleichen Augenblick den Laden aufstießen und schossen, und daß der Pfeil jedes von ihnen dem andern in das Herz fuhr – das war der Lohn ihrer untreuen Tat an ihrer blinden Schwester.

Die Frau von Stein

Auf dem Schlosse Stein im Nahetal wohnte eine edle Herrin des gleichen Namens, die war eine Witwe und hatte einen gar mannlichen und ritterlichen Herrn zum Gemahl gehabt. Von dem hatte sie vier blühende Töchter und zwei Söhne, die hatten auch bereits den Ritterschlag empfangen, die vier Töchter aber waren alle vermählt, und jeder ihr Gemahl war auch ein Ritter, untadelig und wohlgetan. Da gab einstens die edle Frau von Stein ihren Söhnen, Eidamen und Töchtern ein stattlich Gastmahl, und hatte außer diesen niemand dazu geladen, und waren bei Tische alle fröhlich und guter Dinge, und da sprach die Frau von Stein: Vier biedere Ritter zu Eidamen, zwei biedere Ritter zu Söhnen, vier brave blühende Töchter! Und eines herrlichen Ritters Witwe! Welche Witwe kann, gleich mir, sich solchen Glückes rühmen? Dieser Ehren ist allzuviel, deren ich teilhaft worden! – Die Söhne, Töchter und Eidame vernahmen der Mutter Wort, priesen sie als die glücklichste Witwe des Reichs und ließen auf der Mutter Wohl und langes Leben die Becher freudig aneinanderklingen. Nach einer Weile verließ die Frau von Stein ihren Sitz, als wolle sie draußen noch etwas befehlen oder anordnen – und die Versammelten plauderten lange, ehe ihnen auffiel, daß ja die Mutter gar nicht wiederkam. Vielleicht habe sie sich ein wenig zum Schlummer niedergelegt, vermuteten die Töchter und sahen leise in ihr Schlafklosett, die Frau von Stein war aber nicht darin. Das Gesinde ward befragt, aber keins hatte die Frau hinweggehen sehen – und niemand hat je erfahren, wohin sie gegangen, und niemand hat sie jemals wiedergesehen, denn nimmer kam sie wieder.

Die Gefangenen auf Altenahr

Wenn des jüngern Schlosses Neuenahr bauliche Überreste vom Zahne der Zeit so ganz zermalmt sind, daß keine Spur von ihnen zu erblicken ist, so ragt dagegen um so stattlicher die stolze Trümmer der Burg Altenahr auf felsreichem Kegelgipfel über dem Ort gleichen Namens in die Lüfte. Mächtige Gaugrafen beherrschten von ihr aus das Land, und einer derselben, Graf Friedrich von Hochstaden-Ahre, dessen Bruder Konrad von Hochstaden als Erzbischof in Köln gebot, schenkte die ganze Grafschaft mit den beiden Stammschlössern Ahr und Hochstaden dem Erzstift Köln, und das Erzstift wußte die starken Burgen wohl zu nutzen. Als einst eine Anzahl von Rat und Bürgerschaft Kölns sich gegen den Bischofstuhl erhob, wurden elf Patrizier, die Führer der gegenbischöflichen Partei, gefangengenommen und auf Altenahr in sichern Gewahrsam gebracht. Da schmachteten sie hart und lange, und ihr einziger Zeit- und Leidvertreib war ein Mäuselein, das sie kirre gemacht hatten, und das ohne Scheu zu ihnen kam, doch immer schnell, wenn es Geräusch vernahm, in sein Loch zurückschlüpfte. Eines Tages beobachteten sie das Mäuslein auch, wie es munter sich sehen ließ und Brosamen knusperte – als plötzlich draußen Schlüssel klirrten, da fuhr es schnell in sein Loch, und da hörte einer, daß es in dem Loche auch klirrte, und begann nun nachzusuchen, als es wieder stille und sicher geworden war. Da fand sich in das Mauseloch verborgen eine Feile und ein Meißel, schon etwas rostig, aber doch noch brauchbar, so gut, daß bald genug die Gefangenen ihre Ketten abgefeilt und ihre Bande gesprengt hatten und die Gitterstäbe ihres Kerkerfensters durchschnitten. Darauf zerschnitten die Gefangenen ihre Gewande und machten Seile daraus und knüpften diese fest aneinander und stiegen durch das Fenster allzumal nieder, kletterten den steilen Ziegenpfad herab und entkamen glücklich, niemand konnte fassen und begreifen, wie solche Flucht möglich geworden.

Rolandseck

Es saß auf hoher Burg am Rhein hoch über dem Stromtal ein junger Rittersmann, Roland geheißen, manche sagen Roland von Angers, Neffe Karl des Großen, der liebte ein Burgfräulein, Hildegunde, die Tochter des Burggrafen Heribert, der auf dem nahen Schloß Drachenfels saß, und wurde wiederum auch von ihr geliebt. Da auch der alte Burggraf nichts gegen die Verbindung seiner Tochter mit Ritter Roland einzuwenden hatte, so verlobte er ihm seine geliebte Tochter herzlich gern. Da erscholl, noch bevor die Vermählung des Brautpaares erfolgen konnte, ein Aufgebot der Ritterschaft gegen Hunnen und Heidenscharen, die im Osten das Reich bedrohten, und dem Ritter Roland geboten Pflicht und Ehre, diesem Aufgebot zu folgen. Große Taten der Tapferkeit tat Roland gegen die Heidenschwärme, und seine tapfere Hand entschied den Kampf zugunsten des Christenheeres. Davon kam die erfreuliche Kunde bald an den Rhein und auf den Drachenfels und weckte dort große Freude. Dann aber ward wieder eine Zeitlang keine Kunde vom Ritter Roland vernommen. Endlich kam ein heimkehrender Ritter am Siebengebürge vorüber und sprach ein Nachtlager auf dem gastlichen Drachenfels an, der verkündete, ohne daß er wußte, wie schmerzlich für seine Wirte seine Kunde sei, daß Ritter Roland in einem der letzten Kämpfe an seiner Seite den Heldentod gefunden habe. Da entstand großes Leid und Wehklagen, und Hildegunde war so trauervoll, daß sie sogleich den Entschluß faßte, im Kloster Nonnenwerth den Schleier zu nehmen, und da der Bischof, der über dieses Kloster gebot, ihr Verwandter war, so willigte er in Hildegundes dringendes Verlangen, ihr das Probejahr zu erlassen, und ließ sie schon nach eines Monates Frist als Nonne einkleiden.

Am folgenden Tage stieg ein Gast zum Drachenfels empor, ward eingelassen und sah auf allen Mienen nur Trauer. Mit Schreck und Freude erkannte Ritter Heribert in dem Fremden den geliebten Ritter Roland. Wohl war dieser für tot vom Schlachtfeld getragen worden, aber wieder genesen, wohl hatte er Botschaft gesendet, aber der Bote war nicht angelangt, und nun fragte er nach seiner Hildegund und vernahm das Donnerwort: Sie ist eine Nonne!

Schrecklich war, was Roland empfand. Stumm vor Schmerz geht er vom Drachenfels herab, besteigt sein Roß, reitet nach Rolandseck hinauf, entläßt seine Diener, wählt sich droben einen Felsensitz, wo er herabschauen kann nach Nonnenwerth, und schaut herab nach der Geliebten, jeden Tag, und Mond um Mond, und Jahr um Jahr, lebt als Einsiedler und murmelt Gebete, wenn drunten im Tale die Klosterglocke klingt. Bisweilen erblickt er die Nonne Hildegund, die aus Trauer um ihn das ewig unlösbare Gelübde tat – bis er einst sie lange nicht mehr sieht, bis ein Leichenzug ihm sagt, daß sie geschieden aus dem irdischen Leben und zum ewigen Frieden eingegangen. Und bald danach ist Roland erblichen gefunden worden und ihr dahin nachgegangen, wo alle liebenden Seelen im Schoße der ewigen Liebe sich wieder einigen.

Nibelung von Hardenberg und der Zwerg Goldemar

Im Jülicher Lande saß ein Edler, des Namens Nibelung von Hardenberg, dem waren die Schlösser Hardenberg, Hardenstein und Rauenthal, und bei ihm wohnte ein Zwergenkönig oder Elbe, der hieß Goldemar, der war dem Nibelung von Hardenberg und nicht minder dessen schöner Schwester gar sehr zugetan, gab Ratschläge und war hilfreich in allen Sachen. Und obschon der Elb Goldemar sich nicht sehen ließ, vielmehr stets unsichtbar blieb, so ließ er sich doch deutlich wahrnehmen, er trank Wein mit dem Ritter, spielte mit ihm und seiner Schwester im Brett und selbst mit Würfeln und spielte auch die Harfe gar wundersam, daß kein Mensch auf Erden ihr solche Töne entlokken konnte. Wollte Nibelung sich überzeugen, ob wirklich der Elbe bei ihm sei, so fühlte er nach dessen Hand, und die war sehr klein, zart, weich und warm. Dieser Elb trieb es also drei Jahre lang auf Hardenbergs Schlössern und beleidigte niemand, da geschah es, daß er beleidigt wurde, denn die Hausgenossen, denen seine Anwesenheit unverborgen war, wurden von Neugierde geplagt, ihn zu sehen und doch zu erfahren, wie der Elbe aussähe. Da streuten sie heimlich Asche auf den Fußboden und Erbsen, und Goldemar der Zwerg kam, sich nichts versehend, in den Saal und trat auf die Erbsen und glitt aus und fiel, und seine Gestalt drückte sich in die Asche ab. Die war aber gestaltet wie eines sehr jungen Kindes Gestalt, und die Füße waren ungestaltet. Da kam der Elbe Goldemar nimmer wieder auf des Hardenbergs Schlösser. Er wandte sich anderswohin und entführte eine Königstochter, die hieß Hertlin. Die Mutter dieser Königstochter starb vor Leid über der Tochter Verlust, letztere aber ward durch den sieghaften Helden Dietrich von Bern, den alte Lieder feiern, befreit und von geehelicht. Manche sagen, daß dieses Bern, wovon der Held Dietrich den Namen geführt, nicht das Bern in der Schweiz, auch nicht das welsche Bern, Verona, gewesen, sondern das rechte Dietrichs-Bern sei Bonn gewesen, der älteste Teil dieser Stadt habe auch Verona oder Bern geheißen, und da in dieses rheinische Land und Gefilde so viele Taten Dietrichs von Bern fallen, von denen in alten Heldenbüchern viel zu lesen, so dürfte wohl etwas Wahres an der Sache und Sage sein. Der Gezwerg Goldemar aber habe, nachdem ihm Dietrich die Beute abgedrungen, die Riesen zu Hilfe gerufen und Berge und Wälder ringsum schrecklich verwüstet. Die Stadt Elberfeld soll ihren Namen von nichts anderm tragen als von den Elben, auf deren Felde sie begründet ward.

Gangolfs Brunnen

Im Lande Languedoc war ein Graf, Gangolf von Namen, der zog gegen die Sarazenen und Vandalen und kam in Welschland auf ein Blachfeld, wo ein klarer Brunnen sprang. Dort ließ er sich nieder, und ließ Gezelte schlagen, und trank mit all seinen Wappnern aus dem Brunnen, und ließ auch die Tiere tränken. Da kam des Feldes Eigentümer daher und schalt und sagte, das sei nicht des Landes Gewohnheit und Sitte, den Leuten das Gras zu vertreten, und sich ungefragt niederzulassen, und Menschen und Vieh aus fremden Brunnen zu tränken. Darauf sprach Gangolf sanftmütig und freundlich also: Es tut mir leid, mein guter Herr, daß es geschehen, doch zürnet nicht allzusehr, wenn es Euch genehm, so kaufe ich Euch den Brunnen ab. – Das, meinte jener Mann, sei ein Wort, das sich hören ließe, und lachte in seinem Herzen als ein Schalk, indem er meinte, den Brunnen möge der Fremde immerhin kaufen, wenn nur der Platz sein bliebe, auf dem er quelle. Und heischte des Geldes nicht allzuviel, und Gangolf zahlte es und hob sich hinweg mit den Seinen, nachdem er seinen Stab in den Quell eine Weile gestellt hatte.

Da nun Gangolf wieder in seine Heimat nach der Grafschaft Burgund kam, stieß er seinen Stab in seinem Hof in den eignen Grund und Boden, da sprang alsbald ein heller, wasserreicher Quell, und jener Brunnen, den Gangolf im welschen Lande gekauft, versiegte auf immerdar.

Diese burgundische Sage würde nicht unter den deutschen Sagen dieses Buches stehen, wenn sich nicht von ihr ein auffallender Widerhall, sogar bis auf den Namen, im östlichen Frankenlande fände. Am Felsenberge Milseburg im Rhöngebirge springt der von allem Volke wertgehaltene Gangolfsbrunnen. Da war ein Heiliger, Gangolf geheißen, der liebte diesen Berggipfel wegen seiner Einsamkeit und kam hinab nach Fulda, die uralte Bischofstadt, und fand bei einem Bürger einen klaren Brunnen, kaufte den dem Bürger ab, und derselbe meinte wunders, wie er den frommen Mann überlistet; denn, dachte er, der Brunnen mag immerhin sein eigen sein, mein bleibt doch der Platz, wo er quillt. Aber St. Gangolf ließ sich einen kleinen hölzernen Brunnenkasten machen, füllte den mit Wasser aus dem Brunnen, trug ihn eigenhändig auf die Milseburg, stellte dort den Kasten hin und durchstieß mit seinem Stabe den Boden. Siehe, da quoll das Wasser fort und fort von unten herauf in den Kasten, daß dieser überfloß, der Brunnen des Bürgers drunten in Fulda aber versiegte. Der Gangolfsbrunnen aber quillt noch unversiegbar fort bis auf den heutigen Tag, sein Wasser, wohl verstopft, soll sich jahrelang frisch erhalten, auch die sondere Tugend haben, für Frauen ein Kindleinsbrunnen werden zu können.

Die Gründung der Burg Wirtenberg

In einem alten Steinturme, welcher vor nahezu 800 Jahren in dem freundlichen, waldumhegten Wiesentale sich erhob, das heutzutage die Markung der Stadt Stuttgart bildet, wohnte um's Jahr 1077 ein alter Kriegsmann, namens Werner, mit seinem Sohne Kuno; ihm war die Aufsicht über die Pferde und deren Hüter in dem Stutengarten der schwäbischen Herzöge anvertraut, von welchem die heutige Hauptstadt Württembergs ihren Namen herleitet, und er verwaltete dieses Amt schon über zwanzig Jahre lang getreulich.

Es war eine schöne, milde Frühlingsnacht; ein dünner Wolkenschleier hatte den Himmel überzogen, und die blasse Scheibe des Vollmonds ließ sich durch den graulichen Flor nur undeutlich erkennen. Den Greis jedoch hatte die Milde der Nacht auf den Steinsitz vor seinem Turme herausgelockt, wo er nun begierig des Frühlings liebliche Düfte einsog. Da vernahm er kräftige Fußtritte in der Ferne; er stand auf, nach der Seite, woher sie kamen, spähend, und da er die Tritte eines Bewaffneten unterscheiden mochte, so zog er sich, der Zeiten Unsicherheit bedenkend, schnell an die Türe des Turmes zurück, und rief mit starker Stimme seinem Sohne.

Aber mit Gelächter schallten ihm die Worte entgegen: »Nun, nun, Kriegskamerad! was braucht's denn Lärmen, wenn ein alter Freund nach so langer Zeit Dich auch einmal wieder besuchen will.« – »Ach, bist Du's«, rief nun der Greis freudig überrascht aus, »bist Du's, Berthold! willkommen in meinem stillen Tale, meint' ich doch, Dich in Leben niemals wieder zu sehen!« – »Fast wär's auch also gekommen«, entgegnete der Nähertretende, Werner's dargebotene Rechte kräftig schüttelnd, »nur meiner stählernen Haube da dank ich's, daß ich noch am Leben bin!« – »Das wäre?« sprach sein Freund, »so sag' einmal, wie ging das zu, in welche Fehde hat Dich alten Kumpan der rasche Mut wieder geführt? Doch sieh' da, Kuno! Du kannst wieder gehen, 's hat keine Gefahr! Aber halt!« setzte er lächelnd hinzu, »zuerst hol uns einen Krug Wein, der alte Kriegskamerad da wird einen frischen Trunk wohl brauchen können.« Der Sohn tat, wie ihm befohlen war. Die Greise setzten sich und nun hob Berthold also an: »Du wirst wissen, daß zu Horchheim die Fürsten den Schwabenherzog Rudolph von Rheinfelden zum König gewählt haben?«

»Ist's geschehen?« rief erstaunt der Greis, »hat er's angenommen? Will er den Kampf mit seinem wilden Schwager Heinrich wagen?«

»S' ist noch gar ungewiß, ob es nur zum Kampfe kommen wird«, entgegnete sein Freund, »denn Heinrich, um sich des Bannes zu entledigen, ist im härtesten Winter nach Wälschland gezogen zum Papst, und da sagen die einen, er sei in den Alpenpässen von Berthold von Zähringen gefangen worden, die andern erzählen, er habe seinen Tod im öden, riesigen Hochgebirge durch einen Sturz vom Felsensteig gefunden. Gewiß ist's, daß man nichts von ihm weiß, denn nur von ganz Wenigen begleitet ist er ausgezogen.«

»O Konrad, großer Kaiser!« rief Werner bewegt; »wie weit ist es gekommen mit Deutschlands Fürstenstolz! – Nun zieht Dein Enkel, ein geächteter Flüchtling, über die Berge, die du einst in Herrscherpracht überstiegest, um den Wälschen Gesetze vorzuschreiben!«

»War's wohl anders möglich«, sprach Berthold, »wenn man bedenkt, wie dieses Jünglings Erziehung war? Der treuen Mutterpflege allzu bald entrissen, kam er zuerst unter Hanno's strenge Zucht, darauf unter Adelberts nachsichtige Pflege, wo er all' seinen Gelüsten ungestört nachhängen durfte; aus solch' einer Schule konnte kein Mann hervorgehen, der fest und kräftig wie Vater und Ahn, des unruhvollen Reiches Zügel führte.«

»Du hast Recht«, sprach Werner; »aber fürwahr, hätten Schmeichler den jungen Fürsten nicht verdorben, hätt' er die unbesonnenen Händel mit den Sachsen nicht begonnen, welche alle Gemüter von ihm abwandten, er zöge jetzt wie sein Ahn als Herrscher einher auf seines Reiches Grund und Boden.«

»Ach Freund!« sagte Berthold, »'s ist nicht mehr wie damals, wo wir mit Kaiser Konrad über die Alpen zogen; die kaiserliche Majestät gilt nichts mehr, die großen Herzöge begehren Herrscher zu sein gleich ihrem Herrn und Haupte, die kleinen Herren suchen ihnen nachzutun, und die Bürger in den Städten wollen gar vollends von keiner fremden Gewalt mehr hören. Es ist ein trotzig übermütiges Volk um das unsrige, das gleich zu Schwert und Lanze greift und drein schlägt. Davon kann ich was erzählen!«

»So sprich!« rief Werner erwartungsvoll, und sein Freund hob also an:

»Wir waren gen Mainz gezogen, wo Rudolph zum wahren König und Beschirmer des Frankenreichs, wie es hieß, gewählt werden sollte, und hier wurde nun ein festliches Hochamt gehalten. Hierauf ergingen sich Ritter und Knechte mit kriegerischen Spielen; dazu liefen auch die Bürger von Mainz scharenweise herbei, aber in böslicher Absicht, denn sie suchten Händel, weil es sie verdroß, daß Rudolph an Heinrichs Statt König sein sollte. Bald fing auch der Lärmen an, die Sturmglocken ertönten, alles waffnete sich und fiel über uns her, die wir zum Teil, nichts Böses ahnend, waffenlos in den Herbergen saßen. Da ward mancher wackere Kämpe von dem verruchten Bürgervolke getötet und mir selbst wäre es beinahe nicht besser gegangen. Ich wollte mein Fräulein, die Gräfin Gertrud von Eberstein, zu den Spielen begleiten, aber von ferne schon vernahmen wir das Getümmel des Streits und beschlossen also, umzukehren nach der Hofburg. Da verrannten uns etliche Bürger den Weg. »Schlagt die Schwäbischen nieder!« riefen sie und drangen mit Kolben und Schwertern auf uns ein. Ich stellte mich vor das Fräulein und zog das Schwert; aber ein Schlag traf mich, der mir noch jetzt im Kopfe schwirrt, und schon faßten die Anführer die Gräfin, da fuhr auf einmal eine blitzende Klinge zischend zwischen sie und das Fräulein, laut heulend sanken zwei zu Boden, dem dritten spaltete ein zweiter Hieb den Kopf und die übrigen entflohen mit Geschrei.«

»Und wer war denn der wackere Kämpe, der euch so zur rechten Zeit zur Hilfe kam?« unterbrach Werner den Redenden.

»Der Beutelsbacher war's«, entgegnete Berthold.

»Ha!« rief Werner, »den kenne ich wohl, das ist ein wackerer Kämpe und ehrbarer Ritter; wo dessen Schwert hintrifft, da setzt es freilich tüchtige Hieb'. Seinen Vater Ulrich kennst Du gewiß auch noch, jenen kühnen Recken, der in der blutigen Schlacht an der Orne, wo Graf Odo von Champagne fiel, das feindliche Banner eroberte. Damals lebte sein Bruder Heinrich noch, nach dessen Tode – es mögen jetzt bald dreißig Jahre sein – Ulrich die väterlichen Erbgüter, die im Fils- und Remstale liegen, erhielt; er lebt noch jetzt im höchsten Alter auf der Stammburg, und hat eine Tochter und zwei Söhne, von denen der eine Konrad heißt, der nämliche, der Dein Fräulein rettete; er ist noch ein junger Herr, kaum fünfundzwanzig Jahre alt, aber gar klug und verständig, bieder und redlich, mutvoll und tapfer, wohlerfahren im Kampf zu Roß und zu Fuß, mit Schwert und Lanze.«

Berthold ließ den alten Werner seinen etwas weitläufigen Bericht endigen und fuhr dann zu erzählen fort, wie der Ritter ihn und das Fräulein sicher in die Hofburg geleitet habe, wie hierauf der Aufstand mit Waffengewalt blutig unterdrückt, auch dem Könige demütig Abbitte deswegen getan, dieser aber, von dem Vorfalle erzürnt, rasch abgereist, und heute mit seinem Gefolge nach Eßlingen gekommen sei.

»Da hast Du Dich denn gleich fortgemacht«, rief Werner lachend, »fürchtend, es möchte auch Denen von Eßlingen gelüsten, die Kraft ihrer Streitkolben an den Schädeln eurer Reisigen zu erproben!«

»Hab's wahrlich nicht gefürchtet«, sprach Berthold, »denn obwohl die Eßlinger auch gerade nicht die feinsten sein mögen, so sind sie doch weit zahmer und artiger als die Handwerker und Krämer zu Mainz.«

»Oder hat Dir etwa die Herberge in Etzel's Stadt drüben mißfallen?« sagte Werner weiter; aber Berthold entgegnete:

»Deß könnt' ich mich gerade auch nicht beklagen; mein Herr, der Graf von Eberstein, hat ein gutes Logement, es liegt oben in der Stadt, nahe an dem Kirchlein des heiligen Landolinus, und über der Pforte ist ein wilder, über und über mit Haaren bedeckter Mann ausgehauen. Auch haben sie drinnen einen gar guten Trunk, der blutrot im Becher funkelt, und der Herbergen gibt's manche, wo man gute Kameradschaft findet, lustige Brüder, die nicht gleich zum Schwerte greifen, wie die Mainzer. Nein, *Dich* wollt' ich einmal wieder heimsuchen, alter Kampfgefährte, und Dir zugleich sagen, daß Du morgen eine stattliche Gesellschaft in Deinem Tale sehen wirst. Der Herzog will den Stutengarten besuchen, sich auch ein wenig mit der Jagd erlustigen.«

»Was sagst Du?« rief Werner. »Da muß ich morgen früh auf den Beinen sein! drum denk' ich, wir legen uns jetzt schlafen, 's ist überdies schon spät und Du wirst auch müde genug sein.«

»Das mein' ich«, entgegnete Berthold und beide begaben sich nun zur Ruhe in den Turm.

Der Morgen brach an, ein kühler Ostwind verkündete die Ankunft des Tagesgestirns, das schon mit Purpurgluten die östlichen Gebirge zu säumen begann; er trieb die über dem Tale gelagerten Nebel gegen die dasselbe umgrenzenden Berge, deren Abhang nun ein dichter, weißlichgrauer Schleier verhüllte. Drüben im Dorfe Dunzhofen läutete man die Morgenglocke und im Turme begann ein reges Leben. Werner suchte die alte Rüstung hervor und spähte eifrig nach den hie und da noch daran befindlichen Rostflecken, die er sorgfältig zu vertilgen strebte: auch Berthold wappnete sich, und nun gingen die beiden

Kriegsgefährten in den Stutengarten, indes Werner's Sohn die Kunde von dem hohen Besuche nach Dunzhofen brachte, damit man auch dort zum Empfang der erlauchten Gäste sich rüsten möge. Hierauf schnell heimkehrend, spähte er auf der obersten Zinne des Turmes nach den Kommenden.

Die beiden Greise musterten eben die reiche Anzahl stattlicher Rosse, welche das Gehäge einschloß, als der starke Ton eines Hornes zu ihren Ohren drang. »Das ist Kuno's Horn«, sprach Werner, »sie kommen! Auf, ihnen entgegen!«

Kaum hatten sie den Turm erreicht, als auch schon König Rudolph mit zahlreichem Gefolge sich nahte.

Voran ritt er selbst auf einem weißen Rosse, dessen Purpurdecke ein breiter goldgewirkter Saum einfaßte. Es war ein stattlicher Mann, ernste Hoheit lag auf dem länglichen Antlitz, das ein starker Bart beschattete, durchdringend war der Blick der tiefliegenden Augen, das kurz abgeschnittene Haar deckte eine Kappe, um welche eine kronenartig ausgezackte Verzierung umherlief, in deren Mitte ein Rubin funkelte; die Gestalt war hoch, die Haltung kräftig und die Bewegungen des Königs leicht und anmutig. Man rühmte auch von ihm, daß die Gaben seines Geistes seiner Körperschönheit entsprächen, und pries seinen Heldenmut und ritterlichen Sinn.

Ihm zunächst, auf schwarzem Schlachtrosse, gewahrte man einen schon ältlichen Ritter, mit strengen Zügen und etwas arglistigem Blicke; es war der Graf von Eberstein, der stolzeste der schwäbischen Großen, denn er rühmte sich, von mütterlicher Seite ein Nachkomme Kaiser Heinrichs I. zu sein, und hatte früher selbst um die Herzogswürde von Schwaben sich beworben; aber klüglich verhehlte er den Unmut des stolzen Herzens über das Mißlingen seiner Werbung und schloß sich eng an Rudolph an, um einst von dessen Gegner für seinen Übertritt einen desto größeren Lohn zu erlangen.

Hinter diesen beiden zeigte sich eine ansehnliche Schar schwäbischer Edeln, unter denen einer vornehmlich hervorleuchtete. Er saß auf einem lichtbraunen Streitroß, welches stolz mit dem stattlichen Reiter einherschritt, die Stangen seines reich mit Silber besetzten Zügels waren mit Schaum bedeckt und die lange, mit gelben und schwarzen Bändern durchflochtene Mähne flatterte, vom Winde bewegt, hin und her. Unter des Reiters hoher schöngewölbter Stirne blickten, von dichten Brauen beschattet, ein Paar dunkler feuriger Augen hervor, an beiden Seiten der frischroten Wangen kräuselte sich ein starker schwarzer Bart, der auch die Oberlippe bekleidete; ein reiches Haar von gleicher Farbe fiel lockig herab auf den Nacken. Die Gestalt war groß und kräftig; ein samtenes, enganliegendes Wams umschloß den Leib; ein schwarzer, goldgesäumter Mantel fiel über die Schultern hinab und ein silbergesticktes Wehrgehänge, an dem ein breites Schwert hing, umschlang die schlanken Hüften. Die Bewegungen des Reiters zeigten zierliche Gewandtheit und sein ganzes Benehmen offenbarte ein aus dem Bewußtsein der Kraft hervorgehendes Selbstgefühl.

Es war Konrad von Beutelsbach, der Anherr des erlauchten württembergischen Fürstengeschlechtes, ein Jüngling, trefflich zu Rat und Tat, von hohem Geist und echt deutscher Gemütsart, beliebt bei Hohen und Niedrigen, aus altem alemannischem Herrscherstamme und, obwohl unter Schwabens Edeln keiner der ersten, doch durch seine geistigen und körperlichen Vorzüge allen

gleich, den meisten überlegen. Nur einer vielleicht vermochte sich in dieser Hinsicht mit ihm zu messen, und dieser eine war Friedrich von Büren, der Stammvater des hohenstaufischen Heldengeschlechts. Innige Jugendfreundschaft band ihn an Konrad, aber Rudolphs Herrscherstolz hatte ihn beleidigt und er hatte sich zu dessen Gegner Heinrich gewendet: darum erblickte man ihn nicht unter des Königs Gefolge; auch war er gerade mit der Vollendung seiner neuen Burg auf dem Staufenberge beschäftigt.

Nach den Rittern kamen auf schöngeschmückten Zeltern die Gemahlin des Königs, die schöne und kluge Adelheid und ihre Hoffräulein, unter denen Gertrud von Eberstein durch ihre Schönheit nicht weniger als durch ihre Abkunft sich auszeichnete. Sie saß mit zierlicher Gewandtheit auf ihrem Rosse; ein enges grünes Gewand, oben mit einer goldenen Schnalle befestigt, um die Hüften von einem golddurchwirkten Gürtel zusammengehalten, umschloß den schlanken Leib und fiel in reichen Falten auf die niedlichen Füße herab. Unter dem Schleier quollen in reicher Fülle die lichtbraunen Locken hervor und wallten in zierlichen Ringeln über den Nacken; das Gesicht bildete ein schönes Oval, und eine frische Röte färbte die zarten Wangen; der niedliche Mund mit seinen schwellenden Lippen, die schöngeformte Adlernase und das hellbraune Auge, dessen Feuer den Schimmer einer sanften Schwärmerei milderte, gaben dem Antlitz der Jungfrau den Ausdruck einer mit Hoheit vereinten Lieblichkeit, welche jeden, der sie anschaute, mächtig anzog.

Den Damen folgte der Knappen buntgekleidete Menge, und kaum vermochte der ziemlich geräumige Platz zwischen dem Turme und Bache die ganze Gesellschaft zu fassen.

Die Herren stiegen ab und halfen dann auch den Damen von ihren Zeltern; die Knappen aber führten die Rosse an einen abgesonderten Platz des Gehäges, wo diese sich nun auf dem frischgrünen, blumigen Rasen gütlich taten. Indes wurde von den mitgebrachten Vorräten ein reichliches Mahl bereitet und auf der Wiese am Heilquell genossen, wohin die Bewohner der Nachbarschaft Tische und Bänke in großer Menge herbeigeschafft hatten.

Kaum war das Mahl geendigt, als König Rudolph aufstand und die Gesellschaft zur Beschauung des Stutengartens und zur Jagd einlud, worauf sich ein reges Getümmel unter den Anwesenden erhob und sie in dem Gehäge und am Abhange der Berge sich zerstreuten.

Bald erklang der Jäger lautes Geschrei, der Hunde Gebell; das Wild, aus seinen Lagern aufgejagt, brach durch das Gebüsch; hier schwirrte von der Armbrust der befiederte Pfeil, den leichtfüßigen Hirsch niederwerfend, dort durchbohrte der eisenbeschlagene Jagdspeer des Ebers Rachen, und selbst die Rosse im grünen Gehäge, von dem ungewohnten Lärmen erschreckt, rannten wiehernd und aufgeregt umher.

Zwei Herzen nur teilten nicht die wilde Lust, sondern ergingen sich in sanfteren Gefühlen. Konrad und Gertrud waren es, die, das bunte Getöse der Jagd fliehend, im einsamsten Winkel des Tales sich zusammenfanden. Eine bemooste Eiche ragte hier im kühlen Dunkel mächtig empor, an ihrem Fuße wuchs die duftende Waldrose, und zwischen ihren Wurzeln, welche da und dort aus dem Boden hervorschauten, sproßte das liebliche Veilchen; das Ufer des Baches aber, welcher über Felsenstücke rauschend herabfiel, bekränzte des Vergißmeinnichts mildes Blau. Sinnend saß Gertrud hier, den Blick auf den

Boden geheftet; ihrer Hand war der leichte Jagdspeer entsunken, denn ihr Gemüt, von süßeren Gefühlen bewegt, hatte des Mordens wilde Lust vergessen.

Da rauschte es durch das Gebüsch; erschrocken blickte die Jungfrau auf, und Konrad stand vor ihr. »Ihr habt dem wilden Getümmel Euch entzogen, mein Fräulein!« hub er an. »Erlaubt, daß auch ich Eure Einsamkeit teile. Das lustige Lärmen der Jagd, das mich sonst so mächtig ergriff, ist mir heute ganz zuwider – doch Ihr schweigt? Meine Gegenwart ist Euch lästig; dann verzeiht, daß ich es wagte, Euch zu stören!«

Des Jünglings Stimme war bei diesen Worten immer weicher geworden; da er aber nun fühlte, wie des Herzens Rührung ihn übermannte, wandte er halb unwillig, halb beschämt sich um und wollte zurückgehen. Da tönte sein Name von den Lippen der Jungfrau, und rasch sich wieder wendend, stand er vor ihr.

Sie hatte sich erhoben, ihre Wangen glühten vor Beschämung darüber, daß sie des Herzens geheimste Regungen so unbesonnen verraten habe, und verlegen stand sie da, dem Jüngling gegenüber, der mit glühenden Blicken sie betrachtete. Der Kampf der Gefühle in der Liebenden Brust verschloß beiden den Mund. Endlich brach Konrad das Schweigen.

»Gertrud«, sprach er, »teure Gertrud, erlaubt, daß ich diesen Augenblick benütze und Euch sage, was seit jenem Tage in Mainz mein Herz bewegt.« Noch höher erglühte das Antlitz der Jungfrau und ihr Busen hob sich heftiger; aber der Jüngling, der nun auf einmal Mut bekommen, der sich erleichtert fühlte, seit er der Geliebten das Geheimnis seines Herzens zu offenbaren begonnen, faßte ihre Hand, die sie ihm willig ließ, und fuhr also fort: »Ich liebe Euch, aus vollem Herzen lieb' ich Euch! Sprecht, könnt Ihr meine Gefühle erwidern, kamen jene süßen Blicke, die so tief in meine Brust drangen, aus Eurem Herzen oder ... –«

Er hielt inne, den Blick der Sehnsucht auf die Jungfrau geheftet; sie aber erhob das tränenfeuchte Auge und beseeligend glänzte dem Jüngling durch dessen feuchten Schimmer der Liebe Erstlingsstrahl entgegen; da breitete er die Arme aus und rief: »Gertrud!« – »Mein Konrad!« lispelte die Jungfrau und sank an des Glücklichen Brust. Durch der Eiche weithinragende Äste säuselte ein milder Frühlingswind, die Zweige des Rosenbusches neigten sich und des Baches Rauschen vereinte sich mit dem verhallenden Ton des Jagdhornes zum süßesten Akkorde der Liebe.

Schöne Pläne für die Zukunft bauend, saßen die Liebenden da, nicht bemerkend, wie die Zeit verstrich und die Schatten länger wurden, da stand auf einmal vor ihnen zornfunkelnden Blickes Gertrudens Vater; erschrocken sprangen sie auf. Der Graf von Eberstein aber sprach: »Ist das Rittersitte, Herr? Habt Ihr nur darum meiner Tochter das Leben gerettet, um listig in ihr unbewachtes Herz Euch zu stehlen und dessen Frieden zu stören? Meint Ihr, die Enkelin der Sachsenkaiser sei dazu bestimmt, die Gattin eines unbekannten Edeln zu werden? Soll Graf Ebersteins Tochter, würdig, den Kaiserthron zu schmücken, ihre Hand dem Lehensmanne Rudolphs von Rheinfelden reichen? – Nein, da sei Gott vor! Wenn nicht wenigstens der Herzogshut dies Haupt einst schmückt, so mag Gertrud lieber in eines Klosters stillen Mauern verblühen, ehe die Welt sie als Konrad von Beutelsbachs Gemahlin erblicken soll!«

Der Jüngling, von der stolzen Rede tief beleidigt, fuhr jäh mit der Hand ans Schwert, aber ein Blick der Jungfrau entwaffnete ihn, und gemäßigter sprach er: »Das Blut der Alemannenfürsten, das in meinen Adern rollt, ist wohl so edel als das sächsische, und wenn's auf eigene Trefflichkeit ankommt, so weich' ich keinem!« –

»Zählt Ihr auch jenen Teutbald, der zur Strafe der Empörung die Herzogswürde verlor, zu Euern Ahnherrn?« fragte höhnisch der Graf. »Der mag wohl würdig dem großen Heinrich, dem Retter des deutschen Reiches, an die Seite gestellt werden! Doch wozu diese unnützen Worte? Gertrud wird nun und nimmermehr Eure Gattin!«

Dies sprechend wandte sich der Ebersteiner um, ergriff die zitternde Tochter an der Hand, und ließ den Jüngling in einem Zustande zurück, der nahe an Verzweiflung grenzte.

Sein Knappe, welcher kam, um ihm zu melden, daß alles sich zur Heimkehr bereite, erweckte ihn aus seinem Schmerz; Konrad folgte ihm, halb unbewußt wohin es gehe, zu dem Getümmel der Aufbrechenden, aber Gertrud wußte einen Augenblick zu erhaschen, wo ihr Vater in tiefem Gespräche mit dem König Rudolph begriffen war. »Mut gefaßt«, flüsterte sie dem Geliebten zu, »noch bleibt uns die Hoffnung und treue Liebe führt uns, sei's auch durch Sturmes Nacht, doch noch zum Ziele.« Das waren zauberische Töne für den Jüngling; gefaßter schwang er sich auf's Roß, nahm schnell und kurz Abschied von der Gesellschaft und trabte dann der väterlichen Burg entgegen.

Schon ritt Konrad auf der Höhe, von der hinab der Weg über Endersbach zu seiner Heimat führte, da vernahm er hinter sich den Hufschlag flüchtiger Rosse, er hielt sein Pferd an und erkannte bald einen Knappen König Rudolphs.

»Was gibt's?« rief er dem Näherkommenden zu.

»Schlimme Kunde!« war die Antwort. »Kaiser Heinrich naht mit starker Heeresmacht, die Gowertschen, die, zwischen Deutschland und Welschland Handel treibend, hin und her ziehen, im Gebrauch der Waffen wohlerfahren, haben sich an ihn angeschlossen; der Tschechen wildes Volk, das im Böhmenlande wohnt, hat seine Wälder verlassen und ist ihm raub- und mordgierig zugezogen, die Bürger in den freien Städten rüsten sich für ihn und manche selbst von den schwäbischen Herren sinnen auf Abfall; darum läßt der König Euch seinen Gruß entbieten und Euch ermahnen, am nächsten Tage bei ihm in Eßlingen zu erscheinen, von wo aus er nach Ulm seinem Widersacher entgegenziehen will.« –

»Morgen?« sprach Konrad, »ich ziehe lieber gleich mit euch, es gibt wohl manches noch zu beraten und zu besprechen.« Drauf rief er einen seiner Knappen, hieß ihn rasch nach der Burg Beutelsbach reiten und hier von Mannen aufbieten, was nur entbehrlich sei, mit diesen sogleich aufbrechen und stracks nach Ulm ziehen. Der Knappe ritt ab, Konrad aber nebst den übrigen eilte über das steile Waldgebirge in's Heinbachtal und von da nach Eßlingen, wo er spät abends anlangte.

Er fand hier alles mit den Zurüstungen zur Abreise beschäftigt, mancherlei Meinungen und mancherlei Gesinnungen unter den anwesenden Edeln. Die einen rieten, man solle dem Feind rasch entgegenziehen; die andern hielten es für besser, bis er herankäme, sich tüchtig zu rüsten, um ihn dann desto nachdrücklicher empfangen zu können. Die jüngeren, die zum Teil in dem bevorstehenden Kampfe ihre ersten Siegeslorbeeren zu erringen hofften, sprachen gar geringschätzig von den Wilden, aus denen, wie sie sagten, Heinrichs Heer bestehe. Die älteren aber, welche der harten Kämpfe mit jenen slavischen Horden sich noch erinnerten und den neuerwachten Kriegsmut der Bürger in den freien Städten bedachten, waren wegen des Ausgangs des Krieges um so besorgter, da sie wußten, wie in den treuen deutschen Gemütern die Liebe zu dem trefflichen deutschen Geschlechte, aus welchem Heinrich entsprossen war, noch nicht erstorben sei, und wie so mancher stolze Große, des neuen Königs Herkunft betrachtend und sich gleich ihm der Krone würdig dünkend, allerdings nur geringe Neigung zu ihm trage.

Hievon führten sie ein ganz neues Beispiel an. Der Graf von Eberstein nämlich hatte sich bei jener Nachricht eilig von Rudolph losgesagt und nach Hause begeben. Dem Könige schien sein Abfall sehr nahezugehen; die aber, welche wußten, daß er schon vor der Zusammenkunft in Horchheim mit Heinrichs Liebling, dem Grafen Leutold von Dillingen, Unterhandlungen gepflogen, und daß dieser schlaue Mann ihm zur schwäbischen Herzogswürde Hoffnung gemacht hatte, fanden des ehrgeizigen Ebersteiners Handlungsweise sehr natürlich und fürchteten nur, es möchten, durch trügerische Verheißungen bewogen, noch manche andere seinem Beispiel folgen.

Unter solchen Gesprächen, welche zwar die Hoffnungen der kühnen, kampflustigen Jugend nicht zu erschüttern vermochten, wohl aber die Gemüter der ältern und bedächtigern von Rudolphs Anhängern mit mancherlei Zweifeln erfüllten, verfloß ein ziemlicher Teil der Nacht, und früh morgens brach die ganze Gesellschaft auf.

Die Kunde, welche man unterwegs erfuhr von Heinrichs Fortschritten und von der Tschechen unmenschlichem Wüten, war nicht geeignet, den Mut der schwäbischen Partei zu vermehren, und selbst in Rudolphs Herzen erhob sich ein verderblicher Zwiespalt. Die Tat, die sein Ehrgeiz gut hieß, vermochte sein Gewissen nicht zu billigen; dem Herrscher, welchem er Treue geschworen, hatte er die Krone entrissen, einen so nahen Verwandten im größten Unglück nicht nur verlassen, sondern dies Unglück sogar zur eigenen Erhebung benutzt. Diese Gedanken raubten ihm die Ruhe des Gemüts und zerrütteten seinen sonst so klugen, festen Sinn; er wurde schwankend in seinen Entschlüssen, und gewährte so seinem Gegner, der im wilden Grimm, voll Tatkraft und racheschnaubend einherstürmte, einen leichten Sieg.

Eine unbedeutende Schlacht bei Sigmaringen reichte hin, um Heinrich in den Besitz von Schwaben zu setzen. Rudolph entwich nach Sachsen und überließ es seinen Anhängern, sich in ihren Burgen, so gut sie konnten, zu verteidigen.

Gleich hungrigen Wölfen fielen nun die Tschechen über die schönen, rei-

chen Gefilde Schwabens her, was ihre Raubgier übrig ließ, vernichtete ihre Zerstörungssucht, ihre barbarische Rohheit begnügte sich nicht mit dem Mord der Unglücklichen, die in ihre Hände fielen, sondern sie weideten sich zuvor an ihren Qualen, ehe sie den beklagenswerten Schlachtopfern den Todesstoß gaben. Vor ihnen her zog Entsetzen, mit ihnen Zerstörung, hinter ihnen Öde; alles floh in Burgen und Städte, in die Höhen und Schluchten des Albgebirges und in die dichten Forste des Schwarzwaldes.

So zogen sie herab ins Fils- und Remstal, und bald nahte die wilde Rotte sich auch Konrads Burg.

Der Jüngling hatte alle Anstalten getroffen, um den Feinden tüchtigen Widerstand leisten zu können, und erwartete sie daher ruhig. Die Burg Beutelsbach, auf der äußersten Kuppe eines vom Schlichtenwald auslaufenden Gebirgsastes, dem von einem an seinem Abhange erbauten Kirche später so genannten Kapellenberge, gelegen, war nicht groß, aber fest. Ein tiefer Graben umgab deren erste Ringmauer, die aus starken Quadern zusammengefügt war und an allen vier Ecken weit hervorragende turmähnliche Erker hatte. Eine Zugbrücke führte zu dem Tore, über welchem man drei dreizinkige Hirschhörner, und unter ihnen vier in Kreuzesform vereinte Lilien, das Wappen der Burgbesitzer, in Stein ausgehauen, erblickte. Durch das enge und lange Torgewölbe trat man in den äußeren Burghof, den eine hohe Mauer, an deren Westseite ein Wartturm emporragte, von dem innern Raume trennte, in welchem das Herrenhaus mit seinem stattlichen Giebel sich erhob. Die Wohngebäude für das Gesinde und die Verteidiger der Burg befanden sich in dem äußern Raume, wo man damals auch für die zur Verstärkung der Burgmannschaft herbeigerufenen Dienstmannen in Eile etliche Bretterhütten aufgeschlagen hatte. Auf den Mauern standen reichlich gefüllte Steinkasten, schwere Armbrüste lagen hier, deren mit scharfen Spitzen versehene Bolzen durch Schild und Panzer drangen. Oben aber auf der höchsten Warte spähte der Wächter nach dem Herannahen der Feinde.

Es war eine finstere stürmische Nacht; dunkle Wetterwolken lagerten sich auf den Bergen, und von Zeit zu Zeit zuckten schlängelnde Blitze aus ihrem schwarzen Schloß; der anfangs ferne, dumpfe Donner kam immer näher und brüllte lauter, und endlich entlud sich das Gewölk in dichten Regengüssen. Aber schrecklicher noch als die Wut der Elemente tobten die wilden Menschen. Die Tschechen plünderten ringsumher die Dörfer, und unter das Rollen des Donners und das Geplätscher des Regens mischte sich ihr tierisches Gebrüll und das Jammergeschrei der Unglücklichen, welche sie hinschlachteten. Bald stiegen nun auch trotz des fortdauernden Regens da und dort Flammensäulen empor und erleuchteten durch ihre Glut die finstere Schreckensszene.

In trübes Sinnen versunken stand auf der Warte Konrad und schaute von da hinab in's Tal; da klopfte ihm jemand auf die Schulter; er drehte sich um und erblickte seinen Bruder Bruno. Auch er, Ulrichs jüngerer Sohn, war von ansehnlicher Gestalt, aber von schwacher Gesundheit; die sanften Züge seines blassen Antlitzes verkündeten die Milde seines Gemüts.

Von Jugend auf hatte er die Beschäftigung mit den Wissenschaften den ritterlichen Übungen vorgezogen, und war, da er frühe in den geistlichen Stand trat, damals schon Domherr zu Speyer, von wo aus er zum Besuche bei seinem kranken Vater vor wenigen Tagen erst angekommen war.

»Was gibts?« fragte ihn Konrad.

»Der Vater läßt Dich rufen«, war die Antwort, und Konrad eilte sogleich hinab in die gewölbte Halle, wo auf weichgepolstertem Armsessel der alte Ulrich ruhte. Dichte schneeweiße Locken bedeckten des Greises Haupt, und noch immer zeigte das runzelvolle Antlitz die Spuren früherer männlicher Schönheit und Würde. Neben ihm stand mit einem Becher voll warmen Mets Luitgard, seine Tochter, eine schlanke, liebliche Gestalt. Die weiße Haut des Gesichtes durchschimmerte ein zartes Rot; auch die Lippen waren nur schwach gerötet, aber sie umschlossen einen zierlichen Mund, die Stirn beschatteten blonde Locken; die blauen Augen schauten sanft und freundlich unter den langen Wimpern hervor; der Unschuld milder Schimmer leuchtete aus ihren Blicken und verklärte das ganze länglich geformte Antlitz. Luitgard hatte nicht Gertruds Hoheit, aber der Anmut Zauber war über sie ergossen; und wenn man diese dem leuchtenden Tagesgestirne vergleichen konnte, so glich sie dem sanftschimmernden Monde; ihr holder Liebreiz vermochte wohl nicht so schnell, aber eben so fest zu fesseln, als die prunkende Schönheit der Gräfin von Eberstein.

Als seine Söhne eintraten, erhob sich der Greis. »Die Feinde sind da«, sprach er, »ich höre ihr wildes Gebrüll, bald werd' ich auch den tobenden Lärm des Kampfes um unsere Veste vernehmen. O, daß ich nicht mehr wie sonst des Schwertes eiserne Wucht zu schwingen vermag! Doch Du, mein Konrad, bist ja da, und wirst ritterlich Burg, Vater und Geschwister beschirmen, dulde nicht, daß der wilde Feind meine Silberhaare beschimpfe und die letzte noch übrige Lebenskraft Deines Vaters durch Henkersqualen ertöte!«

»Nein, bei Gott!« rief heftig sein Sohn, »diese slavischen Barbaren sollen unsere Burg nicht betreten, ich will sie niederschmettern, wie der Blitzstrahl die mächtige Eiche! Seid ruhig, Vater, und Du, teure Schwester, weine nicht; dies Volk vermag wohl offene Dörfer zu verheeren und Wehrlose hinzuschlachten, aber an unsern festen Mauern, an unserer Krieger kühnem Mute wird sich ihr wildes Ungestüm schon brechen.«

Kaum hatte Konrad seine Rede geendigt, als sich draußen ein lautes Getümmel erhob; ein Knappe kam hereingeeilt und rief: »Die Feinde rücken zum Sturm heran!«

»Dann muß ich fort«, sprach Ulrichs ritterlicher Sohn, »lebt indes wohl, bald hoff' ich als Sieger Euch wieder zu sehen!« Er reichte dem Vater die Hand und eilte dann fort zum Kampfe. Als er auf der Mauer ankam, sah er bei der düstern Helle des eben grauumwölkt anbrechenden Morgens die Tschechen heranrücken, kleine aber breitschultrige, kräftige Gestalten, die schwarzen, struppigen Haare, die aufgestülpten Backenknochen gaben ihren Gesichtern ein widerliches, häßliches Ansehen, und die dicken, schlecht zugeschnittenen Pelzkleider, die ihren Leib umschlossen, machten sie noch ungestalter.

»Das also«, sprach Konrad, sie näher betrachtend, »sind Kaiser Heinrichs Scharen, diese mißgestalteten Unholde rief Deutschlands Herrscher herbei, um ihnen sein schönes Vaterland preiszugeben?! Bei Gott! diese sollen, so lang ich leben werde, meiner Väter Burg nicht betreten!«

Das Gefecht begann. Mit wildem Geheul rückten die Tschechen heran, einige sprangen in den Graben und suchten an dem Tore hinaufzuklettern und die Ketten der Zugbrücke zu sprengen; andere schleuderten ihre Wurfspeere gegen die Verteidiger der Burg, wieder andere schossen Feuerpfeile ab auf das hochhervorragende Dach des Herrenhauses. Aber die Bolzen, welche Konrads Krieger von ihren Armbrüsten entsendeten, drangen besser durch die feindlichen Rüstungen, als die leichten Wurfspieße der Tschechen. Der noch immer fortdauernde Regen vereitelte die Wirkung der Brandgeschosse und gewichtige Steine zerschmetterten die Häupter derer, welche gegen die Zugbrücke heranklетterten. Doch über die Leichname der Gefallenen stiegen neue heran und auf den Totenhügeln stehend gelang es endlich den Stürmenden, die Ketten der Zugbrücke zu lösen; sie fiel mit Donnergetöse nieder und die Feinde drangen über sie gegen das Tor, das unter den gewaltigen Beilschlägen

in kurzem krachend zusammenstürzte. Jetzt erscholl ein wildes Siegesgeschrei und durch die geöffnete Pforte stürzten die Tschechen in den Burghof, voran ihr Anführer Swentibold; ein Mann, der über seine Leute wie ein Riese hervorragte und mit einem schweren Streitkolben bewaffnet war. Aber sie fanden hier den entschlossensten Widerstand. Dichtgedrängt, die Lanzen vor sich streckend, standen Konrads Mannen da, er selbst den Stahlschild vorhaltend, mit blanker Klinge an ihrer Spitze. Nun erhob sich unter der langen Wölbung des Tors das heißeste Gefecht. Vergebens stürmten die Tschechen gegen die Speere ihrer Feinde heran, vergebens trieb Swentibold immer von neuem die Wankenden zum Gefecht; sie vermochten nicht durchzubrechen. Da meinte er, wenn der Führer der Feinde getötet wäre, würde der Kampf eine bessere Wendung für die Seinigen nehmen, und drang mit erhobener Waffe auf Konrad ein. Aber der gewandte Jüngling wich geschickt dem Schlage, der ihn zerschmettern sollte aus, und ehe Swentibold von neuem den Streitkolben erheben konnte, sank er mit zerspaltener Schulter tödlich verwundet nieder. Jetzt flohen die Seinen, bis über die Zugbrücke von Konrads Mannen verfolgt, und der Sturm war abgeschlagen.

Ängstlich hatten indes Bruno und seine Schwester auf den Ausgang des Kampfes geharrt, als sie plötzlich den Siegesjubel ihrer Krieger vernahmen. »Die Unsrigen haben gesiegt!« rief Luitgard freudig aus, »die Feinde fliehen in wilder Eile den Berg hinab!«

Da richtete der Greis, der indes halb schlummernd dagesessen, und nur zuweilen, wenn das Kampfgetöse lauter wurde, die Augen geöffnet hatte, sich auf und sprach: »Sieg? sagst Du Sieg? Nun, dem Allerhöchsten sei gedankt, daß er mit solchen Freuden noch meine letzten Stunden erheitern mochte. Kommt, Kinder, stellt euch um mich her, ruft auch Konrad herbei! Ich fühle es, mein Ende naht!«

Die drei Geschwister, denn Konrad war soeben eingetreten, traten näher zu dem Vater, dessen Gesicht wie verklärt leuchtete und der nun also anhub zu sprechen:

»Des Todes kalte Hand hat mich erfaßt, der Augen Licht erlischt, dies Blut beginnt zu stocken, in wenigen Augenblicken wird das Leben vollends von mir entwichen sein. Aber wohl mir, ich scheide von frischer Siegesluft umglänzt! Ja Sieg! Sieg ist der letzte Klang, den dieses Ohr vernahm, und Sieg wird sein die Losung für mein Geschlecht bis in die fernsten Zeiten. Knie nieder, Konrad, du mein erstgeborener, und empfange deines Vaters Segen! Siehe! der Zukunft dunkler Schoß öffnet sich vor meinen Blicken und die Reihe der Jahrhunderte liegt hell und deutlich vor mir da. Konrad! Du wirst der Stammvater sein eines erlauchten Geschlechts; nieder sinken ringsum die alten Burgen und die Geschlechter der Mächtigen vergehen mit ihnen, aber das Deinige wird blühen bis in die fernsten Zeiten. Siehe, die Heldengestalten Deiner Enkel steigen herauf aus der Zukunft finsterem Schoß, mächtige Herrscher, weise im Rat und kräftig zur Tat, rastlos mehrend das Erbe der Ahnen; die Bürger der Städte verschwören sich gegen sie, der Adel erhebt wider sie das Banner des Kriegs, selbst Deutschlands Herrscher ziehen aus, sie zu bekämpfen, die alte Stammburg sinkt in Asche, der Ahnen Gräber verheert der Feinde Wut, aber aus Asche und Moder steigt herrlicher unser Geschlecht empor. Ich sehe den Herzogshut schimmern in der Ferne. Hinter ihm strahlt aus dem

Dunkel späterer Jahrhunderte die Königskrone hervor und von des Bodensee's blauen Fluten bis zu der Tauber traubenreichem Gestade gehorchen alle Gauen dem einen Herrscher von unserem Stamme!«

Die lange Rede hatte den Greis erschöpft, kaum vermochte er noch, auch seinen beiden jüngern Kindern mit wenig Worten den Segen zu erteilen; darauf schloß er die Augen, neigte das Haupt und entschlief. Schmerzlich ergriffen stand Konrad neben der teuren Leiche, Bruno weinte still, nur Luitgards Schluchzen wurde im Gemach vernommen.

Nach einiger Zeit trat einer der Burgleute herein und meldete, daß die Feinde abgezogen seien, aber seine frohe Botschaft vermochte nur wenig den Schmerz der ihres Vaters beraubten Geschwister zu mildern. Auch der Jubel der Dienstmannen verstummte, als sie ihres geliebten Herrn Tod vernahmen; dagegen erklang dumpftönend nun die Burgglocke und verkündete der Umgegend, daß der Burgherr verschieden sei. Aber ungehört verhallten hier ihre Töne, denn das Tal war öde und nur mit Trümmern und furchtbaren Denkmalen der feindlichen Verwüstung bedeckt.

Die Ursache des schnellen Abzugs der Tschechen war nicht so sehr ihr mißlungener Angriff auf die Burg Beutelsbach, als ein Befehl Heinrichs, der sie nach Franken rief, wo er seinem, durch die Scharen der Sachsen indes verstärkten Gegner einen entscheidenden Schlag beibringen wollte. Aber das Jahr 1077 verfloß, ohne daß der Kampf um Deutschlands Krone entschieden worden wäre, und Konrad benutzte, von seinem Bruder Bruno mit Ratschlägen trefflich unterstützt, die Zeit der Waffenruhe, die nun seine heimischen Gaue beglückte, aufs eifrigste, um den Schaden des Kriegs, soviel es sich tun ließ, wiedergutzumachen. Die entflohenen Einwohner kehrten aus ihren Schlupfwinkeln zurück, die zerstörten Hütten erhoben sich von neuem und auch die verheerten Felder wurden frisch bepflanzt.

So verstrich der Sommer für Konrad unter vielfachen Beschäftigungen; jetzt aber, da der Drang der Geschäfte aufhörte und eine ruhigere Zeit für den jungen Ritter kam, erwachte in ihm auch mit neuer Gewalt die Sehnsucht nach der Geliebten, von welcher er seither nichts mehr vernommen hatte. Dem scharfen Blicke des Bruders blieb die Veränderung in Konrads Gemütszustand nicht lange verborgen und bald hatte er diesem das Geheimnis seines Herzens entlockt. Konrad erzählte ihm die ganze Begebenheit und Bruno wußte mit klugem Zuspruche die schon wieder erstorbenen Hoffnungen seines Bruders aufs neue anzufachen.

»Mut gefaßt, mein Konrad«, sprach er, »denk' an Gertrudens letzte Worte! Mag auch des Ebersteiners Stolz vor einer Verbindung seiner Tochter mit Dir zurückbeben, die Zeiten ändern sich und bald vielleicht kommt der Tag, der des Übermütigen hochfliegende Entwürfe mit einemmale vernichtet. Die schwäbische Herzogskrone wähnt er dereinst noch auf seinem Haupte zu sehen? Törichte Hoffnung! Glaubst Du, Heinrich werde diese Würde dem schwachen Greise geben, dessen Wankelmut so bekannt ist, und der nichts Ruhmvolles aufzuweisen hat in seinem Leben, als seine erlauchte Herkunft! Nein, nimmer werden wir den Ebersteiner als Schwabens Herzog begrüßen, sein Stolz wird sich schwer täuschen und seine Hoffnungen werden gewaltig sinken! Die Zeit wird gewiß noch kommen, wo er Dir mit Freuden Gertrudens Hand bewilligt, denn indes er sinkt, steigst Du, entscheide sich das Kriegsglück für wen es wolle; Rudolph wird Dir die bewährte Treue belohnen. Graf Poppo, der wirklich den Remsgau verwaltet, ist alt; stirbt er, so erhält kein anderer als Du seine Würde und so ist der Grund zu Deiner Größe gelegt. Indes laß mich, da ich's durch die Waffen nicht kann, durch Rat und Rede tätig sein für Dein Wohl. Ich ziehe in kurzem nach Speyer und will den Weg über des Ebersteiners Burg nehmen.«

»Das wolltest Du«, unterbrach ihn Konrad, »und hoffst etwas auszurichten?«

Aber Bruno fuhr fort: »Laß mich nur sorgen, ich kann Dir gewiß bald gute Kunde geben. Bleib' Du nur indessen ruhig auf Deiner Burg, zügle den raschen Kampfesmut, schütze Dein väterliches Erbe und dies schöne Gau, wenn der Kriegssturm von neuem über dasselbe hereinbrechen sollte, und harre getrost auf eine glückliche Entwicklung Deines Schicksals.«

Konrad machte zwar noch mancherlei Einwendungen, doch wich er endlich des Bruders beredten Worten und versprach ihm, seinem Rate nachzuleben.

Am Abend des zweiten Reisetages kam Bruno auf des Ebersteiners Burg an, wo er alles in der größten Bestürzung fand. Gertrud war nach ihrer Sitte am Nachmittag in ein kleines Wäldchen gegangen, um daselbst zu lustwandeln. Als sie zur gewohnten Zeit nicht zurückkam, schickte der besorgte Vater nach ihr, aber sie war verschwunden, nur ihren Schleier fand man zerrissen an einer Quelle liegen, deren grünes Gestade der Gräfin schon oft zum Ruheplatz gedient hatte.

Der alte Graf war trostlos, er raufte sich die grauen Haare aus und rief in wildem Schmerz und herzzerreißendem Jammer nach der verlornen Tochter. Wild ging er auf den eintretenden Domherrn los und schrie:

»Bringt Ihr mir Kunde von meinem Kinde, Ihr, Bruder des Mädchendiebes von Beutelsbach! Ha! an Euch will ich meine Rache kühlen, wenn er mir meine Tochter nicht wieder herausgibt! Ergreift ihn, Knappen, bindet ihn und werft ihn in das tiefste Burgverließ!«

Die anwesenden Knappen zauderten, an einen Geistlichen die Hand zu legen, und Bruno benutzte diese Frist, wandte sich in ruhiger, würdevoller Haltung gegen den Grafen und sprach: »Graf von Eberstein bedenkt, was Ihr tun wollt! Bischof Gerhard wird die Mißhandlung eines der Seinigen gewiß nicht mit gleichgültigen Augen ansehen, und eine solche ungerechte Tat möchte Euch bei König Heinrich wenig Vorteil bringen. Prüft doch zuerst und untersucht, ob wirklich mein Bruder Konrad es ist, der diesen frevelhaften Raub verübte! Wenigstens wäre es das erstemal, daß einer unseres Geschlechtes mit solch unritterlicher Tat sich befleckte! Ich wollt' Euch einen andern nennen, mit dem Ihr, verblendeter Greis, in den neuesten Zeiten manchen Verkehr hattet und dem Jungfrauenraub nichts Neues ist. Kennt Ihr ihn wohl? Mit der schwäbischen Herzogskrone hat er Euern Stolz gekirrt und indessen die Krone von Schwabens Jungfrauen listig geraubt. Fragt den Grafen Leutold, wo Eure Tochter sich befinde, in meines Vaters Burg würdet Ihr sie vergebens suchen!«

Diese Rede dämpfte des Ebersteiners wilden Zorn, er begann aufs neue zu jammern und zu klagen um sein verlorenes Kleinod. Der mitleidige Bruno suchte ihn, so gut er es vermochte, zu trösten und des Wiedersehens Hoffnung in ihm zu erwecken, aber umsonst, der Greis blieb trostlos. Da beschloß der

Domherr, des Ebersteiners Jammer und seines eigenen Bruders Verzweiflung, wenn er den Raub erfahren würde, bedenkend, sogleich den Versuch zu machen, ob der frevelhafte Räuber nicht auszuforschen sei.

Er begann eine genaue und weitläufige Untersuchung, wodurch er aber nur soviel erfuhr, daß am nämlichen Abend, wo Gertrud verschwand, von einem Hirtenknaben etliche vermummte Reiter, die eine dichtverhüllte Jungfrau mit sich führten, auf dem Gebirge oberhalb Reichental erblickt worden seien. Jedoch selbst diese dunkle Spur beschloß Bruno zu verfolgen und brach, nachdem es ihm gelungen war, den alten Grafen noch ein wenig zu trösten, am frühesten Morgen von Eberstein auf. Rasch ging es fort, durch dunkle Wälder und weiche Moorgründe, am wilden See vorbei, hinab in das Felstal, wo die Enz die kühlen blauen Fluten über mächtige Granitblöcke hinwälzt. Da schwirrte auf einmal aus dem Gebüsch der Bolzen einer Armbrust, Bruno's Begleiter tief in den Rücken dringend, daß er vor sich hin vom Rosse herabstürzte, welches nun scheu das Tal hinabrannte. Erschrocken sah Bruno sich um, ein Mann von hohem, stattlichem Wuchs, aber unkenntlich durch einen ihn umhüllenden Mantel, der noch das Gesicht bis an die Augen bedeckte, trat aus dem Wald und rief ihm gebieterisch zu: »Halt, Pfaffe! oder Du bist des Todes!« Bruno hielt, bangen Herzens dem Ausgang dieses Abenteuers entgegensehend. Da traten auf des Verhüllten Wink zwei Bewaffnete zu ihm, faßten seines Rosses Zügel und rasch ging's nun durch abgelegene Waldpfade fort, bergauf, bergab, bis tief in der Nacht bei einer öden, halbverfallenen Burg Halt gemacht wurde und Bruno in ein mit Gittern wohlverwahrtes, enges Gemach geführt wurde, wo er nun, da der Kerkermeister, welcher ihm alltäglich sein Essen brachte, auf all' seine Fragen stumm blieb, in peinlicher Ungewißheit über sein Geschick und von aller menschlichen Gesellschaft fern, einsam schmachten mußte.

Vergeblich waren die Nachforschungen des trostlosen Konrads, der bald genug die Trauergeschichte vernahm; weder von seinem Bruder, noch von Gertruden vermochte er das Geringste zu erfahren und beschloß daher, dem Könige Rudolph zuzuziehen, um im Getümmel des Kampfes die verlorene Ruhe oder doch die Erlösung von seinem bittern Schmerz durch einen ritterlichen Heldentod zu finden.

Er übergab die väterliche Burg der Obhut eines seiner treuesten Diener, und ritt nun, nur von wenigen Knappen begleitet, gen Tübingen zu seinem Freunde, dem Pfalzgrafen Hugo, dessen Schutze er seine Schwester Luitgard anzuvertrauen gedachte.

Drauf zog er düsteren Sinnes hin nach Sachsen, wo Rudolph ein ansehnliches Heer versammelt hatte. Seine Ankunft erregte bei dem Könige große Freude und zum Lohn für seine Treue erhielt er sogleich den Oberbefehl über eine starke Reiterschar, welche bestimmt war, die Vorhut des Heeres zu bilden.

Der Feldzug begann. Rudolph zog heraus gen Mittag durch Franken und gedachte sich mit den Herzogen Berthold von Zähringen und Wolf von Baiern zu vereinen. Aber Heinrich, fürchtend, die vereinte Macht seiner Feinde möchte ihm allzu überlegen sein, zog ihm rasch entgegen.

Bei Mellrichstadt am Streubach hatte Rudolph sich gelagert, nicht ahnend, daß der Gegner ihm so nahe sei. Da wimmelten plötzlich die Höhen von feindlichen Kriegern; ein wildes Schlachtgeschrei ertönte und ehe noch des Schwabenherzogs Scharen sich zu ordnen vermochten, waren die Feinde mitten unter ihnen. Jetzt galt's entschlossenen Widerstand; Rudolph war, die Seinigen durch Rede und ritterliche Tat ermunternd, bald da, bald dort. Otto von Nordheim und seine Sachsen, vom Grimm des wildesten Hasses angefeuert, färbten im Blute der Tschechen die breiten Schwerter rot und türmten um sich her Hügel von Leichen auf. Aber auch Heinrichs Krieger stritten heldenmütig. Der Gowertschen scharfe Klingen und der Städtebürger breite Hellebarden durchbohrten manchen wackern Streiter Rudolphs und schon begannen dessen Scharen hie und da zu wanken.

Da erhob sich plötzlich im Rücken des Feindes ein wildes Getümmel, seine Rotten stoben auseinander. Vergebens suchte Heinrich sie von neuem zu sammeln. Er selbst und seine Begleiter sahen sich mit Wut von einem Reiterhaufen angefallen, der sich bis in die Mitte des Heeres Bahn gebrochen und das zum Teil aus Bauern bestehende Südvolk zersprengt hatte. Der Kampf war hart, viele Edle fielen an des Kaisers Seite, unter ihnen der alte Graf Eberhard von Nellenburg und Poppo, Graf von Henneberg. Dem Herrscher selbst zerhieb der Schwertstreich des Anführers jener Reiterschar die Helmdecke. Da ertönte das Geschrei: »Heinrich ist gefallen!« und gab die Losung zur Flucht seines Heeres, das in wilder Eile sich den Gebirgen zuwandte.

Auf dem blutgetränkten, leichenvollen Schlachtfelde begrüßte Rudolph den Anführer jenes tapfern Geschwaders, das so viel zum Siege beigetragen hatte. Konrad war's, der beim Anfange der Schlacht mit den Seinigen entfernt stand, dann aber, sobald er die Kunde vom Kampfe vernommen, rasch herbeigeeilt und den Feinden in den Rücken gefallen war.

»Ihr habt Euch neue Ansprüche auf meine Dankbarkeit erworben«, sprach der König zu ihm; »seid überzeugt, mein wackerer Ritter, daß ich nie vergessen werde, was ich Euch schuldig bin. Für jetzt genüge Euch die Versicherung, daß ich, wenn wir den Kampf glücklich beendigt haben, Eurer Dienste so gedenken werde, daß es Euch nie gereuen soll, mir in diesem Kriege so redlich und eifrig gedient zu haben.«

Aber weder diese schönen Verheißungen des Königs, noch das Lob, das seine Kriegsgefährten ihm spendeten, vermochten Konrads düstern Sinn zu erheitern, denn immer noch war er ohne alle Kunde von Bruno und Gertrud. Weder die Zeit, noch das Getümmel des Kampfes konnten seinen Schmerz mildern; nur seines Vaters prophetische Worte ließen die Flamme der Hoffnung nicht ganz in seiner Brust ersterben.

Auch zog eine geheime Ahnung – denn Sehnsucht nach dem heimischen Boden, wo er ja fast alles, was ihm teuer war, verloren hatte, glaubte er es nicht nennen zu dürfen – ihn nach Schwaben zurück, und nur ungern verweilte er noch länger bei Rudolphs Heer in Sachsen.

Da kamen aus Schwaben von des Königs Anhängern Boten, welche ihn dringend um Hilfe baten, weil sie von den Feinden hart gedrängt würden. Schon waren viele Burgen gefallen, andere belagert, das Land aber weit und breit verwüstet. Allein in Rudolphs Gemüt, obwohl er am Tage der Schlacht den alten Mut bewährte, tobte noch immer ein verderblicher Zwiespalt, der auch jetzt sich unheilbringend offenbarte. Vergebens drangen seine Freunde in ihn, herauszuziehen in sein Herzogtum und dem Wüten der Feinde Einhalt zu tun; allein es war, als ob er sich scheue, die Gaue wiederzusehen, die er fünfzehn Jahre lang als Herzog, glücklich und hochgeehrt, im deutschen Lande beherrscht hatte, und hartnäckig verwarf er diesen Rat, und konnte nur dazu vermocht werden, eine Kriegerschar zur Hilfe dahin zu schicken, mit deren Führung auch diesmal Konrad betraut ward und an deren Spitze er wieder der Heimat zuzog.

Der Frühling begann eben die Fluren mit neuem Grün zu schmücken. Blüten und Blätter drängten sich aus den Knospen hervor und der Märzsonne erwärmender Strahl schmolz allmählich auch den Schnee, der in den Schluchten und Klüften der Gebirge bis jetzt der Einwirkung der lauen Frühlingslüfte widerstanden hatte. Da ritt Konrad am Ufer der Rems, die noch immer die gelblichen, vom Schneewasser angeschwollenen Fluten brausend dahinwälzte, seiner väterlichen Burg zu.

Sie stand noch unversehrt, denn bis jetzt war des Krieges wilder Sturm noch nicht hierher gedrungen. Der heldenmütige Widerstand, den Pfalzgraf Hugo zu Tübingen den Feinden entgegensetzte, hatte ihrem Vordringen Einhalt getan. Aber der Pfalzgraf war hart bedrängt, und ohne Zögern gingen daher die von Rudolph gesandten Hilfstruppen weiter, um Tübingen zu entsetzen.

Allein die Kunde von ihrer Ankunft und der kriegerische Ruf, der ihre Zahl vermehrte, hatte die Feinde schon hinweggescheucht, und jubelnd zog nun das Heer durch die Tore der befreiten Stadt.

Konrad eilte unverzüglich der Burg zu. Freudig grüßend flog Luitgard ihm entgegen, zog ihn in rascher Eile in des Pfalzgrafen Gemach und siehe! ihm entgegen trat mit ausgebreiteten Armen sein Bruder Bruno. Schweigend hielten beide einander eine Zeitlang umschlungen, bis Bruno seine Geschichte also anhub:

»Du wirst wohl begierig sein, zu vernehmen, wie ich, den Du für verloren hieltest, hierher kam, teurer Bruder! Vernimm die wunderbare Geschichte meiner Rettung, die Du schon früher erfahren hättest, wäre es möglich gewesen, aus der so eng eingeschlossenen Stadt einen Boten an Dich abzusenden.«

Nun erzählte Bruno, was wir schon wissen, wie er gefangen worden und wie ihm der Winter so trüb verflossen sei, ohne daß er, trotz seines häufigen und angestrengten Lauschens auch nur einen menschlichen Laut in der Nähe seines Gefängnisses vernommen habe. »Endlich, da der Frühling in seine volle Blüte getreten war«, fuhr er fort, »vernahm ich jezuweilen Jagdgetöse in der

Ferne und begann neue Hoffnung zu fassen. Eine bleierne Platte, die ich in meinem Gefängnisse fand, wurde mittelst eines eisernen, an den Steinen geschärften Nagels von mir überschrieben, und sehnsüchtig harrte ich auf das Näherkommen des Jagdgetöses. Mehrere Tage lang war mein Harren vergeblich; endlich vernahm ich dicht am Fuße meines Kerkerturms den Laut menschlicher Stimmen und stieß so kräftig als möglich die Platte durch die engen Gitter meines Gemachs. Sie fiel mit Geräusch auf eine Steinplatte und gleich darauf vernahm ich die Worte: »»Schau doch einmal, Luitold, was da von dem alten Turme herabfällt!««

»Weis' her«, antwortete eine andere Stimme, »eine Bleiplatte! Was mögen wohl die in sie gegrabenen Züge bedeuten? Komm, laß sie uns dem Dorfpfaffen bringen, der kann sie uns vielleicht erklären!« Die Sprechenden entfernten sich und ich sah mit gespannter Erwartung der Entwicklung meines Schicksals entgegen. Doch eine Woche verging und kein Retter nahte; allmählich verlor die Hoffnung sich wieder und machte von neuem dem tiefsten Kummer Platz. Da öffnete sich einmal ganz zur ungewöhnlichen Zeit meine Türe und herein trat der Pfalzgraf hier, von mehreren Bewaffneten begleitet. Doch wie er zu mir kam, soll er Dir selbst erzählen.«

Hugo begann also: »Die Finder der Platte, Landleute von Simmersfeld, unweit dessen die alte Burg, die Bruno zum Kerker diente, im Waldesdickicht lag, brachten ihren Fund dem Priester ihres Orts. Dieser redliche Mann hatte kaum die Worte auf der Platte gelesen, als er sie durch einen vertrauten Boten nach Beutelsbach schickte. Hier mochte man seiner Erzählung nicht recht glauben, und sandte also den Boten mir zu. Ich machte mich nun mit etlichen Knappen auf, einen Jagdzug vorschützend, kam hierher und konnte der Burg mich leicht bemeistern, da außer Bruno's Kerkermeister und dessen Weib kein Mensch dieselbe bewohnte. Das Weib ließen wir laufen, den Mann aber führten wir mit uns, hoffend, von ihm den Namen des Schändlichen zu erfahren, der Deinen Bruder eingekerkert hatte. Aber kaum waren wir eine Viertelstunde von der Burg entfernt, als der Kerkermeister, fürchtend, die Folter würde ihm das bisher beharrlich verweigerte Geständnis erpressen, eine günstige Gelegenheit ersah, an einem mit Gebüschen bewachsenen Felsen hinabrutschte und in einer tiefen Waldschlucht verschwand, ohne daß wir ihn wieder erforschen konnten.«

»So«, fuhr nun Bruno, des Bruders Hand ergreifend, fort, »ward ich wieder frei, und darf, was ich im Kerkerdunkel oft kaum mehr zu hoffen wagte, Euch wiedersehen und so wirst Du, mein Konrad, Deine Gertrud einst wieder erblicken!«

»Das gebe Gott«, entgegnete der Ritter, »weiß ich doch nicht einmal, ob sie nur noch unter den Lebenden weilt, ob sie nicht gar... –« er hielt inne, erschreckend vor dem, was er eben aussprechen wollte, – aber Bruno, der den Sinn der nur halb vollendeten Worte wohl verstand, rief ihm zu:

»Frevle nicht an Deiner Geliebten! Du kennst ihr treues Gemüt zu wenig, wenn Du wähnst, sie werde Dich einem andern, stehe er auch so hoch er wolle, aufopfern! Kein Mißtrauen, keinen Kleinmut! Die Nacht des Unglücks beginnt zu entweichen, des Glückes heiterer Morgen bricht an! Horch, wie weissagend und meine Worte bestätigend, der Glocken heller Klang von der St. Georgenkirche zu uns herauftönt! Er ruft uns zum Dankfeste für die Befreiung der Stadt von Feindesnot. Drum auf! Hinab zum Heiligtum des Herrn!«

Sie gingen und wohnten dem Siegesfeste bei, dem ein fröhliches Mahl folgte, das spät in der Nacht erst endete. Einige Wochen verstrichen für Konrad zu Tübingen schnell und ziemlich heiter, da seine Zeit zwischen den für den bevorstehenden Heereszug nötigen Vorbereitungen und dem tröstenden und erquickenden Umgang mit seinen Geschwistern geteilt ward. Darauf zog er mit dem schwäbischen Heere aus, um die verlorenen Gegenden an der Donau dem Feinde wieder abzugewinnen.

Schon war manch blutiges Gefecht geliefert, manche friedliche Burg erobert und zerstört worden, als zu Ende des Maimonats das schwäbische Heer in den Besitzungen des Grafen Leutold von Dillingen anlangte, die nun für ihres Gebieters Anhänglichkeit an Heinrich schwer büßen mußten. Eine der festesten Burgen des Dillingers lag auf einem Felsen, am Gestade der Donau, da wo jetzt die Stadt Donauwörth sich erhebt, wo aber damals nur etliche niedrige Fischerhütten standen. Hierher hatten die geschlagenen Krieger des Grafen sich zurückgezogen und glaubten, auf ihrer Mauern Stärke trotzend, und auf Heinrichs nahe Hilfe hoffend, den herannahenden Sturm furchtlos erwarten zu können. Mit stolzem Hohne sahen sie die feindlichen Scharen das feste Schloß umringen, mit verachtendem Spotte wiesen sie ihre Anträge, sich zu ergeben, zurück, und mit aller Macht begannen nun Rudolph's Mannen die Belagerung.

Vor allen zeigte Konrad den regsten Eifer, denn Bruno's Äußerungen hatten ihm den Argwohn beigebracht, daß Leutold Gertrudens Räuber sei, und doch hatte er bis jetzt noch auf keiner von des Dillingers eroberten Burgen seine Geliebte oder eine Spur von ihr gefunden. Aber auch seinem Mute stellten die steil abgeschnittenen Felsenwände, die von drei Seiten des Berges emporragend das Schloß trugen, und die zweifache, durch Gräben und Zugbrücken wohlverwahrte, mit starken Türmen versehene Mauer auf der vierten, einzig zugänglichen Seite unübersteigliche Hindernisse entgegen. Etliche Stürme, welche die Belagerer versuchten, wurden abgeschlagen, und beunruhigt von der Kunde, daß Heinrich zum Entsatz herannahe, drangen nun mehrere Anführer auf den Abzug, ein Vorschlag, welcher von der Mehrzahl bereitwillig angenommen ward und am nächstfolgenden Tag schon ausgeführt werden sollte.

Mißmutig über diesen Entschluß, der mit seinen Hoffnungen und Entwürfen so wenig übereinstimmte, begab sich Konrad aus dem Kriegsrate der Heerführer in sein Zelt; allein bald trieb es ihn auch von hier weg in das Freie hinaus. Da stand er nun und betrachtete traurig des Dillingers Veste, deren Zinnen, vom Licht der untergehenden Sonne vergoldet, herrlich glänzten. Ihm war's, als strahle aus diesem Glanze Gertrudens leuchtendes Augenpaar ihm entgegen, als brächten die hellen Klänge des Burgglöckleins, das eben zum Abendgebete rief, ihm ihre Grüße herab.

»Ha!« rief er, »wenn sie da droben gefangen wäre, wenn diese Burg meines Gegners mein teuerstes Kleinod verschlösse! – Und ich soll abziehen, morgen schon abziehen? Jene starren, steilen Felsen, jene mächtigen, hochbetürmten Mauern trotzen meiner Gewalt, jene starken Tore wollen sich meiner Sehnsucht so wenig auftun als meinem Zorn! Gibt's denn kein Mittel, sie zu öffnen?«

In trauriges Sinnen versunken wandelte Konrad hin und her, mehr als einmal noch nach der Burg die sehnsüchtigen Blicke erhebend, bis der Glanz, der sie beleuchtete, verschwunden war, und die hohen Massen trüb auf ihn herabschauten. Dann kehrte er mit schwerem Herzen heim in sein Gezelt, wo erst spät auf sein kummervolles Haupt sich der Schlummer senkte. Das laute Getümmel des aufbrechenden Heeres erwartete ihn nach kurzer Zeit wieder und bald verließ er mit demselben die Stätte, welche er mit so frohen Hoffnungen betreten hatte.

In öder Stille lag nun die grüne Au da, wo noch vor kurzem die Zelte der Belagerer sich erhoben hatten. Desto lauterer Jubel ertönte dagegen auf Leutolds Burg, wo die erfreuten Krieger nun ihren Sieg bei vollen Bechern feierten. Prahlendes Selbstlob und roher Spott über die Entflohenen wurden dabei so wenig gespart, als der Wein, und in trunkenem Mut, die Überzahl der Gegner verachtend, beschloß man, zur Vollendung des Siegs den Schwäbischen nachzueilen. Keiner wollte bei der Siegesfahrt zurückbleiben, und mit Mühe brachte es der Burgvogt dahin, daß wenigstens etliche, aber freilich die ältesten und schwächsten Krieger, ihm zur Bewachung der Veste zurückgelassen wurden. Die anderen ritten rasch und lustig fort und bald entzog ein Hügel sie den Augen der Zurückbleibenden.

Sie mochten etwa drei Stunden fort sein, da erschien vor dem äußern Burgtor ein großer Mann, ältlichen Aussehens, mit starkgebräuntem Gesicht und einer Binde vor den Augen; ein hübscher, blondlockiger Jüngling geleitete ihn. »Ich bitt' Euch, laßt mich ein!« sprach er kläglich zum Torwart, »da draußen muß ich verschmachten. Die verruchten Schwäbischen haben mich geblendet und ins Elend gejagt. Hätt' ich meinen Sohn hier nicht zum Begleiter, ich wäre schon umgekommen. Das sind rechte Unholde, aber ich hoff, es wird ihnen vergolten werden. Als wir droben auf dem Hügel waren, hörten wir Kampfesgetümmel, und mein Kuno sagte mir, die Eurigen seien über Rudolphs Kriegern her und hieben tüchtig unter sie ein.«

»Das will ich glauben«, rief der Torwart freudig aus. »Die werden den feigen Flüchtlingen warm machen! Kommt doch einmal herein zum Burgvogt und erzählt da, was Ihr von unsern Leuten und den Schwäbischen wißt!«

Der Blinde und sein Sohn traten ein und wurden zum Burgvogt geführt, der halbtrunken hinter einem eichenen, mit Krügen und Bechern bedeckten Tische saß. Er hörte ebenfalls mit vielen Vergnügen die Märe der Fremden und ließ ihnen Wein und Speise vorsetzen.

Zur Würze des Mahles erzählte er ihnen mit geläufiger Zunge von seinen früheren Kriegstaten, und war eben an der Beschreibung der blutigen Schlacht am Unstrutfluße, als ein hereintretender Knappe ihn unterbrach.

»Drunten, Herr Vogt«, begann dieser, »am äußersten Rande des Burggrabens, im Gebüsche läßt sich ein jämmerliches Ächzen hören! Aber der Torwart will die Pforte nicht öffnen, weil es Abend sei und nicht mehr geheuer.«

»Der alte Hasenfuß!« entgegnete der Burgvogt. »Er soll sogleich aufmachen und dann laßt zwei von Euch hinausgehen und sehen, was das gehörte Ächzen draußen zu bedeuten hat.«

Der Knappe trat ab und der Vogt setzte seine Erzählung fort, als auf einmal drunten im Tore sich ein lautes Geschrei nach Hilfe erhob. Jetzt sprang er erschrocken auf, aber zu gleicher Zeit erhob sich rasch auch der Blinde, die Binde abreißend und rief: »Nicht von der Stelle, oder du bist des Todes!« Der Burgvogt wollte dem Zurufe nicht gleich gehorchen, aber der Fremde faßte ihn mit kräftiger Faust, band ihm, da er sich noch immer sträubte, mit seinem Gürtel die Hände, befahl seinem Begleiter, ihn zu überwachen, und eilte dann, ein in dem Gemache hängendes Schwert ergreifend, hinab in den Burghof. Aber schon auf der breiten steinernen Treppe des Herrenhauses kam ihm ein Knappe entgegen und rief ihm zu: »Wir sind schon mit den Burgleuten fertig, edler Herr; den beiden Knechten, welche auf mein verstelltes Wimmern herauskamen, warfen wir Schlingen um den Hals und rissen sie rücklings nieder; indes stürmten etliche von uns das Tor und entwaffneten die übrigen!«

»Bringt sie herauf!« entgegnete der Fremde und kehrte in das eben verlassene Gemach wieder zurück. Die Gefangenen kamen und wurden nächst dem Burgvogt befragt, ob sie nichts von einem hier gefangengehaltenen Fräulein wüßten. Sie schwiegen, aber die verlegenen Blicke, welche sie dem Vogte zuwarfen, bestärkten den Fremden in seinem Verdachte.

»Freiheit und reicher Lohn«, sprach der Anführer der Sieger, »soll Euch werden, wenn Ihr mir die Wahrheit sagt!« Keiner gab einen Laut von sich. Da sprang der Fremde wild auf und rief:

»Wohlan, so sollen Martern von Euch das Geständnis erpressen! Auf, Knappen, sucht die Folterkammer auf, und quält sie dort so lange, bis sie gestehen!«

Als die Knappen Anstalt machten, ihres Herrn schrecklichen Befehl zu befolgen, entfiel mehreren Gefangenen der Mut, und sie gestanden, daß sie von der Anwesenheit eines Fräuleins auf der Burg wüßten.

»Wo ist sie?« rief der Fremde rasch und freudig aus, »führt mich zu ihr!« Und durch etliche dunkle niedrige Gänge gelangten sie in ein mit Gitterfenstern versehenes Gemach. Da saß, den Kopf auf die Hand gestützt und das blasse Antlitz auf den Boden heftend, Gertrud. Erschrocken fuhr sie auf, als sich die Türe öffnete.

»Gertrud!« rief der Fremde, mit ausgebreiteten Armen auf sie zueilend, und mit den Worten: »Mein Konrad!« fiel ihm die erfreute Jungfrau um den Hals.

So hielten sie sich schweigend einige Minuten lang umfaßt, bis endlich Konrad das Stillschweigen brach und Gertruden um ihr bisheriges Geschick befragte. Sie war wirklich durch Leutolds Leute geraubt und hierhergeführt worden. Der Graf empfing sie mit Zärtlichkeit, sie aber stieß ihn mit Abscheu zurück, worauf er sie in dies Gemach bringen ließ, mit der Drohung, sie müsse hier bleiben, bis sie seinen Wünschen nachgebe.

»Doch sprich, mein teurer Konrad!« endete die Gräfin ihre Rede, »wie erfuhrst Du, daß ich hier schmachte, wie kamst Du herein? Ich hörte wohl seit etlichen Tagen Kriegslärmen um die Burg, aber erst noch heute früh sagte mir der Burgvogt, die Schwäbischen seien sieglos abgezogen.«

»So ist's auch«, entgegnete Konrad, »aber die Burgleute waren so unbesonnen, uns nachzusetzen, und das geriet ihnen gar schlecht; sie wurden umzingelt und schwerlich dürfte auch nur einer von ihnen entkommen sein. Denn des Gefechtes Ende erwartete ich nicht; mir fiel es plötzlich ein, wie gut ich dies Ereignis, um in die Burg zu kommen, würde benützen können, und darum eilte ich mit meinen Leuten rasch hierher, verbarg sie in dem Gebüsche unten am Berge, und ging, nachdem ich das Nötige mit ihnen verabredet hatte, von einem meiner Knappen begleitet, in dieser Vermummung, in der Du mich hier siehst, in die Burg.«

Ein kriegerisches Lärmen unterbrach hier den Ritter. Erschrocken fuhr Gertrud zusammen; er aber, sie beruhigend, sprach:

»Fürchte Dich nicht, meine Teure, das sind unsere Leute! Sie haben die Dillinger geschlagen und wollen nun die wehrlose Burg bestürmen. Hörst Du, schon hat das wilde Geschrei ein Ende, dagegen schmettern siegjubelnd die Hörner und Trompeten! Auf, unseren Freunden entgegen!«

Konrad hatte Recht gehabt. Die Schwäbischen waren's, welche nach siegreichem Kampfe mit Leutolds Kriegern wieder vor die Burg gezogen waren, die ihnen natürlich sogleich geöffnet wurde, und in der nun das Kriegsvolk sich mit den geraubten Vorräten gütlich tat.

Den andern Morgen zog alles wieder ab. Die Flammen der in Brand gesteckten Burg leuchteten zum Abzug, Konrad selbst mit Gertrud eilte, so schnell er vermochte, dem väterlichen Schlosse zu, wo er Luitgard und Bruno traf. Der letztere riet dem Bruder, die wiedergefundene Geliebte ihrem Vater für's erste zurückzusenden, und erbot sich selbst zu ihrem Geleitsmann. Dann wollte er des Ebersteiners Gesinnung wegen Konrads prüfen, und bei dem Grafen für ihn um sie werben. Er meinte, der Ebersteiner werde jetzt gewiß keine Schwierigkeiten mehr machen, denn sein Mut sei mit seinen Hoffnungen gesunken, seit Heinrich zu Regensburg die schwäbische Herzogswürde an Friedrich von Büren verliehen habe.

Konrad willigte ein; die Liebenden trennten sich, und unangefochten langte Gertrud mit ihrem Begleiter auf der Burg Eberstein an. Sie fand ihren Vater über die Vereitelung seiner stolzen Entwürfe und über Heinrichs Undank so tief betrübt, daß kaum ihr unverhofftes Wiedersehen die finstern, halb erstorbenen Züge etwas aufhellen konnte. Bald bemerkte sie, daß ein unheilbarer Gram an seinem Herzen nage; sein stolzer Sinn war ganz gebrochen und ohne irgendein Zeichen des Unwillens gegen Konrad zu äußern, vernahm er die Erzählung von Gertrudens Rettung. Überhaupt zeigte er eine immer mehr zunehmende stumpfe Gleichgültigkeit gegen alles, was vorging; sichtbar schwanden seine Kräfte dahin, und in wenig Tagen war Graf von Eberstein eine Leiche.

Mit heißen Tränen beklagte Gertrud ihren Verlust und führte den Winter über auf ihrer Veste ein einfaches Leben, in das nur die Boten, die zwischen ihr und Konrad hin und her gingen, eine erfreuliche Abwechslung brachten.

Endlich kam der Frühling, der auch für die Gräfin von Eberstein schönere Tage herbeiführte und sie für immer mit ihrem Geliebten vereinte. Konrad war, wie mehrere andere schwäbische Edle, darüber hoch erzürnt, daß Rudolph sich stets bei den Sachsen aufhalte und sein Herzogtum dem Feinde offen daliegen lasse; auch wollte er nicht gegen seinen Jugendfreund, den neuen Herzog von Schwaben, fechten. Friedsam saß er daher auf seiner väterlichen Burg, nur allein darauf bedacht, wie er sein heimatliches Gau vor des Krieges wildem Sturme beschützen könne.

Da fiel Rudolf von Rheinfelden in der blutigen Schlacht am Elsterflusse, und sein Gegner Heinrich erschien nun in Schwaben, wo sich die meisten Herren und Edlen ihm unterwarfen. Klüglich verzieh er ihnen ihren früheren Widerstand und suchte sie durch Erteilung von Würden und Ländereien für die Zukunft an sich zu ketten. So erhielt auch Konrad von ihm die durch Poppo's Tod erledigte Grafschaft im Remsgau und einen schönen fruchtbaren Landstrich am Gestade des Neckars zwischen Cannstatt und Eßlingen.

Als der Graf zum erstenmal diese seine neuen Besitzungen bereiste, gefiel die Aussicht auf dem dazugehörigen Rothenberge seiner Gemahlin so wohl, daß er beschloß, hier eine Burg zu erbauen. Rasch schritt er zur Ausführung seines Plans und nach dritthalbjähriger Arbeit stand auf des Berges Gipfel eine feste, stattliche Burg, deren Kapelle am siebenten Februar 1083 vom Bischof Adelbert von Worms feierlich eingeweiht wurde.

Um seiner Gertrud feste Treue dadurch zu verewigen, nannte Konrad die Burg Wirtineberg, die Burg der Hauswirtin oder Gattin. Dritthalb Jahrhunderte wohnten seine Nachkommen auf ihr, bis endlich der Städter Wut sie zerstörte. Zwar erstand sie auf's neue aus ihrer Asche, aber nimmermehr in der alten Herrlichkeit, denn die Beherrscher des Landes verlegten ihren Sitz in das anfangs erwähnte Tal, wo im Jahre 1105 Bruno, nachdem er kurz vorher hauptsächlich durch seines Bruders Bemühungen zum Abte von Hirschau erwählt worden war, ein Schloß erbaut hatte, und wo sich nach und nach eine Stadt erhob, die nur durch ihren Namen noch an den alten Ursprung erinnert. Erst unsere Zeiten haben des Berges Herrlichkeit erneut und ihn schmückt nun ein neues Denkmal zärtlicher Liebe, von einem der Nachkommen Konrads gebaut, der Tempel, der die sterblichen Reste der Königin Katharina Paulowna einschließt, und dessen goldenes Kreuz auf den Wanderer, der das schöne Tal durchzieht, im Sonnenglanze leuchtend herniederblinkt.

Der Ritter von Kaltental zieht ins heilige Land

Im Frühjahr 1228 zog Kaiser Friedrich II., genannt der Stauffener, mit zahlreichem Heere nach dem heiligen Land, um dasselbe zu erobern, oder wenigstens die Stätte, wo der Erlöser gelebt und gestorben, den Händen der Ungläubigen zu entreißen. Viele vom schwäbischen Adel zogen mit, wie zum Beispiel die v. Wendlingen, v. Tübingen, v. Hohenlohe und v. Kaltental. Letzterer kam nach fünf Jahren wieder zurück. Im Jahre 1228 wurde er in einem blutigen Treffen, aus vier Wunden blutend, gefangen, mit einigen anderen auf ein Kamel gebunden und nach Damaskus gebracht, wo er siechend in dem untersten Raume eines Erdgewölbes drei Jahre schmachtete, welches er selbst folgendermaßen beschreibt: »Im Namen des heiligen Wendelin lagerten wir müde und leidend an einem dürren Flüßlein, »Sirep« benamet, das heißt auf deutsch Grenze. Unsere Rosse waren schweißtriefend und die heißen Sonnenstrahlen, unter welchen wir fast bis zum Mittag hingeritten waren, hatten uns vor Durst lechzend gemacht. Es war tröstlich, schattige »Cedern« und Wasser zu finden. Sechshundert waren der Unseren, »lauter Ritter und Edle«; kein Ungläubiger weitum, und sicher fanden aller Augen den Ruhort.

Wir pflegten weidlich des Leibs uns und unserer Tiere; keinen Feind ahnend noch fürchtend für heute, denn die Sonne wollte sich schon neigen, nach deren Rüstegang der Ungläubige nichts mehr beginnet, als ein friedlich Gebet zum Propheten. Die Nacht trat ein, aber nicht langsam, sondern »poztus« (plötzlich). Nach einer Stunde kalten neblichen Dunkels klärte der Himmel sich auf, und meersandig waren die Sterne zu schauen an dunkelblauer Decke; ich konnte wenig schlafen und schon strahlte der Morgenschein, als ich schlummern wollte, und mit mir alle Genossen. Da trieb die Frühluft einen Ton zu unseren Ohren, als ob ein Geschnaube hässigen Odems uns umwehete, und als wir sorgsam horcheten, vernahmen wir Waffengetöse. Wir sprangen empor und griffen nach den Waffen, und als wir uns umschaueten, zog in großer Nähe ein zahlloser Feindeshaufen still heran, der anzuschauen war, als ob der Boden woge. Mannhaft scharten wir uns, denn der Ungläubigen Frühdank gab uns hierzu Zeit. Da erscholl ein Brüllgeschrei, und in unfarbige Säcke gemummet ritten viele Tausende auf uns heran, und warfen auf uns mit Spießen und Schleudern, über das Bächlein herüber. Des Treibens lachten wir, weil an unseren Schienen und an unserer Erzbrüstung dadurch kein Schaden geschah. Nachdem aber die Sonne wieder stieg, wurde uns schwül in Panzer und Helm, und gegen Mittag vermochten wir kaum noch zu stehen. Die Feinde dagegen schlugen nur ihre Säcke zurück und machten sich leichtlich, auch fährlicher zum Angriff. Ihr Harren ließ auf Ankunft einer größeren Genossenschaft schließen, weshalb wir ernst uns dehnten und hoch die Klingen schwangen, unter deren Schärfe Mann und Tiere sanken. Ihre Menge war aber gar groß, und wenn zehn verendeten, waren hundert beihanden. Plötzlich schwurrte von Mitternacht her ein viel größerer Reiterhaufen, als der, den wir eben bekämpften, drang in unser Lager ein und mordete alles Lebendige, was er erreichen konnte. Es war kein Erbarmen, weder hüben noch drüben. Unsere Kraft schwand, nur wenig Streiter standen noch ohne Wunden und viele schleppten die Feinde an Halsschlingen als Gefangene davon, die sie einzeln erhascht hatten. Die Ungläubigen hatten nämlich lange Stricke und Wurfleinen an ihre Pferde gebunden, welche oben einen laufenden Knoten und dehnbare Schlinge hatten, womit sie nach unseren Köpfen warfen, um uns damit zu fahen. Gelang ihnen ein solcher Wurf, so war jede Wehr unmöglich, weil man umgeworfen, davongeschleppt und nicht selten erwürgt wurde.

Vierfach von Wurf- und Sehngeschoßen verwundet, wurde ich matt, erlag und fiel gefangen in die Hände der Sarazenen, die mich alles Schmuckes bar machten, auf ein Kamel schnürten und ohne Speise und Trank nach Damaskus brachten. Zwei Tage dauerte der Weg dahin. Eine Unzahl stechendes Geschmeiße saugte an meinen Wunden, daß sich dieselben hoch entzündeten, und meinen nackten Leib hatte die Sonnenglut schier blasig gebrannt. Dabei erfror ich in den Nächten »fast starhig« (starr). Hernach wurde ich betastet, unterschiedlich wo ich schwürig war, gedrücket, dann mit einer Äzwurz geträufelt, bis alle meine Wunden vernarbt waren. Dann wurde ich in ein feucht Gehäus, in das kein Tageslicht schaute, auf morsch Stroh geworfen, und mit schwerer Kette an die Seitenwände genestelt, also, daß ich mühsam nur drei Gänge machen konnte auf dem unratigen Geröllboden. Meine Speise war Weißkohl und Maisbrot, mein Trank trüb Wasser. Wenn Regen fiel, spülte sich mein Kerker durch Flutung aus, dabei stand ich spannhoch im Wasser, nach dessen Abfluß ich neu Stroh bekam, ein frisch Wollkleid ohne Ärmel und eine Schale Öl zur Salbung meines Körpers, wobei ich jedesmal zur Abtrünnigkeit vom christlichen Glauben ermahnet wurde. Meine Arbeit war, an glattem Geriem mühlfertig zu sein und Reis zu mahlen täglich ein hoch Faß. Je am fünften Tag ward mir ein Rasttag vergönnt, und beim Vollmond bekam ich milde Atzung und weiches Wurzelmus. Also trug ich, Rudolf von Kaltental, drei volle Jahre Sklavenketten und duldete unsägliche Leiden, bis eines Tages mich mein Kerkermeister entfesselte, an der Hand nahm und mich hinaufführte, wo frische Luft mich wieder anwehte. Ich hörte deutsch Grußwerk, empfand ein längst nicht mehr gefühltes Händewahren. Freundliche Fragen: Was ich heische? drängten mich, aber ach! das Licht meiner Augen war erstorben, ich sah sie nicht, die mich befreit hatten mit teurem Lösegeld. Ich heischte nichts, als einen sicheren Wanderstab und einen treuen Begleiter nach Jerusalem, um knien und anbeten zu können auf Golgatha. Und weil Fried geschlossen war mit dem Sultan des Landes, ward mein Verlangen mir gewährt. Ein stärkendes Bad reinigte meine Haut vom Moraste, und mein Begleiter wurde der von Neufern. Ende des Jahres 1231 schritt ich an der Hand meines Freundes durch die Tore der heiligen Stadt und übernachtete in dem Spitale der heiligen Kreuzritter. Nachdem ich mich durch fünftägige Rast gekräftigt hatte, wallte ich hinauf nach der Schädelstätte, betete daselbst herzinnigst zum Erlöser, daß er meinem geistigen Auge erscheinen möge, weil mein äußeres Auge nicht einmal das Land schauen konnte, wo er gewandelt. Und ich sank in einen süßen Traum, in welchem mir der Göttliche erschien in all' seiner einfachen Hoheit, wie ihn beschrieben haben seine Jünger. »Herr!« rief ich, »was muß ich tun, um einst zu Dir zu kommen in Dein Himmelreich?« Und er sprach: »Wandle fromm und glaube kindlich, so wirst Du mich einst sehen in meiner Herrlichkeit!« Dann schwand sein Bild und verscheucht war mein Traum. Etliche Tage darauf wanderte ich fürbaß hinaus nach Bethlehem, raffte daselbst Erde in einen Linnenfleck und band es auf mein Herze; darnach wallte ich nach dem Jordan, schöpfte davon in eine Muschel und ließ dieselbe verwahren vor dem Ausguß. Dann führte mich mein Begleiter noch einmal zurück nach dem heiligen Grabe, wo ich einen Splitter von dem Speer, womit Christus gestochen wurde, von den Vätern des heiligen Grabes zu heiliger Verehrung erhielt. Vergebung meiner Sünden erflehte ich kniefällig im Tempel, und gelobte: so der Heiligen Schutz mich stetiglich heimwärts begleite, so wolle ich stiften durch mein Vermögen und anderer Mildtat ein Kirchlein da, wo meiner Lieben Ruhort ist, und wo dieselben einer seligen Urständ harren. Und so Gott mir Gnade erzeigen wolle, meines Mitbringens dreifach Gut zu segnen mit Wunderkraft, so mög' er mir erhalten ein demütiglich Gemüt, daß ich und jedweder Genesende ihm allein die Ehre gebe allseitiglich und immerdar! Amen.

Drei Tage nach Ostern 1232 pilgerte ich am Arme des Edlen von Neufern aus dem Mariamnentor von Jerusalem. Durch dornige Wüsten, die mit schulterhohen Brenndisteln bewachsen waren, durch glutheiße Versandungen, über kahle Felsen, wo jeder Tritt gefährlich war, zwischen Abgründen und stinkenden Stauen, über reißende und schlammige Flüsse schwimmend, gelangten wir nach fünfzig und etwelchen Tagen nach Byzanz (Konstantinopel). Brüderlich labten und beherbergten uns allenthalben des Abendlandes Gläubige und steuerten ihr Scherflein treulich zu unserer notlosen Heimfahrt. Neun Tagreisen von Byzanz wallete ich still dahin an der Leitgert meines Freundes. Schwülluft wehete, die unsere Füße gar sehr ermüdete. Grausig rollte der Himmel, Krachen war über unseren Häuptern, als ob der Welt Ende nahe wäre, und schwerer Regen fiel herab. Ein dichtbelaubtes Gehölz schien endlich uns Obdach geben zu wollen, solang der Guß währte; allein kaum lehneten wir an einem Stamme, als plötzlich ein Blitzstrahl mit jähem Donnerschlag den Baum zersplitterte, an dem wir ruhten. Eine geraume Zeit lag ich wie betäubt, dann aber kam ich wieder zu Sinnen und rief nach meinem Genossen, allein der war stumm und wie abhanden; ich suchte ihn tappend und erfaßte seinen Körper nicht ferne von mir leblos auf dem Boden. Der Strahl vom Himmel hatte ihn erschlagen. Da setzte ich mich zu ihm, den Tod vielmals wünschend, und weinte drei Tage bei seinem Leichnam bitterlich, bis mir Moderluft sein Verkümmern kündete und mich ermahnte, fürbaß zu gehen. Nun wühlete ich mit meinem Wallerspieß eine Ruhestatt in die Erde, nahm zu mir seine Habe und begrub ihn, wie es Christen geziemet, und stiftete über ihm aus Zweigwerk ein heilig Zeichen. Dann verließ ich weinend den Ort, forschte des fahrlosen Weges mit meinem Stabe und erreichte mühsam brüderliche Hütten und barmherzige Menschen allerorten, die mich Blinden führten nach dem heimatlichen Land und bis ich wieder allerwärts deutsche Zunge vernahm. Gar seltsam wohl und wehe ward mir ums Herz, als ich endlich wieder nahe kam dem Ort, wo ich meine Kindheit verlebt hatte, denn als siecher Mann und hilflos kehrte ich heim und vermochte nicht mehr die Berge und Felder meines Heimgangs, noch die Burg meiner Ahnen oder die darin weilenden Lieben zu erschauen.«

So erzählt, wenn auch nicht in denselben Worten, der schwergeprüfte Ritter Rudolph von Kaltental. –

Als er von den Fildern und von Vaihingen her den Berg herunterstieg gegen Heslach, vernahm er einen Grabgesang, schritt langsam demselben nach, und erkannte die bekannte Stimme eines Priesters. Als derselbe seine Predigt und Rede geendet hatte, trat er als unbekannter Pilger hinan zum frischen Grabe, fiel nieder auf die Knie, küßte die Erde und rief mit schmerzlicher Gebärde und Ton: »Dieser Stein zu meiner Rechten decket das Grab meines Vaters, und dieses frische Grab umschließt die Teure, die mich geboren! Ich bin Rudolph von Kaltental, der Waller!« Freudig wehmütig umfaßten ihn seine Brüder, die eben die Mutter zur Ruhe bestattet hatten. Ob dieser mächtigen Gemütsbewegung wich plötzlich der Flor vor seinen Augen und vor seinem flimmernden Blicke lag im stillen sonnigen Frieden das Totenfeld mit den Gräbern und Denksteinen der Seinigen, er erschaute wieder seine Berge, seine Täler und seiner Kindheit ganze schöne Welt. Und abermals sank er nieder, faltete die

Hände, hob sie hoch gen Himmel und rief: »Hier, hier, wo so viele Lieben ruhen, ist heilige Erde, hier sei auch fortan mein heilig Grab!« An der Hand seiner Brüder schritt er hinauf nach der Burg seiner Väter, wo er einige Tage weilte. Dann wanderte er als frommer Bettler umher, Gaben zu sammeln für den Bau der Kirche, welche er damals in Jerusalem seinem Gott gelobt hatte, denn sein Erbgut war gering und wollte nicht weit frommen. Nach wenigen Monden schon kehrte der von Kaltental mit reichem Opfer zurück, so daß er von dem Erbschenken auf Reinspurg eine »Reuth ob der mittleren Nässe« zwischen Stuttgart und Heslach um zehn Pfund Silber kaufen konnte, woran ein Herr von Tunzhof allein fünf Pfund steuerte und überdies eine Kanzel meißeln ließ von »Senftig Kram in Reutlingen« mit lateinischer Schrift, welche zu deutsch etwa so geheißen haben soll: »Predigt allem Volk meine Lehre, auf daß sich jedermann zu mir, ihrem Heiland, bekehre.« Von Leonberg, Magstadt und Herrenberg schickten die Grundherrn Feldfrüchte »zum Bestverkauf« des Vorhabens. Auch geschah es, daß ein Israelit, von Buchhorn am See, kam, und ein klein Korn Erde vom heiligen Lande erkaufte um viel Geld.

Den 1. Juli 1235 unserer Zeitrechnung wurde der Grund zu der gelobten Kirche gelegt und dieselbe zwei Jahre später vollendet. Der Abt von Zollern weihte sie am Tage des heiligen Michael. Und es geht die Sage, daß ein Stummer, der an diesem Tage die Kirche betrat, seine Sprache erhalten haben soll, woher denn auch der Ort gar bald in den Ruf großer Wunder kam, so daß von nah und fern Kranke, Sieche und Elende herbeiströmten, um durch Gebet und Opfer Heilung zu erlangen. Das kleinste Stäublein Erde vom heiligen Lande reichte bei den Gläubigen hin um vor Hagel, Mißwachs, Ungeziefer und Diebstahl gesichert zu sein. Blödsichtige, Augenkranke und sogar Blinde hofften durch einige Tropfen aufgeträufelten Jordanwassers Besserung und Heilung zu finden. Reuige Sünder suchten Vergebung ihrer Missetaten dadurch zu erlangen, daß sie sich mit dem heiligen Splitter des Speerschaftes auf der Brust blutig ritzen ließen, und gegen Sünde und Wollust war eine Wallfahrt nach der »Heilig-Grab-Kapelle« die sicherste Abwendung. Es scheint nun fast, daß in der Nähe von Heslach schon vor der angegebenen Zeit eine Kapelle stand, welche der von Kaltental nur vergrößerte und in heiligen Ruf brachte. Denn die Burgherren von dem Raubnest ob Heslach hatten ihr Begräbnis am gleichen Orte, auch lagen einige Adelsgeschlechter, welche zu Stuttgart wohnten, daselbst begraben. Später, etwa um's Jahr 1281, wurde die kleine Burg Kaltental in einer Fehde durch die Bürger Eßlingens erobert, weil sie keine Wehrmannschaft inne hatte, und der geringe Güterbesitz der Familie erlaubte nicht, die an den Gebäulichkeiten gemachten großen Beschädigungen wieder tüchtig herzustellen.

Im Jahre 1318 kamen Burg und Herrschaft Kaltental an die Grafen von Wirtemberg, welche die Burg erweiterten und befestigten, so daß einer derselben, Graf Ulrich, ein Sohn des Grafen Eberhard des Erlauchten, längere Zeit daselbst Hof hielt, wie mehrere Urkunden aus den Jahren 1342 und 1343 beweisen, welche von dort datiert sind. Im Jahr 1455 belehnte Graf Ulrich von Wirtemberg den Ritter Wolf v. Tachenhausen mit dieser Veste und Zubehör, nachdem die Burg im Städtekrieg 1449 abermals eine Belagerung ausgehalten. Ein anderer Wolf von Tachenhausen verkaufte 1550 dieses Besitztum einem Herrn von Strubenhard, von dessen Geschlecht es 1593 an einen Herrn von Anweil überging; bei dieser Familie blieben Burg und Schloßgut bis zum Jahre 1623, wo es an die von Remchingen verkauft wurde. Von diesen kam es an die von Löwenstern, und ein Friedrich Gottlob von Löwenstern verkaufte das ganze Besitztum 1709 an Herzog Eberhard Ludwig von Wirtemberg. Aus des Herzogs Händen erstand es noch im selben Jahre Rentamtprocurator Dr. Harprecht, von dessen Witwe es Regierungsrat von Pfeil erkaufte, welcher es 1741 abermals veräußerte an zwei Brüder Authenrieth, Metzger zu Stuttgart. In dieser Familie erhielt sich das Gut bis 1796, wo ein anderer Metzger Georg Konrad Authenrieth von Stuttgart es mit zehn Kaltentaler Bürgern erstand und das Besitztum zerstückelte. Die stattliche Burg ward allmählich abgetragen und aus ihren Steinen einige Bauernhäuser auf dem Kaltentaler Schloßberg erbaut, bis die Trümmer der niedergerissenen Burg und einige Grundstücke mit einem Haus von genanntem Authenrieth an den Oberjustizprocurator Mörike und von diesem an den Grafen v. Norman-Ehrenfels verkauft wurden, aus dessen Händen sie im Jahr 1831 ein Kaufmann Bohm erkaufte. Zur Zeit als diese Reste einer einst angesehenen Herrschaft an Bohm übergingen, waren die Burgtrümmer schon bis auf die steinerne Brücke über dem ausgemauerten Graben, einige Stücke Mauer und etliche Kellergewölbe zusammengeschmolzen. Diese ließ Bohm vollends abtragen und überdem den

Sandsteinfelsen ausbrechen, worauf die alte Burg gestanden, so daß schon 1837 von der einst so ansehnlichen Veste Kaltental nichts mehr stund, als ein Stück Mauer am südlichen Graben, und ihr Andenken nur noch in der Sage fortlebte.

Mit dem Untergang der Burg Kaltental zerfiel auch, wie es scheint, die Wallfahrtskapelle bei Heslach, denn ein Marquard von Kaltental schenkte im Jahr 1321 ein Haus dem Stifte zu Stuttgart; wäre die Wallfahrtskirche noch im Flor gewesen, so wäre kaum diese Schenkung an die Heilig-Kreuz-Kirche gekommen. So viel ist gewiß, daß man die »wohlgemetzten« Steine derselben von 1543 an zum Bau der alten Kanzlei verwendete. Ein Hans Lüdern, wohnend auf der obern Abwand (später Bollwerk) bei Stuttgart, der angeblich blind war, aber durch das Jordanswasser sehend geworden sein soll, ließ ein hohes Kreuz anfertigen, und pflanzte es zum ewigen Wahrzeichen auf dem hohen Bollwerk auf, wo er einen Garten hatte. Man hieß es das »Leidelenkreuz« und es wurde anfangs des siebzehnten Jahrhunderts abgebrochen. Ein anderer Bürger Stuttgarts, namens Eberhard Horsten, hatte lange Jahre einen garstigen Zungenaussatz; er wallete drei Tage nüchtern durch das Reinspurger Tor nach Heslach in die Wallfahrtskapelle, wo ihm heiliges Wasser auf die Zunge geträufelt wurde, und als er das dritte Mal also getan, fühlte er sich beim Heimweg unter dem Tore gesund, worauf er ein Muttergottesbild fertigen und an das »Reinspurger« Tor befestigen ließ.

Dieses Bild ist später rot angestrichen worden, von welcher Zeit an es »Rotbildtor« geheißen wurde.

Unter dem Bilde stand geschrieben:

Wer presthaft ist an Aug, Fleisch oder Knochen,
Der laß nicht lange Salb' und Kraut sich kochen
Wall' gläubig nur hinaus zur Reuthkapell,
Er ist geheilt zur Stell'.

Der Platz, worauf die Kapelle stand, wurde verkauft an einen Beheim, der auch Böhme hieß, daher der Ort »Böhmisreuthe« benennet ist, bis auf diesen Tag. Vom Jahr 1502 ist noch ein Lied vorhanden, nach welchem ein Bewohner der Reuthe also singt:

Wohn' auf einsamer Reuthe,
Zurück und vor ist Wald;
Zu Tal hin wachsen Reben,
Linksauf ist's Sommers kalt.

Birn', Äpfel, Nüß' und Zwetschgen
Gedeih'n auf meiner Flur,
Gäns', Enten geben Federn,
Hirsch Fell und Schafe Schur.

Hagbutz', Schafgarb und Holder
Auch Alterweiberstrauß,
Salbei und Koriander
Wächst hinter meinem Haus.

So hab' ich, wenn ich kranke,
Schweiß-, Kühl- und Labeguß,
G'würzpeter holt im Garten
Mein Weib zu Supp und Mus

Zwei Kuhtier geben Eider,
All' Jahr ein Kalbel Geld.
Zehn Hühner legen Eier,
Ein Butschel wird gefällt.

Im Winter dreht die Spindel
Lies', Margreth und Kathrein,
Daß wir im Sommer haben
All Sonntag reines Lein.

Kein Nachbar macht mir bitter,
Was ich mit Fleiß errafft;
Werd' nicht in allen Werken
Von Tadelleut begafft.

Hab' Bub' und Maid im Banne
Fried' herrscht in jeder Eck,
Nur unzufrieden brauset
Manchmal der Wälzimdreck.

Drum lieb' ich meine Reuthe
Mehr als dort drin die Stadt,
Wo man ob jeder Freude,
Zehn scheele Neider hat.

Gottlob, daß ich gleich Böhme
Erst vierzig Jahre alt,
Möcht' leben zwar nicht ewig,
Doch auch nicht sterben bald!

Burg Stauffeneck

Hermann und Marie

Zwei Wanderer zogen Samstags den 3. Januar 1484 auf der Landstraße, die von Schorndorf nach Waiblingen führt, rasch einher: ringsum starrte die Natur im weißen Winterkleide, der Remsfluß, den sie soeben überschritten hatten, war größtenteils zugefroren, nur hie und da strömte sein Wasser aus kleinern und größern Öffnungen hervor über die Eisdecke hin, der Wind blies schneidend von Nordosten her, schüttelte den Schnee von den Bäumen und übergoß auch je zuweilen die Wanderer mit dichtem Flockengewimmel.

Diese waren an Aussehen gar verschieden, der eine ein schon ziemlich bejahrter Mann mit blassem, ernsthaftem Antlitze; sein Haupt hatte er mit einer Pelzmütze bedeckt und über dem braunen Rocke trug er ein langhaariges Dachsfell, in der rechten Hand aber einen dicken, oben mit einem Gemshorn versehenen Stab.

Sein Gefährte dagegen stand in der ersten Blüte der Jugend, seine Gestalt war hoch und schlank, noch mangelte ihr die Fülle und Rundung des männlichen Alters, aber deutlich schon zeigte sich bei ihm die Kraft der Muskeln und das schöne Ebenmaß der Glieder. Er war in einen schwarzen, enganschließenden Leibrock gekleidet, unter der leichten Tuchmütze, die sein Haupt bedeckte, quollen reichliche schwarze Haare hervor, die sanft gewölbte Stirne begrenzten lange dunkle Augenbrauen, und freundlich leuchteten drunter die großen lichtbraunen Augen. Die frische Röte der Wangen aber hatte der scharfe Hauch des Wintersturmes noch erhöht.

Dem Greise wollte das Unwetter gar nicht behagen, er murmelte bei jedem neuen Windstoß stärker und unwilliger vor sich hin; doch der Jüngling schien weder des Schnees noch der schneidenden Kälte zu achten, er schritt munter vorwärts auf der Landstraße und war bald eine ziemliche Strecke vor seinem Begleiter voraus.

»So halte doch, Hermann«, rief ihm dieser mit unwilligem Tone nach, »Du denkst wieder einmal nicht an Deinen alten Oheim, der allein Dir zu Liebe diese beschwerliche Reise unternommen.«

Der Jüngling, des Greisen Stimme vernehmend, kehrte rasch um, faßte dessen Hand und sprach mit weicher Stimme: »Verzeiht, Oheim, es soll nimmer geschehen; ach! Ihr habt mir ja ohnedies schon ein so großes Opfer gebracht, da Ihr mich bei so schlimmem Wetter nach Stuttgart geleiten mochtet.«

»Wenn nur auch die ganze Reise eines Opfers wert ist«, entgegnete mürrisch der Oheim, »und Du wenigstens den sündhaften Tand und die Nichtigkeit des eitlen Weltlebens dadurch recht erkennen lernst, damit Dir die törichten Gedanken darnach einmal vergehen.«

»Dachtet Ihr denn in Eurer Jugend auch schon ganz so wie jetzt, Oheim?« fragte der Jüngling.

»Im Anfang gab's zwar bisweilen auch bei mir Anfechtungen, der böse Feind wollte mich verlocken zur Weltlust, aber mit Gottes Hilfe überwand ich ihn jedesmal, und seitdem hab' ich mich gottlob nie mehr in die arge Welt zurück gewünscht, wo der Satan herumgeht wie ein brüllender Löwe und sucht, welchen er verschlinge!«

Der Leffe schüttelte bei dieser Rede fast unmerklich das Haupt, und schon wollte der Oheim weiter fortfahren in seinem Lieblingstexte von der Verderbtheit der Welt und der Heiligkeit des Klosterlebens, als plötzlich Pferdegetrappel gehört wurde.

Zwar hatte Graf Eberhard der Ältere von Wirtenberg durch weise Gesetze, mehr aber noch durch die unerbittliche Strenge, womit er die Räuber, hohen und niedern Standes, bestrafte, in seinen Landen die öffentliche Sicherheit so fest begründet, daß man nur selten von Straßenraub hörte; aber dem Greise, der den sichern Ring seiner Klostermauern so selten verließ und alles, was außerhalb derselben befindlich war, sich so düster und furchtbar vorstellte, war dabei doch gar nicht wohl zu Mute, besonders wenn er die nahen Berge betrachtete, aus deren Schluchten schon mancher Räuber hervorgebrochen war.

Erschrocken drehte er sich daher um, aber statt eines wilden Räuberhaufens zeigte sich ihm eine Schar von Knappen, an deren Spitze ein Fräulein und ein Ritter einhertrabten. Ernst und sonnverbrannt war das Gesicht des letztern, dichte Brauen beschatteten die feurigen Augen, zwischen denen sich stolz die gebogene Nase erhob, auf dem Haupte trug er ein grünes, goldbesäumtes Barett mit Federn, über dem dunklen Wams aber einen dicken Wolfspelz. Sobald er näher kam, erkannte der Greis in ihm den Ritter *Albrecht von Stauffeneck,* er hielt also still und rüstete sich, den Nahenden mit ehrerbietigem Gruße zu empfangen.

Auch sein jüngerer Gefährte hatte sich nach den Kommenden umgewendet, aber nicht der Ritter, sondern dessen Begleiterin zog seine Blicke auf sich.

Zwar verhüllte ein dichter, reichlich mit Schneeflocken besäter Mantel ihre Gestalt, aber der Schleier, der sie vor'm Wintersturme schützen sollte, flatterte seitwärts und ließ ein Angesicht schauen, über welches der Unschuld süßer Frieden ausgegossen war; jugendlich frisch blühten die vollen Wangen, purpurn glühten die schwellenden Lippen und freundlich mild leuchtete das dunkelblaue Augenpaar.

Unverrückt hatte Hermann auf sie die Blicke gerichtet, während der Oheim vortrat und den Ritter mit tiefem Bücklinge empfing; dieser, ihn erkennend, bog sich vor und streckte dem Greise die Rechte zu, da bäumte sich sein Roß, machte einen gewaltigen Seitensprung und war schon dicht an dem Jünglinge, als dieser, die Gefahr gewahrend, rasch über den Bach, der hier der Heerstraße entlang floß, setzte.

Aber er sprang zu kurz, auf dem jenseitigen Abhange ausglitschend, sank er, da die Eisdecke unter ihm brach, in die Fluten des von erst kürzlich vorhergegangenem Tauwetter noch stark angeschwollenen Baches.

Dem Schreckensrufe des Oheims, als er den geliebten Neffen sinken sah, folgte schnell der Angstschrei des Fräuleins, die ihre Blicke ebenfalls auf ihn geheftet hatte, und eben so rasch wandte der Ritter sein Roß und rief den ihm folgenden Knappen zu, dem Unglücklichen beizustehen.

Doch schon hatte sich Hermann wieder emporgearbeitet, da sie ihm zu Hilfe eilten, und stand nun mit triefenden Kleidern am Rande der Heerstraße.

»Ein wackerer Junge«, rief der Ritter, wie er so gewandt sich aus der Tiefe emporschwang; »gib ihm ein Roß, Georg, und eile mit ihm dem nächsten Dorfe zu, damit er sich dort das durchnäßte Gewand trocknen lasse, der Wind pfeift kalt herüber vom Gebirge, und leicht möcht's ihm schaden, wenn er zu Fuße langsam fürbaß schritte; wir werden bald nachkommen.«

Georg erfüllte schnell seines Herrn Gebot, er machte eines der Pferde, die an einander dem Zuge folgten, los, behend schwang der Jüngling sich darauf, und rasch gings nun in scharfem Trabe vorwärts.

Furchtsam sah der Oheim, wohlgefällig der Ritter den Reitenden nach, aber gleich wandte sich der letztere wieder an den Greis und sprach: »Seid mir gegrüßt, Pater Guardian, und nehmt's nicht übel, daß ich Euch solch einen Schrecken einjagte; mein Roß ist lange müßig gestanden und darüber etwas wild und unbändig geworden, doch denk ich, wenn wir uns auf der Heimreise wieder begegnen, soll's zahmer sein. Ihr wollt doch wohl auch nach Stuttgart ziehen mit Eurem jungen Gefährten; wer ist's denn? Soll er etwa auch ein Mönch werden? Das wäre schade, er gäbe, wie mir dünkt, einen tüchtigen Reitersmann. Seht, wie er so rasch mit meinem Georg dahin fliegt.«

»Das hat er zu Hause gelernt, auf seines Vaters Hofgute«, entgegnete der Greis, »da war das Rossetummeln seine größte Lust; doch der Herr hat ihn auch mit besondern Gaben ausgerüstet und –«

»Da meint Ihr denn«, unterbrach ihn der Ritter, »es müsse ein Mönch aus ihm werden; nun, wenn nur etwas Tüchtiges aus ihm wird, dann ist all' eins, Mönch oder Ritter, der mit dem Arm, jener mit dem Kopf, sind sie nur sonst wacker und kräftig, so können sie beide genug Gutes stiften auf dieser Erde. Aber über diesem Reden da vergaß ich ganz, daß Ihr zu Fuße seid, wohl auch schon etwas ermüdet von der Reise und von dem eben gehabten Schrecken angegriffen. Dort hinten lauft noch ein Pferd meiner Tochter mit, besteigt es, ehrwürdiger Herr, 's ist ein gar sanftes Tier, und wird Euch sicher vollends nach Stuttgart tragen.«

Der Mönch gehorchte, obwohl ein wenig zaghaft, des Ritters Worten, ritt dann an dessen Seite, und bald hatte sich zwischen den beiden Männern ein lebhaftes Gespräch entsponnen, während dessen der ganze Zug sich wieder in Bewegung setzte.

Das nächste Dorf war bald erreicht, vor einer Herberge, die am Ufer eines seichten aber breiten Baches lag, hielt man still, der Ritter und seine Genossen stiegen ab und traten, indes die Knappen die Rosse in den Stall führten, in die Schenkstube, aus der ihnen eine behagliche Wärme entgegenströmte. Das erste, was sie hier erblickten, war Hermann, der in den langen, mit Schafspelz verbrämten Festtagsrock des Wirtes gehüllt war, indes an dem mächtigen Ofen von Ton seine Kleider zum Trocknen hingen.

»Beim Jörgen«, rief lachend, als er ihn erblickte, Albrecht von Stauffeneck, »Ihr seht wahrhaftig aus, als hättet Ihr Euch zum Faschings-Tanze vermummt; nun, nun, ich denke, das kalte Bad soll Euch keinen Schaden getan haben, 's ist ganz gemütlich warm hier im Zimmer, und eine kräftige Weinsuppe wird den Frost vollends aus Euren Gliedern verjagen.«

Es hätte hierzu der Weinsuppe, die bald in zinnerner Schüssel auf dem zierlich eingelegten Tische dampfte, bei Hermann gar nicht bedurft, der Anblick der schönen Marie von Stauffeneck, die nun, nach Ablegung des Mantels, in ihrer ganzen herzenfesselnden Anmut vor ihm stand und ihn schalkhaftlächelnd anschaute, fachte eine Glut in ihm an, die des Winters schärfste Kälte aus seinen Gliedern zu vertreiben vermocht hätte. Weder des Ritters Scherzrede, noch des Oheims freundliche Trostworte über den erlittenen Unfall konnte er beantworten; da saß er, stumm, mit glühenden Wangen, hochpochendem Herzen, die Augen niedergeschlagen und nur verstohlene, schüchterne Blicke zur Jungfrau hinübersehend.

Die Alten meinten, das seien noch die Folgen des erst überstandenen Schrekkens, welche bald vollends verschwinden würden, sie überließen ihm also sich selbst, und indem sie der Weinsuppe tüchtig zusprachen, huben sie an, über mancherlei Gegenstände zu reden. Besser als sie ahnte Marie, was in des Jünglings Seele vorging, und auch sie wurde nun still und nachsinnend, ihre rechte Hand ruhte auf dem Kopfe eines großen, schwarzen Jagdhundes, der sich vertraulich an die Herrin geschmiegt hatte und sie mit treuen, klugen Blicken anschaute, das niedliche Köpfchen aber hatte sie auf den linken Arm gestützt. –

So saßen beide einander gegenüber, ohne auch nur ein Wort mit einander zu wechseln, aber ihre Herzen waren von mancherlei Gefühlen bewegt. Denn sie standen beide gerade in dem Alter, wo das Spiel der Gefühle in der jugendlichen Brust erwacht.

Albrecht von Stauffenecks Stimme, zum Aufbruch mahnend, weckte endlich die Jungfrau und den Jüngling aus ihren Träumen, sie schickten sich schnell zur Weiterreise an, und in kurzem ritt die ganze Gesellschaft rasch den Berg hinan; bald gings wieder hinab, dann wieder hinauf, im Tale schlängelte sich die Rems dahin, deren ungestüme Wellen des Winters starre Eisdecke gebändigt hatte, bis sie da, wo die Straße sich auf's neue senkte, deren Saum berührend, einem Städtchen mit festen Mauern und stattlichen Türmen zufloß.

»Da ist Waiblingen«, sprach der Ritter, zu Hermann sich wendend, »das einst den mächtigen Stauffen, meinen Stammsverwandten, gehörte. Damals waren es schönere Zeiten in deutschen Landen als jetzt«, setzte er seufzend hinzu, »wo Kaiser Rotbart und Friedrich des Reiches Szepter in der kräftigen Hand hielten.« –

»Ich kenne diese Zeiten recht wohl, Herr Ritter«, rief Hermann lebhaft aus, »oft schon hab' ich die Kaiserburg auf dem Stauffenberge besucht, und mich zurückversetzt in jene herrlichen Zeiten, wo einst hier die kühnen Helden und die holden Damen wandelten, und der Minnesänger süßes Lied hier klang. Wenn ich dann so auf den Zinnen stand und hinabschaute auf das Schlößlein drunten, das die Wiege des mächtigen Herrengeschlechts war, wie wurde ich da von Bewunderung ergriffen, wenn ich daran dachte, wie es aus so geringen Anfängen zu solcher Höhe emporgestiegen!«

»O welche Gefühle«, fuhr der Jüngling, gegen Marien gewendet, die während seiner Rede sich genähert hatte, noch lebhafter fort, »welche Gefühle durchbeben nicht mein Herz, wenn ich einherschreite im düstern Gewölbe unserer Klosterkirche, und da zu beiden Seiten die Bilder der Stauffen auf mich herabschauen: der gewaltige Barbarossa, der Wetterstrahl in der Schlacht; der große Friedrich, der unerschütterlich fest stand im Kampfe mit seinen Widersachern; der fromme und kluge Herzog Friedrich von Schwaben, der Stifter unseres Klosters; der stolze Philipp und die unglückliche Irene, die herrliche Griechenfürstin. Da steht er, der letzte Sprosse des erlauchten Stammes, Konradin, in frischer Jugendschöne blühend, über ihm das schreckliche Mordbeil, das, ach! allzu früh sein schönes Leben endete!«

Staunend vernahm der Pater Guardian des Neffen begeisterte Rede, mit pochendem Herzen horchte Marie seinen Worten, und mit steigender Teilnahme hörte ihm Albrecht von Stauffeneck zu. »Fürwahr«, rief er, da Hermann geendet hatte, »solch ein Jüngling gehört nicht ins Kloster, überlaßt ihn mir, ehrwürdiger Herr, und ich geb' Euch mein ritterlich Ehrenwort, ich will einen wackern Kriegsmann aus ihm ziehen.«

Erschrocken vernahm der Oheim die Rede, denn er sah, wie dabei Hermanns Auge blitzte, wie mächtig dieser Antrag ihn ergriff; darum hielt er's für besser, für die Gegenwart nur ausweichend zu antworten, und sprach also: »Verzeiht, Herr Ritter, wenn ich Euch nicht so antworten kann, wie sich's gegen einen so edeln Herrn und auf einen so ehrenvollen Antrag geziemte; aber der Jüngling hängt nicht allein von mir ab, er hat noch einen Vater, dem die Entscheidung über seine künftige Bestimmung zunächst zusteht.«

»Beim Jörgen«, entgegnete Albrecht von Stauffeneck, »das war klug von Euch erinnert, den Vater müssen wir freilich zuerst um seine Einwilligung fragen. Aber laßt mich nur wieder nach Stauffeneck zurückgekehrt sein, dann reis' ich selbst zu ihm hinüber und mach' ihm den Vorschlag; so viel ich weiß, war er in seiner Jugend selbst ein wackerer Kriegsmann, und wird es dem Sohne nicht versagen, wenn er in seine Fußstapfen treten will.«

Der Mönch erwiderte nichts auf diese Rede, ihm genügte es, vorerst die Gefahr, die seinen Absichten mit Hermann drohte, glücklich abgewendet zu haben; der Neffe aber fürchtete, er möchte, wenn er sich in das Gespräch mische und seine Wünsche kund gebe, des Oheims Unwillen erregen, in dessen Blicken er deutlich lesen konnte, wie sehr des Ritters Vorschlag ihm mißbehagte; auch verschloß ehrerbietige Scheu vor Albrecht von Stauffeneck, der sich mit seiner Rede nicht an ihn selbst gewendet hatte, ihm den Mund; er schwieg also, und in der Unterhaltung trat eine Pause ein, während welcher die Gesellschaft die Höhe, welche zwischen Waiblingen und Cannstatt sich erhebt, vollends erstieg.

»Da blickt umher, junger Mann«, hub nun Albrecht von Stauffeneck von neuem an, »schaut hin in Eures Vaterlandes Gaue, die sich hier auch unter der weißen Schneedecke noch so schön vor Euch ausbreiten. Seht, dort links liegt Fellbach, auf dessen Bergen ein so trefflicher Wein wächst; und dort, wo die Linde einzeln auf der Höhe sich erhebt, mit ihren jetzt kahlen, weit verbreiteten Ästen, dort haben in alten Zeiten die Herren von Wirtenberg Gericht gehalten. Auch eine Kapelle werdet Ihr drüben erblicken, sie ist erbaut auf der Stelle, wo einst dem frommen Mönche Luithold die heilige Jungfrau mit dem Christuskinde erschien, und in zahlreichen Scharen wallfahrten zu ihr die Gläubigen.«

Aufmerksam horchte der Jüngling auf des Ritters Worte, der Anblick der weiten Fläche, die sich rechts in die blaue Ferne verlor, links vom nahen Gebirge umkränzt wurde, war ihm neu und überraschend; bald da, bald dort schweiften seine Blicke umher, jetzt nach den Dörfern, deren Kirchtürme in dem Abend-Sonnenstrahle glänzten, jetzt nach den entlaubten Wäldern, die düster aus der weißen Schneefläche sich erhoben; öde standen die reichen Kornfluren; traurig am Boden hin krochen die dürren Reben; aber Hermanns aufgeregte Einbildungskraft stellte sich hier wogende, gelbe Korntriften, dort dicht begrünte Rebenhügel vor, und verschwunden war für ihn der traurige Winter.

Ritt ja doch auch sie ihm zur Seite, seines Herzens Wonne, durfte er ja doch auch zu ihr den liebeglühenden Blick erheben und sich weiden an ihrer holden Gestalt, welche der Sonne letzte Strahlen leuchtend umspielten.

Ermutigt durch den Beifall, den seine begeisterte Rede bei ihr und ihrem Vater gefunden hatte, wagte er jetzt sogar bisweilen ein schüchternes Wort an sie zu richten, und hoch errötend antwortete ihm die Jungfrau.

So ritt er ihr zur Seite voll Wonne weiter, der Berg senkte sich herab ins Tal, an seinem sanft abfallenden Abhang stieg ein Kirchlein empor, von etlich Häusern umgeben, es war Uffkirchen, an dem sie schnell vorüber und in kurzem zu Cannstatts Toren einritten. Weiter ging's über die Brücke, unter welcher der Neckar brausend seine Fluten zwischen beeisten Gestaden hinwälzte und von wo sie auf der Höhe Altenburgs Häuser im Abendlichte schimmern sahen, nach Brye. Dann führte der Weg einen steilen Hügel hinauf, wo die Reisenden die ermüdeten Pferde ein wenig ruhen ließen. Sie selbst ergötzten sich indes an der herrlichen Aussicht; vor ihnen lag im bergumkränzten Tale Stuttgart, schon in die Schatten der Dämmerung versenkt, indes sie selbst noch der sinkenden Sonne letzter Strahl begrüßte, hinter ihnen das schöne Neckartal, von dessen Rande hie und da noch die Spitze eines Kirchturms herüber leuchtete, über alle aber des Schlosses Wirtenberg Mauern und Türme hoch hervorragten. Diese Aussicht fesselte lange ihre Blicke, bis der schon untergegangenen Sonne letzter nun allmählich auch erbleichender Feuerglanz am Wolkensaume des westlichen Horizont sie zum Weiterziehen mahnte. So ritten sie also die Höhe hinab und kamen mit Einbruch der Nacht durch's Dunzhofer Tor in Stuttgart an, wo sie ermüdet von der Reise ihren Herbergen zueilten.

Als der rauhe, tiefe Ton des Wächters Mitternacht verkündigte, herrschte in Stuttgart überall die tiefste Ruhe und Stille; Bürger und Fremde, Ritter und Knappen genoßen des ersten erquicklichen Schlafes, nur Hermanns Augen floh noch der süße Schlummer.

Sein Geist und Gemüt waren von den Ereignissen des vergangenen Tages zu mächtig ergriffen worden, es drängte sich ihm eine zu große Menge von Betrachtungen auf, als daß er hätte einschlummern können.

Nicht der Unterschied des Standes, nicht seine künftige Bestimmung vermochten ihn zurückzuschrecken von dem beseligenden Gedanken, Marie von Stauffeneck einst noch die Seinige nennen zu dürfen. Hatte ja doch Mariens Vater schon bei ihrem ersten Bekanntwerden ein so entschiedenes Wohlwollen gegen ihn gezeigt, hatte ja doch er selbst ihm die Aussicht auf eine ehrenvolle Laufbahn eröffnet. Noch unkundig der mächtigen Schranken, welche damals so gut wie zu andern Zeiten und in andern Ländern die Stände trennten, noch unbekannt mit dem Stolze des Adels, welcher eine lange Reihe von Ahnen dem größten Verdienste, den herrlichsten Talenten vorzieht und der Reinheit des Geschlechts durch Verbindung mit einem nicht Ebenbürtigen einen unvertilgbaren Makel anzuhängen wähnt, meinte er, wenn er nur einmal von der ihm jetzt lästiger als je erscheinenden Bestimmung zum geistlichen Stand befreit sei und die Ehre und Ansehen verschaffende Laufbahn des Krieges betreten dürfe, werde es ihm leicht werden, Mariens Besitz zu erringen.

Das aber schien ihm nicht besonders schwierig, sich von jenem Stande loszumachen, da er seines Vaters Denkart kannte.

Es war dies ein wackerer, verständiger Mann, der ein Hofgut bei Alfdorf vom Kloster Lorch zu Lehen trug, zwar nicht viel besser gebildet, als damals überhaupt sein ganzer Stand, aber doch frei von manchem Aberglauben, manchem Vorurteil desselben.

Er hatte in seiner Jugend Kriegsdienste getan, Frankreich und Italien besucht, so die Welt kennen gelernt, und manches erlebt und erfahren, was seine Ansichten und Begriffe berichtigte und ihn über die große Menge seiner Standesgenossen erhob.

Die Geistlichkeit vornehmlich stand nicht hoch in seiner Achtung, denn nicht nur war auch zu ihm einiges von den herben Klagen und bitteren Satiren gedrungen, wozu damals die schlechte Aufführung des größeren Teils dieses Standes nicht nur weltliche, sondern selbst fromme, um das Wohl der Kirche besorgte Männer aus seiner eigenen Mitte veranlaßte, sondern er hatte sie auch aus eigener Erfahrung, vornehmlich in Italien, in ihrer ganzen damaligen Erniedrigung kennen gelernt.

Kein Wunder also, wenn Hermanns Vater seinen einzigen Sohn nicht in den geistlichen Stand treten lassen wollte, wenn er lieber wünschte, ihn einmal auf seinem Hofgute angesessen zu sehen. Der Oheim Martin dagegen, welcher Guardian des Klosters Lorch war, meinte, der Knabe, welcher nicht gemeine Anlagen hatte, müsse darum notwendig diesen Stand erwählen, und zwar sollte er ein Mönch werden, weil er da, wie der Pater Guardian sagte, vor den Verführungen und Anfechtungen der bösen Welt am besten gesichert sei. Einen andern Grund, warum Hermann Mönch werden sollte, hütete sich der Pater weislich anzuführen, weil nämlich in diesem Falle das schöne Hofgut seines Vaters dem Kloster Lorch heimgefallen wäre. Seine Meinung aber unterstützte aufs eifrigste seine Schwester, Hermanns Mutter, weil sie dadurch den Himmel leichter zu gewinnen hoffte, wenn sie seinem Dienste ihren einzigen geliebten Sohn widmete.

Lange widerstand entschlossen der Vater, erst da seine Gattin auf dem Totenbette lag und der Schmerz über den nahen Verlust seiner geliebten Margarete seine Kraft gebrochen hatte, als er sah, wie sehr der Gedanke, ihren Sohn nicht als Diener des Himmels zurücklassen zu können, ihren Todeskampf erschwerte, da willigte auch er ein und erleichterte so seiner Gattin die letzte bange Stunde.

So geschah es, daß Hermann zum Mönche bestimmt wurde, und der Oheim, fürchtend, es möchte den Vater, wenn der erste herbe Schmerz vorüber sei, gereuen und er seine Einwilligung zurücknehmen, führte nun, unter'm Vorwande besserer Vorbereitung, den Knaben sogleich mit sich nach Lorch, wo es aber diesem bei längerem Aufenthalte gar nicht gefallen wollte.

Oft blickte er vom Kloster aus sehnsüchtig nach den grünen Matten, wo des Hirten wollentragende Herde weidete und die Sichel des Schnitters erklang, nach den dunkeln Wäldern, wo des Weidmanns lauter Jagdruf und der helle Ton des Hifthorns erschallte, und nach den stattlichen Burgen, von wo herab auf stolzen Rossen Ritter und Knappen in's Tal zogen. Das eiserne Wams des Reitknechts däuchte ihm eine viel schönere Tracht als die Benediktinerkutte, und weit lieber horchte er auf die Erzählungen der Reisigen des Klosters als auf die Lobreden, welche sein Oheim dem Mönchsleben hielt. Als daher auch nach Lorch die Kunde kam von dem festlichen Turnier, welches Graf Eberhard der Ältere von Wirtenberg samt der Ritterschaft in Schwaben nach Stuttgart ausgeschrieben hatte, ließ er seinem Oheim keine Ruhe, bis ihm dieser versprach, mit ihm nach Stuttgart zu ziehen. Der Oheim tat dies zwar ungerne, doch vermochte er zuletzt den dringenden, wiederholten Bitten des Neffen nicht zu widerstehen, und so war er denn in Bürgerstracht gehüllt mit diesem dem Feste zugewandert.

Die Reise hatte den alten Mann etwas angegriffen, und daher erhob er sich am Sonntag morgens erst spät von seinem Lager, um mit seinem Neffen die Stadt zu durchwandeln und zu beschauen.

Stuttgart war damals wegen seiner anmutigen Lage, seiner Fruchtbarkeit und seines lieblichen Himmelsstriches sehr berühmt; die Berge, welche von drei Seiten das Tal umschlossen, waren größtenteils mit Wald bewachsen, und hie und da ragten aus dem Dickicht die Trümmer einer halbzerfallenen Burg hervor, aber immer mehr wurden die Wälder gelichtet und Weingärten traten an ihre Stelle; auch der frische grüne Wiesengrund des Tals verschwand je mehr und mehr, statt seiner wurden Gärten angelegt, und neue Häuserreihen stiegen auf ihm empor, vornehmlich seit den Zeiten des Grafen Ulrich, des Vielgeliebten von Wirtenberg, der Stuttgart verschönerte und ansehnlich vergrößerte. Die alte Stadt, mit starken Mauern und tiefen Gräben wohl verwahrt, umschlossen nun gegen Norden und Süden zwei Vorstädte, die eine, die Eßlinger Vorstadt genannt, war ebenfalls schon mit Mauer und Graben versehen, die andere aber, die Liebfrauen-Vorstadt, so benannt von einer daselbst befindlichen Kapelle, war noch offen, und bloß durch ein, an ihrem Nordende auf der Höhe befindliches, starkes Bollwerk und eine Reihe hier sie umgebender Seen geschirmt. Aber dafür prangte sie mit breiten, schnurgeraden Straßen, und an ihrem Ende stieg ein geräumiges Gebäude empor, vom Grafen Ulrich zu einem Dominikanerkloster bestimmt; schon stand der untere Stock, von Quadersteinen fest und dauerhaft zusammengefügt, hie und da war über ihm auch schon ein Teil des Gebälkes aufgeschlagen, eben baute man emsig an der Kirche, welche die Stelle der Kapelle unsrer lieben Frau einnehmen sollte, und die an sie anstoßenden Kreuzgänge waren schon größtenteils verwendet.

Auch die in der Stadt selbst befindliche Stiftskirche war damals noch nicht ganz ausgebaut, nur der eine ihrer Türme, links zwischen dem Schiff und dem Chore, stand schon vollendet da; nicht so der andere; noch fehlten ihr auch die meisten äußeren Verzierungen, nur die Wappen ihres Erbauers, des Grafen Ulrich, und seiner beiden Gemahlinnen erblickte man, in Stein ausgehauen, am Haupteingange.

Ihr gegenüber stand das Kanzleigebäude, erst vor Kurzem aus Holz neu aufgeführt, und eine doppelte Reihe kleinerer Häuser trennte sie von dem Schlosse.

Dieses lag nahe der Stadtmauer, am östlichen Ende der Stadt, es war damals ebenfalls noch ein bloß hölzernes Gebäude, aber mit großen und festen steinernen Gewölben unter der Erde; schon vor fast fünf Jahrhunderten hatte Bruno, Abt zu Hirschau, der Bruder des Grafen Konrad von Beutelsbach, es erbaut, Graf Eberhard der Erlauchte aber, 200 Jahre später, ihm seine damalige Gestalt und Ausdehnung gegeben. Hoch ragte der mächtige Bau mit seinem spitzigen Giebeldache über die benachbarten Häuser empor, welche ihn auf der Ostseite einschlossen und von dem Lustgarten trennten, der sich mit seinen breiten, schattigen Linden-Alleen weit hinab gegen die Talmündung erstreckte.

Ein reges, munteres Leben herrschte damals in der Stadt; vor den Häusern prangten die schön gemalten Wappenschilde und flatterten die kostbaren Banner der zum Turnier herbeigekommenen Edeln. Die Straßen wimmelten von Menschen, auf und ab rannten der müßige Pöbel und die schaulustige Jugend, gravitätisch schritten im Feierkleide die ehrsamen Bürger einher, und aus den Fenstern schauten schüchtern und verstohlen blühende Jungfrauen. Hier zogen stolze Ritter auf gewaltigen Rossen, hinter sich der Knappen zierlich geputzten Troß, durch die Gassen; zarte Fräulein und Frauen ritten auf sanften Zeltern einher, dort stampften die mutigen Pferde noch ungeduldig vor den Türen der Herbergen, aus denen hohe Gestalten, mit nickenden Federn auf den Baretten, hervorschritten; hier ertönte der Ritter kräftiger Befehlsruf, dort das Beifallsgeschrei der gaffenden Menge.

Vergebens überzog sich der Himmel mit dichtem Gewölke, vergebens sauste der kalte Nordwind scharf und schneidend durch die engen Straßen und überschüttelte von Zeit zu Zeit die Menge mit weißem Flockengewimmel, sie achteten dessen nicht, denn ein solches Schauspiel war seit 50 Jahren in Stuttgart nicht mehr gesehen worden.

Auch Hermann hatte genug zu schauen und zu bewundern, aber nicht bloß Neugierde war es, welche seine Blicke überall herumschweifen ließ, sehnsüchtig suchten sie Marien und ihren Vater. So oft der dumpfe Hufschlag eines Ritterrosses ertönte, so oft aus der Ferne die Purpurdecke eines Zelters erglänzte, pochte sein Herz stärker; wo ein Wappenschild prangte, wo ein Banner flatterte, dahin flog forschend sein Blick – doch umsonst, weder Marie noch Ritter Albrecht wollten erscheinen.

So war er endlich, von seinem Oheim geleitet, vor dem Schlosse angekommen, wo sich, da die hellen Glockentöne vom Turme der Stiftskirche herab die Eröffnung des Kirchengangs verkündeten, die schaulustige Menge zusammendrängte.

Es stand nicht lange an, so begann der Zug; voraus ein Marschall mit zwölf Trompetern, in meergrüne Leibröcke gehüllt, mit blauen Beinkleidern und Mützen.

Ihnen folgte Graf Eberhard der Ältere, begleitet vom Landgrafen Wilhelm von Hessen. Würdevoller Ernst lag in des erstern Gesicht, welches lange dunkelbraune Locken beschatteten, ein dicker Bart von gleicher Farbe bedeckte den Unterteil desselben und floß herab auf das einfache schwarze Gewand, über welchem der Orden des goldenen Vließes hing; die hohe, offene Stirn zeigte schon etliche Furchen, aber unter ihr leuchtete mit mildem, jugendlich frischem Feuer ein Paar großer hellbrauner Augen. Ein reich mit Federn geziertes Barett, und ein Schwert, dessen Griff einen Palmbaum darstellte, waren der einzige Schmuck, an dem man den Herrscher erkannte.

Zunächst nun kamen geschritten Markgraf Friedrich von Brandenburg und Graf Eberhard der Jüngere, dessen Aussehen aber von dem schlichten, ehrfurchtgebietenden Äußern seines Vetters sehr abstach. Sein Haar war kurz abgeschnitten, sein Gesicht noch voll und jugendlich, sein Kinn bartlos, nur die Oberlippe mit einem kleinen Knebelbärtchen versehen, die blauen Augen aber matt und ohne Ausdruck. Auf dem Haupte trug er ein rotes, mit Gold eingefaßtes, mit etlich tief herabhängenden Straußenfedern geziertes Barett; eine weiße Krause umschloß fest den Hals, der Leibrock war grün, hatte breite Säume von schwarzem Samt und kurze, gepuffte Ärmel, unter denen ein rotes Wams hervorschaute; auch die Beinkleider waren von Scharlach, und an der Seite hing ihm ein Schwert mit goldenem Griff. Er war beständig in Bewegung, bald sprach er mit seinem Nachbarn, bald mit den Personen hinter ihm, deutete öfters auf die herumstehende Menge und lachte bisweilen laut auf, ohne sich um die ernsten Blicke zu bekümmern, welche sein Vetter ihm alsdann zuwarf.

Paarweise folgten hierauf die übrigen zum Feste herbeigekommenen Ritter, über dritthalbhundert an der Zahl, eine glänzende Versammlung, unter welcher man die Ahnen mancher jetzt noch blühenden Geschlechter erblickte; da waren die Grafen von Hohenlohe, Zollern, Montfort und Werdenberg, die Freiherren von Erbach, Geroldseck, Limburg, Schwarzenberg, Waldburg und Zimmern, die Herren von Berlichingen, Bodmann, Crailsheim, Dalberg, Enzberg, Gemmingen, Gültlingen, Liebenstein, Pappenheim, Rechberg, Reischach, Seckendorf, Sickingen, Spet, Stadion, Suntheim, Wöllwarth usw. Da sah man auf goldbesäumten Bannern die Wappen von mancherlei Rittergesellschaften, deren Mitglieder das Fest besuchten, den raschen Jagdhund und das fabelhafte Einhorn, den felsenanklimmenden Steinbock und den die Wellen zerteilenden Fisch, den reißenden Wolf und den geduldigen Esel. Der Troß der Knappen und Reitersknechte beschloß den Zug, dessen Ende sich noch im Schloßhofe befand, als die vordern Paare schon die Kirche betraten.

Schon hatten hier auf der Emporkirche die Damen Platz genommen, und eifrig drängte nun das Volk sich herbei und füllte die Hallen und Gänge, um den schönen Kranz der Frauen, die sich hier in ihrem herrlichsten Schmucke zur Schau stellten, näher zu betrachten.

Da saß Barbara, des ältern Grafen Eberhards Gemahlin, aus dem italienischen Hause Gonzaga, eine Fürstin, durch Reize des Körpers und Vorzüge des Geistes gleich ausgezeichnet; da ihre Muhme Elisabeth von Brandenburg, des jüngeren Eberhards Gattin, die Gräfin von Hohenlohe, eine württembergische Prinzessin, nebst einer Menge anderer gräflichen und adeligen Frauen und Fräulein.

Neben einer schon etwas bejahrten Matrone, auf deren Gesicht die Zeit die Jugendreize großenteils verwischt hatte, erblickte man hier eine zarte Blondine, deren Reize eben erst aus der Knospe zu brechen begannen, dort zeigte sich eine stolze Brünette, von deren Haupte weiße Federn nickten, prangend im Schmucke völlig entfalteter Schönheit; hier ein blasses, nonnenartiges Gesicht, dort ein paar Wangen, wie mit des schönsten Sommerabends Purpurrot übergossen; hier ein Auge sittsam zu Boden geschlagen, dort ein anderes, das die feurigen Blicke kühn über die Menge der Anwesenden herumschweifen ließ. Wohl manch ein Herz, selbst in der Brust der Niedern und Geringern, mochte heftiger pochen bei diesem herrlichen Anblick, wo ein so enger Raum die Blüte von Schwabens Frauen und Fräulein umschloß.

Unter ihnen saß auch Marie von Stauffeneck, nicht die strahlendste, aber gewiß eine der anmutigsten Blumen in diesem reichen Kranze. In vollen geringelten Locken floß ihr Haar herab auf den schön geformten Nacken, zwei Schnüre großer Perlen, die darein verflochten waren, erhöhten noch dessen Rabenschwärze, dichte gewundene Brauen beschatteten das Auge, das, fast beständig niedergeschlagen, nur je zuweilen einen schüchternen Blick auf die unten versammelte Menge warf, eine feine Röte überzog die Wangen und das niedlich gerundete Kinn. Der Hals erhob sich schlank aus einem schneeweißen Spitzenkragen, an den sich das schwarze Samtkleid, von einem goldgestickten Gürtel umschlungen, anschloß.

Sehnsüchtig schaute Hermann hinauf zu ihr, für ihn erklang umsonst die Musik, die in vollen gewaltigen Tönen ans Gewölbe schlug; die Pracht des Hochamts war für ihn verloren, denn er sah nur sie, nur nach ihr hin flogen seine feurigen Blicke, und viel zu bald für ihn endigte der festliche Gottesdienst.

Nun zogen Fürsten und Ritter zum Male aufs Schloß, wo in der Gräfin von Wirtenberg Gemächer auch die Damen sich versammelten, die schaubegierige Menge verlief sich, die Bürger suchten ihre Wohnungen, die Fremden ihre Herbergen auf, und auch Hermann und sein Oheim gingen zum Mittagsimbiß.

Im untern Stocke des Hauses war die sehr geräumige Schenkstube, deren hölzerne, buntbemalte Decke von einer Doppelreihe starker eichener Balken getragen wurde. Das vom Alter gebräunte Getäfel der Wände war mit Schnitzelwerk geziert, und rings an ihm herum lief ein ebenfalls zierlich ausgeschnitztes Gesimse, sonst bestimmt, die Humpen und Krüge zu tragen, jetzt aber ganz öde und verlassen und gleichsam traurig herabschauend auf den geraubten Schmuck, den die in dreifacher Reihe die Stube durchlaufenden eichenen Tische trugen. Denn diesmal blieb kein Krug, kein Humpen müßig, sie reichten kaum hin, um die Gäste zu befriedigen, die dicht gedrängt an den Tischen saßen und den Wirt mit seinen Gehilfen unaufhörlich beschäftigten. Indem nämlich die Ritter im Schlosse bankettierten, hatten die Knappen sich in den Herbergen versammelt, um sich ebenfalls einen guten Tag zu machen, und zu ihnen hatten sich auch die andern Fremden, die das Fest zu schauen gekommen waren, gesellt, sowie viele Bürger von Stuttgart; daher zeigte sich denn, wie in andern Herbergen, so auch in der geräumigen Schenkstube des Hirsches ein buntes, schauenswertes Getümmel. Da saßen etliche Knappen in zierlichen Leibröcken, das kurze Schwert um die Hüften gegürtet und schwatzten von ihren Großtaten, dort sah man einen Tisch mit ehrsamen Bürgern, welche bewunderungsvoll den Prahlhansen zuhorchten. Hier erklang aus rauhen Kehlen ein mißtönender Gesang, dort vernahm man ein verwirrtes Geschrei Hadernder, die weder sich selbst noch ihre Genossen mehr verstanden. Drunter hinein ertönte der steinernen Weinkrüge dumpfer Klang und der helle Schall der zinnernen Humpen. Der Wein schien den Gästen gar trefflich zu munden, er war von den besten Geländen bei Stuttgart, zweiundachtziger und dreiundachtziger, ein Ausbund von Wein, dergleichen in vielen Jahren nicht gewachsen war.

Dem aufmerksamen Beobachter mochten auch die mancherlei Gesichtsbildungen ein unterhaltendes Schauspiel gewähren. Denn da saß ein Knappe, um dessen ernstes, von der Sonne gebräuntes, narbenvolles Gesicht nur sparsam noch etlich graue Haare hingen, nicht weit von ihm aber erblickte man das rotwangige, von dichten Locken beschattete Antlitz eines jungen Reiterknechtes, der mit freudeblitzenden Augen auf die Erzählungen seiner älteren Gesellen horchte.

Über des einen Gesicht schien die Abendsonne, die aber längst untergegangen war, ihre volle Purpurglut ausgegossen zu haben, seine halbgeschlossenen Äuglein leuchteten von trunkener Weinseligkeit; dagegen schaute ein anderer gar ernst und düster in das fröhliche Getümmel, die Freude, welche die meisten Gesichter in der weiten Schenkstube verklärte, schien spurlos an ihm vorübergegangen zu sein. Wiederum ließ sich hier ein ehrliches Vollmondsgesicht sehen, das ganz gemütlich dreinblickte, dort aber eine braungelbe, hagere Spitzbubenphysignomie, welche die kleinen listigen Augen herumlaufen ließ im ganzen Kreise, um irgendwo einen guten Fang zu erspähen.

An einem Tische vornehmlich, der so ziemlich die Mitte der Schenkstube einnahm, ging es gar laut zu, hier saßen die Knappen des Stauffeneckers und

der Rechberge, seiner Vettern, welche zu acht gekommen waren, um das Turnier zu besuchen. Es hatte sich da ein Streit erhoben, dessen Beilegung selbst dem spitzfindigsten Scholastiker jener Zeiten weit schwieriger geworden wäre als die Auflösung des subtilsten Problems, ein Streit, der auch jetzt noch, wie damals, die Männerwelt gar häufig beschäftigt, wem der Preis der Schönheit gebühre unter den zum Turnier gekommenen Frauen und Jungfrauen. Der eine stimmte für diese, der andere für jene, und je mehr man stritt, je häufiger der gute Wein die Kehlen netzte, desto weniger war an ein Ende des Streites, an eine gütliche Vereinigung zu denken. Im Gegenteil bekam es mehr und mehr das Aussehen, als würde, wie es übrigens in jenen Zeiten nicht nur bei Kriegsleuten sondern auch bei Gelehrten bisweilen vorkam, der Streit endlich mit handgreiflicheren Argumenten, als bloße Worte waren, entschieden werden.

Da erhob sich plötzlich aus der Mitte der Streitenden ein alter graubärtiger Knappe, der bisher sich mehr mit dem Weine als mit dem Hader seiner Gesellen beschäftigt hatte, schlug mit geballter Faust so kräftig auf den Tisch, daß die zinnernen Humpen zusammenklirrten, und rief mit starker Stimme: »So geht mir doch mit euren Frauen und Fräulein, und wären sie auch noch so schön und so kostbar angetan, als unsers durchlauchtigsten Kaisers Ehewirtin, wie ich sie zu Rom im Brautschmucke sah. Wann war's doch? – Ach ja, anno Dreiundfünfzig, wo der Türke, den unser Herrgott dafür strafen möge, Konstantinopel einnahm – ich war dabei mit meinem gnädigen Herrn Hans von Rechberg – das war ein Leben, will's nimmer vergessen.«

»Laß das jetzt gut sein, Georg«, fiel ihm einer in die Rede, »hast es uns ja schon oft genug erzählt, sag' uns lieber, wem Du unter den in hiesiger Stadt versammelten Damen den Preis der Schönheit zuerkennen würdest.« – »Nun denn«, fuhr etwas mißmutig über diese Unterbrechung Georg fort, »ich behaupte, von all' den Fräulein, die zum Turnier gekommen sind, seien's fürstliche oder adelige, ist keine schöner als mein gnädiges Fräulein, Marie von Stauffeneck.«

Das war ein Wort zu seiner Zeit, denn plötzlich hatte aller Streit und Hader ein Ende, und aus vollstem Halse erklang's einstimmig am Tische: »Hast recht, alter Kämpe, sie ist die Schönste!« Und kräftig mit den Humpen anklingend, riefen die Knappen: »Hoch lebe Fräulein Marie von Stauffeneck!«

Der gewaltige Lärmen, den dieser plötzliche Ausbruch der Huldigung und Bewunderung, die der schönen Stauffeneckerin gezollt wurde, erregte, zog auch die Aufmerksamkeit der übrigen Gäste auf sich, sie forschten nach, wem denn das donnernde Lebehoch gegolten habe, und nun entstand ein noch viel ärgerer Streit und Lärmen, als zuvor. Denn die übrigen Knappen, deren meiste ebenfalls eine Dame oder ein Fräulein zum Turniere geleitet hatten, meinten, es gezieme sich schlecht für sie, wenn sie ohne weiteres der Stauffeneckerin den Preis der Schönheit überließen, und sie begannen nun ebenfalls ein Jeglicher für seine Herrin eifrig zu verfechten.

Da gab's denn ein unermeßliches Geschrei, die zinnernen Humpen, mit denen man, zur Verstärkung der Beiweisführung, kräftig auf die Tische stieß, erhielten Beulen und Büge in Menge, und mancher Tropfen edlen Weines wurde verschüttet.

Endlich arbeitete sich durch die immer dichter um den Tisch der Rechberge sich zusammendrängende Menge ein Knappe hindurch von gar feinem Aussehen, mit zierlich gelockten blonden Haaren und schönem, jedoch etwas blassem und durch einen höhnischen Zug um den Mund entstelltes Gesichte; er trug ein rotes, mit Federn geschmücktes Barett, einen grünen, rotbesäumten Leibrock, der sich dicht an den schlanken Körper anschmiegte, und ein kurzes Schwert, neben welchem, in künstlich mit Silber eingelegter Scheibe ein Dolch hing.

»Ihr mögt mir sonst ein wackerer Geselle sein, Knappe«, hub er zu Georg gewendet an, »aber traun! was die Schönheit betrifft, da sollte so ein alter Kerl, wie Ihr, sich kein Urteil mehr anmaßen; hab ja Euer Fräulein, das Ihr so hoch erhebt, am Morgen auch in der Kirche gesehen, aber doch mein ich, behaupten zu können, daß unter allen Frauen und Fräulein, die allhier jetzt versammelt sind, meine gnädige Frau, die Gräfin von Helfenstein, die Schönste sei!«

»Ja, ja, so ist's!« rief nun ein halbes Dutzend rauher Stimmen, die den Genossen des Knappen zugehörten, »und wer das bestreitet, der lügt!«

»Potz Jörgen!« schrie da, seines Zornes nimmer Meister, Georg, indem er aufsprang und zum Schwerte griff, »so etwas soll ich mir von euch milchbärtigen Gesellen sagen lassen, ich, der ich mit meinem gnädigen Herrn von Rechberg schon im Venediger Kriege gegen die Türken kämpfte, da ihr noch in den Windeln lagt und man euch die ungewaschenen Mäuler mit Brei vollstopfte! Ihr jungen Knaben wollt mich, einen alten Reitersmann, und mein edles Fräulein höhnen? Das soll euch bei Gott nicht ungestraft hingehen!«

Georgs Genossen waren indes ebenfalls aufgestanden und drängten sich mit gezogenen Schwertern dicht um ihn her; auch auf der andern Seite sah man nun blanke Klingen blitzen; selbst sehr viele der übrigen Knappen, vom Weine erhitzt, nahmen, die einen auf dieser, die andern auf jener Seite Partei; die friedsamen Gäste zogen sich ängstlich in die Winkel der Schenkstube zurück oder suchten durch die Türe zu entkommen; der Wirt schlug jammernd die Hände über'm Kopf zusammen, daß nun seine Schenkstube zum Kampfplatz werden sollte, da vernahm man schwere Fußtritte und Sporengeklirr vor der Türe, rasch sprang diese auf und herein trat Ritter Albrecht von Stauffeneck. Das Getümmel erblickend, zog er sein Schwert und streckte es gebieterisch zwischen die zum Kampfe gerüsteten Parteien.

»Halt!« rief er, »im Namen meines Herrn, des Grafen von Wirtenberg, halt! Wollt ihr den Burgfrieden brechen, den die Herolde erst heute verkündigt haben! Gelüstet's euch etwa, zu versuchen, wie sich's drunten in den düstern Schloßgewölben wohne? Steckt die Schwerter ein, oder ich rufe die Burgfriedenswache und laß euch alle ins Burgverließ werfen!«

Erschrocken gehorchten die Knappen, und plötzlich herrschte tiefe Stille in der ganzen Stube, der Stauffenecker aber fuhr fort: »Wer hat den Hader begonnen? Sprecht!«

Da wurden plötzlich zwanzig Stimmen laut, und der Ritter mußte von neuem sein Machtgebot erschallen lassen, um die Stille wieder herzustellen. Darauf wandte er sich an Georg und sprach: »Sprich Du einmal, wer fing den Hader an?«

Verlegen unter sich blickend, begann mit stotternder Stimme Georg: »Gestrenger Herr –«

Doch sogleich fiel ihm der Ritter in die Rede: »Schweig nur, ich weiß nun schon genug! Du, alter Hitzkopf, hast wieder einmal dem Humpen zu viel zugesprochen, und darob, wie immer, Streit angefangen; darum fort in den Stall zu den Rossen, leg' Dich auf die Streu, verschlafe Deinen Weintaumel, und komm dann morgen, wenn Du nüchtern bist, und erzähl' mir, was hier vorfiel.«

Beschämt machte Georg sich fort, der Stauffenecker aber wandte sich nun an die übrigen Knappen und rief mit donnernder Stimme: »Ihr andern haltet jetzt Ruhe, wenn ihr nicht alsbald in den tiefsten Kerker wandern wollt!«

Er sprach's, wandte sich um und verließ die Stube, die Knappen, ganz kleinlaut geworden, schlichen sich an ihre Tische, leerten vollends ihre Humpen und zog dann einer nach dem andern in aller Stille ab, doch nicht ohne einander wilde, giftige Blicke zuzuwerfen.

Bald war die Schenkstube fast ganz leer, nur etliche Gäste noch, Bürger der Stadt, saßen da und dort an den Tischen und besprachen leise das Ereignis, dessen Zeugen sie eben gewesen waren.

Unter den wenigen noch anwesenden Gästen befanden sich Hermann und sein Oheim, welcher sich, um vom ärgsten Getümmel entfernt zu sein, ganz in einer Ecke seinen Sitz gewählt hatte, von wo aus er von Zeit zu Zeit mißmutige und strafende Blicke auf die lärmende Menge warf.

Jetzt, nachdem Albrecht von Stauffeneck Ruhe geschafft und die Knappen sich entfernt hatten, glaubte er seinem Unwillen auch durch Worte Luft machen zu dürfen. »Hast Du nun Deine törichte Neugierde gestillt«, hub er, zu Hermann gewendet, an zu sprechen, »hast Du das wüste Treiben dieser rohen Menge genug gesehen? Nicht zwei Worte können sie sprechen, ohne die Kehle zu netzen, nicht zwanzig ohne die Schwerter zu ziehen. Wärst Du nicht meiner teuern, seligen Schwester einziges Kind, mein lieber Neffe, fast möchte mich's gereuen, die Kutte mit diesem Rocke vertauscht und mich mit Dir in das Getümmel gewagt zu haben. Doch ich denke, 's ist hoffentlich nicht umsonst geschehen, Du erkennst jetzt, wie viel besser es ist, in Ruhe zu leben hinter des Klosters geheiligten Mauern, als sich herum zu treiben in dieser wildbewegten Welt, und wirst Dich bereitwilliger als bisher finden lassen, in unser stilles, friedsames Kloster einzuziehen.«

Aber Hermann vernahm wenig von dieser wohlgemeinten Rede seines Oheims, er blieb still und in sich gekehrt sitzen, denn seine Gedanken waren bei Marien. Doch der Oheim, unbekannt mit jenen süßen Regungen, die oft so plötzlich mit Macht in des Jünglings Herz einziehen, wähnte, sein Neffe sei von den mancherlei neuen und wechselnden Szenen des Tages ermüdet; »ich sehe«, sprach er also, »Du bist schläfrig, auch ist's fürwahr schon tief in der Nacht, so komm und laß uns in unsere Kammer gehen.«

Sie entfernten sich, ihnen folgten nach und nach auch die übrigen noch anwesenden Gäste, und bald vernahm man in der erst noch so menschenwimmelnden, geräuschvollen Stube nichts mehr als die Fußtritte des Wirts und seiner Gehilfen, welche eifrig beschäftigt waren, alles wieder in die gehörige Ordnung zu bringen.

Eben saßen am Montag früh Hermann und sein Oheim beim Morgenimbiß, und letzterer begann schon über Albrecht von Stauffeneck zu schmählen, daß er, gegen sein Versprechen, so gar nichts mehr von sich hören lasse, und hierbei blieben auch seine gewöhnlichen Ausfälle auf die arge Welt, wo weder Treu noch Glauben herrschten, so wenig aus, als seine Lobrede auf das fromme, ruhige Klosterleben, als zu seiner Beschämung und zu Hermanns innigster Freude Georg hereintrat und beide ehrerbietig grüßend, also anhub: »Mein Herr, der Ritter Albrecht von Stauffeneck läßt Euch, ehrwürdiger Vater, nebst Eurem Neffen zu sich laden in seine Herberge, es wird heute mancherlei zu schauen sein, was absonderlich dem jungen Herrn da viel Unterhaltung gewähren möchte.«

Der Pater Guardian, eingedenk dessen, was er eben gesprochen, wurde über diese Einladung ein wenig verwirrt und stotterte daher eine so unzusammenhängende Danksagung heraus, daß der Knappe mit verwunderlichen Augen bald auf ihn, bald auf den Krug voll gewürzten warmen Weines schaute, der zwischen dem Oheim und dem Neffen auf dem Tische stand, wobei seine

Blicke deutlich zu fragen schienen, ob denn der ehrwürdige Herr schon so früh ein wenig zu viel in den Humpen geschaut habe? –

Pater Martin bemerkte das wohl, und um sich aus der Verlegenheit zu reißen, sprach er: »Wir müssen uns zu einem solchen Besuche doch auch besser ankleiden, Hermann, darum laß uns in unser Gemach hinaufgehen, Georg mag indes, wenn's ihm beliebt, sich hier gütlich tun.« Damit schob er dem Knappen den Krug zu und entfernte sich eilig mit seinem Neffen.

Bei dieser so unerwarteten Gabe vergaß Georg alle weiteren Betrachtungen über den alten Herrn, und ließ sich den Wein, der, wie zuvor seine Geruchsnerven, nun auch seine Geschmackswerkzeuge gar lieblich ansprach, so trefflich munden, daß, als der Oheim und der Neffe zurückkamen, auch nicht die

Nagelprobe in dem glänzend polierten Zinnkruge übrig geblieben, der Knappe selbst aber recht gesprächig geworden war. Nicht nur ergoß sich sein Dank gegen den Pater Guardian in vielen, nach seiner Art zierlich gesetzten Worten, sondern er unterhielt auch zu Hermanns großer Freude seine Begleiter während des ganzen Hinwegs zu der Herberge Albrechts von Stauffeneck von nichts, als von seinem Herrn und dessen Tochter.

Wie pochte des Jünglings Herz, als er endlich das Rechbergische Banner mit den drei roten Löwen vor der Tür eines stattlichen Hauses wehen sah, als er eintrat in die geräumige Hausflur, wo schon die rings an der Wand herumhängenden Waffen und Rüstungsstücke die Gegenwart ritterlicher Gäste verkündeten.

Eine brennende Röte überzog sein Gesicht, als Georg das Gemach öffnete und ihn nebst seinem Oheim eintreten hieß. Denn da saß im einfachen Morgenkleide, aus selbstgesponnener Leinwand verfertigt, neben ihrem Vater Marie, leisen, freundlichen Gruß den Eintretenden zulispelnd, indes der Ritter sie mit kräftigem Handschlag bewillkommnete.

»Ihr meint wohl, ich hätt' euch ganz vergessen«, sprach er; »aber seht, gestern gab's so gar viel zu tun, das Bankett im Schlosse dauert auch so lange, daß ich wahrhaft keine Zeit mehr fand, meine lieben Reisegefährten zu begrüßen, dafür sollt ihr heute meine Gäste sein; zuerst begleitet ihr mich jetzt in's Ritterhaus, da könnt ihr unsern Herrn, den Grafen Eberhard von Wirtenberg inmitten seiner Räte und Ritter sehen, nachmittags aber wird im Lustgarten eine Falkenjagd angestellt werden, ein Schauspiel, das euch wohl auch noch neu ist.«

»Ihr tut uns zu viel Ehre an, edler Herr«, entgegnete der Pater Guardian, »und verpflichtet uns zur höchsten Dankbarkeit; längst schon hab' ich's gewünscht, den weisen Eberhard, umgeben von seinen Rittern und Räten, zu schauen, doch, was die Falkenjagd betrifft, werdet Ihr verzeihen, es möchte sich für meinen Stand nicht recht schicken, ihr beizuwohnen.«

»Ei, ich will Euch auch nicht dazu zwingen«, antwortete der Ritter. »Gott behüte! Tut Ihr ganz nach Eurem Belieben, aber Euern jungen Begleiter da werd' ich wohl mitnehmen dürfen.«

»Wenn er Lust dazu hat, so mag er nur gehen«, sprach hierauf der Oheim, doch ein bedeutungsvoller Blick auf seinen Neffen tat diesem kund, wie unangenehm ihm das sein würde. Aber Hermann konnte oder wollte diesen Blick nicht verstehen, er dachte nur an die Freude, in Mariens Gesellschaft zu sein, und rief darum rasch: »Ei, warum sollt' ich denn nicht wollen, Oheim? Solch ein Schauspiel seh' ich vielleicht so bald nicht mehr. Ja, nehmt mich mit Euch, edler Herr, zu schauen die ritterliche Lust. Ach! wie oft schon hab' ich nicht trauernd und sehnsuchtsvoll den hellen, fröhlichen Ton des Hifthorns heraufschallen hören zu unsern Klostermauern!«

»Hermann, Hermann«, unterbrach ihn ernst sein Oheim, »denke daran, welcher Bestimmung Du entgegengehst! Erinnere Dich an die letzten Worte Deiner sterbenden Mutter!«

»Still, Oheim, still«, rief der Jüngling und seine Augen füllten sich mit Tränen, »ich will ja gerne tun, was Ihr gebietet, ich will ja nicht zur Falkenjagd gehen!«

»Nun, das wäre doch zu viel gefordert von Eurem Neffen«, sprach Albrecht von Stauffeneck, »dies Vergnügen werdet Ihr ihm doch nicht versagen?«

»Durchaus nicht, edler Herr«, antwortete der Pater Guardian, »ich wollte den Jungen nur daran erinnern, daß er sich der Weltlust nicht allzu sehr hingebe!«

Da trat Georg herein: »Das Glöckchen auf dem Schlosse ertönt!«

»Da ist es Zeit, aufzubrechen«, sprach der Ritter, »so kommt denn; auf baldiges Wiedersehen, Marie!«

Hiermit schritt er gegen die Türe, der Oheim und der Neffe folgten ihm, noch einen Blick sandte der letztere Marien zu, er traf gerade ihr Auge, das ihm voll milder Wehmut nachsah, sie schlug es errötend nieder, er aber blieb einen Augenblick zögernd stehen, dann wandte er sich rasch um, und hinaus war er zum Gemache.

Das Ritterhaus, wohin Albrecht von Stauffeneck seine Gäste nun führte, lag in der Liebfrauen-Vorstadt, zunächst am Stadtgraben, am Ende einer Linden-Allee; es war zwar ebenfalls nur aus Holz erbaut, aber die mächtigen, eichenen Balken, welche bald gerade, bald querlaufend einander durchschnitten, und deren dunkle Farbe stark gegen den frischen weißen Anstrich der Zwischenfelder abstach, gaben ihm ein stattliches Ansehen; der vordere Giebel stieg stufenweise in die Höhe, auf jeder Stufe stand eine steinerne Kugel, oben aber ragte ein metallenes Kreuz empor.

Über dem Haupteingange, zu dessen beiden Seiten sich noch zwei niedrigere Türen befanden, gewahrte man das Sinnbild des Grafen Eberhard, einen Palmbaum, umschlungen von einem Bande, worauf das Wort *»Attempto«* (ich wage es) stand; die Hausflur war mit Wappen und Rüstungen geschmückt; eine breite Treppe führte hinauf zum Rittersaale, in den man durch eine starke eichene, mit vergoldetem Schnitzwerk verzierte Türe gelangte. Er war sehr geräumig, auf drei Seiten erhellten ihn hohe Bogenfenster, auf der vierten, der Türe gerade gegenüber, erblickte man das wirtenbergische Wappen nebst Eberhards Palmbaum; der Graf selbst saß hier auf einem etwas erhöhten Lehnstuhle, ihm zur Seite standen seine Räte; die Fürsten und Edeln nebst übrigen Zuschauern hatten sich gruppenweise im Saale aufgestellt.

Albrecht von Stauffeneck säumte nicht, seine Gefährten mit den wichtigsten Anwesenden im Saale bekannt zu machen. Nebst den schon beim Kirchgange genannten Fürsten zeigte er ihnen die Räte Eberhards, Männer, durch geistige und sittliche Vorzüge gleich ausgezeichnet.

»Der dort«, sprach er, »mit dem vollen, freundlichen Gesichte und dem glänzenden Augenpaar, der eine goldene Kette über sein schwarzes Gewand trägt, ist Johann Vergenhans, Kanzler zu Tübingen, einst des Grafen Eberhard's Lehrmeister, ein frommer, hochstudierter Mann; ihm zur Seite steht sein Bruder Ludwig, Probst der hiesigen Stiftskirche.«

»Den ihnen zunächst stehenden Greis mit den sanften blauen Augen kenne ich schon«, unterbrach der Pater Guardian den Ritter, und fuhr, zu Hermann sich wendend, fort, »das ist Gabriel Biel, Probst zu Urach, ein großer Weltweiser und noch größerer Gottesgelehrter, eine Zierde des geistlichen Standes; auch den ehrwürdigen Abt von Blaubeuren, Heinrich Fabri, gewahr' ich hier; wer aber ist denn der ernsthafte junge Mann dort in dem pelzverbrämten, langen Rocke?«

»Ei, daß Ihr den nicht kennt!« antwortete Albrecht von Stauffeneck, »das ist ja der grundgelehrte Johann Reuchlin, Besitzer des Hofgerichts, er hat in Italien und Frankreich studiert und versteht sich aber nicht nur auf allerlei Sprachen, sondern auch vornehmlich auf die geheime Weisheit.«

Noch befanden sich in der Nähe von Eberhards Sitze der Probst von Backnang, Pater Jakobi von Arlun, die Gottesgelehrten Conrad Summenhard und Wendelin Steinbach, und etliche andere Männer, welche der Graf von Wirtenberg seiner vertrauten Freundschaft würdigte; aber ehe der Ritter auch sie seinen Gefährten näher bezeichnen konnte, ertönte ein dreimaliger Trompetenstoß, die Ritter ordneten sich im Halbkreise um den Stuhl des Grafen, die übrigen Anwesenden wichen zurück, ein Herold trat in die Mitte und sprach also:

»Kund und zu wissen sei hiermit, daß mein edler Herr, Graf Eberhard der Ältere von Wirtenberg, und die gestrengen ehrenfesten Herren der Ritterschaft zu Schwaben beschlossen haben, auf nächsten Mittwoch als den siebenten dieses Monats, ein ordentliches, gesetzmäßiges Turnier abzuhalten, wozu sie denn auch alle ebenbürtigen Ritter freundlich eingeladen haben. Damit nun Jeglicher, der dabei zu erscheinen wünscht, wisse, auf welche Artikel hin das Turnier abgehalten werden soll, so vernehmet denn die zwölf Turnier-Artikel von Kaiserlicher Majestät, Fürsten und Ritterschaft des heiligen römischen Reiches aufgestellt und genehmigt: Welcher von Adel reden oder tun wird wider den heiligen Glauben, der soll nicht zugelassen werden, so er aber dennoch ins Turnier ritte, in der Meinung, zu genießen des Adels seiner Vorfahren, so soll er da geschlagen werden und öffentlich beschimpft.

»Also soll es auch sein, so jemand tut wider das heilige römische Reich und Kaiserliche Majestät, so jemand seinen eigenen Herrn verrät oder ihm feldflüchtig wird, oder überhaupt eine Feldflucht macht, auch seine Untertanen ohne Schuld und Recht umbringt. Wer gegen Frauen und Jungfrauen sich

vergeht mit Worten oder Werken, wer siegelbrüchig, meineidig, ehrlos ist, Witwen und Waisen unterdrückt, Kirchen und Klöster beraubt, wer in Fehden gegen Rittersitte, als ein gemeiner Straßenräuber, sengt und brennt, wer im Reiche Neuerungen und Beschwerung macht mit neuen Satzungen und Auflagen, wer ein Ehebrecher, Trunkenbold und Zänker ist, wer wider Adelssitte von Kaufmannschaft und Gewerben sich nährt, der soll ausgeschlossen sein vom Turnier.

»Auch soll Jeder, der da turnieren will, sich melden bei den Kampfrichtern, Wappenkönigen und Ehrenherolden und beweisen, daß er drei ebenbürtige Ahnen von väterlicher und mütterlicher Seite habe; tut er das nicht, oder vermag er es nicht zu beweisen, und wagt dennoch zu erscheinen, so sollen die Prügelknechte ihn schimpflich aus den Schranken jagen.«

Der Herold endigte, und Eberhard, von seinem Sitze sich erhebend, sprach: »Edle Herren, ihr habt vernommen die Artikel des Turniers; wer gesonnen ist, sich genau darnach zu richten, sei hiermit nochmals dazu eingeladen; ferne aber sei aller Streit, Zank und Hader, still und wie frommen Christen gebührt erzeige sich jeder am morgenden Feste und halte streng auf adelige, ritterliche Sitte während des ganzen Turniers.« Hernach winkte er den Anwesenden; ihn ehrerbietig begrüßend, verließen diese den Saal, er selbst, umgeben von seinen Räten, folgte ihnen.

Albrecht von Stauffeneck kehrte mit seinen Gästen in seine Herberge zurück, wo Marie ihrer mit dem Mittagsmahle harrte; auch ihre Oheime, Wilhelm und Georg von Rechberg, waren zugegen, und nicht gespart wurde der treffliche Wein, so daß bald laute Fröhlichkeit am Tische zu herrschen begann, und selbst der Pater Guardian die ernsthafte Miene, die er bisher beibehalten zu müssen geglaubt hatte, allmählich immer mehr ablegte.

Hermann allein hatte weder für das Essen, noch für das Trinken Sinn, all' seine Aufmerksamkeit war auf Marien gerichtet, welche bei der Mahlzeit die Stelle der Hausfrau versah, und so sich dem Jünglinge in einer neuen liebenswürdigen Gestalt zeigte.

Wie sie so freundlich ihren Gästen zusprach, so geschäftig war, es ihnen ja an nichts fehlen zu lassen! Selbst des Mönches Züge erheiterten sich, wenn sie ihm den Silberpokal neu füllte, oder ihn aufforderte, frisch zuzulangen, und die geringen Gaben ihrer Kochkunst nicht zu verschmähen. Hermann aber setzte den Becher, von ihrer Hand gefüllt, so gierig an den Mund, als wollte er ihn in einem Zuge leeren, schlürfte aber den Wein so langsam hinab, als wär es ein olympischer Nektar, dessen süßes Naß nur tropfenweise des Sterblichen Kehle benützen dürfe. Wenn sich Marie ihm nahte und ihm von einem frischen Gerichte anbot, ward er glühend rot, seine Hand zitterte und sein linkisches Betragen brachte den guten Oheim oft in nicht geringe Verlegenheit.

»Der Junge ist es noch nicht gewohnt«, sprach er daher, sich an Albrecht von Stauffeneck wendend, »mit so edeln Herren zu speisen, darum müßt Ihr ihm schon etwas zu gut halten, Herr Ritter. Ich weiß noch wohl, daß auch mir es anfangs gerade so ging, aber nach und nach freilich lernt sich's, besonders wenn man so viele Übung erhält, wie ich. Denn Ihr sollt wissen, edle Herren, daß ich schon weit in der Welt herumgekommen bin, nicht zwar aus Begierde, ihre Freuden zu schauen oder gar daran Teil zu nehmen – Gott bewahre, ich wäre viel lieber zu Hause geblieben – aber der hochwürdige Abt gebot's, und dem mußte ich gehorchen.«

Und nun begann der Greis zu großer Ergötzlichkeit der Ritter mit geläufiger Zunge zu erzählen, welche Höfe er schon besucht habe, bei welchem Großen er gewesen sei, wobei er sich jedoch immer entschuldigte, er habe es nicht aus freiem Willen, noch aus Begierde nach weltlichen Freuden sondern ganz allein auf Befehl seiner Oberen getan.

Darüber verstrich vollends die Zeit des Mittagessens, die Stunde, wo die Falkenjagd eröffnet werden sollte, nahte heran, die Gäste erhoben sich vom Tische, die Knappen führten die Rosse heraus, und die drei Ritter nebst Marie und Hermann bestiegen diese.

Der Oheim aber vermochte es nicht, seinen Neffen von sich zu lassen, ohne ihn zuvor noch ernstlich zu ermahnen, er solle sich nicht verblenden lassen von der eitlen Wollust; hierauf wandte er sich mit wortreicher, untertäniger Danksagung an den Stauffenecker und zog alsdann seines Wegs, un im Dominikanerkloster einen Besuch zu machen.

Die übrige Gesellschaft eilte dem Lustgarten zu, stieg an dessen Eingang ab, indem die Knappen die Pferde in Empfang nahmen, und fand eintretend Fürsten, Edle und Damen nebst Zuschauern, höheren und niederen Standes, schon zahlreich versammelt.

In der Mitte des Gartens stand ein auf allen vier Seiten offenes Lusthaus, dessen Dach starke eichene Säulen trugen; hier war der Sammelplatz der Jäger und Jagdliebhaber. Die Falken, mit ihren ledernen Kappen über dem Kopf, saßen, noch an Riemen angelegt, auf der durch starke Handschuhe geschützten Faust ihrer Wärter, aber ihr rascher Flügelschlag verkündete schon ihre Kampfbegierde, unruhig bewegten sie den braunbefiederten Hals und schlugen die scharfen Krallen zusammen.

Seitwärts, in etlicher Entfernung, zeigte sich ein kleines Wäldchen von Nadelholz, auf dessen frischem Grün das von der schimmernden Schneedecke geblendete Auge gern ruht; von dorther erhob sich auf einmal ein lautes

Hallorufen und Getöse, und da und dort in raschen Sprüngen, sich furchtsam umschauend nach seinen Verfolgern, rannte ein Hase daraus hervor; der Graf Eberhard gab das Zeichen, schnell waren sechs Falken ihrer Kappen und Riemen entledigt, und flogen nun, vom hellen Zurufe ihrer Wärter ermuntert, rasch empor, in der Höhe spähten sie gierig mit den scharfen Augen herum, und sobald sie die Beute erblickt hatten, stürzten sie nieder darauf und hackten die starken Krallen in das braune Fell ein. Auf's neue ertönte nun der Wärter lockender Ruf, und die gehorsamen Vögel kehrten mit der Beute zurück, welche ihnen die Falkeniere aus den Klauen losmachten, sie freundlich kosend streichelten, und ihnen Kappen und Riemen auf's neue anlegten.

So stiegen nach und nach mehrere Vögel empor, und stürzten jetzt auf Hasen und Kaninchen herab, jetzt stießen sie in der Höhe auf Federwild, das man mittelst des lärmenden Getöses von Trommeln aus dem Schilfe eines nahen Weihers aufgejagt hatte; bald ermunterndes, bald Beifallsgeschrei erfüllte die Luft; der eine hatte sich diesen, der andere jenen Vogel zum Liebling erkoren, und nicht selten erhob sich darob lauter Streit, wenn der eine behauptete, sein Falke habe besser gekämpft als der des anderen.

Mehrere Stunden schon hatte die Lust gedauert, manches Tier unter den scharfen Krallen der Jagdvögel geblutet, als der Graf Eberhard das Zeichen zur Beendigung des Jagens gab.

Der Hifthörner lang gehaltene Töne verkündigten der Gesellschaft seinen Willen, und alles verließ nun den Lustgarten und zerstreute sich, da der Abend schon stark dämmernd hereinzubrechen begann, in der Stadt.

Die meisten zogen recht befriedigt und fröhlich heim, unter den wenigen aber, welche verdrießlich oder wenigstens etwas unzufrieden von dem eben gesehenen Schauspiel sich weg begaben, befand sich auch Hermann, dessen Hoffnungen und Wünsche nicht recht erfüllt worden waren. Denn nicht an Mariens Seite hatte er der Jagd zuschauen dürfen, der Sitte gemäß hatte diese sich der Gesellschaft der übrigen Damen angeschlossen, und nur von ferne konnte Hermann sich weiden am Anschauen seiner Geliebten. Begegnete ihm nun hier auch bisweilen ihr freundlicher Blick, so vermißte er doch ihre süße Rede, und so schwebte immer noch eine leichte Wolke über seiner Stirne.

Marien, welcher nach und nach der Jüngling, mit dem sie der Zufall so unvermutet bekannt gemacht hatte, immer weniger gleichgültig zu werden anfing, war dies nicht entgangen, und teilnehmend fragte sie ihn während des Nachhausereitens um die Ursache seines Kummers.

Der Jüngling errötete; die Ursache seiner Betrübnis zu gestehen hatte er so wenig Mut, als Marien mit einer Unwahrheit abzufertigen. »So ein Wölklein des Grams«, entgegnete er also, »kann über die heiterste Stirne hinfliegen, aber in Eurer Nähe, edles Fräulein, verschwindet es wie Nebel vor'm Sonnenstrahl; oder ist meine Stirn auch jetzt noch umdüstert?«

Marie mußte ihn unwillkürlich anschauen, aber sie schlug ihre Augen, als sie den seinigen begegneten, schnell nieder und ritt schweigend an Hermanns Seite weiter.

Dieser, selbst über seine kecke Rede erschreckend, teilte ihre Verlegenheit, und ohne ein Wort miteinander zu wechseln, ritten beiden nebeneinander der Herberge des Stauffeneckers zu, wo Hermann von Marien Abschied nehmen mußte.

Er fand im Hirsch seinen Oheim hinter einem tüchtigen Humpen sitzen und in lebhaftem Gespräche mit etlichen Bürgern begriffen, worein aber er selbst sich nicht mischte, sondern stumm und schweigend sich neben den Pater niedersetzte, der ihm bald und gern die Erlaubnis gab, sein Lager aufzusuchen, was Hermann mit Freuden tat, um wenigstens von seiner Marie zu schwärmen und zu träumen.

Das Turnier in Stuttgart war eines der letzten, welche in Deutschland gehalten wurden. Vorbei war die goldene Zeit des Rittertums, die Musketen und die Donnerbüchsen oder das neue unritterliche Mordgewehr, wie es die Ritter nannten, gegen welches weder Schild noch Panzer schützte, das aus sicherem Hinterhalte und weiter Ferne den Feigen wie den Tapfern wegraffte, hatte sich allgemein zu verbreiten angefangen, schon jetzt begann die Umgestaltung der alten Kriegs- und Fechtart, welche endlich im sechszehnten Jahrhundert dem Rittertum völlig ein Ende machte.

Es hatte auch wirklich lange genug gedauert, seine Zeit war vorüber; seit der

Bürger im sichern Ringe seiner Mauern sich emporschwang zu höherer Macht und Wohlhabenheit, seit auch in Deutschland ein neuer, schöner Morgen der Aufklärung und Geistesbildung anbrach, da mußten die Blößen und Mängel dieser Anstalt, die in einer wilden Zeit so manches Gute gestiftet hatte, immer sichtbarer werden, selbst manche Adelige empfanden sie nun und wandten mehr Sorgfalt auf geistige Ausbildung; der Bürger aber fing an, sich dem Ritter gegenüber ebenfalls zu fühlen, der Drang nach politischer und geistiger Freiheit wurde immer stärker, und das künstliche, dem Scheine nach unerschütterliche Gebäude fing an zu wanken und zu sinken.

So verschwand, wie alles Irdische, auch das Rittertum, dessen Hauptbeschäftigung Waffenübung und Krieg gewesen war.

Darnach also ward auch die Erziehung der Jugend bei ihnen eingerichtet; bis zum siebenten Jahre blieb der Knabe der Sorge der Frauen überlassen, von da an aber kam er unter die strengere Zucht der Männer, an den Hof eines Fürsten oder auf die Burg eines durch tapfere Taten berühmten Ritters. Hier ward er zuerst als Jungherr, dann als Knappe in allen ritterlichen Übungen unterrichtet, er mußte seinem Herrn bei Tische aufwarten, dessen Waffen und Streitroß besorgen, er lernte die Waffen führen, ein Pferd mit Gewandtheit und Anstand reiten, vor allem aber ward ihm Liebe zu Gott und den Frauen eingeprägt. Nachdem er also vierzehn oder auch mehr Jahre zugebracht, empfing er endlich bei irgend einer feierlichen Gelegenheit mit andern seiner Genossen den Ritterschlag.

So brachten die Edeln ihre Jugend zu, so wuchsen sie unter Jagd und Waffenübung heran, so erstarkten sie zu kräftigen Männern, fähig, der eisernen Rüstung schwere Wucht nicht nur zu tragen, sondern sich auch in ihr mit Leichtigkeit und Gewandtheit zu bewegen. Noch ehe sie in die Zahl der Ritter aufgenommen wurden, schon wenn sie in den Knappenstand traten, im vierzehnten Lebensjahre, geschah ihre Wehrhaftmachung, an geweihter Stätte vor'm Altar umgürtete der Priester sie mit dem Schwert und sprach seinen Segen über sie.

Noch weit feierlicher aber und mit noch mehr Zeremonien verbunden war der Ritterschlag. Im voraus ging strenges Fasten, Nächte in Gesellschaft eines Priesters im Gebete zugebracht, der Genuß des Abendmahls und ein Bad, welches, sowie die weiße Kleidung, die der Knappe nun anlegen mußte, die Reinheit andeuten sollte, zu der er als Ritter künftig verpflichtet war. Hierauf hielt er noch eine Nacht lang Waffenwache in einer Kirche oder Kapelle, und nun erst ging die Erhebung zum Ritter selbst vor sich. Zuerst wurde der junge Edle befragt, warum er in den Orden der Ritterschaft zu treten begehre, und ob er auch dessen Gelübde, Verteidigung der Religion und ihrer Diener, Beschützung der Frauen und jedes Bedrängten, zu halten gesonnen sei; bejahte er dieses und legte einen Eid ab, diese Gelübde zu erfüllen, so ward er mit den Sporen, dem Harnisch und der übrigen Rüstung bekleidet, mit dem Schwert umgürtet, und erhielt nun von einem angesehenen Ritter drei Schläge mit bloßer Klinge auf die Schulter; hierauf bestieg er ein Roß und zeigte sich in allerlei ritterlichen Künsten dem Volk; Ritterspiele, Schmaus und Tanz beschlossen den festlichen Tag.

Nun war er auch fähig die Turniere zu besuchen und hier des Armes Kraft zu erproben.

In Frankreich ohne Zweifel waren diese festlichen Ritterspiele entstanden, indem hier den uralten deutschen Waffenspielen eine bestimmtere Gestalt gegeben wurde; von hier aus verbreiteten sie sich über ganz Europa und wurden bald von einzelnen Fürsten und Edlen, bald von ganzen Rittergesellschaften veranstaltet.

So hatte denn auch, wie schon gemeldet wurde, Graf Eberhard der Ältere in Wirtenberg mit der Ritterschaft in Schwaben im Jahr 1484 ein Turnier nach Stuttgart ausgeschrieben, das nun am Mittwoch, den Tag nach dem Dreikönigsfeste, gefeiert wurde.

Heiter brach der Tag des Festes an, nach mehrtägigem Wüten schien der Schneesturm endlich seine Kraft erschöpft zu haben, nur einzelne leichte Wölkchen flogen noch, vom Winde getrieben, über das blaue Firmament hin, rein und klar stieg die Sonne auf und übergoß mit Feuerglanz die Häupter der beschneiten Berge.

Kaum fielen ihre ersten Strahlen in die Stadt, als hier schon das regste Leben sich zu entfalten begann; Scharen von Neugierigen strömten nach der Liebfrauen-Vorstadt, wo oberhalb des Dominikanerklosters sich der weite, mit Sand bestreute, mit starken Schranken eingefaßte und von Gerüsten umgebene Turnieracker ausbreitete.

Bald zogen auch von allen Seiten die Turnierenden herbei mit großem Gepränge; lustig flatterten ihre Banner in dem frischen Morgenwind, der, einzelne Wölklein vor sich hinjagend, über das Tal sauste, kräftig tönten die Posaunen und Trompeten hinter den Bannern her, schön gekleidete Knappen auf stolzen Rossen trugen die Helme, glänzend im Sonnenstrahl, geschmückt mit Federn und köstlichem Geschmeide und die spiegelhellen Schilde; zuletzt, von ihren trefflichsten Dienstmannen begleitet, deren etliche die mit Fähnlein gezierten Turnierlanzen trugen, kamen die Ritter selbst auf stattlichen Pferden, eingehüllt in Decken von Scharlach, mit goldenen Borten besetzt. Schön gezierte Wappenröcke bedeckten ihre Rüstungen, mutig schwangen sie die schweren Lanzen, die Rosse selbst, teilend die Kampfeslust ihrer Reiter, brausten schnaubend und schäumend daher.

Ruhiger und gesetzter schritt der Zug einher, den Graf Eberhard der Ältere selbst anführte; denn hier ritten die Damen, hier die Kampfrichter, gewählt aus der Mitte der ältesten und erprobtesten Ritter. Die Wappenkönige mit den Herolden folgten ihnen, und eine Schar Fußknechte mit langen Speeren und grünen Wämsern schloß den Zug, den zahlreich die Zuschauer umwogten.

Jetzt war man angekommen an den Schranken, welche den Turnieracker umschlossen; die Fürsten und Ritter, die Frauen und Fräulein stiegen von den Rossen und begaben sich in die Kreuzgänge des Dominikanerklosters, wo die Wappenschilde der zum Turniere herbeigezogenen Ritter aufgestellt waren, und wo nun Wappenschau gehalten wurde. Voraus zogen die Wappenkönige, mit lauter Stimme bei jedem Wappen es verkündigend, welchem Ritter es gehöre.

»Jakob von Rabenstein!« rief der Wappenkönig, mit dem Stabe auf einen Wappenschild hindeutend, als plötzlich Marie von Stauffeneck hervortrat und den Schild berührte.

»Was habt Ihr vorzubringen gegen den Ritter, edles Fräulein?« fragte der Wappenkönig, und Marie entgegnete hocherrötend, doch mit fester Stimme:

»Er ist der Ehre des Turniers nicht wert, zwei Pilger, die nach Rom zogen, hat er schändlich überfallen und ausgeplündert.«

Ein Gemurmel des Unwillens erhob sich bei diesen Worten, der Wappenkönig aber wandte sich mit ernster Miene an Jakob von Rabenstein und sprach: »Ihr höret, Ritter, wessen man Euch bezüchtigt, beweiset durch dreier unverwerflicher Zeugen Mund, daß Ihr solchen Frevel nicht verübt habt, oder entfernt Euch aus diesem Kreise.«

Jakob von Rabenstein, seiner Schuld sich bewußt, vermochte nichts zu antworten: einen grimmigen Blick auf Marien werfend, entfernte er sich schnell, Schimpfworte und Verwünschungen tönten ihm nach.

Hierauf ging die Wappenschau vollends ohne Unterbrechung vorüber und die Ritter kehrten zurück zu ihren Pferden, Graf Eberhard mit seinem Gefolge bestieg die außerhalb der Schranken angebrachten Gerüste und neugierig drängten nun die Zuschauer sich heran.

Unter ihnen befand sich auch Hermann und sein Oheim; selbst dieser letztere fühlte sich ergriffen von dem ihm ungewohnten Schauspiel, wie viel mehr noch mußte der Neffe davon hingerissen sein. Da erhoben sich ihm gegenüber Gerüste mit Zeltdächern, über denen Banner von mancherlei Farben flatterten, innen ausgeschlagen mit gelbem und schwarzem Tuche, außen mit goldbesäumten Scharlachdecken behängt; dicht gedrängt saßen hier die edlen Frauen und Fräulein, womöglich noch kostbarer geschmückt als bei dem Kirchgange.

Am obern Ende des Gerüstes, wo Wirtenbergs Banner sich stolz erhob, hatten neben den Fürsten von Wirtenberg, Brandenburg, Meissen und Hessen die Kampfrichter ihre Sitze, ehrwürdige ernste Heldengestalten, denen die Zeit zwar die Locken gebleicht, nicht aber die eisernen Nacken gebeugt hatte, und die vier zur Austeilung der Turnierdanke erkorenen Damen, die Gräfin von Helfenstein, Ritter Konrad Spets Hausfrau, und die Fräulein von Frauenberg und Stauffeneck.

Mächtiger pochte, als er seine geliebte Marie erblickte, Hermanns Herz, mit leuchtenden Augen schaute er zu ihr empor, aber bald umzog sich seine Stirne mit finstern Wolken, zornig blitzte sein Auge, grimmig ballte sich seine Faust. »Weswegen mußte denn das Schicksal mich gerade in diesem Stande geboren werden lassen«, murmelte er vor sich hin, »warum mich gerade zum Klosterleben bestimmen, mich, den das Waffenspiel und der Kriegstrompete Klang so mächtig ergreift? Da zieht mich's so allgewaltig hinaus in's frische, kräftige Leben, und ich soll modern hinter dumpfen Mauern? Warum? Weil ein Bruder, dem das enge, düstere Klosterleben das Höchste scheint, seine fromme Schwester zu bereden vermochte, das sei das beneidenswerteste Los der Sterblichen. Muß ich denn meiner Mutter Schwäche, meines Oheims Vorurteilen ein ganzes, schönes Leben opfern, war nicht mein Vater immer gegen diese Pläne? Nein! bei Gott, ich will, ich muß diese lästigen Fesseln zerreißen!«

Diese letzten Worte hatte Hermann so laut gesprochen, daß er die Aufmerksamkeit der Umstehenden und auch seines Oheims auf sich zog.

»Was ist Dir, Neffe?« fragte ihn dieser mit sorgsamer Teilnahme; »hat Dich dieser Anblick so sehr ergriffen? Das ist wohl alles schön und prächtig, aber bedenke doch, daß es lauter eitler Tand ist, sündliche Erdenlust, nicht zu vergleichen mit dem seligen Klosterleben!«

Da berührte nun aber der gute Oheim gerade eine Saite, welche jetzt in seines Neffen Herz gar verstimmt und mißtönend erklang, und unwillig wandte sich dieser gegen den Oheim um.

»Fürwahr«, rief er – doch plötzlich schmetterten die Posaunen und Trompeten, wildes Getümmel erhob sich unter den Zuschauern, und Hermanns Worte verhallten ungehört in dem gewaltigen Lärmen.

Die Ritter rückten von zwei Seiten heran, langsam, ernst, majestätisch, innerhalb der Schranken stellten sie sich gegeneinander auf: starke Seile trennten noch beide Parteien.

An dem Gerüste, auf welchem die Damen saßen, hielt auf stolzem Rosse ein Ritter, dessen Lanze von einem Schleier umschlungen war, genannt der Damenritter und verpflichtet, die Befehle derselben zu vollführen; welchen Kämpfer er auf ihr Geheiß mit der verschleierten Lanze berührte, der durfte von keinem andern mehr angetastet werden. Die Turniervögte und die Grieswärtel, bestimmt, die Ordnung zu erhalten, waren hier und dort an den Schranken verteilt, und neben ihnen standen ihre Diener, die Stäbler und Prügelknechte, handfeste, mit Stangen und Keulen bewaffnete Männer, um auf ihr Geheiß innerhalb und außerhalb der Schranken jede Störung der Ruhe und Ordnung sogleich zu ahnden.

Ein zweiter Trompetenstoß erfolgte, die Seile fielen und das Turnier selbst begann. Schnaubend und schäumend rannten die Rosse gegen einander, Staub wirbelte auf vom sandigen Plan, die Federn wallten, die Wappenröcke flatterten im Windeshauche; jetzt trafen die Kämpfer zusammen, Mann gegen

Mann, da vernahm man nur das Krachen der brechenden Lanzen, den dumpfen Ton der gebrochenen Harnische, hie und da auch den klirrenden Fall eines aus dem Sattel gehobenen Ritters. Drunter hinein tönten der Herolde aufmunternde Stimmen: »Ehre den Söhnen der Helden!« und das tausendfache Geschrei der Zuschauer, wenn irgendwo ein Kämpfer sich durch Kraft und Gewandtheit auszeichnete.

Bald war der ganze Plan innerhalb der Schranken bedeckt mit Lanzensplittern, abgeknickten Federn, herabgestoßenen Helmkleinodien und Lappen schön gestickter Wappenröcke. Schon geleiteten da und dort die Knappen einen verwundeten Ritter aus den Schranken, schon öffnete mancher Kämpfer das Visier, um vom Kampfe zurückgezogen frische Luft zu schöpfen, nur wenige hielten noch munter und kräftig aus auf der Wahlstatt, aber immer geringer ward ihre Zahl; der Marschall von Pappenheim, Wolf von Praßberg aus Bayern, Philipp Fuchs aus Franken und Jakob von Fleckenstein vom Rheine waren die letzten auf dem Platze, und ihnen wurden auch von den Richtern die Turnierdanke zuerkannt, die sie nun kniend von den vier Damen empfingen.

Hierauf ging der Zug wieder vom Turnieracker ab, voraus die Sieger, umschmettert von Trompetenschall, umtönt von der Herolde lobpreisenden Worten, die durch reichliche Geldspenden erwidert wurden, und umrauscht von der Menge, deren donnerndes Jubelgeschrei den Widerhall in den benachbarten Bergen weckte.

Schon während des Hereinziehens hatten sich mehrere Ritter vom Zuge getrennt; jetzt vor dem Schlosse gingen auch die übrigen auseinander, um die schwere Rüstung abzulegen. Nun wurden die eisernen Panzer mit zierlichen Leibröcken vertauscht, statt der Wucht des Helms deckte nur ein leichtes Barett das Haupt, nur das getreue Schwert blieb auch jetzt noch an der schlanken Hüfte hängen.

Aber die neugierige Menge hatte ihre Schaulust noch nicht gestillt, kaum vermochte der gebieterische Hunger den einen und den andern nach Hause zu treiben, die größere Zahl sammelte sich vor dem Schlosse, wo nun nacheinander Ritter und Damen sich zum Festesmahle einfanden.

Ihrer harrte hier ein herrliches Gelage, in festlich geschmückter Halle standen einundvierzig Tafeln für die Frauen und Jungfrauen bereit, lustig erklangen Trompeten und Posaunen, Flöten und Schalmeien, und darunter hinein der Pauken kräftiger Ton. Dem Mahle folgte ein festlicher Tanz, der erst um Mitternacht sich endete; heim kehrten die Ritter und Damen, die schaulustige Menge verlief sich, still und schweigend lag, nach des Tages lautem Getümmel, die Nacht über der Stadt.

Nur Hermanns Augen floh auch diesmal der Schlummer, denn Schreckliches hatte er vernommen und bange Furcht erfüllte sein Gemüt.

Trübsinnig und gepeinigt von den Gedanken, daß er nun seine Geliebte im Kreise der Edeln lassen müsse, war er in seine Herberge zurückgekehrt, wo er, während sein Oheim hingegangen war, um bei den Dominikanern Abschied zu nehmen, sich mißmutig in eine Ecke setzte und den Kopf auf den Tisch legte.

Die Schenkstube stand ganz leer, denn alles war dem Feste nachgezogen, tiefe Stille herrschte ringsum, als plötzlich zwei Ritter eintraten, die Barette unwillig auf den Tisch warfen, nach Wein riefen, und nachdem ihnen ein altes Mütterchen, die einzige Person, welche im Hause geblieben war, diesen gebracht hatte, sich ziemlich weit von Hermann entfernt an der obern Ecke der Stube niedersetzten.

»Tod und Teufel«, rief der eine, nachdem er etliche tüchtige Schlücke aus seinem Humpen getan hatte, »daß mir solch ein Schimpf widerfahren mußte, das fordert blutige Rache!«

»Nur nicht so laut, Rabenstein, damit Du den Schläfer dort nicht aufweckst, und ja nichts übereilt!« warnte sein Genosse, »Du kennst die Macht der Rechberge und des Stauffeneckers Kraft und Mut.«

Die laute Rede des Ritters schon hatte den Jüngling halb aus seiner Betäubung erweckt, aber ganz erwachte er bei dem Namen Rabenstein und Stauffeneck, doch war er klug genug, sich durch keine rasche Bewegung zu verraten, vielmehr behielt er die Stellung eines Schlafenden bei, horchte aber mit der gespanntesten Aufmerksamkeit auf die Reden der beiden Ritter.

»Was Macht, was Kraft und Mut«, fuhr Rabenstein im vorigen Tone fort, »mein Wappenschild ist nun einmal beschimpft, darum wenn ich mit offener Gewalt nicht ausreiche, warum sollt ich nicht meine Zuflucht zu List nehmen? Denn Rache, volle Rache muß ich haben, sowohl an der Dirne als an ihrem Vater.«

»Meine Dienste hiezu sollen Dir nicht fehlen«, entgegnete der andere, »so viel geschehen kann, ohne daß ich selbst mit in den Handel gerate, denn das käme mir gar nicht gelegen. Aber sprich, was hast Du denn eigentlich vor?«

»Was ich vorhabe!« schrie Rabenstein; »rächen will ich mich, und das je eher je lieber!«

»Nur gemach«, antwortete sein Gefährte, »so gar schnell geht's nicht, auf der Heimreise den Stauffenecker anzufallen wäre gefährlich, denn er führt ein zu starkes Gefolge bei sich.«

»So soll ich also gleich einem Strauchdieb lauernd um seine Burg herstreichen, bis sich endlich seine Tochter aus ihrem sichern Felsenneste hervorwagt? Dafür bedank' ich mich! Besinn' Dich doch einmal, Du bist ja sonst so reich an Pfiffen und Ränken aller Art.«

Eine kurze Stille herrschte, da sprang Rabensteins Genosse auf und rief: »Ich hab's gefunden, Freund, ich hab's gefunden!«

»Nun was denn?« entgegnete Rabenstein, und der andere fuhr fort: »Du kennst den Stauffenecker, wie er so bereitwillig ist, allen Bedrängten beizustehen, damit können wir ihn fangen. Wir locken ihn so mit einem Teil seiner Knappen weg von seiner Tochter, und hierauf stürzest Du hervor auf diese und schleppest sie mit Dir fort; wenn dann der Alte wieder kommt – weg ist sein zartes Töchterlein!«

»Vortrefflich!« rief Rabenstein; aber wo und wie vollführen wir die Tat?«

»Wo? Ei dafür weiß ich auch schon Rat; so viel ich vernommen, geht der Stauffenecker mit seiner Tochter über Wäschenbeuren, wenn sie nun da bei Lorch über's Gebirge ziehen, läßt sich die Sache am besten vollführen. Doch komm' jetzt, ich bin etwas müd und morgen können wir das Ding ja vollends ausmachen.«

Die Ritter tranken ihre Humpen aus und zogen ab, voll Schrecken aber sprang Hermann auf. Sprechen konnte er jetzt weder Marien noch ihren Vater, und morgen in aller Frühe wollte sein Oheim wieder aufbrechen. Was konnte, was sollte er da beginnen? Ganz unbekannt in der Stadt durfte er es nicht wagen, jetzt bei Nacht des Ritters Herberge aufzusuchen, ob er dort nicht vielleicht einen Knappen des Stauffeneckers finde. Angstvoll sann er hin und her, wie er seine Geliebte zu retten vermöchte, bis sein Oheim matt und schläfrig ankam und ihn sogleich mit sich hinauf in sein Gemach nahm.

Den guten Pater Guardian versenkte, was er den Tag über gesehen und genossen hatte, bald in einen tiefen Schlaf, aber Hermann vermochte kein Auge zu schließen. Marie, das stand fest beschlossen bei ihm, Marie mußte um jeden Preis gerettet werden, aber wie, das war ihm noch nicht recht klar, nur erhöhte seine Hoffnung auf glücklichen Erfolg der Umstand, daß der Überfall nahe bei Lorch geschehen sollte, wo er so gut bekannt war, so leicht Beistand erhalten konnte. An diesen Gedanken hielt er sich, seine Einbildungskraft malte ihm Mariens Rettung mit den lebhaftesten Farben aus, sie führte ihm deren mutmaßlich für ihn so günstige Folgen vor's Auge, und endlich schlief der Jüngling unter schönen, beglückenden Träumen ein.

Am Freitag stand Hermann vom frühen Morgen an auf der Warte zu Lorch und blickte ängstlich spähend nach der Heerstraße. Lange Zeit ließ sich kein Mensch hier sehen, aber da, wo am jenseitigen Abhange des Tals ein Seitenweg in den Wald hineinführte, zeigten sich etliche Gestalten, die so, wie er, ungeduldig nach der Heerstraße zu schauen schienen. Endlich sprengte diese ein Reiter herauf, mit einem roten Tuche den Männern am Waldessaume zuwinkend, und nun zogen sich diese schnell in's Dickicht zurück, der Reiter aber wandte sich um und ritt so rasch, als er gekommen war, wieder rückwärts.

Bald darauf zeigte sich auf der Straße ein Zug Reisiger, in welchen Hermann den Stauffenecker und die Seinigen deutlich zu erkennen glaubte. Jetzt war es ihm vollends ganz klar, wer die Gestalten am Waldessaume gewesen. Zeit war nun keine mehr zu verlieren, wenn seine Hilfe noch im rechten Augenblick kommen sollte. Rasch eilte er also von der Warte herab, lief einem kleinen Hause nächst dem Klostertore zu, riß die Türe auf und rief: »Rüstig, Konrad, sie kommen, sie kommen!«

Bei diesen in aller Hast ausgesprochenen Worten blickte ein alter Knappe, der sich gerade mit dem Putzen einiger Waffenstücke beschäftigte, auf und fragte mit ruhigem Tone: »Wer kommt denn, junger Herr?«

»O, so frage doch nicht lange, sondern folge mir eilends, es ist keine Zeit zu verlieren, vergiß Dein Schwert nicht, und gib auch mir eins.«

»Ich mein Schwert vergessen! Das wäre eine rechte Schande für einen so alten Reitersknecht wie ich! Aber wozu wollt denn Ihr ein Schwert? Damit Ihr Euch etwa wieder verwundet, wie neulich, wo ich dann wacker ausgescholten wurde? Nein, junger Herr, das kann nicht sein!«

»Es muß aber sein«, rief ungeduldig Hermann, riß ein Schwert von der Wand herab und eilte davon, der Knappe ihm nach, und so ging's, als wollten sie einen Wettlauf halten, spornstreichs den Berg hinab und der Rems zu.

Indes ritt Albrecht von Stauffeneck mit den Seinigen ruhig auf der Landstraße fort, da stürzte auf einmal aus dem Gebüsche ein Mann mit zerfetztem, blutbedecktem Gewande: »Hilfe, um Gotteswillen, Hilfe meiner Herrin, sie ist im Walde von Räubern überfallen worden!« schrie er, wie es schien, mit der letzten Anstrengung seiner Stimme und sank dann erschöpft und atemlos zu Boden.

Der Ritter von Stauffeneck, wo es galt, Bedrängte und Notleidende zu schützen, niemals säumig, fragte nur nach der Gegend, wo die Dame angefallen worden sei, und als der Knappe, zu sprechen unvermögend, sie ihm mit der Hand angedeutet hatte, wandte er sich zu Georg und sprach: »Du und Kurt, Ihr reitet mit Marien gemachsam weiter dort die Straße am Berge hinauf, Du, Eberhard, bleibst bei dem Knappen hier.«

Doch dieser winkte verneinend mit der Hand und deutete von neuem heftig nach jener Gegend hin, wo seine Gebieterin sich in Gefahr befand.

»Ich verstehe schon«, fuhr der Stauffenecker fort, »so folgt ihr alle mir und sputet euch, damit wir der Dame noch zu rechter Zeit zu Hilfe kommen.«

Sie ritten fort, der Knappe blieb scheinbar ganz matt und kraftlos am Boden liegen, aber sobald er den Ritter mit den Seinigen aus dem Gesichte verlor, sobald Georg um eine Ecke des Weges gebogen hatte, sprang er hurtig auf und lief wie ein gescheuchtes Reh in's Gebüsch hinein.

Früher als Georg erreichte er den Waldessaum, wo Jakob von Rabenstein schon seiner wartete. »Ist's gelungen?« rief er ihm entgegen. – »Vortrefflich!« war die Antwort, »das Fräulein, nur von zwei Knappen begleitet, wird sogleich hier sein.«

»Nun denn, so begib Du Dich jetzt zu den Pferden, sie stehen im Walde angebunden; Kuno und Veit, ihr spannt eure Armbrüste und schießt mir die Knappen von den Pferden herab, das Fräulein übernehme ich.«

Kaum hatte Rabenstein seine Anordnungen getroffen und sich mit seinen Knappen hinter einen mächtigen Felsblock am Waldessaume zurückgezogen, so kamen auch schon Marie und ihre Begleiter den Berg heraufgeritten. Georg schaute sich von Zeit zu Zeit um, ob er seinen Herrn nicht gewahre, Kurt aber summte ein Lied vor sich hin, und Marie ritt, in Träumereien versunken, still weiter.

Jetzt war der Saum des Waldes erreicht, ein Wink von Rabenstein und die Sehnen schwirrten; vom Bolzen gerade vornen in die Brust getroffen, sank Kurt vom Pferde, Georgs Roß bäumte sich, der Pfeil, seinem Reiter zugedacht, hatte seine Seite durchbohrt, kaum noch vermochte der Knappe herabzuspringen, da raste es in wilden Sätzen eine Strecke weit fort und stürzte dann tot nieder.

»Haut mir den Knappen nieder!« rief Rabenstein den Seinigen zu, indem er selbst Mariens Pferd das Schwert in die Brust stieß und die Jungfrau, welche dies plötzliche furchtbare Ereignis ihrer Besinnung beraubt hatte, in den Arm faßte und mit ihr dem Wald zueilte.

Da rauschte es hinter ihm in den dürren Ästen, er blickte um sich – ein Jüngling war's, der mit geschwungenem Schwert ihn verfolgte und laut ihm zurief: »Stehe, Nichtswürdiger, gib Deinen Raub heraus!«

»Komm und nimm ihn mir ab, wenn Du den Mut und die Kraft dazu hast«, entgegnete Rabenstein, setzte die Jungfrau auf den beschneiten Boden nieder und ging auf seinen Verfolger los; dieser focht gleich einem Verzweifelten, aber das Schwertkampfes nicht kundig, gab er manche Blößen und schon rann Blut aus mehreren Wunden; er hätte zuletzt unterliegen müssen, wäre nicht Konrad ihm zu Hilfe gekommen.

Das Schwertgeklirr vernehmend, verdoppelte der treue Knappe seine Schritte und kam gerade noch zu rechter Zeit, denn schon drang Rabenstein, seines Sieges gewiß, heftiger auf seinen Gegner ein und dieser begann zu wanken: da schleuderte Konrad mit aller Anstrengung seinen Wurfspieß gegen den Ritter, zischend flog das Geschoß dahin, drang durch Rabensteins Rücken und kam vornen mit der Spitze wieder hervor, der Ritter aber stürzte lautschreiend nieder auf's Angesicht.

»Den hab' ich gut getroffen!« rief Konrad nun frohlockend aus, »der wacht vor der Auferstehung nimmermehr auf! Aber sprecht doch, junger Herr, was für ein Wahnsinn kommt denn Euch an, mit einem Ritter Euch in den Kampf einzulassen? Der Hieb hier an Eurem Nacken hätte dürfen nur etwas tiefer gehen, so wär's um Euch geschehen gewesen! Kommt nur und laßt mich Euch die Wunde indessen, so gut es geht, verbinden.«

»Dort hilf!« rief Hermann, auf die noch immer betäubt daliegende Marie weisend; Konrad, sie gewahrend, rief: »Ha! nun wird mir alles klar! Der Mensch da, dem ich das Lebenslicht ausgeblasen, wollte das Fräulein rauben, das saht Ihr von der Warte herab und darum waret Ihr so eilig! Aber mich däucht, ich höre noch immer Schwertgeklirr, sollten sich in der Gegend etwa noch ein Paar solcher Strauchdiebe aufhalten, die einem ehrlichen Manne nach dem Leben trachten? Richtig ja, es sind klirrende Schwerter, o den Ton kenn ich aus allen andern heraus! Er scheint vom Waldsaume her zu kommen! Da darf ich nicht zögern!«

Er sprach's und eilte dem Ausgange des Waldes zu! Hermann aber, von Wunden und Anstrengung völlig ermattet, vermochte nur noch zu Marien hin zu wanken, wo er neben der Geliebten ohnmächtig niedersank.

Indessen hatte Konrad die Straße erreicht und erblickte hier einen Knappen, der, an einen Felsblock gelehnt, sich wütend gegen zwei Angreifer verteidigte. »Ha! Georg, bist Du's!« rief der alte Kriegsmann aus, »noch immer so rüstig! Wart' ich will Dir helfen die Strauchdiebe zu klopfen!«

Mit diesen Worten ging er auf Rabensteins Knappen los, aber diese, sobald sie ihn gewahrten, dachten nimmer ans Fechten, sondern auf schleunige Flucht und liefen, so schnell sie konnten, den Berg hinauf in den Wald.

Georg machte Miene sie zu verfolgen, aber Konrad faßte ihn beim Arme und rief: »Laß die Lumpen laufen, Kamerad! Im Walde liegt schon einer auf der Nase, dem ich den Garaus gemacht habe; hilf mir meinen jungen Herrn verbinden und das schöne Fräulein, das dort drinnen liegt, wieder ins Leben bringen!« So zog er ihn in den Wald, und beide Knappen, da sie Hermann und Marien ohnmächtig da liegen sahen, erhoben ein Klagegeschrei. Darüber schlug das Fräulein ihre Augen wieder auf und Georg beeilte sich, ihr beizustehen.

Marie kam bald wieder ganz zu sich, aber sie wäre beinahe von neuem in Ohnmacht gefallen, da sie Hermann blutend und leblos neben sich ausgestreckt sah. »Ist er tot«, schrie sie, »ganz tot?«

»Beruhigt Euch, Fräulein«, antwortete Konrad, der indes sich bemüht hatte, des Jünglings Wunden zu verbinden; »er lebt, aber der starke Blutverlust und die Anstrengung, um Euch zu retten, haben ihm eine Ohnmacht zugezogen. Faß an, Georg, da hier am Arme, aber nimm Dich in Acht, daß Du mir nicht an die Wunde kommst; so, nun ist's recht, jetzt auf mit ihm; ei seht doch, er öffnet die Augen wieder, er bewegt sich.«

»Er lebt, er lebt!« rief Marie freudig aus, und Hermanns erster matter Blick fiel auf sie, ein Schimmer der Freude überzog sein Gesicht. – »Gottlob«, sprach er mit schwacher Stimme, »daß Ihr gerettet seid, mein Fräulein! Und auch Du, Georg, lebst noch?«

»Ja freilich«, antwortete der Knappe, »hier mein alter Kriegsgenosse kam mir zu Hilfe, als die zwei Räuber mich angegriffen hatten, und da nahmen die kühnen Helden Reißaus!«

»Mein Gott! wer liegt denn da?« rief plötzlich, vor Entsetzen zurückweichend, Marie, als sie Rabensteins Leichnam erblickte, denn noch steckte der Wurfspieß in ihm, aber der Körper selbst lag nicht mehr vorwärts, im letzten Todeskampfe hatte sich der Ritter auf die Seite gedreht und zeigte ein von Grimm und Schmerz verzerrtes Gesicht; seine Rechte hielt das Schwert, mit der Linken hatte er den Wurfspieß gefaßt, und beim krampfhaften Bestreben, ihn herauszureißen, die Wunde noch vergrößert, weit klaffend und mit schwärlichem, geronnenem Blut befleckt, gewährte sie einen schrecklichen Anblick.

»Ei, laßt den liegen, der springt uns nimmer davon«, sagte Konrad; »macht nur, daß wir mit meinem jungen Herrn da in's Dorf hinein kommen.«

Georg, der währenddem den Toten genauer betrachtet hatte, rief, ihn erkennend: »Das ist ja Jakob von Rabenstein! Der also war der Räuber! Wahrhaftig eine ritterliche Rache dafür, daß mein Fräulein ihn um die Ehre des Turniers brachte; ja, der war's auch würdig, mit so edlen, wackern Rittern in die Schranken zu reiten! Nun so lieg Du da, Du Aas, bis die Wölfe und Füchse kommen und sich an Deinem Leichnam mästen, und die Adler und Habichte Dir das verruchte Herz aushacken.«

Damit gab er dem Körper Rabensteins einen Stoß und eilte seinem Fräulein nach, welches schaudernd vor dem schrecklichen Anblick schnell vorwärts gegangen war. Von ihr geführt und auf Konrad sich stützend, wankte auch Hermann, so geschwind er konnte, vorwärts; Georg, mit bloßem Schwert und sorgsam nach allen Seiten umherspähend, folgte hinten nach.

Am Saume des Waldes angelangt, gewahrten sie einen Ritter, der verzweiflungsvoll die Hände ringend umherrannte; in der Nähe standen mit gesenkten Häuptern etliche Knappen, Kurts Leiche betrachtend, andere bemühten sich, die Rosse zu besänftigen, welche der Anblick der toten Körper des Knappen und der Pferde scheu gemacht hatte.

»Vater!« rief Marie, und Ritter Albrecht, sich nach der Gegend wendend, woher der süße Ton erklungen war, erkannte seine Tochter, ein Sprung und in seinen Armen lag das teure Kind!

Die so plötzliche, unverhoffte Freude des Wiedersehens hatte ihn der Sprache beraubt, erst nach einiger Zeit vermochte er zu fragen, durch wen Marie angegriffen, wie sie gerettet worden sei.

Georg, um den sich indessen, neugierig fragend, die Knappen versammelt hatten, berichtete ihm mit wenig Worten die ganze Sache; als er Hermanns Beistand erwähnte, suchten des Ritters Augen diesen, aber Konrad, ängstlich besorgt um den Jüngling, hatte ihn, während der Stauffenecker und seine Knappen sich um Marien und Georg herumdrängten, schon weiter geführt.

»Vier von euch halten hier Wache, bis ich Leute vom Dorfe heraufschicke, um die Leichen abholen zu lassen«, gebot der Ritter; »aber seid auf eurer Hut, späht sorgsam rings umher, haltet Armbrust und Bolzen bereit, und sobald sich etwas Verdächtiges zeigt, geht darauf los, die Knappen Rabensteins könnten doch noch versuchen wollen, ihres Herrn Leichnam wegzuschaffen. Ihr übrigen führt die Pferde hinab, du, Georg, begleitest mich und Marien.« So wandelten der Stauffenecker und seine Tochter nebst dem Knappen langsam den Berg hinab, denn Marie, nach dem Wiedererwachen aus ihrer Ohnmacht durch die Gewißheit ihrer Befreiung, durch Hermanns Anblick und das Wiederfinden ihres Vaters augenblicklich gestärkt, begann allmählich eine Abspannung und Mattigkeit zu fühlen, welche sie nur mittelst der Unterstützung ihres Vaters und mit Mühe den Weg zur Herberge in Lorch vollenden ließ.

Hier waren indessen nicht nur Hermann und Konrad angekommen, sondern auch des erstern Oheim war da mit etlichen Mönchen aus dem Kloster, deren einer gerade an die Wunden des Jünglings den Verband anlegte.

Der Oheim lief unruhig im Zimmer hin und her, bald blieb er vor Hermann stehen und betrachtete ihn mit tränenden Augen: »Armer Junge, hast Du heftige Schmerzen? Der verruchte Mädchenräuber, um's Leben hätt' er Dich bringen können! Ach! noch jetzt bist Du vielleicht in Lebensgefahr! Aber nein! nicht wahr, Bruder Anselm, die Wunden sind nicht gefährlich?«

»Seid unbesorgt, ehrwürdiger Vater«, entgegnete der Mönch, welcher Hermanns Wundarzt machte, »es sind nur Fleischwunden und bald wieder heil.«

Etwas getröstet ging nun der Pater Guardian wieder weiter und lief auf Konrad zu, der sich hinter einen großen zinnernen Krug gesetzt hatte und sich da den Wein wohl schmecken ließ. »So sprich doch, Konrad«, redete er den Knappen an, »wie ging's denn eigentlich, erzähl' es uns doch noch einmal, recht deutlich und ausführlich, hörst Du?«

Der Knappe verzog den Mund ein wenig, lüpfte seine Mütze und hub von neuem an zu berichten, was er dem Pater Guardian schon dreimal erzählt hatte. Dabei vergaß er nicht, den Mut des Jünglings gewaltig herauszustreichen und die Sache so darzustellen, als ob Hermann gerade daran gewesen wäre, dem Ritter den Todesstoß zu geben, als er dazu kam.

»Ein grimmiger Junge«, sprach der Oheim vor sich hin, »ja das hat er vom Vater, der war in seiner Jugend auch so verwegen. Aber recht ist's doch nicht von ihm, seinen armen Oheim so in Angst zu bringen, er verdiente fürwahr eine ernstliche Strafe dafür, doch –« setzte er dann, einen mitleidigen Blick auf den Verwundeten werfend, hinzu – »eigentlich ist er schon genug gestraft und wird sich künftig hüten, einem Ritterschwerte so kühn entgegenzutreten.«

Mittlerweile war auch Albrecht von Stauffeneck mit seiner Tochter angelangt, und der Pater beglückwünschte sie wegen Mariens Rettung.

»Das haben wir Eurem wackern Neffen dort zu danken«, entgegnete der Ritter und ging, am Oheim vorüberschreitend, mit Marien rasch auf Hermann zu.

Dieser streckte ihm lächelnd die Hand entgegen, welche der Ritter ergriff, kräftig schüttelte und sprach: »Habt Dank, edler Jüngling, habt herzlichen Dank für die Rettung meines einzigen geliebten Kindes, mein Leben lang bin ich Euch dafür verpflichtet, fordert jeden Gegendienst von mir, sei er noch so schwer, auf Ritterwort, er soll Euch geleistet werden!«

»O sprecht nicht hiervon, edler Herr«, antwortete Hermann, »ich bin genug belohnt, daß die Rettung so glücklich gelang, aber ohne Konrad's Hilfe läg' ich vielleicht jetzt da, wo Rabenstein liegt.«

»Ei ja, den hätt' ich beinahe vergessen«, sprach Ritter Albrecht, im Zimmer herumschauend, »wo ist denn der wackere Kämpe?«

Konrad erhob sich ehrerbietig von seinem Sitze, und Albrecht ging auf ihn zu, reichte ihm die Hand und sagte: »Womit kann ich denn Dich belohnen, Alter, für Deinen kräftigen Beistand?«

»'S ist eigentlich nicht des Lohnes wert, was ich dabei getan«, entgegnete Konrad; »aber wenn Ihr ja wollt, Herr Ritter, so wären etlich Humpen Wein mir das liebste.«

»Sollst sie haben, und zwar vom Allerbesten!« rief Ritter Albrecht, der Pater Guardian aber schüttelte den Kopf und wollte eine Strafpredigt beginnen. Doch der Stauffenecker winkte ihm: »Laßt das gut sein, ehrwürdiger Herr, der Knappe half mir mein Liebstes auf dieser Erde retten, und ich möchte nicht, daß er jetzt gescholten würde.«

Diese Rede beschwichtigte des Mönches Unwillen, das Lob aber, das Albrecht von Stauffeneck seinem Neffen bei ihm spendete, machte ihn vollends ganz freundlich, und so setzte er sich ganz zufrieden nieder neben den Ritter, der gutmütig seine weitschweifigen Betrachtungen und Anmerkungen über Rabensteins Entführungsversuch und dessen Gründe anhörte.

Bald gesellte sich auch Hermann zur Gesellchaft, aber weder er noch Marie nahmen Teil an dem eifrigen Gespräche des Ritters und des Mönches. Die Jungfrau saß still und in sich gekehrt da, nicht einmal Worte des Dankes gegen ihren Wohltäter vermochte sie hervorzubringen, zu Stauffenecks großem Verdruß.

Doch Hermann wußte dies Schweigen wohl zu deuten, ihm galt's mehr als der wortreichste Dank: er überzeugte sich jetzt, daß auch er geliebt werde, und so zählte er, trotz der Wunden und Schmerzen, diesen Tag zu dem glücklichsten seines Lebens. Wenn Marie ihn unter Tränen lächelnd anblickte, so las er mehr in diesen Blicken, als ihm vielleicht ihr Mund gestanden hätte, verschwunden war die Nacht, die sein Gemüt umdüsterte, ein heiterer, seliger Liebesmorgen zog in sein Herz ein.

Der Knappe Kurt war auf dem Klosterkirchhofe zu Lorch feierlich begraben, Rabensteins Leichnam an einem Kreuzwege ohne Sang und Klang verscharrt worden, Albrecht von Stauffeneck aber mit den Seinigen auf die väterliche Burg zurückgekehrt, und aufs neue sah Hermann sich in die einsamen Klosterhallen eingeschlossen. Hier lebte niemand, dem er seine Gefühle und Empfindungen mitteilen, bei dem er die Tränen seiner Sehnsucht weinen oder die Träume seiner Hoffnung aussprechen konnte. Zwar hatte sich seit dem letzten Vorfall der alte Konrad näher an ihn angeschlossen, weil ihm des

Jünglings kriegerischer Mut gefiel, aber dieser war zum Vertrauten nicht gemacht, höchstens konnte sich Hermann mit ihm über den Ritter von Stauffeneck und seine Tochter unterhalten. Dem Oheim mußte er ohnedies seine Liebe sorgfältig zu verheimlichen suchen, und dies bekümmerte den sonst so offenherzigen, seinem Oheim nichts verschweigenden Jüngling nicht wenig, aber es war auch der erste Schritt dazu, um ihr bisheriges Verhältnis zu stören.

Ein unangenehmes Gefühl ergriff den Neffen, wenn er dem Oheim gegenüber sich genötigt sah, ihm eine in Beziehung auf sein ganzes Wesen und Sein so wichtige Sache zu verschweigen, sein Gewissen machte ihm Vorwürfe darüber, aber nun kamen die Selbstsucht und Eigenliebe, von denen ja auch der beste Mensch nicht ganz frei ist, und flüsterten ihm zu: Bist denn du schuld daran, daß es so sein muß, liegt nicht die Schuld eigentlich an deinem Oheim? – Stände er in seiner übertriebenen Vorliebe für's Mönchtum nicht so schroff und unzugänglich da, so könntest du ihm wohl nach und nach deine jetzige Gemütsstimmung entdecken, und würdest es gewiß auch tun, nun aber kannst du das nicht, ohne dich selbst und vielleicht auch Marien unglücklich zu machen.

»Vielleicht auch Marien!« Mit diesen Worten vornehmlich beschwichtigte die Selbstsucht die Vorwürfe des Gewissens, indem sie sich listig unter der Maske der Liebe verbarg, von sich selbst abwälzte sie die Schuld auf den Oheim, der nun nicht liebend und allein für das Glück seines Neffen sorgend dastand, sondern aus dem väterlichen Freunde allmählich mehr zum harten Zuchtmeister wurde.

Nun war die Frage bei Hermann nicht mehr davon: wie mach' ich's, um bei dieser Sache meinen guten Oheim nicht zu betrüben? sondern allein davon: wie greif' ich's an, um dessen Fesseln zu sprengen? Und hierzu hielt er sich um so mehr berechtigt, da sein Vater, den der Oheim zu dem Verwundeten hatte rufen lassen, über dessen mutige Tat eine so unverhohlene Freude äußerte, daß dem Sohne nichts gewisser schien, als daß er gerne in eine Veränderung seiner Laufbahn willigen würde.

Groß war daher sein Erstaunen, als er vernahm, was sein Vater dem Ritter Albrecht von Stauffeneck geantwortet hatte, da dieser sich erbot, Hermann zu sich zu nehmen und zum Kriegsmann zu erziehen. »Edler Herr«, sprach der Mann, »ich kenne den Kriegerstand zu gut, als daß ich meinen einzigen Sohn ihm widmen möchte; wenn es gilt, das Vaterland zu verteidigen, Haus und Hof zu schirmen, da will ich selbst ihm das Schwert umschnallen und ihn zum Kampfe führen, aber in Herrendienst, um Herrensold und für Herrensachen soll er nicht streiten, denn da ist gar oft das Recht nicht mit im Geleite, sondern das Unrecht, und für dieses darf mein Hermann niemals das Schwert erheben!«

Ritter Albrecht vermochte diese Gründe nicht zu widerlegen, aber Hermann, welchem bei dem Entschlusse, sich dem Kriegerdienste zu widmen, immer nur die dadurch sich eröffnende Aussicht auf Mariens Besitz vorschwebte, sah in dieser Antwort nichts als seines Oheims glücklich gelungenen Versuch, auch seinen Vater für sich zu gewinnen, und noch heftiger wurde sein Unwillen gegen diesen.

Dem Oheim konnte diese Stimmung des Neffen gegen ihn nicht lange verborgen bleiben und er grämte sich darüber nicht wenig, besonders da er sah, wie dabei auch immer sichtbarer das frische, jugendliche Rot auf Hermanns Wangen erblaßte, wie dieser düster und trübsinnig umherschlich und die frühere Munterkeit ganz verloren zu haben schien. Er sann hin und her, was denn doch der Grund hiervon sein möchte; daß Abneigung gegen den Mönchsstand dabei im Spiele sei, das dachte er sich wohl, daß jedoch diese allein die gegenwärtige Stimmung Hermanns hervorgebracht habe, davon konnte er sich nicht überzeugen, von den mächtigen Wirkungen der Liebe aber wußte er ohnedies nichts, da sein Herz nie Liebe gefühlt hatte. Er suchte daher Rat bei seinen Klostergenossen, und die Äußerungen eines in der Arzneikunde sehr erfahrenen Mönches erzeugten endlich in ihm den Glauben, daß körperliches Mißbehagen und Unwohlsein an dieser Stimmung hauptsächlich schuld seien. Eine Reise, erklärte der nämliche Mönch, sei hingegen das beste Mittel, und um so gerner ergriff der Pater Guardian diesen Vorschlag, da gerade damals sein vertrautester Freund, der Pater Dominikus, in Klosterangelegenheiten nach Nürnberg geschickt werden sollte. Zuvor jedoch wollte er mit seinem Neffen noch den Ritter Albrecht besuchen, welcher beide wiederholt und dringend zu sich eingeladen hatte. Ein Strahl der Freude rötete Hermanns blasses Gesicht, als ihm der Oheim diese Kunde brachte, und der arglose Mann segnete hierüber im Stillen den von ihm gefaßten Entschluß.

Noch lag des Winters schneeiges Gewand über den Fluren, als Hermann mit seinem Onkel nach Stauffeneck zog, aber schon hauchten laue Lüfte die Wanderer an und verkündeten das Nahen des holden Frühlings. Munter ging die Reise vorwärts und bald erschien in der Ferne die Burg Stauffeneck.

Sie lag auf einer Anhöhe auf felsigem Grunde erbaut, unweit der Stelle, wo die Fils und Lauter ihre klaren Fluten vermischen; ein hoher runder Turm von großem Umfange, aus gewaltigen gelben Quadersteinen zusammengefügt, zog zuerst schon von weitem des Wanderers Blicke auf sich, die Burg selbst, ebenfalls größtenteils aus Steinen erbaut, trennte ein tiefer Graben von dem mit niedrigen Mauern eingefaßten Schloßhof, auf den übrigen Seiten schützten sie steile Felsen, Türme und mächtige Bollwerke.

Schon hatte des Turmwächters Horn die Ankunft der Reisenden verkündet, als diese im Schloßhofe ankamen, rasch öffneten sich die eichenen, stark mit Eisen beschlagenen Torflügel, und Marie trat ihnen mit freundlicher Hast entgegen.

»Mein Vater läßt sich entschuldigen, ehrwürdiger Herr«, sprach sie, »daß er nicht selbst kommt, Euch zu empfangen, er ist etwas unwohl und erwartet Euch sehnlichst in seinem Gemache, wohin ich Euch sogleich führen will.«

»Willkommen in meinem väterlichen Hause«, rief Ritter Albrecht den Eintretenden entgegen, »die Wunde da am rechten Fuße ist mir wieder aufgebrochen und bannt mich in meinen Sessel; desto angenehmer aber ist mir euer Besuch, werte Freunde; Ihr, alter Herr, sollt mir Gesellschaft leisten, indes Marie dem jungen Manne die Herrlichkeiten unserer Burg zeigt, deren freilich gar wenige sind.«

Nichts konnte für Hermann erwünschter sein, als dieser Vorschlag des Ritters, der ihm Gelegenheit verschaffte, seine Geliebte allein zu sprechen; ungeduldig harrte er daher auf den Augenblick, wo Albrecht von Stauffeneck, nachdem er zuvor seinen Gästen wacker zugesprochen hatte, Marien ein Zeichen gab, den Jüngling in der Burg herumzuführen.

Schweigend und etwas verlegen wandelten die Liebenden nebeneinander, eine geraume Zeit sprachen nur ihre Blicke, aber auch sie nur schüchtern, denn wenn sie sich zufällig begegneten, schlugen sie errötend die Augen nieder. Endlich faßte Hermann den Mut und brach das Stillschweigen: »Ihr habt Euch indessen doch wohl befunden, Fräulein?« fragte er mit bebender Stimme, und ein leises »Ja!« war die Antwort.

Wiederum herrschte nun auf eine Zeitlang Stille, bis Hermanns Fragen sie auf's neue unterbrachen, nach und nach wich die Schüchternheit, und immer deutlicher sprach aus den freudevollen Blicken, aus der hohen Glut der Wangen des Jünglings und der Jungfrau die Liebe.

So waren sie angekommen auf der Höhe des Turmes, wo eine weite, herrliche Aussicht sich dem Jüngling eröffnete; überrascht stand er einige Minuten da, bald hier-, bald dorthin schweiften seine Blicke. »Fürwahr, das ist ein erhebender Anblick«, rief er dann aus, »wie die mächtigen Burgen mit ihren Türmen, Giebeln und Zinnen herüberwinken von ihren Höhen, hier Hohenstaufen, das kaiserliche Haus, und Rechbergs Burg, die Wiege der Starken, dort die waldumkränzte, hochgetürmte Teck! Wohl mag sich's schöner leben auf solchen Höhen, als drunten in den Niederungen, die noch der Nebel deckt, während hoch oben die Burgen schon im Sonnenglanze leuchten; wohl die Brust hier sich erweitern, wo die Blicke bis zur blauen Ferne hinschweifen können über die Gefilde! Wenn erhabenere Gefühle das Herz des Bewohners dieser Schlösser erfüllen, wenn er Größeres wagt und unternimmt, als die Ansiedler in den Tiefen, ist das ein Wunder? Gebt dem Sperlinge die Fittige des Adlers, und er wird, wie dieser, sich aufschwingen zur Sonne!« –

»Und geblendet niederstürzen in den Staub, von dem er genommen ist!« tönte plötzlich eine hohle, dumpfe Stimme hinter dem Jünglinge; erstaunt und halb erschrocken wandte er sich um; da erblickte er eine seltsame Gestalt in weißem, faltenreichem Talare, fast bis zum Gürtel herab floß ihr Bart, silbergrau, wie die Locken des ehrwürdigen Hauptes; die Wangen waren bleich und eingefallen, in den Augen glühte nur noch ein schwacher Schimmer des Jugendfeuers, das einst darin gebrannt, aber noch schauten sie kühn und trotzig unter der hohen Stirn hervor, auf welcher Zeit und Schicksal tiefe Furchen gegraben hatten.

Überraschung verschloß Hermann den Mund, und der Greis fuhr fort: »Gehörst auch Du zu jenen Verwegenen, törichter Jüngling, die mit Sperlingsflügeln zur Sonnenhöhe sich schwingen wollen? O laß ab davon, vernimm die Warnung eines Greisen, laß ab, höre eine Geschichte, die in meiner Jugend mir ein Weiser erzählte. Einst lebte in Griechenland ein großer Künstler, den warf sein Gebieter in einen Kerker, tiefer noch als das Verließ da drunten im Turme, wo kein Sonnenstrahl den Unglücklichen begrüßt, kein Frühlingslüftchen ihn umweht, kein Laut froher Menschen zu seinem Ohre dringt, da hinein warf er ihn nebst seinem Sohne, aber des Künstlers freier Geist vermochte nicht zu weilen in der finstern, öden Gruft, wächserne Flügel machte er sich und dem Sohne, und so entkamen sie aus dem Gefängnisse, hin schwebten sie im blauen Luftmeere, über sich das Firmament, unter sich das endlos wogende Meer. Da gelüstete den Sohn – es war ein Jüngling so blühend und kräftig, aber auch so töricht wie Du – da gelüstete ihn, zu erproben die neuen Schwingen und höher emporzuschweben zum ewigen Quell des Lichts; vergebens warnte der Vater, er hörte nicht, näher und immer näher strebte er zur Sonne, da schmolzen seine Flügel und er stürzte hinab in die finstere Tiefe! Ihm ging's noch wohl, denn plötzlich verschlang ihn das dunkle Flutengrab; aber andere stürzen auch herab, und keine freundliche Tiefe öffnet sich, sie zu verschlingen, sie wandern noch Jahre lang umher, lebende Tote unter der Menschen fröhlichem Gewimmel, die Schatten Abgeschiedener, die keine irdische Luft mehr erquickt, kein sterbliches Auge mehr freundlich grüßt, ein Greuel den Menschen, ein Schrecken allen, die ihnen nahen, eine Beute der Verzweiflung!«

Immer wilder flammte des Greisen Auge, je länger er sprach; jetzt, nachdem er geendet, warf er noch einen durchbohrenden Blick auf den Jüngling, drehte rasch sich um und verschwand.

Betäubt und sprachlos stand Hermann da, sein Auge irrte unstet umher, Totenblässe überzog seine Wangen, da flog Marie, die indes in steigender Angst der gräßlichen Szene zugesehen hatte, hinzu, faßte seine schlaff herabhängende Rechte und sprach im Tone tiefen Schmerzes: »Was ist Euch, Hermann? erwacht aus dieser schrecklichen Erstarrung, schaut mich an, redet! – Ach! ich allein bin schuld an diesem Schrecken, warum habe ich auch nicht Sorge getragen, daß der Wahnsinnige in sein Gemach gesperrt wurde, warum hab' ich Euch nichts gesagt von diesem unglücklichen Greise!«

»Greise!« wiederholte mit dumpfer Stimme Hermann; »also war's ein Mensch, kein Schatten, emporgestiegen aus der Tiefe, daß er mich herausreiße aus meinem Himmel!«

»O Gott! nein«, fuhr ängstlich Marie fort, »ein armer Greis ist's, einst der Kaplan meines Ahns; er faßte Liebe zu dessen Tochter und der strenge Mann ließ ihn in's Burgverließ sperren, das er so schauderhaft beschrieb; da verlor er

den Verstand, aus Mitleid befreite ihn mein Vater aus der engen Haft und seitdem bewohnt er ein Gemach in diesem Turme; schon lange stand er hinter Euch und hörte Eure begeisterten Worte, aber ich vermochte nicht Euch zu warnen, ich ahnte nicht, daß er, der sonst immer still und stumm umherwandelt, in so furchtbare Reden ausbrechen würde.«

»Ich habe sagen hören«, hub Hermann mit ruhiger, aber klangloser Stimme an, »ich habe sagen hören, dem Wahnsinnigen sei die Gabe der Weissagung verliehen, der Geist, der das Menschliche nicht mehr begreife, für den die Gegenwart erstorben sei, vernehme oft das Göttliche und sehe, was verborgen liegt hinter dem Schleier der Zukunft. Sollte es also sein, sollte dieser Greis mein Prophet gewesen sein?«

Er versank in dumpfes Schweigen, das Mariens Angst noch höher steigerte. »O bei allem, was Euch teuer ist«, rief sie, »beschwör ich Euch, kommt wieder zu Euch, Hermann, vergeßt diese schreckliche Szene! Legt nicht so viel Gewicht auf die Worte eines Wahnsinnigen!«

»Wahnsinnig! ja«, sprach der Jüngling, »wahnsinnig er selbst, wahnsinnig seine Worte! Nein, Teufel, meinen Himmel sollst Du mir mit Deinen verwirrten Reden nicht rauben! Mein Geschick hat nichts gemein mit dem Deinigen, mich bindet kein Gelübde, kein gebrochener Schwur klagt mich an vor Gott! Ich darf noch freudig ringen nach dem Höchsten!«

Er drückte Mariens Rechte an sein Herz und schaute sie an mit liebeglühendem Blicke, die Jungfrau schlug errötend ihre Augen nieder, ihre Hand zitterte in der seinigen, aber sie entzog sie ihm nicht, und er fuhr fort: »O Marie, noch steh ich hier vor Euch, ein niedriger, unbekannter Jüngling, ein reines, treues Herz nur kann ich Euch bieten, denn keiner Ahnen ruhmvolle Reihe zählt mein Geschlecht! Doch, wenn Ihr meine Liebe nicht verschmäht, so fühl ich Mut und Kraft in mir, mich empor zu schwingen aus dem Staube, und mit dem Schwerte mir den Glanz der Ahnen zu erkämpfen, der mir fehlt! Wenn ich dann einst im frischen Kranz des Ruhmes vor Euch trete, mit kriegerischen Ehren geschmückt, werdet Ihr des Jünglings Hand dann nicht zurückweisen?«

»O Hermann«, antwortete Marie, »nicht Euren Ruhm, nicht Kränze mit Gefahr und Blut erkauft will ich, nur Euch, und sei's auch in der niedrigsten Hütte!«

»Nein! nein!« rief hastig der Jüngling, »verdienen muß ich Euch, eh' ich Euch ganz die Meine nennen darf. – Stürzt doch der Mensch um so geringe Güter sich in Gefahr und Tod, holt aus der Erde finsterem, verderbendrohendem Schoß des Goldes eiteln Glanz, und schifft, Reichtum zu gewinnen, nach den fernsten Küsten, und ich sollte nicht Blut und Leben wagen um des Lebens höchstes Gut, um Euren Besitz?«

»Warum denn, stolzer Jüngling«, erwiderte Marie, »wenn Ihr erkämpfen wollt, was Euch die Liebe freiwillig schon geboten, warum denn gerade auf diesem Wege; warum wollt Ihr Euch denn ins wilde Kriegsgetümmel stürzen, wo ich jeden Augenblick, bis Ihr wiederkehrt, mit banger Furcht zählen muß? Gibt's denn sonst keinen Pfad, um zu Ruhm und Ehre zu gelangen; habt Ihr Graf Eberhards Räte nicht gesehen? Sie sind hoch geehrt bei Hohen und Niedrigen, auch der stolzeste Ritter rechnet sichs nicht zur Schande, nach der Freundschaft derjenigen zu streben, die Wirtenbergs weiser Beherrscher seine Freunde nennt. Das ist der Weg, den Ihr wandeln müßt, nach diesem Ziele strebet, und freudig reicht Marie Euch am Ziele den Kranz!«

»O Mädchen!« rief sie umschlingend Hermann, »welch eine Zukunft zeigst Du meinem Blicke, wie sehr beschämst Du den törichten Jüngling, der mit dem Schwerte dem Schicksal abzutrotzen vermeinte, was es nur dem bescheidenen Verdienste verleiht. Ja, so sei's, mag um des Krieges blutigen Lorbeer ringen, wer da will, des Friedens milde Palme soll meines Strebens Ziel sein und Du der schöne Preis, der mir am Ziele winkt.«

Sprachlos hielten die Liebenden sich umschlungen, die Lippen fest aneinander gepreßt, so besiegelten sie den Bund, des Greises finstere prophetische Töne waren vergessen über dem Genuß der schönen Gegenwart, über den rosigen Träumen der Zukunft. In traulichem Gespräche saßen beide auf der Höhe des Turmes, sie wußten sich so viel zu erzählen, so mancherlei zu fragen, es war ihnen, als wären sie ewig so vereint gewesen. Schwere Fußtritte, welche die Treppe herauf tönten, störten sie endlich in ihrer süßen Unterhaltung; es war Georg, der sie zum Mittagsmahle zu rufen kam – sie folgten ihm.

»Ihr seid lange ausgeblieben«, rief Ritter Albrecht ihnen zu; »nicht wahr, die Aussicht auf dem Turme hat Euch so angezogen, junger Mann? Im Frühling erst, wenn die Wälder belaubt sind und die Täler mit Blüten und Blumen geschmückt, da müßt Ihr kommen, um sie in all ihrer Herrlichkeit zu sehen!«

Hermanns volles Herz ergoß sich verschwenderisch im Lobe der schönen Aussicht, und mit süßem Lächeln horchte Marie auf des Geliebten Rede. So fröhlich waren beide seit langer Zeit nicht gewesen, und auch die Männer ergriff ihre Fröhlichkeit, doch ahneten sie nicht den wahren Grund derselben. Hermanns Oheim war nur vergnügt, den Neffen wieder in solcher Stimmung zu sehen und pries von neuem sich glücklich, daß er ein Mittel gefunden, des Jünglings Trübsinn zu vertreiben; der Ritter aber meinte, seine Tochter sei darum so heiter, weil sie sehe, daß der Mißmut, der ihn wegen der Wunde und des Eingekerkertseins im Zimmer seit etlich Tagen ergriffen hatte, von ihm gewichen war.

So verfloß denn allen vieren die Zeit recht gemütlich, bis der Oheim zum Aufbruch mahnte. Freundlich dankend für den Besuch entließ der Ritter seine Gäste, in weitschweifiger Rede ergoß sich der Dank des Pater Guardian über die gastfreie Bewirtung, und obwohl die Liebenden zum Abschiede keine einsame Minute mehr fanden, so sprachen doch ihre Blicke beredt genug das aus, was ihr Mund nicht sagen durfte, und mit liebeglühendem Herzen trennten sie sich voneinander.

Hermann dachte, seit Marie ihm einen vorher von ihm nicht geahnten Weg, zu Ehrenämtern und zu ihrem Besitze zu gelangen, gezeigt hatte, nicht mehr an seinen früheren Plan, desto eifriger aber daran, wie er so bald als möglich das ihm jetzt vorgesteckte Ziel erreichen könne. Dem feurigen Jüngling schien jeder Augenblick verloren, der ihn demselben nicht näher brachte; glücklich in dem Gedanken an Mariens Liebe, wünschte er doch so bald als möglich auch zu ihrem Besitz zu gelangen, und ungeduldig berechnete er die Jahre, welche bis dahin noch verfließen müßten.

Diese Ungeduld war für ihn der mächtigste Sporn, aber auch ein starker Tropfen Wermut in den Becher seiner Freude. Ganz anders war es bei Marien, sie hielt nur den Gedanken fest, daß Hermann einst der Ihrige werden würde, sie zählte nicht die Jahre, welche bis dahin noch verfließen mußten, die Gewißheit des Besitzes war für sie genug. Nicht als ob sie ihn minder geliebt hätte als er sie, wäre sein plötzlicher Besitz durch irgend ein Opfer zu erkämpfen gewesen, sie hätte auch das größte nicht gescheut; aber ihre Liebe war das stille, ruhige Feuer eines tiefen Gemüts, das dem leidenschaftlichen Menschen oft kalt erscheint, weil es nicht so schnell und heftig auflodert, wie die brausende Flamme seines Gefühls. Aber wie der Brand tief im Schoße der Erde, freilich oft ganz unbemerkt, Jahrhunderte lang fortglüht, indes die wilde Flamme, die den Wald erfaßte, indem sie in stürmischer Eile ihn verzehrt, auch selbst mit verzehrt wird, so glüht die stille Liebe unzerstörbar fort, während die Leidenschaft sich durch ihr eigenes Übermaß verzehrt. Länger mag sie fortlodern in des Mannes starker Brust, aber wenn sie des Weibes zarten Busen erfüllt, dann ist die schöne Blüte bald vernichtet.

Dem Oheim war die neue Richtung, welche des Neffen Streben gewonnen hatte, gar nicht unangenehm, denn auf diesem Wege hoffte er ihn einst noch mit hohen kirchlichen Würden geschmückt zu sehen, und gerne zeigte sich der Abt zu Lorch zu einer Geldunterstützung bereit, damit Hermann durch den Besuch einiger Hochschulen sich noch weiter ausbilden könne, um so gerner, da des Jünglings Lernbegier und rasche Fortschritte ihn mit den besten Hoffnungen für diesen erfüllten.

Zuerst sollte Hermann die vom Grafen Eberhard im Bart kurz zuvor gestiftete Hochschule zu Tübingen besuchen, da sie unter ihres Gründers sorgsamer, liebevoller Pflege bald zu einem fröhlichen Gedeihen gekommen war und schon jetzt unter ihren Lehrern mehrere berühmte Männer zählte. Graf Eberhard selbst hielt sich oft und gerne in Tübingen auf, wohnte den Vorlesungen und gelehrten Streitverhandlungen bei, zog die Lehrer der Hochschule zur Mahlzeit und unterhielt sich mit ihnen über die mannigfachsten Gegenstände. Diese beständige eifrige Sorge Eberhards aber machte, daß sich die Tübinger Hochschule auch in sittlicher Hinsicht vor andern auszeichnete.

Da liefen die Studierenden nicht, wie es damals auf anderen Hochschulen Sitte war, mit Schwertern und Spießen umher, um sich untereinander mit Landsknechten und Handwerksburschen zu raufen und um die Bürger zu höhnen und zu mißhandeln, da tönte nicht aus den Herbergen beständig der betäubende Lärmen wilder Trinkgelage; das Beispiel des erlauchten Stifters und Beschützers, der seine Zeit zu Tübingen zwischen der Sorge für den Staat und der Beschäftigung mit den Wissenschaften teilte, in Mäßigkeit und Zucht vorleuchtete, die freundliche Herablassung gegen seine lieben Söhne, wie er gewöhnlich die Studierenden nannte, seine beständige Sorge für ihre Wohlfahrt machte selbst auf die rohesten Gemüter einen tiefen Eindruck.

Diese so günstigen Umstände waren es auch vornehmlich, welche den Pater Guardian bestimmten, seinen Neffen hierher zu führen, wo er den wenigsten Gefahren für seine Sittlichkeit ausgesetzt war und die beste Gelegenheit hatte, seine geistige Bildung zu vervollkommnen. Denn beides lag ihm gleich sehr am Herzen, und darum schied er von Hermann nicht ohne die eindringlichsten Ermahnungen zu Fleiß und Wohlverhalten, riß sich nicht ohne Tränen und bittern Schmerz von dem Jünglinge los.

Auf diesen machte des Oheims wehmütige Stimmung um so mehr Eindruck, da er sich bewußt war, daß in den letzten Zeiten seine Liebe zu ihm gesunken sei, und er sich diesen Undank jetzt vorwerfen mußte. Er gelobte ihm daher aufs eifrigste, sich gewiß so zu halten, daß die Seinigen Freude und Ehre an ihm erlebten, und der Ton seiner Stimme, die heißen Zähren, welche seine Worte begleiteten, bezeugten die Wahrheit und Aufrichtigkeit seines Gelübdes und minderten den Trennungsschmerz in des Oheims Brust.

Noch ein Lebewohl und – fort war er, allein stand Hermann nun da in einer für ihn neuen Welt. Sein lebhafter Geist, seine feurige Einbildungskraft und seine noch gar geringe Bekanntschaft mit der Welt machten seine Lage um so gefährlicher, aber er hatte auch ein reines Herz und einen kräftigen Willen mitgebracht auf den schlüpfrigen Pfad, den er jetzt betreten sollte; der Gedanke an die Seinigen war für ihn ein starker Schild gegen Versuchungen jeder Art, vor allem aber schützte ihn die Liebe zu Marien. Denn wo der Liebe Glut des Jünglings Herz so ganz durchdrungen hat, da vermag das Gemeine nichts über ihn, der Geliebten Bild ist ihm eine schützende Ägide gegen alle Angriffe des Lasters und der Verführung.

So war es auch bei Hermann, dem jetzt nur eins fehlte, was in diesem Alter des Jünglings Herz so sehr verlangt, ein Freund.

Um diesen zu finden, sah er sich auch gleich unter der Zahl seiner Genossen um. Er wohnte nämlich mit noch etlich und sechzig jungen Leuten in der Burse, einem geräumigen Gebäude von vier Stockwerken, deren unterstes einen großen Hörsaal umfaßte, indes die übrigen zu Gemächern für die Studierenden eingerichtet waren.

Die Gesellschaft in diesem Hause war natürlich sehr gemischt, eine lange schwarze Kutte und ein Barett von gleicher Farbe machten sie zwar im Äußeren ziemlich gleich, aber die ebenfalls gleichförmige, strenge Zucht vermochte nicht ebensoleicht auch die Charaktere gleich zu machen; so sah man denn hier jugendliche Fröhlichkeit neben trübem Ernst, feurige, die Schranken des Gesetzes nicht selten überspringende Lebhaftigkeit neben geduldig sich in jede Fessel schmiegender Stumpfheit; Leichtsinn und gesetztes Wesen, Einfalt und Verschlagenheit und versteckte Heimtücke wohnten da nebeneinander und gaben zu unaufhörlichen Reibungen und Parteiungen Anlaß.

Bei Hermanns Charakter war es unmöglich, daß nicht auch er in diese Parteiungen verwickelt wurde; dadurch lernte er zuerst seine Genossen genauer kennen, und bald hatte er sich unter ihnen einen zum Herzensfreunde gewählt. Er hieß Johann Degen und war etliche Jahre älter als Hermann; sein Gesicht zeigte schöne, regelmäßige, aber meist von einem Ausdrucke düstern Grams umwölkte Züge, die Stirne war hoch gewölbt, die Nase gebogen, die langen Haare von dunkler Farbe; er besaß einen durchdringenden Verstand und bei heftigen Leidenschaften eine in seinem Alter seltene Selbstbeherrschung. Durch diese beiden Eigenschaften wußte er sich bei seinen Genossen in großes Ansehen zu setzen, er behandelte sie gewöhnlich stolz und geringschätzend, und zog nur wenige in seinen näheren Umgang, wo er aber alsdann durch die einschmeichelndste Freundlichkeit, eine dem Scheine nach sich rückhaltslos hingebende Aufrichtigkeit und die herzlichste Teilnahme, die er an dem Geschick des Freundes zu nehmen heuchelte, die Gemüter völlig gewann. Zufällig war Hermann ein Platz in dem nämlichen Gemache, wo Degen sich befand, angewiesen worden, und dieser hatte, zur Verwunderung seiner Genossen, den Jüngling sogleich allen übrigen vorgezogen. Wenn dieser schon dadurch sich geschmeichelt fühlte, so wurde er durch die eben beschriebenen Eigenschaften seines neuen Freundes bald so sehr für ihn gewonnen, daß Degen in kurzer Zeit sein ganzes Geschick, seine Hoffnungen und Entwürfe, selbst seine Liebe zu Marien erfuhr.

Mit der regsten Teilnahme vernahm er die Mitteilungen seines Freundes, sie machten sichtbarlich einen tiefen Eindruck auf ihn, den Hermann zwar bloß dessen Zuneigung zu ihm zuschrieb, der aber einen ganz andern Grund hatte.

Man weiß es aus der Geschichte, daß Graf Eberhard der Ältere in seiner Jugend ein ziemlich wildes, ausschweifendes Leben führte und nebst seinen adligen Genossen sich manche Mißhandlungen der niedrigen Stände zu schulden kommen ließ. Auch Degens Vater, ein Bürger zu Urach, hatte dies erfahren; als er seine Gattin vor den Ungebührlichkeiten Veits von Rechberg, eines Edelmanns aus des Grafen Gefolge, beschützten wollte, war er von diesem tödlich verwundet worden. Am Sterbebette seines Vaters hatte der Sohn deswegen dem Adel unversöhnlichen Haß geschworen und Rache an diesem war seitdem sein einziger Gedanke. Vergebens war es, daß Eberhard, dessen merkwürdige, für Wirtenberg so wohltätige Sinnesänderung schon damals begonnen hatte, den Mörder streng bestrafte, die Witwe mit Wohltaten überhäufte und ihren Sohn erziehen ließ; der Anblick des Vaters, wie er von furchtbaren Schmerzen gepeinigt, sich auf dem von seinem Blute benetzten Totenbette wälzte, schwebte fortwährend lebendig vor des Sohnes Seele, und diese furchtbare Erfahrung gab seinem Charakter eine dunkle Schattenseite, die er, durch seine Verhältnisse und die dadurch herbeigewünschte Notwendigkeit, seinen Haß gegen den Adel zu verbergen, früh an Verstellung gewöhnt, trefflich zu verhüllen wußte.

Sonderbare Gedanken waren bei Hermanns Erzählung in ihm aufgestiegen, dunkel schwebte es vor seiner Seele, als ob dieser Jüngling bestimmt sei zum Werkzeug seiner Rache an dem Adel. Er hatte zwar von dem Ritter Albrecht selbst keine Kränkung erlitten, aber doch war der Mörder seines Vaters mit jenem nahe verwandt, Grund genug für seinen glühenden Haß, ihn zum Racheopfer zu erwählen. Inniger daher als an irgend jemand schloß er sich an Hermann an, welcher aber in seinem Betragen nur die leidenschaftliche Zuneigung eines Freundes sah, die er auf's eifrigste zu erwidern bemüht war.

Mit dem größten Eifer widmete sich Hermann zu Tübingen dem Studieren, gerne hätte er sogleich mit der Rechtskunde selbst den Anfang gemacht, aber er hatte seinem Oheim, der die Hoffnung hegte, den Neffen einst in einer hohen geistlichen Würde zu sehen, auf's heiligste versprechen müssen, sich vornehmlich auf die scholastische Philosophie zu legen, welche zu Tübingen damals in voller Blüte und im höchsten Ansehen stand. Sie galt für den Quell alles Wissens, aus dessen unerschöpflichem Born die übrigen Wissenschaften ihre seichten Bächlein füllten; sie allein konnte über alles, was im Himmel und auf Erden sich befand, genügende Auskunft geben, besser als das Messer des Anatomen den menschlichen Körper vermochte sie den Geist in seine feinsten Teile zu zerlegen. Kein Wunder also, wenn ein so wißbegieriger Jüngling wie Hermann sich ihr mit dem brennendsten Eifer widmete, wenn er es niemals versäumte, den Gabriel Biel, damals den berühmtesten Scholastiker, die dunkeln, spitzfindigen Sätze des Scotus vortragen, den Konrad Summenhard die Sentenzen des Petrus Lombardus, ein Werk, das die Quintessenz scholastischer Weisheit enthielt, erklären zu hören.

Fleißig wohnte er auch den scholastischen Streitverhandlungen bei, welche damals fast alltäglich im Hörsaale der Burs angestellt wurden und wobei es so hitzig herging, daß man die streitenden Parteien durch Schranken zu trennen für nötig befunden hatte. Da standen die jungen Weltweisen einander gegenüber mit roten Gesichtern, wilden Blicken, schwere Folianten mit erzbeschlagenen Holzdecken in den Fäusten schwingend, und schrien sich heißer, um hier die Grundsätze der Realisten, welche die allgemeinen Begriffe für etwas wirkliches hielten, dort die der Nominalisten, welche sagten, es seien bloße Worte und Namen, zu verteidigen und zu erweisen. Da rauschten, wie Schneeflocken vom Wintersturme gepeitscht, die Worte herüber und hinüber, da widerhallte das Gemach von Formalitäten, Hacceitäten, Quidditäten und dergleichen unverständlichen Kunstausdrücken, und wenn der Saal längst wieder einsam und schweigend dastand, vernahm man in den Gemächern der Burs noch das laute Geschrei der Streitenden, die nicht selten von den Worten auch zu Schlägen kamen.

Hatten die jungen Leute sich eine Zeitlang im Disputieren tüchtig geübt, so erhielten sie die erste akademische Würde eines Baccalaureus und Licentiaten, sie trugen nun runde Käppchen als Zeichen ihres Ranges, und dünkten sich schon jetzt Wesen einer höheren Art zu sein, aber noch weit aufgeblasener wurden sie, wenn der heißersehnte Tag kam, wo sie zu Doktoren oder Magistern erhoben werden sollten.

Die erste dieser akademischen Würden erreichte Hermann bald, aber nun gab er auch der Philosophie und ihren trockenen Spitzfindigkeiten den Abschied und begann sich mit allem Eifer auf die Rechtsstunde zu legen. Damit war freilich der Pater Guardian anfangs gar wenig zufrieden, aber bei seiner großen Liebe zu dem Neffen gelang es diesem bald, ihn für diese Änderung seiner Studien zu gewinnen und der Abt von Lorch versprach auch hierzu seine Unterstützung, weil es ihm für sein Kloster gar nicht unvorteilhaft dünkte, wenn einst im Rate der wirtenbergischen Fürsten, die dessen Schutzherren waren, ein Zögling desselben sitze.

Schnell floß die Zeit für Hermann dahin, angeborene Talente und unermüdeter Fleiß brachten ihn in der von ihm erwählten Wissenschaft rasch vorwärts, die Lobsprüche seiner Lehrer und eigene Prüfung seiner Kenntnisse, welche ihm bewies, wie weit er vor den meisten seiner Mitschüler voraus sei, zeigten ihm das Ziel seines Strebens immer näher und verdoppelten seine Anstrengungen, um es so bald als möglich zu erreichen.

So brachte er fünf Jahre in Tübingen zu, während welcher Zeit er hier mehrere nachher berühmt gewordene Männer kennenlernte; da waren Georg Truchseß, bekannt durch seine Taten im Bauernkriege, Beatus Widmann, später Kanzler des Erzherzogs Ferdinand von Österreich, Johann Staupitz, nachheriger Generalvikar des Augustinerordens in Deutschland, ruhmvoll bekannt aus Luthers früherer Lebensgeschichte, und noch manche andere.

Endlich erlangte er die Würde eines Doktors der Rechtskunde und bereitete sich nun, nach Lorch zurückzukehren. Mehrmals zwar im Laufe seines Universitätslebens hatte er dieses Kloster und Stauffeneck besucht, dort die Liebe seines Oheims, hier die Treue seiner Marie unverändert gefunden, aber allzuschnell waren jedesmal die wenigen schönen Tage des Wiedersehens entschwunden; jetzt durfte er hoffen, lange Zeit in Lorch zu verweilen, öfter und ungestörter sich des Umgangs seiner Geliebten zu erfreuen.

So schied er also, von etlichen Freunden begleitet, im Herbste des Jahres 1489 aus Tübingen und kam, nach schneller Reise, ohne Abenteuer zu Lorch an. Eine schmerzliche Nachricht traf ihn hier: sein Vater war gestorben und Hermann kam zu spät, um dessen Leiche zum Grabe zu begleiten, nur auf der Ruhestätte des Verblichenen, die ihm ein einfaches Kreuz auf dem Kirchenhofe zu Alfdorf bezeichnete, konnte er die letzte Pflicht des Sohnes ihm erweisen, indem er des Vaters Angedenken heiße Tränen weihte.

In Stauffeneck erheiterte sich sein Gemüt von neuem, Ritter Albrecht, dem es bei seinen hohen Begriffen vom Adel, bei den ernsten Ermahnungen, die er dem Jünglinge vor seiner Abreise nach Tübingen gegeben hatte, gar nicht in den Sinn kam, daß Hermann seine Gedanken zu Marien erheben könne, hatte ihm die alte Zuneigung ebenfalls erhalten, er sah ihn gerne bei sich. Wenn dann der Ritter zu einem Besuche bei einem Nachbar war, wenn er auf die Jagd ritt, welch selige Stunden erblühten da den Liebenden! Da saßen sie bald auf dem hohen Turme, wo keine Erscheinung mehr störte, weil der wahnsinnige Greis längst tot war, bald im Burggarten unter'm Schatten ragender Linden, in süßem Gekose und traulichem Gespräche; dankend blickten sie auf die Vergangenheit zurück, welche ihre Liebe hatte entstehen und aufblühen sehen, mit ungetrübter Lust genossen sie die schöne Gegenwart, und schauten voll froher Hoffnung hinaus in die Zukunft, die aus dunkler Ferne so rosig ihren Blicken entgegenschimmerte.

Als Hermann nach Lorch zurückkehrte, hatte eben ein neuer Abt die Regierung angetreten, er hieß Georg, war aus einem ansehnlichen Geschlechte, gelehrt und welterfahren. Des Jünglings Talente und Kenntnisse blieben ihm nicht lange verborgen, und auch er beschloß daher, zu dessen Ausbildung tätig mitzuwirken. Zwar hatte Hermann schon in Tübingen die Doktorwürde erlangt, aber man hielt damals noch keinen für einen vollkommenen Gelehrten, der nicht auch eine italienische Hochschule besucht hatte, und also sollte, so war Georgs Plan, der Jüngling auch noch nach Italien reisen. Der Pater Guardian, welchem der Abt dieses sein Vorhaben mitteilte, war wohl damit zufrieden, denn Georg wollte ja die Kosten der Reise, welche nicht gering waren, aus der Klosterkasse bezahlen.

Hermann selbst, so ungern er sich auch von Marien trennte, konnte dem Vorschlage nicht widerstehen, da er längst gewünscht hatte, Italien zu besuchen, jenes Land, das mit dem Ruhme seiner alten Größe damals den Glanz einer neuen, die übrigen Länder Europas weit übertreffenden Bildung vereinte.

Eifrigst wurden also die Anstalten zur Reise betrieben, der treue Konrad sollte den Jüngling begleiten, dieser nahm Abschied zu Stauffeneck, wo Ritter Albrecht ihn getreulich ermahnte, ja nicht den Welschen zu trauen und sich vor ihren Tücken zu hüten, und Marie ihm den Schwur unverbrüchlicher Treue erneute, und unter den heißesten Segenswünschen seines Oheims und des Abts zog er aus Lorch ab.

Die Reise wurde glücklich, ohne weitere Abenteuer, vollendet und wohlbehalten traf Hermann in Bologna, der ältesten und damals einer der berühmtesten Hochschulen, ein.

Die Stadt, damals noch von der Familie Bentivoglio beherrscht, lag am Nordabhange des Apenninengebirges, sonst rings umgeben von einer weiten Ebene, welche sich bis an die Niederungen und Sümpfe der Pomündungen hin erstreckte; ihre Mauer hatte fünf Stunden im Umfang, zwölf Tore führten durch sie in die Stadt, in deren Mitte der 371 Fuß hohe Turm Asinelli sich erhob. Unter den 74 Kirchen zeichnete sich die des Petronius, des Schutzheiligen der Stadt, aus, aber dies gewaltige, prachtvolle Gebäude war noch unvollendet, denn was die reiche Vorwelt begonnen hatte, konnten die verarmten Nachkommen nicht beendigen. Ihr zunächst stand das Universitätshaus mit schönem, von Säulen getragenem Eingange, durch den man zu zwei breiten Marmortreppen gelangte, welche zahlreichen, geräumigen Gemächern zuführten. Groß war die Anzahl der Paläste, unter denen der, welcher den damaligen Beherrschern der Stadt gehörte, alle übrigen an Pracht weit übertraf; alle aber waren, wie die Kirche und öffentlichen Gebäude, mit den schönsten Werken der Maler- und Bildnerkunst geschmückt.

So fand Hermann nicht nur hinreichende Befriedigung für seine Wißbegierde, sondern auch für seine Schaulust überflüssige Nahrung.

Mehrere Tausende junger Leute aus allen Ländern Europa's hatten sich zu Bologna des Studierens wegen versammelt und machten die Stadt zum Schauplatz eines bunten, vielbewegten und geräuschvollen Lebens. Ernst schritt der stolze Spanier einher, die Hand an den breiten Griff seines Schwertes gelegt, lustig rauschte der zierlich gekleidete Franzmann an ihm vorüber, in den weiten Mantel gehüllt schlich sich der Italiener heran, mit dunkelglühenden Augen die Umstehenden betrachtend, unbekümmert um das rauschende Gedränge rings um ihn stand der Engländer da und blickte mit verachtender Miene auf die andern, nur der Deutsche ging bescheiden durch die Menge, hier und dort seine Bekannten treuherzig grüßend.

Da, wo Tausende rascher feuriger Jünglinge so eng vereinigt lebten, konnte es an Streit und Zank nie fehlen, und häufig ertönten die Straßen der Stadt von wildem Geschrei, die öffentlichen Plätze von Schwertgeklirr, fast keine Woche verging, wo nicht eines oder mehrere Opfer ungezügelter Leidenschaft fielen, ja es kam bisweilen nicht nur zwischen den einzelnen, sondern sogar zwischen ganzen Landsmannschaften, deren hier fünfzehn gezählt wurden, zu blutigen Gefechten. Denn die Obrigkeit Bologna's, da die Anwesenheit so vieler Fremden der Stadt großen Gewinn brachte, zeigte sich bei solchen Gelegenheiten höchst nachsichtig und nur selten, wenn die Unordnungen zu arg wurden, schritt sie strafend ein. Was nur je zum Lebensgenuße gehörte, wurde hier gefunden, und mancher Jüngling, der rein an Seele und Körper hierher gekommen war, fiel hier als Opfer der überall lauernden Verführung.

Auch Hermann empfing von mehr als einem feurigen Augenpaare sprechende Winke, denn in frischer Jugendblüte und voller ungeschwächter Kraft schritt er unter seinen Genossen umher; aber er trug ein Bild im Herzen, das ihn blind machte gegen der Wollust lockendes Lächeln, taub gegen der Verführung Sirenenstimme. Italiens herrliche Gefilde, die der eisige Winter nur flüchtig berührte, däuchten ihm nicht so lieblich als seine heimischen Auen, wo die Geliebte, sehnsüchtig seiner harrend, wandelte, und der Pinien schlanke Wipfel, vom lauen West durchsäuselt, ließen ihn die küheln Schatten jener Linden nicht vergessen, wo er so oft in traulichem Gekose mit Marien gesessen. Weder Rom mit seinen Wundergebilden der Vor- und Mitwelt, obwohl auch er vor ihnen staunend verweilte, noch Florenz, wo der prachtliebende, hochgebildete Lorenzo von Medici damals die herrlichsten Schätze der Kunst und Wissenschaft, die größten Geister Italiens um sich gesammelt hatte, vermochten ihn zu fesseln. Wohl blickte er von der Höhe des Sankt-Markus-Turmes bewundernd herab auf das wogenumrauschte Venedig, aber Albrecht von Stauffenecks Burg erschien ihm herrlicher als alle Paläste der Meerbeherrscherin. Den Blick fest auf das schöne Ziel gerichtet, nach dem er strebte, suchte er durch den rastlosen Fleiß die Zeit seines Aufenthalts in Italien möglichst abzukürzen, um desto eher wieder in die Arme seiner Marie zurückkehren zu können.

Aber das Schicksal hatte es anders beschlossen, noch sollte er schwere Drangsale erleben, ehe er seine vaterländischen Auen und seine Geliebte wieder begrüßen durfte.

Einst als er schon ernstlich an die Heimreise dachte, kehrte er spät abends allein nach Hause zurück, da vernahm er in einer benachbarten Straße Schwertergeklirr, welches der bange Angstruf eines Notleidenden durchtönte, rasch, mit gezogenem Degen, eilte er der Stelle zu, von wo das Hilfsgeschrei erklang, und erblickte einen ihm wohlbekannten jungen Deutschen, Christoph von Degenfeld, im Kampfe mit drei Italienern; schon blutete der Jüngling aus mehr als einer Wunde, erschöpft war er auf die breite Marmortreppe eines nahestehenden Palastes niedergesunken und leistete nur noch schwachen Widerstand. Ohne sich lang zu besinnen, eilte Hermann auf Degenfelds Gegner und durchbohrte den einen von ihnen mit dem Schwerte. Laut auf schrien die andern, noch mehrere Welsche eilten herbei. Hermann wurde nach verzweifelter Gegenwehr überwältigt, gebunden und fortgeschleppt.

Anstrengung und Blutverlust raubten ihm die Besinnung, und als er wieder erwachte, befand er sich in einem schwarz ausgeschlagenen Gemache, neben ihm stand ein Sarg, geschmückt mit dem Wappen der Bentivoglio's und mit zwölf hohen silbernen Armleuchtern umstellt, deren Wachskerzen einen bleichen Schein auf das Antlitz des im Sarge liegenden Toten warfen.

Verwundert sah er umher, seine Blicke trafen einen alten, ernsten Mann, dessen Auge finster rollend bald ihn, bald den Toten betrachtete. »Mörder meines Sohnes«, hieb er mit dumpfer Stimme an, »Du bist in meiner Gewalt und niemand soll Dich Johann Bentivoglios Händen, niemand seiner Rache entreißen. Zwar hab' ich geschworen, keinen Studierenden in Bologna, sei's auch um welchen Frevel es wolle, zum Tode führen zu lassen, aber meine Kerker sind schauerlich genug, um *den* zu strafen, der mir das Teuerste raubte, was ich hinieden besaß. Führt ihn fort auf das Waldschloß im Apenninengebirge, dort werft ihn in's tiefste Verließ, damit er nie mehr die Sonne schaue und den glänzenden Sternenhimmel; Dir, Franzesko, übertrag' ich seine Bewachung und wehe Dir, wenn Du ihn entkommen läßt.«

»Seid ohne Sorgen, Herr«, entgegnete dieser, »wen zwölf Fuß dicke Mauern, vierfach eichene Türen und das Auge Eures Franzesko verwahren, der darf an Entkommen gar nicht denken.« Zugleich faßten auf seinen Wink etliche Diener den Gefangenen, den bei dieser schrecklichen Kunde von neuem das Dunkel der Ohnmacht umzog, und trugen ihn fort, der Greis aber blieb finstern Blickes bei des Sohnes Leiche stehen.

Erst in der feuchten Nacht seines Kerkers, in die ein dreifach vergittertes Fenster kaum einen schwachen Schein des Tages hereinließ, fand Hermann seine volle Besinnung wieder, aber nur um aus der Betäubung der Ohnmacht in wilde Verzweiflung überzugehen.

Dahin waren nun seine schönen Hoffnungen, zerronnen seine süßen Träume, in finsterem Verließe, wo weder seiner Freunde tröstendes Wort, noch seiner Geliebten freundliche Stimme zu ihm drang, sollte er vermodern, nicht einmal leise hoffen durfte er, daß Bentivoglio's Grimm sich legen, daß er dem Mörder seines Sohnes je verzeihen werde, und so versank er denn in die tiefste Nacht rettungslosen Unglücks. Die Sonne stieg auf und sank wieder, er bemerkte es kaum an dem geringen Wechsel des matten Dämmerlichts, das in seinen unterirdischen Kerker drang, der Frühling kehrte wieder auf die Gefilde, ihm brachte er weder Blumen noch Blüten, nicht einmal seiner Lüfte lauer Hauch drang zu ihm herab in die schaurige Tiefe, einsam, verlassen saß er, ein Lebender im dunkeln Grabe,

Sein schnelles Verschwinden machte zu Bologna großes Aufsehen, denn niemand wußte sich dasselbe genügend zu erklären, weil Bentivoglio noch in derselben Nacht den jungen Deutschen, welchem er beigesprungen war, sowie den alten Konrad festnehmen und über die Grenze seines Gebiets hatte führen lassen, sie mit dem Tode bedrohend, wofern sie sich jemals wieder innerhalb der Mauern seiner Stadt sehen lassen würden. Da saßen sie denn am nächsten Morgen beide in einer verlassenen Hütte, der Degenfelder matt und sprachlos vom Kampfe und den Wunden des vorigen Abends, Konrad fluchend auf die verruchten Welschen und den Tag verwünschend, an welchem er ihr Land betreten hatte, obwohl er das Schrecklichste von der ganzen Begebenheit noch gar nicht ahnte, sondern vielmehr jene Verbannung der eigenen Unbesonnenheit zuschrieb, weil er tags zuvor in einer Herberge sich mit einem Diener Bentivoglios in einen Streit eingelassen hatte.

Um so fürchterlicher entbrannte daher auch sein Zorn, als Christoph von Degenfeld, nachdem er sich wieder ein wenig erholt hatte, ihm den Hergang der Sache erzählte und seine furchtbaren Vermutungen über Hermanns Schicksal äußerte. Er sprang auf und wollte sogleich forteilen, um Rache zu nehmen an Bentivoglio, aber der Degenfelder hielt ihn zurück und suchte seinen Zorn zu beschwichtigen. Er zeigte ihm, daß hier mit Gewalt nichts auszurichten sei, daß nur List zum Ziele führe, und daß, bevor man etwas unternehmen könne, zuerst über Hermanns Geschick nähere Kunde eingezogen sein müsse.

»Geleitet mich nach Ferrara«, sprach er, »dort hab' ich Freunde, und von dort aus will ich alles anwenden, um Euren unglücklichen Gebieter aus den Händen des grausamen Bentivoglio zu reißen; die Schergen des Zwingherrn haben uns zwei Rosse vor der Türe zurückgelassen – kommt und helft mir auf das eine, besteigt Ihr selbst das andere, und dann wollen wir suchen, daß wir den Weg aus dieser Einöde herausfinden.«

Konrad mußte dem Degenfelder Recht geben, er tat wie ihm befohlen wurde, und nach dreitägiger beschwerlicher Reise erreichten beide Ferrara. Aber auch ihre eifrigsten Nachforschungen blieben vergeblich, zweimal schlich der treue Konrad mit Lebensgefahr sich nach Bologna, um bei des Degenfeldes Freunden daselbst Erkundigungen einzuziehen, zweimal kehrte er trostlos zurück.

Da zog im Herbste des Jahres 1494 König Karl VIII von Frankreich mit einem starken Kriegsheere heran, um Neapel zu erobern und auch die Gegend von Ferrara füllte sich mit Kriegsleuten. Es waren deutsche Landsknechte, die in französischem Solde standen, und unter ihnen fand Konrad jenen Hauptmann wieder, mit dem er einst im Walde bei Ellwangen Bekanntschaft gemacht hatte. Er klagte ihm sein Unglück, und dieser, unfähig ihn zu trösten, schlug ihm vor, in seine Schar zu treten. »Das wechselvolle Kriegerleben vermag vielleicht Euern Schmerz zu lindern«, sprach er, »auf jeden Fall aber schafft's Euch ja Gelegenheit, an den verruchten Welschen Rache zu üben.«

Konrad besann sich nicht lange, verzweifelnd, seinen Gebieter je wieder zu finden, und entschlossen, ohne ihn nie wieder nach Hause zu kehren, hoffte er im Kriege zwar keine Milderung seines Grams aber doch einen ehrenhaften Tod zu finden.

Ungern entließ ihn der Degenfelder, indem er ihm versprach, seine Nachforschungen fortzusetzen und sobald er einige Kunde von Hermann bekomme, ihn davon zu benachrichtigen.

So zog denn Konrad mit den Landsknechten fort in's wilde Kriegsgetümmel; er half manches heiße Gefecht mitkämpfen, bei manchem Sturme war er zugegen, aber er fand nur Wunden, nicht den so heiß ersehnten Tod.

Einst hatte sich seine Schar den ganzen Tag mit dem Feinde herumgeschlagen, bis dieser sich gegen Abend in den dichten Bergwald zurückzog, worauf die Landsknechte sich auf einer mit niederem Gesträuche bewachsenen Fläche lagerten.

»'s ist hier gar nicht besonders gemütlich«, hob, nachdem einige Zeit tiefe, nur durch das Knistern des halbtrockenen Gestrüpps im Feuer unterbrochene Stille geherrscht hatte, der Hauptmann an, »weiß denn niemand einen Ort in der Nähe, wo wir eine behaglichere Wärme, vornehmlich aber auch einen guten Bissen und einen frischen Schluck Wein fänden?«

»Beim Heraufziehen«, sprach der Landsknechte einer, »hab' ich links vom Wege den Giebel eines Gebäudes aus dem Walde hervorragen sehen, es schien mir so eine Art von Burg zu sein,«

»Ist's weit von hier?« fragte der Hauptmann. – »Etwa einen Büchsenschuß«, war die Antwort – und jener fuhr fort: »So kommt, Kameraden, wir wollen einmal sehen, was der Balthasar für eine Entdeckung gemacht hat.«

Die Schar brach auf und bald war die Burg erreicht; sie erhob sich auf einem felsigen Vorsprunge des Gebirges und bestand aus einem altertümlichen steinernen Gebäude mit engen, kleinen Fenstern, statt welcher am Grundstocke Schießscharten angebracht waren und auf dessen einer Seite ein Turm von starken Quadern emporstieg. Dem ersten Anschein nach war sie ganz unbewohnt, doch bald entdeckte man im obern Stock ein Lichtlein, das, schnell hin und her schwebend, bald seinen Schein durch eines der Fenster warf, bald auf etliche Augenblicke wieder verschwand, und so bei mehreren von der Schar den Gedanken erregte, als sei dies der Burggeist, welcher unzufrieden über die ihm zugedachte Störung zürnend herumwandle.

Doch der Hauptmann rief: »Was Gespenster, schlagt das Tor ein, dann werden wir dem Burggeiste bald das Spuken vertrieben haben!«

Die Landsknechte gehorchten seinem Gebote: bald wichen die starken eichenen Türflügel ihren gewaltigen Schlägen und sie traten in eine dunkle Halle, wo, seit der letzte Klang ihrer Hiebe und der dumpfe Ton, den die fallende Türe verursacht, verhallt war, Totenstille herrschte.

»Fackeln her!« rief der Hauptmann; diese wurden gebracht und warfen ein helles Licht auf die öden schwarzen Wände, auch wurde nun auf der rechten Seite der Halle eine steinerne Treppe sichtbar, welche in den oberen Stock des Gebäudes zu führen schien.

Der Hauptmann wählte einige der beherztesten Landsknechte aus und begann mit diesen vorsichtig die Treppe hinan zu steigen; ein altes häßliches Gesicht erschien oben, fuhr aber schnell wieder zurück, und eine ängstliche Stimme rief: »Gott steh' uns bei, Franzesko, die deutschen Teufel kommen!« –

»Schweig!« tönte es droben; »wir wollen sie schon wieder zurückweisen.«

»Das möcht' euch schwer fallen, ihr welschen Schufte!« schrie, diese Worte vernehmend, der Hauptmann; »legt lieber die Waffen nieder und gebt euch gefangen!« Zugleich war er etwas vorgetreten, um die Gegner droben zu sehen und zu schauen, was für eine Wirkung seine Rede getan habe; aber die Antwort darauf war eine Kugel, die hart an ihm vorbeifuhr und einen der hinter ihm stehenden Landsknechte niederwarf. Da stürmte der ganze Haufen wild die Treppe vollends hinauf, und fruchtlos war der Widerstand der vier obenstehenden Männer, sie wurden nacheinander niedergehauen und über die blutigen Leichen hin schritten nun die Sieger, erbrachen die Gemächer des Hauses und suchten überall gierig nach Beute, aber sie fanden nichts alls ein zitterndes altes Weib, das in einem Winkel kniete und betete, nebst einem Knaben, welcher ihr heulend zur Seite stand. –

Sie wurden befragt, wo Speise und Trank zu finden sei. Anfangs schwieg das Weib hartnäckig, als aber einer der Landsknechte den Knaben ergriff und ihm sein langes Messer auf die Brust setzte, da fiel sie nieder, bat um Gnade für ihr Kind und versprach Lebensmittel in Menge herbeizuschaffen.

Während nun einige der Krieger sie begleiteten, schleppten andere Tische und Bänke in das größte Gemach des Schlosses zusammen und bald begann ein lustiges, lärmendes Gelag, das bis zum nächsten Morgen dauerte, und während dessen das Weib mit ihrem Sohne sich davon zu schleichen Gelegenheit fand.

Schon drangen einzelne Strahlen der Sonne durch den Wald, der ostwärts die Burg verdeckte, und beleuchteten deren dunkle Mauern, als der Hauptmann das Zeichen zum Aufbruch gab. Schnell standen die Landsknechte in Reih' und Glied geordnet vor dem Schlosse und schon wollte man weiter ziehen, als einer von ihnen hervortrat und sprach: »Hauptmann, ich habe mir da den Turm dort näher betrachtet, und meine, es könnte in ihm wohl noch etwas von Gold und anderen Kostbarkeiten verborgen sein; in so unruhigen Zeitläufen, wie die jetzigen sind, flüchtet man gerne dergleichen Dinge in abgelegene Bergschlösser.«

»Könntest fürwahr Recht haben, Thomas«, entgegnete der Hauptmann, wählte etliche von der Schar aus und kehrte mit ihnen in's Schloß zurück. Aber fruchtlos war das Beginnen, vergebens wurde der Turm von unten bis oben durchsucht, eben wollten die Landsknechte unmutig wieder zurückkehren, als Konrad rief: »Hier bemerk' ich noch eine Türe, Hauptmann, vielleicht liegt dahinter etwas verborgen!« Nochmals also ging man an die Arbeit, sie war weit mühsamer als die bisherige, aber die Habgier half alle Schwierigkeiten überwinden. Drei Türen lagen schon zerschmettert am Boden, endlich wich auch die vierte den vereinten Anstrengungen der Krieger; sie fiel nieder und der Schein der Fackeln erleuchtete ein niederes Gewölbe, in dessen Ecke reglos eine Menschengestalt stand, deren Augen die Eindringenden wild anstarrten. Die langen Haare hingen unordentlich um ihre Schultern und nur noch etliche Lumpen bedeckten den schmutzigen Körper.

»Was ist denn das für ein Jammerbild?« rief eintretend der Hauptmann; aber eh' er noch Zeit hatte, es näher zu untersuchen, hing Konrad mit einem Sprunge an dessen Halse: »Hermann!« rief er. »Geliebter, teurer Herr! so find' ich Euch doch endlich wieder; gesegnet sei der Tag, der Euch mir wieder gab!«

Der Jüngling war anfangs wie betäubt, sprachlos starrte er den Knappen und dessen Begleiter an, nach und nach jedoch bekam er Besinnung und Sprache wieder, und teilte nun die Freude seines treuen Knappen. Auch die Krieger, welche aus Konrads Erzählungen sein Geschick längst kannten, umringten ihn freudig und glückwünschend, und führten ihn laut jubelnd ihren Kameraden zu.

Der Abmarsch wurde nun aufgeschoben, damit Hermann erst sich etwas von den überstandenen Leiden möchte erholen können; man kehrte zurück in die Burg, und nachdem Wachen ausgestellt und frische Vorräte von Speise und Trank herbeigeschleppt waren, begann das Gelage von neuem.

Schaudernd vernahmen die wilden Krieger Hermanns Erzählung. »Das ist ein Teufel, der Bentivoglio!« rief der Hauptmann, »hinter den sollte man uns lassen, nicht wahr, Kameraden?«

»Ja, ja!« schrie der ganze Haufen, »dem wollten wir nicht übel mitspielen, die Haut zögen wir ihm ab und steckten ihn an eine Pike, daß er zappelte wie ein gespießter Frosch!«

So ging's noch eine geraume Weile fort, bis sich die Gesellschaft in Verwünschungen erschöpft hatte, während sie auch den vollen Humpen tüchtig zusprach. Hermann entfernte sich indes bald mit seinem Konrad, um sich zu reinigen vom Kerkerschmutze und um seine Lumpen gegen eine andere Kleidung umzutauschen, dann warf er sich erschöpft auf's Bette und verbrachte schlummernd fast den ganzen Rest des Tages.

Mit dem ersten Grauen des nächsten Morgens zog die Schar aus dem Schlosse ab, nachdem sie zuvor noch Feuer an dasselbe gelegt hatte.

Am Fuße des Gebirges trennten sich Konrad und Hermann von ihr und zogen eilends nach Ferrara.

Christoph von Degenfeld, den Bentivoglios Haß bis herher verfolgte, war schon abgereist, und ohne Säumen zogen beide ihm nach, um so bald als möglich den teuern deutschen Boden wieder zu erreichen; noch auf der Grenze sandte Konrad seinen Fluch dem falschen Welschland zurück, gab dann seinem Pferde die Sporen und ritt jauchzend hinein in's Vaterland!

Ein sechsmonatlicher Aufenthalt im feuchten schaurigen Verließe hatte zwar Hermanns Wangen gebleicht und seinen Körper abgemagert, aber die noch ungeschwächte Jugendkraft, der neue, unerwartete Genuß einer nie mehr gehofften Freiheit und der Anblick des teuern Vaterlandes verwischten in kurzem wieder die Spuren der Gefangenschaft von seinem Angesichte und an seinem Körper, und es blieb bald fast kein Angedenken an dieselbe mehr übrig, als die Erzählungen Konrads, welcher die Schauergeschichte durch mancherlei hie und da angebrachte vergrößernde Beisätze noch schauerlicher zu machen suchte.

Doch indes Hermann körperlich sich völlig wieder erholt hatte, lastete auf seinem Gemüt fortwährend eine düstere Schwermut, denn die Spannkraft des Geistes ist nicht so leicht wieder hergestellt als die körperlichen Kräfte, und gerade das wirksamste Mittel, die verlorene Heiterkeit wieder zu erlangen, mußte der Jüngling entbehren. Marie war mit ihrem Vater verreist und niemand wußte ihm zu sagen, wohin.

Das war für Hermann ein harter Schlag, trübe, finstere Gedanken stiegen in ihm empor, von neuem trat jene Warnung des wahnsinnigen Greises lebhaft vor seine Seele; er wähnte sein Verhältnis zu Marien von ihrem Vater entdeckt, die Geliebte sich auf immer entrissen, ja, es begannen sogar quälende Zweifel in ihm aufzusteigen, ob sie ihn denn wirklich auch noch liebe?

Während er also finsterem Gram sich hingab, hatte der Abt Georg sich eifrig bemüht, für seinen Schützling ein gutes und ehrenvolles Amt zu erhalten, und war hoch erfreut, als er diesem durch seine Verbindungen das Amt eines Rats beim Bischof von Konstanz, zu dessen Sprengel auch Lorch gehörte, ausgewirkt hatte. Der Oheim teilte seine Freude, und der Neffe, so ungelegen in seiner gegenwärtigen Stimmung dieser Antrag ihm kam, vermochte doch aus Rücksicht für seine beiden Wohltäter ihn nicht auszuschlagen.

So wurden denn nun auf's eifrigste alle Anstalten getroffen, um den neuen Rat auf eine des Amts, das er jetzt antreten sollte, würdige Art auszustatten, und während man damit beschäftigt war, trat eines Tages Johann Degen in des Jünglings Gemach.

Obwohl in den späteren Zeiten von Hermann ziemlich vernachlässigt, hatte er seinen tief beleidigten Stolz unterdrückt und seinerseits das frühere innigere Verhältnis mit diesem nicht aufgegeben, sondern es im Gegenteil jedesmal, so bald er sah, daß Hermann sich zurückzog, auf's eifrigste wieder herzustellen gesucht.

Jenes dunkle Gefühl, von welchem oben schon gesprochen wurde, als könne er mittelst Hermanns sich an einem von ihm so bitter gehaßten Geschlechte rächen, wurde immer deutlicher und bestimmter in ihm, und jetzt gerade hatte er einen Plan entworfen, wodurch er seine Rache zu sättigen und auch Hermann für seine Zurücksetzung zu strafen gedachte. Das stolze, kalte Gemüt, das keinen Wunsch kannte als Rache, erschrak nicht vor dem Gedanken, auch den Freund mit zu verderben, denn er fühlte sich doppelt von ihm beleidigt: durch die Vernachlässigung des früheren Verhältnisses und durch die Anhänglichkeit an eine ihm so verhaßte Familie.

»Ich habe Dir Grüße zu bringen von Fräulein Marie von Stauffeneck«, hub mit gleichgültigem Tone Degen an; aber Hermann unterbrach ihn schnell: »Wo ist sie, sag', hast Du sie gesehen, gesprochen?«

»Nun ja«, fuhr jener im nämlichen Tone fort, »sie befindet sich mit ihrem Vater gegenwärtig in Heidelberg, am Hofe des Pfalzgrafen, und man sagt, der pfälzische Marschall Friedrich von Habern bewerbe sich ernstlich um ihre Hand und habe vom Vater schon seine Einwilligung erlangt.«

Wie vom Donner gerührt stand Hermann bei dieser Kunde da; Degen aber, sich hierüber ganz erstaunt stellend, fuhr fort: »Ich meinte, Du seiest von der Leidenschaft zu dem Ritterfräulein längst geheilt, aber ich sehe nun, daß es nicht also ist, und leider scheint auch das Fräulein noch immer Dir innig ergeben zu sein.«

»Sie liebt mich noch!« rief Hermann, »das wußt' ich ja, sie wird mich ewig lieben! Aber sag' mir doch, woraus Du das schließest.«

»Dazu braucht's wenig Scharfsinn«, entgegnete Degen lächelnd; »sie gab ja mir auf, Dir zu sagen, Du möchtest auf Mittel denken, sie aus ihrer Verlegenheit zu retten.«

»O Gott!« sprach Hermann, sich vor die Stirne schlagend, »wenn ich ein Mittel wüßte! Hilf mir, lieber, bester Freund, eins ersinnen.«

»Da ist schewr zu raten, ich habe mich schon auf der Herreise darüber besonnen, und nur eins fiel mir ein, aber die Frage ist, ob Du, und vornehmlich, ob auch Marie dazu schreiten will!«

»Mir zu lieb tut sie alles, sag' nur, was hast Du ausgedacht?«

»Du wirst wohl noch wissen, daß ich in der Nähe von Göppingen durch Graf Eberhards Vermittelung eine Stelle als Kaplan erhalten habe, mein Wohnort liegt bloß drei Stunden von Stauffeneck, wohin Marie mit ihrem Vater in wenig Tagen zurückkehren wird. Wenn sie nun wirklich eine so innige Liebe zu Dir hat, als Du sagst, so mach' ihr den Vorschlag sich heimlich mit Dir zu verehelichen.«

»Was sagst Du?« sprach erschrocken Hermann, »heimlich verehelichen? Bedenke, wie sehr ihr Vater mir gewogen ist, – den sollt' ich so betrüben und beleidigen?«

»Gerade weil er Dir so sehr gewogen ist, läßt sich die Sache besser ausführen, er wird zwar anfangs etwas toben, aber seine Liebe zu Marien und seine Neigung zu Dir werden seinen Zorn bald besänftigen und er wird in das willigen, was zu ändern nicht mehr in seiner Macht steht; denn das Band, an heiliger Stätte vom Priester einmal geschlungen, löst, wie Du ja wohl weißt, keine irdische Macht mehr. Ich selbst will dieses Band schlingen, ich will Euch einen sichern Zufluchtsort verschaffen, bis der Unwillen des Stauffeneckers verrauscht ist, und daß dies so bald als möglich geschehe, das soll ebenfalls meine Sorge sein.«

Sinnend stand Hermann da, still beobachtend ihm gegenüber Johann Degen; des Jünglings Züge zeigten, daß er einen schweren Kampf kämpfe zwischen Pflicht und Liebe; vielleicht hätte die erstere dennoch zuletzt gesiegt, aber ihm zur Seite war der Versucher, der sein schon halb gewonnenes Opfer nicht mehr aus den Händen lassen wollte.

»Du scheinst noch unentschlossen«, sprach er; »nun denn, so trete mit dem pfälzischen Marschall in die Schranken, geh' hin und werb' offen und frei bei Albrecht von Stauffeneck um seine Tochter, vielleicht gewinnst Du dem Ritter den schönen Preis ab.«

»Spotte nicht«, sagte wehmütig Hermann; »wenn Du wüßtest, wie mir's in der Brust tobt und braust, – die Liebe lockt mich mit süßen Zaubertönen, aber die Pflicht steht ernst mahnend neben ihr, und dieser Kampf will mir fast das Herz zerreißen.«

»Nun denn, so entsage, wirf die weltliche Kutte ab, ziehe die Mönchskutte an und begrabe Dich und Deine Leiden zwischen düstern Klostermauern.«

»Entsagen, nein! das kann nicht sein, Gott verzeihe mir, einem schwachen Sterblichen; aber so ganz widerstandslos, so ganz geduldig ergeben in den Willen des Schicksals, das höchste, das einzige Glück hinzugeben, das ich hienieden besitze, dies vermag ich nicht! Ich muß, ich muß den Kampf darum auf Tod und Leben wagen.«

»Nun wahrhaftig, jetzt spricht doch auch wieder der alte Mut, die alte Kraft aus Dir, ja schämen müßtest Du Dich, wenn Du dem Marschall ohne Kampf wichest; warum soll denn diese holde Blume, welche sich Dir zu eigen gab, jetzt einem Ritter zur Beute werden? Nahmen diese stolzen Edeln ja schon alles, was sie vermochten, uns weg, Reichtum und Ehre, sollen sie auch der Liebe Glück uns rauben dürfen? Ha! wäre Marie die Meinige, keine Macht auf Erden sollte sie mir entreißen!«

»Nein! nein!« rief Hermann, bei dem die Leidenschaft, durch Degens Worte noch mehr aufgeregt, endlich den Sieg davongetragen hatte, »kein Sterblicher soll mir meine Marie rauben, sie ist mein und mein soll sie bleiben! Sobald ich Kunde bekomme, daß sie wieder zu Hause angelangt ist, soll sie von mir den ganzen Plan erfahren.«

Degen, welcher von einer Zusammenkunft der Liebenden, ehe der entscheidende Schritt geschehen sollte, für sein Vorhaben Gefahr befürchtete, erschrak über diese Worte, doch schnell wieder gefaßt, sprach er: »Das geht nicht an, mein Freund, in der jetzigen Stimmung darfst Du nicht nach Stauffeneck, dadurch könnte uns der ganze Plan verdorben werden; überlaß es mir, Marien davon zu benachrichtigen, gib mir nur einen Brief an sie mit und Du wirst sehen, daß alles gut geht.«

»Nun denn, so handel Du für mich, hilf mir zum Besitz meines teuren Kleinods, und ich werde Dir dafür ewig dankbar sein.«

Nochmals beteuerte Degen, daß er bereit sei, für seinen Freund alles zu wagen; er empfing von Hermann ein Schreiben an Marien und verließ diesen, zwischen Furcht und Hoffnung schwankend.

In diesem peinlichen Zustande mußte er mehrere Tage verharren, denn schwerer als er wähnte, wurde es Degen, auch Marie für seinen Vorschlag zu gewinnen; mit unverhehltem Unwillen wies sie ihn erst zurück, Hermanns Brief, den der falsche Freund ihr klugerweise nicht sogleich übergeben hatte, verminderte zwar ihr Widerstreben, aber noch hatte sie so viel Bedenklichkeiten, daß es aller Gewandtheit eines so trefflichen Menschenkenners, wie Degen, bedurfte, um sie endlich für die heimliche Ehe zu gewinnen; die schauerliche Schilderung, die er von Hermanns Unglück machte, wenn sie den Vorschlag verwerfe, entschied endlich, und freudig eilte er nun mit ihrem Jaworte nach Lorch zurück. »Frisch an's Werk«, rief er Hermann zu, »die Zeit ist günstig, Ritter Albrecht hat Stauffeneck verlassen, um mit dem Kaiser nach Italien zu ziehen, und leicht kann Marie unter dem Vorwand des Besuches bei einer Freundin sich von der Burg entfernen.«

Hocherfreut vernahm Hermann Degens Rede. Jetzt, da die längst von ihm heißersehnte Vereinigung mit Marien so nahe bevorstand, war die Geliebte sein einziger Gedanke, die Stimme der Pflicht und des Gewissens war verstummt, unbekümmert darum, was sein Oheim, was der Abt zu diesem Beginnen sagen würden, dachte er nur daran, wie er es auf's schnellste vollenden möge. Degen unterstützte ihn dabei mit einem Eifer, der bei einer ruhigen Gemütsstimmung selbst Hermann verdächtig vorgekommen sein müßte: aber jetzt sah dieser darin nur die zärtliche Sorge eines Freundes, dessen Liebe auch die Zurücksetzung, die er einst erdulden mußte, nicht hatte schwächen können. Seiner Bemühung verdankte es das nun vereinte Paar, daß es sorglos im Genusse des höchsten Glückes die Rosenmonate seiner Ehe durchleben konnte.

Zu Lorch wähnte man, Hermann sei in Konstanz angelangt, und in Stauffeneck war der alte Burgvogt hoch erfreut darüber, daß es Marien bei ihrer Freundin so wohl gefiel und sie während der ganzen Zeit der Abwesenheit ihres Vaters dort zu bleiben gedächte. So listig hatte es Degen einzurichten gewußt; Konrad, der den Verkehr des Oheims mit seinem Neffen zu besorgen hatte und dem Burgvogt zu Stauffeneck den Boten machte, war von ihm gewonnen, und die Liebenden selbst täuschte er mit falschen Nachrichten von

Ritter Albrecht, dessen Zorn zwar anfangs bei der Kunde von seiner Tochter Verbindung mit Hermann heftig entbrannt sei, aber allmählich sich zu mindern beginne.

So lebten Hermann und Marie in der stillen Abgeschiedenheit eines lieblichen Albtales glücklich und ohne zu ahnen, welch' furchtbares Gewitter sich über ihren Häuptern auftürmte, den falschen Freund segnend, der im Geheimen an ihrem Verderben arbeitete.

Regen und Sturm begannen schon die Nähe des unfreundlichen Winters zu verkündigen, von Zeit zu Zeit mit Schneeschauern untermischt, welche die höher gelegenen Schluchten und Einschnitte des Gebirgs mit ihren glänzenden Flocken anfüllten, als Marie von einem Knäblein entbunden wurde, welches den Namen Albrecht erhielt und das Glück der Eltern vollkommen machte.

Es war etliche Tage nachher, die Mutter lag schlummernd da, neben ihr das Kind, in einem Winkel des Gemaches saß dessen Wärterin, emsig spinnend, Hermann war fortgegangen, um seinen Freund Degen zu besuchen. Da öffnete sich plötzlich die Türe, herein stürzte mit gezogenem Schwerte Albrecht von Stauffeneck, Degen folgte ihm.

»Überzeugt Euch nun, Herr Ritter, von dem, was Ihr mir nicht glauben wollet«, hub er an, »dort, seht Ihr, liegt das Kind neben der Mutter.«

»So ist's wahr!« schrie Stauffeneck so laut, daß Mutter und Kind erwachten und die Wärterin erschreckt aufsprang; »wahr, daß ein Bube mein Geschlecht geschändet, eine Schlange, die ich töricht am Busen wärmte, mir mein einziges Kind verführt hat!«

Marie, welche indes den Vater erkannte, streckte die Arme gegen ihn aus und rief mit schwacher, bebender Stimme: »Vater, teurer Vater, verzeiht Ihr Eurem Kinde?«

Aber der Tochter Worte steigerten den Zorn Albrechts noch höher. »Verzeihen!« rief er, »der Dirne, die dem Wappenschilde der Stauffenecker eine ewige Makel angehängt hat! Verzeihen Dir, ehr- und pflichtvergessenes Kind! Nun und ewig nimmer! Fahr' zur Hölle!« Und in der Tochter Busen tauchte sich des Vaters Schwert, ihr warmes Herzblut bespritzte sein Gewand, lautlos sank sie auf ihr Lager nieder, die Wärterin aber hatte indes das Kind ergriffen und lief mit ihm schreiend zur Türe hinaus.

Der Ritter wollte ihr nacheilen, da fiel sein Blick auf Degen, der mit einem teuflischen Lächeln dem Auftritte zusah; er stutzte. – »was ist das?« rief er, »Du lachst, Bube! lachst bei dieser Schauerszene!«

»Ich hab' auch alle Ursache dazu«, entgegnete jener höhnisch lachend, »denn mein Vater ist gerächt, ja! Seht mich nur recht grimmig an, ich fürchte den Blick Eures zornfunkelnden Auges nicht, ich bin Johann Degen, der Sohn jenes Bürgers zu Urach, den Euer Neffe, Veit von Rechberg, mordete; damals schwur ich Rache Eurem Geschlecht, mein Schwur ist gelöst. Hier liegt Deine Tochter im Blute, Du Mörder! Keine Buhldirne wie ich Dir trüglich meldete, nein, Hermanns Gattin, von mir mit ihm vereint!«

Das Furchtbare der Sache hatte anfangs des Ritters Kraft wie gelähmt, seine Arme hingen schlaff herab, der Körper war vorgebogen, und so starrte er Degen sprachlos an; dieser hätte entfliehen können, aber es schien, als sei ihm jetzt, da er seine Rache befriedigt hatte, das Leben überlästig, er blieb mit triumphierendem Blicke ruhig vor dem Ritter stehen, bis dieser, sich rasch erhebend, das Schwert aufschwang.

»Teufel!« rief er, »Du sollst die Freude über die Sättigung Deiner Rache nicht lange genießen!« Aber Degen antwortete nichts; mit verächtlichem Lächeln blickte er den Ritter an und empfing regungslos den Todesstreich von seiner Hand.

Wild um sich schaute Albrecht, warf noch einen Blick auf seine gemordete Tochter und stürzte dann, laut schreiend, hinaus in's Freie. Voll Entsetzen betrachteten ihn seine Knappen, als er nach Stauffeneck zurückkam; er hatte, durch Gebüsch und Wald wie ein Wahnsinniger fortrennend, sein Barett verloren, sein Haar flatterte im Winde, seine Kleider waren zerfetzt und mit Blut bespritzt. »Georg«, rief er, »sattle mein und Dein Roß, aber schnell, so schnell als Du kannst.« Es geschah, er schwang sich in den Sattel, der Knappe folgte schweigend seinem Beispiel und hinaus ging's zur Burgpforte in sausendem Galopp. »Reit' rascher, Georg!« rief der Ritter, »hörst Du, rascher, so rasch, daß selbst Gottes Racheengel uns nicht nachzukommen vermag!« Schaudernd vernahm der Knappe diese Worte, er ahnte wohl, daß etwas Schreckliches vorgefallen sein müsse, aber er wagte nicht, seinen Herrn deswegen zu fragen, so schnell er konnte, folgte er diesem, der blindlings fortrannte. Nachdem die erste Bestürzung vorüber war, bestieg auch der Burgvogt sein Roß, um mit etlichen Knappen seinem Herrn nachzureiten, aber sie verloren bald dessen Spur und harrten von Tag zu Tag vergebens auf dessen Rückkehr, öd und einsam stand die Burg da, das Geschlecht der Stauffenecker schien ausgestorben.

Die Wärterin mit dem Kinde begegnete Hermann, der eilenden Schrittes einherkam, um möglichst bald wieder zu seiner geliebten Gattin zu kommen; heftig erschreckte ihn ihr Anblick, noch mehr aber der des Kindes, dessen Gesicht mit dem Blute der Mutter bespritzt war. »Um Gotteswillen, was gibts?« rief er, »sprich, was hat sich Schreckliches ereignet?« Aber unvermögend zu sprechen deutete die Wärterin nach der Hütte hin und von wilder Angst gejagt, stürzte Hermann auf sie zu; er öffnete die Türe – da lagen Geliebte und Freund leblos in ihrem Blute, sie ruhig und heiter, wie ein schlummernder

Engel, er die Züge noch verzerrt durch ein furchtbares Lächeln; am Bette der Gattin stürzte Hermann sinnlos nieder.

Beim Erwachen fand er das Gemach mit Menschen angefüllt, welche laut jammernd bald auf ihn, bald auf Marien schauten, denn Degens Leiche war indes schon fortgeschafft worden; er warf große Blicke auf sie und murmelte unverständliche Worte vor sich hin; der Wahnsinn hatte seinen sonst so hellen Verstand umnebelt; starr blickte er eine Zeitlang seiner Gattin Leiche an, dann sprach er leise: »Sie schlummert, weckt mir sie nicht, sie bedarf des Schlafes, ach! sie hat viel gelitten; aber seht ihr, während sie schlief, sind die Engel gekommen und haben sie mit Purpurrosen bestreut! Ja, Rosen sind's, schöne Himmelsrosen, doch, rührt sie nicht an, sie haben scharfe Dornen; schaut, wie hier das Blut hervorquillt, das haben die Dornen getan! Draußen gibt's keine Rosen mehr, aber Lilien fallen vom Himmel nieder, schneeweiße Lilien, holt mir sie doch herein, daß ich meine Marie damit bekränze, Lilien und Rosen! Lustig, ihre Leute, der Frühling ist wieder da!«

So redete der Unglückliche noch lange fort in verwirrten, abgebrochenen Sätzen, anfangs leise, dann mit steigender Heftigkeit, zuletzt so furchtbar schreiend, daß die Anwesenden in die größte Angst gerieten, es möchte ein wirkliches Rasen bei ihm ausbrechen, und mehrere sich deswegen auch entfernten.

Doch es kam nicht so weit, er sank vielmehr erschöpft auf Mariens Bette und verfiel in einen tiefen, aber von schrecklichen Träumen beunruhigten Schlaf.

Mittlerweile erschien der Geistliche eines benachbarten Dorfes, herbeigerufen durch etliche Bauern, welche den Leichnam des Kaplans erkannt hatten; ein Papier, das man bei ihm fand, erklärte ihm die ganze Schauergeschichte, und er beeilte sich, die nötigen Anstalten zur Besorgung der Lebenden sowohl als Toten zu treffen. Nach Lorch und Stauffeneck gingen Boten ab. Degens Leiche ward in seinen Wohnort geführt, wo man sie in aller Stille begrub; von Mariens Körper aber wollte sich Hermann nicht trennen, und so führte man ihn denn nebst dem Wahnsinnigen und seinem Kinde nach Lorch und bestattete ihn hier im Klosterkirchhofe.

Auf ihrem Grabe saß vom frühen Morgen bis zum Anbruch der Nacht Hermann, weder Schnee noch Regen vermochten ihn zu vertreiben, und mit Gewalt mußte man ihn des Nachts in seine Zelle führen. Eine Zeitlang versuchte man vergebens alles, um ihn wieder zum Verstande zu bringen; doch allmählich wich der Wahnsinn, das Licht der Vernunft begann wieder aufzudämmern in ihm, seine Irreden wurden seltener, seine Phantasien waren weniger furchtbar, sein stummer Schmerz löste sich nach und nach in milde Wehmut auf, er spielte häufig mit seinem Kinde, das er anfangs nicht ohne Entsetzen hatte anschauen können, und als der Frühling kam, war er wieder ziemlich hergestellt, im Herbste aber hatte er schon den völligen Gebrauch seines Verstandes wieder erlangt.

Doch war mit ihm eine große Veränderung vorgegangen, sein frischer Lebensmut war gebrochen, das rege Gefühl, welches einst das jetzt von ungeheurem Schmerz für jedes andere Erdenleid abgestumpfte Herz durchglühte, erstarrt; die Stürme der Leidenschaft hatten ausgetobt, still und ruhig war es in seinem Innern geworden; aber es war die Stille und Ruhe des Todes. Lange blieb er ganz teilnahmslos bei allem, was um ihn vorging; sein Kind, welches als Mariens Ebenbild so schön aufblühte, brachte ihn den Menschen zuerst wieder näher, aber der Sinn für irdische Ehre, die Begierde nach weltlicher Lust war seinem Gemüte gänzlich verschwunden; fest entschlossen, nie wieder die stillen Klostermauern zu verlassen, teilte er seine Zeit zwischen religiösen Übungen, zwischen der Beschäftigung mit den Wissenschaften und zwischen der Sorge für die Erziehung seines Sohnes. Er strebte selbst nach keiner klösterlichen Würde, aber sie wurden ihm, dessen überlegenen Geist, umfassende Gelehrsamkeit und ungeheuchelte Frömmigkeit alle seine Genossen erkannten und mit Ehrfurcht betrachteten, von selbst angeboten und so von Stufe zu Stufe steigend, erlangte er endlich nach Georgs Tode sogar die Abtswürde, worauf er üblicherweise einen neuen Namen – Sebastian – annahm.

Der Oheim erlebte noch diese Erhebung seines Neffen, er fand darin vollkommenen Ersatz für allen Kummer, den ihm Hermanns früheres Geschick verursachte, und dankte der Vorsehung, daß sie ihn, wenn auch durch schwere Leiden, endlich doch seiner ursprünglichen Bestimmung wieder zugeführt hatte; bald nachher aber starb er in hohem Alter, von seinem Neffen aufrichtig beweint.

Der junge Albrecht wurde sorgfältig erzogen, und obwohl er nur selten, bloß in seines Vaters oder irgend eines klugen, treuen Mönchs Begleitung das Kloster verlassen durfte, so sparte doch der Abt nichts, um ihn nicht nur in den Wissenschaften, sondern auch in ritterlichen Künsten, wozu er als Knabe ein besonderes Geschick zeigte, unterrichten zu lassen, und die Mönche konnten es oft nicht begreifen, was denn eigentlich Sebastian mit dem jungen Manne vorhabe, dessen Erziehung halb klösterlich, halb ritterlich war, und der, obwohl er das dritte Jahrzehnt seines Lebens bald vollends durchlaufen hatte, noch immer ohne bestimmten Beruf im Kloster weilte.

Aber es war dies die noch einzig übrige menschliche Schwäche des Abts, er vermochte es nicht, seinen Sohn, das einzige ihm so teure Angedenken an Marien, von sich zu lassen, und doch wollte er, da er auch bei Albrecht eine starke Abneigung gegen den Mönchsstand bemerkte, ihn nicht zwingen, das Klostergelübde abzulegen.

So lebte denn der junge Mann in glücklicher Ruhe fort, er sah in dem Abte nur seinen Oheim, der aber väterlich für ihn sorgte; wer seine Eltern gewesen seien, erfuhr er nie, denn streng hatte es Sebastian allen Klosterangehörigen verboten, die noch von der Geschichte wußten – und deren waren nicht mehr viele – je sich etwas davon gegen seinen Sohn verlauten zu lassen.

Albrecht von Stauffeneck

In schweren Zeiten trat der neue Abt seine Regierung an, eine allgemeine Bewegung hatte sich durch ganz Deutschland verbreitet, seit der kühne Mönch zu Wittenberg es gewagt, gegen den römischen Stuhl, dessen Gewalt und Ansehen aufzutreten. Auch Schwaben blieb bei dieser allgemeinen Bewegung nicht zurück, auch hier fand die neue Lehre bald Anhänger und Verkündiger; die Bürger in den Reichsstädten ergriffen sie zuerst, die Adeligen gewährten den Predigern Schutz auf ihren Burgen und fruchtlos waren die scharfen Verbote der Landesherren.

Abt Sebastian hatte im Anfang des Streites zwischen Luther und Tetzel ebenfalls für den ersten Partei ergriffen, denn auch ihm war der schändliche Unfug, der damals mit dem Ablasse getrieben wurde, von Herzen verhaßt; er hatte es sehr mißbilligt, daß Eck und andere katholische Gottesgelehrte gleich

so grimmig über den Mann herfielen, der nur einen längst allgemein verabscheuten Mißbrauch angriff, und mit Bedauern vernahm er die Kunde von Luthers Ächtung. –

Als aber nun dieser in seiner Hitze die päpstliche Bannbulle verbrannte, als er den Papst selbst den Antichrist nannte, und ihm völlig den Gehorsam aufkündigte, da begann Sebastians Vorliebe für den kühnen Streiter zu Wittenberg allmählich abzunehmen. Denn aus solchem Beginnen, meinte er, könne nur Unheil entstehen, der Angriff auf eine durch Jahrhunderte geheiligte Ordnung der Dinge müsse notwendig schädliche Unordnung und Verwirrung hervorbringen, und wirklich hatte es das Aussehen, als ob der Erfolg seine Ansicht rechtfertigen wolle.

Es begann sich nämlich an gar vielen Orten ein Geist der Unzufriedenheit, ein Begehren nach einer neuen Ordnung der Dinge zu zeigen, welche notwendig schwere, blutige Unruhen herbeiführen zu müssen schienen.

Vor kurzem erst hatte Sebastian Kunde erhalten von dem Lärmen, welchen die fanatische Rotte der Bilderstürmer in Sachsen anrichtete. Zwar war es Luther gelungen, hier diesen Sturm zu beschwören, aber jene schwärmerische Sekte ganz zu unterdrücken, hatte auch er nicht vermocht; aus Sachsen verjagt, hatten sich ihre Mitglieder durch ganz Deutschland zerstreut und vornehmlich unter dem Landvolke ihre Lehre weiter zu verbreiten gesucht. Da aber fanden sie gar geneigtes Gehör, denn längst schon glühte hier im Verborgenen ein Feuer, das, durch kleinere hie und da hervorbrechende, bis jetzt aber meist schon in der Geburt wieder erstickte Flammen sich kund gebend, bälder oder später in heller Lohe emporschlagen mußte.

Schon waren die ersten Strahlen des neuen Lichtes, das im verflossenen fünfzehnten Jahrhundert große Geister angezündet hatten und sorgsam nährten, auch zum Landvolke durchgedrungen, welches Jahrhunderte lang unter dem schweren Joche seiner geistlichen und weltlichen Zwingherrn seufzte.

Schwärmer erhoben ihre Stimmen und lehrten, daß Ungleichheit der Stände wider Gottes Gebote sei, selbst die Gelehrten ließen sich nun herab, die zierliche Mundart Latiums mit ihrer rauhen, ungebildeten Muttersprache zu vertauschen, und verkündigten durch Hunderte von Flugschriften, in ungebundener und gebundener Rede, dem Volke Dinge, von denen es bis dahin garnichts gewußt, die es wenigstens kaum dunkel geahnt hatte. Es erwachte nun ebenfalls, und erstaunt vernahmen seine Gebieter, wie es von Rechten sprach, die ihm nach göttlichen und natürlichen Gesetzen gebührten.

Dazu kam nun noch die Reformation, die so schnell und gewaltig die Gemüter aufregte. Der Ruf zur geistlichen Freiheit, den Luther und seine Genossen so kräftig erschallen ließen, drang bis in des Landvolks niedere Hütten und erhielt bald eine Bedeutung und Ausdehnung, die ihm jene Männer zu geben nie willens waren.

So wurde der Samen der Unzufriedenheit ausgesäet und eine Menge Leute zeigten sich gar geschäftig, sein schnelles, gedeihliches Wachstum nach Kräften zu befördern; dies waren vornehmlich jene schon erwähnten Bilderstürmer und andere, wegen Verkündigung der neuen Lehre verfolgten Männer, die sogenannten Prädikanten, häufig Leute vom niederen Stande und geringer Bildung, aber mit schwärmerischem, selbst das Märtyrertum nicht scheuendem Eifer begabt und durch die eindringende Kraft ihrer, dem Landvolke so gut verständlichen Beredsamkeit vor andern geschickt, dessen Gemüter zu entflammen.

Ihre Zahl war besonders in Schwaben sehr groß und ihr Aufenthalt in diesem Lande wurde durch dessen große Zerstückelung sehr erleichtert. Vertrieb man sie von einem Orte, so fanden sie am andern eine Freistätte.

Die heftigsten Verfolgungen erlitten sie in Wirtenberg, welches Land damals, nach Vertreibung seines Stammfürsten, des Herzogs Ulrich, der Erzherzog Ferdinand von Österreich beherrschte.

Scharfe Verbote und schwere Strafen sollten das ketzerische Gift von den Grenzen des Herzogtums abhalten, aber sie halfen nur wenig und schadeten dadurch, daß sie den Unmut des Volkes über die fremden Herrscher noch vermehrten und bewirkten, daß der im Herbste des Jahres 1524 in Oberschwaben ausgebrochene, unter dem Namen des Bauernkrieges so bekannte Aufruhr des Landvolkes auch in Wirtenberg schnell Eingang fand.

Im Frühling des Jahres 1525 hatte der Aufruhr des Landvolkes sich in Wirtenberg schon gar weit verbreitet und überall her kam die Kunde von neuen Empörungen und Unruhen.

Da saß am Donnerstag nach Ostern Abt Sebastian beim Abendimbiß in der gewölbten Halle, welche den vordern Raum der durch ihren in Absätzen emporsteigenden Giebel vor den übrigen Klostergebäuden ausgezeichneten Abtswohnung einnahm. Er saß oben an der langen eichenen Tafel in einem mit Schnitzwerk künstlich verzierten Stuhle, auf dessen Rücklehne Krummstab und Insul, die vor etwa sechzig Jahren die päpstliche Gnade den Äbten von Lorch verliehen hatte, reich vergoldet prangten. Neben seinem Sitze stand Albrecht, um, wie gewöhnlich bei solchen Gelegenheiten, die Stelle eines Mundschenken und Truchseßen zu versehen. Sein langer, faltenreicher Oberrock konnte die hohe schlanke Gestalt nicht so sehr verbergen, daß man nicht beim ersten Anblick sogleich hätte wünschen sollen, diese schöne Figur statt seiner lieber mit einem zierlichen, eng anliegenden Ritterwams bekleidet zu sehen. Seine schwarzen Locken fielen in dichten Ringeln auf den Nacken herab. Unter der sanft gewölbten Stirne gewahrte man ein Paar etwas tief liegender, aber glänzender Augen von brauner Farbe, deren ernster Blick dem Gesichte, trotz seiner noch jugendlichen Züge, einen Ausdruck von Männlichkeit gab. Etwas mönchische Unbehilflichkeit zeigte sich freilich in des Jünglings Benehmen, wenn er, was mit viel Eifer und Aufmerksamkeit geschah, dem Abte den silbernen, mit dem Klosterwappen gezierten Pokal frisch auffüllte, oder ihm von den in reichlicher Auswahl vorhandenen Speisen vorlegte. Doch bemerkte man bald, daß diese Unbehilflichkeit mehr auf Rechnung der unbequemen Tracht, als dessen, der sie trug, zu schreiben sei, und daß in anderer, minder belästigender Kleidung der Jüngling sich ganz anders würde benommen haben.

Der Abt erwies sich gegen ihn gar freundlich, und so oft er ihn anblickte, erheiterten sich seine sonst so ernsten Züge. Sebastians Aussehen hatte sich mit den vorgerückten Jahren ziemlich verändert, denn jetzt besaß er eine Wohlbeleibtheit, die sich gerade noch jenseits der Grenzen übermäßiger Dicke hielt. Sein Gesicht war blaß, der Blick des kalten, starren Auges, das vielleicht seit vielen Jahren keine Träne mehr geweint hatte, scharf und durchdringend, die Stirne, wie es schien, mehr durch die schweren Leiden, welche er hatte erdulden müssen, als durch die Zeit gefurcht. Sein ganzes Äußere hatte das Ansehen ehrfurchtgebietender Würde, was seine vollklingende, starke Stimme noch vermehrte.

Seine Untergebenen betrachteten ihn mit ehrfurchtsvoller Scheu, und obwohl er durch seine kalte, zurückhaltende Verschlossenheit ihre Liebe nicht zu erringen vermochte, so sicherten doch die eifrige Sorge, welche er stets für ihr und des Klosters Wohl zeigte, und die Milde, welche er gegen Fehlende bewies, ihm ihre treue Anhänglichkeit.

Der benachbarte Adel besuchte gerne sein gastfreies Kloster, denn wenn nicht gerade die tiefe Schwermut, welche in ihm von jenen Tagen herben Leidens her zurückgeblieben war und auch jetzt noch von Zeit zu Zeit ihn ergriff, seinen Geist umdüsterte, so war Sebastian ein sehr unterhaltender Gesellschafter, welcher stets etwas neues und interessantes zu erzählen hatte. Denn in Italien hatte er nicht nur eifrig studiert, sondern auch die Merkwürdigkeiten, mit welchen Natur und Kunst dies Land so reichlich begabten, sorgfältig betrachtet und daselbst mehrere der berühmtesten Männer jener Zeiten kennen gelernt.

Auch die Höfe der deutschen Fürsten waren ihm nicht ganz fremd und dadurch, sowie durch seine Reisen, hatte er sich eine, bei Leuten seines Standes damals seltene Gewandtheit im Umgange mit Höheren und einen feinen, richtigen Takt für das den Mönchen sonst so wenig bekannte Weltleben verschafft.

So fehlte es ihm also weder an Gabe noch an Stoff zur Unterhaltung, und noch immer hatten seine Gäste die Klostertafeln nicht nur in Rücksicht auf den Gaumen, sondern auch in Hinsicht des geistigen Genusses ganz befriedigt verlassen. Desto unangenehmer war es daher dem Abte auch, daß gerade heute, wo er alle Kräfte anstrengte, es ihm nicht gelingen wollte, sie gut zu unterhalten. So oft er nämlich auch von den Wundern Roms, von den Herrlichkeiten dieser alten Welthauptstadt zu erzählen begann, so anziehend er seine Besuche bei mehreren berühmten Männern beschrieb: das Gespräch lenkte sich doch immer wieder auf einen Punkt, der den Anwesenden gerade damals wichtiger erschien, als alle Merkwürdigkeiten der Hauptstadt der Welt – auf den schon oben erwähnten Bauernkrieg.

Es schien auch wirklich sonderbar, daß Abt Sebastian nicht über diesen Punkt sprechen wollte, denn auch er hatte den Anfang und Fortgang dieses furchtbaren, mit so schweren Gefahren drohenden Kampfes mit ernstprüfenden Blicken beobachtet und dabei nicht unterlassen, im Stillen schon die ihm am zweckmäßigsten scheinenden Maßregeln deswegen vorzubereiten. Auch er erkannte die Gefahr in ihrem ganzen Umfange, aber er legte bei der Berechnung der ihm zu Gebote stehenden Mittel zu viel Gewicht auf seine Persönlichkeit und auf die Macht seiner Beredsamkeit, ohne zu bedenken, daß der aufgereizte Pöbel ihm vielleicht nicht einmal die Gelegenheit geben werde, durch beides auf ihn einzuwirken.

Deswegen erschien er aber auch, selbst als die Gefahr näher und drohender wurde, so ruhig und unbesorgt, daß seine Nachbarn, der bekannten scharfsinnigen Klugheit des Abts auch diesmal trauend, ebenfalls mit weniger Besorgnis dem nahenden Ungewitter entgegenblickten.

Um so stärker mußte es also jetzt mehreren der Gäste, welche gerade, um sich deswegen seinen Rat zu holen, in's Kloster gekommen waren, auffallen, daß der Abt das Gespräch immer wieder vom Bauernkriege abzulenken suchte, denn sie wußten nicht, daß er dies wegen eines mit ihnen an der Tafel sitzenden Mannes tat.

Es war dies eine lange, hagere Gestalt mit einem Paar kleiner, tiefliegender Augen, lauernder Miene und einem widrigen Lächeln um den Mund, genannt Idelhauser von Ulm, wo er Prediger gewesen und der neuen Lehre wegen in Verdacht gekommen war, seine Irrtümer aber hierauf öffentlich und feierlich abgeschworen hatte. Seitdem lebte er im Kloster Zofingen und wurde hier, als ein gar kluger und gewandter Unterhändler, häufig in Geschäften gebraucht. Auch jetzt gerade war er auf einer Reise in den Angelegenheiten seines Klosters begriffen und hielt sich, angeblich weil die Bewegungen unter den Bauern der Umgegend ihn nicht weiterreisen ließen, schon etliche Tage zu Lorch auf.

Dem Abte hatte er sich verdächtig gemacht durch sein geheimnisvolles, lauerndes Wesen und durch die Wanderungen, die er beinahe jeden Tag vom Kloster aus unternahm, wobei er dann meistens erst spät am Abend zurückkehrte. Mehrmals hatte zwar Sebastian ihm Leute nachgeschickt, um den Zweck dieser Wanderungen zu erforschen, allein der listige Idelhauser wußte sie jedesmal zu täuschen; bald trafen sie ihn in einer alten Waldkapelle betend, bald im Gehölze Pflanzen suchend an, und dabei gebärdete er sich so unschuldig, daß die Gesandten des Abts stets unverrichteter Dinge zurückkamen. So lag fortwährend ein dichter Schleier über dieses Mannes Tun und Treiben, und obwohl Sebastians durchdringender Verstand auch hier die Wahrheit ahnte, so verbot doch seine Klugheit ihm, es sich merken zu lassen, solange er nicht Gewißheit oder doch größere Wahrscheinlichkeit erlangt hätte.

Gerade heute aber schien ihm der Verdacht eines heimlichen Einverständnisses mit den aufrührerischen Bauern, den er schon früher gegen Idelhauser gehegt hatte, immer begründeter zu werden. Denn wie lauschte nicht dieser auf jedes Wort, welches seine Nebensitzer, ein paar der Zerstörung des Klosters zu Kempten entflohene Mönche, von dem furchtbaren Weiterumsichgreifen des Aufruhrs in Oberschwaben verlauten ließen! Wie geschickt wußte er nicht durch Fragen diesen und jenen Umstand, besonders was die Rüstungen des schwäbischen Bundes gegen die Bauern betraf, zu erfahren. Mochte der Abt sich auch alle Mühe geben, das Gespräch von diesem Punkte abzulenken, und Sebastian gab endlich lieber nach, als daß er irgend eine auffallende Art, wie zum Beispiel durch Aufhebung der Tafel, die ihm unangenehme Unterhaltung hätte abschneiden sollen.

Während nun also der Abt wenig Teil am Gespräch nahm, wurde dies von der übrigen Gesellschaft desto eifriger fortgesetzt, und vornehmlich einer der Gäste schien mächtig davon ergriffen. Dies war ein Benediktiner aus Murrhardt, Vater Maternus, gewöhnlich aber nur der alte Mönch genannt, ein Mann von mächtiger Gestalt, die, obwohl die Last der Jahre seinen Nacken etwas gekrümmt hatte, doch noch aufs deutlichste zeigte, daß früher gewaltige Kraft und Stärke in dem Greise gewohnt haben mußten. Nur sparsame Haare deckten zwar den kahlen Scheitel, aber das dunkle Auge blitzte noch, so oft der Greis in Eifer geriet, mit wunderbarem Feuer und laut durchtönte der Klang seiner kräftigen Stimme die hohen Wölbungen der Halle.

Das Interesse, welches sein Äußeres schon erregte, verstärkte noch das Dunkel, das über seiner Herkunft lag.

Er war einmal vor etwa zwanzig Jahren, von einem einzigen Knechte begleitet, vor die Klosterpforte zu Murrhardt gekommen und hatte unter die Zahl der Klosterbrüder aufgenommen zu werden begehrt. Da er mit ansehnlichen Schätzen von Gold und Edelsteinen kam, so nahm man ihn gerne auf, und seitdem erfüllte er streng alle Pflichten, die sein Stand ihm auferlegte. Über die Frage, wer er sei, gab es mancherlei Meinungen, doch stimmten die meisten darin überein, daß sie ihn für einen des Weltlebens satt gewordenen Kriegsmann hielten, was auch das ganze Benehmen und Aussehen des Greises zu beurkunden schien.

Dieser Mann nun hatte eben eine gewaltige Rede wider die aufrührerische, ketzerische Bauernrotte begonnen, als plötzlich der rauhe, starke Ton des Wächterhornes, seine Rede noch übertönend, alle Anwesenden, den Abt selbst nicht ausgenommen, von ihren Sitzen aufjagte.

Sebastian hatte sich zuerst wieder gesammelt und brach das Schweigen, indem er seinem Sohn befahl, sich nach der Veranlassung jener Töne zu erkundigen.

Dieser verließ schnell den Saal, kam aber bald wieder zurück in Begleitung des Klosterpförtners, dessen schreckensbleiches Gesicht nicht die beste Kunde hoffen ließ.

»Was gibt es, Bruder Thomas?« redete der Abt ihn an, und jener entgegnete: »Es hält ein Reisiger vor dem Tore, vom Probst zu Backnang gesendet, der Euch zu sprechen begehrt; er bringe, sagt er, Nachricht von den aufrührerischen Bauern.«

»Laß ihn herein, erquick ihn mit Trank und Speise und führ ihn dann sogleich hierher«, so lautete des Abts Befehl, welchen auszuführen der Pförtner schnell die Halle verließ.

Als er fort war, sah der Abt rings im Kreise herum und sprach: »Ich seh' euch erschrocken, meine edlen Herren und Gäste, ihr erwartet schlimme Nachrichten? Ich – hoffe keine guten. Doch komme, was da will, wir stehen im Schutze des Herrn, auf ihn wollen wir vertrauen, an ihn uns wenden in unserer Not.«

Er faltete still die Hände zum Gebet, sich in seinem Lehnstuhle zurücklegend, die übrigen folgten seinem Beispiele, Albrecht kniete am Sitze seines Vaters nieder und tiefe Stille herrschte, bis man im Vorsaale die klirrenden Fußtritte des Reisigen vernahm.

Jetzt wandten sich alle Blicke erwartungsvoll nach der Türe; ein stattlicher Kriegsmann trat herein, grüßte ehrerbietig die Gesellschaft und schritt dann gegen des Abts Stuhl vor, wo er also begann:

»Der Probst von Backnang entbeut Euch seinen Gruß, ehrwürdiger Herr, und läßt Euch melden, wie, leider! am heiligen Ostertage die aufrührerischen Bauern Weinsberg, Burg und Städtlein, eingenommen und dabei schrecklich gewütet, den Grafen von Helfenstein und etliche und siebenzig Ritter und Knechte durch die Spieße gejagt haben.«

Mit Entsetzen vernahmen die Anwesenden diese Schreckenskunde, endlich aber nahm der Abt, der einzige, welcher nebst Idelhauser die Fassung noch ein wenig behalten hatte, das Wort und sprach: »Edle Herren und Freunde, nicht Zeit ist's jetzt, die Gefallenen zu beklagen, die Gefahr ist groß und nahe, darum ist es nötig, kräftige und kluge Maßregeln zu fassen, damit wir ihr nachdrücklich begegnen können, wenn sie auch über unsere Gauen hereinbrechen sollte. Also mein' ich, ihr edlen Ritter, und Ihr, Maternus, brecht morgen mit dem Frühesten auf, verkündigt zu Hause, was ihr soeben vernommen, und teilt die Schreckenskunde auch euren Nachbarn mit. Rüstet euch gegen etwaige Angriffe, versehet Burgen und Klöster mit allem Nötigen, wählt unter euern Leuten die tüchtigsten und zuverlässigsten aus, versammelt sie um euch und entwaffnet die übrigen. Ich will sogleich nach Schorndorf an den Obervogt und nach Stuttgart Botschaft senden, damit man uns Hilfe schicke. Und nun schlaft wohl, edle Herren und Gäste, gedenkt in eurem Gebete auch unserer gerechten Sache und traut auf den, der da helfen kann in jeder Not.«

Hiermit erhob sich der Abt von seinem Stuhle, ihm folgte sein Sohn und beide gingen schweigend durch eine Nebentür ab; das war auch für die übrigen Anwesenden das Zeichen zum Aufbruche. Jeder eilte seiner Schlafstätte zu, aber nur die Augen weniger besuchte in dieser Nacht der erquickende Schlaf.

Voll banger Ahnungen und schwerer Sorgen saß Abt Sebastian in seinem Gemache, er hatte den Kriegsmann noch einmal zu sich beschieden, und was er von diesem noch weiter erfuhr, war gar nicht geeignet, seine trübe Stimmung zu verscheuchen.

»So ist's denn wirklich wahr«, sprach er bei sich, »was ich bisher noch nicht ganz glauben wollte, ist's wirklich wahr, daß die heilige Scheu vor den Gotteshäusern und ihren Bewohnern, der unterwürfige Gehorsam gegen die Herren nun völlig aus den Gemütern der Bauern gewichen ist! Hat das verfluchte ketzerische Gift des Wittenberger Mönchs und seiner Genossen sich schon so tief eingefressen in jene rohen Seelen, daß sie vor dem Heiligsten keine Ehrerbietung mehr haben, daß sie das Frevelhafteste zu beginnen wagen! Die Klöster sinken in Trümmer, die Burgen der Edlen zerstört der Feuerbrand, geschleudert von der Hand ihrer eigenen aufrührerischen Untertanen. Die heilige Kirche wankt, in ihren Grundfesten erschüttert, und das uralte Gebäude des heiligen römischen Reichs ist seinem Untergange nahe. – O Maximilian, kaiserlicher Held, solche Zeiten mußten auf Deine glorreiche Regierung folgen! – Furchtbare Stürme brausen um uns, und von allen Seiten bricht die gewaltige Flut ruchloser Empörung auf uns ein! Bin ich bestimmt, o Herr! zu schauen den Sturz Deines Heiligtums, soll ich vielleicht mit fallen unter seinen Trümmern? – Herr! wie Du willst! Freudig empfange ich die Märtyrerkrone wenn

Du gebeutst! Dann steig' ich ja gereinigt empor zu Dir, Allerhöchster, dann seh' ich Dich wieder, mein Vater, Dich, teurer Oheim, und Dich, deren Namen ich nicht mehr aussprechen darf, die Du, ach! nur auf zu kurze Zeit die dunkle Nacht meines Lebens erleuchtetest!«

Der Abt, von Wehmut überwältigt, faltete die Hände und ein wohltätiger Schlummer senkte sich auf sein sorgenschweres Haupt.

Freundlich beleuchtete der Frühlingssonne heitrer Strahl Sebastians Gemach, als er aus schweren Träumen erwachte. Er trat an das hohe Fenster, dessen buntbemalte Scheiben in farbigem Lichte spielten, öffnete es und schaute hinaus. Da lag vor ihm das anmutige Wiesental, das die Rems durchschlängelte und waldige Hügel bekränzten, über denen sich die höheren Berggipfel in lieblicher Morgenbeleuchtung malerisch erhoben, indes im Tale unten die Sonne mit dem Nebel kämpfte, der sich gerade zerteilte und einzelne Streifen vom Wiesengrün hervorblicken ließ. Eben läutete im Dorfe die Morgengebetglocke, vom Klosterturme antworteten ihre dumpfen Klänge und der Abt verrichtete sein Gebet.

Hierauf alle Kraft des Geistes zusammennehmend, trat er gefaßt in die Speisehalle, wo er seine Gäste schon zum Morgenimbiß versammelt antraf. Man konnte es mehr oder weniger deutlich auf ihren Gesichtern lesen, daß sie die Nacht gar unruhig hingebracht hatten. Vornehmlich trug Albrecht die kenntlichsten Spuren einer unter Tränen und schwerer Bekümmernis durchwachten Nacht an sich, verschwunden war seiner Wangen frisches Rot, die Augen trüb, rötlich und mit blauen Ringen unterlaufen, und die kräftige Raschheit seiner Bewegungen hatte einer matten Erschlaffung Platz gemacht.

Wohl bemerkte dies der Abt und indem er ihm näher trat und des Jünglings bleiche Wangen streichelte, sprach er zu ihm mit bewegter Stimme: »Die Schreckenskunde hat Dich wohl recht hart ergriffen, mein Sohn? O stärke dich mit ausharrendem Mute, denn unsere Zeit kann noch manches ähnliche, ja ärgeres bringen.«

Unvermögend zu sprechen, faßte der Jüngling Sebastians Hand und bedeckte sie mit heißen Zähren; dieser aber, um seine Rührung zu verbergen, machte sich sanft von ihm los und wandte sich gegen die Gesellschaft, zu welcher er mit gefaßtem Tone sprach: »Nun, meine werten Gäste erquicket euch mit Trank und Speise, und dann frisch ans Werk, mit Gott wollen wir jenen frevelhaften Rotten und ihrem ruchlosen Beginnen wohl widerstehen.« Hierauf, nachdem er etwas von dem Morgenimbiß gekostet und seinen Gästen ein Lebewohl gesagt hatte, entfernte er sich.

Einige Stunden nachher herrschte rege, lebendige Tätigkeit in dem sonst so stillen Kloster. An der Türe der Abtswohnung standen etliche Mönche reisefertig, um die letzten Befehle ihres Gebieters zu empfangen. Unter ihnen war auch Albrecht, der sich gerade jetzt ungerne vom Abte entfernte, aber dennoch, dessen bestimmt gegebenen Befehle gehorchend, sich schweren Herzens zur Reise gerüstet hatte. Sebastian erinnerte noch einmal alle, ihre Aufträge gut und ohne Säumen auszurichten, dann winkte er und die Mönche zogen ab. Der Abt schaute ihnen noch eine zeitlang schweigend nach, dann sprach er vor sich hin: »So kämest denn Du doch in Sicherheit, mein Liebling; stirbt auch der alte Stamm ab, so ist doch der junge Ast gerettet.«

Hierauf wandte er sich rasch um und schritt in den Klosterhof, wo eben die Knechte beschäftigt waren, alte, rostige Waffen zu putzen und ein paar Steinstücke, die noch vom Aufruhr des armen Konrad her im Kloster standen, zuzurüsten. Er sagte etliche aufmunternde Worte zu ihnen und ging dann weiter.

Von den Knechten aber, die mit den Steinstücken beschäftigt waren, sprach der eine zu seinem Genossen: »Kommt Dir's nicht seltsam vor, Hans, daß in dem Kloster da, wo bisher nur das Meßglöcklein ertönte, nun plötzlich Waffen klirren und Steinkästen rasseln?«

»Ei, es gehen wirklich wohl noch seltsamere Dinge vor in der Welt«, war die Antwort. »Glaubst Du denn, es werde immer beim alten bleiben, daß wir die Knechte sind und Herren und Mönche sich von unserer Arbeit mästen? Wir sind so gut Menschen, als sie, und haben gleiche Rechte mit ihnen. Wollen sie

uns diese nicht freiwillig geben, so nehmen wir uns dieselben mit Gewalt.«

»Ei, so rede doch nicht so tolle Worte«, sprach sein Genosse, »gib acht, wenn's einer der Herren hörte, es könnte Dir übel ergehen.«

»O, vor den Herren fürcht ich mich nicht mehr«, – entgegnete Hans, – »ich denke wohl bald selbst ein Herr zu sein!«

»Du ein Herr?« spottete sein Genosse,»ich möchte doch auch wundershalber sehen, wie Dir das Ritterwams und das Barett mit Reiherfedern ständen.«

»Wirst's wohl bald sehen, Du elende Knechtsseele«, brummte der andere und ließ seinen Gefährten stehen, der ihm verwundert nachblickte, den Kopf schüttelte, einem andern Knechte rief und mit dessen Hilfe die begonnene Arbeit fortsetzte. Da ertönte plötzlich Pferdegetrappel vor dem Kloster, die gewaltigen Torflügel öffneten sich und herein stürmte Ritter Christoph von Degenfeld mit zwei Knappen. Rasch vom Pferde springend, rief er laut: »Wo ist euer ehrwürdiger Herr, der Abt, ihr Knechte?« Sie wiesen ihm den Ort, wo Sebastian eben gestanden war, dieser jedoch hatte beim wohlbekannten Ton der Stimme des Ritters sich schon aufgemacht und trat ihm schnell entgegen.

»Schlimme Nachricht, Herr Abt!« rief ihm der Degenfelder zu, »die Schenkischen Bauern haben sich empört und drohen hereinzufallen in's Remstal, ihre Zahl mehrt sich stündlich, denn wer nicht ihnen zuzieht, dem brennen sie das Haus ab oder schlagen ihn gar tot. Doch wie ich sehe, seid Ihr schon wacker daran, Euch zu rüsten. Wenn's Euch recht ist, bleib' auch ich bei Euch und helf' Euch das Kloster schirmen gegen die Rotten der Bauern; Ihr habt mir vor langen Zeiten auch einmal das Leben gerettet, jetzt will ich versuchen, ob ich Euch Euern Dienst vergelten kann!«

»Mit herzlichem Danke nehm' ich Euer Anerbieten an«, entgegnete der Abt, dem Ritter die Hand reichend; »wir sind hier eines Kriegsmanns wohl benötigt, denn wir armen Mönche wissen freilich mit Waffen und Geschütz gar schlecht umzugehen. Doch geht hinauf und erquickt Euch, der Bruder da soll für Eure Knechte und Rosse sorgen, ich sehe dort eine Botschaft aus dem Dorfe kommen, die wahrscheinlich mich angeht.«

So war es auch, der Anführer der Abgesandten trat, ehrerbietig sich verbeugend, vor den Abt und sprach: »Ehrwürdiger Herr! Ihr habt Knechte hinabgeschickt in's Dorf, um uns die Waffen absondern zu lassen, wir aber mögen und können gerade jetzt, da die Aufrührer in der Nähe sind, und selbst bei uns drunten etlich lose Gesellen sich befinden, sie nicht herausgeben, daher bitten wir Euch, nehmt den Befehl wieder zurück, dafür versprechen wir Euch, nichts anders gegen Euch und das Gotteshaus Lorch zu handeln, als wie es frommen Leuten und gehorsamen Untertanen gebührt.«

»Ich trau' auf Euer Versprechen, Wolfram«, entgegnete der Abt, »denn ich hab' Euch schon früher treu erfunden. Behaltet also Eure Waffen, aber sorgt dafür, daß die Gutgesinnten sich vereinen und habt mir ein eifriges Augenmerk auf die Unzuverlässigen. In Eure Hände übergeb' ich die Obhut meines Dorfes Lorch, betragt Euch, wie's einem Biedermann gebührt.«

Dies versprach auch der Anführer der Abgeordneten nochmals auf's heiligste und zog hierauf mit seinen Begleitern wieder ab, Sebastian aber begab sich in die Abtswohnung zum Degenfelder.

Da trat vorsichtig herumschauend Idelhauser aus der Klosterhalle, winkte dem oben schon genannten Knecht und sprach zu ihm: »Hast Du's gehört, Hans, was der Ritter sagte? Der Schreiber hat Wort gehalten, sie werden wohl bald hier sein. Wenn nur der Degenfelder nicht wäre, der hat ein paar gewaltige Fäuste und wird uns wohl heiß machen.«

»Sorgt nicht«, entgegnete Hans, »die Unsern kommen doch herein, und wenn noch zehn Ritter da wären; der Abt hält von alten Zeiten her noch viel auf mich und hat mir für den Fall eines Angriffs die Wache am Tor vertraut, da will ich's denn schon so einrichten, daß sich dieses zur rechten Zeit öffnet.

Säumt nur Ihr Euch nicht, geht hinunter in's Dorf, stärkt die Unsrigen, und werbt mehr Genossen, denn sonst könnte uns der Wolfram drunten einen garstigen Streich spielen!«

Idelhauser zog ab und der Knecht ging an seine Arbeit zurück.

Indes war es Mittag geworden, die Speisehalle füllte sich, aber es war ein gar trübes Essen, denn die Besorgnisse wegen der herannahenden Gefahr wurden durch gegenseitige Mitteilung und Austauschung bei den einzelnen noch vergrößert, und zuletzt waren die meisten in düsteres Nachdenken versunken, nur der Abt und sein ritterlicher Gast unterhielten sich noch miteinander.

Auf einmal ertönte ein lautes Geschrei im Hofe drunten, erschrocken sprangen alle auf und liefen an die Fenster. Siehe, da stiegen drüben, wo die Zinnen der Stauffenburg über die näherliegenden Berge hervorragten, dichte Rauchwolken in die Höhe, zwischen welchen da und dort die rötliche Flamme emporschlug. Noch ragten die Türme und der Giebel des Herrenhauses im mittelsten Burgraume über dem Qualm hervor, bald aber schlängelten sich auch an ihnen einzelne Feuerstreifen hinauf und kurz darauf standen sie in vollen Flammen. Nun brannte alles zusammen, ungeheure Rauchwolken stiegen wirbelnd in die Höhe, bis der ausgebrannte Bau niederstürzend das Feuer auslöschte und von der Brandstätte nur noch dunkler Qualm aufdampfte.

Voll Erstaunen und Entsetzen hatten die Mönche dem furchtbaren Schauspiele zugesehen, nur einzelne Schreckensrufe hörte man aus der Mitte der bleichen, zitternden Schar ertönen, endlich rief der Abt: »Gerechter Gott, die alte herrliche Kaiserburg brennt! Das haben gewiß die Bauern getan! – Warum steigst Du nicht herauf aus Deinem finstern Gemache, furchtbarer Barbarossa, um Dein Stammschloß zu beschützen gegen die frevelhafte Rotte!«

»Ei, es bedurfte wahrhaftig der Gestorbenen nicht zum Schutze der Burg, hätten nur die Lebenden ihre Pflicht getan; lag ja doch der Vogt Stauffer mit etlich und fünfzig Knechten darin und hatte Kriegsbedarf und Mundvorrat auf mehrere Monate«, sprach der Degenfelder.

»Gott weiß, was für eine Schändlichkeit auch hier den Empörern zur Eroberung des Schlosses verholfen hat«, entgegnete der Abt. »Doch wir werden bald hiervon nähere Kunde erlangen, denn wenn ich recht sehe, so kommen dort einige Lorcher mit einem fremden Kriegsmann den Berg herauf, die wissen vielleicht mehr von dieser Trauergeschichte.«

Es war auch wirklich so, wie der Abt vermutet hatte, der Kriegsmann war einer von den wenigen, welche der Wut der Bauern bei der Einnahme von Hohenstaufen entkamen, und der nun also zu erzählen begann:

»Unser Vogt Georg Stauffer war mit etlichen Knechten nach Göppingen geritten, um sich von dem Obervogte daselbst wegen gemeinsamer Gegenwehr gegen die Aufrührer zu beraten. Aber kaum einige Stunden nach seinem Abzuge wimmelte es schon rings um die Bergkuppe herum von Bauern. Der größte Haufen, der meist Feuergewehre trug und auch etliche Stücke Geschütze bei sich führte, hatte das Dorf Hohenstaufen besetzt und pflanzte seine Stücke vor demselben gegen die Burg auf. Vom Rechberge her kam eine andere Schar, die dritte über Straßdorf dahergezogen, es waren zusammen wohl dreitausend streitbare Männer.«

»Wer führte sie an?« fiel der Abt ihm in die Rede.

Die Antwort war: »Wolfgang Kyrßenbeißer, Pfarrer zu Frickenhofen, und einer von Westheim, genannt Judenhut der Schreiber.«

»Wie? Jener ketzerische Priester, welcher beständig auf die Klostergeistlichkeit loszieht, und jener nichtswürdige Schreiber, dessen einziges Geschäft darin besteht, überall Hader und Unzufriedenheit zu verbreiten!« rief Sebastian, »das sind würdige Hauptleute einer Schar von Empörern!«

Der Fremde aber fuhr fort zu erzählen, wie nach kurzer Gegenwehr der Befehlshaber der Burg, Michael Reissenstein, den Bauern die Schlüssel über die Mauer geworfen und sich hierauf heimlich entfernt habe, wie die Bauern hineingedrungen seien und bis auf wenige, die so glücklich waren, sich zu retten, alle Bewohner des Schlosses niedergemacht hätten.

»Schmach über den Reissenstein, daß er die Burg so feig aufgab!« schrie der Degenfelder, »uns sollen die Hunde von Bauern, wenn sie sich zu nähern wagen, besser gerüstet finden! Begebt Euch jetzt nur hinauf, ihr geistlichen Herren, und überlaßt mir die Sorge für die Sicherung des Klosters. Der Kriegslärmen möchte euch erschrecken, und wenn die Knechte eure bleichen Gesichter sehen, auch ihnen der Mut entfallen. Seid unbesorgt, solange der Degenfelder lebt, gewinnen die Empörer euer Kloster nicht!«

Die Mönche entfernten sich mit ihrem Abte, Christoph von Degenfeld aber rief die Knechte zusammen, untersuchte ihre Waffen und ermahnte sie, männlich auszuhalten im Kampfe; hierauf ließ er das Tor verrammeln und die Steinstücke auf einen basteiartigen Vorsprung der Klostermauer führen, von wo aus man die zum Kloster führende Hauptstraße beschießen konnte. Er stellte Wachen aus und begab sich erst spät abends hinauf in die Halle, um die dort versammelten Geistlichen zu beruhigen.

»Seid nur ohne Furcht, ehrwürdige Herren, ich denke, wir wollen das ketzerische Gesindel gleich beim ersten Angriff so empfangen, daß ihm die Lust zum zweiten vergeht. Und wenn's auf's schlimmste kommt, je nun, so wird's mir wenigstens an einem ehrlichen Rittertod nicht fehlen!«

Aber den Mönchen wollte der Schluß seiner Rede gar nicht gefallen, denn wenn auch Degenfeld im Handgemenge sterben konnte als ein Held, was für ein Tod wartete ihrer? Zum mindesten mußten sie befürchten, gleich Schafen hingeschlachtet, vielleicht gar wie die Weinsberger durch die Spieße gejagt zu werden.

Schon die schrecklichen Ereignisse, welche sie seit kurzer Zeit teils gehört, teils sogar mit angesehen, hatten ihre Gemüter mit banger Furcht und trüben Ahnungen erfüllt und die Verteidigungsanstalten vermochten weder jene zu zerstreuen, noch diese zu verscheuchen. Vielmehr vergrößerte der ihnen so ungewöhnte Lärmen der kriegerischen Zurüstungen, das Klirren der Waffen und der rauhe Ton, der von Zeit zu Zeit einander zurufenden und antwortenden Wachen noch ihren Schrecken.

So schlichen denn also die meisten nach beendigtem Abendimbiß mit kummervollen Gedanken und schwerem Herzen in ihre Zellen, in banger Erwartung der nächsten Ereignisse.

Tiefe Stille herrschte rings umher bis nach Mitternacht, dann aber vernahm man vom jenseitigen Talabhange herüber ein Geräusch, wie wenn der Wind durch die Wälder brauste; aufmerksam lauschten die Wachen, das Getöse nahm zu, bald meinten sie vieler Stimmen verworrenen Laut zu vernehmen und weckten den Ritter.

Aber so leise dies auch geschah, so vernahmen es doch die schlaflosen

Bewohner der Klosterzellen und das ganze Kloster geriet in Aufruhr, überall öffneten sich die Zellen und bleiche Gestalten stürzten heraus; es schien, als habe sich das Geisterreich aufgetan und mit seinen unheimlichen Bewohnern die Klostergänge bevölkert. Als nun vollends ein zweiter Bote einher gerannt kam mit dem Rufe: »Sie sind's, sie kommen!« da erreicht die Verwirrung den höchsten Grad. Ein Teil der Mönche lief wehklagend hin und her, und wenn dann von ungefähr in den schmalen dunklen Gängen zwei aufeinander stießen, so wähnten beide auf Feinde gestoßen zu sein, und beide rannten, laut aufschreiend, rückwärts. So war es bei der Mehrzahl, nur einige der jüngsten, rüstigsten begehrten Waffen, um sich an die Verteidiger des Klosters anzuschließen. Die ältesten, weder für Schrecken noch für Freude mehr so empfänglich und beweglich als die jungen, schienen in stiller Ergebung ihr Geschick zu erwarten; sie sammelten sich, als man endlich Fackeln herbeibrachte, und zogen miteinander schweigend in die Klosterkirche.

Am meisten Standhaftigkeit zeigte der Abt, ruhig wandelte er unter dem Lärmen hin und her, suchte die Ordnung wieder herzustellen und gab kaltblütig die nötigen Befehle.

Als er, von zwei Mönchen, welche Fackeln trugen, begleitet, hinaustrat in den Hof, um hier die Verteidiger des Klosters nochmals anzureden und zu entschlossener Gegenwehr zu ermuntern, erschien er wie ein höheres Wesen. Die Flamme der Fackeln, vom Winde hin und her bewegt, warf einen unsteten Schimmer auf das bleiche, geisterähnliche Antlitz, auf die schwarz verhüllte Gestalt, deren einzelne Teile bald sich im hellen Licht hervorhoben, bald wieder in den Schatten zurücktraten. Stärker als gewöhnlich klangen die Worte des Abts durch die finstere Nacht, indes wie der fernen Brandung hohles Brausen vom Tale her das Getümmel der herannahenden Bauern vernommen wurde.

Bald erhob sich im Dorfe drunten ein wilder Lärmen, in den sich das Klirren der Waffen mischte und aus dem man deutlich Wolframs Stimme unterscheiden konnte: »Hierher, wer getreu zu Lorch hält!« rief der wackere Mann, »schlagt sie nieder, die eidbrüchigen Verräter!« Darauf begann von beiden Teilen der Kämpfer ein lautes Geschrei und der Lärmen des Handgemenges wurde stärker.

Lautlos horchten die im Kloster, schon über eine halbe Stunde dauerte nun mit gleicher Heftigkeit der Kampf fort; endlich schien das Gefecht eine entscheidende Wendung zu nehmen, und zwar zum Nachteil der Aufrührer, denn das Getümmel des Kampfes entfernte sich, es wurde immer stiller, und zuletzt begannen jenseits der Rems vom Abhange der Hügel einzelne Feuer aufzuflackern, um die man sich die Leute lagern sah, indes andere ab und zu gingen.

»Die Bauern haben sich zurückgezogen«, rief der Ritter; »die Gefahr ist vorüber, wir sind gerettet!« so tönte es von allen Seiten, und die Mönche liefen der Klosterkirche zu, um hier Gott für die unverhoffte Rettung zu danken.

Da pochte es auf einmal am Klostertore an. »Wer ist drunten?« rief der Degenfelder hinab, und keuchend rief eine Stimme herauf: »Rüstet euch, ihr Herren, bald werden die Empörer herangezogen kommen!«

»Sind sie denn nicht geschlagen?« fragte erstaunt der Ritter. »Ja! freilich hatten wir sie schon über die Rems zurückgejagt und auch einige Stücke ihnen abgenommen, aber der Wolfram fiel, und nun gelang es Idelhausen, nicht nur Frieden, sondern sogar eine Vereinigung zu stiften. Wer noch treu am Kloster hält, hat sich versteckt oder geflüchtet und die Empörer sind Meister des ganzen Ortes.«

»Habt Dank für die Nachricht«, rief der Ritter hinab, »sie sollen nur kommen, wir werden sie zu empfangen wissen.«

Die Gestalt entfernte sich, der Degenfelder aber brachte die Schreckenskunde dem Abte. Nun durchtönte aufs neue Jammergeschrei und Wehklagen die Hallen des Klosters, der Ritter aber rüstete alles zum kräftigsten Widerstande.

Unweit der Bastei stand sein Roß angebunden, daneben lehnte seine Lanze, damit er wenigstens, wenn alles verloren wäre, ritterlich kämpfend sterben könnte.

Indes brach die Morgendämmerung an, verwirrtes Geschrei tönte aus der Tiefe und man konnte nun schon ziemlich deutlich sehen, wie die Bauern zum Angriff heranzogen.

Ruhig stand Christoph von Degenfeld auf seiner Bastei, zwei Knechte mit brennenden Lunten neben ihm; der wilde Haufen kam näher. »Jetzt losgebrannt!« rief der Ritter; die Stücke knallten, und als der Wind den Rauch hinweggeführt hatte, da sah man deutlich, wie die feindliche Schar in ordnungsloser Verwirrung den Rückweg suchte.

»Das hat gut getroffen!« rief der Degenfelder; »nur frisch geladen, daß wir sie zum zweitenmale ebenso wacker empfangen können!«

Es stand ziemlich lange an, bis die Bauern sich wieder gesammelt hatten; vorsichtiger zogen sie heran, ihre Scharen breiteten sich rings am Fuße des Hügels aus, auch schleppten sie Geschütz herbei und Sturmleitern.

Da donnerten noch einmal die Stücke auf der Bastei, noch einmal stob der Haufen auseinander, aber schneller als das erstemal hatte er sich wieder gesammelt und rückte rasch gegen die Mauer heran. Als die Bauern hier ankamen, empfing sie ein tüchtiger Steinregen; die Kugeln aus kleinem Gewehr, und die Bolzen der auf sie gerichteten Armbrüste warfen manchen Stürmenden nieder. Dessen ungeachtet setzten sie die Leitern an und begannen herauf zu steigen, aber des Degenfelders Schwert schmetterte jeden nieder, der es wagte, die Mauern zu betreten, die Streitkolben seiner Knechte fielen schwer auf die Schädel der Bauern, und noch einmal entstand eine Pause im Angriff, noch einmal erfüllte Siegeshoffnung die Gemüter der Verteidiger des Klosters.

Aber plötzlich ertönte im Rücken Degenfelds das Geschrei: »Wir sind verraten!« Er schaute sich um und siehe! in dichten Massen stürmten die Bauern zu dem von dem Verräter Hans ihnen geöffneten Tore herein.

»Jetzt gilt's einen ehrlichen Rittertod!« rief Christoph von Degenfeld, schwang sich auf sein Roß, legte die Lanze ein, und sprengte so auf die Bauern los. Idelhauser war an ihrer Spitze. »Ha, Bube!« rief der Ritter, »Du wenigstens sollst für Deine Treulosigkeit büßen!« und ehe noch der Unglückliche durch eine geschickte Wendung ausweichen konnte, hatte ihm die Lanze schon die Brust durchbohrt; noch einmal furchtbar aufschreiend, sank er leblos nieder.

Entsetzen ergriff die Bauern, alles machte dem Ritter Platz, der, sein Roß in dem Haufen herumtummelnd, da und dort gewaltige Schwertschläge austeilte. Aber Hans, dies gewahrend, riß einem Bauer sein Feuergewehr aus der Hand, zielte, und des Degenfelders Roß stürzte tot zu Boden.

Jetzt fielen die Empörer über ihn her, doch er schwang noch immer unermüdlich und siegreich das Schwert, bis ihn ein Kolbenschlag an die Schläfe traf, da sank er mit dem Rufe: »Gott sei meiner Seele gnädig!« nieder und hauchte, von hundert Stichen durchbohrt, sein Leben aus.

Nun war der Widerstand bald vorüber, die Knechte nebst etlichen Mönchen, die sich ihnen beigesellt hatten, erlagen der Übermacht, und über ihren Leichen erhob der wilde Haufen ein furchtbares Siegsgeschrei. Schrecklich hallte dieses in den Ohren der Mönche wieder, die, mit ihrem Abte im Chor der Kirche versammelt, angstvoll auf den Ausgang des Kampfes harrten.

Die Bauern hatten sie hier bald aufgefunden, sie erbrachen die Kirchentüre und drangen in Menge herein. Aber auf einmal, als sie in die Mitte des Schiffs der Kirche gekommen waren, blieben die vordersten wie erstarrt stehen, denn hinten im Chore stand gleich einem Marmorbilde Abt Sebastian in voller Amtstracht, den Insul mit den flatternden Binden auf dem Haupte, in der Rechten ein silbernes Kreuz, hinter ihm erblickte man die Mönche in ihren schwarzen Gewändern, laut- und regungslos mit schreckensbleichen Gesichtern. Die Strahlen der Morgensonne fielen von hinten her auf die Gruppen, deren Häupter sie beleuchteten. Auch der Stauffen Bilder, die an den Wänden des Schiffs hingen, streiften einzelne Strahlen, und es schien, als ob sie drohend auf die Zerstörer ihrer Stammburg hinabblickten; Barbarossa rollte furchtbar die feurigen Augen, Friedrich der zweite blickte finster auf die Rotte nieder, und selbst Irenens liebliches Antlitz schien sich mit den Zügen ernsten Unwillens zu überziehen.

Zitternd standen die Bauern da, keiner wagte es, vorzutreten, keiner ein Wort zu sprechen, obwohl ihrer Genossen scheltendes Geschrei von draußen laut hereintönte. Da drängte sich durch die Reihen eine kleine dürre und häßliche Gestalt mit struppig emporstehendem Haar und aufgeworfener Nase; ein widerliches Grinsen verzerrte die Züge. Mit unbeholfener Regsamkeit sprang dies affenartige Wesen gegen den Chor hin.

Es war Judenhut der Schreiber. »Hoho!« rief er, »ehrwürdige Herren, treff' ich euch hier beisammen? Was macht ihr da für ernste Gesichter? Nur herab, jetzt kommt die Reihe an euch!« Mit diesen Worten faßte er die Stola des Abts und wollte ihn herabziehen, aber Sebastian erhob die Rechte, in welcher er das silberne Kreuz trug, und versetzte dem Schreiber einen solchen Schlag auf den Kopf, daß dieser besinnungslos niederstürzte und das Blut ihm stromweise über's Gesicht rann.

Noch einmal prallten die Bauern, die sich indes genähert hatten, zurück, rasch trat Abt Sebastian vor und rief mit donnernder Stimme: »Gott hat gerichtet, da liegt dein ruchloser Führer, du verworfene Rotte! Wehe dir, wehe deinen Kindern und Kindeskindern! Die Burg deiner Kaiser hast du frevelhaft zerstört, das Heiligtum der Gottheit verwüstet! Wehe! wehe! Ergehen wird es dir wie der Rotte Korah, das Feuer des Himmels wird dich verzehren und die Tiefe des Abgrunds dich verschlingen! Wehe! wehe!«

So rief der Abt, aber kaum hatte er geendet, da fiel ein Schuß und tödlich getroffen stürzte er nieder; mit Jammergeschrei stoben nun die Mönche auseinander, aber die meisten fanden ihren Tod unter den Streichen der wütenden Bauern, nur wenige entkamen durch eine verborgene Nebentür der Kirche.

Durch die nämliche Tür aber drängte sich gleich darauf eine hohe, jugendliche Gestalt mit zornfunkelden Augen und trat mitten unter die mit Plündern der Leichname beschäftigten Bauern.

»Fluch über euch, ihr Verworfenen!« schrie sie, »ihr habt gemordet den Geweihten des Herrn, euch treffe ewiges Verderben!«

Aber von allen Seiten erhoben sich drohend die Hellebarden gegen die Gestalt. »Das ist der Bastard, des Abts Sohn, schlagt ihn nieder!« riefen zehn Stimmen zugleich, und der Jüngling, entschlossen, zu sterben, stand ruhig da, den Todesstoß erwartend.

Da warf sich plötzlich ein Mann in geistlicher Kleidung zwischen ihn und die Bauern. »Zurück«, rief er, »im Namen des Allerhöchsten, zurück, du tolle Schar; ist nicht schon genug unschuldiges Blut geflossen, nicht schon genug das Heiligtum des Herrn geschändet? Zurück, oder ich rufe den Blitzen des allmächtigen Gottes, daß sie euch vertilgen!«

Ehrfurchtsvoll und halb erschrocken wichen die Bauern zurück, und bald fand sich Albrecht – denn dies war der Jüngling – mit seinem Retter in der Kirche allein.

Wie sinnlos starrte er auf die Leiche des Abts hin, indes der andere ihn mit wehmütiger Rührung betrachtete, bald jedoch seine Hand ergriff und sprach: »Eures Bleibens ist hier nicht, folgt mir, ich will Euch den Weg zur Rettung zeigen.« Der Jüngling ließ sich von ihm fortziehen, er brachte ihn durch die Nebentüre ins Freie, auf einen Fußpfad, der in den nahen Wald hinein ging, und hier sprach er: »Dieser Weg führt Euch nach Gmünd, folgt ihm, aber meidet die Heerstraße, der Herr geleite Euch!« Darauf sich umwendend, schritt er schnell dem Kloster zu; der Jüngling, wie aus einem schweren Traume erwachend, schaute ihm eine zeitlang nach und schritt dann auf dem von ihm betretenen Wege weiter.

Traurig wandelte Albrecht durch den frischbelaubten Buchenwald ohne recht zu wissen, wohin. Ein wildes Geschrei, das vom Tale herauf tönte, schreckte ihn zuerst aus seinen Träumen auf, und zu seinem Entsetzen bemerkte er auf der Landstraße eine starke Schar von Bauern, denen sein dunkles Gewand in dem noch ziemlich lichten Gehölze, an dessen Rande der Jüngling gerade einherschritt, aufgefallen war, und die nun teils ihre Feuergewehre auf ihn anlegten, teils in raschem Laufe gegen den Wald heranstürmten. Mehrere Kugeln pfiffen um den jungen Mann her, eine schlug sogar nahe bei ihm in einen Baumstamm, doch traf ihn keine; aber der Schrecken über die plötzliche Gefahr hatte seine Glieder gleichsam gelähmt und regungslos stand er da. Seine Verfolger hätten ihn gewiß erreicht, wären sie nicht auf dem Wege zu ihm auf unvorhergesehene Hindernisse gestoßen. Der Wiesenboden nämlich, über welchen sie dahinschritten, schon von Natur sumpfig, war durch die Frühjahrsüberschwemmungen der Rems, deren Spuren noch die hie und da stehenden Lachen zeigten, so weich geworden, daß die Bauern bei jedem Schritt tiefer einsanken, die vordersten von ihnen sogar am Ufer eines vom Bergesabhange herabfließenden Baches ganz Halt machen mußten. So gewann Albrecht Zeit, sich zu erholen und an seine Sicherheit zu denken; schnell verließ er den betretenen Pfad und rannte, von einigen neuen Kugeln erschreckt, geradezu waldeinwärts.

So war er schon ziemlich tief in den Wald hineingekommen, als er auf einmal auf die dicht verschlungenen Zweige einiger Buchen, die am steilen Abhange des Berges standen, trat, wähnend, es sei niederes Gesträuch, darunter fester Boden, und niedersank. Hätte sein weites fliegendes Kleid ihn beim Sturz nicht etwas aufgehalten, so wäre er zerschmettert an dem Gestade des Baches angelangt, wo er jetzt mit zerfetztem Gewande und an mehreren Stellen blutend, niederfiel.

Das Rütteln einer kräftigen Faust und der Ton einer rauhen Stimme brachte ihn wieder zu sich, er schlug die Augen auf und erblickte einen Mann vor sich, den zwei gewaltige Hunde begleiteten.

»Gottlob! daß Ihr doch wieder ein Lebenszeichen von Euch gebt«, sprach dieser; »schon meinte ich, Ihr seiet tot. Ja, es ist auch kein schlechter Sturz da herab von der schroffen Felsenwand, Eurem Kleid hier und den Ästen der Buchen habt Ihr's zu danken, daß Ihr noch am Leben seid. Schaut nur, wie die schwarzen Fetzen da und dort flattern.«

Den Jüngling ergriff ein Schauder, als er an dem Abhang hinaufblickte, von dem er soeben herabgestürzt war, und er dankte Gott innig für seine Rettung. Der Mann aber fing wieder an: »Ich bin des Klosters Förster von Alfdorf und kenne Euch wohl, junger Herr! Drum freut mich's auch gar sehr, daß Ihr wieder die Augen so kräftig aufschlagt; aber setzt Euch jetzt nur ohne Umstände auf meinen Rücken, damit ich Euch nach Hause bringe, dort sollt Ihr bald wieder hergestellt sein.«

Albrecht fühlte wohl, daß er auf seinen eigenen Füßen nicht würde weiter kommen können, denn die Wunden, die er da und dort erhalten hatte, fingen an, ihn gar heftig zu schmerzen; also nahm er willig das Anerbieten des Försters an, und dieser trug ihn ohne viel Beschwerde schnell in seine Wohnung, geleitete ihn auch, nachdem er sich hier bei sorgsamer Pflege völlig erholt hatte, nach Murrhardt.

Dieses Kloster hatte durch eine starke Brandschatzung und reichliche Lieferungen von Lebensmitteln Lorchs Mißgeschick von sich abgewendet, und Albrecht fand hier mehrere Mönche seines Klosters, die dem Blutbade glücklich entflohen waren. Ihre Erzählungen waren jedoch nicht geeignet, seinen tiefen Kummer zu mindern, wohl aber erregten sie in ihm eine heftige Sehnsucht, die Stätte, wo der Abt Sebastian gefallen war, noch einmal zu sehen. Als daher von Murrhardt ein Zug Wagen, mit Lebensmitteln beladen, nach Lorch abging, gewann er durch Geld einen der Fuhrknechte, daß dieser ihm nebst seiner Kleidung auch seine Stelle abtrat, und kam so am zweiten Morgen nach der Abreise in Lorch an.

So bald es ihm möglich war, eilte er hier in die Kirche, welche noch deutliche Spuren der Verheerung zeigte, obwohl die Bauern sich eifrig bemüht hatten, sie wieder zu reinigen. Denn es war ein Schrecken über sie gekommen, da sie bei Wegschaffung der Leichname Judenhuts Körper, trotz des sorgfältigsten Nachsuchens, nicht finden konnten, und sie meinten nun, ihn habe wegen frevelhafter Handanlegung an den Abt der Satan weggeschleppt.

Tiefe Wehmut ergriff den jungen Mann, als er am Altare die frischen Blutspuren erblickte; er warf sich nieder auf den kalten Boden und benetzte ihn mit heißen Tränen. Da fühlte er einen leichten Schlag auf die Schulter, fuhr erschrocken auf und erblickte seinen Retter aus den Händen der Bauern.

»Unbesonnener Jüngling!« sprach dieser ernst, »was führt Dich wieder hierher an diese unglückselige Stätte? Weißt Du nicht, daß wenn Du erkannt wirst, Dich niemand mehr vom Tode erretten kann?«

»Mögen sie mich morden«, rief Albrecht, »hier, wo sie meinen Vater und Herrn ermordeten; was hat das Leben noch für Wert dem heimat- und elternlosen Waisen!«

»Dort droben ist Dein Vater, Jüngling«, sprach sein Retter, »der Dir geholfen hat durch meine Hand, und auch ferner Dir helfen wird, weil er will, daß Du noch zur Wahrheit gelangest!«

»Zur Lüge, wollet Ihr wohl sagen, die Euer ketzerischer Lehrer, der fluchwürdige Apostate zu Wittenberg, verkündigt!« entgegnete heftig der Jüngling. »Nein, ehe das geschieht, so soll –«

Aber der Greis ließ ihn nicht ausreden; er drückte Albrechts eben zum Schwur sich erhebenden Arm nieder und sprach: »Frevelt nicht an dem Herrn, indem Ihr zu ruchlosem Schwure die Hand erhebt, die Wahrheit wird wohl schon von selbst, ohne menschliche Beihilfe, an den Tag kommen, und auch Ihr werdet sie einst noch erkennen. Jetzt ist das nötigste, daß Ihr wohl bedenket, in welche Gefahr Ihr Euch durch Eure Unbesonnenheit gestürzt habt, und daß Ihr suchet, so bald als möglich diese für Euch unheilvolle Stätte zu verlassen.«

Der ruhige Ton, mit welchem diese Worte gesprochen wurden, milderte auch des Jünglings Hitze, und er folgte willig seinem Begleiter, der in hinausführte in den Klosterhof.

Da war ein lustiges Leben, die Bauern hatten sich schon über die neuangekommenen Vorräte hergemacht und saßen gruppenweise geschart auf dem Pflaster. Fleißig kreisten die Becher voll funkelnden Weins, da und dort tönte aus rauhen Kehlen ein wilder Gesang. Vor dem Abteigebäude flatterte ein rotes Banner im Winde, auf welchem der Jüngling eine Waage und eine Glocke erkannte, das Wappen der Bauern, welches andeuten sollte, was sie begehrten, nämlich Gleichheit der Stände und freie Verkündigung der neuen Lehre. Es hatten hier die Hauptleute und Aufseher des gemeinen hellen Haufens, wie sie sich nannten, ihre Herberge aufgeschlagen, und ein lautes Geschrei tönte dem jungen Manne aus der Speisehalle entgegen.

Er wandte sich rasch ab, schritt dem Tore zu und nahm hier Abschied von seinem Begleiter, der ihm noch nachrief: »Zieh' im Frieden hin, mein Sohn, wir werden uns wiedersehen, bis dorthin lebe wohl! Der Herr sei mit Dir!« Darauf eilte er schnell in's Kloster.

Dieser Mann, der sich Albrechts nun schon zweimal so edelmütig angenommen hatte, war bei den Bauern unter dem Namen des Vater Ulrich bekannt und wurde von ihnen hoch verehrt. Er gehörte zu jenen Unglücklichen, welche damals, von Luthern und seinen Anhängern wegen abweichender Lehrmeinungen verstoßen, von den Katholiken aber grausam verfolgt, überall in Deutschland, in der Schweiz und in den Niederlanden herumirrten. Diese Leute, die später noch mehr bekannt gewordenen Wiedertäufer, wurden als die Haupturheber des Bauernkrieges angesehen, und mögen in ihrer verzweifelten Lage wirklich auch manches dazu beigetragen haben, die Flamme des Aufruhrs zu nähren und zu verbreiten. Doch gab es unter ihnen auch viele, welche durch ihre Sitteneinfalt, ihre schwärmerische Anhänglichkeit an die von ihnen als wahr erkannte Lehre und die fast unglaubliche Standhaftigkeit, womit sie den grausamsten Martern Trotz boten, Achtung und Bewunderung verdienten.

Zu den letzteren gehörte in höherem Grade auch Vater Ulrich, der nun, auf den vom Degenfelder so mutvoll verteidigten Vorsprung tretend, ernst und schweigend in's Tal hinabblickte. Sein bleiches Antlitz zeigte Spuren schwerer Kämpfe und Schmerzen, und auch die schon völlig ergrauten, aber noch starken Haare, die in dichten Locken über das Hinterhaupt herab auf den schwarzen Oberrock fielen, schienen hierauf hinzudeuten. Der Nacken war gebeugt und die Arme hingen schlaff herab, doch war das Gefühl, das jeden bei längerem Betrachten dieser Gestalt ergriff, eine mit Ehrfurcht gemischte Rührung, denn deutlich erkannte man aus ihrem ganzen Aussehen, auch das der hohen, runzelvollen Stirne, daß Vater Ulrich schon viel gelitten und schwer gekämpft habe, ohne dadurch darniedergedrückt zu werden.

Eine Weile mochte er schon dagestanden sein, als sich ihm einer der Bauernhauptleute ehrerbietig näherte und sprach:

»Unser jetziges Tun und Treiben scheint Euch wenig zu gefallen, ehrwürdiger Vater?«

»Durchaus nicht«, entgegnete der Greis; »ich fürchte, wenn ihr so fortfahrt, wird Gott eure Sache verlassen und euch in die Hände eurer Feinde geben. Nicht also wird das Evangelium erkämpft, die blutige Saat muß blutige Ernte bringen, und dieses tolle Spiel wird schrecklich enden!«

»Ihr habt recht, ehrwürdiger Vater«, entgegnete der Hauptmann; »aber bedenkt nur auch, wie man uns bisher behandelte, denkt nur an Euch selbst! Diese Arme, die so schlaff herabhängen, wer hat ihnen die Spannkraft geraubt, und die sonst festen Muskeln auseinandergezerrt? Wer hat Eure Gesundheit zerstört, wer Euch vor der Zeit alt gemacht? Sind es nicht jene verruchten papistischen Henkersknechte, deren Foltern Ihr schon zweimal erdulden mußtet?«

Aber ernst entgegnete ihm Vater Ulrich: »Weißt Du nicht, was geschrieben steht in dem Evangelium, für das Du zu kämpfen vorgibst: mein ist die Rache, ich will vergelten! Willst Du der Rache des Herrn den Weg vorzeichnen, oder vorgreifen seinem Grimme? Lasset uns kämpfen für die Wahrheit und für sie auch den Tod nicht scheuen, das Geschäft der Rache gehört einem Höheren zu!«

»Was Ihr für ein Mann seid!« rief der Hauptmann aus; »das reiche Erbe Eurer Väter habt Ihr dahingegeben für die Wahrheit, ein Leben voll Glück und Ehre dem Worte Gottes geopfert. Seid Ihr nicht ein Heiliger gegen jene schändlichen Kuttenträger, die vom Marke des Landes sich mästen!«

»Ich habe das Unvergängliche erwählt für das Vergängliche«, entgegnete Vater Ulrich, »und statt der Schätze, welche Motten und Rost fressen, mir einen Schatz erworben im Himmel, der nie verdirbt! Sehet zu, daß auch ihr solche Schätze erringet, und daß euch nicht der Böse betöre mit vergänglichem Erdentand.«

Ein Getümmel im Hofe unterbrach hier das Gespräch, Vater Ulrich ging mit dem Hauptmann hin, um zu sehen, was es gäbe. Es waren Boten angekommen von Matern Feuerbacher und Hans Wunderer, den Anführern des sogenannten christlichen Haufens, der meist aus Bauern des wirtenbergischen Unterlandes bestand. Dieselbe riefen die Lorcher eiligst zur Vereinigung mit ihrer Schar, weil Kunde angelangt sei von dem Herannahen des schwäbischen Bundesheeres, und es nötig sei, sich zu sammeln, um vereint die drohende Gefahr bestehen zu können.

Das aber dünkte manchen, die das bisherige unerwartete Waffenglück berauscht hatte, seltsam und lächerlich, daß man vom Bunde noch etwas fürchte, und sie machten sich nach ihrer Art über ihn und die Besorgnisse, die er erregte, lustig. Der liegt zu Göppingen im Sauerbrunnen, rief der eine! Er hat das Bein gebrochen, der andere, und weidlich wurden diese Scherze belacht. Etliche sagten auch, es sei den Unterländern nicht recht ernst, sonst hätten sie den Metzler mit seinem Haufen nicht aus dem Land getrieben, und die Herren so glimpflich behandelt. Kurz, es schien, als wenn ein für das allgemeine Beste gar verderblicher Schluß gefaßt werden würde. Da trat Vater Ulrich auf, zeigte in kurzen, nachdrücklichen Worten die Notwendigkeit einer Vereinigung, und nun beschloß man wirklich, am nächsten Morgen abzuziehen. Nur einiges schlechte Gesindel blieb zurück, bis die Vorräte des Klosters vollends ganz aufgezehrt waren, und zog dann auch ab, nachdem es zuvor mit Verwüstung und Verbrennung der Klostergebäude schändlichen Mutwillen getrieben hatte. Dies geschah zu Anfang des Maimonds im Jahre 1525 und der Wendepunkt des blutigen, verheerenden Bauernkrieges nahte heran.

Die Fürsten und Edeln hatten sich vom ersten Schrecken erholt, die schadenfrohe Selbstsucht, mit welcher anfangs mancher von ihnen den Aufruhr in seines Nachbars Land betrachtet hatte, machte immer mehr der Sorge für die eigene Sicherheit Platz, und sie erkannten, wie notwendig es sei, den gewaltigen Sturm mit vereinten Kräften zu bekämpfen.

Vor allen rüstete sich zu nachdrücklichem Widerstande der schwäbische Bund. Dies war eine seit 37 Jahren schon in Schwaben bestehende Vereinigung der meisten schwäbischen und auch einiger fremder Kreisstädte, welche die Erhaltung des Landfriedens bezweckte, und deswegen während ihrer siebenunddreißigjährigen Dauer mehrere Fehden bestand. Die letzte war der Kampf gegen die Bauern, die der schwäbische Bund um so leichter bezwang, da sie untereinander selbst uneinig waren und es ihnen an einem tüchtigen Haupte fehlte zur Lenkung des ganzen Aufstandes, bei dem es nun höchst planlos und

unzweckmäßig zuging. Später lähmte die religiöse Spaltung, die sich unter seinen Mitgliedern erhob, und die Eifersucht mehrerer von ihnen gegen Österreich, dem sie Schuld gaben, es suche diese Vereinigung nur für seine Zwecke zu benützen, die Wirksamkeit des schwäbischen Bundes, und er war in der Tat schon längst aufgelöst, als er im Jahre 1535 auch dem Namen nach ein Ende nahm.

Als Albrecht nach Murrhardt zurückkam, fand er dort seinetwegen alles in großer Bekümmernis; man hatte erfahren, wohin er gezogen, und glaubte nun schon, er sei von den Bauern erkannt und ermordet worden.

»Das war von Euch ein tollkühner, unbesonnener Streich«, sprach der alte Mönch zu ihm, »eine Stätte zu besuchen, wo Eure Gefühle Euch so leicht hätten verraten können. Entweder habt Ihr sehr an Euch gehalten, oder die Bauern waren mit Blindheit geschlagen, daß Ihr so unbeschädigt davon kamt!«

»Keines von beiden, ehrwürdiger Vater«, entgegnete der junge Mann, »sondern jener Greis, der mich das erstemal der Wut der Bauern entriß, wurde auch diesesmal mein Retter.«

»Das ist mir gar nicht lieb«, sagte kopfschüttelnd Maternus, »daß Ihr so oft mit diesem gefährlichen Ketzer zusammentrefft. Hütet Euch vor ihm, es ist ein Teufel in Engelsgestalt verhüllt, und er rettete nur darum zweimal Euer Leben, damit er Eure Seele desto gewisser verderben möge!«

Aber Albrecht dachte zu gut von seinem Retter, als daß er dem alten Mönche hätte Recht geben sollen; er versuchte es daher, den Wiedertäufer zu verteidigen; Maternus jedoch fiel ihm in die Rede und sprach finstern Blickes: »Das Gift, das wie Honig von des Ketzers Lippen träufelt, hat schon bei Euch gewirkt, junger Mann, und darum müßt Ihr schnell fort aus diesem einsamen Leben, hinaus ins Getümmel der Welt, da werdet Ihr die schlimmen Worte des Wiedertäufers bald vergessen!«

»Ich in die Welt!« entgegnete der Jüngling; »o laßt mich hier in diesen stillen Mauern, da will ich meinem Schmerze leben und dem Angedenken an den Teuren, welchen so gräßlicher Frevel mir raubte; lang wird es doch nicht dauern, denn ich fühle, der furchtbare Kummer hat meine innerste Lebenskraft angegriffen.«

»Wie Ihr nun wieder schwatzt«, zürnte der Greis; »lernt erst, was herzzerreißender, lebenfressender Kummer heißt! Ihr seid noch in der ersten Blüte der Jugend, und Eure frische, ungeschwächte Kraft wird bald des Schmerzes Heftigkeit überwunden haben. Nein, Ihr müßt fort von hier, schnell fort, sonst geht Ihr rettungslos unter! Hört meinen Vorschlag. Ich gehe morgen ab zum bündischen Heere und Ihr begleitet mich dahin; Georg Truchseß, des Bundes oberster Feldhauptmann, ist mir wohl bekannt, und er gönnt Euch auf meine Bitte gerne eine Stelle unter seinen Reisigen.«

»Ihr scherzt, ehrwürdiger Vater«, entgegnete der Jüngling; »von früher Jugend auf im Kloster erzogen, soll ich nun plötzlich ein Kriegsmann werden? Das geht nicht, das ist unmöglich!«

»Wie, habt Ihr Euch denn nicht auch in allen ritterlichen Künsten geübt, hab ich Euch nicht früher im Klosterhof zu Lorch ein Roß tummeln, die Lanze werfen und die gewichtige Armbrust spannen sehen?« sprach Maternus; »zeigt, daß das nicht bloß Kinderspiel, daß es Vorübung war zum künftigen, ernsten Kampfe. Zum Klosterleben ist's noch lange Zeit; versuchts zuvor einmal in der Welt; seid Ihr dann ihres Getümmels müde, wohl, dann mögt Ihr Eure alten Tage in den friedlichen Mauern eines Gotteshauses beschließen. Es ist wirklich eine wilde, sturmbewegte Zeit und wer es noch vermag, der tut wohl daran, sich zu waffnen zum Kampfe mit ihr, daß er nicht untergehe in ihren brausenden Wogen! Wollt Ihr, den frische Jugendkraft durchströmt, Euch auch wehrlos dahinmorden lassen, wie Eure Klostergenossen zu Lorch? Habt Ihr vergessen, daß Gott nur darum Euch zweimal wunderbar errettete, damit Ihr ein Werkzeug werden sollet seiner Rache? Ja, Rache heischt Euer frevelhaft erschlagener Abt, Rache Eure ermordeten Brüder, deren Blut noch jetzt am Boden und an den Wänden des Heiligtums zu Lorch klebt. Rache! Rache! Euch aber gebührt es, sie zu vollstrecken, damit frisch auf, ergreift das scharfe Schwert, faßt die spitzige Lanze und rastet nicht, bis Ihr der Rache heilige Pflicht erfüllt.«

Ein schwerer Streit erhob sich, während der alte Mönch so redete, in Albrechts Herz, Wünsche, die tief in seiner Brust schliefen, erwachten mächtiglich, der Durst nach Taten, die Träume von Ehre und Ruhm, die in keines kräftigen jungen Mannes Busen fehlen, stritten mit seinen, durch eine klösterliche Erziehung und den fast ausschließlichen Umgang mit Mönchen erworbenen und befestigten Ansichten von der Heiligkeit des Klosterlebens, von dem erhabenen Berufe eines Mannes, der sein Dasein ausschließlich dem Dienste der Gottheit geweiht hat. Der Abt Sebastian in all seiner geistlichen Würde und Hoheit, und die Ritter, deren der junge Mann in seinem Kloster manche hatte kennen lernen, im Glanze rühmlicher Taten, im blendenden Schimmer weltlicher Ehre, traten einander gegenüber und vermehrten noch den Zwiespalt in des Jünglings Herz.

Da ließ der Greis den Racheruf erschallen, und die Geister der Gemordeten erschienen mit ihren weit klaffenden, blutigen Todeswunden vor Albrecht, ihre finstern, vom Schmerz verzerrten Blicke machten ihm stille Vorwürfe, daß er säume, sie zu rächen. Er sprang auf, ergriff des alten Mönches Rechte und rief: »Es sei, noch bindet mich ja kein Gelübde, ich folge Euch, führt mich zum Kampf, zur Rache!«

Jetzt hatte der Greis gewonnen; die nun nötigen, sehr eilfertig betriebenen Anstalten, um den Jüngling auszurüsten und für die morgige Reise alles wohl vorzubereiten, ließen ihn über den raschen Entschluß, welchen er ergriffen hatte, nicht weiter nachdenken, und als er spät abends seine Lagerstätte aufsuchte, schloß bald ein tiefer Schlaf des Ermüdeten Augen.

Am frühesten Morgen weckte ihn der Greis, und noch lagen die Schatten der Dämmerung über dem Murrtale, als die beiden Wanderer schon zum Klostertore hinauszogen.

Eine mit Filz gefütterte Stahlhaube bedeckte Albrechts Haupt, ein Panzer von Eisenringen umschloß seinen Leib, Schienen von Eisenblech schirmten die Füße und an der Seite hing ein breites Schwert.

Auch der alte Mönch hatte die zur Reise unbequeme Kutte mit einem Reiterwams vertauscht, einen Degen umgeschnallt und ein einfaches Barett aufgesetzt, und so schritten beide rasch vorwärts bis auf die Höhe des Gebirges, wo ein Klosterknecht mit Pferden ihrer wartete, in dessen Gesellschaft sie nun die Reise fortsetzten.

Auf wenig betretenen Pfaden, meist durch Wälder, ging es weiter. Schweigend ritt Albrecht einher, in tiefe Gedanken versunken über die schnelle Entscheidung seines Geschicks, gegen welche doch noch eine Stimme in seinem Innern sprach.

Da raschelte es plötzlich in dem Gebüsche, und heraus sprang ein affenartiges Wesen, mit Lumpen bedeckt, die es mit Baumblättern seltsam ausgeschmückt hatte, im struppigen, verwirrten Haupthaare einen Kranz von Buchenzweigen tragend. Es hatte ein bloßes Messer in der erhobenen Rechten, und schoß wie wütend auf den jungen Mann los, indem es schrie: »Ha, Du verruchter Abt, lebst noch, und willst noch einmal mit Deinem Kreuze mir den Schädel einschlagen; bist gar wieder jung geworden, aber wart', diesmal sollst Du mir nicht entkommen.« Damit schwang er sein Messer gegen Albrecht, dessen Pferd aber, über den wunderlichen Anblick und die schrillenden Töne des Wesens scheu geworden, einen Seitensprung machte und so seinen Reiter rettete. Indes hatte der Greis, seines Begleiters Gefahr schauend, seinen Degen gezogen und stieß ihn der Gestalt durch den Rücken, so daß diese mit einem gellenden Schrei zu Boden sank.

Durch den Schrei herbeigelockt, trat ein Köhler aus dem Gebüsche, dem rief der alte Mönch sogleich zu: »Was ist denn das dort für ein wundersames Wesen, das, einem wilden Tiere gleich, die Vorübergehenden anfällt?«

»Ach!« entgegnete der Köhler, »das ist ein armer Wahnsinniger, der vor etwa sechs Tagen zu mir kam, kläglich wimmernd, ob einer tiefen Kopfwunde, deren Spuren Ihr noch deutlich sehen könnt. Mich jammerte sein, ich verband die Wunde und pflegte ihn. Seitdem hält er sich den Tag über hier im Walde auf, nachts kehrt er heim zu mir. Er murmelte immer von einem Abte, der ihm den Schädel zerschlagen habe, und den er aufsuchen wolle, um sich an ihm zu rächen.«

»Jetzt wird mir der Sinn seiner Worte klar«, sprach der Mönch; »er sah Euch, junger Mann, für den Abt an und ist gewiß niemand anders, als Judenhut der Schreiber, der vom Abt Sebastian zu Lorch den schweren Streich empfing. Laßt uns ihn doch näher betrachten!«

Es geschah, und der Knecht rief aus: »Ihr habt vollkommen recht, ehrwürdiger Herr, 's ist kein anderer als der Judenhut; nun, dem ist recht geschehen, und ich rat' Euch, Landsmann, werft das Aas da nur in die nächste Waldschlucht, daß die Wölfe es fressen.«

»Nein«, sprach Albrecht, der sich schaudernd weggewendet und sein Pferd wieder bestiegen hatte, »begrabt ihn ehrlich, Freund, und laßt auch einige Messen zum Heil der armen Seele lesen.«

Dies sprechend, warf er dem Köhler etliche Geldstücke zu und ritt weiter seine beiden Begleiter folgten ihm.

Ohne weitere Abenteuer kamen alle drei am dritten Tage ihres angestrengten Ritts in Tübingen an, wo damals nicht nur die österreichische Regierung von Wirtenberg, sondern auch das Hauptquartier des Bundesheeres sich befand, indes die Bauern, nachdem sie die Stadt vergeblich zu gewinnen gesucht hatten, gegen Herrenberg gezogen waren.

Albrecht traf deswegen hier ein großes Gewühl und Getümmel an; da putzten ein paar Kriegsleute Wehr und Harnisch, dort schritten etliche andere stolz einher und betrachteten aufmerksam die Fremdlinge. Auf dem Marktplatze hielt eben ein Reitergeschwader, dessen Trompeter lustige Weisen bliesen, zu denen ein Teil der Krieger ein Lied erschallen ließ. Eine Menge Volkes stand um sie her, und unter ihnen erblickte Albrecht auch etliche Studierende der Hochschule, die sich durch ihre seltsame Tracht vor den übrigen auszeichneten.

Die Neuheit dieses Schauspiels fesselte des Jünglings ganze Aufmerksamkeit, und der alte Mönch, dies gewahrend, sprach lächelnd zu ihm: »Da habt Ihr gleich ein Bild des Kriegerlebens, vergleicht's einmal mit dem Klosterleben und sagt mir dann, welches Euch besser gefällt?«

Albrecht wollte doch das erstere nicht ausschließlich loben, und begann soeben dem letzteren das Wort zu reden, als ein freudiges Getümmel unter den Zuschauern entstand und der Mönch ihm zurief: »Schaut einmal dorthin, da kommt Ritter Georg Truchseß, Freiherr v. Waldburg, herangeritten, ein Kriegsheld, der sich wohl dem tapfern Frondsberger an die Seite stellen darf.«

Der Jüngling schaute sich um und erblickte auf einem hohen, starken Streitrosse, dessen Stirne ein Silberschild mit scharfer Spitze zierte, einen großen, stattlichen Ritter, weiße, gelbe und schwarze Federn schmückten seinen stählernen Helm, den eine Helmmütze von den gleichen Farben bedeckte, über dem schwarzen, mit Silber künstlich eingelegten Panzer trug er einen mit Gold und Silber durchwirkten Waffenrock, worauf das Wappen seines Geschlechts, drei schreitende Löwen, zu sehen war; ein langes, breites Schwert klirrte an seiner Seite, indem er, sein weißes Roß tummelnd, unter Trompetenklang an seinen Kriegern vorbei ritt.

Er näherte sich unsern drei Reisenden, und Albrecht konnte nun auch sein Gesicht näher betrachten, aber die rauhen, wilden Züge wollten ihm nicht gefallen. Plötzlich erhob der Truchseß seine Stimme und rief dem alten Mönch zu: »Willkommen, ehrwürdiger Herr! was führt Euch hierher? Ihr habt, wie ich höre, Euer Kloster glücklich gerettet vor der Wut jener tempelschänderischen Aufrührerrotte, die wir nun mit Gottes Hilfe bald zu Paaren treiben wollen!«

Maternus, den Gruß erwidernd, reichte dem Waldburger seine Briefschaften, welche dieser flüchtig durchließ, dann einen prüfenden Blick auf Albrecht warf, der diesem tief in die Seele drang. »Euer junger Begleiter hier«, sprach er, »kann noch einen tüchtigen Kriegsmann abgeben, wenn er das mönchische Wesen und seine klösterliche Schüchternheit vollends abgelegt haben wird.«

Hierauf, nachdem er alle drei einem seiner Begleiter empfohlen hatte, ritt er, noch einmal grüßend, weiter. Jetzt gingen die Reisenden in eine Herberge, welche sie aber, so bald sie sich ein wenig gelabt hatten, wieder verließen, um sich in der Stadt umzusehen. Als sie durch den Schloßvorhof gingen, erblickten sie auf der Altane des Schlosses etliche Männer in Ritterkleidung, und begierig forschte Albrecht nach ihren Namen.

»Der dort«, sprach Maternus, »welcher vornen an der Ecke steht und den Blick nachdenkend hinabsenkt, ist Wilhelm Truchseß, des Feldhauptmanns Vetter, derzeit oberster Statthalter des Herzogtums, ein guter Mann, aber kränklich und von schwacher Leibesbeschaffenheit; neben ihm seht Ihr den klugen, welterfahrenen Ritter Rudolph von Ehingen, der Bauern geschworenster Feind, denn sie haben ihm bei Weinsberg zwei Söhne erstochen. Derjenige, mit welchem er sich so angelegentlich bespricht, ist Doktor Beatus Widmann, ein hochgelehrter Rechtskundiger, der beim Erzherzog Ferdinand sehr in Gnaden ist. Hinter ihnen, wenn mich meine Augen nicht trügen, stehen drei andere Regimentsräte, Philipp von Nippenburg, Wolf von Hernheim und Wolf von Gültlingen; etwas weiter rechts hin erblickt Ihr den Konrad Thumb von Neuburg; er war einst des vertriebenen Herzog Ulrichs Liebling, ist aber von ihm abgefallen und hält jetzt zu Österreich.«

Sie schritten weiter, beschauten das Schloß, stiegen von da ins Neckartal hinab und kehrten erst spät abends in ihre Herberge zurück, wo die Anstrengung der vorigen Tage den jungen Mann bald in einen festen Schlaf versenkte.

Der Trompeten schmetternder Ton und das laute Wirbeln der Trommeln weckten ihn am andern Morgen früh, er eilte, sich anzukleiden, war aber noch nicht fertig damit, als der alte Mönch hereintrat und ihm zurief: »Nun frisch munter, junger Kriegsmann, Ihr werdet bald Eure erste Waffenprobe ablegen dürfen; die Bauern haben Herrenberg erstürmt und das dort befindliche Kriegsvolk, dem gemachten Vertrage zuwider, mißhandelt. Darob ist der Truchseß hoch ergrimmt und hat das Heer schleunigst aufgeboten, um die Empörer anzugreifen. Wenns zum Streit kommt, so haltet Euch wacker, schaut der Gefahr nur unverzagt ins Auge, den Feigen trifft der Tod so gut als den Tapfern, aber jenen trifft er in seiner Schmach, dieser fällt in der Blüte seines Ruhmes. Daran denket und an der gerechten Rache heilige Pflicht, und eilet ohne Zagen in den Kampf; fallt Ihr, so habt Ihr nicht umsonst das junge Leben geopfert!«

Eine Träne glänzte in des Greises Augen, als er seine Rede endete, und auch Albrecht war sichtbar bewegt, es stand eine Weile an, bis er sich wieder sammelte und nun dem Mönche antwortete:

»Verlaßt Euch drauf, ehrwürdiger väterlicher Freund, daß ich mich des tapfern Feldherrn, unter dem ich diene, und des sieggewohnten Heeres, dem ich nun angehöre, nicht unwürdig erweisen werde. Hab' ich nun einmal, dem Rufe meines Geschickes folgend, den Kriegerstand ergriffen, so will ich auch kein schlechtes Mitglied desselben sein; das Leben schätz' ich gering, und der Anblick jener frevelhaften Rotten, welche zu bekämpfen ich jetzt ausziehe, wird meinen Mut stählen im Augenblicke der Gefahr.«

»Das ist brav von Euch gesprochen, mein Sohn«, erwiderte der Greis, kräftig des Jünglings Rechte schüttelnd, »innig freuen soll mich's, wenn ich Rühmliches von Euch vernehme. Doch nun hinab, ich höre schon den Klang der Trompeten von des Waldburgers Reiterschar, zu welcher Ihr stoßen sollt.« Sie eilten hinunter, und indem Albrecht sich vollends waffnete und sein Roß bestieg, hatte der Greis einen Becher mit warmem Met gefüllt, den reichte er nun dem jungen Mann und rief munter, freilich aber nur mit mühsam unterdrückter Rührung: »Auf glückliche Kriegsfahrt, junger Reitersmann!« Albrecht trank, wandte dann sein Roß, noch einmal den Mönch grüßend, und ritt eiligst zu den schon seiner harrenden Genossen.

Jetzt ging es frisch zur Stadt hinaus, auf dem breiten Heerwege Herrenberg zu. Etliche Bauern, die sich, um zu plündern, zu weit von der Stadt weggewagt, wurden niedergehauen, und einen Kanonenschuß weit von Herrenberg machten die Reiter Halt.

Der Truchseß ritt mit etlichen Feldhauptleuten und Reitern weiter vor, um die Stellung der Bauern zu untersuchen, und es machte dem jungen Kriegsmanne nicht wenig Mut, als er diese kleine Schar so ruhig unter dem Geschütz- und Gewehrfeuer der Bauern dahinreiten sah. Diese hatten sich übrigens auf den Bergen hinter der Stadt so vorsichtig gelagert, daß man, um sie anzugreifen, zuvor das Schloß hätte erstürmen müssen, was aber ohne Geschütz und Fußvolk sehr schwierig erschien. Truchseß befahl also dem Heere, sich zu lagern, und erwartete ungeduldig sein Fußvolk. Dieses aber kam erst spät abends heran, und zwar in einer gar üblen Stimmung, mit der einmütigen Erklärung, es würde durchaus nicht eher fechten, als bis man ihm den wegen des Leipheimer Sieges versprochenen doppelten Monatssold ausbezahlt hätte. Das gab dann einen langen Aufschub; man mußte mehrmals nach Tübingen senden, und die Nacht war hereingebrochen, ehe man die Truppen zufriedenstellen konnte.

Indes zogen die Bauern ab und lagerten sich bei Böblingen, ein See deckte ihren linken Flügel und rechts schützte sie ein dichter Wald vor dem Angriff der Reiterei, ihr Geschütz aber war auf einem Berge hinter dem Böblinger Schloß sehr vorteilhaft aufgestellt.

In dem Kriegsrat, den Truchseß, der den Bauern eilends nachgezogen war, nun hielt, waren deswegen auch viele Stimmen gegen den Angriff und glaubten, man solle sich lieber etwas zurückziehen und erwarten, ob nicht die Bauern alsdann, im Übermute des vermeinten Sieges, ihre vorteilhafte Stellung verlassen würden. Aber der Oberfeldherr selbst drang auf schleunigen Angriff, und so wurde denn endlich beschlossen, die Schlacht zu eröffnen.

Zuerst stürmte das Fußvolk Böblingen, auf dessen Schlosse nun die besten Schützen nebst etlichen Stücken aufgestellt wurden, die unter den Bauern so bedeutenden Schaden anrichteten, daß diese beschlossen, einen Versuch zu machen, ob sie die Stadt nicht wieder erobern könnten, und deswegen eine dreitausend Mann starke Schar vom Berge herabzuschicken. Ungeduldig hatte Truchseß auf diesen Augenblick gewartet; kaum sah er nun die Feinde auf dem Blachfelde sich ausbreiten, so rief er: »Jetzt sind sie unser, vorwärts meine tapfern Reiter!« Und nun ging's unter lautem Geschrei auf die Bauern hinein. Ihr Geschütz erdonnerte, da und dort sanken Reiter und Rosse getroffen nieder, aber »Vorwärts! Vorwärts!« tönte es von allen Seiten, und ehe die Bauern ihr Geschütz zum zweitenmale losfeuern konnten, waren des Waldburgers Reiter mitten unter ihnen.

Albrecht war, vom raschen Anlauf der Stürmenden mit fortgerissen, fast ohne zu wissen wie, in den dichtesten Haufen der Feinde geraten, wo er nun, die blinkenden Hellebarden, die auf ihn gerichtet waren, erblickend, wacker um sich hieb. »Brav, junger Kämpe«, tönte es plötzlich hinter ihm, »nur tüchtig d'rein gehauen, die Hunde von Bauern werden nicht mehr lange Stand halten.«

So war Georg Truchseß, der bald da, bald dort im Getümmel aufmunternd und helfend erschien, nun aber von den Bauern erkannt, in große Gefahr geriet. »Das ist der Truchseß«, riefen sie, »der Bauern-Jörg, auf den geht los, stecht ihn vom Rosse, schlagt ihn zu Boden!« und drangen wütend auf ihren Todfeind ein. Aber zischend flog das Waldburgers gute Klinge im Kreise umher und Albrecht deckte tapfer seinen Rücken, die Bauern begannen zu weichen, schon schien die Gefahr vorüber, als plötzlich eine neue Schar heranzog.

Dies waren 240 Stuttgarter, starke, mutvolle Männer, wohlgerüstet zu Schutz und Trutz; sie befehligte Matthäus Gerber, ein Krieger von ungewöhnlicher Kraft und Größe; er hatte einst dem Herzog Ulrich von Wirtenberg als Leibtrabant gedient, und nun führte er die der Stadt Stuttgart von den Aufrührern durch schwere Drohungen abgenötigte Hilfsschar dem Bauernheere zu. Doch ging sein Rat auf friedlichen Vertrag, und als er überstimmt wurde, beschloß er, mit seinen Leuten abzuziehen.

Da begann die Schlacht; lange sah Matthäus Gerber ihr ruhig zu, als aber die Bauern wichen, vermochte er sich nicht länger zu halten.

»Das ist ein Lumpenvolk«, rief er; »kommt, Kameraden, laßt uns den Reitern dort zeigen, daß wir Kraft und Mut genug haben, sie zu bestehen.«

Mit jubelndem Beifall nahmen die Stuttgarter seine Rede auf, sie senkten die Lanzen und rückten in schnellem Laufe vorwärts. Georg Truchseß, wähnend, er hätte hier so leichtes Spiel, als bei den Bauern, ritt mit wenig Reitern, die sich indes wieder um ihn gesammelt hatten, rasch auf sie los, aber Matthäus Gerbers mächtiger Speer durchbohrte seines Rosses Brust, nieder stürzte es, mit ihm der Feldherr. Über ihn her fielen die Feinde; die Reisigen, ihn zu schirmen, sprangen von den Rossen und schlossen einen Kreis um den vom Sturz betäubten Ritter.

Ein wütendes Handgemenge entstand, blutig sanken nach einander die meisten Reisigen neben ihrem Anführer auf den Boden, nur wenige noch standen, unter ihnen Albrecht: da fiel ein gewaltiger Kolbenschlag auf seine Stahlhaube, und sinnlos stürzte auch er nieder. Aber indes war Hilfe gekommen und die Stuttgarter, die sich schon siegreich wähnten, wurden umringt; sie aber standen fest wie Mauern, schrecklich wurden ihre Reihen gelichtet, sie wichen nicht; leer von Bauern war das blutbenetzte Schlachtfeld, nur sie noch kämpften; selbst Truchseß mußte ihren tapfern Widerstand bewundern. »Ergebt Euch«, rief er ihnen zu, »eure Genossen sind ja alle entflohen; ihr sollt ehrliche Bedingungen erhalten!«

»Nur auf freien Abzug hin lassen wir vom Kampfe ab, sonst wollen wir alle hier als tapfere Männer fallen«, entgegnete ihm Matthäus Gerber.

»Das wäre schade«, entgegnete Truchseß; »nein! ihr sollt haben, was ihr begehrt! Ihr seid ja Stuttgarter, wie ich an eurem Banner sehe, und ich weiß, ihr schloßet euch nur gezwungen den Empörern an! Der Kampf hat ein Ende«, rief er dann seinen Leuten zu, »steckt die Schwerter ein!« Es geschah und die Stuttgarter zogen ungehindert ab, aber bei achtzig ihrer Mitstreiter ließen sie auf dem Schlachtfelde zurück, und mancher Verwundete wankte mühsam, von seinen Genossen unterstützt, dem Zuge nach.

Albrecht war indes in des Feldherrn Zelt gebracht worden, und als er erwachte, sah er den Truchseß selbst an seinem Lager stehen; freudig rief dieser, als er die Augen wieder aufschlug: »Nun, Gott sei Dank, daß Ihr noch lebt; es hätte mir recht wehe getan, einen so wackern jungen Kämpen so schnell zu verlieren und dem Retter meines Lebens nicht einmal danken zu können! Freuet Euch, wir haben einen vollständigen Sieg davongetragen; die Empörer fliehen nach allen Seiten hin!«

»Dafür sei Gott gedankt«, sprach, sich erhebend, mit schwacher Stimme der Jüngling, sank aber gleich wieder auf sein Lager zurück und schloß aufs neue die Augen.

Truchseß erschrak, der Arzt aber beruhigte ihn, das sei nur Folge der furchtbaren Erschütterung, die der Jüngling durch den Schlag erlitten, Ruhe und stärkende Mittel würden ihn bald wieder herstellen. Der Feldherr verließ also das Zelt, und einige Stunden später war das Heer schon auf dem Marsche nach Stuttgart, wobei immer noch Gefangene, die sich in den Schluchten und Wäldern versteckt hatten, eingebracht wurden.

Ungeduldig hatte Albrecht zu Stuttgart seine Wiedergenesung erwartet, während Truchseß Wirtenberg siegreich durchzog und die erschrockenen entmutigten Empörer sich überall widerstandslos unterwarfen. Kaum vermochte er die Sturmhaube wieder auf dem Haupte zu tragen, so eilte er auch sogleich dem bündischen Heere nach.

Zu Heilbronn traf Albrecht einen Reisigen desselben, in dessen Gesellschaft er seine Reise zum Waldburger fortsetzte. Der Reiter erblickte kaum die Brücke, bei welcher die Straße sich rechts hinwendete, so rief er dem Jünglinge zu: »Jetzt merkt auf, bald werdet Ihr sehen, wie der Truchseß über die Empörer Gericht hält!«

Mit gespannter Erwartung blickte der Jüngling vorwärts; noch einige Schritte, und vor ihm lag die Stadt Weinsberg mit zertrümmerten Mauern, brennend an allen Ecken und Enden. Ein heftiger Wind fuhr sausend in das Feuer und fachte es noch stärker an, so daß es bald in vereinter Lohe hoch emporloderte, bald, wenn der Sturm dareinsauste, mit geteilten Flammen auf verschiedenen Seiten hinausschlug. Die Luft war mit fliegenden Feuerbränden angefüllt, die, da und dort in den Gärten und Weinbergen bei der Stadt niederfallend, den Greuel der Verwüstung auch hierher trugen.

Wild schnaubten die Rosse der Reisigen, durch den Gluthauch, welcher von der Stadt herwehte und ihnen einzelne Funken entgegenführte, erschreckt, und nicht Zuruf, nicht Sporen vermochten sie weiterzubringen.

Die Reiter wandten sich daher seitwärts von der Straße ab, durchritten den mit Erlen eingefaßten klaren Bach und näherten sich so dem Abhange der Berge, wo sie nun, vor der Flamme gesichert, ruhig reiten konnten.

Hier aber eröffnete sich ihnen ein neues furchtbares Schauspiel; vor ihnen lag ein Dorf, wo aus dem schon halb erloschenen Feuer die schwarzen Brandstätten hervorschauten, von denen hie und da noch dichter Qualm aufstieg.

»Das ist Ellhofen«, sprach der Reiter; »weiterhin, wo die Rebenhügel so trübe durch den Rauch hindurchschimmern, seht Ihr Grantschen in Flammen stehen; da gab's köstliche Beute, einen trefflichen Wein, der gleich hispanischem Sekt mundete! Auch Sulzbach und Willspach, tiefer hinten im Tale, brennen, wie Ihr aus den düstern Wolken dort an den Bergen sehen könnt! Doch, da sind wir ja schon an Ort und Stelle. Schaut, da breitet sich das Lager vor uns aus, wenn ich nicht irre, reitet der Feldhauptmann auf uns zu.«

So war es auch, und mächtig klopfte des Jünglings Herz, als er den Truchseß erblickte, der, sein Roß schneller antreibend, ihnen entgegenritt und, ihn mit einem kräftigen Handschlag grüßend, sprach: »Willkommen hier, mein braver junger Kämpe! Ihr kommt zu rechter Zeit; bisher gab's wenig Schwerthiebe, jetzt aber wollen wir gegen die Odenwälder und die fränkischen Bauern ziehen, die mit ungebeugtem Trotz unserer spotten, wenn nicht das Schreckensgericht, das Ihr hier schauet, ihren Mut ebenfalls bricht.«

Sie ritten mit einander ins Lager, wo der Truchseß den Jüngling in seinen eigenen Gezelten aufnahm und sich dieser von seinem angestrengten Ritte erholte.

Als er wieder aus dem Zelt trat, sank die Sonne schon hinter die Berge, über die Niederungen lagerte sich abendliches Dunkel, nur die Bundesfahne flatterte noch, vom Winde hin und her bewegt, auf dem mittleren Turme der Weinsberger Feste im feuerfarbenen Abendlichte. Das Feuer der brennenden Stadt erlosch allmählich, man hörte da und dort die ausgebrannten Gebäude prasselnd zusammenstürzen, und schauerlich leuchteten durch die stets zunehmende Dunkelheit hie und da noch glostende Balken und Trümmer. Schweigend, in tiefes, düsteres Sinnen verloren, stand Albrecht da. »Dies also«, sprach er bei sich selbst, »heißt gerechte Strafe! Also muß der Unschuldige leiden mit dem Schuldigen, einen Frevel, verübt von etlichen Buben, muß ein ganzes Geschlecht büßen! Was hat denn der zitternde Greis, was das zitternde Weib, was der wehrlose Knabe verbrochen, daß man auch sie austreibt aus der teuren Heimat, auch sie hinausstößt in die Fremde, wo die Geächteten kein gastfreundliches Haus aufnehmen wird? O, daß mich das Geschick aus den friedlichen Klostermauern vertrieb! Du hast es gut gemeint, Vater Sebastian, als Du mich warntest vor der Welt, als Du den heißen Drang des Jünglings nach ihr bekämpftest! – Doch, der Wurf ist geschehen, der Mönch hat die wollene Kutte mit einem Eisenpanzer vertauscht, und mit sich fort reißt ihn der Ereignisse gewaltiger Strom!

Aber, bei Gott; nie soll unschuldiges Blut dies Schwert beflecken, rein sollen die Hände bleiben vom Raube fremden Gutes! Keine Witwe soll mich anklagen vor Deinem Throne, Allmächtiger, daß ich im ungerechten Kampfe ihr den Gatten erschlagen, keine Waise soll mir fluchen, daß ich ihr den Vater raubte!«

Der Jüngling hatte diese letzten Worte laut gesprochen, und kaum schloß er den Mund, so erklang neben ihm eine rauhe Stimme: »Was habt Ihr denn, daß Ihr so in die Nacht hinausschreit? Ich glaube, Ihr haltet die Feuerstreifen auf der Brandstätte dort für Gespenster? Kommt lieber mit in des Feldherrn Zelt, wo man Eurer beim festlichen Mahle wartet.«

Der junge Mann folgte seinem Führer. Ein lautes, rauschendes Fest beschloß den Tag und nur wenige Stunden der Ruhe waren dem Jünglinge vergönnt; denn kaum erhob sich die Sonne über dem Waldgebirge, so brach auch schon das Bundesheer auf. Über Heilbronn ging der Marsch ins Kraichgau, wo man aber des Widerstandes ebenfalls gar wenig fand und, fast ohne das Schwert gezogen zu haben, abends im Städtlein Fürfeld einzog.

Hier sollte den andern Tag Gericht gehalten werden über mehrere Aufrührer, die man in den letzten Tagen gefangen hatte, und schon vormittags ertönte das Wirbeln der Trommeln und das Schmettern der Trompeten, das die bündischen Krieger und die Bewohner des Städtchens zum schauerlichen Schauspiele rief.

Auch Albrecht mischte sich unter die neugierige Menge, von einem dunkeln, ihm nicht erklärlichen Gefühle getrieben, dem eine innere abmahnende Stimme vergebens widersprach. Der Strom der Menschen riß ihn mit sich fort vor das Tor des Städtchens, wo er aus der Mitte eines von Kriegern gebildeten Kreises von ferne schon Rauch emporsteigen sah. Herzzerreißende Klagetöne schallten ihm, als er näher kam, entgegen und bei dem Kreise angelangt, sah er einen Ring von Holzstößen aufgeschichtet, in dessen Mitte an einer eisernen Kette, die sich um einen eichenen Pfahl schlang, ein Mensch angefesselt war. Heulend bewegte er sich in dem engen Raume innerhalb der Holzstöße, die auf allen Seiten immer mächtiger hervorbrechenden Flammen trieben ihn unaufhörlich umher; je gewaltiger sie emporschlugen, desto gräßlicher tönte sein Jammergeheul, desto seltsamere Sprünge machte er; zuletzt verhüllten ihn Flammen und Dampf, aus denen er nur zuweilen noch seine Arme hervorstreckte; sein Geschrei wurde zu einem immer leiseren Wimmern, endlich hörte es ganz auf: der Unglückliche hatte ausgelitten.

Es war der Pfeifer, welcher bei der Weinsberger Metzelei aufgeblasen hatte und dessen qualvolle Hinrichtung nun das Mordspiel eröffnete. So bald er tot war, zogen die Kriegsleute ab, die Menge folgte ihnen, und so ging's auf den Marktplatz.

Hier saß finstern Blickes Georg Truchseß, neben ihm die Blutrichter, hinter seinem Stuhle aber stand, in einen roten Mantel gehüllt, unter dem die wohlgeschliffene Spitze eines breiten Schwertes hervorblitzte, Berchtold Aichelin, des schwäbischen Bundes geschworner Profos und Nachrichter.

Es war dies ein Mann von mittlerer Größe, ziemlich wohlbeleibt, ein schwarzer, dichter Bart beschattete seine hochroten, vollen Wangen, sein krauses Haupthaar hatte die gleiche Farbe, die dunkeln, kleinen Augen schossen schadenfrohe Blicke unter den buschigen Brauen hervor und um die roten Lippen schwebte ein verzerrtes Lächeln; das ganze Aussehen erfüllte den ihn Anblikkenden mit einem geheimen Grauen, die frische Farbe seines Gesichts schien die des Blutes, das er schon vergossen hatte, und die ganze wohlgenährte Gestalt sah aus, als ob sie mit dem Fette der Unglücklichen, die sein Schwert hinschlachtete, gemästet wäre. Er hatte sich durch sein Wühlen gegen die Wiedertäufer schon früher einen gefürchteten Namen erworben, und jetzt badete er seine Hände in dem Blute der Empörer, von denen über tausend durch sein Schwert fielen.

Kaum hatte Albrecht Zeit gehabt, ihn näher zu betrachten, als der Kreis sich öffnete und etliche Gefangene hereingeführt wurden. Die Richter fragten sie mancherlei, wovon aber der junge Mann wenig verstand, dagegen sah er deutlich, wie des Nachrichters Züge immer freundlicher wurden, wie er das Schwert unruhig hin und her bewegte und zuletzt auf das Waldburgers Wink hervorsprang. Jetzt sanken die Gefangenen laut aufschreiend und die Hände emporstreckend auf die Knie; aber dreimal durchfuhr des Aichelin's Schwert die Luft und drei Häupter flogen von den Rümpfen herab, die nun mit reichlichem Blutstrome den Boden benetzten.

So ging's mit noch mehreren und schon wollte Albrecht sich entfernen, als er neben sich rufen hörte: »Dort bringen sie den Eisenhut, den Erzketzer!« Er schaute um sich und erkannte in dem Gefesselten seinen Retter, den Vater Ulrich. Bebend vor Entsetzen stand er da, er vernahm lange nichts von dem, was in dem Kreise geschah, denn immer meinte er, den letzten Angstruf des Wiedertäufers zu hören; da klang ihm plötzlich des Waldburgers laute Stimme in die Ohren: »Den Erzketzer hier verwahrt mir gut, den müssen wir nach Stuttgart schicken!«

Hiermit hatte das Blutgericht ein Ende, die Versammlung ging auseinander, vielfach bewegt, je nachdem Schrecken, Haß oder Mitleid in den Gemütern der Anwesenden herrschend waren. Auch Albrecht begab sich in seine Herberge, wo er, in trübes Nachdenken verloren, dasaß, als sich plötzlich die Türe öffnete und ein alter Kriegsmann hereintrat. »Verzeiht«, sprach er, »daß ich Euch störe, aber die Sache ist dringend. Ich sah an Euch diesen Vormittag, als Vater Ulrich, den sie hier Eisenhut nennen, in den Kreis geführt wurde, Zeichen unverstellter Teilnahme an dem Schicksal des ehrwürdigen Greises, den auch ich über alles verehre und hochachte. Da dacht' ich denn: du wagst's einmal und gehst zu dem jungen Herrn, ob er dir vielleicht nicht behilflich ist, den Vater Ulrich von dem schmählichen Tode, der ihm droht, zu retten.«

»Zu retten?« rief aufspringend der junge Mann, »ist das möglich? O, dann seid Ihr mir ein Bote Gottes, denn eben dacht' ich traurig darüber nach, daß ich den edeln Mann hilflos in den Klauen seiner Henker lassen müsse.«

»Besitzt Ihr Mut und Entschlossenheit genug, um für seine Rettung etwas zu wagen, so vermögen wir sie mit Gottes Hilfe wohl zu vollbringen.«

»Blut und Leben wag' ich dran!« entgegnete Albrecht, und der Kriegsmann fuhr fort: »Ich habe nachgeforscht, wo Vater Ulrich gefangen sitzt, und es auch leicht erfahren. Sie haben ihn wohlverwahrt, nach *ihrer* Meinung: sein Gefängnis hat sechs dicke Wände, doppelte eiserne Gitter und Türen.«

»Und dennoch sollten wir ihn daraus erretten können?« unterbrach ihn der junge Mann; »wie ist das möglich?«

»Eins haben sie nicht bedacht! Unter dem Turme hin führt, wie ich als geborener Fürfelder gar wohl weiß, ein Kanal, bestimmt, wenn man feindliche Angriffe fürchtet, den Bellinger Bach in den Stadtgraben zu leiten; er ist gewöhnlich fast ganz trocken, und nur sein Boden mit etwas Schlamm und Wasser bedeckt. Gerade über ihm ist Vater Ulrichs Kerker, das Mauergewölbe besteht aus Backsteinen und ist hie und da schadhaft, mit guten Werkzeugen und jugendlicher Kraft also wohl zu durchbrechen; dann hat man nichts mehr zu tun, als eine der Steinplatten des Fußbodens im Gefängnisse aufzuheben, und der Weg zur Rettung ist gebahnt.«

»Das Geschäft übernehm' ich«, entgegnete Albrecht, »verschafft mir nur tüchtige Werkzeuge, und haltet Euch dann außerhalb der Stadt bereit. Doch wohin uns retten?«

»Dafür laßt mich sorgen«, sprach der Kriegsmann, »ich weiß mehr denn einen sichern Zufluchtsort für uns in der Gegend hier herum.«

»Wohlan«, sprach Albrecht, »so wollen wir mit Gott die Tat beginnen; jetzt aber laßt uns, so lange es noch tagt, die Lage und Beschaffenheit des Turmes genauer betrachten.«

Sie gingen ab, und in der Nacht erst kam der Jüngling zurück, bloß um etwas Speise zu sich zu nehmen, worauf er sich sogleich wieder entfernte.

Indes saß in seinem dunklen, feuchten Kerkerloche Vater Ulrich ohne Hoffnung auf Rettung da, entschlossen, dem Märtyrertode, den er schon längst erwartete, mit Standhaftigkeit entgegen zu gehen.

Alles um ihn her war still, nur je zuweilen schwirrte eine Fledermaus an ihm vorüber. Endlich jedoch vernahm er ein fernes, dumpfes Geräusch; er horchte, es schien unter ihm zu sein; bald fühlte er, wie der Fußboden seines Kerkers erschüttert wurde, Steine stürzten mit dumpfem Getön in die Tiefe, immer lauter wurde das Geräusch, es kam immer näher, endlich bewegte sich eine der Bodenplatten; noch erwartungsvoller lauschte der Greis, da ward auf einmal die Platte aufgehoben, und durch die enge Öffnung hindurch arbeitete sich eine Gestalt, in welcher der Wiedertäufer bald Albrecht erkannte.

»Welch' neue Unbesonnenheit treibt Dich, gleich einem Geiste der Unterwelt empor zu steigen aus der Tiefe und in meinen engen Kerker gewaltsam einzudringen, verwegener Jüngling?« sprach der Greis.

»Retten will ich Euch«, rief der junge Mann, »zweifacher Retter meines Lebens; her mit den Händen und Füßen, daß ich sie von der Last der Ketten befreie.«

Aber Vater Ulrich zauderte. »Bist Du gesandt vom Herrn oder bist Du nur ein Versucher, der die schon aufgegebene Lebenshoffnung in mir wieder anfachen soll?« sprach er, indes Albrecht schon seine Rechte ergriffen hatte und emsig d'rauf los feilte. »Nein, dieses offene Antlitz kann keine Larve des Bösen sein, und darum folg' ich Dir. Freilich hofft' ich schon, die Bluttaufe erstehen zu dürfen, die mich gereinigt zum Himmel erheben sollte! Doch will es Gott, daß ich noch länger hinieden wirken soll für seine heilige Lehre, so sei es, der Wille des Herrn geschehe!«

Indes wurde der Greis von den Ketten befreit und folgte nun seinem Retter, der ihn, ohne daß ihnen ein Unfall zustieß, glücklich an den Platz brachte, wo der Kriegsmann ihrer wartete.

Jetzt ging es rasch fort durch die dunkle Nacht, und als der Morgen graute, sahen sie schon den Heuchelberg mit seiner weithin sichtbaren Warte vor sich liegen. »Zieht Euch links hin, junger Herr«, rief nun der Krieger Albrecht zu, »dorthin gegen den Wald; haben wir nur einmal diesen im Rücken, so sind wir geborgen.«

Sie drangen in das Dickicht ein, aber Vater Ulrich wurde mit jedem Schritte matter, endlich sprach er mit matter Stimme: »Laßt mich hier meine Freunde, und suchet Euch nur selbst zu retten, ich kann nicht weiter!«

Aber einstimmig riefen beide: »Wir verlassen Euch nicht, und sollt' es uns das Leben kosten!« Hierauf den Greis mehr tragend als führend, gelangten sie an eine lichte Stelle im Walde, wo unter mächtigen Felsblöcken ein klarer Quell hervorsprudelte und wo sie nun den Greis auf den weichen, moosigen Rasen niederlegten.

Er schien zu schlummern, doch seine Lippen bewegten sich; endlich schlug er die Augen wieder auf, erhob sich und begann mit verklärten Blicken: »Die Scheidestunde naht! Geendet ist des müden Pilgers Lauf! Siehe, des Himmels Pforten öffnen sich, ein Lichtglanz strömt hernieder vom Throne des Ewigen, hell leuchten um ihn, gleich Sonnen, im Blutgewande die heiligen Märtyrer! Sie winken mir, ich komme!«

Er sank zurück, das Leben entfloh den blassen Lippen, der Atem stockte, Vater Ulrich hatte geendet.

Noch knieten seine Begleiter betend neben der Leiche, als rauher Stimmen wilder Klang sie aufschreckte, ein Bewaffneter drang durch's Gebüsch. »Hierher«, rief er, »hier liegt der Erzketzer!« Zugleich wollte er den Leichnam fassen, doch Albrecht erhob den knotigen Stab, den er in seiner Rechten trug und traf ihn so kräftig, daß er vorwärts stürzte. Den Augenblick darauf aber sah er seinen Genossen mit dem Rufe: »Rettet Euch!« in's Gebüsch springen, fühlte sich von kräftigen Fäusten rücklings umfaßt und niedergeworfen.

Einige Stunden später stand der junge Mann gefesselt vor dem Waldburger, der ihn finstern Blickes mit zorniger Stimme also anredete: »Welcher Wahnsinn trieb Dich, Du törichter Jüngling, den Erzketzer der gerechten Strafe zu entziehen? Fürwahr, wär' ich Dir wegen der Böblinger Schlacht nicht so hoch verpflichtet, schon hätte Aichelins Schwert Deinem Leben ein Ende gemacht. Doch nun will ich zuvor noch hören, was Du zu Deiner Entschuldigung vorzubringen hast!«

»Ich brauche mich nicht zu entschuldigen wegen einer Tat, welche mir die Dankbarkeit gegen meinen zweimaligen Lebensretter zur heiligsten Pflicht machte«, entgegnete ruhig Albrecht.

»Heilige Pflicht – Dankbarkeit –« sprach der Truchseß, »wußtest Du nicht, daß der, den Du so frevelhaft den Händen seiner Richter entrissest, ein verruchter Ketzer war?«

»Ketzer oder nicht«, antwortete Albrecht, »ich danke ihm mein Leben, und freudig geb' ich's hin, da ich ihn erretten konnte aus den Mordkrallen Eures blutdürstigen Henkers!«

»Ha! Bube, Du trotzest zu viel auf meine Dankbarkeit«, schrie aufspringend der Waldburger; »so zieh' denn hin und büße Deinen Trotz und Frevel!« Er winkte und Albrecht wurde zur Hinrichtung abgeführt.

Kaum war er fort, als eilends ein Kriegsmann hereintrat und dem Truchseß meldete, der Reitersknecht, den diesen Morgen Albrecht niedergeschlagen, begehre ihn vor seinem nahen Ende zu sprechen. Der Feldherr folgte dem Boten und stand bald vor dem Lager des schwer Verwundeten, welcher kein anderer war, als der Knecht Hans, der, da sich die Umstände der Bauern verschlimmerten, sie verlassen hatte und beim bündischen Heere, wo man damals jeden Kriegsmann gerne aufnahm, ohne lange zu forschen, woher er käme, in Dienste getreten war.

Schwachatmend begann der Sterbende: »Ich habe Euch ein wichtiges Geheimnis zu entdecken, das dieses Pergament hier, welches ich aus dem Brande des Lorcher Klosters rettete, bekräftigen wird. Albrecht ist der Sohn des ermordeten Abts Sebastian und der Marie von Stauffeneck.«

»Was sagst Du?« rief erstaunt der Truchseß, entfaltete schnell das Pergament und hatte es kaum flüchtig durchgelesen, als er gebot, den jungen Mann eiligst herbei zu rufen.

Er erschien; vom Richtplatze weg hatte man ihn geholt; der Waldburger fragte ihn: »Kennst Du den Menschen hier?«

»Warum nicht?« war die Antwort; »das ist Hans, unser ehemaliger Klosterknecht, der Abt Sebastian hielt immer viel auf ihn, er hat aber dessen Vertrauen schändlich betrogen.«

»Ach! leider ja«, sprach der Knecht mit schwacher Stimme, »will aber jetzt noch gut machen, was ich kann. So wahr Gott mir helfe in dieser meiner letzten Not, der Jüngling hier, der diesen Morgen mich so derb begrüßte, ist Abt Sebastians Sohn, ich selbst brachte ihn nach seiner Mutter schrecklichem Tode in's Kloster. Ist's nicht so, so möge mich der Herr ewig verdammen!« Er sank zurück und hauchte sein Leben aus.

Erstaunt stand Albrecht da, als ihm der Truchseß das Pergament reichte. »Das ist ja Abt Sebastians Handschrift«, rief er nun aus, und durchlas hastig das Blatt. Indes hatte sich die Nachricht weiter verbreitet und allmählich füllte sich das Zimmer mit Neugierigen, durch die sich ein Mönch drängte und, auf den Waldburger loseilend, also sprach: »Mich schickt mein Herr, der Abt zu Murrhardt, und der alte Mönch, jetzt Ritter Albrecht von Stauffeneck genannt.«

»Von Stauffeneck!« rief der Truchseß, »von dem weiß man ja seit langen Jahren nichts mehr.«

»Er ist wieder zum Vorschein gekommen«, entgegnete der Mönch, »und befindet sich in unserem Kloster. Vernehmt, wie es zuging. Vor etlichen Tagen wurde der alte Mönch Maternus bedenklich krank, und fühlend, daß sein Ende herannahe, ließ er den Abt zu sich rufen und sprach in Gegenwart mehrerer von uns also: »Ein schwer Geheimnis lastet noch auf mir, ehrwürdiger Herr, das ich nicht mit hinüber nehmen kann in das andere Leben. Ich bin der Ritter Albrecht von Stauffeneck, der längst totgeglaubte. Verzweiflung über den Mord, den ich an meiner Tochter begangen hatte, trieb mich, nur von einem einzigen Knecht begleitet, fort in die weite Welt. Ich durchirrte Europa, zog bis zum heiligen Grabe, um zu beichten meine schwere Blutschuld; da riet mir ein alter Priester, der mir die Absolution erteilte, zur Büßung meiner Sünden in ein Kloster zu gehen; so kam ich zu Euch, und bitt' Euch nun, sendet doch schnell einen Boten zum Truchseß, bei dessen Heere sich mein unglücklicher Enkel befindet, ich setze ihn hiermit zum Erben meiner Güter ein, soviel davon noch beigebracht werden können.«

»Löst des Jünglings Kette!« rief der Waldburger, »laßt etliche Reiter sich rüsten, die ihn nach Murrhardt geleiten, und Ihr«, zu Albrecht sich wendend, »seid mir gegrüßt, Albrecht von Stauffeneck, vergessen sei, was Ihr getan, zieht hin in Frieden!«

Der Jüngling war noch von dem schnellen Wechsel seines Schicksals, von den Neuigkeiten, die er vernommen, so betäubt, daß er nichts zu antworten wußte, sondern einem Träumenden gleich dem Truchseß folgte. Desto stärker aber trieb er einige Stunden nachher seine Begleiter an, um so bald als möglich Murrhardt zu erreichen. Kaum sah er das Kloster von weitem, als er mit verhängtem Zügel drauf los ritt, vom Pferde sprang und nach des alten Mönchs Zelle eilte. Da lag der Greis im Todeskampfe, der Jüngling stürzte vor seinem Lager nieder. »Euer Enkel ist's«, flüsterte der Abt dem Sterbenden zu. Noch einmal erhob sich dieser, legte die zitternde, kalte Hand auf Albrechts Haupt, stammelte: »Ich segne Dich!« und verschied.

Als die teure Leiche in die Gruft gesenkt war, eilte der Jüngling nach Stuttgart, wo des Waldburgers nachdrückliche Empfehlungen ihm wieder zum Besitz seiner, als verfallene Lehen eingezogenen Güter verhalfen, die er nun auch sogleich bezog. Durch schöne Denkmäler und fromme Stiftungen ehrte er das Andenken seines Großvaters und seiner Eltern, trat aber später auch zur neuen Lehre über, für die ihn Vater Ulrich schon gewonnen haben mochte, und starb auf der Burg Stauffeneck im Jahre 1587, dem neunundneunzigsten seines Alters; zwölf Jahre später starb mit seinem Enkel, Albrecht Hermann, der Mannsstamm der Stauffenecker aus.

Burg Wachbach und St. Theobald

Die Rache des Feindes

Es war an St. Johannis des Täufers Tag im Jahre 1520, da ritt Graf Joachim von Öttingen, nur von seinem Knappen begleitet, aus den Toren der Stadt Donauwörth. Der schwäbische Bund hatte allda eine Tagleistung gehalten, der er als Mitglied des Bundes bis an den Abend angewohnt hatte; ja er war bei der heutigen Versammlung besonders tätig gewesen, denn er war im Namen der Untertanen und Zugewandten des schwäbischen Bundes als Kläger gegen den Ritter Thomas von Absperg aufgetreten, der solche Untertanen in vielerlei Weg geschädigt und wider des heiligen Reichs Landfrieden gewältigt hatte. Graf Joachim hatte gegen den anwesenden Thomas von Absperg seine Klage geführt, aber da der Angeklagte seiner verübten Unbill nicht geständig war, und diejenigen, welche er geschädigt hatte, aus Furcht vor dem überall gefürchteten Ritter keinen Mut hatten, die Klage des Grafen von Öttingen durch ihre Aussage zu unterstützen, so verließ man den Gegenstand und Ritter Thomas von Absperg wurde für verdachtlos erklärt, obgleich auf seiner Stirne die Unzahl seiner unritterlichen Handlungen geschrieben stand. Graf Joachim knirschte mit den Zähnen, als solcher Gestalt seine Klage gleichsam abgewiesen war und Thomas von Absperg wieder in die Reihen der ritterlichen Männer zurücktrat, er, der doch das göttliche und menschliche Gesetz so oft mit Füßen getreten hatte. Gern hätte der Graf seinen Gegner zum Zweikampf gefordert, aber er wollte sein Schwert, das er stets ruhmvoll geschwungen hatte, nicht gegen einen Mann erheben, der sich schon seines ritterlichen Namens unwürdig gemacht hatte. Mit verbissenem Grimme verließ er den Ratssaal zu Wörth, wo der Bund seine Versammlung abgehalten hatte, und die Stadt, trotz der Bitten seiner Freunde und Waffenbrüder, die mit aller Macht ihn zurückzuhalten suchten, sintemalen es schon Abend geworden war und er auf keinen Fall mehr die nächste Stadt Nördlingen, viel weniger noch seine Burg Wallerstein erreichen konnte.

Graf Joachim war mit seinem Knappen noch keine Stunde von Wörth weggeritten, immer dem Laufe der Wörnitz folgend, da brach die Nacht herein; ein dunkler Wald empfing sie, durch den sie wohl ein gut Stündlein zu reiten hatten, wenn sie das hinter demselben liegende Dorf erreichen wollten, in dem der Graf Nachtherberge nehmen wollte.

»Hättet doch Euren Freunden folgen sollen, edler Graf«, begann sein Leibknappe Kuno, ein schon ergrauter Diener des gräflichen Hauses, der eher, als viele andere, ein Wörtlein sagen durfte – »hätte heute gerne die Pferde ungesattelt in den drei Kronen stehen lassen, statt daß wir jetzt bei Nacht und Nebel reiten müssen, zumal durch einen Wald, in dem es noch nie geheuer war.«

»Du wirst doch nicht an Geister und Unholde glauben?« sprach der Graf lächelnd.

»Das eben nicht«, entgegnete der alte Diener – »und wenn ich auch daran glauben würde, ich fürchte mich nicht, weder vor Lebenden noch Toten; aber der Wald ist schon seit alter Zeit ein geschickter Aufenthalt der Schnapphähne und Heckenreiter gewesen, auch ist die Nacht niemandes Freund.«

»Ah bah!« rief Graf Joachim – »die Schnapphähne werden doch nicht so frech sein und fast im Angesichte der Stadt, wo eben noch die Herren vom Schwabenbunde getagt, ihren Mutwillen ausüben?«

»Wenn aber gerade in der Stadt einer wäre, der auf Euch, Herr Graf, sein Absehen richtete?« bemerkte Kuno bedeutungsvoll – »Ihr wißt, wen ich meine – der von Absperg läßt Euch den Schimpf nicht hingehen, daß Ihr vor offener Versammlung des Bundes gegen ihn geklagt, als einen, der wider des heiligen Reichs Frieden gewältigt. – Er wird sich rächen, das habe ich ihm angesehen, als er wie ein Gerechtfertigter wieder neben ehrenwerten Rittern saß; er hat einen Blick auf Euch geworfen, der mir deutlich sagte, daß Ihr seiner Rache verfallen seid, und der eilt mit seiner Rache, wenn er einen aufs Korn genommen.«

»Ich habe nur meine Pflicht getan und bin für die Unterdrückten und Mißhandelten eingestanden, deren sich kein Mensch angenommen«, sagte der Graf. »Gott und mein gutes Schwert wird mich schützen vor einem Feinde, der nur mein Feind geworden, weil er meines Kaisers und des Reichs Gesetz verachtet, und ein Bubenleben führt, wie jeder Räuber und Mordbrenner.«

Der Graf hatte noch nicht das letzte Wort ausgesprochen, so sprengte ein vermummter Reiter vom Wald her gegen ihn mit blanker Klinge, und mit dem grellen Rufe: »Hie Räuber und Mordbrenner!« hieb er gegen den Grafen, der kaum Zeit hatte, sein Schwert zu ziehen. Zu gleicher Zeit fielen mehr als sechs bis an die Zähne Gewaffnete auf den Knappen, und in wenig Augenblikken begann ein Kampf gegen die beiden, der natürlich bald entschieden sein mußte, weil es ein unvermuteter Überfall war und eine überlegene Zahl den beiden gegenüberstand. Graf Joachim von Öttingen galt für einen der wackersten und stärksten Ritter seiner Zeit und war noch keinem auf dem Platze gewichen, wenn es einen ehrlichen Kampf galt; zum erstenmal half ihm die Mannskraft nicht gegen einen unredlichen Gegner. Doch blieb der Graf dem Gegner keinen Hieb schuldig, der niemand anders war, als der racheglühende Ritter Thomas von Absperg. Ja der Graf wäre vielleicht mit seinem Gegner allein fertig geworden, denn mit jedem Hieb schlug ihm der Graf eine Wunde, die durchs Eisen bis ins Fleisch ging, aber ein zweiter, nicht minder kräftiger Gegner trat ihm zur Seite und nahm seine Stelle im Kampfe ein. Es war der berüchtigte Schnapphahn Kunz von Rosenberg aus Frankenland, ein Helfershelfer und Spießgeselle des Ritters von Absperg, der ihn bisher auf seinen Streifzügen begleitet hatte und ihm heute sogar bis in die Taverne zum schwarzen Bären in Donauwörth gefolgt war, aber nur insgeheim, denn vor denen vom schwäbischen Bund hätte er sich nicht sehen lassen dürfen. In der Stadt hatte er nur gesehen, wie die Sache seines Kumpans ablaufe, und jetzt wollte er das böse Bubenstück gegen den Grafen von Öttingen mit ihm teilen. Aber es wurde ihm ein übler Handel. Der Graf spaltete ihm mit einem mächtigen Hieb den Helm bis auf die Hirnhaut, daß er fast vom Rosse taumelte.

Indessen hatte auch der Knappe Kuno wacker gekämpft; zwei seiner Gegner hatte er leblos zu Boden gestreckt, aber drei von den Helfershelfern des Ritters

Thomas fielen ihn mit vereinter Kraft an und schlugen ihn vom Pferde. Kuno fiel unter ihren verdoppelten Streichen und stand nimmer auf, um seinem geliebten Herrn zu helfen, gegen den sich ebenfalls jene drei richteten, die dem treuen Diener die Todeswunde versetzt hatten. Auch der Graf kämpfte jetzt den letzten Kampf; er blutete aus vielen Wunden, doch hielt er sich noch auf seinem Pferde und deckte sich mit seinem Schild, während die Rechte, schon matt geworden, die Hiebe der Gegner nur ferne zu halten suchte. Da drang Thomas von Absperg, der sich indessen wieder erholt hatte, von neuem auf ihn ein; er spaltete mit einem Hieb den Schild des Grafen und traf noch dessen Hals, da wo Helm und Halsberg zusammenstoßen. Jetzt sank auch der Graf vom Pferde. Aber in demselben Augenblick hörte man Pferdegetrappel in der Nähe und sah Fackeln lodern.

Thomas von Absperg und seine Helfershelfer verstanden bald, was dies zu bedeuten hatte; sie wandten ihre Rosse, ritten waldeinwärts und suchten das Weite. Die helfenden Freunde – das waren diejenigen, welche jetzt auf dem Kampfplatz sich einfanden – kamen zu spät. Nichts Gutes ahnend, waren sie, sobald Graf Joachim die Stadt verlassen hatte, auch aufgebrochen, um wenigstens hinter ihm zu sein, wenn ihm eine Gefahr drohe, denn auch sie hatten dem erbosten Thomas von Absperg nichts Gutes zugetraut, darum hatten sie den Grafen so dringend verwarnt. Wären sie nur eine halbe Stunde früher geritten, sie hätten ihn der Rache seines Feindes entrissen. Jetzt fanden sie ihn in seinem Blute liegend unter seinem treuen Rosse, das weder rückwärts noch vorwärts schritt, um nicht dem geliebten Herrn ein Leid zuzufügen.

Unter Jammern und Wehklagen legten sie dem Grafen einen Verband um seine Wunden, nur um das Blut zu stillen, das nicht aufhören wollte zu fließen, besonders aus der Halswunde. Sie flochten eine Bahre von Weiden und legten den Grafen darauf; dem treuen Diener aber wurde an der Stätte, da er so ritterlich gekämpft hatte, sein Grab gegraben. Die beiden Reisigen, welche unter seinen Schwerthieben gefallen waren, überließen sie den Vögeln des Himmels zur Speise, denn sie waren in keinem redlichen Kampfe gefallen. Nur ihre Tartschen nahm man mit, denn auf diesen war das Wappen des von Absperg zu sehen, das in Ermangelung lebender Zeugen gegen die Übeltat des Thomas von Absperg zeugen konnte.

Es war ein trauriger Aufzug, als man unter dem Leuchten der Fackeln den totwunden Grafen von Öttingen in die Stadt zurückbrachte, denn er war nicht nur ein ritterlicher Mann, sondern auch sonst ein tugendhafter, gottesfürchtiger Herr, der besonders der Armen und Bedrängten sich annahm, wie wenige seines Standes.

Es war schon um die Nachtzeit, da es in den Straßen der Stadt ruhig und still zu sein pflegte; aber als es ruchbar wurde, daß man den geliebten Grafen Joachim totwund in die Stadt bringe, da lief alles, was laufen konnte, der Straße zu, durch die der traurige Aufzug kam, und als er in der Herberge zu den drei Kronen ankam, wurde sie von der Menge des Volkes fast belagert; die Freunde und Genossen des Grafen konnten den Herrn kaum durch die Tür bringen, denn alle, die ihn kannten, wollten ihn von Angesicht zu Angesicht sehen, um sich zu überzeugen, ob er noch lebe, der von der Hand eines rachsüchtigen Feindes so schrecklich zerhauen war. Da war nicht einer, war er fremd oder bekannt, der nicht klagte und weinte, wenn er in das totenbleiche Angesicht des Grafen und auf die Bahre sah, die von seinem Blute überronnen war; Verwünschungen wurden über den Ritter von Absperg ausgestoßen, denn den erkannten alle im ersten Augenblick ohne die gegen ihn zeugenden Wappen für den Übeltäter, der ein so trauriges Los über den Grafen verhängt hatte. Ja jedermänniglich, Hoch und Niedrig, wäre freudig ausgezogen, um den Übeltäter aufzusuchen und an ihm Rache zu nehmen, wenn Hoffnung vorhanden gewesen wäre, eine Spur von ihm aufzufinden, der im Dunkel der Nacht und des Waldes entkommen war.

Im gräßlichsten Schmerze der Wunden und voll Wehmut über den Verlust seines treuen Knappen brachte der Graf von Öttingen die Nacht zu. Die geschicktesten Ärzte der Stadt widmeten sich seiner Pflege, und es wäre Hoffnung zur Rettung vorhanden gewesen bei all den tiefen Wunden, die er empfangen hatte, wenn nur die Halswunde sich hätte stillen lassen; aber der Stahl des Gegners hatte eine Hauptader verletzt. Am Morgen in der Frühe, da die Nacht scheidet und der Tag naht, richtete er sich auf aus seinem Schlummer, in dem er gelegen hatte, seitdem man ihn in die Herberge gebracht.

»Siehst Du, mein Knappe«, so begann er zu reden mit starrem Blicke, »wie schon die Zinnen von Wallerstein uns entgegenwinken? Laß uns den Rossen noch einmal die Sporen geben, und wir sind dort. Ja, ja, ich sehe schon meine Gemahlin Luitgard auf dem Söller, sie hält mir meinen kleinen Buben zum Willkomm entgegen. Hei! wir sind unter der Burg – wie mein Herz vor Freude bebt!«

Ja, es bebte, das Herz des edlen Grafen, es schlug, aber in Fieberschlägen, und bald zum letztenmal – seine Augen blickten starr auf die Umstehenden herum, als ob sie einen geliebten Gegenstand suchten – er beugte sich zurück auf das Kissen, schloß seine Augen, seine Brust hob sich noch einmal, aber zum letzten Atemzuge. Graf Joachim von Öttingen hatte geendet, ein edles, ritterliches Leben hatte ausgehaucht.

An seinem Sterbebette weinte nicht die jugendliche Gattin und sein dreijähriges Söhnlein, aber Hunderte von Waffengenossen weinten Tränen über ihm, und als am dritten Tage die Totenglocke von der Liebfrauenkirche zu seinem Begräbnisse läutete, war nicht Eines in der Stadt, das nicht dem Sarge des Grafen folgte.

Der Geächtete

Kaum war die Kunde von der durch Hans Thomas von Absperg gegen Graf Joachim von Öttingen verübten Missetat über den Bann der Stadt Donauwörth und vor die Ohren Kaiser Karls V gedrungen, so erging des Reichs Acht und Aberacht über den Schuldigen und über alle seine Helfer und Helfershelfer, auch über diejenigen, so ihn oder sie hausen, höfen, ätzen, tränken, fürschieben und enthalten würden. Zu gleicher Zeit erhielt der schwäbische Bund von Erzherzog Ferdinand, der des Reiches Statthalter und des löblichen Bundes zu Schwaben Mitglied war, den Auftrag, solche Reichsacht an dem Schuldigen und an seinen Helfern und Helfershelfern zu vollziehen.

Im Sturmschritt eilte die Rache heran, und ehe Hans Thomas von Absperg es vermutete, kamen ihm die Rächer über den Hals. Drei Tage waren vorüber, seitdem er mit seinem Kumpan Kunz von Rosenberg nach vollbrachter schrecklicher Tat auf seinem Ahnsitz zu Absperg angekommen war. Sie waren Tag und Nacht geritten, um den Verfolgern nicht in die Hände zu fallen, die von Donauwörth nach allen Seiten ausgesandt worden waren, um die Verbrecher aufzusuchen.

Am Morgen des vierten Tages – er saß eben mit Kunz beim Morgenimbiß, den die sorgsame Hausfrau den beiden Herren aus Wildbret bereitet hatte – da brachte ein Knappe einen großen Pergamentbrief in den Saal, den er am frühen Morgen am Tore des Schlosses angeheftet gefunden. Hastig schlug Hans Thomas das Pergament auseinander; als er es gelesen, wurde er bleich bis in den Hals. –

»Was ist Dir?« rief Gertrud, seine Hausfrau, die neben ihm stand und das Wildbret in Stücke zerlegte.

»Nichts, nichts!« entgegnete mit erzwungener Gleichgültigkeit der Ritter und reichte seinem Kumpan das Pergament mit zitternden Händen. Aber schneller war Frau Gertrud; sie hatte das Pergament erfaßt, ehe noch Ritter Kunz darnach langte, und las gleich in den ersten Zeilen das Verbrechen ihres Gemahls, von dem sie bis zur Stunde nichts gewußt hatte, denn der Gemahl hatte ihr nur von einem Abenteuer erzählt, bei dem er mit seinem Freunde Kunz von Rosenberg etwelche Wunden empfangen, die noch verbunden waren.

Frau Gertrud ließ das Pergament auf den Boden fallen und mit dem Schmerzensrufe: »O, mein Gott!« verhüllte sie das Gesicht mit beiden Händen. Das hatte sie nicht von ihrem Gemahl gedacht, daß er einer Mordtat fähig wäre, obgleich sie schon seit einiger Zeit die traurige Wahrnehmung gemacht hatte, daß er ein unritterliches Gewerbe trieb. Sie verließ die Männer im Saal und eilte in ihr einsames Gemach, um dort ihrem Schmerz in Tränen Raum zu geben.

Indessen hatte auch Kunz von Rosenberg den Brief gelesen. »Will mir nicht gefallen«, sagte er kopfschüttelnd, indem er dem von Absperg das Pergament zurückgab. »Auf Deiner Burg sind wir nun und nimmer sicher, das ist eine ausgemachte Sache. Du wirst sehen, mein Freund und Waffenbruder, es steht nicht lange an, so bekommst Du Gäste in Deiner Burg, und Du magst dann sehen, wie Du Deine Haut salvierst; darum will ich fürbaß reiten, denn ich mag nicht abwarten, bis man den roten Hahn auf Deine Burg setzt.

»Das hat noch keine Eile«, entgegnete der von Absperg. »Die Vollstrecker der Acht müssen mir doch noch einen Absagebrief senden, sie werden mich nicht ungewarnt überfallen, denn das wäre gegen Ritterbrauch und Recht; also ist auch nicht nötig, daß Du jetzt schon von dannen reitest.«

»Und doch«, sprach Kunz von Rosenberg; »denn ich muß die Meinigen am Ufer der Tauber verwarnen. Gilt ja der Achtspruch mir wie Dir, da ich Dir geholfen bei der Handlung! Mußt Du aber weiter ziehen, wenn sie Jagd auf Dich machen, dann reit' nur der Tauber zu, nach dem Ahnsitz Deines Freundes, und Du wirst sehen, daß Dir meine Burg offen steht, so lange es Dir bei mir gefällt.«

Ritter Kunz ließ sich trotz der Bitten seines Freundes nicht überreden, länger zu bleiben; er ließ sein Roß satteln und ritt der Tauber zu auf unbekannten Wegen; seine Wunden, die er auf Absperg pflegen wollte, heilte er auf seiner eigenen Burg, wo er wenigstens noch eine kurze Zeit sicher war.

Was Kunz von Rosenberg seinem Freunde vorausgesagt hatte, ging auch in Erfüllung. Noch waren nicht zwei Tage vorüber, so ritt ein Landsknecht mit einem Fähnlein, auf dem der Ritter St. Georg, das Wahrzeichen der Ritter vom Schwabenlande, prangte, über die Brücke. Oben auf der Fahnenspitze steckte ein langes Pergament, das der Landsknecht dem Ritter von Absperg bot, der schnell in den Hof herabgekommen war. Hatte der erste Brief eine schlimme Botschaft enthalten, so lautete der Inhalt des zweiten noch viel schlimmer, und zwar wörtlich folgendermaßen: »Wir, die Nachbenannten, deren Namen hierunter geschrieben sind, geben Dir, Hans Thomas von Absperg, allen Deinen Helfern und Zugewandten, zu vernehmen, dieweil Du und sie in letzt verschiedenen Zeiten weiland den wohlgeborenen Herrn Joachim, Graf von Öttingen gegen Recht und gemeinen Landfrieden angerennt, hart verwundet, gefangen, geplündert und dermaßen gehandelt, daß er solcher halben darnach Todes vergangen – derhalben von gemeinen Händen des löblichen Bundes zu Schwaben wider Dich, Deine Helfer und Helfershelfer, auch alle die, so Dich oder sie enthalten, hausen, unterschleifen, fürschieben, höfen, ätzen, tränken oder Deiner Handlung sich teilhaftig gemacht oder noch tun werden, eine gemeine Bundeshilfe erkannt worden. So sagen wir denn Deinen Anhängern, Mitverwandten und allen denen, so Dich oder sie gehaust, gehöft, fürgeschoben, unterschleift, geätzt und getränkt oder sich teilhaftig gemacht haben, auch allen Deinen und derselbigen Untertanen, Leuten, Hab' und Gütern hiemit und in Kraft dieses Briefes unser Fehde und Feindschaft zu, und wollen also gegen Dir und allen Deinem Anhang unsere Ehre bewahrt haben. Darnach magst Du Dich auch und sie haben zu richten.«

Bis hierher las Hans Thomas von Absperg, und er hatte schon genug – die Unterschrift des Ritterhauptmanns Rudolf von Ehingen und der zwanzig edlen Herrn vom Schwabenbund, welche unter seinen Namen den ihrigen setzten, ließ er ungelesen.

»Es will Ernst werden, liebe Gertrud«, sprach er zu seiner Hausfrau, die mit starrem Blicke auf das Pergament hinsah. »Nur Du dauerst mich, daß Du das Los, so ich verdient, mit mir teilen sollst.«

»Und auch diese Kinder hier, die uns umgeben, werden Dein Los teilen müssen«, seufzte die gute Frau und in ihre Augen traten Tränen.

»Darum will ich dieses bittere Los von euch wenden; ich will diese meine Burg und euch verlassen; denn nicht auf euch, ihr Unschuldigen, ist das Absehen des Bundes gerichtet, sondern auf mich – ich habe in meiner Leidenschaft eine Missetat begangen, die ich nun schwer büßen soll. Bin ich aus den Mauern dieser Burg, dann werden die Feinde Mitleid mit euch haben und wieder von dannen ziehen; ich will in den Burgen meiner Freunde Schutz suchen, bis ich wieder zu euch zurückkehren darf.«

»Das darfst Du nicht«, entgegnete Frau Gertrud, »Du darfst mich und die Kinder nicht dem Schicksal überlassen.«

»So will ich bleiben, bis das Verderben naht und mich und euch zusammen verschlingt; Du wirst es dann bereuen, aber zu spät, daß Du mich nicht ziehen ließest. Glaube nicht, daß es Feigheit und Mutlosigkeit ist, was mich bestimmt, euch zu verlassen – viel lieber wollt' ich mit dem Schwerte in der Faust für euch streiten bis zum letzten Blutstropfen – aber was würde es frommen? Wenn es darauf ankommt, daß die Ritter vom Schwabenbunde vor die Burg ziehen, so werd' ich allein stehen, denn nicht zehn Knechte stehen mir zur Seite, welche mit mir die Burg verteidigen. Ist doch seit zwei Tagen die Hälfte meiner Leute davongezogen, da sie wissen, daß des Reichs Acht und Aberacht auf meinem Haupte liegt; ja, ich glaube, die, so noch um mich sind, würden mich mitten im Kampfe verraten und dem Feinde übergeben, im Wahne, sie würden noch ein gutes Werk tun.«

Diese Worte wirkten auf Gertrud; sie sah zuletzt ein, daß das der einzige Weg zur Rettung für ihren Gemahl und sie selbst, sowie für ihre Kinder wäre, und war einverstanden mit dem Entschluß ihres Gemahls.

»Aber allein«, sprach sie, »darfst Du nicht aus der Burg, denn wie leicht könnte da oder dort Dein Leben gefährdet werden; nur wenn Du einen vertrauten Begleiter auf Deinem Wege hast, kann ich ruhig sein. Nimm unsern alten Diener Kurt mit, der ist kundig aller Wege und Stege und wird Dich führen, wohin Du wünschest.«

»Eben der hat sich heute Morgen aus der Burg gemacht«, entgegnete der von Absperg, »die Acht und Aberacht hat ihn in seiner Treue gegen mich wankend gemacht, und keinem von den anderen mag ich mein Leben anvertrauen.«

»So nimm mich mit, lieber Vater!« rief Oskar, der älteste von des Ritters Söhnen, ein schlanker Junkherr mit blonden Locken, die über die Schulter herabhingen; »ich will Dich geleiten, wohin Du gehst, und Dich nimmer verlassen; ich will Dir zur Seite stehen, wenn Dir Gefahr droht, und Dich schützen, so viel in meinen Kräften steht.«

»Du mich schützen, Du, Knabe?« sprach der Ritter und ein Lächeln wie

Spott spielte um seinen Mund. »Wie viele Jahre zählst Du denn schon? Ich glaube, kaum fünfzehn; und Du willst einen Geächteten begleiten; willst ihn schützen unter den tausend Gefahren, die ihm drohen wie dem Wilde, das dem Bolzen des Schützen an allen Orten freigestellt ist; willst mit mir teilen das Los des Geächteten, der nur bei Nacht und Nebel schleichen darf und mit Zittern und Beben sein Haupt niederlegt, wenn er wähnt, eine Stätte gefunden zu haben, da er sicher sein möchte? Das willst Du, Knabe? O, überleg' es, mein Sohn Oskar! und bleibe bei Deiner Mutter, der Du nützen kannst.«

»Nein, ich folge Euch, lieber Vater!« sagte Oskar mit bestimmtem Tone; »die Mutter wird ruhiger sein, wenn ich um Euch bin, Euer leiblicher Sohn, Euer bester Knappe und Dienstmann.«

Trotz aller Widerrede des Vaters ließ sich's Oskar nicht ausreden; ja er beharrte um so mehr darauf, als seine Mutter mit seinem Vorsatze einverstanden war, so schwer es ihrem Herzen geschah, den Erstgeborenen aus ihren Armen zu lassen und sein jugendliches Leben einem ungewissen Schicksale preiszugeben. Aus herzlicher, inniger Liebe zum Gemahl drängte sie die Liebe zum Sohn in ihrem Herzen zurück.

Es war ein herber Abschied, als fast um die Mitternachtsstunde Vater und Sohn zur Fahrt gerüstet in das Gemach traten, wo Gertrud noch vor dem Lager ihrer kleineren Kinder saß, die schon längst in süßem Schlummer lagen, um dem Schmerz des Abschieds von Vater und Bruder überhoben zu sein. Der Ritter von Absperg hatte sein bestes Waffenkleid und darüber einen Pilgermantel angelegt. Oskar trug ein Kleid von Büffelleder, darüber ebenfalls einen Pilgermantel; aber auch er war nicht ohne Waffe, denn unter dem Mantel hatte er ein Schwert gegürtet, das er freilich noch nie im Ernst geführt hatte, denn er verstand es besser, die Saiten der Laute zu schlagen, worin ihn ein fahrender Sänger unterrichtet hatte. Ehe noch die beiden eintraten, hatte sich Gertrud äußerlich auf den Abschied vorbereitet; sie war gefaßt, so schmerzlich es auch in ihrem Innern aussah.

»Lebe wohl!« sprach sie zum Gemahl, als er ihr die Hand reichte und sie an sein Herz drückte, »ich will für Dich beten, daß der Herr des Himmels Dir Deine schwere Schuld vergeben möge und Dich durch Buße wieder wert mache seiner göttlichen Gnade!«

»Ja, er möge die Schuld von meinem Haupte nehmen und mich wieder in die Arme der Meinigen zurückführen!« setzte der Ritter hinzu.

Als Frau Gertrud ihre Arme um den Sohn Oskar schlang, um ihn ans Herz zu drücken, da verlor sie ihre Fassung; sie übergoß das Lockenhaupt des Sohnes, das an ihrem Herzen ruhte, mit einem Strom von heißen Tränen und konnte lange kein Wort hervorbringen. »Lebe wohl«, sprach sie endlich, »Du mein Herzenssohn! Gott möge Dir seinen Engel senden, der Dich bewahre und geleite auf Deinen dunkeln Wegen, die Du gehen sollst, der Schuldlose aus Liebe zum Schuldigen!«

Während Gertrud ihren Sohn noch umarmte, trat der Ritter vor das Lager seiner Kinder, beugte sich zu einem jeden derselben und drückte einen warmen Kuß auf ihre Lippen. Ehe seine Tränen flossen, riß er sich los von ihnen und ging der Türe zu. Kein Auge wachte mehr in der Burg; ganz im Geheimen wollte der Ritter von Absperg seinen Weg antreten, denn er traute keinem seiner Leute mehr in der Burg. Gertrud öffnete den beiden Wanderern das Ausgangspförtlein, küßte noch einmal die Scheidenden und schloß dann leise das Pförtlein wieder. Mit weinenden Augen, schweres Leid im Herzen, ging sie wieder in das Gemach zurück. Im letzten Nachtgebet befahl sie die Scheidenden dem Schutze dessen, der den Schuldigen schützte um des Schuldlosen willen.

Die Zerstörung der Raubburg

Wie Hans Thomas von Absperg geahnt hatte, so ging es auch. Kaum war er einen Tag aus seiner Burg entwichen, so rückte schon das Bundesheer vor die Tore. Es war eine Macht, wie sie noch nie gesehen ward in jener Gegend. Jene zwanzig Ritter, ein jeder mit einem starken Fähnlein, dazu eine Anzahl von Landsknechten, welche der Bund in solchen Fällen zu werben pflegte, umlagerten die Burg und forderten sie alsbald zur Übergabe auf. Die in der Burg ließen nicht lange auf eine Antwort warten. Der alte Burgvogt erschien oben auf dem Tore und rief zu dem Herold hinab: »So ihr glaubet, ihr findet den Burgherrn in dieser Burg, so täuschet ihr euch; der hat am frühen Morgen mit seinem einzigen Sohn die Burg verlassen; nur die Burgfrau ist allhier, mit zwei zarten Töchterlein, die will euch ohne Widerrede die Burg übergeben, aber sie bittet euch flehentlich, daß ihr sie und ihre Kindlein nicht schändiget, sintemal ja alle drei unschuldig sind an der übereilten Tat des Burgherrn.« Der Herold kehrte wieder um zu der Schar; schnell wurde Kriegsrat gehalten und der

Herold brachte das Ergebnis der Beratung nach kurzer Zeit vor das Burgtor, das also lautete:

»Alle in der Burg sollen ausziehen und sich auf Gnad' und Ungnad' zu des Bundes Handen stellen, vorab die Burgfrau mit ihren Kindern; was Rechtens ist, werde der Bund dann über sie und ihre Habe verfügen.«

Mit Schrecken vernahm Frau Gertrud den Willen des übermächtigen Feindes; doch faßte sie sich wieder, denn wohl hoffte sie noch Gnade zu finden, wenn sie in eigener Person mit ihren beiden Kindern vor dem Hauptmann des Bundes erschiene. Sie nahm ihre beiden Töchterlein an der Hand, öffnete das Tor und ließ sich vor den Bundesfeldherrn führen. Ein Glück für die edle Burgfrau, daß es Rudolf von Ehingen, der edle Sohn des berühmten schwäbischen Ritters Georg von Ehingen war; der führte nicht nur kräftig den Schwertknauf, wenn es gegen die Feinde ging, sondern trug auch ein Herz in der Brust, das sich der Klage und dem Jammer der Unglücklichen nicht verschloß. Als die Burgfrau mit ihren beiden Töchterlein vor ihm kniete und ihn flehte, er möchte doch sie und ihre Kinder in seinen Schutz nehmen und ihre Habe vor den Landsknechten schonen, da gingen ihm die Augen über und er fühlte, daß Sühne besser sei als Rache.

»Ihr seid meine Gefangene mit Euren Kindern«, sprach er, »denn so ist es der Wille des Kriegsrats; wenn wir Euch auch die Schuld Eures Gemahls nicht büßen lassen wollen, da Ihr vielleicht gar seiner Missetat unwissend sein möget –, so können wir Euch doch nicht ledig ziehen lassen, sintemalen Ihr die nächsten Sippen des Geächteten seid, auf die sich die Strenge der Acht noch erstreckt. Eure Habe betreffend, so will ich sie nicht der Plünderung der Knechte preisgeben, aber sie muß zu Handen des Bundes kommen, dem alles Gut des Geächteten verfallen ist. Wenn Ihr Eure Notdurft für Euch und Eure Kinder daraus gewählt habt, so übergebet Ihr die Schlüssel zu Kästen und Schränken, auch Vorratsbehältern denen, die ich dazu aufstellen werde; die sollen dann alles zu Handen nehmen und verzeichnen, wenn je die Zeit wieder kommen sollte, wo das, was wir aus der Burg nehmen, wieder in Euren und der Kinder Besitz kommen soll. Aber Euren Ansitz kann ich nicht retten. Zur Stunde, da die Habe in Sicherheit ist, soll der Feuerbrand in die Burg geworfen werden – das ist des Bundes Wille über dem Hause des Geächteten – und es soll nicht nur dieser Burg also ergehen, sondern allen Schlössern derer, die mit dem Geächteten bisher gemeinsame Sache gemacht und ihn noch höfen und ätzen.«

Der edle Bundeshauptmann hob die Kniende auf und flüsterte ihr leise zu: »Über lange Haft sollt Ihr Euch nicht zu beklagen haben.«

Frau Gertrud flehte nicht weiter, denn beim ersten Zusammentreffen hatte sie gefühlt, es sei ein edler, ritterlicher Mann ihr Feind, dem sie sich unbedingt auf Gnade oder Ungnade übergeben konnte. Sie ging in die Burg zurück und hatte auch genug Zeit, um so viel von Gewanden, von Geld und Geldeswert, auch sonstigen Kostbarkeiten zusammenzupacken, daß sie mit ihren Kindern vor Mangel geschützt war, es mochte ihr Schicksal werden, welches es wollte.

Erst nach einer geraumen Frist sandte Rudolf von Ehingen den Zeugmeister des Bundes, Martin Herdlen, und noch einen Vertrauten ins Schloß, denen sie nun die Schlüssel übergab, wie es bedingt worden war. Im Lager des Bundes wurde sie mit ihren Kindern und einer getreuen Gartelmagd in ein Zelt geführt, das nicht lange der Ort ihrer Haft sein sollte, denn als es Abend war, traten zwei Trabanten des Bundeshauptmanns in das Zelt, die sie befragten, wohin sie zu ziehen gedächte, wenn der Bund sie frei ließe. Als sie die nächst gelegene Stadt Weißenburg nannte, allwo ihre Eltern ansäßig gewesen, da sie noch lebten, nahm jeder der Trabanten eines der Kinder auf die Arme, und sie gingen mit Frau Gertrud heimlich und still durch das Lager, das fast leer war, denn die Ritter und Landsknechte hatten bereits die Burg besetzt und taten sich gütlich beim kühlen Wein, den Hans Thomas von Absperg reichlich und von den besten Jahrgängen im Keller liegen hatte. Dieser, sowie der Proviant war nicht unter dem bedungen, was unangetastet bleiben und zu Handen des Bundes kommen sollte. Ritter und Knechte durften sich wohl in Trank und Speise nach einem so strengen Zuge, den sie von Augsburg hierher getan, gütlich tun; auch war genug anderen Gutes in Kästen und Schränken, sowie Vorrat auf den Bühnen aufgespeichert, das unangetastet zu Handen des Bundes gestellt werden sollte. Von Mittag bis Abend hatten die Knechte aus der Burg zu räumen und auszuführen. Genannter Martin Herdlen führte beim Ausräumen die Aufsicht und verzeichnete alles Gut, Proviant und Munition, so in der Burg Absperg gefunden ward. Noch ist solch Inventar vorhanden und belehrt uns, wie viel in Jahren ein Weglagerer und Heckenreiter, wie Hans Thomas von Absperg einer der ärgsten war, und was für Dinge er von seinen Raubzügen zusammenschleppte. Wir wollen den Leser durchaus nicht mit dem ganzen Inhalt solchen Inventars behelligen, aber es ist doch nicht unwichtig, wenigstens einiges anzuführen, was vorgefunden worden. Es fanden sich in der Burg an Geschützen nicht weniger als 4 Kartaunen, 6 Schlänglein, 4 Scharffetin, 12 Doppelhacken und 15 Falkonetlein, dazu die nötige Munition, wohl 100 Kugeln und noch eine Menge roher Salpeter. An Mehl ward nicht weniger als 100 Malter gefunden, das wohl schon zehn Jahre eingestampft in den Fässern lag. Betten, Spann- und Federbetten, Polster und Decken gab es eine solche Menge, daß man ein ganzes Spital damit hätte versehen können. Noch fanden sich, außer vielen anderen Geräten, in einem Gewölbe der Burg sechs silberne Meßkelche und Patenen, drei Meßgewande von güldenen Stükken, drei Alben samt Stolen und Manipeln, auch Meßbücher und schwere silberne Leuchter auf den Altar. Mit letzteren heiligen Gefäßen hätte man wohl sechs Kapellen ausstatten können; daraus leichtlich zu schließen, daß solche nicht zu heiligen Zwecken vom Burgherrn angeschafft worden, sondern bei diesem oder jenem Raubritt aus Kapellen geplünderter Burgen mitgegangen waren.

So fand sich dies und das in der Burg Absperg; manches wurde nicht einmal aufgezeichnet, so gewissenhaft der Zeugmeister Martin Herdlen seinen Auftrag vollzog, denn wie sollte es möglich gewesen sein, daß während des Ausräumens durch Soldatenhände nicht auch dies und jenes abhanden kam und sich in diese oder jene Soldatentasche verkroch? Als die Burg von allen Fahrnissen leer war, warfen die Landsknechte Pechkränze in die leeren Gemächer und in kurzer Frist schlug die Flamme lichterloh aus allen Gemächern und Hallen, und der Brand griff so schnell um sich, daß auch die lustigen Kumpane im Keller, welche den edlen Wein aus Kübeln tranken, zuletzt ihren angenehmen Aufenthalt verlassen und dem edlen Rebensaft ein Valet sagen mußten.

Derweil wanderte die gute Frau Gertrud, begleitet von den beiden Knechten, die ihre Töchterlein trugen, der Stadt Weißenburg zu. Sie waren noch nicht die Hälfte des Weges gegangen, so sahen sie, als sie umschauten, den Himmel rot, aber es war eine ganz andere Röte, als die des Abendrots – es war der Widerschein der Flammen, welche die Väterburg verzehrten, auf der sie bisher gewohnt und Freud' und Leid erfahren hatten. Gesenkten Blicks und traurigen Herzens zog sie in den Ort ein, der ihr von nun an zur Zufluchtsstätte dienen sollte.

Der ungetreue Kumpan

Was zu Absperg geschene, geschehen nach wenigen Tagen zu Gnötzheim, dem Ansitz des Ritters Kunz von Rosenberg, denn der schwäbische Bund vermutete den Ritter Hans Thomas von Absperg dort zu finden, weil Kunz von Rosenberg dessen Hauptkumpan gewesen. Aber sie fanden nicht, den sie suchten, und brannten nun diese Burg nieder. Derweil saßen die beiden Flüchtlinge zu Waltmannshofen, unfern der Tauber, in einem starken und gutbewahrten Wasserschlosse, das ebenfalls Kunzen von Rosenberg gehörte; Vater und Sohn hatten sich zuerst hierher gewendet, obgleich auf dem weiten Wege von Absperg hierher noch manche befreundete Burg lag, die ihm ihre Tore geöffnet hätte, aber er vertraute am liebsten einem Kumpan und Waffenbruder, der ihm bei manchen Ritterstücklein treulich den Arm geboten, manchen Strauß mit ihm ausgefochten hatte und ihm ja bei der unglücklichen Tat gegen den Grafen von Öttingen zur Seite gewesen war. Kunz von Rosenberg nahm auch wirklich den Kumpan und seinen Sohn willig und freundlich in seiner Burg auf, wie er bei seinem Abgang von Absperg zugesagt hatte; aber bald wendete sich das Blättlein. Es war am Abend des fünften Tages, seitdem Hans Thomas auf der Burg des Freundes weilte – eben saßen die beiden Ritter über Becher und Spiel – der junge Oskar aber klimperte auf einem alten Saitenspiel, das er in einem Winkel der Burg aufgefunden, und suchte sich in seinen schweren Gedanken an die Heimat, an Mutter und Schwesterlein zu zerstreuen, da trat ein Knappe ein und rief den Ritter Kunz von Rosenberg in den Erker der Stube. Sie sprachen eine Zeitlang mit einander, dann kam Ritter Kunz und setzte sich wieder nieder, aber ihm mundete von Stunde an weder der Becher noch das Brettspiel.

»Was gibt's, Bruder Kunz?« fragte der von Absperg – »Du mußt böse Zeitungen erhalten haben, denn Dein Antlitz ist auf einmal fahl geworden und Deine Hand zittert – auch will Dir Becher und Spiel nimmer behagen.«

»Kein Wunder«, antwortete Rosenberg, »denn soeben ist mir ein Bote gekommen, der meldet, daß der schwäbische Bund mein Schloß Gnötzheim angefallen und in Brand gesteckt, aus dem einfachen Grunde, weil ich einer von denen bin, die dem Haus Thomas von Absperg bisher Helfer und Gesell gewesen – und nun, so hat mir derselbe Bote berichtet, sind die Herren vom Schwabenbund willens, auch in dieser meiner Burg mir einen Besuch zu machen, – der Bote ist eilends vorangerannt, um mich noch zu verwarnen, aber sie folgen ihm auf dem Fuße. Und nun, was sagst Du dazu, mein Freund und Waffenbruder?«

»Was ich dazu sage?« sprach Absperg – »ich muß eben mit Jammer erfahren, daß ich flüchtig und unstet bin, wie Kain, der seinen Bruder erschlug, – ich muß weiter ziehen, um der Hand meiner Verfolger zu entrinnen und Dich vor Schaden zu wahren.«

»Das wird wohl das klügste sein, denn hier dürfen sie Dich nicht treffen, sonst möchte es Dir und mir übel ergehen, denn der Bund hat Dir fürchterliche Rache geschworen und denen, die Dich höfen und ätzen.«

»Aber Du wirst mich doch noch diese Nacht unter Deinem Dache beherbergen, mein Bruder, sintemal mein Sohn, der mich begleitet, seine noch zarten Füße wund gegangen und kaum imstande sein wird, im Dunkel der Nacht einen noch unbekannten Weg zu gehen.«

»Da darfst Du nur sagen, wohin Du Dich wenden willst, auf welche Burg und zu welchem Freunde, – so will ich Dir einen meiner Knechte zum Begleiter mitgeben.«

»Ich will die Tauber abwärts zu meinen Freunden Franz Rüde von Böttigheim und Wolfgang von Adelsheim auf der Burg Wachbach, nicht ferne von Mergental; das ist eine Burg, die im stillen Seitentale der Tauber liegt und wenig von den Herren vom schwäbischen Bunde zu fürchten hat, sintemalen das Gebiet des Deutschordens gar nahe, ja der Orden selbst unterhalb der Burg seine Güter hat. – Allda möchte ich mich wohl leichter enthalten können, aber lieb wäre es mir, wenn wir doch noch bis zum andern Tag früh morgens bei Dir verweilen könnten, denn mich bedünkt, es wolle eine Gewitternacht werden.«

»Das befürcht ich nimmermehr; das Wetterleuchten ist nur eine Abkühlung; wenn Du es aber abwarten willst, bis die Bündischen uns über den Hals kommen, so stehe ich Dir nicht für das Unheil, das Du selbst über Dich bringst. – Nur durch schnelles Entweichen ist eure Rettung möglich, sintemalen die Bündischen hinter dem Boten herziehen, der mir zugekommen.«

Hans Thomas von Absperg drang nicht weiter in seinen Kumpan, dessen Treue sich für diesmal wenigstens nicht zu erproben schien; er stand auf vom Tisch, aber mit trübem Blicke – er mochte wohl der Stunde gedacht haben, wo ihm Kunz von Rosenberg beim Überfall des Grafen von Öttingen als treuer Helfer zur Seite gestanden hatte. – »Mach' Dich fertig«, rief er seinem Sohn Oskar zu, – »kannst Du nicht laufen, so mußt Du eben hinken – wir werden schon weiter kommen, so Gott will.« – Schnell hatten die beiden Flüchtlinge ihre Sachen zusammengetan – sie hatten ja nur wenig Habseligkeiten – und standen reisefertig vor ihrem Gastfreund. Als der junge Oskar dem Ritter von Rosenberg die Hand zum Abschied reichte, sprach er:

»Herr Ritter, für das Gute, so Ihr in diesen Tagen an uns erzeigt, unsern besten Dank; so Ihr aber noch etwas Gutes an mir tun wollt, gebt mir die Laute zum Andenken mit, die ich aus dem Staube hervorgeholt.«

»Das soll Dir gewährt sein«, erwiderte Kunz von Rosenberg, »denn mir liegt sie im Winkel als altes Gerümpel, auch hat niemand in der Burg Zeit zum Musizieren. Doch was willst Du mit dem Plunder anfangen, der Dich nur auf der Fahrt hindern kann?«

Thomas von Absperg nahm das Wort: »Der Knabe gedenkt wohl durch Lauteschlagen ihm und mir das Stücklein Brot zu verdienen vor den Häusern der Bürger und Bauern, wenn ich keinen Ritter und Waffenbruder mehr finde, der den Mut hat, mir seine Burg zu öffnen und mich vor meinen Feinden zu enthalten.«

Thomas von Absperg sprach die letzteren Worte mit einem schmerzlichen Blick auf den Ritter von Rosenberg, und Tränen standen in seinen Augen; aber dieser tat, als ob die gegen ihn gerichtete Rede ihn nichts anginge, und geleitete Vater und Sohn ganz gleichgültig in den Hof hinab, wo schon ein Knecht mit brennender Fackel stand, um sie auf ihrem Wege zu begleiten. – So hatte sich Kunz von Rosenberg seine beiden Gäste mit guter Manier vom Halse geschafft und mit einer Lüge seinen Zweck erreicht; denn wenn es auch wirklich wahr gewesen war, daß seine Burg Gnötzheim von den Bündischen überfallen und abgebrannt worden war, so war das andere nur eine erdichtete Mähre, daß die Bündischen stark auf sein Schloß Waltmannshofen zuziehen. Aber was er hinzugelogen hatte, das geschah dennoch, wenn auch acht Tage später; denn die vom Bunde kamen gleichfalls vor Waltmannshofen, und ob sie auch erfuhren, daß sich Thomas von Absperg nicht mehr in ihr enthalte, wurfen sie doch den Feuerbrand hinein, da sie ja wußten, daß Kunz von Rosenberg sogar an dem Tode des Grafen von Öttingen Mitschuldiger war. Aber der ließ Schloß und Leute im Stich, entwich auf seine Burg Unterschlüpf und enthielt sich allda, bis der schwäbische Bund das Werk seiner Rache an 23 Burgen des Frankenlandes vollführt hatte.

Die Talfrau

Es war dunkle Nacht, als Kunz von Rosenberg die beiden Flüchtlinge aus seiner Burg wies; kein Sternlein leuchtete am Himmel, an dem nur schwere Gewitterwolken hingen. Kaum waren sie über die Gemarkung des Dorfes geschritten, so brach das Gewitter aus, das schon längst am Himmel schwebte. Zackige Blitzte fuhren über den dunklen Wald hin, durch den sie gingen, und schrecklich rollte der Donner, daß es weithin hallte. Kaum vermochte der Begleiter der beiden die Fackel vor den Stürmen des Wetters brennend zu erhalten. Schon gingen sie auf dem Wege, der in den Talgrund, den der kleine Sechselbach bildet, führt. Sie kamen unter der Burg Brauneck vorüber, deren hohen Bergfried sie im Leuchten des Blitzstrahls deutlich unterscheiden konnte; es war keine befreundete Burg für Vater und Sohn, darum blieben sie unten im Tälchen, bis es in einem breiteren Tale mündete, wo die Tauber fließt. Noch dauerte das Gewitter fort in gleicher Heftigkeit. Auf einmal fuhr ein gewaltiger Blitzstrahl neben ihnen nieder, dem ein rollender Donner folgte – der Blitz traf die Krone einer majestätischen Eiche, über die wohl manch' Jahrhundert schon hingegangen war, unter fürchterlichem Krachen fuhren die Splitter in alle Weite, bis auf den Pfad, auf welchem die drei wandelten. Einer dieser Splitter traf unglücklicherweise den zarten Jüngling; mit einem jämmerlichen Schrei stürzte er an der Seite seines Vaters nieder. Der Vater glaubte nicht anders, als daß sein Sohn vom Blitze getroffen wäre, denn er lag bewußtlos neben ihm. Doch als er neben ihm kniete, als er ihn in seine Arme nahm, meinte er noch seinen Herzschlag zu fühlen, und das warme Blut von Oskars getroffenem Haupte floß über seine Hände.

In stockfinsterer Nacht saß der unglückliche Vater, in den Armen den tötlich getroffenen Sohn, in einer Gegend, wo er weder aus noch ein wußte. Wäre ihm nur jemand bei der Hand gewesen, der ihm Hilfe geboten hätte, um den blutenden Kopf des Sohnes mit Wasser auszuwaschen und zu verbinden; aber keine Antwort kam auf den Hilferuf, den er nach allen Gegenden aussandte, um den Begleiter herbeizubringen, der sich so schnell von ihm gewendet hatte. Der kam nicht, aber eine andere Hilfe nahte, an die er nicht gedacht hatte. Kaum war sein letzter Hilferuf ergangen, als er von ferne ein Licht nur schwach blinken sah – es wurde immer heller und heller, es kam näher, und bald sah er eine Gestalt auf sich zuschreiten, die trug einen brennenden Lichtspan in den Händen, und er erblickte vermittelst des Lichts, das der Span verbreitete, eine Frauengestalt mit ältlichen, aber freundlichen Gesichtszügen. »Gott sei Dank«, rief der Ritter, »daß sich doch ein menschliches Wesen meiner und meines unglücklichen Kindes annimmt.«

»Von Herzen gerne«, sagte die Frau mit freundlicher Stimme, – »ich will tun, was in meinen Kräften steht.« Sie hob den brennenden Span über Oskars Haupt, da bewegten sich bei dem Strahle des Lichtes die Augenlider und der Mund zuckte. »Das ist keine tötliche Wunde«, fuhr die Waldfrau fort, »aber nötig ist, daß man das Blut stille.«

Mit diesen Worten legte sie ein Büschel Kräuter auf Oskars blutende Kopfwunde, daß sie ganz bedeckt war. Kaum war das geschehen, so schlug der Jüngling zur großen Freude seines Vaters wieder die Augen auf und bald richtete er sich aus seinen Armen empor.

»Wie wohl mir das getan hat«, sprach Oskar mit noch schwacher Stimme, indem er seinen Vater liebevoll anblickte, »es war mir, als ob ich geschlafen hätte, aber meine Füße werden mich noch nicht tragen können, um weiter zu gehen.«

»Ist auch noch nicht nötig«, sprach die Frau, »wir haben nur noch wenige Schritte zu einer alten Kapelle, dort will ich Dich verbinden und Du magst daselbst ausruhen, bis Deine volle Kraft wiedergekehrt – allda seid Ihr beide auch geborgen, bis das Wetter vorüber ist.«

Sie faßte Oskar unter dem Arm, bis er wieder auf den Füßen war. Auch sein Vater unterstützte den Gehenden, aber die Hilfe der Unterstützenden war nicht lange nötig, denn sie waren kaum einige Schritte vorwärts gegangen, so standen sie vor einer uralten, halb verfallenen Kapelle, an der sich eine kleine Vorhalle mit einem breiten Betschemel befand. Die Waldfrau hieß Oskar darauf niedersitzen, und nun band sie über die Kräuter ein zartes Tuch um sein wundes Haupt.

»Eine kleine Ruhe würde Eurem Sohne jetzt wohltun, Herr Ritter«, begann die Waldfrau – »dann könnt Ihr desto schneller wieder Euren Weg nach Wachbach fortsetzen. Ihr erreicht dennoch die Burg vor Tagesanbruch.«

»Woher weißt Du, wohltätige Waldfrau«, fragte betroffen der Ritter, »daß ich auf die Burg Wachbach ziehen will?«

»Das weiß ich ebenso gut, wie ich weiß, daß Ihr der geächtete Ritter Thomas von Absperg seid, den sein Gastfreund, Kunz von Rosenberg, sozusagen aus der Burg gewiesen, aus Furcht, der schwäbische Bund möchte ihm über den Hals kommen, was aber dennoch geschehen wird, und er verdient es nicht anders, der treulose Gastfreund – Wißt Ihr nicht, daß wir Waldfrauen mehr wissen, als andere Menschen?«

»Es muß dem so sein«, sagte der Ritter Thomas, »denn ich habe nur diesem meinem Sohne es anvertraut, daß wir auf Wachbach Schutz suchen wollen, und Du mußt demnach auch wissen, ob mein Freund Wolf von Adelsheim noch auf der Burg haust.«

»Wohl«, entgegnete die Waldfrau, – »er und Franz Rüde von Böttigheim haben miteinander die Burg inne. Herr Wolf wird Euch auch ein treuerer Freund sein, als Kunz von Rosenberg.«

»So wollen wir uns sputen, die Burg Wachbach zu erreichen«, sprach Oskar, der bisher sein Haupt ein wenig hingelehnt hatte. »Ich fühle mich wieder kräftig und stark genug, den Weg fortzusetzen, wenn nur die gute Frau uns noch eine Zeitlang den Weg zeigt, bis wir ihn selbst finden können.«

»Das will ich von Herzen gern tun, solange meine Fackel hält«, versetzte die Waldfrau. Alle drei traten wieder aus der Kapelle. Von nun an gingen sie mehr als zwei Stunden am Ufer der Tauber; an einem breiten Steg angekommen, schritten sie über den Fluß, dann bergan, die Waldfrau immer voran mit ihrem langen Lichtspan, der gar nicht abnehmen wollte. Seit sie die Kapelle verlassen, hatte das Gewitter aufgehört, doch war der Himmel noch trüb und düster, und ihre Begleiterin kam ihnen mit ihrem hellen Lichtspan wohl zu statten. Die Wandernden hatten die Mitternacht schon weit hinter sich – es wurde allmählich kühler, aber der Wald, durch den sie gingen, ließ sie das Dämmern des Tages weniger fühlen. Auf einmal erlosch das Licht in der Hand der Waldfrau, die immer noch neben Vater und Sohn ging – bald verschwand auch sie vor ihrem Blicke, – dem Jünglinge war es, als fühlte er noch ihre warmen Händedrücke und hörte ins Ohr lispeln: auf Wiedersehen! Sie standen am Saume des Waldes – eben tagte es – und sie sahen in ein liebliches Tal hinab, in dem sich ein Dörflein lagerte, und auf einem Hügel, der sich über dem Tal erhob, ragten die Zinnen einer stattlichen Burg – die Wanderer hatten vor sich das Ziel ihrer Wanderung.

Die Kranke

Herr Wolfgang oder Wolf von Adelsheim besaß neben Franz Rüden von Böttigheim die Burg zu Wachbach; der letztere hatte nur ein Vierteil am Ansitze inne. Mit seiner Hausfrau Barbara, einer gebornen von Gebsattel, hatte Herr Wolf nur ein Töchterlein erzeugt, das nach seiner Schwester Adelheid den Namen führte. Der Himmel hatte den Eheleuten das Glück eines männlichen Erben versagt, und doch nahmen sie auch das Töchterlein als eine treue Gabe freudig und dankbar aus Gottes Hand; aber auch diese Freude sollte ihnen getrübt werden. Als sie in das vierzehnte Jahr trat, wurde sie von einem schrecklichen Siechtum befallen. Manchen Tag aß und trank sie nicht, verließ nicht das Lager und lag oft von morgens bis in den Abend mit geschlossenen Augen und ausgestreckten Gliedern da, daß es schien, als ob sie tot wäre. Das war gewöhnlich der Fall, wenn sie sich, wie es oft zu kommen pflegte, auf ihrem Lager wie rasend, oft mit schäumendem Munde hin- und hergeworfen hatte, worauf immer ein Zustand der höchsten Ermattung eintrat. Die liebenden Eltern hatten alle Mittel angewendet, um die geliebte Tochter von diesem schrecklichen Siechtum zu heilen. Mehr als einmal war der Doktor von Mergentheim, der doch weit und breit bekannt war wegen seiner Wissenschaft, an dem Krankenbett des Fräuleins gestanden und hatte Puder und Tränklein verordnet, aber alles war ohne Erfolg. Auch alle Waldbrüder und Klausner in der Nähe und Ferne, die durch heilsame Kräutlein schon manchem Kranken seine Gesundheit wieder verschafft, waren um Rat gefragt worden, aber ihre Wissenschaft reichte bei dieser Krankheit nicht aus. Was war natürlicher, als daß man zuletzt auf die Ansicht verfiel, daß die Kranke vom Teufel besessen sei, welcher, wie man damals noch des Glaubens war, nur durch den Exorzismus ausgetrieben werden könnte. Zu diesem Mittel wäre auch längst geschritten worden, sintemalen bei den Dominikanern in Mergentheim ein Subprior war, der in dieser Wissenschaft weit und breit einen Namen erlangt hatte – aber Herr Wolfgang von Adelsheim, obgleich ein guter Christ, der jeden Tag in der Dorfkirche seine Messe hörte und in allen religiösen Übungen eifrig wie keiner war, hatte eine besondere Abneigung gegen die Mönche und gestattete selten einem den Eintritt in die Burg. So ward auch dem Pater Hieronymus keine Gelegenheit gegeben, von seiner Wissenschaft an der Tochter des Ritters Gebrauch zu machen; es kam nie dazu, trotz allem Anhalten seiner Hausfrau, die ihm der Sache wegen täglich in den Ohren lag und auf den traurigen Zustand des Töchterleins hinwies.

Also stand es auf Burg Wachbach, als die beiden Flüchtlinge, der Ritter von Absperg und sein Sohn Oskar, in der Frühe des Morgens den Burgweg hinanstiegen. Sie konnten sich kaum erklären, wie sie den Weg hierher in das Tal des Forellenbachs und zur Burg des befreundeten Ritters so leicht gefunden hatten. Damals ging da, wo die Kirche steht, eine Brücke über den Bach, dem Heerweg zu, der sich um die Südseite des Burgbergs zog und allmählich aufwärts führte. Kaum war der Tag angebrochen, als Vater und Sohn an der Zugbrücke standen und um Einlaß baten. Der Torwächter hatte eben sein Morgenschläflein gemacht und rieb sich noch die Augen, vor sich hinbrummend, daß er so früh von Gästen aus seinem Schlummer gescheucht worden war. Der alte Kurt war Torwächter und Pförtner in einer Person, darum mußte er, als die Zugbrücke niedergelassen war, sich auch die Tortreppe hinabbemühen und die Pforte öffnen. Daß er mit einem grämlichen Gesicht die Gäste empfing, können wir uns wohl denken, und daß der Willkomm nur in einem kurzen ›Guten Morgen‹ bestand, können wir uns auch denken, war ja dem alten Graubart durch die Ankunft der Gäste das Ruhestündlein merklich gekürzt worden. Doch seine Stimmung wurde freundlicher und sein Wort teilnehmender, als er bemerkte, wie das blühende Junkherrlein eine Binde um die Stirn trug, die es als einen Leidenden bezeichnete. »Zu welchem meiner Herren verlangt Ihr?« fragte er die Ankommenden; »zu meinem gnädigen Junker von Adelsheim oder zu Herrn Franz Rüden?« – »Zu dem ersteren«, erwiderte der Ritter; »er ist mein Freund und Waffengenosse und wird wohl noch den Thomas von Absperg kennen.« – »Den werdet Ihr noch wach finden von gestern her, denn das kranke Fräulein hat einen schlimmen Abend zugebracht – so will ich alsbald Eure Ankunft melden.« Dieses sprechend eilte er dem östlichen Flügel der Burg zu, wo Herr Wolf von Adelsheim wohnte, und kehrte bald zurück, begleitet von dem Ritter Wolf, der es nicht abwarten wollte, bis man seinen Gast zu ihm führte. Er bewillkommnete ihn herzlich als einen Freund und Waffengenossen, ob er ihn gleich seit Jahr und Tag nicht mehr gesehen hatte. Seine Freundlichkeit minderte sich auch nicht, als ihm der von Absperg, während sie die Treppe in die Wohnung hinaufstiegen, unverhohlen entdeckte, daß er als Geächteter Haus und Hof verlassen, und bei einem Freunde Zuflucht suche.

Als Herr Wolf von Adelsheim mit seinen Gästen ins Gemach trat, saß Frau Barbara, seine Gemahlin, neben dem Bett ihrer Tochter, um die sie ihren rechten Arm geschlungen hatte. Eben war Adelheid, nachdem sie beinahe die ganze Nacht hindurch getobt und sich im Bette hin- und hergeworfen hatte, matt und müde, wie es gewöhnlich der Fall war, eingeschlummert. Ihr schönes Köpfchen, mit einer Fülle von blonden Locken umgeben, lag an der Brust der Mutter, die das Haupt über sie gebeugt hatte, fast eben so sehr, wie die Tochter, der Ruhe bedürftig, denn sie hatte die ganze Nacht schlaflos zugebracht. Eine Totenblässe überzog das bildschöne Angesicht des Fräuleins, daß sie wie eines erschien, das man eben ins Grab legen wollte. Die zärtliche Mutter ließ sich nicht stören, als Herr Wolf mit seinen Gästen eintrat, sie erhob nur das Haupt und nickte ihnen einen freundlichen Gruß zu, so sehr sie sonst gewohnt war, die Gäste nach Anstand zu begrüßen und ihnen ehrerbietig entgegen zu gehen; man konnte es ihr nicht verargen, daß sie es diesmal unterließ, denn sie hätte durch die kleinste Bewegung die der Ruhe so bedürftige Kranke in ihrem Schlummer gestört. Nur Augenblicke verweilte Ritter Wolf mit den Gästen im Wohngemach, er führte sie durch eine Nebentüre in den Saal, wo er sie bald allein ließ, damit sie sich's ungestört bequem machten nach den Mühen des Wegs.

Das erste, was sie taten, als sie sich allein befanden, war, daß Ritter Thomas seinem Sohn die Binde abnahm, um sie lockerer zu binden – aber welch ein Wunder! die Wunde war wie verschwunden und hatte kaum eine Narbe zurückgelassen; von einem schmerzlichen Gefühl war gar keine Rede mehr, also, daß sie keinen Anstand nahmen, die Binde ganz und gar wegzulassen. »Das ist doch wunderbar«, bemerkte Oskar, »schon in dem Augenblicke, als die geheimnisvolle Talfrau ihre Kräuter auflegte, war der Schmerz gestillt – und jetzt ist mir's, als hätte ich nie eine Wunde gehabt.«

Das zweite, dem Oskar nach seiner Wunde die Aufmerksamkeit zuwendete, war seine Laute. Als er sie vom Nacken nahm, auf den Stuhl legte und betrachtete, hatte nicht eine Saite nachgelassen, und doch hatte er sie auf dem Weg durch Bäume und Gesträuch geschleppt, wo sie da und dort unsanft anstieß. Er faßte sie und stimmte nur einige Akkorde an – aber was war das für ein Ton! So hatte sie noch nie geklungen, wenn er auf der Burg des Ritters von Rosenberg in ihre Saiten griff – die Töne klangen wie der kräftigste Harfenklang und hallten im Saale wieder. Siehe da, kaum hatte Oskar die Laute niedergelegt, auf der er nur einige Akkorde ergriffen hatte, da öffnete sich die Türe und herein trat an der Hand des Burgherrn ein blühendes Fräulein mit freudig strahlendem Blicke – es war dies Fräulein Adelheid, welche kurz zuvor mit totbleichem Antlitz an der Brust der Mutter geschlummert hatte. Hinter beiden folgte bald die Hausfrau des Ritters, begleitet von einem Knappen, der einen Teller mit Bechern in der Linken und in der Rechten einen Henkelkrug mit Wein trug, den Frau Barbara jetzt den lieben Gästen zum Willkomm kredenzte. Und diese war freundlicher als je, denn sie meinte nicht anders, als wäre mit den beiden Fremdlingen Heil in ihrem Hause eingekehrt. Hatte sich ja in den ersten Augenblicken ihres Hierseins beim Ton der Laute, der aus dem Saal in das Gemach herüberdrang, die kranke Tochter, wie von einem Zauberer erweckt, von ihrem Schlummer erhoben – ihr Antlitz hatte eine rotblühende Farbe gewonnen und ihr Wesen war so heiter und fröhlich geworden, wie es schon lange nicht mehr gewesen. Wirklich war auch von nun an seit dem Erscheinen der Gäste eine völlige Änderung im Zustande des Fräuleins eingetreten. Nur selten kehrte ihr krankhafter Zustand wieder, und war es je einmal der Fall, so berief man den jungen Oskar in ihr Gemach, und nur ein kurzes Spiel auf der Laute, von Oskars Hand gerührt, war nötig, um die böse Macht, die immer noch eine Herrschaft über sie auszuüben schien, zu beschwichtigen. Es war wie bei König Saul, der, sobald der Sohn Isai's die Harfe schlug, von seinem bösen Geiste verlassen wurde. Wollte die schlimme Stunde über das Fräulein wiederkehren, daß ihr Antlitz blaß wurde und die fieberhaften Bewegungen eintraten – sobald Oskar erschien, sich in die Nähe der Kranken setzte und sein Spiel begann, so hörte die Fieberhaftigkeit auf; sie legte das Haupt an die Brust der Mutter, und nach kurzem Schlummer erhob sie sich mit blühenden Wangen, stand auf und war wieder das heitere und fröhliche Fräulein, in dem man kaum mehr eine Kranke zu erkennen vermochte. So war freilich durch das Erscheinen der beiden Gäste dem Hause Heil widerfahren, und Frau Barbara besonders pries die Stunde glücklich, da sie über ihre Schwelle getreten waren. Nach der Ursache ihres Hierseins hatte sie nie gefragt, auch Herr Wolfgang von Adelsheim hatte mit keiner Silbe gegen seine Gemahlin verlauten lassen, daß er einen Geächteten mit seinem Sohne beherberge; was sollte er seiner geliebten Hausfrau damit eine Sorge erregen, die ohnedies durch das Kranksein ihrer Tochter lange einen so schweren Sorgenstein auf dem Herzen getragen hatte? Doch nur zu bald kam die Stunde, in der die edle Burgfrau mit der traurigen Wahrheit bekannt wurde, die ihr bisher verborgen geblieben war.

Die Warnung der Talfrau

Es war ein lieblicher Juniabend, als Junkherr Oskar mit Adelheid auf der nördlichen Seite der Burg, da, wo der Weg gen Lillstadt führt, Erdbeeren suchte, die besonders am Abhang des Berges schon in Menge zu finden waren. Wie er das Fräulein in ihrer Beschäftigung im Garten unter der Burg freundlich unterstützte, so hatte er sich auch jetzt an sie angeschlossen, um ihr beim Sammeln der Erdbeeren zu helfen. Seine Beihilfe war auch nicht umsonst gewesen, hatte ja das Fräulein schon einen so großen Strauß von saftigen Beeren gewonnen, daß sie ihn kaum mit beiden Händen umspannen konnte. Schon wollten beide die Burg aufwärts lenken, zumal es auch schon Abend werden wollte, da richtete Oskar seine Blicke auf den Weg, der über die Höhe nach Lillstadt führt; dort keuchte bergaufwärts ein Mütterlein mit gesenktem Haupte. Oskar machte seine Begleiterin darauf aufmerksam, und nicht umsonst.

Adelheid sprach: »Die wird wohl recht müde und erschöpft sein. Wie wäre es, wenn wir von dem großen Erdbeerstrauße diesem Mütterlein einige Beeren mitteilten? Meine Mutter wird sich dennoch über das freuen können, was wir gesammelt haben.«

Damit war Oskar freudig einverstanden; Adelheid nahm etwa den dritten Teil des Straußes und gab ihn ihrem jungen Freunde, der flugs auf den Weg hinübereilte und die alte Frau bald einholte. »Halt!« rief er der noch Gehenden zu, »nehmt diesen Erdbeerstrauß mit und erquicket Euch damit.«

»Ach!« sprach die Frau, indem sie sich umdrehte, »das verschmähe ich nimmermehr; ich habe den ganzen Tag noch keinen Bissen über den Mund gebracht; diese Beeren werden mir wohl bekommen.« Sie faßte hastig den Strauß, den ihr Oskar darbot. »Mög's Dir Gott vergelten, guter Oskar!« setzte sie mit einem Tone hinzu, der ein früheres Bekanntsein voraussetzte.

»So kennt Ihr mich, gute Mutter?« fragte Oskar.

»Ja wohl, guter Sohn!« antwortete das Mütterlein, »aber Du scheinst mich nimmer zu kennen.«

Jetzt erst blickte Oskar ihr recht in die Augen und rief erstaunt: »Ihr seid ja die gute Waldfrau, die uns in jener schrecklichen Wetternacht von der Burg des Ritters Rosenberg in dieses Tal geführt, die mir so wunderbar meine Wunde geheilet hat. So nehmet diese Erdbeeren als einen geringen Beweis meines Dankes, den ich Euch damals nicht abstatten konnte.«

»Dessen bedarf es nicht«, sagte die Frau, »und es soll auch nicht das letztemal sein, daß ich Dir und Deinem Vater einen Dienst erzeige. Wie gut, daß ich gerade mit Dir zusammentreffe, um Dich, Deinen Vater, sowie alle, die droben auf der Burg sind, vor einer Gefahr zu warnen, die herrannaht. Gerade liegt der schwäbische Bund, der Deinem Vater und Dir auf der Fährte ist, vor der Burg Boxberg, wohl haben sie das Schloß schon gewonnen und werden damit wie mit den andern verfahren, denn man weiß, daß der Melchior von Rosenberg ein Freund und Genosse Deines Vaters gewesen. Von Boxberg zieht der Bund der Burg droben zu – wer weiß, ob er nicht morgen schon vor die Burg rückt! Ein verräterischer Mann aus den Hintersassen der Burgherren hat dem Commentur zu Mergentheim, Herrn Wolfgang von Bibra, die Anzeige gemacht, daß ein Geächteter droben gehaust und geätzt werde, und der Commentur hat es dem Kriegsrat vor Boxberg zu wissen getan, 's mag ihm nicht unlieb sein, wenn die zu Wachbach heimgesucht werden, da ihm die Ganerben droben nicht die liebsten Anstößer sind. Eile und sag' dem Ritter von Adelsheim, meinem Freunde und Gönner, die Willinger Talfrau habe diese böse Kunde gebracht; er wird Deinen Worten glauben. – Und nun leb' wohl, guter Sohn! Kämest Du in Gefahr und bedarfst Du meiner Hilfe, so greife dreimal mit der Hand in Deine Laute, daß die Saiten laut klingen, und meine Hilfe wird Dir zur Hand sein.«

Dieses sprechend, faßte sie Oskars Hand; er fühlte, wie damals im Walde, ihren Händedruck, aber zur selben Stunde war sie verschwunden. Schnell kehrte Oskar zu Adelheid zurück; er sagte ihr nur, daß die alte Frau die Erdbeeren mit Dank angenommen; was sie ihm angezeigt hatte, verhehlte er dem Fräulein, um ihr keine Sorgen zu bereiten. Als sie mit einander an den Burggraben kamen und über die Brücke gingen, war schon Dämmerung eingetreten. Sobald Oskar auf die Burg kam, suchte er Herrn Wolfgang von Adelsheim auf und teilte ihm mit, was ihm die Talfrau angezeigt hatte.

Der Ritter von Adelsheim zweifelte keinen Augenblick an der Wahrheit der Aussage, als Oskar die Talfrau nannte, welche ihm die Kunde mitgeteilt hatte.

»Da dürfen wir es glauben«, sprach er, »wenn die gute Talfrau es gemeldet. Ist sie es ja, die mir und den Meinigen schon oft eine treue Warnerin gewesen ist! Aber, mein Sohn! sage von dem, was Du mir eben mitgeteilt hast, ja nichts Deinem Vater – ich werde ihm schon selbst davon Bericht geben, wenn es Zeit ist.« Doch zu Franz Rüden von Böttigheim ging er zur Stunde hinüber in den andern Flügel des Schlosses, machte ihm Mitteilung von dem bösen Bericht, und wollte sich über die Mittel der Verteidigung mit ihm bereden. Auf den

machte es nicht den besten Eindruck.

»Das haben wir Eurem hergelaufenen Freunde und Genossen zu verdanken«, so begann er grämlich und widerwillig – »daß jetzt der schwäbische Bund uns auf den Hals kommt, der mit uns so schnell fertig sein wird, wie mit denen zu Rosenberg, Waltmannshofen und Boxberg. Sie setzen uns zum Andenken noch den roten Hahn aufs Dach, und das alles wegen des Abspergs, mit dem nur Unheil in unser Haus gekommen.«

»Darum bin ich nicht hergekommen«, entgegnete Herr Wolfgang von Adelsheim, »um Eure Schmährede über meinen unglücklichen Freund anzuhören, sondern darum bin ich hier, um mich mit Euch zu bereden, wie wir uns gegen den Bund wehren wollen.«

»Wehren gegen den Bund? Seid Ihr vernünftig, Herr Nachbar?« sprach mit Lachen Herr Franz Rüden; »mit was wollen wir uns wehren? Mit unserer Handvoll Knechte und unsern wenigen Falkonetlein, die seit Jahr und Tag kein Pulver mehr gerochen? – Dafür behüt' mich der Himmel! Ich für meinen Teil laß in eigener Person die Brücke nieder und schließe die Pforte auf, wenn die vom schwäbischen Bunde kommen, denn es ist ein wahres Wort: viel Hunde sind des Hasen Tod!«

»Also wollt Ihr Euch nicht als ritterlicher Mann zeigen, sondern als eine Memme, die nur ihre Haut salvieren will?« sagte mit verbissenem Ärger der von Adelsheim.

»Wie ich es halten will, das ist meine Sache«, erwiderte Franz Rüden ganz gleichgültig gegen das bittere Wort seines Nachbars; »wie ich es halten werde, das werdet ihr morgen sehen; und hiermit Gott befohlen!«

Franz Rüden drehte sich um, ging von seiner Stube ins Nebenzimmer und ließ den Nachbar stehen, der nur einen Blick voll Verachtung dem Feigling nachsendete und dann wieder in seine Behausung hinüberging.

Am Morgen des andern Tages sah man, wie der von Böttigheim es hielt. Ehe der Morgen anbrach, war er mit Sack und Pack und seinen wenigen Ehehalten aus der Burg entwichen. Er hatte leicht auszuziehen, war er ja nur ein Junggeselle ohne Kind und Kegel; seine ganze Dienerschaft bestand aus einer Haushälterin, die von seiner Ahne her als Erbstück von Hand zu Hand gegangen war, und ein Paar Burschen vom Dorf, von denen der eine sein Jäger und Reitknecht, der andere sein Kammerdiener und Hausmeister in einer Person war. Mit Hausgeräte war er nicht gar reich versehen; außer einem halben Dutzend Weinkrügen und den nötigen Humpen war nichts im Schrein und in der Küche fand sich nur so viel Geräte, als nötig war, um das Wildbret zu bereiten und auf den Tisch zu stellen. Hätte er auch die paar alten Schüsseln und Pfannen zurückgelassen, es wäre nicht viel Schade daran gewesen. Vorrat war wenig im Speisekasten, denn der Ritter Franz Rüden pflegte von der Hand in den Mund zu leben; was er des Tages erjagte, wurde aufgezehrt, und der andere Tag mußte wieder für das Seinige sorgen. Desto reicher war sein Vorrat im Keller; da lag manch ein Eimer vom besten Gewächs, und den wollte er doch nicht denen vom schwäbischen Bunde als freundliches Vermächtnis hinterlassen, zumal, da er selbst große Stücke auf einen guten Trunk hielt. Auch lag noch etwas Wertvolleres im Keller, hinter einem Faß ganz und gar verborgen – das war ein schweres eisernes Kistlein mit harten Talern, die alle noch zwischen 1400 und 1500 geprägt waren und meistens die Bilder von Kaisern aus dem Hause Habsburg zeigten, aber nimmer recht deutlich, denn der Schimmel hatte sie dick überzogen. Auf diese Taler hielt Herr Franz Rüden, der geizige Hagestolz, auch große Stücke; war es ja doch die Mitgift seiner seligen Mutter, die von seinem Vater nie angetastet und auch von dem gleichgesinnten Sohne treu zusammengehalten worden war, so daß nicht ein einziges Stück davon fehlte. Die Geldkiste mußte ihn nach seinem Stammschlosse Böttigheim im Odenwalde begleiten, während er in der Stadt Mergentheim bei guten Freunden und Bekannten einen Zufluchtsort für seine Weinvorräte suchte, die er noch in derselben Nacht bis vor Tagesanbruch von der Burg abführen ließ. Daher war es die ganze Nacht ein Rumoren im Burghofe gewesen, wie seit unvordenklichen Zeiten nimmer. Mit Tagesanbruch war es still geworden in der Behausung des Franz Rüden, und Katzen und Mäuse waren jetzt Meister bei geöffneten Türen in Stube, Küche und Keller. Also hielt's der Ritter von Böttigheim; es war jetzt nicht mehr nötig, dem Feinde feig und verräterisch das Tor auf Gnade und Ungnade zu öffnen; seine Haut hatte er solchergestalt salviert, aber nicht wie ein Ritter gehandelt, der ehrenhaft seine Burg und seinen Herd gegen den anziehenden Feind verteidigt.

Auf den Ritter von Adelsheim machte das Entweichen des Ganerben wohl einen schmerzlichen, aber keinen entmutigenden Eindruck – er hatte jetzt nur einen Feigen weniger in der Burg. An seiner statt zogen noch am nämlichen Tage Männer von kühnerem Sinne, junge und alte, die Hintersassen von Wachbach, in die Burg ein, denn mit dem Entweichen des Franz Rüden war ihnen kund geworden, daß der Burg Gefahr drohe und ihrem Herrn, dem von Adelsheim, dem sie alle redlich zugetan waren, weil er sie nicht als seine armen Leute und Leibeigene behandelte, sondern sich als ein milder Herr und Vater gegen sie erzeigte. Sie alle wollten für diesen ihren lieben Herrn in Verteidigung der Burg Blut und Leben einsetzen. Aber diesen Verteidigern des Schlosses folgte noch vor Nacht ein großer Troß von Greisen, Weibern und Kindern; die alle suchten Schutz hinter festen Mauern, weil sie im Dorf unten vor dem nahenden Feinde nicht sicher waren. Herr Wolfgang von Adelsheim nahm sie mit allem, was sie hatten, in sein Schloß auf und wies ihnen die leere Behausung des Franz Rüden an, die freilich bald so dicht angefüllt war wie eine Tonne mit Heringen. Mit Einbruch der Nacht ließ er die Burg schließen und die Tore verrammeln, auch traf er sonstige nötige Anordnungen. Und es war Zeit, daß es geschahe, denn schnell erfüllte sich, was die Willinger Talfrau vorausgesagt hatte.

Der Überfall des Feindes

Kaum leuchteten die ersten Strahlen der Sonne über das liebliche Seitental der Tauber, durch das die Wachbach fließt, da sah der Türmer von der Warte der Burg in der Richtung gegen Mergentheim einen riesigen Zug daherziehen. Die Helme und Blechhauben der Ritter und Reisigen verrieten den Anmarsch des schwäbischen Bundesheeres. Durch einen Stoß ins Horn kündigte der Türmer den Anzug der Feinde in der Burg an. Herr Wolfgang von Adelsheim erschrak nicht, als die Kunde vom Anzuge des Bundes in den Burghof drang; war er ja längst darauf gefaßt, und zu erschrecken vor einer Gefahr war noch nie seine Sache gewesen; er eilte aber, um sich von der Stärke der Schar, die gegen die Burg rückte, zu überzeugen, in eigener Person auf den Luginsland, den höchsten Turm der Burg, der gegen die Stadt Mergentheim lag. Er war noch nicht lange oben, so sah er jetzt selbst, wie das Heer schon in der Nähe des Wöhrs angelangt war, wo die Wachbach eine Wendung macht und hoch ins Tal fällt. Es war ein namhafter Zug, so däuchte ihm, denn er füllte die ganze Breite der Heerstraße von dem genannten Wöhre bis gegen die Höhe, wo das Willinger Tal in die Straße einbiegt. Bald gesellten sich noch zwei andere zu Wolfgang von Adelsheim; es war Thomas von Absperg und sein Sohn Oskar, die hinter ihm die Treppe hinaufstiegen. Jetzt wurde dem Ritter von Absperg klar, was die Anordnungen bedeuteten, denen er in letzter Zeit zugesehen und worüber ihm sein edeldenkender Waffenbruder keinen deutlichen Aufschluß gegeben hatte.

»Um Gott, mein Freund!« rief er, als er nur einen Augenblick den herannahenden Zug ins Auge gefaßt hatte, »das sind ja die Herren vom Schwabenbunde! Ich kenne das Banner, und voran der ritterliche Rudolf von Ehingen, des Bundes Hauptmann. – Die sind mir auf der Fährte – ich bin verloren!«

»Das wußt ich schon gestern, daß sie kommen«, sprach Wolfgang von Adelsheim, »auch weiß ich, daß es Dir gilt, mein Freund! Doch, solange ich fünf Finger an der Faust habe, um das Schwert zu fassen, soll Dir kein Haar gekrümmt werden, und mein Haus ist fest genug, um etwelche Stöße auszuhalten, einem Freunde zu lieb, der darin Schutz gesucht.«

Als der Ritter von Adelsheim so sprach, faßte der von Absperg seine Rechte und sprach: »Das wäre zu viel von Dir, mein Freund! um meinetwillen Dich und die Deinen der Gefahr auszusetzen – das kann ich Dir nicht zumuten!«

»Ja, ja! er tut es, der edle Mann, er schützt uns in seiner Burg gegen unsere Feinde« – so unterbrach Oskar die Rede seines Vaters, dann faßte er Herrn Wolfgangs Linke, drückte sie innig an seine Brust und blickte ihm flehentlich in die Augen –: »Ihr tut es treulich und schützet meinen alten Vater!«

»So wahr mir Gott helfe! Ich will's tun mit meinem letzten Blutstropfen!« rief der von Adelsheim. »Aber kommt herab, daß wir für die Frauen Fürsorge treffen, denn die werden baß erschrocken sein über die Kunde.«

Dem war auch so; die Burgfrau ward bei der Kunde vom Anzuge der Feinde wie noch nie mit Angst und Bangigkeit erfüllt, aber am schlimmsten wirkte die Hiobspost auf das Fräulein Adelheid. Ihr krankhafter Zustand kehrte auf einmal wieder, und zwar in einem so hohen Grade, wie er sich noch nie geäußert hatte. Als die Herren von dem Luginsland herabkamen, fanden sie dieselbe totenbleich in den Armen der tiefgebeugten Mutter; man konnte das Fräulein eher für tot als lebend halten – so wie sie aussah, hätte man sie gerade in das Grab legen können. Solch ein Jammer fehlte noch zu der traurigen Lage, in der sich die Bewohner der Burg befanden. Für die kranke Tochter mußte zuerst gesorgt werden, daß sie vor der nahenden Gefahr in Sicherheit käme. Herr Wolfgang von Adelsheim ließ sie und die Mutter in den festesten der Ecktürme bringen, der sich gegen das Tal kehrte, und der junge Oskar wurde ihm zum Schutze beigegeben. Hier im Turme, hinter seinen dicken Mauern war die Burgfrau mit ihrer kranken Tochter vor dem Waffenlärm sicher, ja sie hörten ihn kaum. Der Waffenlärm aber stellte sich bald auf der Burg ein.

Noch an demselben Tage, da die schwäbische Bundesabteilung im Dorfe unter der Burg einzog, schickte Rudolf von Ehingen zwei Trompeter hinauf zur Burg und mit ihnen einen Herold. Oben angekommen, bliesen die Trompeter an, und der Herold rief also hinauf zu der Zinne, auf der sich Wolfgang von Adelsheim schon eingefunden.

»Rudolf von Ehingen, Ritter, des schwäbischen Bundes Hauptmann, entbeut Herrn Wolfgang von Adelsheim seinen Gruß und fordert ihn auf in des Bundes Namen, seinen Genossen Thomas von Absperg, den er seit Wochen auf seiner Burg gehöft und geätzt, obgleich derselbe des Reiches Acht und Aberacht verfallen, noch heute in des Bundes von Schwaben Gewalt zu überantworten – widrigenfalls zur Stund die Burg mit allen, die darinnen sind, in des Reiches Unfrieden stehen soll, und des Bundes Hauptmann, Herr Rudolf von Ehingen, wird gegen sie und alle, die darinnen sind, als Feind verfahren.«

Darauf antwortete der von Adelsheim vom Tore herab:

»Deinem Herrn, des Bundes Hauptmann, meinen Gruß, und ich verlange eine Frist von drei Tagen zur Bedenkzeit, um dann meine Meinung und Willen kund zu tun; denn nach Kriegsbrauch und Recht soll jegliche Fehde drei Tage zuvor angesagt sein, ehe sie verhängt wird.«

Der Herold ritt mit seinen Begleitern wieder den Berg hinab, um dem Bundeshauptmann des Ritters Wunsch und Bitte zu melden, aber er kehrte bald wieder und brachte ein kurzes »Nein« zurück, auf das der Ritter von Adelsheim nichts weiter zu entgegnen hatte, als daß

er des Feindes zu jeder Stunde gewärtig sei.

Der ließ auch nicht lange auf sich warten. Noch an demselben Abende besetzte er die Anhöhe, über welche der Weg nach Lillstadt führt, denselben Ort, von wo aus im Jahr 1468 Kunz Schott, der Pfälzer Hauptmann, die Burg beschossen hatte. Das war der gelegenste Standpunkt, denn diese Höhe überragte die Burg und war auch am nächsten, um sie mit Geschoß zu bestreichen.

Noch an demselben Tage ließ der Bundeshauptmann die Geschütze dort auffähren, und am Abend sangen sie schon der Burg und ihren Bewohnern ein trauriges »Ave« zu. Herr Wolfgang von Adelsheim ließ es nicht unbeantwortet; seine Kartaunen und Falkonetlein, die längst bereit in den Mauerlöchern lagen, gaben treulich die bösen Grüße wieder, und mancher der Bündischen mußte es so schwer empfinden, daß er nimmer die Lunte an das Geschütz legte.

Mit Einbruch der Nacht trat ein Stillstand ein. Die Bündischen hatten nur zeigen wollen, daß sie da seien und es ernstlich meinten, es war das Vorspiel des kommenden Tages. Die Nacht benützte der Ritter mit den Seinen, um die Schäden an der Burg wieder zu bessern, welche die Geschütze der Feinde verursacht hatten. Am Morgen stand die Burg wieder da, als ob die Kugeln keine Mauer berührt hätten. Die Maurer und Steinmetzen der Burg hatten die Nacht über daran hantiert, während sie sich am Abend als gute Schützen, wie sie es damals schon waren, gegen den Feind mit dem Geschütze bewiesen.

War das Vorspiel schon ernstlich gewesen, noch ernster verfuhren die Feinde am folgenden Tage. Von morgens begann das Schießen und dauerte mit kurzen Unterbrechungen bis zu Einbruch der Nacht. Und doch war es den vielen Händen in der Burg in der Nacht möglich, auch jetzt wieder zu bessern, was schadhaft geworden war an Zinnen, Dächern und Mauerwerk. So hatten die Feinde noch keinen Vorteil errungen, ja manchen Mann verloren, den die wohlgerichteten Geschütze oder die Männer auf den Zinnen mit ihren Bolzen oder Handbüchsen getroffen hatten.

Doch am dritten Tage gelang es ihnen, das Dach der Herrenwohnung in der Burg dergestalt zu zerschießen, daß es samt Gebälk mit einem fürchterlichen Krachen zusammenstürzte und in den Hof fiel, ohne jedoch jemanden in der Burg zu beschädigen. Die Nacht, da wieder Ruhe eintrat, reichte gerade hin, um das Trümmerwerk und den Schutt auf die Seite zu räumen. Bei allem arbeitete der Ritter von Adelsheim und sein Schützling, Thomas von Absperg, mit. Der erstere war seit drei Tagen nicht aus Panzer und Beingewand gekommen, denn er wollte wachen, um immer bei der Hand zu sein, weil es leicht den Feinden in den Sinn kommen könnte, mitten in der Nacht die Burg zu überfallen, da sie mit den Geschützen ihre Zwecke immer noch nicht erreicht hatten.

Als die Trümmer des Daches bis an das Tor geschafft waren, um es noch dichter zu verrammeln, erlaubte der Burgherr seinen Leuten, ein Stündlein zu rasten, um für die Arbeit des Tages neue Kräfte zu sammeln, und stieg mit Thomas von Absperg auf die Zinne, um der Warte zu pflegen. Bereits war es die zweite Stunde nach Mitternacht – noch standen die beiden Ritter neben einander und lehnten sich über die Zinnen der Mauer. Der von Adelsheim konnte kaum mehr die Augen offen erhalten – wie Blei drückte ihn der Schlaf auf seine Augenlider. Das sah Thomas von Absperg, der tags zuvor wenigstens doch ein paar Stündlein gerastet hatte; er hatte bisher schon mit Schmerzen gefühlt, wie sein Freund und Schützer um seinetwillen die Macht der Feinde auf sich geladen hatte, so wurde es ihm um so fühlbarer, als er sah, wie er die Ursache war, daß sich der Burgherr schon drei Tage die Ruhe der Nacht versagt hatte.

»Mein edler Freund«, begann er, »schon kühlen mir die Ringe am Halsberg und der Tag ist im Anzug; ich glaube, wir haben jetzt keinen Überfall mehr von den Feinden zu befürchten; rasten die Leute in der Burg, so gönne jetzt auch Dir ein Stündlein Rast, die Du so sehr bedarfst. Ich habe gestern geruht und kann schon noch der Warte pflegen, bis der Tag anbricht.«

»Mitnichten«, entgegnete der von Adelsheim, »das ist noch das geringste, was über uns kommt, das wir entbehren müssen, denn die Feinde lassen es nimmer lang anstehen, bis sie die Burg stürmen.«

»Das alles wegen meiner, auf dem der Fluch lastet«, sprach der von Absperg schmerzlich – »doch zum Stürmen darf es nicht kommen, mein Freund, ich habe Dich schon in der ersten Stunde gebeten und gefleht, als der Herold vor der Burg stand, Du mögest mich dem Bunde überantworten, damit Du und alle auf der Burg im Frieden bleiben. Ich habe bereits drei Tage mit angesehen, wie Du mit Deinen Leuten in Nöten bist – bis zu einem Sturme soll es, so wahr mir Gott helfe! nicht kommen. Denn wie sollt' ich das Leben so vieler Schuldlosen aufs Spiel setzen? – Nein, eher will ich mich über die Zinnen der Burg hinablassen und mich den Feinden selbst überantworten, daß sie von Dir und Deiner Burg lassen.«

»Das sei ferne, mein Freund und Waffenbruder«, versetzte Wolfgang von Adelsheim; »Du sollst nun und nimmermehr in des Feindes Hände kommen, denn ein schlimmes Los würde Dich treffen – nein, nimmermehr, so lange ich noch das Schwert führen kann und meine Burg nicht einstürzt. Drum laß mir das freudige Bewußtsein, daß ich es besser mit Dir meine, als der Rosenberger, und auch einen Tropfen Blut für Dich vergießen kann.«

Noch nicht hatte der Burgherr das letzte Wort ausgesprochen, da tönte es an seinem Ohre, als ob ein Schild an die Mauer anstieße – die beiden Ritter wandten sich rasch um, aber es war schon zu spät – einige der kühnsten Feinde hatten in der Stille der Nacht auf leise angelegten Leitern die Burgmauer erstiegen, die sich gegen das Dorf kehrt – gerade da, wo man nie vermutet hatte, daß die Burg überfallen werden könnte. Auf einmal standen zehn gegen zwei, aber das waren Männer. Wir wissen nicht, welcher von beiden, ob der von Adelsheim oder der Absperger kräftiger das Schwert schwang, aber das wissen wir, wohin sie trafen, da fiel einer. Doch umsonst war ihre Kampfesarbeit – erlag dieser oder jener der Andringenden vom Schwertschlag – immer drangen neue Feinde nach, welche auf den Leitern emporstiegen. Zum Glück war die Stätte, wo sie kämpften, nur ein schmaler Umgang, der Raum zwischen dem Burghaus und den Zinnen, also konnten nie mehr als drei Feinde zumal auf die beiden Ritter eindringen. Dennoch konnte keiner der beiden den Kampfplatz verlassen, um in den Hof hinabzusteigen und die Leute in der Burg in Alarm zu bringen, die gerade heute die erste Rast hielten nach durchwachten Nächten. Zum Glück war noch einer wach, während außer den beiden Rittern alle in der Burg in tiefem Schlaf lagen, und der vernahm von dem Kampfe der Ritter auf den Zinnen.

Im Eckturme saß noch um diese Stunde Junkherr Oskar nicht ferne von dem Fräulein von Adelsheim, das noch immer in krankhaftem Zustande im Arme der Mutter lag, die ihr schlummerndes Haupt auf das Kind gebeugt hatte, denn seit dem Anfall der Tochter hatte sie kein Auge mehr geschlossen, aber seit einer Stunde hatte der Schlaf seine Rechte gefordert. In der Stille der Nacht, die nur durch das Atmen der schlummernden Burgfrau und ihrer kranken Tochter unterbrochen wurde, hatte er vom Turme aus das Klirren der Waffen auf den Zinnen gehört. Schnell nahm er das Schwert in die Rechte, streifte die Tartsche an den Arm und eilte aus dem Turme in den Burghof, um vorerst die Schlafenden zu wecken. Er bedurfte keines Lärmhorns, das im Stüblein des Türmers untätig neben dem schlafenden Wächter hing – einige kräftige Schläge mit dem Schwertknauf auf den metallenen Schildbuckel waren hinreichend, um die meisten aus dem Schlafe zu wecken, die ihm als ihrem Führer alsbald auf die Zinnen der Burg folgten. Oskar kam noch zur guten Stunde hinauf mit seinen Mannen. Die beiden Ritter bluteten schon aus vielen Wunden und konnten sich kaum mehr aufrecht halten; schon wichen sie dem stürmischen Andrang und waren bis an die Treppe gedrängt, von der man in den Burghof steigt. An der obersten Stufe gleitete Thomas von Absperg und wäre gestürzt, aber der jugendliche Sohn mit unbedecktem Haupte, das er nur mit der kleinen Tartsche gedeckt hatte, hielt den Sturz des Vaters mit seinem rechten Arme auf. Hinter Vater und Sohn drangen jetzt die Burgmannen aufwärts und schoben beide, sowie den Burgherrn von der gefährlichen Stelle, auf der sie sich bisher gegen den Andrang der Feinde so ritterlich gehalten hatten. Es war ein guter Ersatz für die beiden Herren. Ob sie wollten oder nicht, sie mußten ihren Leuten den Platz lassen, die nunmehr nicht unrühmlich ihre Stelle ausfüllten.

Oskar zog den so schwer verwundeten Vater der Treppe zu und dieser faßte kräftig den Ritter von Adelsheim am Arme, um ihn mit sich zu ziehen, hatte er ja schon manchen treuen Blutstropfen für ihn vergossen. Aber es war ihm nicht möglich, ihn von der Stelle zu bringen, denn der Burgherr wollte seine Leute nicht allein im Kampfe lassen. Die standen auch kräftig und taten treu ihre Schuldigkeit, aber die Feinde blieben im Vorteil, denn sie kämpften von oben her gegen die Aufwärtsdringenden. Mit vieler Anstrengung zog Thomas von Absperg, vom Sohne gefaßt, den treuen Waffenbruder bis zu unterst an die Treppe: ein Glück für den Burgherrn, denn er hätte sich nicht mehr lange auf den obersten Stufen halten können. Die Feinde von oben, die jeden Augenblick neue Verstärkung erhielten, drängten mit einem starken Druck die Schar der Burgleute zurück, welche im kurzen Kampfe schnell immer weniger geworden waren.

»Kommt, kommt, Vater, dem Turme zu!« rief Oskar, und zog den Vater mit sich fort, und dieser den Ritter von Adelsheim, der jetzt noch ungern folgte, ob er gleich auch keinen andern Rettungsweg mehr wußte.

Kaum waren die drei durch den Hof und an der noch offen stehenden Türe des Turmes angelangt, da waren die Feinde, nicht mehr achtend des Widerstandes der zaghaft gewordenen Burgleute, schon ob den Zinnen und füllten den Burghof. Die Herren hatten zu eilen, um noch in den schirmenden Turm zu gelangen, denn die Feinde waren bald hinter ihnen her. Vater und Sohn waren schon durch die Pforte gegangen; auch der Burgherr hätte noch hineinkommen können, aber er kehrte sich um, als die beiden in Sicherheit waren, und wandte sich noch einmal gegen die Feinde, denn er wollte ihnen nicht so leichten Kaufes seine Burg überlassen – noch war er nicht entkräftet zu kämpfen, er wollte noch etwelchen Schwerthieb erteilen, bevor er sich in den schirmenden Turm zurückzöge. Wie ein Cherub mit flammendem Schwert vor der Pforte des Paradieses, so stand Herr Wolfgang von Adelsheim vor der

Pforte des Turmes mit sausendem Schwert und gab böses Widergelt den Feinden, die auf ihn einhieben. Als wohl zehn unter seinen Hieben gefallen waren, die nimmer des Aufstehens gedachten, da schlüpfte er durch die Pforte und schlug sie mit gewaltiger Faust zu, daß sie sich laut klirrend schloß und die drinnen von den Feinden schied. Hinter der Pforte von eichenen Dielen, mit

dicken Eisenbändern durch und durch beschlagen, war der Burgherr jetzt sicher mit den Seinigen und seinen Schützlingen. Umsonst stießen die Feinde mit ihren Schwertknäufen und Streitäxten an die Pforte; alle ihre Anstrengungen waren vergebens, denn sie wich keiner Gewalt von außen, und wäre sie auch durch die Macht der Streitäxte zerhauen worden, eine zweite Türe, ganz von Eisen, schützte den Eingang in das Gemach, in dem der Burgherr mit den Seinigen und seinen Gästen von nun an die Wohnung aufschlug. Nur ein Feind war es, dem die Eingeschlossenen nicht zu widerstehen vermochten, und der stellte sich bald ein.

Die Burg war in den Händen der Feinde, als der Tag anbrach. Der Widerstand der noch streitbaren Burgbewohner war ein geringer gewesen, denn die von oben immer zahlreicher eindringenden Feinde hatten den Widerstand unmöglich gemacht. Alles was noch Waffen trug, übergab sich in die Hand der Sieger auf Gnade und Ungnade. Sie durften, sowie der Troß von jammernden Greisen, Weibern und Kindern, aus der Burg ausziehen, nachdem sie vorher Hand angelegt hatten, um das mit Schutt und Steinen verrammelte Tor wieder frei zu machen. Nicht nur aber durften sie ungehindert und unverletzt aus der Burg ziehen, sondern sie blieben auch ungeschädigt an Hab' und Gut, als sie wieder unten im Dorf ankamen und ihre Wohnungen bezogen. Diese waren ganz leer geworden von des Bundes Knechten und eisigen, denn alle zogen in die gewonnene Burg ein, um dort zu holen, nach was ihre Seele sich sehnte. Das konnte auch der Bundeshauptmann, Herr Rudolf von Ehingen, nicht hindern, denn so hatten sie bis zur Stunde bei jeder gewonnenen Burg getan, auch war es ihnen schon bei ihrem Auszug von Bundeswegen verheißen, daß sie in den Burgen der Feinde des Bundes sich einige Schadloshaltung für Müh' und Arbeit des Auszugs schaffen dürfen.

An letzterem ließ es auch keiner der Knechte und Reisigen fehlen, ja nach die Oberen des Bundesheeres, wenn wir den genannten von Ehingen ausnehmen, blieben nicht zurück, als es ans Kistenfegen ging, was einige Jahre darauf die Grundholden der Herren im Bauernkriege so wacker verstanden, als wenn sie es im Bundeskriege gegen die Schlösser gelernt hätten.

Auch in der Burg Wachbach gab es zu rauben und zu plündern, doch die Kostbarkeiten und Schätze hatte Herr Wolfgang zeitig genug aufgeräumt und in den Turm geflüchtet, wo seine liebsten Güter, Gemahlin und Töchterlein, während der Tage des Streits verborgen waren. Als die Reisigen und Knechte Kisten und Keller leer gemacht hatten, da lenkte sich die Aufmerksamkeit eben auf diesen Turm wieder, in dem sich der Burgherr mit den Seinigen und seinen Gästen verbarg. Aber auch jetzt, als die Feinde mit vereinten Kräften an den Turm ansetzten, war ihre Mühe und Arbeit vergebens. Die Streitäxte und Hämmer prallten ab, wie wenn der Schlag auf puren Granit oder das härteste Metall gegangen wäre, und doch waren es nur eichene Dielen, welche schon oft nach den ersten Hieben von Äxten zersplittert worden. Oft wendeten sich die Anstürmenden mit Flüchen und Verwünschungen von der Pforte und kehrten wieder, um abermals ihre Kraft anzustrengen, aber es war vergebens. Es war, als ob eine übermenschliche Gewalt von Pforte und Riegel die Hiebe abwendete. Auf einer andern Seite aber war dem Turme nicht beizukommen. Nur kleine, ganz oben angebrachte Schießscharten warfen Licht in das Gemach, wo die fünf Geflüchteten sich aufhielten. Bis zu jenen Schießscharten reichte aber keine Leiter, auch waren die Öffnungen so enge, daß man keinesfalls durch dieselben den Geschützten hätte Schaden zufügen können. Nur durch Aushungern hätte man die im Turme dazu bringen können, sich auf Gnade und Ungnade zu übergeben und das Versteck zu verlassen. Wohl hatten sie einige Lebensmittel im Turme, aber sie reichten kaum für einige Tage hin, eben so wenig war des Tranks vorhanden. Doch den Weg des Aushungerns wählten die Feinde nicht, sintemal sie nach Eroberung und Plünderung der Burg keinen Tag länger vor derselben bleiben wollten.

Zuvor aber hetzten sie den im Turme Verborgenen einen schlimmeren Feind auf den Hals. Als alles, was im Schlosse vorgefunden worden, herausgeschleppt und den Berg hinabgeführt war, warfen einige der wildesten und rohesten Kriegsknechte Feuerbrände in den Einbau der Burg. Ehe sie noch den Berg hinabgezogen waren, flackerte schon der rote Hahn auf dem Dache des Herrenhauses, und als die Bündischen auf der Heerstraße gen Mergentheim zogen, nachdem sie auch an der Burg Wachbach und ihren Bewohnern ein löblich Werk verrichtet (wie ein Bericht aus jener Zeit lautet), so hatten sie eine helle Leuchte von dem Berge herab, die ihnen bis zu dem Weichbilde der Stadt Mergentheim hin ein sicher Geleit gab.

Die Herren vom Schwabenbund mit ihren Reisigen und Knechten verstanden das Brennen und Anzünden der Burgen gleichfalls so gut, wie die Bauern einige Jahre später. Bis die Mitternacht herannahte, hatte das Feuer das ganze Schloß ergriffen und alles ausgebrannt, was von Holz war. Giebel und Steinwände aber fielen prasselnd in den Schloßhof, daß man es im Innern des Turmes vernahm. Dieser blieb am längsten von der Wut des Feuers frei, aber bald wurde auch sein Holzwerk von der Flamme erfaßt, das Bleidach schmolz und floß über die Wände herab; über dem Gewölbe des Turmgemachs, das nun frei und unbedeckt war, knisterte schon die Flamme, daß man es unten hören konnte – bald wurden die Steine des Gewölbes so heiß, wie die Platten eines Ofens, und zu den kleinen Schießscharten züngelte schon die Flamme herein, welche bald bis ins Innere des Gemachs ihre Verheerung verbreitete – mit Sturmschritten nahte der schwerste Tag den Eingeschlossenen.

Seit dem Überfall in der Mitternacht haben wir derselben nimmer gedacht. Die Tochter des Burgherrn hatten wir in ihrem kranken Zustande in den Armen ihrer Mutter verlassen – einen zweiten, noch schwächeren Kranken finden wir im Turmgewölbe. Es ist der Ritter Thomas von Absperg, welcher im Augenblick, da ihn sein Sohn Oskar aus dem Gedränge der Feinde zog, von einem Reisigen mit der Lanze noch einen Stich in den Hals erhalten hatte, da wo der Halsberg an die Helmkappe sich anschließt; die Halsader war getroffen. Erst als er im Turme Halsberg und Helm ablegte, floß das Blut stromweis, das bisher noch gehemmt war, und wollte nicht aufhören zu fließen, so viel man auch Verband auflegte. Von Blutverlust sterbensschwach, lag der Ritter im Lehnstuhl und sein Sohn stand mit tief gesenktem Haupte vor ihm, von schweren Ahnungen erfüllt; er hielt den aufgelegten Verband mit unverrückter Hand auf die schwere Wunde. Bisher war er nur auf die Gefahr gerichtet, in der das Leben seines Vaters schwebte, aber bald sah er das Leben aller von einem schrecklichen Tode bedroht, dem Tod in den Flammen, vor dem keine Rettung war. Die äußere Pforte, welche keine Axt hatte zersplittern können, war von der Flamme verzehrt, die eiserne Türe war glühend geworden, daß keine Hand den Riegel zu öffnen wagte, und hätte man auch den Riegel öffnen können, durch ein Flammenmeer hätte man den Ausweg suchen müssen. Eine erstickende Hitze erfüllte auf einmal das Gemach, bald fielen glühende Steine des Gewölbes herab, und durch die Öffnung, die sie gelassen, züngelte die Flamme. Der erste Schrecken über die Gefahr der Burg hatte die Tochter des Ritters in ihren kranken Zustand versetzt. Der jetzige Schrecken, die nahende Gefahr des Todes in den Flammen, hatte sie wieder zum Bewußtsein gebracht, daß sie sich aus den Armen der Mutter wand, die sich jammernd und händeringend auf die Knie warf; auch Adelheid und ihr Vater knieten auf den Boden und alle flehten inbrünstig zum Himmel um Errettung aus der schrecklichen Todesgefahr.

In diesem Jammer und Klagen um ihn herum, in dieser unendlichen Not, die immer schrecklicher wurde, gedachte Oskar der Worte der guten Talfrau, die sie vor der Berennung der Burg zu ihm gesprochen hatte. Er wandte sich von seinem Vater und faßte die verhängnisvolle Laute. Dreimal griff er über dem Schalloch in ihre Saiten so kräftig, daß sie beinahe zersprangen. Ein schrillender Ton hallte durch das Gewölbe – noch nicht war er verhallt, da öffnete sich der Boden und herauf stieg, wie aus einem Totengewölbe, die schützende Talfrau, wie sie Oskar und Adelheid noch vor wenigen Tagen gesehen hatten. In der Hand trug sie eine hellstrahlende Leuchte. In der Stunde der Not pflegt der Mensch auch vor den seltensten Erscheinungen nicht zu erschrecken – am wenigsten erschrak Oskar und sein totschwacher Vater, war ja die gute Talfrau schon einmal ihre Retterin gewesen. Auch dem Burgherrn und der Burgfrau war es keine erschreckende Erscheinung. Als daher die Talfrau winkte, ihr in die Tiefe zu folgen, folgten alle ohne Bedenken. Eine steinerne Treppe führte in die Tiefe durch die ganze Höhe des Berges, auf dem die Burg stand. Auf die Andeutung der Talfrau wurde alles Wertvolle, was der Turm bisher eingeschlossen hatte, die Treppe hinunter bis in die Tiefe getragen. Oskar hatte keine Schätze zu flüchten – seine beste, ja die einzige Habe war der Vater, dem er kräftig unter die Arme griff, um ihn sicher die Treppe hinunter zu geleiten. Auch das Burgfräulein, das auf einmal wieder kräftig geworden war, ging hilfeleistend dem schwachen Manne zur Seite und trug noch Oskars Laute. Als alle unten angekommen waren, fiel die Türe, die sich zuvor geöffnet hatte, dumpf tönend über ihnen zu. Sie befanden sich in einem unterirdischen Gewölbe, an das sich ein offener Eingang anschloß. Die Talfrau bedeutete ihnen, alles, was sie aus der Burg gerettet, hier in sicherer Verborgenheit zu lassen, bis auf bessere Zeiten; dann winkte sie ihnen, ihr durch den Gang zu folgen, da nur zwei neben einander gehen konnten. Die Talfrau ging leuchtend voran. Lange gingen sie unter dem Boden fort, immer unter dem Höhenzug, der sich an den Burgberg anlehnt. Da wo dieser Höhenzug, der zwischen den beiden Bächlein Stuppach und Wachbach hinläuft, sanfter sich abdacht, kamen sie ins Freie, aber sie mußten durch Gestrüppe und Gesträuche sich drängen, die den ziemlich engen Ausgang verdeckten. Sie gingen unter freiem Himmel, an dem nur wenige Sterne glänzten – aber es war doch helle, denn hinter ihrem Rücken strahlte die brennende Burg, aus der eine Flammensäule, der Turm, ragte, in dem sie noch vor kurzen Stunden gewohnt hatten. Auch jetzt noch folgten sie der Führung der mit ihrer Leuchte vorangehenden Talfrau. Aber der Zug ging nur langsam. Der totwunde Thomas von Absperg konnte nimmer auf den Füßen gehen; wie gern hätte ihn sein Freund und Waffenbruder auf die Schulter genommen, aber er war ja selbst so schwer verwundet, daß er kaum gehen konnte. Da nahm der Jüngling Oskar seinen Vater auf die Schultern und trug ihn, freilich mit langsamen Schritten, weiter. Wer sah ein schöneres Bild von Sohnesliebe, gleich demjenigen Bilde, das den frommen Äneas darstellt, wie er den alten Vater aus dem brennenden Troja getragen? – Aber nicht lange war der liebende Sohn imstande, die teure Last zu tragen. Als die gute Talfrau ihre Schützlinge über die Stelle geführt hatte, wo die beiden Bäche Stuppach und Wachbach zusammenfließen und den Forellenbach bilden, da leitete sie sie in die Höhe hinan, wo sie bald das Dickicht des Waldes aufnahm. So oft es wieder eben ging, nahm Oskar den Vater auf seine Schulter. Von der Höhe stiegen sie wieder ins Tal, wo das Dörfchen Althausen liegt, aber die Talfrau führte sie weit vom Dorfe ab dem Walde zu, der nun nimmer endete, bis sie am Ziel ihrer Wanderung ankamen, an einem Orte, da die Talfrau wußte, daß sie sicher waren vor der Nachstellung ihrer Feinde, die noch nicht die Gegend um Mergentheim verlassen hatten. Die Talfrau bedeutete ihren Schützlingen, hier Rast zu halten, bis der Tag nahe. – Oskar setzte seinen Vater am moosigen Fuße einer uralten Eiche nieder; die übrigen setzten sich mit ihm in ihre Nähe. Eben dämmerte es, als sich die Wandernden zur Ruhe niedergelassen, die Leuchte der Führerin verlöschte und sie selbst verschwand wie ein Dunst vor ihren Augen. Beim ersten Strahle des nahenden Tages hörten die Flüchtlinge in der Nähe den Ton eines Glöckleins und bald erkannten sie, wo sie sich befanden.

Der Klausner bei St. Theobald

Über dem linken Ufer der Tauber, da, wo das stattliche Dorf Edelfingen sich lagert, erhebt sich, die übrigen Höhen überragend, ein wenig angebauter Berg, dessen Scheitel ein dichter Wald krönt, welcher seit undenklichen Zeiten der Theobalds-Wald genannt wird. Wohl hat er diesen Namen von der Wallfahrtskirche St. Theobald, die mehr auf dem Vorsprung des Berges stand, wo man eine der freundlichsten Aussichten hinab in den Taubergrund und über seine Höhen hat.

In der Nähe dieses Kirchleins St. Theobald, im Schatten des Waldes, hatte ein Waldbruder seine Klause erbaut; er besorgte von da aus das Läuten des Glöckleins in der Kapelle morgens und abends, und wenn Wallfahrer kamen, war er es, der ihre Andacht leitete. Bruder Theobald hießen ihn die Bewohner des Taubergrundes nach dem Patron des Kirchleins, und wer eines Rats in geistlichen wie in leiblichen Nöten bedurfte, wandte sich nur an ihn, der in allen Dingen, auch in der Heilkunde, wie keiner erfahren war. Seit vielen Jahren bewohnte er diese Klause, aber in frühester Zeit soll er, so ging die Sage unter dem Volke, ein wichtiger Mann in der Welt gewesen sein.

Er war es, der soeben das Glöcklein in dem Kirchlein geläutet hatte und sich gerade von demselben wieder in seine Klause zurückbegab. Sein Weg führte ihn an der Eiche vorüber, unter der die Flüchtlinge rasteten.

»Gelobt sei Jesus Christus!« rief er ihnen freundlich zu.

»In Ewigkeit Amen«, erwiderten jene.

Nur *einer* sagte es mit kaum vernehmbarer Stimme, es war Thomas von Absperg, den sein Sohn trauernd in den Armen hielt; seine Halswunde, die bisher aufgehört hatte zu bluten, war wieder aufgegangen und es schien, als wollte sie sich nimmer stillen lassen. Nur schwach konnte er den Gruß des Klausners erwidern.

»Willkommen! ihr lieben Gäste!« fuhr der Klausner freundlich fort, und lud alle Angekommenen in seine Klause, die wenige Schritte davon im Schatten des Waldes lag.

Während diese aufstanden und der Einladung folgten, wendete er sich zu dem Sohne mit dem kranken Vater und reichte ihm hilfreiche Hand, um ihn, der vor allem Ruhe und Sorge bedurfte, in die Klause zu bringen. Jetzt erst, als sie ihn dahin gebracht und auf das Bett von Moos gelegt, als sie die den Hals und Kopf verhüllende Binde abnahmen, schaute Vater Theobald in das Angesicht des Todesschwachen. Mit einem Schauder fuhr er zurück. »O Gott, wie wunderbar!« hörte man ihn leise sprechen, aber er tat sich Gewalt an und suchte schnell wieder seine Fassung zu gewinnen. Er eilte hastig davon und holte eine Handvoll Kräuter, deckte diese auf die Halswunde des Ritters, legte dann einen Verband über, und es schien, als wollte ihm mit der Kraft der Kräuter gelingen, das Blut zu stillen. Jetzt erst wendete der Klausner auch den übrigen seine Aufmerksamkeit zu. Er trug alles auf, was seine kleine Vorratskammer enthielt, um seine Gäste zu befriedigen. Nun erzählte er ihnen auch, wie ihm die gute Talfrau schon tags zuvor angemeldet, daß er die Freude haben werde, edle Gäste in seiner Klause zu empfangen, die auf einige Tage bei ihm Schutz suchen würden.

»Der soll euch auch werden«, setzte er hinzu, »wenn ihr anders in der geringen Wohnung euch behelfen und mit dem Wenigen vorlieb nehmen wollet, das euch ein armer Waldbruder bieten kann. Hier seid ihr sicher vor den Nachstellungen eurer Feinde, denn auf diese Höhe, zu meiner Klause und zur Wallfahrtskirche kommen nur solche, die Frieden im Gebet und in der Andacht suchen, aber nie solche, die den Frieden der Menschen feindselig stören.«

Des Waldbruders Klause war zwar nur eine kleine Wohnung, aber doch hatte sie so viel Raum, um Gästen, die keine großen Ansprüche machten, für einige Zeit Aufenthalt zu gewähren. Das kleine Nebengemach räumte der Klausner den beiden Frauen ein, die Männer wohnten im eigentlichen Gemach, er selbst aber bereitete sich seine Lagerstätte auf einer Moosbank, die er unter dem weitvorspringenden Dach der Klause angebracht hatte. Sein Lager von Rehfellen hatte er dem kranken Ritter von Absperg und seinem Sohne abgetreten, der weder bei Tag noch bei Nacht von der Seite seines Vaters wich. Aber nicht lange war es dem Ritter von Absperg ein sanftes Ruhebett – es wurde bald sein Sterbelager. Während Herr Wolfgang von Adelsheim nach kaum drei Tagen durch die Kunst und Sorge des Klausners von seiner schweren Wunde genesen war, war alle Heilung bei der Halswunde des Ritters von

Absperg vergeblich – keine Salbe, kein Kräutlein wollte heilsam wirken. Infolge immerwährenden Blutverlustes war der Ritter zusehends schwächer geworden.

»Führt mich ins Freie«, bat er die ihn Umgebenden am Abend des fünften Tags, »ich will noch einmal meine Seele laben am Anblick der herrlichen Natur und des schönen Tales zu unsern Füßen.«

Junkherr Oskar weinte laut auf, als der Ritter also sprach, auch Adelheid weinte, und die andern alle wurden schmerzlich ergriffen. Man führte ihn oder trug ihn vielmehr bis zu St. Theobald, von wo man so schön ins Tal sieht auf die blauen Wellen der Tauber und die gesegneten Höhen. Lange saß er im milden Abendstrahle auf der Staffel vor dem Kirchlein, sein Auge weidete sich an dem herrlichen Anblick, seine Brust atmete gierig die Wohlgerüche ein, welche vom Walde hinter der Kirche ihm zuströmten; ein Stündlein saß er so da unverwandten Blickes, den er immer auf das Tal gerichtet hatte, da sah er unten im Tale auf dem Wege zwischen Edelfingen und Balbach einen Priester gehen.

»Mich verlangt nach dem Leibe des Herrn«, sprach er zu dem neben ihm stehenden Waldbruder, »bringet mich in die Kapelle und holet mir einen Priester, daß ich ihm meine Sünden beichte.«

»Diesen Dienst kann ich selbst versehen«, entgegnete der Klausner, »denn ich bin Geistlicher.« Er führte ihn in das Kirchlein und an den Altar, an dessen Stufen sich der Todesschwache kniend niederließ. Nur sein Sohn Oskar folgte in die Kapelle.

»Ich sterbe gern«, begann der Ritter seine Beichte, »denn eine große Schuld beugt mein Haupt darnieder.«

»Das ist wohl der Mord, den Ihr gegen den Grafen Joachim von Öttingen begangen?« fragte der Waldbruder.

»An dieser Schuld büße ich längst, denn des Reiches Acht und Aberacht verfolgt mich ja schon Monate lang und läßt mich nirgends eine Freistätte finden, wohin ich kommen mag; ja, um recht zu büßen, muß ich den Schmerz haben, daß meine Genossen, die mich höfen und ätzen, um meinetwillen Jammer und Unglück erfahren, wie vor allen mein edler Freund und Waffenbruder, der Ritter von Adelsheim, dem sie um meinetwillen die Burg über dem Kopf verbrannt, und den sie selbst mit den Seinen ins Elend verstoßen, also daß er mit mir hier eine Zufluchtsstätte gesucht. Ach! noch größere Schuld lastet auf mir, die in meinem Innern keine Ruhe und keinen Frieden einkehren läßt, und wenn ich auch nirgends gefährdet wäre; den Grafen von Öttingen habe ich, angereizt von bösen Genossen, erschlagen; aber viele Jahre zuvor habe ich meinen treuen Freund und Waffenbruder erdolcht aus purer Eifersucht, weil ich meinte, er buhle um die Gunst meines Weibes; zwischen dem Halsberg und dem Helme habe ich ihm in meiner Leidenschaft den Dolch in den Hals gestoßen, daß er im Blute röchelnd vor mir lag; als ich im Schlosse Wachbach auf dieselbe Weise verwundet wurde, hielt ich's für meiner Sünden Schuld, und habe nie daran gedacht, daß ich je von dieser Wunde genesen würde.«

»Habt Ihr auch Eure Sünde ernstlich bereut?« fragte der Waldbruder.

»Ja, herzlich habe ich sie bereut«, entgegnete der Ritter, »mit heißen Tränen und der Zerknirschung des Herzens habe ich Gott um Gnade angefleht, und doch habe ich keine Ruhe, keinen Frieden in mir gefühlt, denn es stand mir immer der schreckliche Gedanke vor der Seele, daß mein sterbender Waffenbruder in seiner letzten Stunde einen Fluch über mich vom Himmel gerufen, der seither mich verfolgt hat.«

»Er hat keinen Fluch über Dich gerufen, er hat Dir Dein Unrecht verziehen«, rief der Waldbruder, »und verzeiht Dir's zur Stunde. Schau her, mein Freund und Bruder, ich bin es, den Du glaubtest ermordet zu haben; der treue gute Gott ließ mich genesen von meiner Wunde, darum habe ich auch mein Leben Gott geweiht, zuerst in der Stille des Klosters und dann in dieser Waldeinsamkeit.«

Mit diesen Worten warf er seine Kutte zurück, die bisher einen großen Teil seines Gesichts verhüllte, daß er ganz und gar unkenntlich geworden war. Thomas von Absperg erkannte alsbald wieder seinen Freund und Waffenbruder Kuno von Bellberg.

»Ist's möglich, daß die Toten auferstehen?« mit diesem Rufe sank er in die Arme seines Freundes, der ihn fest umschlang.

Lange lag der Sterbende sprachlos mit geschlossenen Augen in des Freundes Armen – es schien fast, als ob der Eindruck der Stunde ihn schnell seinem Ziele entgegengeführt hätte – aber er erwachte noch einmal, um aus der Hand des edlen Freundes, gleichsam als Pfand seiner Versöhnung, den Leib des Herrn zu empfangen.

Als Herr Wolfgang von Adelsheim mit den Seinigen in die Kirche trat, kamen sie gerade zum Sterbestündlein des Geächteten, um ihm für dieses Leben das letzte Lebewohl zu sagen. Den Blick auf das Bild des Gekreuzigten gerichtet, das der Klausner ihm vorhielt bis zum letzten Augenblick, in den Armen seines Sohnes, endete Ritter Thomas von Absperg – ein sanfter Tod nahm die Acht von seinem Haupte, die seine Schuld über ihn verhängt hatte. Vor dem Kirchlein St. Theobald grub der Waldbruder dem müden Leib das Grab, in dem er die Ruhe fand, welche ihm die letzte Zeit seines Lebens versagt war. Unter heißen Tränen häufte Oskar den Grabhügel des geliebten Vaters; Adelheid aber bepflanzte den Hügel mit Immergrün, das viele Jahre lang über dem Grabe wucherte. – Betete Oskar am Grabe des Vaters, so war er nie allein, auch Adelheid kniete neben ihm und vereinigte ihr Gebet mit seiner Andacht; und eine dritte trat in ihre Nähe, wenn beide noch bis zur Abendglocke am Grabe knieten – es war die gute Talfrau, welche dann schweigend mit gefalteten Händen auf die Knienden blickte.

Das erste gute Werk war geschehen, um den wandelnden Geist der Talfrau zu erlösen; sie hatte den Ritter von Absperg dem totgeglaubten Freunde zugeführt, um vor der Todesstunde aus seinem Munde noch das Wort der Versöhnung zu vernehmen; das zweite gute Werk, die Vereinigung zweier edler Seelen, war hier begonnen, aber seine Vollendung noch eine Zeitlang hinausgerückt.

Wenige Tage nach dem Hingang des Geächteten verließ Herr Wolfgang von Adelsheim mit Gattin und Tochter die Klause bei St. Theobald, denn es war ihnen durch die Talfrau kund geworden, daß das schwäbische Bundesheer ganz und gar die Gegend von Wachbach und Mergentheim verlassen habe, und nun nichts mehr von Feinden zu befürchten sei. Schmerzlich war ihnen der Abschied vom Klausner, der bisher alles, was er besaß, mit ihnen geteilt hatte – Oskar blieb zurück und weilte noch längere Zeit am Grabe seines Vaters; aber bald zog es ihn nach der Burg der Väter, wo ihm noch eine Mutter lebte, der er Trost und Stütze in ihrem Witwenstand werden sollte. Noch schwerer schied Oskar vom Waldbruder zu St. Theobald, denn er war ja der Freund seines seligen Vaters und er mußte hoch und teuer versprechen, seiner Zeit ihn wieder heimzusuchen. Er nahm die Laute um den Nacken, pflückte noch eine Hand voll Immergrün als Andenken vom Grabe des Vaters und eine Locke, die er vom Haupte des Verblichenen genommen, trug er auf dem Herzen. Das war alles, was der heimkehrende Sohn heimbrachte, dem der Vater nimmer zur Seite ging. Von nun an verließ er die geliebte Mutter nimmer, bis er ihr eine liebende Tochter in die Arme führte.

Sechs Jahre waren vorüber, seitdem über die Burg Wachbach und ihre Bewohner die schwere Heimsuchung ergangen war. Herr Wolfgang von Adelsheim hatte die ausgebrannte Burg wieder schöner hergestellt, als sie früher gewesen; Franz Rüden, der ihn damals so schmählich im Stich gelassen, hatte ihm seinen Anteil zu Kauf gegeben, daß er nunmehr alleiniger Besitzer war. Den Waldbruder bei St. Theobald vergaß er nie, er besuchte ihn alle Jahre wenigstens einmal mit den Seinigen.

Bei einem dieser Besuche fand er am Grabe des Waffenbruders einen schlanken, stattlichen Rittersmann – Adelheid erkannte ihn bälder als der Vater, denn die Züge Oskars hatten sich ihrer Seele tiefer eingeprägt. Oskar war hierhergekommen, um am Grabe des Vaters Segen für sein Vorhaben zu erflehen – er wollte von da auf die Burg Wachbach und um Adelheid werben. Die Braut war ihm näher, als er ahnte – über dem Grabe des Vaters gab Herr Wolfgang von Adelsheim dem Sohne das Jawort, und der Waldbruder zu St. Theobald sprach sein Amen zum Segen der Eltern.

Jakob von Gültlingen

Es war im Oktober anno 1600, an einem schönen Montage, da ging's in der Krone zu Waiblingen im fröhlichen Remstale noch fröhlicher zu, als auf den Bergen über dem Flusse, wo eben Weinlese war. Pfeifen und Trompeten klangen aus dem Hause, und hundert schöne Gesichter sahen aus den Fenstern zur Krone; denn der Junker von Dürnau hielt Hochzeit darinnen.

Aus der Nähe und Ferne waren die Gäste dazu gekommen: viele edle Herren und Fräulein, und der Tanz dauerte von morgens bis abends, als könnten sie der Lust nicht satt werden. Schien es doch auch immer schöner zu werden im Wirtshause, je tiefer es in den Abend ging. Denn die Raketen, Sterne, farbige Feuer und Lichter, welche draußen in den Weinbergen in den Nachthimmel stiegen und Fenster und Saal und alle Gestalten darin freudig erleuchteten, waren das vollkommenste Bild der Lust und Wonne, die in den Herzen der Gäste glühte und in bunten Farben spielte; und so oft eines der vielen

Weinbergfeuer auf den Hügeln erlosch, so oft fast vermehrte sich die Gesellschaft im Wirtshause mit einigen oder einem Zuge herbstglücklicher Menschen.

Unter den Hochzeitsgästen war auch *Jakob* von *Gültlingen*, der Obervogt von Schorndorf.

Müde vom Tanze saß er an der Tafel, um sich beim Glase und Gespräch zu vergnügen. Ihm gegenüber saß *Konrad* von *Degenfeld*, der seine schöne Frau gleichfalls andern Tänzern überlassen und sich zur Tafel gemacht hatte. Bald wurden beide jungen Männer in ein fröhliches Gerede miteinander verwikkelt, und je mehr sich die Herzen beider, vom Remstaler erfreut, auftaten, je näher kamen sie sich, und die am Morgen einander noch fremd und unbekannt gewesen, waren am Abend vertraute Freunde, wie es oft geht bei lebensfrischen Gesellen, die ein warmes Gefühl und Gemüt belebt.

Eine gute Weile mochten die beiden beisammengesessen sein, als auch ihre Frauen zu ihnen kamen, um ein wenig Atem zu schöpfen und sich zu verkühlen; und da sie sahen, wie ihre Männer gar freundlich miteinander taten, wie zwei Brüder, die sich lange nicht gesehen und plötzlich gefunden haben, da taten auch sie sich zusammen und fanden auch Wohlgefallen aneinander. Ein Wort gab das andere, eine jede rühmte der andern die Tugenden ihres Mannes, und wie sie einander liebhaben und glücklich seien.

»Was gäb' ich nicht darum«, sagte die junge Frau des Obervogts der von Degenfeld – »was gäb' ich nicht, wenn ich ihm einen Fehler abtun könnte!« – »Und der wäre, meine liebste Freundin?« – »Es ist wunderlich, was ich sagen werde«, versetzte diese, »aber ich sag' es Euch, weil ich weiß, daß Ihr mir gut seid, und es bei Euch wohl verwahrt ist. Mein Herr fährt manchmal bei Nacht plötzlich aus dem Bette und ficht und sticht, wie wenn er in der Schlacht wäre, so daß, wer es nicht weiß, bei ihm seines Lebens nicht sicher ist.«

»Jesus!« rief die Degenfelderin, »was ist das?«

»Das will ich Euch sagen«, fuhr die Obervögtin fort, »es ist ein Anhängsel aus den Feldzügen. Als er in den Niederlanden mit dem Spanier zu Felde lag, da erhielt er vor Mastricht einen Hieb über den Kopf, daß es ihm noch nachgeht. Wenn er des Weines etwas weniges zu viel getrunken hat und sich zu Bette legt, da greift es ihm den Kopf an, er fühlt den Schmerz der alten Wunde, wie wenn sie eben erst ganz frisch ihm geschlagen wäre, und er witscht vom Bette herab und fährt und haut um sich, als wär' er mitten in der Schlacht und wehrte sich seines Leibes und Lebens.«

»Und Ihr fürchtet Euch nicht, mit ihm in einer Kammer allein zusammenzuwohnen?« fragte die Degenfelderin.

»Jetzt nicht mehr«, sagte jene. »Wohl sah ich's, wie Ihr Euch denken könnt, in der ersten Nacht mit Verwunderung und Grauen; aber der Schrecken lehrte mich auch bald, wie der böse Geist zu bannen ist. Wenn ich seinen Namen rufe, da hält er plötzlich inne, legt sich ruhig zu Bette und schläft sanft wieder ein. Ich habe ihn schon oft des Morgens über dieses nächtliche Abenteuer gestraft, aber er schwört mir jedesmal bei seinem Eid, daß es ihm verborgen sei und er nichts drum wisse, und bittet mich inständigst, wann er sich übersehen sollte, doch ja über ihn zu wachen und ihn wohl zu versorgen.«

»Wenn da mein Herr und der Eurige in Eine Kammer zu liegen kämen«, versetzte die von Degenfeld, »Gott behüte mich, was könnte es da nicht absetzen!«

»Wieso, meine Liebe?« fragte die andere.

»Weil Ihr offen gegen mich gewesen, so will ich auch der Unart meines Herrn keinen Hehl haben. Ist es doch ohnehin, als ob unsere Schicksale sympathisierten, wie unsere ehelichen Gemahl. Seht nur hinüber, wie sie sich die Hände schütteln und drücken und sich auf den Mund küssen.«

»Glaubt mir, es tut mir in der Seele wohl, dies zu sehen – aber Ihr wolltet mir etwas von Eurem Herrn erzählen.«

»Wohl, das will ich. Noch schüttelt's mich, wenn ich an meine Hochzeitsnacht denke. Ich bin nicht furchtsam, ich habe sonst Mut wie eine –«

»Wie ein Mann, dürft Ihr wohl sagen«, versetzte die von Gültlingen. »Ich weiß, Ihr seid zu Pferd wie der beste Reiter und jaget Euren Hirsch wie der verwegenste Jäger. Ihr seid eine leidenschaftliche Jägerin und Reiterin. Wer das ist, kann nicht furchtsam sein. Ich will es Euch nur gestehen, ehe ich Euch so lieb, wie ich Euch jetzt kenne, kennen gelernt hatte, hätte ich mich fast vor Euch gefürchtet, vor Euren feurigen schwarzen Augen, in die ich jetzt so gerne sehe.«

»Schmeichlerin«, sagte die Degenfelderin und rollte ihre dunkeln Augen in stolzem Selbstgefühl. »Leidenschaft hab' ich schon, aber Furcht keine. Nur vor Gespensterartigem graut mir, und ich habe dieses närrische Grauen noch immer nicht ganz überwinden können.«

»Ihr sagtet, noch schüttle es Euch, wenn Ihr an Eure Hochzeitsnacht gedenket«, wiederholte die Frau des Vogts.

»Ich war an der Seite meines Bräutigams entschlummert. Nach Mitternacht erwach' ich und finde meinen Herrn nicht mehr. Der Mond schien in die Kammer und in der Ecke des Gemachs seh' ich eine weiße, lange Gestalt sich bewegen und auf mich loswandeln. Ein Schrei des Entsetzens riß sich mir von den Lippen los. Ich fiel in Ohnmacht. Als ich zu mir kam, beugte sich mein Herr mit Tränen über mich, und gestand mir, daß er im Schlafe oft nachtwandle. O Ihr seid glücklich, daß Ihr Euch bei Eurem Herrn nicht mehr fürchtet. Ich kann das Grauen noch immer nicht überwinden, das mich jedesmal überläuft, so oft er das Leintuch um sich schlägt und zu wandeln anfängt. Auf dem Kranze des Schloßturmes soll ihn der Türmer in früheren Jahren vom sicheren Tode zurückgezogen haben.« –

»Sieh', Bruder«, rief Gültlingen dem Degenfelder zu, indem er ihn an der Hand zu den Damen führte, »unsere Liebsten sind unserem Beispiele gefolgt; sie können sich nicht satt plaudern.«

»Nun, wenn die Männer und die Weiber gute Freunde sind, da hält's um so fester«, meinte Degenfeld, und da Musik und Tanz verstummt war, so schied man freundlichst voneinander.

In der Burg zu Stuttgart, die jetzt das alte Schloß heißt, mit seinen gewaltigen Mauern und Türmen, saß Herzog Friedrich I auf seinem Throne. Sein Angesicht strahlte und seine kleinen Augen blitzten, aber nicht wie im Zorn, der so oft die Seinen zittern machte, sondern in Freude und stolzem Selbstgefühl. Dieser Fürst gefiel sich darin, mit Kaiser Karl V verglichen zu werden. Der wahrhaft spanische Schnitt seines Gesichtes erinnerte allerdings an diesen spanischen Alleinherrn auf dem deutschen Kaiserthron, und der württembergische Herzog nahm sich in dem, was das Herrsein betraf, den großen Spanier zum Muster.

Mit dem spanischen Kragen um den Hals, Wams und Hosen auf spanische Art nach der Mode der Zeit, machte er auch einen etwas fremdartigen Eindruck, nicht sowohl durch dieses sein Äußeres, als durch seine Art zu sein und zu gebieten unter den schlichten und guten Württembergern, welche durch Herzog Christoph und seinen Sohn Ludwig so sehr an gütige und milde Fürsten gewöhnt worden waren. Herzog Friedrich war, wie der fromme Moser sagte, einer von den »bösen Fritzen«, deren die Geschichte mehr als eines deutschen Landes gedenkt; kein Tyrann, aber in hohem Grad ein Despot; und das war er besonders in der Aufwallung der Leidenschaft. Da sagte er, er wolle und müsse Gerechtigkeit üben, ohne Ansehen der Person, und diese mißverstandene Gerechtigkeit artete in die äußerste Ungerechtigkeit und Härte oft genug aus.

Die Rechtsformen sah er öfters gerne nur als überflüssige und schädliche Formalitäten an und ließ hängen und köpfen ohne weiteres; dann mochten nachträglich die Landstände Protest einlegen und seine Räte gründliche Untersuchungen und Ausführungen machen, ob der Unglückliche Galgen und Schwert oder bloß einen Prozeß mit leichter Strafe verdient habe oder die Freisprechung. All das kümmerte den Herzog Friedich I kein Haar. Machtsprüche waren seine Art; Durchgreifen! war sein Lieblingsausdruck; die Todesstrafe seine Lieblingsstrafe.

An diesem Morgen war er mit seinem Kanzler, dem Doktor Matthäus Enzlin, überaus wohl zufrieden. Dieser stand neben ihm.

»Und weißt Du auch, mein lieber Doktor«, sagte er im gnädigsten Tone, »was mir an Dir am meisten gefällt?«

»Daß ich Ew. fürstlichen Gnaden gefalle, ist an und für sich schon ein großes Glück«, sagte der Geheimerat, Doktor Matthäus, in unterwürfigstem Tone; »aber noch glücklicher würde es mich machen, zu erfahren, was von meinen geringen Gaben und Verdiensten mir am meisten die Gnade meines hohen Herrn erworben hat.«

»Sieh, Doktor, ich kenne Dich recht gut: Ehrsucht und Geldgeiz sind die Teufel, die Dich plagen und beherrschen. Du bist schon sehr reich unter mir geworden und dichtest und trachtest, nur immer noch reicher zu werden. Das gefällt mir nicht an Dir, und daß diese Deine Hauptleidenschaften nicht schädlich in die Geschäfte eingreifen und Dich verderben, darüber werde ich immer wachen. Aber das gefällt mir an Dir, daß Du ein gescheiter Kerl bist welcher Landschaften und Prälaten übersieht, und daß Du ebenso energisch bist als raffiniert. Ich habe es mit hochmütigen, groben und eigensüchtigen Leuten zu tun, die zusammenhängen wie die Kletten, und die sich in alle Staats- und Kirchenämter teilen.«

»Ja, ja, ein sauberer Verwandtschaftshimmel das«, sagte der Kanzler. »Das gemeine Volk heißt diese Herren nur »Das Vetterlensgericht«. Und diese Partei möchte sich jetzt am Ew. fürstlichen Gnaden ihr Mütchen kühlen und ihr giftiges Gemüt ersättigen, weil sie sich jetzt die Zügel der Herrschaft entschlüpfen fühlt, die sie sich unter dem hochseligen Herrn, der sie walten ließ, angemaßt hat.«

»Wenn ich einmal«, sagte der Herzog, »sprechen könnte: »Ich bin Kaiser in meinem Reich!« Im Reich ist es ohnedies bald vollends ausgekaisert. Der Kaiser sitzt zu Prag in seinem Laboratorium; der sagt nichts mehr zu dem, wie ein Reichsstand in seinem Lande waltet; und wollt er auch was sagen, das würde uns nicht genieren.«

»Das Kaisertum«, versetzte Enzlin, »hat die letzte Ölung erhalten; die Tür im Reich ist aus dem Angel, und der Wagen ist aus dem Geleise. Das zeigt der Augenschein.

Um so mehr ist es an der Zeit, daß die Fürsten Kaiser in ihrem Lande werden, und sich frei machen von der Fessel, die sie bis jetzt in Ausführung ihrer höheren Plane hemmt. Wenn Ew. fürstlichen Gnaden hoher Geist weiter führen will, als Euere Vorfahren; wenn es gilt, den Glanz des Hauses und des Landes zu mehren, Güter und Länder zu kaufen, Neues und Zeitgemäßes für Handel und Gewerbe einzuführen; überall ist da die Partei im Wege. Zu allen diesen Dingen braucht man Geld, aber die Partei ist nicht zu bewegen, ihre geringe Einsicht der ihres Landesherrn unterzuordnen und das Geld zu bewilligen.«

»Und doch bin ich Landesherr«, brauste der Herzog auf. »Wem gehört denn das Land? mir oder der Partei?«

»Ihr habt ganz recht, gnädigster Herr«, versetzte lebhaft der Kanzler; »das ist die einzige vernünftige Staatsrechtslehre. Wer die Landesfreiheiten gegeben hat, kann sie auch wieder nehmen. Land und Untertanen sind um des Herrn, und nicht er um der Untertanen willen da. Jetzt sind ganz andere Zeiten als damals, da die Landesverträge errichtet worden sind, und diese schicken sich auf die jetzigen Umstände so wenig, als die alten Pelzmützen und Krägen zum heutigen Ausgehen. Je weniger der Untertan vermag, desto besser ist er zu haben; und je reicher er ist, desto ungehorsamer ist er.«

»Und was Rats nun, mein lieber Doktor?« fragte der Herzog beifällig.

»Was Rats?« antwortete der Kanzler. »Ew. fürstliche Gnaden machen sich zum Souverän. Dann können Sie tun, was Sie wollen.«

»Du bist ein großer juridischer Gelehrter, lieber Doktor«, sagte der Herzog. »Du hast lange Übung in allen Künsten der Reichspraxis. Du bist ein guter Redner und ein Meister in schriftlichen Ausführungen und Erläuterungen. Du bist verschmitzt, klug und geschmeidig wie eine Schlange. Aber wird das alles zu unserem Ziel uns führen? Sich durchzuwinden und aalglatt zu sein ist Deine und nicht meine Sache.«

»Es wird uns vorwärts bringen«, antwortete Matthäus Enzlin; »vorwärts bis auf einen gewissen Punkt. Das übrige müssen die Soldaten tun. Haben wir nur Soldaten genug, wird sich das übrige von selbst finden. Wer sein Recht mit dem Schwert beweisen kann, hat nie unrecht. Die Beweisgründe eines kühnen und großen Fürsten an der Spitze eines Heeres sind so unwiderleglich, als seine Waffen. Eisen ist noch mächtiger als Gold, und wo die Waffen sprechen, schweigen die Gesetze. So sagten die alten Römer. Nur Soldaten, Ew. Gnaden, Soldaten!«

Der Herzog stand einige Augenblicke in Gedanken versunken.

»Fürst zu sein«, sprach er für sich hin, »und schuldig sein zu sollen, jedem Bürger und Bauern den Nagel eben an *den Ort* zu schlagen, an den er den Hut zu hängen gemeint ist! Und diesen Herren Vettern und Frau Basen gute Zeit zu machen! Es brächte mich vor der Zeit unter den Boden, und das Land ins Verderben.«

»Das letztere gewiß, Ew. Gnaden«, sagte Enzlin. »In den Wirtshäusern machen sie Streckverse darüber, und es ist zum Sprichwort geworden: Drei Ding schwächen gute Polizei in Württemberg: verschwägerte Theologie, verschwägerte Politici, blinde Berichte. Drei Dinge betrügen Württemberg: Weiberzungen, schwäbisch Geschwätz, Dauzbrüder.«

Der Herzog ging mit raschen Schritten auf und ab, wie im Selbstgespräch.

»Los zu werden und frei von diesen Holzwürmern, die kein Gelenk im Kopf haben! Mich nicht mehr zur Rede setzen und erinnern lassen zu müssen von diesen groben Pfaffen, die ihre Ungeschliffenheit noch für Treuherzigkeit ausgeben!«

»Ew. fürstliche Gnaden werden sich losmachen«, sagte Enzlin. »Als Ew. Gnaden nach Württemberg kamen, waren Sie auf der ersten Jagd in Lebensgefahr durch eine Bärin, die Sie angriff. Es war eine ungeheure Bärin, aber Ew. Gnaden erlegten sie. Das war ein Vorbild und eine Vorbedeutung für die Landschaft. Man muß dem Tübinger Vertrag eine zeitgemäße Erläuterung geben. Die Landschaft ist gut, aber nur zum Bewilligen und Geben. Von Ihren eigenen Dienern, gnädigster Herr, haben Sie das Recht, blinden Gehorsam zu fordern, so gut als der Monarch von Spanien und der von Frankreich.«

»Dort allein versteht man die Kunst, zu regieren«, sagte der Herzog. »Diese Partei klagt oft, wo sie nichts zu klagen hat. Worin sie uns kein Maß zu geben hat, darin will sie uns maßgeben. Wissen wir etwas zu verbessern, so will sie es besser wissen, ob sie gleich nichts darein zu reden hat. Wollen wir unser Kammergut erhöhen, gleich stoßt sie die Nase darein. Führen wir ein nützliches Werk ins Land ein, wie die Seidenfabrik, so mäkeln sie daran, und verstehen doch nichts davon; kommen doch meist schlecht verständige Leute auf den Landtag, Drahtpuppen des Ausschusses, von dem wir uns keine verbindenden Ordnungen machen lassen.«

»Es wäre gewiß gut«, sagte Matthäus Enzlin, »der lästigen und unbefugten Hofmeisterschaft von Prälaten und Landschaft ein Ende zu machen.«

»Es sind Männer darunter«, sagte der Herzog, »deren Charakter ich ehre; aber sie sind unausstehlich durch ihre Verbissenheit in das Unzeitgemäßgewordene und durch ihren Widerstand gegen das Zeitgemäße. Es fehlt ihnen an jeder freieren Bildung der Zeit.«

»Sie sind wie der blinde Gaul in der Gipsmühle«, sagte der Kanzler; »so drehen sie sich an einem fort im Ring ihrer kleinlichen und beengten Formen herum.«

»Hast Du die Eingabe dieses Lukas Osiander, unsers Hofpredigers, gelesen und geprüft?« fragte der Herzog.

»Ein Greuel ist die Eingabe, ein Greuel der Mann«, antwortete der Kanzler. »Er hat Eurer Gnaden schriftlich vorgeworfen, daß Hochdieselbe mit Zauberern und Gesellen und Knechten des Teufels umgehen und sich dadurch der Sünde und des Abfalls von Gott teilhaftig gemacht haben. Durch diese ehrenrührigen Worte hat er sich der Majestätsbeleidigung schuldig gemacht und viel Unverstand bewiesen, daß er die Gelehrten in Chemie und Alchymie und anderen Wissenschaften und Geheimnissen der Natur der Zauberer, Zeichendeuter, Wahrsager und Teufelskinder hält und ausgibt.«

»Ich habe ihn herbeschieden«, sagte der Herzog. »Wenn er schon im Vorzimmer ist, laß ihn eintreten.«

In diesem Augenblick meldete der Kammerherr den Oberhofprediger, Prälaten von Adelberg; Doktor Lukas Osiander.

»Er trete ein«, sagte der Herzog, und der greise Türhüter öffnete die Türe des Audienzsaales weit. Der Prälat trat ein.

Lukas Osiander, schon dreißig Jahr Hofprediger und Beichtvater des Herzogshofes, war in jeder Hinsicht eine alttestamentliche Prophetenerscheinung. Das ist ein Mann! mußte jeder sich sagen, der ihn sah, und noch mehr, der ihn hörte. Er war eine hohe, eherne Gestalt, an der schwere Schläge des Geschicks, wie man sah, hinabgefahren waren und ätzend die Flammenspuren eingegraben hatten; aber er stand sturmfest in sicherer Ruh' und Würde, unbezwungen von siebzig Jahren.

Trotz der silbernen Haare hatte ein kräftiges Rot seine Wangen nicht verlassen, und es flammte aus ihm, wenn er als Priester seines höchsten Herrn sprach, wie ein Strahl der Jugend. Feuer wurde da sein Auge, Feuer seine Zunge.

Wie der Greis unter Herzog Ludwig es gewohnt worden war, wo er etwas Schädliches in den Landesanstalten und am Hofe wahrnahm, als Beichtvater mit Nachdruck seinem Fürsten ins Gewissen zu reden, so hatte er es auch für seine Amtspflicht gehalten, jetzt dem Herzog Friedrich wegen der Goldmacher eine Verwarnung zugehen zu lassen. Diese schienen ihm in zweifacher Hinsicht für die zeitliche und ewige Wohlfahrt seines Fürsten und für das Land gefährlich; einmal weil er in ihnen Zauberer sah, und dann, weil die meisten der Goldmacher Juden waren aus dem Elsaß und aus Welschland. In Betreff der erstern wie der letzern teilte der Greis ganz den Geist und die Denkart seiner Zeit, den Aberglauben, die üble Meinung und den Haß; er glaubte alle Märchen, welche die religiöse Leidenschaft und Beschränktheit seit Jahrhunderten wider die Juden im Volk in Umlauf gesetzt hatten.

Der Prälat trat herein, ohne mehr Ehrfurcht dem Herzog zu bezeugen, als unumgänglich war, ohne der Würde seines Amtes nicht eines Haares breit Abbruch zu tun. Der Herzog, der in Mömpelgard und am Pariser Hofe ganz in französischen Grundsätzen und Sitten aufgewachsen war, fand in dieser Würde des schwäbischen Prälaten, wenn auch nicht gerade etwas beleidigendes, so doch etwas, das ihn nicht angenehm berührte. Überdies hatte ihn das Schreiben zuvor gereizt.

In dieser Stimmung rief er ihm entgegen: »Siehe da, mein lieber Kanzler, da ist ein Prophet des Herrn; aber er ist aus der Mode; ich pflege ihn nicht zu gebrauchen, denn er weissaget mir lauter Böses.«

Mit Blitzesschnelle wandte der Prälat die Waffe, die ihn treffen sollte, gegen den, der sie führte.

»So spricht Ahab im ersten Buch der Könige«, erwiderte er; »aber mein gnädigster Fürst und Herr ist kein Ahab, so wenig als ich der Prophet Micha bin, der Sohn Jemlas, oder meine gnädige Fürstin eine Isabel. Ich bin nur ein geringer Diener des Herrn meines Gottes. Ich weiß wohl, daß Könige und Fürsten vom neuesten Ton und die Großen der Welt mögen das Wort Gottes nur hören, wenn es ihnen gefällig ist, und an den Höfen der Aufklärung sind die Diener des Herrn aus der Mode. Man hat sich gewöhnt, unsern Herrgott kavalierartig zu behandeln, als ob eine Ehrensache darin stünde, daß man sich ja nicht damit übereile, sich mit Gott einzulassen, sondern daß man erst ein wenig Extremität abwarte. Indessen ist doch ein Unterschied zwischen den Fürsten: die, welche die Tinktur der Religion haben, schaffen diese so leicht nicht weg.«

»Ihr sorgt dafür bei Zeiten«, sagte der Herzog scharf, »daß die Tinktur nicht abblaßt. Ihr gießt immer neu auf. Wir konnten uns ob Eurem ehrenrührigen und unbedachtsamen Schreiben nicht genugsam verwundern, und hätten Ursache genug, gleich und warmen Fußes der Gebühr nach mit Euch zu verfahren. Habt Ihr doch genug zu verstehen gegeben, als wenn Ihr über Uns gesetzt wäret, und Wir Eurem Befehl zu leben und zu gehorchen schuldig wären.«

»Gnädiger Herr«, sagte der Hofprediger, »was ich geschrieben habe, habe ich aus treuer Liebe und Sorge um das Beste meines Herrn und des Landes geschrieben. Es ist meine Art, die Sachen immer so vorzutragen, wie sie sich in meinem schlichten Menschenverstand darstellen, und der in Gott ruhende Herzog Ludwig hat meine und anderer treuen Diener und Räte redliche Vorstellungen gerne hören mögen.«

»Ich weiß«, fuhr der Herzog rasch dazwischen, »ja, ja, ich weiß nur zu gut, wie bei unsern Vorfahren, milder Gedächtnis, mehr als zu viel darin geschehen ist; was aber ein bös Ende genommen hat.«

»Gnädiger Herr«, nahm der Prälat das Wort, »es hat mich lange gedrückt und an mir genagt, zu sehen und zu hören, was ich sah und hörte, und zu sehen namentlich, wie Geheime- und Oberräte und meine eigenen Kollegen beim Konsistorium und der Landschaft zu diesen Dingen schwiegen, sich darein schickten oder es gar in höflichen Worten aufs beste zu deuten suchen. Ich konnte nicht länger schweigen, aus Pflicht nicht.«

»Euer Schreiben war mehr als zu grob«, fuhr der Herzog heraus. »Ihr habt Uns, Euern Landesfürsten und Eure von Gott vorgesetzte Obrigkeit, hoch und wider die Gebühr angetastet, Ihr, die Ihr auf der Grube geht.«

»Dürfte ich«, sagte der Greis, »bald in Frieden dahinfahren! Ja, gnädiger Herr, ich gehe auf der Grube. Aber eben darum bin ich zu alt, um meinen Gedankengang zu ändern und mich zu einer Melodie herabzustimmen, die geschmeidig und höflich, wie es jetzt Mode wird, die Sachen mehr andeutet als ausspricht; noch weniger um zu schweigen über Dinge, die ich als Unrecht erkannt habe.«

»Ihr habt nicht nur unsere fremden Gelehrten und Laboranten verschrien, als treiben sie Zaubereien und Teufelswerk in unserer Stadt, sondern Ihr habt Uns selbst als einen Zauberer ausgeschrien, Ihr und Euer Haufen. Ja, wir haben Leute, die sehr kunstreiche Sachen vor- und anbringen; einer hat eine herrliche geheime Erfindung des Salpeter- und Pulvermachens. Damit können wir nicht nur unsere entblößten Zeughäuser eilig versehen, sondern des Kaisers Majestät in dem bevorstehenden Kriege wider den Erbfeind des Glaubens, den Türken, dienstlich und behilflich sein. Das heißt nun der Osianderische Haufen Zauberwerk und Teufelskünste.«

»Ich bleibe dabei«, sagte der Hofprediger, »die Juden sind allen Christen spinnenfeind; und wären sie stark genug, sie würden sich unterstehen, alle Christen vom Erdboden zu vertilgen. Sie haben einen satanischen Haß gegen die Christen. Wo sie sich einnisten in ein Land, das kommt bald nicht mehr auf einen grünen Zweig, sondern an den Bettelstab. Und wenn Ew. fürstliche Gnaden sich von den vermaledeiten Laboranten nicht losmachen, wird statt des guten Geistes ein böser Geist in Ew. Gnaden fahren.«

»Wir sind«, rauschte der Herzog, »wie ein Sturmwind, ein nicht geringer Fürst des Reichs, sind Unsere Tage nicht stets hinter dem Ofen gesessen, noch Unserer Vernunft, Gottlob! beraubt. Wir hätten Ursache, mit Euch dergestalt zu verfahren, daß andere für die Zukunft ein Exempel nehmen und sich größerer Bescheidenheit befleißen möchten. Daß es nicht geschieht, das habt Ihr Unserer Langmut und nicht Eurem Verdienst zuzuschreiben. Ihr habt Uns Genugtuung zu leisten, und zwar in der nächsten halben Stunde, vor dem Geheimenrat. Find' ich Euch nicht beugsamer, so werd' ich Euch samt Eurem Haufen wieder hinschicken, wo Ihr hergekommen seid.«

Der Prälat verbeugte sich und ging ab.

»Durch! Ew. fürstliche Gnaden, durch!« sagte Matthäus Enzlin, indem er mit giftigem Blicke noch den unter der Türe verschwindenden Schatten dieses württembergischen Samuels verfolgte. »Das ist der gelenkloseste Kopf unter den Holzwürmern, der vordersten einer in der Landschaft. Hier ist eine strafwürdige Vorstellung der letzteren an Ew. fürstliche Gnaden. Man sieht, der Hofprediger, um sich an Ew. Gnaden zu reiben, hat sie dazu aufgehetzt. Pfaffenrache ruht nicht. Er wird das ganze Land noch aufhetzen. In den Jahren, worin er steht, wird man nicht weicher und milder, eher härter und steifer. Ein Exempel, gnädiger Herr, ein für andere heilsames, schreckendes Exempel!«

»Ich werde ihn demütigen«, sprach der Herzog, »ich will ihn hart demütigen. Jetzt in den Geheimenrat.«

Der Kanzler folgte seinem Herrn. In seinem Gesichte triumphierten alle Muskeln, daß es ihm gelungen war, den vorübergehenden Zorn seines Herrn in wirkliche Erbitterung zu verwandeln.

Der Prälat erschien vor dem Geheimenrate. Der Herzog führte darin den Vorsitz. Nach scharfer Censur des Schreibens, das Osiander an den Herzog erlassen, verlangte dieser von ihm einen Fußfall und Abbitte.

»Nicht doch, nicht doch«, sprach Osiander; »erwartet das nicht von mir. Diesen Brief hab' ich aus Trieb meines Gewissens und aus Liebe für meines gnädigen Fürsten Seele und deren Heil geschrieben. Hab' ich mich versündigt, so schlage man mir diesen alten Kopf herunter, entweder gleich hier auf dem Platz vor der Kanzlei, oder auf dem öffentlichen Markt. Aber einen Fußfall oder Abbitte tun kann und werd' ich nicht. Mit gutem Gewissen kann ich es nicht.«

Die Geheimenräte sprachen ihm zu, um ihn wenigstens zu einer Abbitte zu bewegen. Er blieb standhaft bei dem, was er gesagt hatte.

Der Herzog hatte in höchstem Zorn den Saal verlassen, Enzlin war ihm gefolgt.

»Ein Felsenmann«, sprach der Herzog nach langer Pause, als sie allein waren.

»Euer Widerwärtigster!« sagte der Kanzler. »Ein Exempel, Ew. Gnaden, ein Exempel!« Nach einer Pause fuhr er fort: »Es sind nicht alle solche Felsenmänner wie dieser Pfaffe. Die anderen werden es nicht wagen, um eines Briefes willen das Glück ihrer ganzen Familie auf die Spitze zu stellen, und nur um so nötiger ist, zum Schrecken dieser andern, ein Beispiel strengen Ernstes aufzustellen. Die Politik Eurer fürstlichen Gnaden erfordert das.«

Während der Kanzler noch sprach, hatte der Herzog schon die Feder ergriffen und schrieb. Es war der Befehl an Osiander, den Hof, seine Abtei Adelberg und das Land sofort zu räumen. »Ich habe ein Exempel statuiert«, sagte er zum Kanzler.

Ein Kammerherr trat ein.

»Die Trompeten verkünden, Ew. Gnaden, daß eben Baron Spencer, der Gesandte von Ihro königlichen Majestät, im Schloßhof angefahren ist.«

»Gehen wir hinüber in den Rittersaal«, sagte der Herzog.

Der Kammerherr, Hans von Gemmingen, war einer jener rechtschaffenen und edeln Diener, wie sie aus der Schule des frommen und weisen Herzogs Christoph hervorgegangen waren.

Der Fürst und sein Kanzler waren durch die Türe geschritten. Ihre Schritte verloren sich im fernen Gange. Noch immer sah ihnen der Kammerherr nach. Dann sagte er halblaut, als wollte er, daß es der Türhüter hörte: »Der will seinen Herrn souverän machen. Ja, ja, um die Souveränität sich selbst zunutz zu machen, um des Herrn und der Untertanen Beutel auszuleeren und den eigenen damit zu füllen. Dann schreibt man Steuern aus, so viel man will; dann hält man Soldaten, so viel man will; kurz dann tut man, was man will. Man läßt die Landstände und Untertanen, wenn es noch gut geht, darüber schreien; oder wenn sie nicht alles, was man haben will, ohne Widerspruch tun, dann stempelt dieser Enzlin den Widerspruch zur Majestätsbeleidigung, und die untertänigste und pflichtmäßigste Vorstellung zum Verbrechen des Ungehorsams und der Rebellion.

Damit ging auch er langsam nach dem Rittersaal. Der Türhüter, der alte

Scheerer, setzte sich auf seinen Stuhl, und stellte seinen großen Stock mit dem silbernen Knopfe zwischen die alten Beine.

»Du und ich«, sagte er, seinen Stock anredend, »wie lange haben wir miteinander schon gedient? Ich und Du dreien Herren. O du hochseliger, weiser und guter Herzog Christoph, wenn du jetzt aus dem Grab oder vom Himmel herab hereinsehen könntest in dieses Wesen! Und auch Herzog Ludwig war ein gutherziger Herr. Ich weiß, von Haus aus ist auch der jetzige Herr ein guter Herr – aber dieser da, der Rabulist, und die Goldmacher, und die Möringerin und die vermaledeiten Frauenzimmer alle! Ich mag, was kommen kann und wird, nicht mehr sehen. Ein seliges Ende ist mein Wunsch noch, und ein baldiges. Ich tauge nicht mehr für die neuen Herren und Minister. Gute Nacht, alter Scheerer, gute Nacht!«

Damit legte der einundachtzigjährige Türhüter sein weißes Haupt in die

Ecke und schlummerte in der Tat bald ein, zwar nicht zum Tode, sondern zu einem kurzen, leichten Morgenschläfchen.

An dem stolzen Selbstgefühl, das an diesem Morgen aus dem Auge des Herzogs höher noch, als sonst, blitzte, hatte die Ehre nicht geringen Anteil, die ihm heute zuteil wurde: König Jakob von Großbritannien hatte ihn durch eine eigene Gesandtschaft mit dem Orden des blauen Hosenbandes beehrt, und heute sollte er als Ritter dieses berühmten Ordens eingekleidet werden.

Im Rittersaal war ein großer Teil der Landesritterschaft, der gesamte Adel des Hofes versammelt. Auf einem rotsamtnen Kissen trug ein englischer Ritter und Herold die Ketten des königlichen Ritterordens und das Hosenband. Der Gesandte Großbritanniens und sein glänzendes Gefolge traten in den Saal.

Der Gesandte, unterstützt von dem Herold, zog dem Herzog seinen schwarzen, breit vorn mit Gold gestickten Mantel aus, nahm ihm seinen Degen und Dolch ab, und kleidete ihn ein in mit einem königlichen langen Rock, von violblauem Samt, mit weißem Atlas gefüttert. Sein seidener Gürtel hielt ihn zusammen. Daran hing ein kleiner Degen mit vergoldetem Gefäß.

Darauf wurde ihm ein weiter königlicher Talar angehangen, mit langem Schlepp und durch ein kostbares Schloß am Halse zusammengehalten. Der

Talar war auch von Samt, purpur- und violenfarb, mit weißem Atlas gefüttert. Auf der linken Seite hing ein rot- und weißer Samtkragen herum mit zwei runden goldenen Zierraten. Dieser Kragen war mit Perlen und Seide reich gestickt.

Wie der Herzog in diesem Ordenskleid aus dem Rittersaal den Reitschnekken herab in den Schloßhof kam, da klangen die Trompeten und Pauken und alle Instrumente und begrüßten ihn vom Altan herab mit hellem Schall und Frohlocken.

So ging die Prozession in die Stiftskirche. Voran das klingende Spiel, dann die Trabanten mit zierlichen Hellebarden, der Marschall mit silbernem Stab, die sämtlichen Hof- und Erbämter, der Adel, die Prinzen, das Gesandtschaftsgefolge, der Herold mit den Insignien und Statuten des Ordens auf dem roten Kissen.

Hinter dem Herold kam der Herzog, Graf Ludwig von Löwenstein und der englische Gesandte trugen ihm den Schweif des Ordenkleides nach. Alle Glokken der Stadt läuteten. Von vierhundert Musketieren beschloß eine Salve die Prozession, als diese in die Stiftskirche eintrat.

In der Kirche hinter dem Altare, wo für den Herzog ein Thron errichtet war, wurde ihm unter dem Spielen der Musik das goldene Hosenband, das in Edelsteinen blitzte, um das linke Knie gebunden, und die ebenfalls in edeln Steinen schimmernde goldene Kette um Hals und Schultern gelegt. Am untern Teile der Kette hing das Bildnis des heiligen Ritters Georg, wie er zu Pferd einen Drachen erlegt, von überaus köstlicher Arbeit.

Darauf bestieg Probst Magirus die Kanzel und hielt die Ritterpredigt über die Psalmworte des Königs David: »Herr, die Könige sind untereinander Freunde.« Darauf ging alles um den Altar und opferte. Als der Herzog, dem der Graf von Löwenstein den Schlepp hielt und ein Waffenträger den Degen nachtrug, vor den Altar kam, hielt ihm der Hofkaplan Felix Bindembach ein vergoldetes Becken entgegen, worein der Herzog fünfzig Dukaten für die Hausarmen legte. Dann ging die Prozession aus der Kirche wieder in das Schloß zurück, und ein recht königliches Bankett begann im Rittersaal. An einer besondern Tafel, unter allen am schönsten anzusehen, saß des Herzogs Gemahlin, mit ihren fünf Prinzen und fünf Prinzessinnen. Auf diese letztere Tafel, sagt der alte Bericht, war kein besonderes Schauessen aufgestellt, weil sonst an derselben schon das Rareste zu sehen war. Ein Ball und ein Feuerwerk beschlossen den Tag, den andern Morgen war eine Lustjagd bei Waldenbuch. Reich beschenkt zogen die englischen Abgesandten heim nach England und wußten nicht genug zu rühmen die Fruchtbarkeit und Vortrefflichkeit des Landes wie die Magnifizenz des Herzogs; sie haben mehr als königliche Magnifizenz an ihm gesehen und erfahren, sagten sie.

Die Festlichkeiten waren vorüber und es war Abend.

Der Herzog erwartete noch immer, der alte Osiander werde sich beugen. Es dauerte ihm zu lange. Er schellte.

»Hat sich der Prälat nicht im Schloß gezeigt? Ist kein Schreiben von ihm eingelaufen?« rief er dem Kammernherrn ungeduldig entgegen.

»Der Prälat«, antwortete der Kammerherr, »hat seinen Stab in die Hand genommen, gnädiger Herr, und ist nach Eßlingen gegangen. Die Reichsstadt, sagt man, hat ihn gleich zu ihrem Oberpfarrer aufgenommen.«

»Er war nicht mein Feind, und ich bin nicht sein Feind«, sprach der Herzog für sich, ergriffen von diesem Charakter. »Das ihm zu beweisen, soll sein Sohn seine Hofpredigerstelle und seine Prälatur haben. Und der Alte soll nicht lange aus meinem Land und meinen Diensten sein.«

So ehrte der Herzog den tapferen Mut und die Festigkeit des Mannes.

Mehrere Wochen waren vergangen; die Freundschaft zwischen Gültlingen und Degenfeld und ihren Frauen hatte sich durch die Zeit noch enger geknüpft, und beide Häuser lebten froh und glücklich.

Eines Tages sandte der von Degenfeld einen Reitenden an den Obervogt nach Schorndorf, der ihm vermeldete, daß sein Herr und der Junker von Dürnau eine Partie mit ihren Frauen nach *Geradstetten*, eine Stunde von der Stadt verabredet und ihn und sein Gemahl freundlichst dazu geladen haben wollen.

Der Obervogt, der ohnedies an diesem Tage einen Ritt nach Geradstetten zu machen willens gewesen, um dort Vogtgericht zu halten, war höchlich erfreut über das angenehme Zusammentreffen und machte sich sogleich auf den Weg, um mit seinen amtlichen Verrichtungen fertig zu sein, bis die andern kämen, und sich dann der Freundschaft und dem geselligen Vergnügen ganz frei hingeben zu können. Seiner Gattin, die abgehalten war, versprach er beim zärtlichen Abschied, bald zurückzukehren. Sie solle sich nur gut versehen, er gedenke wohl, liebe Gäste zu Nacht ins Haus zu bringen; und sie schieden, wie zwei junge Eheleute, die sich liebhaben und sich ihrer Jugend freuen.

Das Vogtgericht war gehalten, die bestimmten Gäste waren da, und man saß lustig beisammen an der Tafel zu Geradstetten. Diese fand, nach der Sitte der Zeit, im Haus des Schultheißes statt, und der gefällige Hauswirt hatte nicht unterlassen, die Junker und ihre Damen auch dazu zu laden. Küche und Keller lieferten ihr Bestes, und, wie es der Adel damaliger Zeit liebte, es wurde scharf gezecht im Remstäler.

Gültlingen hob das Glas: »Unsere Frauen sollen leben!« Die Gläser klangen, die Damen dankten mit freundlichen Gesichtern.

»Wem soll das zweite Glas gehören?« rief der von Dürnau.

»Den zweiten Trinkspruch sollen unsere Damen ausbringen«, versetzte Gültlingen.

»Wer soll leben, meine Schönen? außer uns, versteht sich?«

»Der Herzog!« rief die Frau von Degenfeld.

»Der Herzog, er lebe hoch, unser gnädigster Herr«, rief der Vogt, »zum Teufel aber sein Kanzler!«

Man trank und setzte die Gläser klirrend nieder.

»Sage mir einmal, Bruder«, fing Degenfeld an, »wie Du und der Kanzler euch verfeindet habt? Das erzähl' uns.«

»Es ist schon von mehreren Jahren her«, sagte der Vogt; »ihr erinnert euch alle wohl des armen Schelmen, der zuerst zum Herzog kam und ihm versprach, Gold zu machen?«

»Wohl, wohl«, versetzte der Junker von Dürnau, »es sind ja kaum vier Jahre, daß er hangen mußte. – Jörg Honauer hieß er, ich meine, es war ein Elsässer Jud'.«

»Ich erinnere mich jedesmal an ihn«, sagte Degenfeld, »wenn ich von Stuttgart nach Besigheim reite. Er wollte partout nicht an einem ordinären Galgen hangen, wie man sie nur für ordinäre Personen habe.«

»Und unser gnädigster Herr sagte«, fiel der von Dürnau dazwischen, »wohl bist du ein Kopf von aparten Kenntnissen und sollst auch einen aparten Galgen haben.«

»Wieso?« fragten die neugierigen Damen.

»Er ließ ihm«, erwiderte jener, »statt von Holz, eigens für ihn einen Galgen von Eisen machen. Ich seh' ihn mein Lebtag d'ran zappeln in seinem Goldschaumkleid. Er hatte Jahr und Tag operiert und Gold genug verbraucht, aber keins gemacht; und weil er den Herzog geprellt, sollte er hangen, und zwar, weil seine Kunst eitel Schaum war, in Goldschaum von Kopf bis zu Fuß. Wäre ihm auch besser gewesen, wenn er damals, als ihn, wie das Volk sagte, der Teufel lebendig holen wollte, in Hitze und Rauch seines Laboratoriums erstickt wäre; er hätte doch den Hohn nicht noch dazu gehabt.«

»Eigentlich war er zu bedauern«, sagte Gültlingen. »Der dumme Teufel hatte sich selbst betrogen. Er glaubte steif und fest dem Steine der Weisen ganz nahe zu sein, wie er mir hoch und teuer schwur, als ich ihn in seiner unterirdischen Behausung des östlichen Turmes im herzoglichen Schlosse bei der Lampe besuchte. Die Ungeduld des Herrn trieb ihn zur Prellerei, und der gnädige Herr verurteilte ihn vermöge seiner herzoglichen Machtvollkommenheit zum Tode. Keiner von uns wagte, dem Herrn eine Vorstellung zu machen, wir kannten ihn zu gut, aber allesamt bedauerten wir den armen Schelm. Nur der tückische Doktor Enzlin, der Kanzler, meinte, und wenn er drei Hälse gehabt hätte, hätte ihm an alle drei der Strick gehört. Uns alle, die wir zugegen waren, verdroß das, und ich sagte, es seien noch lange nicht alle Stricke verbraucht, und hätte der Honauer die Schlüssel zur *geheimen Truhe* gehabt, so wär' er wohl auch mit Silber zufrieden gewesen und hätte kein Gold machen wollen. Ich wußte aber, daß der Kanzler damals die Schlüssel zur Landschaftskasse im Haus hatte. Ich vergesse das Gesicht nicht, das er mir bei diesen Worten machte. Er verschluckte aber die bittere Pille und ging aus der Stube.«

»Bruder«, sagte Degenfeld, »Du hast Dir dadurch einen Feind gemacht, den ich nicht auf dem Halse haben möchte.«

»Der ehrliche Mann hat stets den Schlechten zum Feind«, versetzte Gültlingen. »Laß ihn grollen, sein Arm erreicht mich nicht, ich tue meine Pflicht und halte mich innerhalb des Gesetzes.«

Degenfeld schüttelte den Kopf. »Lieber Bruder, es soll mir lieb sein, wenn ich eitel fürchte, aber so eine Seele kocht lange ihr Gift, bis sie die Gelegenheit ausfindig macht, es dem Gegner einzutränken.«

»Laß das gut sein, Bruder«, sagte der Vogt. »Wir haben über dem Diskurs Trank und Sang vergessen. Wohlan, was soll leben?«

»Unsere Freundschaft, ewig!« rief Degenfeld.

»Und unsere Liebe«, rief seine schöne Frau und küßte ihren Herrn vor allen, daß sich männiglich daran ergötzte. Die Gläser klangen noch oft aneinander, und schon war es Abend geworden.

Schon lange harrete die Vögtin in ihrem Hause in Schorndorf ihres Herrn, der bald mit Gästen wiederzukehren verheißen hatte. Die Lichter brannten, die Braten dufteten, die Weine funkelten in den Flaschen auf den blankgedeckten Tischen; aber kein Vogt und keine Gäste ließen sich sehen. Sie wartete und wartete; es schlug acht Uhr; es schlug neun Uhr; sie hoffte immer noch und dachte, daß sie eben wohl in der Lustbarkeit die Zeit nicht so möchten beobachtet haben. Da sang es unter ihren Fenstern auf der Straße:

»Zehen Fromme waren nicht
Dort bei Sodoms Strafgericht.«

»Aber, mein Jesu«, sagte sie zu ihrer Schwiegermutter, der alten Gültlingen, die heute erst auf Besuch zu ihr gekommen war, »der Nachtwächter ruft schon zehn Uhr und sie sind noch nicht da, und draußen ist's finstere Nacht, und der Wind rast, daß die Ziegel von den Dächern stürzen. Mir ist so bang um's Herz.«

»Ei, Frau Tochter«, erwiderte die Alte strafend, »seid doch keine so furchtsame Törin! Mein Sohn, der Vogt ist kein zartes Bürschchen, um das es einem bange sein dürfte, wenn es einmal in die Nacht kommt. Sind wir doch nicht im Welschland, wo man einen um einen Batzen mordet, und doch ist ihm auch dort kein Härlein gekränkt worden.«

So suchte die Alte die Sorgen ihrer Söhnerin zu beschwichtigen, aber es gelang ihr nicht. Ihre Unruhe wuchs mit jeder Minute und ging in eine namenlose Angst über, von der sie sich keinen bestimmten Grund angeben konnte. Denn es war nicht das erstemal, daß der Vogt, wenn er Geschäfte halber auswärts war, auch draußen übernachtete. Sie ließ den alten Kaspar mit einem andern Knecht aufsitzen, um mit Fackeln ihrem Herrn auf dem Wege nach Geradstetten entgegenzureiten und nach ihm zu sehen.

Der Vogt aber saß noch immer bei der fröhlichen Gesellschaft im Hause des Schultheißen. Schon längst drängte es auch ihn, nach Hause zu gehen. Der Gedanke an sein liebes Weib, das daheim seiner harrte, und sein Entschluß zur baldigen Rückkehr wichen nur schwer den anhaltenden inständigen Bitten seines lieben Bruders Degenfeld.

Er stand auch wirklich einmal auf, um mit seinem Gesinde gen Schorndorf heimzureiten, aber der Degenfelder erfaßte ihn bei der Hand, fiel ihm um den Hals und drückte ihn aus Liebe so lange, bis er ihm versprach, heute in Geradstetten zu übernachten.

Jetzt ging der Jubel erst noch einmal recht an; der gefällige Wirt ließ seinen Urältesten springen, und sie lebten mit einander in großen Freuden.

Freundlich schmiegte sich Gültlingen an den Degenfeld und sagte: »Mein lieber Bruder, heut' laß mich Dir befohlen sein; ich bau fest auf Dich, wie auf einen Fels, wann mir etwas Menschliches begegnen sollte.«

Er hatte jedoch stets im Sinne, sich bald zu Bette zu legen; denn er wußte wohl, daß der böse Feind, wenn er Tür und Riegel zum Eingang offen haben wolle, einem nur zu trinken gebe; und er gedachte auch wohl seiner übeln Gewohnheit in solchen Fällen.

Aber eben ging wieder ein Umtrunk herum. Ganz freundlich bat er, für diesesmal den Pokal an ihm vorüber gehen zu lassen; doch der Degenfelder rief ihm zu: »ich bring's Dir zur guten Nacht, Bruder!« Da mußte er nochmals trinken, und einen guten Zug. Doch beurlaubte er sich jetzt, und ließ sich, nachdem er zuvor aus Vorsicht seinen Degen in der Stube an die Wand gehängt, von seinem Knecht in die Kammer leuchten, die er für sich allein erbeten hatte. Der Diener entkleidete ihn, er legte sich in's Bette und befahl sich dem lieben Gott.

»Wollt Ihr nicht, edler Herr«, sagte der Knecht noch einmal unter der Türe, »daß ich heut' Nacht zu Euren Füßen liege, damit euch nichts widerfahren mag?«

Der Knecht wußte des Vogts Gemüt, wenn er im Trunk vom Schlaf aufstünde.

»Es hat gut weg, Georg«, antwortete ihm Gültlingen, »geh' nur hin und pfleg' deiner Pferdlein und tu' sie recht versorgen. Ich will allein in dieser Kammer schlafen, bis mir die Sonne auf die Decke scheint.«

Der Knecht wünschte seinem Herrn eine gute Nacht, machte die Türe zu und ging sogleich in's Wirtshaus, wo die Rosse standen, um nach dem Befehle zu tun.

Es ist noch der Glaube im Volk, daß zur Mitternacht der böse Feind los sei, daß er umgehe auf der Erde und Macht habe über die Menschenkinder. Mancher Geselle, der nach zwölf Uhr aus der Herberge ging, soll schon sein böses Spiel erfahren haben. Dieser Glaube war zu jener Zeit, wo die Aufklärung noch in den Windeln lag, allgemein und durch alle Stände verbreitet, und der fromme Christ segnete sich jedesmal bei dem Einschlafen vor den bösen Geistern und Gespenstern.

Gültlingen mochte etwa eine Stunde gelegen sein; er war im ersten besten Schlaf, da rauscht und raschelt es unter seinem Bette; er hört Tritte, schwer und hohl, in der Kammer, in der er doch, wie er gewiß wußte, allein schlief.

Er springt aus dem Bette, ruft nach seinem Knecht um Licht und Hilfe. An der Tür sieht er eine Gestalt, hager, riesenhaft, im Leichenhemd. Der kalte Schweiß steht ihm auf dem ganzen Leib.

»Im Namen Gottes«, ruft er, »wer bist Du?«

Die Gestalt regt sich und hebt wie drohend den Arm, aber kein Laut, keine Antwort.

»Im Namen Jesu Christi, wer bist Du?« rief der Vogt.

Doch es ist, als ob die Stimme in ihm gebannt wäre; er glaubt seinen eigenen Laut nicht zu hören. Die Gestalt wandelt stille auf ihn zu, als wolle sie ihm nachtrachten.

Da sträubt Entsetzen dem Vogt die Haare, er springt an die Wand zurück, er fällt über eine Truhe, aber im Falle faßt seine Hand eine bloße Klinge. Das Gespenst wandelt näher und näher, jetzt ist es hart an ihm, es reckt den Arm nach ihm aus – mit dem Entsetzen der Verzweiflung haut und sticht der Vogt um sich, die Gestalt, lautlos, wird kleiner und kleiner und versinkt mit einem Getöse, daß der Böden schüttert und die Fenster klirren.

Von dem Getöse waren die Schläfer des Hauses erwacht. Der Schultheiß und das Gesinde hatten das Angstrufen des Vogtes, das Schüttern des Bodens vernommen, man schlug eilends Licht und begab sich nach der Kammer, wo der Vogt war. Dieser, dem der Lichtstrahl, der die Treppe heraufflimmerte, ein Rettungsstrahl des Himmels dünkte, stand schon unter der halbgeöffneten Tür, oben an der Treppe.

»Was ist das, Schultheiß?« rief er dem Kommenden entgegen. »Der Teufel geht um in Eurem Hause.«

Noch zitternd und totenblaß riß er das Licht dem Schultheißen aus der Hand und eilte voran in die Kammer. Bewegungslos, Haupt und Brust vorgebeugt, den Arm mit dem Lichte steif ausgestreckt, fanden ihn, ein versteinertes Bild, die ihm Folgenden.

Vor ihm lag in seinem Blute Konrad von Degenfeld; die letzte Spur des Lebens hatte ihn verlassen. Denn aus vielen Öffnungen rann das Blut und weit klaffte unter der Brust eine große Wunde.

Der Degenfelder hatte, als Gültlingen zu Bette gegangen war, von einem freundschaftlichen Trieb geführt, noch länger mit seinem lieben Bruder zusammensein wollen; er hatte ein Licht genommen und war ihm auf seine Kammer gefolgt, um noch mancherlei mit ihm traulich zu reden, wie oft zwei gute Gesellen, die sich lieb haben, mit einander nach dem fröhlichen Trunke zur Nacht pflegen. Er fand den Freund, als er in die Kammer trat, schon tief schlafend. Anfangs wollte er ihn wecken, doch bedachte er sich sogleich anders, aus Besorgnis, ihn zu erschrecken und ihm wehe zu tun. Er zog darum

ganz stille seine Kleider ab und legte sich in ein besonderes Bett, das zu den Füßen Gültlingens stand. Seiner Frau hatte er durch einen Knecht sagen lassen, sie solle keine Sorge für ihn tragen; wann sie frage, wo er wäre, werde sie ihn allda finden.

Als die Degenfelderin dieses gehört, begab sie sich gleichfalls zur Ruhe. »Denn«, dachte sie, »da mein lieber Herr wahrscheinlich schon sanft schläft, warum soll ich ihn nicht ruhen lassen und ihn verstören?«

Sie legte sich in das Bett der Frau Schultheißin, und da es an weiteren Betten fehlte, schliefen der Junker von Dürnau und der Schultheiß auf der Bank der großen Stube. Gerade über ihnen war Gültlingens Kammer. Darum hörte es auch der Schultheiß zuerst, als es dort zu poltern begann.

Der Degenfelder war, nachdem er kaum eingeschlafen, vom Bette herabgehuscht, und hatte seiner übeln Gewohnheit angefangen zu wandeln. Das Deckbett, darunter er gelegen, hatte er um sich geschlagen. Gültlingen fährt aus dem Schlafe, er hört was gehen in der Kammer, und da er gewiß glaubte, daß er allein hier schlafe, überfällt ihn die Furcht eines Gespenstes. Unglücklicherweise findet er das Schwert des Degenfelders. Umsonst, daß er sein Seitengewehr vorsichtig unten in der Stube gelassen; umsonst, daß er sich seines Übels bewußt, eine Schlafstelle allein erbeten – grauenvolles Schicksal: den Freund selbst muß die brüderliche Liebe in das einsame Gemach führen; der Freund selbst, arglos, eine schöne Stunde traulicher Rede hoffend, muß ihm die mörderische Waffe nachtragen, womit der Unglückliche das Herz seines liebsten Genossen spaltet! Wen wehen nicht die Schauer an einer finstern, geheimnisvollen, dämonischen Macht, die hier ihr Spiel trieb?«

Mit Mühe erweckte man den Vogt aus seiner Ohnmacht, und nur zu Ausbrüchen seines Jammers. Er wollte nicht von der teuern Leiche weg, deren Mörder er war.

»Wehe, wehe«, klagte er laut, daß es in die fernen Häuser schreckensvoll scholl, »wehe, mein lieber Bruder, wie bist Du zu mir hereingekommen und hast mir's verborgen? Mein Gott, mein Gott, wie ist mir geschehen? Wie hast Du mich verlassen? Bruder, mein herzlieber Bruder! Wollte Gott, ich könnte Dich aus dem Tod erkaufen mit meinem roten Blut. Gern gäb' ich Hab' und Gut, und Leib und Blut, daß Du nur möchtest leben!«

Sein Jammer war erschütternd, rührend seine Klage. Wer ihn sah, über den bleichen, blutigen Toten hineingeworfen, sah Davids Schmerz um Jonathan, als er auf Gilboa über dem Gefallenen mit gebrochenem Herzen weinte. Denn er hatte ihn ja lieb gehabt, wie seine Seele, er war ihm so köstlich wie Frauenliebe, und – er hatte ihn erschlagen. –

Indessen hatte sich auch der Junker von Dürnau ermuntert, den der Schultheiß schlafend verlassen. Als dieser in die Kammer kam, rief ihm der Vogt ganz traurig entgegen: »Wehe, wehe, Kamerad, den Konrad hab' ich erstochen. Gott erbarm' es!«

Der Junker wollte es nicht glauben; ein Blick in die Kammer, und – »auf! auf! Schultheiß«, schrie er heftig, »nimm den Mörder gefangen! Sammle Deine Leute; den Mörder verhaftet!«

Doch es bedurfte keiner großen Mühe, den Unglücklichen zu fangen. Junker Jakob dachte nicht an Flucht; ein Bild des Jammers saß er auf der Erde über die Leiche gebückt, als ihn die Diener der Gerechtigkeit umringten.

Er wurde in die untere Stube geführt. Des Erschlagenen Frau trat wie eine Furie vor ihn, ihr weißes Tuch in der Hand, mit dem letzten Herzblut ihres Liebsten getränkt. »Weil Du mir hast erstochen meinen edlen, lieben, werten Schatz, so will ich nicht ruhen, bis er gerochen ist.«

Sie hob ihm das blutige Tuch vor das Gesicht. »Kennst Du dieses rote, süße Blut? Es soll nicht trocken werden, eh's der Herzog weiß und mir Rache schwört. Dein rotes Blut muß ich haben; und er soll mir nicht ins Grab kommen, bis ich es fließen sehe. Sterben mußt Du, Mörder; Dein Adel, Deine Freundschaft soll Dir nichts helfen, und mir soll's süß sein, Dich sterben zu sehen!«

Der unglückliche Vogt hörte ihre Verwünschungen, ihre Racheflüche, die Erbitterung des Volkes nicht mehr. Der Anblick der Tat, seine Umgebung, der

Jammer hätte ihn wahnsinnig gemacht, wäre nicht die Natur ermattet, und er aufs neue in tiefe Ohnmacht gesunken. So lag er auf dem Bette ausgestreckt, regungslos, die Augen geschlossen, als der alte Kaspar mit dem Knechte ansprengte, welche sein edles Weib in der Beängstigung nach ihm ausgesandt hatte.

Dem alten Diener wollte das Herz brechen, als er die Besorgnis seiner Herrin auf eine so fürchterliche Weise bestätigt sah. Er setzte sich neben Georg, der in stummer Verzweiflung an seines Herrn Seite saß und vergoß heiße Tränen.

Die Degenfelderin aber warf sich aufs Pferd und jagte, von dem Sporn der Rache getrieben, Stuttgart zu.

In süßer Ruhe lag der alte Kammerpräsident, Hans von Degenfeld, in seinem Hause zu Bette. Der Alte war heute bei seinem gnädigsten Fürsten zur Tafel gewesen und ungewöhnlich heiter nach Hause gekommen. Die ganze Dienerschaft fühlte dieses; denn sonst war der Kammerpräsident ein gar gestrenger Mann, bei dem ein freundliches Gesicht sehr selten war. –

»Nun heute hat er doch einmal einen guten Tag«, sagte der Reitknecht zu dem Kammerdiener, »ich will ihn im Kalender mir merken und rot anstreichen, wie die Festtage, damit ich sehe, ob er übers Jahr am selben Tage wieder so ist.« –

»Du meinst also«, sagte der andere, »der Herr gehen gewissermaßen mit den Tagen, so wie man sonst von Leuten sagt, sie gehen mit dem Monde. Du bist ein närrischer Kauz.«

»Aber das wirst Du mir lassen«, fiel jener wieder ein, »daß der alte und der junge Herr kreuzverschieden sind und sich einander ähneln, wie ein Borsdorfer einem Holzapfel; und doch wirkt der Junker auf den alten Herrn jedesmal wie Märzensonne auf das Gefrorene.«

»Ich wollte«, erwiderte der Kammerdiener, »er käme öfter hierher; ja ich wünsche von Herzen, daß er recht bald kommt; denn ist er längere Zeit aus, ist's kaum auszuhalten mit dem Alten. Komm', wir wollen auf seine Gesundheit und gute Tage eine Flasche leeren, die mir Therese beiseitgestellt hat.« –

So unterhielten sich die Diener im Hause des Präsidenten und feierten noch in die Nacht hinein den guten Tag ihres Herrn.

Dieser aber wiegte sich behaglich in seinem Eiderdunenbett und ließ noch einmal alle freundlichen Blicke und Worte, deren er sich heute von seinem Fürsten zu erfreuen gehabt, vor sich Revue passieren. Er war ganz glücklich in diesem Bewußtsein, und seine Brust hob sich voll stolzer Träume.

Da rauschten die damastenen Vorhänge seines Bettes zurück und vor ihm stand seines Sohnes Weib, matt, atemlos, todesblaß. Der Alte erschrak und zitterte wie Espenlaub. »Welche Schreckenskunde soll ich herauslesen aus Deinem Jammergesicht? Was macht mein Sohn, Dein Mann?« Aber die junge Degenfelderin stand ohne Laut, wie betäubt und trostlos, und sah mit wilden Blicken dem Schwäher ins Gesicht. Die Haare, vom schnellen Ritt aufgelöst, hingen wie Furienlocken um Hals und Busen.

»Hat Dir das Unglück die Sprache geraubt?« fragte der Kammerpräsident, von Angst geschüttelt. »Reiß mich aus dieser Hölle! Was macht mein Sohn?«

Die Degenfelderin strengte sich krampfhaft an; die Mundwinkel zuckten, wie wenn sie aus der tiefsten Brust das Wort hervorränge. Dann bückte sie sich weit hinein über den Erschrockenen: »Rache, Rache, Alter! Dein Sohn ist erschlagen.«

Wie mit Riesenarmen riß dieses Wort den Alten empor. »Erschlagen?« rief er schmerzdurchwühlt, so laut, daß es wie der Wehruf eines Verdammten durchs Haus gellte. »Erschlagen? von wem?«

»Von einem Mächtigen, von dem Gültlinger.«

»Und wär' er der Mächtigste im Lande, und wär' er der Nächste am Throne, so müßt' er bluten, oder Friedrich wäre nicht Herzog zu Württemberg und ich sein Kammerpräsident. Ich schwör' es Dir, bald soll ein anderer bei ihm sein, der wird auch mit ihm fechten.«

Er warf den Schlafrock um und sprang aus dem Bett. In einem Nu war er ganz angekleidet.

»Folge mir, meine Tochter«, rief er der Betäubten zu, und eilte zur Türe.

»Wohin Vater?«

»Zum Herzog.«

»Heute noch zum Herzog? Alter, es ist tief spät.«

»Folge mir, und wär' es Mitternacht vorüber, jetzt, jetzt noch muß er's wissen.«

Sie gingen; und nicht lange, so zeigte sich ihnen das Schloß mit seinen starken Türmen und hohen Schornsteinen, eine ruhige, große Masse, im Schatten der Nacht. Kein Fenster war mehr erleuchtet. Nur an dem Erdgeschoß des östlichen Turmes, wo er sich in den Schloßgraben senkt, strahlten geheimnisvolle Lichter ihnen entgegen.

Dort hausete jetzt im nämlichen Lokal, von welchem aus sein Vorgänger seine Lustfahrt angetreten hatte, Hans Heinrich Reischler, der Magus und Kabinetsalchymist des Herzogs.

Der Herzog hatte große Neigung zu Kunst und Wissenschaft, und besonders fühlte er sich zu den Geheimnissen in beiden mächtig hingezogen. Zur Befriedigung dieser angeborenen Neigung, vielleicht auch, weil er viel Geld brauchte, aus Bedürfnis des Goldes, gab er zum bitteren Ärger seiner Prälaten und der Landschaft Chemikern und Laboranten freien Tisch im Schlosse, welche Meister des großen Geheimnisses zu sein und die Kunst, Gold zu machen, zu verstehen vorgaben. So oft er auch, nachdem er ungeheure Summen an sie verschwendet, sich von ihnen betrogen sah, immer wieder zog ihn seine Neigung zu diesen mystischen Forschungen hin.

Auch in dieser Nacht saß er mit seinem gelehrten Magus eingeschlossen, in dem untern Gemach des östlichen Schloßturmes, um mit ihm zu arbeiten und zu experimentieren. Die Metalle lagen in den Tiegeln, der Ofen glühte, der Herzog harrete des Augenblicks, wo die Verwandlung eintreten und das Gold sich ums tausendfache vermehren würde. Da geschieht ein heftiges Pochen an der Türe.

Der Herzog hört, wie man draußen um Gotteswillen bittet, er möchte doch öffnen. Nicht gewöhnt, von einem Sterblichen in irgend etwas, geschweige in so wichtigen Experimenten, sich stören zu lassen, stieg schon sein Zorn in Flammen lodernd auf. Er riß hastig den Riegel zurück, um den Störer seiner nächtlichen Studien zu strafen; da stürzt ein Greis und eine schöne junge

Dame zu seinen Füßen, mit dem herzdurchschneidenden Rufe: »Gerechtigkeit, Rache!«
Wie versteinert stand er unter der Türe und betrachtete einige Sekunden im Halbdunkel die Gruppe, die er an der Schwelle der halboffenen Türe sah.

Der Herzog, dessen Zorn und raschaufwallende Hitze sonst jedem andern, hätte er noch silbernere Haare und ehrwürdigere Züge getragen, als der Alte zu seinen Füßen, ein vernichtender Donnerkeil gewesen wäre, sah nicht sobald die junge Dame vor sich knien, als er sich bezwang und sich huldreich bückte, um sie vom Boden aufzuheben.
Er hatte zu lange in Mömpelgard gelebt und war mit der seinen Sitte des galanten französischen Hofes zu sehr vertraut, als daß er anders hätte handeln können.
»Ich will nicht aufstehen«, sagte die schöne Dame, »und dieser alte Mann mit mir, bis Euer fürstliche Gnaden gewähren, was wir bitten: Gerechtigkeit, Rache!«
»Gerechtigkeit?« rief der Herzog, »es ist kein Untertan in meinen Landen, hoff' ich, der sagen kann, daß ich sie ihm je verweigert habe.«
»Gerechtigkeit, mein gnädigster Fürst! Zürnet nicht«, sprach der Degenfelder und sprang, vom Geist der Rache wie jugendlich aufgeschnellt, vom Boden auf.
»Ah, unser Kammerpräsident, Du spannst mich auf die Folter. Was kann ich Dir tun, Alter?«
»Gerechtigkeit, Euer Gnaden! Mein Sohn ist erschlagen. Hier steht die Witwe.«
Eine stille Pause trat ein. Des Herzogs Augen blitzten.
»Gott helfe mir«, rief er. »Ist's möglich? In meinen Landen? Folgt mir auf meine Zimmer; sogleich!«
Er gab galant der Degenfelderin den Arm, die, eine hohe Schönheit, der Schmerz und die Leidenschaft noch interessanter gemacht hatten.
Der Herzog schickte sogleich nach seinem Kanzler, dem Doktor Enzlin, der vom Katheder ins Ministerium gekommen war.
»Euer Mann erschlagen?« rief er voll Entrüstung und Teilnahme. »Trocknet Eure Tränen, schöne Witwe. Gottes Schwur, ich will Gerechtigkeit handhaben, und wäre mein leiblicher Sohn der Mörder. Wer ist der Verruchte?«
»Jakob von Gültlingen«, antwortete die trauernde Witwe.
»Gerechtigkeit, kein Erbarmen mit ihm! Wie, wo, wann erschlug er ihn?«
In kurzen, abgerissenen Worten erfuhr er die Tat, wie sie der Jammer und die Rachbegier darstellten.
»Kanzler«, rief er dem indes eingetretenen Enzlin zu. »Kanzler, was sagst Du zu diesem Frevel?«
»Kopf ab, Kopf ab, gnädigster Herr«, sprach dieser mit dumpfem Ton, wie ein Leichenrabe, »wenn Ihr dem Gesetz Würde, dem Land Ruhe schaffen wollt.«
»Weißt Du, wer es ist?« fragte der Herzog. »Es ist ein Adeliger.«
»Adel hin, Adel her, Aug' um Auge, Zahn um Zahn! Wollt Ihr das Gesetz beugen, gnädigster Fürst?«

Er wußte, daß das mosaische Recht bei seinem Herrn etwas galt, und seine giftigen grünen Äuglein schossen tief hervor Freudenblitze aus dem erdfarbenen Gesicht.

»Du hast recht, Doktor«, sprach der Herzog. »Ich steh' an Gottes Statt. »Wer Menschenblut vergießt, des Blut soll auch vergossen werden.« Und abermals, »wer das Schwert zieht, soll mit dem Schwert gerichtet werden.« «

Der alte Degenfelder dankte dem gerechten Herrn, wie er es nannte, und der Herzog neigte sich huldvoll zu der schönen Witwe und entließ sie.

»Was meinst Du, Kanzler«, sagte der Herzog, als sie fort waren; »der Gültlinger hat den Tod verschuldet, aber er dauert mich.«

»Kopf ab, Kopf ab, Euer Gnaden. Das ist Euch ein schlimmer Gesell, dieser Vogt, jähzornig, unbotmäßig und ungebändigt. Gedenkt Ihr denn nicht mehr, wie er gegen Eure fürstliche Machtvollkommenheit Einsprache tat, da Ihr an dem Honauer, dem Goldmännchen, Gerechtigkeit übtet?«

»Ich erinnere mich, Doktor. Wenn er aber nur nicht vom Adel wäre!«

»Wollt Ihr großmütig sein«, sprach der Kanzler, »weil Großmut eines Fürsten Zier und Ruhm ist, so können wir ihm ja die Wohltat erweisen, und ihn frisch weg aus der Welt schaffen. Ist's doch ihm so viel besser, als wenn er lang im Arrest schmachten, Kosten und Langeweile tragen, und am Ende den Kopf doch noch verlieren muß.«

»Du hast recht. Hol' ein Gutachten beim Oberrat ein, und bestelle indes den Meister mit dem scharfen Schwert. Wir wollen machen, daß Ordnung wird in unserem Volk, und, wenn sie nirgends mehr funden wir auf Erden, so soll Gerechtigkeit herrschen in unseren Landen.«

Er schritt mit diesen Worten majestätisch durch das Zimmer nach seinem Schlafgemach.

Der Kanzler aber ging diese Nacht nicht zu Bette. Der Morgen fand ihn noch an seinem Schreibtische, und ehe der Morgen anbrach, standen schon zwei Reitende vor dem Hause, die seine Befehle nach Geradstetten und nach Waiblingen bringen mußten, den Vogt mit Ketten gefesselt nach dieser Stadt zu führen.

Die lange im tiefsten Winkel seiner schwarzen Seele verhaltene Rache hatte jetzt die Gelegenheit gefunden, sich zu sättigen; und wie hätte er säumen können, wo es diese zu befriedigen galt? Und als er des andern Tages ins Kabinet mit einem Gesichte trat, in dem die durchwachte Nacht sich deutlich wies, empfing er lächelnd die Komplimente wegen seiner unermüdlichen Sorgfalt, und der Fürst nannte ihn seinen vielgetreuen Diener.

In den tiefen Schatten des Schwarzwaldes, wo der Kollenbach und der Zwerenbach eine Gabel bilden, hebt sich aus einem romantischen Tale das Schlößchen Bernek, wo der alte Gültlingen hauste.

Noch jetzt in den verfallenen Mauern der Burg wandeln oftmals die Geister der Lustbarkeiten der früheren Jahrhunderte, und noch in unsern Tagen hat der *rote Mantel*, der sich über dem Tale erhebt, manchmal Gelegenheit, in dem bewegten Saale des Schlößchens Tänze und schöne, leichtgekleidete Tänzerinnen mit seiner Felsenmauer vor dem scharfen Schwarzwälderwind zu schützen.

Es war der Feiertag Simonis und Judä; von Altenstaig und Nagold waren Freunde des Freiherrn, vom heiteren Himmel herbeigezogen, auf Besuch im Schlosse, und der Alte war voller Freude.

»Jetzt herbsten sie drunten im Neckar- und Remstale, sprach er munter zu seinen Töchtern und den Freunden; die haben Feuerwerk und neuen Wein und Tanz; haben wir das eine nicht, so laßt uns das andere mit ihnen teilen. Ich bin heute fröhlich, wie ich's lange nicht war.«

Ein Spielmann war gleich zur Hand, die Tische wurden weggeräumt, der Zinkenbläser blies und die Damen und Herren, die sich nicht lange zureden ließen, walzten vergnügt durcheinander.

Da zuckte ein weißer, zackiger *Blitz* durch den Saal, die Augen der Tanzenden blendend, und nachkrachte ein fürchterlicher Schlag.

»Das war einer aus blauem Himmel«, rief der Alte unerschrocken, und trat an's Fenster. Aber schon zog, vom Sturme gepeitscht, ein breites, finsteres

Wettergewölk fliegend hinter dem hohen Mantel hervor, der es bisher dem Auge verdeckt hatte, über den ganzen Horizont.

Der Jäger trat durchnäßt in den Saal. »Die Alteich ist vom Blitz gespalten bis auf den Grund«, meldete er.

»Sie hat mein Urgroßvater gepflanzt, jeder meiner Vorfahren seit dreihundert Jahren hat seinen Namen und seinen Geburtstag darein eingeschnitten, und auch der meinige und der meiner Kinder steht darauf«, sprach der Alte zu den Gästen; »nun, laß die Bäume spalten, *mein* Stamm steht unerschütterlich. Aufgespielt, Spielmann!«

Der Walzer begann auf's neue. Der Freiherr wurde abgerufen. Ein Hilfsgeschrei machte Spiel und Tanz ein Ende. Die plötzliche Unpäßlichkeit des Schloßherrn, die man erfuhr, verscheuchte auf einmal die Gäste, und in dem Saale wurde es still und leer.

In seinen Lehnstuhl zurückgesunken, hörte der Alte die Hiobspost von seinem Sohne, um ihn her in Tränen zerfließend die Töchter, auf dem Gange die bestürzte Dienerschaft. Noch in der Nacht verließ er sein Schloß und jagte durch die sturmgeschüttelten Tannenwälder, schwarz und trauervoll, wie des Freiherrn Brust, und herüber und hinüber gestürmt, wie sein Blut und seine Gedanken.

Der alte Gültlingen jagte mit seinen Töchtern durch Schluchten und Engen des Schwarzwaldes herab auf dem kürzesten Wege nach Stuttgart, um Fürbitte beim Herzog einzulegen.

Es war ein Anblick, der Hofleuten Tränen entlockte, als der alte Ritter und die edeln Fräulein in Trauerkleidern in das Schloß zu Stuttgart gingen. Der ganze Hof wußte, daß der eiserne Herzog unerbittlich war, weil er mehr als sonst eisern sein wollte; und daß der Kanzler des Vogtes Todfeind war.

Der Alte warf sich auf die Knie vor dem Herzog, die Schwestern des Gefangenen warfen sich auf die Knie. Er sah Vater und Schwestern klagend und flehend zu seinen Füßen, und blieb unbewegt.

Verzweifelnd standen die Trauernden auf, als der Herzog kalt sprach: »Hier war ein Mord, und auf Mord steht das Schwert.«

Der alte Gültlingen war ein Mann des Gedankens und des Wortes. Er suchte durch Gründe auf die Überzeugung des Herzogs zu wirken, auf dessen Herz zu wirken mißlungen war.

Matthäus Enzlin, der bei ihrem Eintritt zur Seite des Herzogs gestanden war, hatte sich bei diesem Auftritt zurückgezogen. »Und sollte ihn auch der Herzog begnadigen wollen, ich begnadige ihn nicht«, sagte er für sich. »Ich bin noch nicht versöhnt mit Dir, Obervogt von Schorndorf!«

Als der alte Gültlingen zu sprechen anfing, trat der Kanzler wieder vor, ganz nahe an die Seite des Herzogs.

»Es ist ein unvorsichtiger Mord«, sagte der Alte. »Die Strenge des Gesetzes walte gegen Böse; gegen Fehlende, gegen Schwache ist es fürstlich schön, Nachsicht und Güte zu üben. Gegen unwissend Fehlende ist es Christenmilde und Weisheit, des Buchstabens Härte nicht zu handhaben. Da ist nur die Gerechtigkeit am Platz, die mit Gnade straft und die Strenge des Gesetzes mildert.«

»Denkt ans Gesetz, gnädiger Herr, denkt ans mosaische Gebot!« raunte Enzlin dem Herzog ins Ohr, während er den Vortrag des Alten anhörte. Kaum glaubte er zu bemerken, als wolle der Fürst wanken, so rief er dem Freiherrn unterbrechend entgegen: »Wer Menschenblut vergießt, des Blut soll auch durch Menschen vergossen werden! So spricht die Schrift.«

Der Herzog, im Gefühl seiner Machtvollkommenheit und seines Rechtes über Leben und Tod, das er in dieser Art nicht hatte, strich mit dem Zeigefinger pfeifend durch die Luft. »Kopf ab, Kopf ab!« sagte er.

Hoffnungslos ging Gültlingen mit seinen Töchtern hinweg.

Kaum war der alte Ritter aus dem Audienzsaale, so trat im Namen des Oberrats, (so hieß damals die Regierung), Herr von Bouwingkhausen ein und übergab das Gutachten der Regierungsräte.

»Was ist die Ansicht meines Oberrats?« fragte der Herzog.

»Der Oberrat, Euer fürstlichen Gnaden«, sagte der Bouwingkhäuser, »hat in Sachen des von Gültlingen erwogen und erachtet, was ihm Menschenliebe, Billigkeit, Klugheit und Gerechtigkeit, namentlich was ihm die allgemeinen und besonderen Landesgesetze an die Hand geben.«

»Die Gerechtigkeit, denk' ich«, sagte der Herzog scharf dazwischen, »sollte das erste und letzte sein, woran ein Gericht sich zu halten hat.«

»Diese im Auge«, fuhr der von Bouwingkhausen fort, »ist des Oberrats Meinung: Der Beschuldigte soll in gerichtlicher Ordnung behandelt werden; der Vater des Entleibten soll Kläger sein, der von Gültlingen mit seiner Verteidigung gehört, ihm der erbetene Verteidiger bewilligt, und wegen seiner Verpflegung Sorge getragen werden. Euer fürstlichen Gnaden finden das alles rechtlich ausgeführt und begründet in dem Bedenken des Oberrats, das ich hiermit zu überreichen die Ehre habe.«

»Ich werde es lesen. Ich werde es erwägen, dieses Bedenken«, rief der Herzog ungeduldig, und winkte dem Rate seiner Entlassung zu.

Mit fast zitternder Hast überflog er das Papier, und ging mit schnellen großen Schritten dabei auf und ab. Der Kanzler folgte jeder seiner Bewegungen, jedem Zug in seinem Gesichte. Das Gebärdenspiel des Fürsten war das lebhafteste, während er las, und einzelne halbverständliche abgerissene Laute ausstieß. Dann warf er es auf den Tisch.

»Seichte Schwätzer!« brach er endlich aus. »Er ist mein Diener und Obervogt zu Schorndorf, und der Ermordete war auch mein Diener. Ich muß geschehen lassen, was der Täter verschuldet hat. So spricht Gottes Gebot; das ist meine Pflicht als Landesherr an Gottes Statt. Diese bloße, platte, leere Juristerei ist gegen Bibel und gesunden Menschenverstand. Lies, Doktor, lies, dieses Bedenken. Und diese Schöpfe von Pedanten bilden sich noch etwas darauf ein, daß sie keinen Menschenverstand, sondern nur Paragraphen im Kopfe haben! Diese bedenkenden Lilliputer! Sie sind nur noch Korpusjuriszeichen, ohne Gefühl und Verstand. Ich bitte Dich um Gotteswillen, Doktor, gibt es Entsetzlicheres, als Juristerei ohne Menschenverstand?«

»Gewiß nicht, Euer fürstlichen Gnaden«, antwortete der Kanzler rasch, »gewiß nicht. Nur eines wäre noch entsetzlicher, das nämlich, wenn diese Juristen ohne Menschenverstand Willen hätten, und zwar den Willen und die

Kraft, Menschen mit Verstand, Köpfen gegenüber, ihren Unsinn durchzusetzen. Wenn es nach dem Bedenken des Oberrats ginge, so würde der arme Gültlingen in einem langen Prozeß hin- und hergezogen; es wäre ein Verhören und Schreiben und Wiederverhören, ein Urteilsprechen und Appellieren und wieder Verurteilen, und das Ende von allem wäre, daß der Malefikant seinen Kopf doch verlöre. Es ist bloße Großmut, Euer fürstlichen Gnaden, ihn durch eine geschwinde Enthauptung aus der Welt zu bringen. Er wird dadurch, wie ich gleich anfangs sagte, der Haft und der Kosten einer jahrelangen Todesangst und schlafloser Nächte enthoben. Großmut ist's, gnädiger Herr, nur Großmut!«

Der Herzog ergriff rasch die Feder, und trat an den grünen Tisch, darauf das Gutachten des Oberrats lag. Er schrieb eigenhändig darunter: »Der Räte fast zu seicht Bedenken haben Wir nicht annehmen können.«

»Du sorgst, lieber Doktor«, sprach er darauf zu dem Kanzler, »Du sorgst, daß die Enthauptung geschwind ist. Du wirst selbst noch diese Nacht nach Waiblingen abgehen. Morgen frühe muß alles vorüber sein, alles. Die Gerechtigkeit will und soll ihren Lauf haben. Erst *nach* der Vollstreckung gibst du das Bedenken wieder in den Oberrat zurück.

»Die Herren werden staunen«, sagte Enzlin vergnügt.

»Und schweigen«, sprach der Herzog.

Der alte Ritter war indessen nach Waiblingen geeilt, wo sein Sohn gefangen lag.

Junker Jakob, der unglückliche Vogt, war indessen in der zweiten Nacht mit Schergen in eine verschlossene Kutsche gebracht und nach Waiblingen geführt worden. Der Amtmann der Stadt hatte schon den Befehl Enzlins, des Kanzellarius, in Handen, und Gültlingen wurde in hartes Gefängnis geworfen.

Hier bat er, als er sich von seinem ersten Schmerze der Verzweiflung gesammelt hatte, um einen Rechtsbeistand, damit er im Wege Rechtens seine Unschuld verteidigen möchte. Jedem Straßenräuber, jedem groben Mörder, jedem Dieb und Gauner wird dieses Recht gestattet. Wie hätte er nicht, der schuldlose Ursächer des Todes seines liebsten Bruders und Genossen, einen Anspruch darauf haben sollen?

Er setzte alles treulich, wie es sich begeben, aufs Papier und gewartete mit Sehnsucht der Stunde, wo er vor dem zuständigen Richter gehört und die rechtliche Untersuchung vorgenommen werden sollte. Sein Gewissen, die Tatsachen, alle Nebenumstände sprachen ihn frei, und die Tränen, die während des Schreibens auf das Papier flossen, waren gewiß nicht Tränen der Schuld, die seine Seele drückte.

Das Wiedersehen zwischen Vater und Sohn war ein bitteres: Der Alte konnte keine Hoffnung bringen, als die, welche ihm die Oberräte gemacht hatten. Es war ein Strohhalm; aber er hielt sich daran. Anders war die Ansicht und die Stimmung des Sohnes.

»Auch ich hatte zuerst Hoffnung, Vater«, sagte mit großer Fassung der jüngere Gültlingen; »denn ich bin unschuldig an meines trauten Freundes und Gesellen Tod. Ich werde im Wege Rechtens meine Unschuld verteidigen und habe mir einen Rechtsanwalt als Beistand erbeten. Aber wie ich die Sache unter den vorliegenden Umständen zu betrachten anfange, verschwindet für mich eben damit jede Hoffnung. Ich kenne meinen gnädigsten Fürsten und Herrn allzugut, um mir noch Hoffnung zum Lehen zu machen. Er ist nicht bös, aber rasch, ein heißer Fürstenkopf. Er rauscht wie ein Sturm daher. Dieser Sturm reißt einen Ast von deinem Stamm. Guter Vater; mach dich gefaßt darauf. Und zudem – des Herzogs Natur ist es nicht allein, was zu fürchten ist. Nicht den Rauscher fürcht' ich am meisten; was mir meinen Untergang gewiß macht, das ist der Leisetreter, der Schleicher. Ich weiß, wer das Schwert schliff,

das nach meinem Haupte zuckt. Es ist der tückische, rachgierige Mann an des Herzogs Seite, der Kanzler. Der ruht nicht, bis er mein Leben verzehrt hat.

»Ich werde noch diese Nacht wieder nach Stuttgart zurückjagen«, sprach der Vater. »Hier bin ich Dir vorerst nichts weiter nütze: dort kann und will ich Stadt und Hof für dich bewegen. Deine Schwestern sind schon dort tätig, sonst wären sie hier mit mir. Ich bringe Dir die Küsse ihrer treuesten Liebe.

»O eure Liebe tut wohl«, sagte der Gefangene. »Auch mein liebes Weib ist in der Residenz. Sie hofft, die Arme! Tut ihr das Eure; ich will mich ruhig und gelassen für alle Fälle zum Äußersten bereiten. Ist es Gottes Zulassung, so werd' ich sie verehren, auch wenn's zum Tode geht, und werde sterben, wie ein Christ soll.«

Mit nassen Augen riß sich der Alte aus den Armen des Sohnes los, und eilte nach Stuttgart zurück.

Indessen war die Schwesterliebe für den gefangenen Bruder tätig gewesen.

Schon brannten die Lichter im Schlosse. Die Herzogin Sibylla saß auf dem Sofa und las. Eine Kammerfrau trat schnell herein.

»Ein edles Fräulein bittet um Audienz bei der gnädigsten Frau Herzogin«, meldete die Kammerfrau. »So spät abends es ist, sie will sich nicht abweisen lassen. Sie behauptet, Euer Gnaden kennen sie.«

Aber ehe diese das Wort geendet hatte, sank das Fräulein, in tiefe Trauer gekleidet, schon selbst zu den Füßen der Herzogin.

In sich und ihren Schmerz versunken, das Gesicht verhüllt, war sie keines Wortes mächtig.

»Was führt Euch zu mir?« fragte sanft die Herzogin Sibylla.

»Das Unglück, gnädige Frau«, sagte das Fräulein.

Sie blieb kniend und suchte nach Worten.

»Das Unglück«, erwiderte die Herzogin. »Es gibt nichts, was Unglück ist für eine Frau, als Alter und verblühter Reiz. Steht auf, Fräulein; Ihr seid jung und schön.«

»Laßt mich zu Euren Füßen«, sagte die Verschleierte. Sie hatte sich gefaßt. Mit gefalteten Händen, aber gehobenem Angesicht schaute sie zu der Herzogin auf. »Laßt mich zu Euren Füßen, bis Ihr mir die Gewähr meiner Bitte zugesagt habt.«

»Steht auf, steht auf«, sagte die Herzogin rasch, und hob die Kniende auf. »Woher hätte ich die Macht, Bitten gewähren zu können? Wer bist Du, meine Tochter? Du ängstigest mich.«

Das Fräulein schlug den Schleier zurück. Ein schönes blasses Gesicht zeigte sich, in welchem die Angst des Todes saß.

»Elise von Gültlingen!« rief Sibylla, »wie lange habe ich Dich nicht gesehen! O armes, armes Mädchen, unglückselige Schwester!«

»Euer Herz sagt es Euch, gnädige Frau«, sprach Elise, »daß es die Schwester ist, die diesmal für den Bruder hier steht und fleht. Des Bruders Gefahr ist es, die mich auf den Flügeln der Angst und der Liebe von unserem stillen Wohnsitz im Schwarzwald hierher trägt. Erbarmet Euch unser, gnädigste Fürstin. O eilt, und rettet durch Eure Fürsprache den Unglücklichen. Seid Ihr uns gnädig und stimmet den harten Sinn des Herzogs zur Milde!«

»Meine Fürsprache, liebes Kind«, sagte sie, »würde Deinem Bruder nur schaden. Ich kann nichts für dich tun. Ich bin fremd im eigenen Hause.«

Bestürzt schaute das Fräulein von Gültlingen auf die Herzogin.

»Ja«, fuhr diese fort, »ich bin fremd geworden dem Gemahl, und was mir das Herz mit Schmerz erfüllt, was ich verschließen muß tief hinein ins Innerste und verbergen vor aller Welt, das will ich Dir sagen: mit meinem Jugendreiz ist auch des Herzogs Liebe von mir gewichen. Mein Leben ist eine Kette von

Kränkungen und Trübsalen geworden. Trauer und Herzeleid sind meine Gefährten. Der ärmste Untertan würde mein Kreuz nicht um all sein Elend eintauschen. Ich bin elend, ach so elend!«

Eine schmerzliche Pause trat ein.

»Erwarte von meiner Fürsprache nichts, arme Elise«, sagte sie darauf hinzu. »Geh fort, geh hinüber zur Frau von Dresden. Sie kann Dir Fürsprecherin sein; ich bin ein nichts, gar nichts.

Unter den reizenden Frauen, denen der Herzog seit einigen Jahren huldigte, war um diese Zeit vorzugsweise eine seine Geliebte, eine schöne Sächsin, Magdalena Möringer; sie hieß im Volke nur »die Frau von Dresden.«

»Verzeiht, gnädige Frau, daß meine Bitte Euch in so schmerzliche Erregung brachte. Armer Bruder, wo such ich nach Hilfe und Gerechtigkeit für dich! – Dort? dort? – O! Gott, das ist schwer.«

»Das ist es ja eben«, sagte Sibylla gefaßter, »was mein Unglück noch erhöht: ich sehe so viel, was nicht sein oder anders sein sollte; und meine Hand ist gebunden; ich vermag nichts dabei zum Besseren zu tun. Das Unglück, das Dein Haus getroffen und das euch noch tiefer zu beugen droht, geht mir ans Herz. Aber ich weiß Dir keinen Rat, als geh zur bezaubernden Magdalena, geh zur Möringerin. – »Sie hat Augen wie Diamanten, sie hat ein Wesen wie eine Königin und eine Holdseligkeit wie ein Kind«, sagt der Herzog. Gegen den bösen Kanzler beim Herzog Euch zu vertreten, vermag nur sie, sonst niemand.«

»Da Ihr selbst mich dahin weiset, gnädige Frau, so muß es ein guter Weg sein«, sagte Elise. »Für des Bruders Rettung – was tät ich nicht?«

»Sie hat mir viel Schmerz bereitet«, sagte die Fürstin. »Aber sie ist es nicht, welche die schwere Schuld daran trägt. Sind wir Herr unseres Herzens? – Fürchte Dich nicht vor ihr; sie soll gut und edel gesinnt sein, und freundlich, so stolz sie ist auf ihr Glück. Dein Unglück und Dein Schmerz werden ihr Herz bewegen und sie wird ihn retten.«

Damit küßte sie das Fräulein auf die Stirn und entließ sie.

Sowie Elise das Gemach verlassen hatte, und die Herzogin sich allein sah, brach ihre Kraft zusammen: das letzte, was sie gesprochen hatte, war von ihr mit augenblicklicher Überwindung des eigenen Herzens ausgesprochen worden. Denn sie war in diesem Punkte nicht größer, als die Natur anderer Frauen: das Grundgefühl ihres Herzens gegen die Möringerin war – Haß.

Schon war Elise auf dem Marktplatz, in dem Hause mit den zierlichen Erkern, wo die Möringerin wohnte. Sie erwartete die vielgeltende Frau im Empfangszimmer. Magdalena trat ein, schlank und üppig, leicht und stolz.

Unter reichen blonden Haaren glänzten zwei große blaue Augen, lebensfroh und beweglich.

Sie zog freundlich und gütig das Fräulein auf die weißdamastenen Kissen des Sofas nieder und sagte seelenvoll: »Was wünschen Sie so spät noch von mir?«

Elisens Angst für den Bruder drängte Namen, Erzählung und Bitte in wenige Worte zusammen. »Ich weiß«, schloß sie, »wie sehr der Herzog Ihre Güte und Schönheit verehrt. Ich beschwöre Sie, gnädige Frau, beim Heiligsten, beim Bestand des Glücks Ihres Herzens, sprechen Sie für meinen Bruder, retten Sie ihn!«

Die schöne Frau war ebenso erschüttert von dem unglücklichen Fall und von der Lage der Bittenden, als sie geschmeichelt war von dem Vertrauen, das man in ihren Einfluß setzte.

»Es ist zehn Uhr schon vorüber«, sagte sie. »Er ist heute für niemand mehr zu sprechen, auch für mich nicht, wenn ich ihn nicht mißstimmen soll. Und das müssen wir vermeiden, wenn wir Ihres Bruders Leben von ihm erbitten wollen. Er ist sehr gern gegen ihn eingenommen, der Herzog. Aber der Unglückliche muß gerettet werden. Es soll sich zeigen, wer mehr über ihn vermag, meine Liebe oder dieser Kanzler. Gehen Sie mit Gott, liebes Kind, gehen Sie ruhig. Ich rett' ihn, morgen in aller Frühe sehe ich den Herzog. Ich rett' ihn, oder der Herzog liebt mich nicht.«

Wie war Elise getröstet, hoffnungsvoll, als sie Abschied nahm! Wie dankbar schied sie von dieser Frau. Sie liebte sie jetzt, sie, die sie, ehe sie sie so gekannt, ungleich beurteilet hatte.

Im lichten Morgenkleide saß die Möringerin in ihrem Kabinette, reizender als je. Sie hatte alles getan, um den Herzog heute zu bezaubern und zu ihrem Willen bewegen zu können. Gestern nacht noch fand er, als er aus dem Laboratorium kam, ihr Billet, das ihn für den Morgen zu ihr bat.

Der Herzog ließ nicht auf sich warten. »Komme ich nicht Deinem Wunsche zuvor?« sagte er, in ihren Reiz versunken.

»Ihr frühstückt doch mit mir?« sagte die schöne Frau. »Ich habe jenes Frühstück bereitet, das wir miteinander einnahmen auf der Villa Farnese, wo ich so glücklich war.«

»Wo Dein Liebreiz zu Gaste ladet«, sagte der Herzog entzückt, »wer könnte da widerstehen? Magdalena, Du bist heute himmlisch. Was willst Du von mir? Was kann ich Dir tun?«

»Euch und mir tut Ihr es«, sagte sie, »wenn Ihr es tut, was ich bitte. Ich bitte um Gültlingens Leben. Schenkt Gnade für Recht! Soll dieses Herz« – sagte sie, ihre weiche Hand ihm darauf legend – »soll dieses Herz, das so viel beglücken kann, schnell verdammen?«

»Magdalena«, sprach der Herzog, wie vom Blitz getroffen, »bitte alles, nur dieses nicht. Es ist nicht in meiner Macht, es zu geben.«

»Ich habe meine Liebe in die eine Waagschale geworfen, und die Deine in die andere«, rief die reizende Frau feurig. »Wenn Du mich liebst, wie ich Dich, mußt Du mir meine Bitte gewähren.«

Der Herzog stand einen Augenblick schweigend. »Ist der Vogt zu retten«, sagte er darauf, »so soll er gerettet werden. Ich gebe Dir darauf mein fürstliches Wort.«

»O Euer Herz ist gütig, das wußt' ich!« rief die Möringerin glücklich. Der Herzog entriß sich ihrem Danke rasch. »Ich muß, soll er gerettet werden, eilen.«

Ob er jetzt wünschte, daß Gültlingen lebe, oder daß er tot wäre – niemand hat in diesem Augenblick in sein Herz gesehen, als das Auge des Ewigen, der die Gedanken und die Nieren prüft.

Während die Herren der guten Stadt Waiblingen ratschlagten, wen sie dem Junker zum rechtlichen Beistand vorschlagen sollten – trat zu aller Verwundern und Entsetzen ein hoher, baumstarker Mann in den Saal, ein rotes Mäntelchen über ein schwarzes, weitfaltiges Kleid geworfen, darunter die Scheide eines großen, breiten Schwertes hervorsah.

Es war der Meister Neher von Stuttgart. Er zog einen Brief aus dem Busen und überreichte ihn dem Stadtrate.

Der Bürgermeister las, staunte und las wieder, aber immer waren und blieben es diesselben Worte: der Scharfrichter solle dem Junker in aller Frühe den Kopf abschlagen. Darunter stand des Herzogs Siegel und der Brief war eigenhändig vom Kanzler. Die Stadträte sahen einander an.

»Soll er denn sterben ohne Urteil und Recht? Mag ihm nicht zu kurz geschehen?« sagten sie.

Der Bürgermeister zuckte die Achseln. »Was ist zu machen? Wir können nicht widerstreben, geben wir's in Gottes Hände, und verkünden den Befehl dem Vogte.« –

»In Gott's Namen denn!« sagte der eine; »in Gott's Namen!« meinte der andere; der dritte und vierte staunte, jammerte und schwieg.

»Staunen, Schweigen und Gehorchen«, sagt der edle Berichterstatter, dem wir dieses Trauerspiel nacherzählen, »hat schon lange zu dem Volkscharakter dieses Landes gehört.«

Den Bürgermeister an der Spitze, zogen die löblichen Stadträte zu Waiblingen, so spät in der Nacht es war, vor den Turm, darinnen der Vogt gefangen lag, und geleiteten ihn in ein Stübchen auf dem Rathaus, zogen den Befehl Sr. Durchlaucht hervor, und meldeten ganz traurig dem Junker seinen Inhalt. Dieser, voll starken Glaubens und Heldenmutes, hörte es ruhig und berief sich auf sein Recht. »Ich kannte meinen Herrn wohl«, sagte er. »So ist er. Gott«, sprach er, »hat um Unschuld gelitten, so will ich auch ihm nachfolgen, und ihn bitten um Geist und Gnade. Ich weiß, daß mein Erlöser lebt, so grimmig auch jetzt mein Feind wider mein Leben sich rüstet. Er kann mir's wiedergeben.« –

Er setzte sich an den Schreibtisch und schrieb einen Brief voll Treu und Liebe an sein edles Weib. »Gesegne Dich Gott, mein lieber Schatz«, schrieb er ihr, »bis morgen muß ich sterben. Laß Dir die liebe Mutter befohlen sein und alle meine Lieben; nimm unsere Kinder wohl in acht; in der Welt seh ich Dich nicht wieder, aber drüben im ewigen Leben.« –

Was dieser zärtliche Brief für einen Eindruck auf die Gattin machte, bedarf keiner Beschreibung und wäre auch keiner fähig. Aber das weiß man, daß die edle Frau in ihrem ganzen Wesen eine noch größere Hoheit, Ruhe und Würde seitdem offenbarte. –

Er schrieb nach diesem Briefe noch einige tröstliche und schöne Sprüche sich auf, »gleich als ob ihn in dieser großen Not der Geist Gottes recht treiben tät«.

Darauf machte er sein Testament, schickte nach dem Pfarrer und begehrte das heilige Abendmahl, seine Seele damit zu erquicken. Als er es empfangen hatte, dankte er für die Guttat, pries Gott im Himmel um seine Zulassung und sprach: »Nun ist meine Seele versorgt, zeitlich und ewig gespeist! Wäre schon die Stunde vorhanden, da ich sterben sollt!« –

Darauf ließ er die Herren der Stadt zu sich bitten, sprach sie von allem Vorwurf wegen seines Todes frei, schärfte ihnen aber ernst vermahnend und feierlich ein, Gott ohn' Unterlaß zu bitten um Weisheit und Verstand, und sich fürzusehen, daß einem je zu kurz geschehen möge.

»Von Gott«, sprach er, »ist Euch das Schwert gegeben. Verkürzt keinen, der das Recht begehrt. Meidet Gunst und Geschenke und achtet das Recht und Gottes Wort höher, als Fürsten-Gunst. Sonst könnet Ihr vor jenem nicht bestehen, vor dem Ihr Rechenschaft müßt geben. Denn

»Wie Du mich richtest und ich Dich,
Wird Gott auch richten Dich und mich.«

Darauf lud er seinen bittern Feind und jetzigen Verderber vor Gottes Richterstuhl. Er hob die Hand feierlich auf, wie zum Schwur, und mit dem Blicke eines Sehers rief er: *»So wahr Gott lebt, mein böser Feind, der mich schnell verurteilt hat, wird noch an mich gedenken. Ob er schon jetzt hat seines Herrn Gunst, wird ihn seine Kunst doch nichts helfen an jenem Tage!«*

Es war Mittwoch frühe. Noch graute der Tag nicht, als in der Stadt Waiblingen schon alles in Bewegung war.

»Bst! Bst!« rief hier ein Kopf, der sich in der Nachtmütze zum Fenster herausstreckte, dem Nachbar über die Straße zu, »bst! habt Ihr heut' Nacht auch das Getöse und Getümmel vernommen?«

»Es ist ganz unheimlich in der Stadt«, rief der Zirkelschmied, der mit seiner ledernen Vorschürze vor seine Werkstatt trat, und der früheste auf war, »der ganze Marktplatz ist mit Bewaffneten besetzt. Weiß niemand, was es geben soll?«

»'S ist gestern Nacht noch 'ne Staffel vom Herzog kommen«, sagte der Nachtwächter, dazwischentretend; »der ganze Rat zog abends zehn Uhr noch in den Turm, wo der Vogt liegt und von da wieder aufs Rathaus.«

Immer mehr Köpfe guckten zu den Fenstern heraus, immer mehr Volk drückte sich auf den Gassen zusammen. Eine Stunde vor Tag wurden die Tore aufgeschlossen, alle Fuhren und fremde Wandersleut hinausgelassen, und dann wieder gesperrt.

Jetzt ging der Ratsdiener von Haus zu Haus in Hast und bot die Bürgerschaft bewehrt auf den Marktplatz mit Tagesanbruch. Die ganze Stadt war in Bewegung und Verwunderung, Jung und Alt auf den Beinen, und wußte doch niemand, wo es hinaus wolle.

Da gingen die Türen des Rathauses auf, und der Junker von Gültlingen im schwarzseidenen Mantel, wie es die Edeln und Vögte zu tragen pflegten, trat heraus, gefolgt von einem Geistlichen und den Räten der Stadt.

Heitern Angesichts bot er jedem einen guten Morgen. Alle Herzen waren für ihn. Er trat in den Ring der Bewaffneten, der in zwei Reihen den Marktplatz umschloß. Ein schwarzes Tuch ward vor ihm ausgebreitet, mitten auf dem Platze. Er trat darauf, wie ein Held, und hinter ihn wurde eine schwarze Bahre gestellt. Jetzt ging allen ein schreckliches Licht auf.

Der Vogt begehrte zu sprechen. Totenstille trat ein. Er bat die ganze Gemeinde, »sich doch stets wohl fürzusehen in allen Schritten und Tritten, der böse Feind liege stets vor der Türe, allweg lasse er sich finden und blende die Menschen mit seinem teuflischen Werk. So sei auch er in dieses Leid gekommen mit Unwissenheit; er habe gemeint, es sei ein Gespenst, er rufe jetzt im

Angesichte des Todes Gott zum Zeugen seiner Unschuld an und wolle nun sein Leben darauf lassen.«

Die ganze Versammlung war aufgelöst in Klagen und Schluchzen. Darauf fing er mit leiser Stimme zu beten an, bat jedermann, wenn er ihm sollte Leids getan haben, um Verzeihung, und nahm freundlich Abschied von dem Pfarrherrn, der ihn begleitete. Er nahm nun seinen Mantel vom Leibe und gab ihn seinem Jungen zum Angedenken. Keine Hand durfte der Meister an ihn legen, noch ihn von ferne anrühren. Er machte selbst seinen Kragen auf, zog sein Wams ab und verband sich mit eigener Hand die Augen mit einem seidenen Tuche, kniete nieder und stemmte starkmütig und beherzt beide Hände an die Seiten.

Gegen Brauch und Menschlichkeit trat der Meister ihm vornen unter das Gesicht mit dem blitzenden Schwert; der Vogt bebte nicht und starb ritterlich

und fest. Der Himmel selbst mochte ihm einen Engel zur Stärkung in dieser Stunde gesandt haben, und vielleicht schwebte der liebevolle Geist seines von ihm erschlagenen Freundes, um dessenwillen ihn jetzt die blinde Gerechtigkeit selbst des schönen Lebens beraubte, um den Sterbenden, und empfing seine scheidende Seele.

Der Leib ward in die Bahre gelegt und mit einem schwarzen Tuche verhüllt. Der herrliche Mann ward im Tode geehrt durch die allgemeine Klage des Volkes; aber klagelos stieg der Fürst, der ihn töten hieß, unter Verwünschungen sein Feind, der den Fürsten zu dieser Tat verleitete, in die Grube.

Der Kanzler war selbst in der Nacht noch nach Waiblingen geritten, auf daß die Hinrichtung in der Frühe gewiß und sicher wäre. Vom Rathausbalkon aus sah er seinen Feind knien und sein Haupt fallen. Er hörte ihn seine Unschuld im Angesichte des Todes beteuern; er hörte, wie er ihn vor Gottes Richterstuhl geladen und geweissagt hatte, daß er seiner gedenken werde. »Du beißest mich nicht mehr«, sagte Doktor Matthäus. »Denn die Toten beißen nicht, sagte der alte Römer.«

Wie schlug die Kunde von diesem Trauerspiel in Stuttgart ein, auf Vater und Schwestern, auf die ganze Stadt.

Als Enzlin den Oberräten ihr Gutachten zurückgab, da staunten und schwiegen sie. Sie schwiegen, wie ein edler Patriot des vorigen Jahrhunderts sagt, »sie schwiegen, weil Reden in ähnlichen Fällen doch nichts geholfen hätten, weil Gültlingen durchs Reden doch sein Kopf nicht wieder geschafft werden konnte, weil sie das Schweigen wohl schon lange gewohnt sein mochten, weil man sich beim Schweigen niemals verredet und dem Ungemach, Brot und Vaterland zu verlieren, durch Schweigen am sichersten entgeht. Denn, über alles zu schweigen, gehört nach europäischen Begriffen zur Liebe des Vaterlandes.«

Alles schwieg; nur die Dichtkunst wagte zu singen, was niemand zu sprechen wagte. Ein Klaggedicht, das der Verfasser, »kaum vor Trauern singen kann«, zeigte dem Herzog seine Tat in einem klaren Spiegel und besang den ganzen Hergang, mit der Bestattung des Enthaupteten also endigend:

»Zu Waiblingen in dem Kirchlein klein
Hat man ihn balsamieret ein,
Die Kirch' tät man zuschließen.
In wenig Tagen die Freundschaft kam,
Und ihn abholen ließen.

Damit ich dieses Lied vollbring',
Ach, Herr, verzeih' uns uns're Sünd',
Laß uns dein' Gnad' erwerben,
Daß wir im Glauben ritterlich,
Wie dieser Junker, sterben.

Gültlingens Kopf war herunter und zwar durch einen Machtspruch seines allergnädigsten Landesherrn; von einer Klage, Ahndung und Rache der Gültlingen'schen Familie findet sich nicht die geringste Spur. Die einzige Stimme, die sich laut hören zu lassen getraute, war das genannte Klaggedicht, das den tragischen Fall und das widerrechtliche Verfahren gegen den Vogt besang. Das Lied ging aus einer Hand in die andere, und so bekam es endlich der alte Degenfelder, der Präsident.

Ihm war in dem Liede die Beschuldigung zugewälzt, daß er es sei, der dem Unglück den Weg der rechtlichen Verteidigung abgeschnitten und den Herzog zu dem übereilten Verfahren verhetzt habe. Er fühlte innig die Schmach, womit er durch die Bekanntwerdung eines solchen Vorwurfes vor dem Publikum befleckt werden würde; denn die Öffentlichkeit hatte damals noch die Wirkung des Wehtuns, man schämte sich noch und war in der Aufklärung des Menschenverstandes noch nicht so weit gekommen, sich über die Volksstimme, öffentliche Nachreden großmütig fühllos hinwegzusetzen.

Der Herzog in seinem schwarzsamtenen goldgestickten Mantel stand, die Hand auf den grünen Tisch gestemmt, im Sitzungssaale des Geheimenrats. Das Klaglied auf Gültlingens Tod lag auf dem Tische. Zur Seite stand ihm sein Kanzler Enzlin, vor ihm der alte Degenfelder.

Der Schmerz des Vaters über den Tod seines trefflichen Sohnes hatte tiefe Spuren in das ganze Wesen des Landhofmeisters eingedrückt. Er klagte abermals, und so oft er den Namen Gültlingen nannte, zuckten Blitze des Hasses gegen die Familie des Täters über sein Angesicht.

»Es drückt und nagt mich«, sagte der Alte, »daß ich es sein soll, auf den dieses Pasquill Blutschuld werfen will, die in dem Klaglied enthaltenen Schmachreden betreffen aber nicht bloß mich, sondern Ew. fürstlichen Gnaden selbst. Die Justiz des Landesherrn ist darin bloßgestellt und geschändet.«

»Gewiß«, sagte der Kanzler. »Der Verfasser dieses Pasquills hat die schärfste Züchtigung verdient. Auspeitschen, austrommeln, landesverweisen – es wäre zu gut für diese Majestätsbeleidigung. Kopf ab, Kopf ab!«

»Niemand kennt den Verbrecher«, sagte der alte Obersthofrat. »Das Blatt fliegt in die Häuser, als ob es der böse Feind ausstreute. Niemand weiß, wer's verbreitet, geschweige wer's gemacht hat.«

»Niemand?« sagte der Kanzler. »Glaubt ihr, einem treuen Diener entgehe etwas, das die Ehre seines Herrn kränkt, und sein Auge ruhe und raste, ehe es den Ursächer entdeckt hat? Ich weiß den Verfasser, ich hab' ihn ausgekundschaftet.«

»Und wer hat es gewagt«, fuhr der Herzog auf, »unsere Justiz so anzutasten? Welcher Mann an unserem Hof oder unserem Lande?«

»Kein Mann, Ew. Gnaden«, sagte der Kanzler. »Nur ein Mädchen, ein naseweißes Mädchen ist die Verbrecherin. Kopf ab, sage ich.«

Der Herzog wechselte die Farbe. Minuten vergingen, dann sagte er in einem Ton, dessen Weichheit den Obersthofrat und den Kanzler überraschte:

»Nicht Kopf ab, Doktor, nicht doch Kopf ab, wenn das ein Mädchen gemacht hat, so ist es ein tapferes Mädchen. Einer Schwester Herz darf wohl bluten über eines Bruders Tod, und jeder Ausdruck ihres Schmerzes ist verzeihlich. Ich wollte, komm ich einmal in Not, ich hätte eine Schwester, die sich meiner so tapfer annähme.«

Auch der Geheimerat entblödete sich nicht, das Klaglied des edeln Fräuleins als strafwürdig darzustellen: es sei ja eine Unwahrheit, wie darin gesagt werde, Gültlingen habe über versagtes Recht geschrien.

Der Herzog strafte diese sklavische Selbstentwürdigung mit Verachtung. »Sie hat vollkommen recht«, sagte er, »ohne Formalitäten, durch meinen Machtspruch ist er gerichtet worden. Nicht das Recht der toten Paragraphen und der juristischen Schulfuchserei, sondern ich selbst, ich allein bin der strenge Bluträcher an ihm gewesen.«

So zeigte der Herzog, daß er einen edleren Sinn in sich trug, als die, welche ihn berieten.

In der Kirche zu Teufringen, bei seinen Voreltern, ruheten in Ehren Gültlingens sterbliche Reste, und die Teilnahme aller guten Menschen saß an seinem Grabe.

Sieben Jahre waren dahingegangen. Ein plötzlicher Tod hatte den Herzog mitten in seiner Siegeslaufbahn zur Alleinherrschaft hinweggenommen, eben als ihm die Ränke seines Kanzlers alles, wie er es wünschte, bereitet hatten. Auf einmal war die Szene durch diesen raschen Griff des Todes eine ganz verwandelte.

Nahe dem Stuttgarter Schlosse und der Stiftskirche, unter der Mauer, hinter Eisenstäben und Gittern, sitzt ein Gefangener. Hände und Füße sind mit schweren Ketten gebunden. Es ist ein Kerker, der an und für sich schon eine halbe Folter ist, und der an einen großen eisernen Ring in diesem Gewölbe an die Wand geschlossen sitzt mit dem Ausdruck der Angst und der Verzweiflung auf seinem Strohsack; vor seiner Phantasie steht die Folter, die ihn in der nächsten Stunde erwartet. –

Der Gefangene ist Doktor Matthäus Enzlin, der gestürzte Kanzler des toten Herzogs; und das Gefängnishaus, darin er sitzt, ist der Diebsturm.

Gleich nach des Herzogs Tod wurde er verhaftet und peinlich prozessiert. Der Umstürzer der Landesversammlung war zugleich der niedrigsten Verbrechen, des Betrugs, der Unterschlagung, der Erpressung und der Urkundenfälschung angeklagt.

Keinem der Seinigen, niemand als seinen Richtern und seinem Gefangenenwärter, war der Zutritt zu ihm gestattet. Da saß er, erdrückt von der Last seiner vielen Verbrechen. Seine Verschmitztheit, sein Talent der Intriguen, seine Zungenfertigkeit, seine Schlangenklugheit, seine juridischen Kniffe und Ränke – sie alle hatten ihn in der Luft dieses Kerkers verlassen, selbst sein Gedächtnis, mit dem er sonst allzeit parat, wie ein Taschenspieler die Paragraphen der römischen Rechtsgelehrsamkeit gehandhabt, und Weiß zu Schwarz wie Unrecht zu Recht gemacht hatte. Den ganzen Vordergrund seines Gedächtnisses füllte die Reihe seiner Untaten. Eine konnte man ihm nicht beweisen: er hatte diese dem Herzog nur mündlich geraten, schlau, vorsichtig; seine Richter konnten bei den Akten nichts finden, woraus ihm etwas erwiesen, er als der Schuldige hätte überführt werden können. Und doch drückte gerade die Erinnerung an diese Untat mit breiten schwarzen Flügeln auf ihn herein, nicht nur um Mitternacht, in den Tagesstunden stand er vor ihm da; Gültlingens blutiger Schatten.

Jetzt nach sieben Jahren dachte der Bösewicht, der seines Fürsten arger Feind und des Vogtes Verderben gewesen war, des hingeopferten Mannes, und unaufhörlich widerhallte in seinen Ohren die Prophezeiung, die jener in der Stunde seines Todes getan hatte, das Wort, *daß er an ihn einst gedenken werde.*

Die rächende Gerechtigkeit, die nie ausbleibt, war es, was ihn jetzt mit kalten Schrecken anschauerte. Er kannte, mit der Kenntnis eines Henkers, alle Folterwerkzeuge, und alle Arten und Grade ihrer Qualen.

Vor ihm stand einer der Untersuchungsrichter, den er in dieser Stunde der Angst hergebeten hatte. Den flehte er um Gotteswillen an, ihn mit der peinlichen Frage zu verschonen, er wolle sich außerdem jedem Schicksal unterwerfen. –

Die ersten Frühlingslüfte wehten, da sah er wieder Gottes freien Himmel, aber nur um aus dem Stuttgarter Diebsturm in die Kasematten von Hohenneuffen und bald darauf in einen noch schwereren Kerker von Hohenurach abgeführt zu werden. Als ein gebeugter Sünder trat er in das vergitterte Gemach. –

Die kalten Novembertage sausten um die Burgfeste Hohenurach. Es war früh morgens, da erschien eine Schar von hundert Bewaffneten vor dem Festungstor. Die übernahm den Gefangenen und führte ihn in die Stadt hinab auf das Rathaus. In Gegenwart der Blutrichter und des Stadtgerichts wurde ihm sein Urteil vorgelesen. Es lautete auf Tod durch das Schwert. Einige Richter hatten noch dazu gestimmt, es solle ihm die rechte Hand abgehauen und der Kopf auf einen Pfahl gesteckt werden. Der neue Herzog, der Sohn Friedrichs, hatte ihn zum einfachen Schwert begnadigt.

Er wurde vom Rathaus auf den Marktplatz herabgeführt, da sah er einen Stuhl und im roten Mäntelchen den Scharfrichter von Tübingen daneben.

Der verurteilte Kanzler legte Pelzrock und Wams ab, setzte sich auf den Stuhl und schob seine Sammetmütze vor die Augen. Acht schlug die Turmuhr der Klosterkirche, als sein schuldiges Haupt fiel.

Vier Männer von den Hausarmen legten seinen Leichnam in den Sarg und trugen ihn auf den Kirchhof. Da begruben sie ihn auf dem Armensünderplätzchen, das für Missetäter und Selbstmörder abgesondert war. –

Noch lange aber lebte das Klagelied der Schwester Gültlingens im Volke, wie eine Nachtigallenstimme aus einem Rosenstrauch, gepflanzt auf das Grab des schuldlos Gerichteten.

Miligedo

Auf dem Schlosse zum Bartenstein saßen die Kreuzherren mit vierhundert Wappnern, und die heidnischen Preußen hielten das Schloß rings umlagert. Ihr Führer hieß Mattingo. Unter der Besatzung des Schlosses war ein starker Riese, der hieß Miligedo, war zuvor ein Heide gewesen, hatte sich aber bekehrt und war als Kämpfer in den Marienorden getreten. Die Heiden fürchteten ihn sehr, denn er war schier unüberwindlich; da sie ihn nun viel lieber unter den Toten als unter den Lebenden sehen wollten, so machten sie einen Anschlag gegen ihn. Ein rüstiger Kämpe mußte Miligedo zum Zweikampfe herausfordern. Miligedo erschien ganz allein und ohne weitere Waffen als eine Keule, aber die war nicht leicht, ihr Knopf war voll Blei gegossen. Jetzt rückte der Kampfgeselle gegen ihn an, gut versteckt aber lauterten noch zwanzig Preußen in einem ganz nahen Hiterhalt. Miligedo begrüßte seinen Gegner mit einem Hauptstreich, er schlug ihm nämlich den Helm gleich in die Hirnschale hinein, daß er tot zusammenstürzte. Da brachen die zwanzig versteckten Feinde hervor und fielen ihn an wie eine Meute Hunde einen Edelhirsch. Miligedo aber wirbelte mit seiner Keule im Kreis herum, und wo die hintraf, wuchs kein Gras. Es dauerte gar nicht lange, so lagen fünfzehn im Sande, und Miligedo hatte noch keine Wunde. Die übrigen entflohen, und Miligedo ging geruhig auf das Schloß Bartenstein zurück.

Die Wunder der Marienburg

Als die Kreuzherren in dem Heiligen Lande waren und in Jerusalem wohnten, da war alldort ihre Burg dasselbe Haus, darin der Heiland mit seinen Jüngern zuletzt geweilt und das Nachtmahl eingesetzt hatte. Da nun die Ritter nach Deutschland heimkehrten, nahmen sie von diesem Hause einen behauenen Stein mit sich über Meer und weiheten ihn zum Grundstein des Ordenshaupthauses Marienburg. Darum segnete der Herr diesen Bau, daß er so groß und fest und herrlich wurde und in all seiner alten Pracht und Schönheit noch steht bis auf den heutigen Tag, während tausend und abertausend Schlösser in Trümmer sanken.

Zahlreiche Wunder haben sich im Schlosse Marienburg begeben, wie die Sage geht. So steht noch weit in die Ferne sichtbar und leuchtend außerhalb der Schloßkirche das riesighohe Marienbild, welches der Hochmeister Konrad von Jungingen setzen ließ. Ein frommer Meister fertigte dieses zwölf Ellen hohe Bild und setzte daran den Preis seines ganzen Lebens. Als das Bild nun vollendet war und an seine Stelle gebracht werden sollte, da tat es dem Meister weh, sich von dem lieben Bilde zu trennen, und zündete vor ihm geweihete Kerzen an und betete vor ihm und weinte bitterlich. Da war ihm, als sehe die Mutter aller Gnaden ihn strahlend an, und als hebe das Bild gegen ihn winkend die Hand, und ging vor dem Bilde ein zum ewigen Frieden.

Nach der Schlacht bei Tannenberg, welche die Kraft des Ordens brach, war Marienburg der Ritter letzte Stütze und Schirmhut, wurde aber von den Polen hart belagert und umdrängt. Da ärgerte einen Polenfürsten das herrliche im Glanze seiner Goldmosaik strahlende Marienbild, das gleichsam wie das Symbol des ewigen Sieges des Christentums gegen das Heidentum hoch erhoben über dem wilden Toben und Drängen stand, und er wollte es vernichten oder doch verhöhnen und schänden. Schieße nach der Maria! Schieße ihr die Augen aus! gebot der Polenfürst einem seiner Söhne, und der Sohn spannt die Armbrust, legt den schweren Bolzen auf und zielt nach des Bildes Augen. Aber plötzlich senkt er die Armbrust und ruft: Vater! Wo ist denn das Bild? Ich sehe es ja nicht mehr! Mir wird so schwarz vor den Augen! Der junge Polenprinz war plötzlich erblindet. Darüber ergimmt der Fürst, er nimmt selbst die Armbrust, zielt gut und trifft – beinahe – denn vor dem Bilde wendet sich rückprallend der Pfeil und fährt dem Fürsten pfeilgeschwind mitten durch das Herz.

Einst waren auf Marienburg zwei Liebende. Da aber das Haus des Ordens ein Haus der Entsagung von irdischer Lust sein sollte, so duldete es nicht dergleichen Gefühle, und die Liebenden wurden in Steine verwandelt, wie Mönch und Nonne in der Wartburg Nähe in riesige Felsen. Lange hat man auf Marienburg diese Steine gezeigt und wahrgenommen, daß sie aus Schmerz noch salzige Tränen weinten.

Die Wittekindsburgen

Held Wittekind, oder Widukind, der Sachsenherzog, hatte eine Burg in der Gegend von Minden auf einem schönen Berge, da, wo das Wesergebirge beginnt und man einen reizenden Punkt der Gegend die Porta westphalica nennt, die hieß die Wittekindsburg oder Wekingsburg, auch Wittigenstein. Eine andere stand auf dem Werder, da wo die Herforder Werre in die Weser fließt, und eine dritte hatte Wittekind nahe der heutigen Stadt Lübbecke erbaut, die hieß die Babylonie. Von allen gehen noch Sagen um im Lande Westfalen. Die Burg bei Minden, oder der Ort selbst, habe erst Visingen geheißen, da habe Karl der Große, als Wittekind Christ geworden, gern einen Bischofssitz alldort begründen wollen und begründet. Denn es sei Raum genug vorhanden gewesen, auch bedurften die Menschen in jenen frühen Zeiten, obschon sie größer und stärker waren wie das heutige Geschlecht, des Raumes ungleich weniger wie letzteres. Und da habe Wittekind zu dem Bischof gesprochen: Es soll mein gut Schloß Visingen an der Weser gelegen zu gleichem

Recht mein und dein sein und kein Streiten um das Mein und Dein: min-din, und von da sei der neue Sitz Mindin genannt worden, daraus dann hernachmals Minden entstand. Auch Wettin, der Sachsenfürsten hehre Stammburg, soll Wittekind erbaut haben, und Wittenberg dankt ihm nicht minder seine Gründung.

Nahe der Burg am Werder soll ein greiser Christenpriester dem Helden Wittekind auf dessen Jagdgange im tiefen Walde begegnet sein und zu ihm gesprochen haben, er solle an Christum glauben und an die Macht des ewigen Gottes. Da habe der Heidenheld ein Zeichen dieser Macht gefordert, und der Priester habe im Gebet zu Gott gefleht um solch ein Zeichen. Mache, daß Wasser aus diesem Felsen springt, so will ich die Taufe annehmen! habe Wittekind gerufen, und da habe sich das Roß emporgebäumt, mit dem Huf an den Fels geschlagen, und ein Wasserstrahl sei aus dem Gestein gerauscht. Da stieg der Held vom Roß und betete und baute nachderhand eine Kirche an den heiligen Ort, die hieß dann Bergkirchen, und der Born darunter quillt noch heute und heißt der Wittekindsborn.

Als aber der große Wittekind nach einem Leben voll mannlicher Kämpfe gestorben war – manche sagen, in einer Schlacht gegen den Schwabenherzog Gerwald gefallen –, da ist zwar sein Leib in Engern, wo er auch eine Burg hatte, beigesetzt worden, aber viele haben ihn nachher doch noch wiedergesehen. Die Sage geht, daß die Schlacht auf dem Wittenfelde gar vielen braven Streitern das Leben gekostet, und daß der Held endlich flüchtend gegen Ellerbruch gezogen. Da nun im Heerestroß viele Weiber und Kinder gewesen, die nicht gut fortzubringen, da habe sich das Sprichwort erfüllt: Krupp unter, krupp unter (krieche ein), die Welt ist dir gram – und es habe sich unten an der Babylonie der Berg aufgetan, und Wittekind sei mit seinem ganzen flüchtigen Heer und allem Gefolge hineingezogen und habe sich da hineinverwünscht für ewige Zeiten. Manches Mal sieht man ihn in gewissen Zeiten mit auserlesenem Gefolge im Wesergebirge auf weißen Pferden reiten, da besucht er seine Burgen, auch wird das Heer erblickt mit blinkenden Spießen, und lauter Lärm wird dann vernommen, Rossegewieher und Hornschall, und die Anwohner sagen, es bedeute Krieg, wenn der Wittekind aus der Babylonie ausreite, wie dort vom Rodenstein und Schnellert die verwandte Sage geht. Auch um den grundlosen Kolk, einen Moorsee in Westfalen, spuken zur Nacht Wittekinds Heerscharen und ziehen nach der Widekesburg – einer öden Trümmerstätte.

Der Krieg auf Wartburg

Bei Landgraf Hermann und seiner Gemahlin Sophia waren auf Schloß Wartburg im Jahre 1206 eine Zahl meisterlicher Minnesinger, die hießen Walther von dr Vogelweide, Reinhart von Zwetzen, auch Reimar Zweter genannt, Wolfram von Eschenbach, Heinrich von Ofterdingen, Meister Biterolf und Heinrich von Rispach, der tugendhafte Schreiber genannt, der war des Landgrafen Kanzellar und auch ein Ritter. Diese Sechse hielten ein Wettsingen miteinander, darin sie das Lob guter Fürsten priesen und vornehmlich das des gastlichen Landgrafen Hermann von Thüringen, der Grafen Poppo und Hermann des Weisen von Henneberg, auch des Markgrafen Otto von Brandenburg, zubenamt mit dem Pfeile, der selbst ein Minnesinger war. Besonders waren es die Henneberger, von denen Wolfram von Eschenbach und Heinrich von Rispach den Ritterschlag und Rosse und Gewande empfangen hatten, welche der genannte Heinrich, Biterolf und Wolfram von Eschenbach priesen, ebenso pries Heinrich von Rispach den Thüringer Landesherrn, aber Heinrich von Ofterdingen, ein Österreicher, obschon ihn alte Bücher einen Bürger von Eisenach nennen, und, wie viele glauben, der Dichter des hochwerten Nibelungenliedes, pries Leopold, Herzog von Österreich, und sang, daß dieser vor allen Fürsten strahle gleich der Sonne vor allen Gestirnen. Da wurde der Sängerkampf also ernst und heftig, daß die Sänger beschlossen, es solle der Unterliegende durch die Hand des Henkers sterben. Alle waren gegen Heinrich von Ofterdingen erbittert und hätten ihn gern vom Thüringer Hofe weggehabt. Da nun alle gegen ihn, den einen, sangen, so unterlag er, und nur die gütige Landgräfin, zu der der Verfolgte sich flüchtete, schirmte ihn, indem sie ihren Mantel über ihn breitete, als er Rettung flehend zu ihren Füßen sank. Heinrich von Ofterdingen erbat sich ein Jahr Frist, er wolle von dannen reisen und einen größeren Meister holen, der solle urteln und richten. Damit meinte er den berühmten Meister Klinsor vom Ungarland, der ein Minnesinger und ein Zauberer zugleich war. Ofterdingen zog nun von Wartburg fort, gen Österreich zu seinem gefeierten Herzog und von diesem nach Siebenbürgen zu Klinsor, der ihm seine Begleitung nach Thüringen zusagte, ihn bei sich behielt und sich und ihm mit Dichten, Singen und allerlei Kurzweil die Zeit vertrieb, so daß unvermerkt das Jahr verstrich und Ofterdingen endlich bange ward, er werde zur bestimmten Frist Wartburg nicht wieder erreichen. Da er nun gegen Klinsor ängstlich klagte, beruhigte ihn der und sagte: Wir haben starke Pferde und einen leichten Wagen, wir kommen wohl noch zeitig hin, und gab ihm einen Schlummertrunk, als es Abend geworden, legte ihn auf eine lederne Decke und sich dazu und ließ sich und ihn von den Geistern, denen er gebot, sänftiglich in der Nacht gen Eisenach in das beste Wirtshaus tragen, das war dazumal nicht der halbe Mond oder Rautenkranz, sondern der Hellegrafenhof am St. Georgentor linker Hand, wenn man zur Stadt ausging. Wie der Türmer den Tag anblies, erwachte Ofterdingen und hörte den Klang der Glocke, die zur Frühmesse läutete, von St. Georgen, und rief: Wie ist mir doch? Dieselbe Glocke hört' ich schon, ich meint', ich wär' zu Eisenach, ist das nicht Sankt Jürgentor? – Klinsor lächelte und sprach: Siehe zu, ob du nicht träumest. – Da nun die Kunde hinauf auf Wartburg kam, daß die zwei Meistersänger gekommen seien, gingen die Sänger alle herab, sie zu begrüßen und hinaufzugeleiten, und wurden gar herrlich von dem Fürstenpaare und seinem Hofstaate empfangen.

Wittekind, der schwarze Ritter

Nicht weit von Paulinzelle erhebt sich in einem felsreichen Waldtale Schloß Schwarzburg stattlich und schön, die auf der Stätte eines der ältesten thüringischen Burgbaue steht. Die Stammsage des Grafengeschlechtes von Schwarzburg kündet, daß einst ein naher Verwandter des großen Sachsenfürsten Wittekind, und den gleichen Namen mit diesem teilend, von Karl dem Großen gefangengenommen worden. Die Tapferkeit, die dieser Sachsenführer und seine Söhne bewiesen, habe Karolo wohl gefallen, und er habe jene zum Christentum bekehrt, habe sie taufen lassen und sei ihr Taufpate geworden. Da habe nun Wittekind, zubenannt der Schwarze, den Namen Ludwig empfangen, seine beiden Söhne aber, die Wittekind und Walperto geheißen, wären Karl und Ludwig genannt worden. Wittekind der Vater habe nun die Schwarzburg erbaut und sie seinem ältern Sohn zum Erbe bestimmt, Ludwig, der jüngere Sohn, sei Erbauer des Schlosses Gleichen geworden. Karl der Große erhob seinen Paten Karolus zu einem Grafen von Schwarzburg und begabte ihn mit einem Strich Landes im Thüringer Walde von zwanzig Meilen im Umkreis. Als der große Karl Ludwig den Bärtigen zu einem Grafen von Thüringen erhoben hatte, ordnete er ihm zwölf edle Vasallen zu, darunter waren auch die Grafen von Schwarzburg, die sich in sehr früher Zeit, schon im Jahre 1099, von Gottes Gnaden schrieben. Auch wurden sie später den Viergrafen des Reiches zugezählt. Das feste Haus Swartzinburg, wie die älteste Urkunde, die seiner erwähnt, schreibt, gehörte dem edlen Grafengeschlechte, ehe es noch von der Burg den Namen annahm. Der erste, der sich einen Grafen von Schwarzburg nannte, nannte sich auch zugleich einen Grafen von Thüringen und einen Grafen von Käfernburg. Sein Name war Sizzo, sein Vater hieß Gundar, aus welchem Namen später der erbliche Familiennamen der Fürsten von Schwarzburg, Günther, gebildet wurde, und lebte zu Ende des eilften und im Beginn des zwölften Jahrhunderts. Graf Sizzo wurde der Gründer des nahe bei Schwarzburg liegenden Dorfes Sitzendorf. Sizzos Söhne wohnten auf den Schlössern Schwarzburg und Käfernburg. Aus dem fürstlichen Hause Schwarzburg gingen in später Zeit hervor ein deutscher Kaiser, zwei Erzbischöfe, ein Großmeister des Deutschen Ordens und mancher heldenmütige Streiter.

Ein schlesischer Zecher

Wie Ritter Boos von Waldeck und der letzte Graf von Klettenberg sich im Trinken mannlich wohlgetan, so hatte auch das gottgesegnete Land Schlesien seine wackern Kumpane, die einen guten Stiefel vertragen konnten. Solche gebar vornehmlich das vieledle Geschlecht der Herren von Schweinichen auf Schweinhaus, deren Ahnherr ein Enakssohn an Kraft und ein Nimrod als gewaltiger Jäger war. Er nahm einen wilden Eber, der auf ihn anrannte, bei den Ohren, zausete und schüttelte ihn, bis ihm die Wildheit verging, warf ihn dann wie einen Mehlsack über die Schulter und trug ihn heim. Dafür wurde er aber auch der Schwager der Böhmenkönigin Libussa, deren Schwester Kascha ihn mit ihrer Hand beglückte. Einen Abkömmling dieses Ahnherrn, Heinrich von Schweinichen, brachte, wie alte Kunden melden, nicht Schwert noch Lanze, noch Acht noch Bann zu Falle, »nur denen *patribus* Kellermeistern zu Leubus und Grüssau gelang dieses bisweilen durch unverdrossene Aufwendung ihrer edelsten und besten Kräfte«, die in den Fässern ruhten. Ein späterer Erbe, Burgmann von Schweinichen, Herr auf Schweinhaus, Kolbnitz, Hohendorf, Wolframsdorf, Liebenau und Hohenfriedberg, hatte ein Mundbecherlein, welches gerade eine gätliche Kanne faßte, daran stand der Trinkspruch:

Ich will daz di minen
Uf ere sich bienen.

Er selbst biente (stützte) sich auf Ehre, auf Fechten und Trinken und wurde hundertundzehn Jahre alt. Hans von Schweinichen hat durch eine selbsteigene Lebensbeschreibung dargetan, daß er als ein echter Apfel nicht weit vom Stamme des »alen Säuhäusel« gefallen war, wie das Volk die Stammburg Schweinhaus nannte. Auf dem Edelsitz Herren-Motschelmitz bei Wohlau saß und lag auch wohl bisweilen Herr Georg Wilhelm von Schweinichen, ein Meisterkünstler in der alten deutschen Trinkekunst. Einst saß der Edle mit vielen Zechkumpanen bei Tafel; unter den Gästen war ein Pole, der auch eine gute Klinge schlug, ganz voll von dem prahlhansigen Wesen, das seinem Volke eigen ist. Derselbe vermaß sich eines hohen Dinges, er wolle jeden Schwab unter den Tisch trinken. Die Polen nennen nämlich jeden Deutschen ganz wegwerfend Schwab und verachten ihn aus Herzensgrunde. Das Gelag hatte schon vier Stunden gewährt, die Köpfe waren warm; der Herr des Hauses fühlte sich verpflichtet, für die deutsche Nationalehre einzustehen, und sprach: Beliebe der Herr Graf eine Wette einzugehen! Wir wollen einmal deutsch und polnisch miteinander trinken. Eintausend Dukaten gegen des Herrn Equipage mit dem Sechsgespann! – Topp! rief der Polak. – Vierzig Flaschen Tokaier auf den Tisch! rief Herr Georg Wilhelm von Schweinichen. Als die Flaschen standen, hub der biedere Deutsche an zu trinken. Eine Flasche Tokaier auf einmal trank er dem Polen vor – der Pole trank sie gemütlich nach; die zweite, dritte, vierte, fünfte – der Pole trank nach; noch einmal fünf, und noch einmal fünf, und noch einmal fünf – der Pole trank sie nach mit ruhigem Gleichmut. Zwanzig Flaschen Tokaier waren von jedem der Kämpfer vertilgt, und der Pole hatte sie tapfer nachgetrunken und stand unbesiegt. Heldenmut muß man auch am Feinde rühmend anerkennen. Alten Rheinwein her! rief Herr Georg Wilhelm von Schweinichen, es geht zu langweilig mit den Flaschen! Einen Pferdeeimer voll! – Der Rheinwein strömte aus vollem Faß in den Eimer bis zum Rande; Herr Georg Wilhelm faßte ihn mit geschickter kräftiger Hand, hob ihn zum Munde und ließ ihn ohne Absetzen und ohne Pause hinuntergleiten, sich dem Ungar zu vermählen.

Und mit Erstaunen und Grauen
Sahen's die Edeln und Edelfrauen,
Und gelassen gab er den Eimer zurück.

Aufs neue quoll die Rheinrebenflut in den Eimer; Herr Georg Wilhelm nahm ihn, schritt mit festem Tritte, ohne daß ein Tröpflein überschwankte – der Schauplatz dieser vaterländischen Heldentat war im Schloßhofe – auf seinen Gegner zu und bot ihm den Kampftrunk. Totenblässe lagerte sich auf des Polen Gesicht – er schlug ein Kreuz, winkte mit der Hand und schritt lautlos aus dem Tore; höflich, den Eimer im Arme, gab Herr Georg Wilhelm von Schweinichen dem vornehmen Gast das Geleite und schaute mit vergnügtem Blick auf die gewonnene Karosse mit ihrem herrlichen Sechsgespann, als siegreicher Retter der Trinkerehre des geliebten deutschen Vaterlandes.

Hernachmals ward dieser Heldenkampf mit allem Zubehör als schönes Schnitzwerk über dem Marstall zu Schloß Herren-Motschelmitz angebracht, allwo es noch bis diese Stunde Zeugnis davon gibt, was ein Schweinichen zu leisten vermochte.

Die Hölle auf dem Rudolfstein

Auf der nördlichen Abdachung des Schneeberges, des Nachbars vom Fichtelberg und Ochsenkopf, stand nach Weißenstadt zu auch eine Ritter- und Raubburg, der Rudolf- oder Rollenstein, dessen Stätte noch der Schloßberg genannt wird. Rudolf, ein Pfalzgraf in Franken, soll die Burg im Jahre 857 auf die Riesenfelsen, die Mauern, von Menschenhänden aufgeführt, gleichen, getürmt haben, andere nennen den Kaiser Rudolf aus Schwaben als Erbauer. Nicht weniger als zwölf bis vierzehn Raubburgen standen um Wunsiedel, deren Insassen den reisenden Kaufleuten gleich starken Gebirgswinden das Geld aus dem Busen bliesen. Räuber und Geister in trauter Gemeinschaft machten die unwegsame Gegend unsicher und weit verrufen, und eine Waldstelle unterm Rudolfstein, von grauenhaftem Felsgeklüft umstarrt, wird die Hölle genannt. Sie lag zwischen den Raubburgen Rudolfstein und Waldstein in der Mitte, und die Reisenden hatten allda oft mehr Pein von den verkappten Staudenhechtlern auszustehen, als von den Waldgeistern und Höllenbränden, die sich in Gestalt feuerspeiender Untiere sehen ließen, während ein Prasseln vernommen ward, als ob der ganze Wald niederschmetterte. Ein Jäger aus Sachsen, der den Geisterspuk in der Hölle noch nicht kannte, sah und verfolgte dort ein Wild, das zum Waldstein hinanflüchtete. Je höher er stieg, je mehr Wildes ward er ansichtig, aber alles floh vor ihm her in die Burgtrümmer hinein, keins kam ihm schußgerecht. Jetzt folgte auch er durch die Pforte – da mit einem Male umhüllte sich Fels und Mauer, Busch und Baum mit grauem Nebel, und im Burghof begann ein Brausen, Zetern, Knallen und Schellen, Bellen und Gellen, als sei die ganze Hölle los, Gekreisch und Gelächter, und der wilde Jäger zeigte sich ihm samt dem ganzen wilden Heere voll sinneverwirrender Gestalten, bis er zu Boden stürzte und die Gedanken ihm gar vergingen. Als er erwachte, war es dunkel um ihn, und drunten in Reumersreuth schlug die Turmuhr zwölfe.

Eppella Geila

Zu Drameisel bei Muggendorf saß ein Ritter, des Name war Eppelin von Gailingen, der war zugleich ein mächtiger Zauberer und hatte ein Flugroß, damit sprengte er steile Felswände hinan und hinab, setzte über Heuwagen und berührte kein Hälmlein, setzte über die Wisent und ward nicht naß am Fuß, wie der Wittich über die Wisar setzte. Zu Gailenreuth war sein Stammhaus, doch hatte er noch viele Burgen im Lande umher, und von einer zur andern flog er auf seinem Wunderroß wie der Wind. Von Drameisel ritt er nach Muggendorf über einen hohen Felsen und Riß, das konnte ihm keiner nachtun. Auf die Nürnberger hatte der Eppelin einen scharfen Zahn; er umgab sich mit beutesüchtigen Genossen und ritt an ihrer Spitze gar oft in das Nürnberger Stadtgebiet. Da sangen die Kinder von ihm:

Da reit't der Nürnberger Feind aus,
Eppela Gaila von Dramaus.

Oder:

Eppela Geila von Dramaus
Reit't allzeit zu vierzehnt aus.

Die Vierzehnzahl mochte wohl von alters her im Ostfrankenlande eine geheimnisvolle Bedeutung haben, daher auch seine Vierzehnheiligen. Als der Eppelin, auf dessen Kopf ein Preis gesetzt war, den die Nürnberger gern selbst verdient hätten, einstmals in Nürnberg auf die Burg gestürmt war und sich dort eingeschlossen und hart bedrängt sah, denn sie hatten das Burgtor zugeschlagen und schrien ihm zu, daß sie ihn nun gleich henken würden, da tummelte er sein Roß mit Fechterhieben und rief:

Die Nürnberger henken keinen,
Sie hätten ihn denn vor!

spornte sein Roß zur Mauer nahe beim Luginsland und sprengte die furchtbare Tiefe über Wall und Graben hinab und hinüber und entkam glücklich. Da haben sie hernach mit Staunen die Spuren der Hufeisen angeschaut, die der Rossessprung in der Mauerzinne zurückgelassen. Als nach manchen gelungenen Handstreichen und kühnen Griffen der Eppelin einmal gen Farnbach kam und zechend in der Herberge lag, bauten die Feinde, denen das verraten war, eine Wagenburg um das Haus, er aber saß zu Roß und sprengte über acht Wagen, aber »überm neunten«, so singt ein altes Lied von ihm, »gab er den Giebel auf«. Da er nicht weiter konnte, so opferte er, wie ein Reinhold von Dordone seinen treuen Bayard, sein Wunderroß, indem er es erstach und gab sich gefangen. Das geschah zu Postbauer, und im Städtlein Neumarkt, zwischen Nürnberg und Regensburg, ward er mit dem Schwert gerichtet. Sein Andenken lebt unvergessen.

Fräulein Podica

Überm Städtlein Lichtenfels, allwo man es noch heute den Burgplatz nennt, lag eine Burg der alten Grafen von Meran. Dort wandelt der ruhelose Geist des Fräuleins Podica von Schaumberg, stammend aus einem gar weit verzweigten edeln Geschlechte dieser Gegenden, deren Stammburg über dem Städtlein Schalkau zwischen Coburg und Eisfeld gelegen war und auch nur noch geringe Überreste zeigt. Das Fräulein hatte einen Bräutigam des Namens Kunemund, der zog mit in eine bedeutende Fehde, die bei Scheßlitz im Hochstift Bamberg zu einer Entscheidungsschlacht gedieh. Podica von Schaumberg gab ihrem Erkorenen einen Handschuh mit, und er schwur, denselben lebend oder tot ihr zum Pfande seiner Treue zurückzubringen, allein der Jüngling brachte den Handschuh nicht zurück. In der Schlacht bei Scheßlitz fiel der treue Junker Kunemund, und als Fräulein Podica von Schaumberg die Trauermär erfuhr, nahm sie sich's alsosehr zu Herzen, daß sie vor Gram und Kummer starb. Seitdem geht sie bei nächtlicher Weile im Gemäuer der alten meranischen Burg um und ruft mit leiser seufzender Stimme: Kommt noch nicht mein Kunemund? – Ihre Erlösung ist einzig an die Bedingung geknüpft, daß ein Sterblichgeborener ihr erwidern soll: Längst fiel dein Kunemund bei Scheßlitz! – So leicht diese Bedingung erscheint, so ist sie doch noch immer nicht erfüllt worden, denn denen, welche die Wandelnde erblickten, entfiel vor Schreck das rechte Wort, oder der Name des Geliebten, oder der des Städtleins Scheßlitz, und denen, so vielleicht richtig geantwortet hätten, mag sie wohl nicht erschienen sein. Und so wandelt der arme ruhelose Geist von einem Jahrhundert in das andere hinüber. Oben auf Bergen und Burgen,in ätherischer Hülle wandelnd, die ewig lebende Sage, und unten der Dampfwagen, über die Eisenbahn brausend, die den deutschen Norden mit dem deutschen Süden verbindet und beider Verkehr vermittelt.

Der wandelnde Mönch

Ein Herzog zu Coburg hat Krieg geführt mit einem Bischof zu Bamberg und in demselben zwölf Junker gefangen genommen, die auf die Feste über der Stadt gebracht und dort in leidlicher Verwahrung gehalten wurden. Sie durften sich im Hofe ergehen und Kurzweil treiben und ließen es daran nicht fehlen. Da kam einstmals der Schloßkaplan, der ein alter finsterer Mönch war, die Schloßtreppe herunter, auf welcher etwa die Junker, die ihn nicht gern sahen, Erbsen gestreut haben mochten. Wie nun der alte fette Pfaff ausglitt und die Treppe herabkugelte, schlugen sie allzumal ein lautes Gelächter auf, der Mönch aber schlich davon mit grimmem giftigen Blick und verklagte die Junker beim Herzog und reizte ihn zu heftigem Zorne. Dieser befahl, daß die Junker in der Mitternachtstunde hingerichtet werden sollten, und sollten so viele Häupter fallen, als der Turmwart Hornstöße tun würde. Dies strenge Gebot wurde lautbar und kam auch zu der Herzogin, die war sanft und gut und bat bei ihrem Gemahl für der Junker Leben und besänftigte seinen Zorn, daß er sagte, es solle nur einer sterben. Aber auch den Tod des einen wollte die edle Herrin verhindern, und damit der Turmwächter in dieser Nacht gar nicht in das Horn stoße, so ließ sie diesen rufen und in einem sichern Gemach verwahren, doch mit Trank und Speise wohl versehen. Aber die Junker wurden zur Mitternacht in den Schloßhof bei Fackelschein zum Schafott geführt, damit sie mindestens die Angst bekämen für ihre Gottlosigkeit, und der Scharfrichter machte sich bereit und hieß sie alle niederknien und hob sein Schwert. Der Scharfrichter wußte aber nicht, daß der Herzog seinen Befehl zurückgenommen. Indem so schallte der Ruf der Mitternachtstunde grausig von dem Turme her, und Meister Hämmerling übte beim blutigen Scheine der Fackeln sein blutiges Amt; es fiel ein Haupt – und wieder ein Hornstoß – und wieder ein Haupt, und noch eins, und noch eins. Die Herzogin hörte es, stieß einen Schrei des Schreckens aus und fiel in Ohnmacht, der Turmwächter hörte es und entsetzte sich; der Herzog vernahm den Schall und eilte zornig zum Turme. Wie der tückische Pfaffe, welcher wußte, daß der Turmwart fehlte, an seiner Statt den zwölften Hornstoß tat, fiel des letzten Junkers Haupt, und fuhr ihm des Herzogs Schwert in das rachsüchtige Herz, und dann packte ihn der ergrimmte Herr und warf ihn vom Turme hinunter. Nun wandelt der Mönch als ein Geist umher in und um die St. Moritzkirche, und bisweilen tutet er, wie die Tut-Osel, daß alles erschrickt.

Die Hennenburgen

Es ist eine alte Sage, daß vorzeiten ein Herr aus edlem Geschlecht in Deutschland umgezogen, der eine Stätte suchte, da er sich anbauen und guten Frieden haben könne. So kam derselbe auch nach Franken und fand allda einen Berg, der ihm baß gefiel. Wie er nun durch die Waldung zum Gipfel ritt oder schritt, fand er eine Wildhenne mit ihren Jungen, und da baute er allda eine schöne Burg und nannte sie Hennenberg und wurde der Stammvater des reichen und edeln Geschlechts der alten fränkischen Gaugrafen, die sich von Hennenberg nannten und vom Grabfeld bis zum Thüringerwalde Besitzungen gewannen und Burgen erbauten. Zur Sage gesellte spätere Zeit vielgestaltig die Fabel, daher ist von der Erbauung der Burg Henneberg Folgendes in einer alten Handschrift zu lesen: »Da die Wenden in Rom lagen und Roma und Italien fast zerstört und verderbt hatten, das war nach Christi Geburt vierhundertundachtundfünfzig Jahre, da zog ein reicher Römer aus Rom um Unfriedens willen, das war einer von der Säule geheißen, *De columna,* von dem großen Geschlecht, kam also in den Wald, da jetzo Henneberg liegt, mit seinen Dienern. Da behaget ihn, den Berg zu bauen. Da fand er ein Wildhuhn mit seinen Küchen an derselben Statt, darum nennte er das Schloß Henneberg.«

Fast das gleiche ward auch gefunden in einer Chronik, wo es von einem Römer aus dem erwähnten Geschlecht heißt: »Er zog in diese Lande und kam an das End und Berg, da jetzt Henneberg liegt, und schlug sich allda nieder, da gefiel ihm die Gegend und der Ort so wohl, daß er anfing, ein Schloß darauf zu bauen, und als er das anfing aufzuschlagen und das Schloß zu bauen, da fand er an derselbigen Statt eine wilde Henne mit ihren jungen Hühnlein, davon gab er demselbigen Schloß den Namen Henneberg und führte davon die Henne in seinem Wappen, er und alle seine Nachkommen, und nennet sich der von Henneberg. Also sind sie herkommen.«

Auf dem alten Schloß Henneberg ist eine Blende in der Mauer zu sehen, davon alte Leute erzählten, daß ein Maurer bei Aufbauung des Schlosses seinen Sohn verkauft habe, damit, wenn das Kind in jene Vertiefung lebendig eingemauert werde, die Burg fortan unüberwindlich bleibe. Und der grausame Vater habe das Kind selbst eingemauert. Dieses aß eine Dreierssemmel und rief weinend, als der letzte Stein aufgelegt wurde: O Vater! O Vater! Wie wird es so finster! – Und wie das Kind also rief, da schnitt die Stimme dem Manne durchs Herz wie ein Messer, und er stürzte von der Leiter herab und brach den Hals.

Von den drei Schlössern Henneberg, Hutsberg in Ruinen, und ebenso lange wehr, geht die Sage, daß das eben die drei grünen Berge seien, auf welchen im Wappen der Grafen von Henneberg die schwarze Henne steht, und daher sei das Sprichwort entstanden: Henne huts Land. – Die Henne hütet das Land. Jetzt liegen seit 1525 Henneberg und Hutsberg in Ruinen, und ebenso lange lag Landsberg öde, aber in der neuesten Zeit hat sich auf letzterem ein stattlicher Burgbau des Landesherrn in ritterlichem Stil erhoben, der eine wahre Zier der ganzen Gegend ist.

Auch über Rüdlingen, zwischen Münnerstadt und Kissingen gelegen, ist eine alte Burgstätte auf einem ziemlichen Hügel sichtbar, welche heute Huhnberg genannt wird, vor alters aber Henneberg genannt wurde, wie eine alte Urkunde deutlich aussagt. Den Namen soll Burg und Berg von einem zahmen oder Haushuhn erhalten haben, das zur Zeit, als man die erstere gründen wollte und für dieselbe noch keinen Namen wußte, droben ein Ei gelegt. Zur Unterscheidung des Namens von dem weit früher schon erbauten Stammschlosse Henneberg aber habe man es später nicht Henne-, sondern Huhnberg genannt und diese Burg durch das Bild eines Haushuhns von dem Wappen der ersteren, einer Wildhenne, unterschieden. Die Sage verkündet, daß alle hundert Jahre mittags und mitternachts ein Huhn auf dem Schloßberge dreimal fröhlich schreiet, so das Jahrhundert verkünde und so den alten Chronikenspruch bewähret:

Hier hat gelegt das Huhn ein Ei,
Daß Burg und Berg benennet sei.

Noch soll unter den verschütteten Kellern und Gewölben der Huhnburg viel Geld und Wein verborgen sein. Die Leute erzählen, jeder, der den Schloßplatz besuche, finde bei seinem ersten Kommen, wenn er nicht an die Schätze denke und nicht auf deren Hebung ausgehe, eine kleine Öffnung, welche in die Tiefen hinabführe; benutze er dieses Glück, so könne er reich werden, doch nie werde zum zweitenmal diese Gelegenheit geboten. Wer die Öffnung finde und einen Stein in sie hineinwerfe, höre diesen nicht auf den Grund fallen, so tief hinab gehen Keller und Gewölbe, so tief ruhen die Schätze. Versuche, durch Nachgrabung sie zu heben, schlugen gänzlich fehl und mußten bald unterbleiben, denn die Grabenden sahen sich seltsam erschreckt und in ihrem Vorhaben gehindert. Auch wurden Versuche solcher Art obrigkeitlich untersagt. Daher harren die Schätze noch auf den, der, wenn er die Öffnung findet, ohne habsüchtige Absicht sich in sie hinabläßt.

Auf dem Schloßplatze bei dem vormaligen Brunnen der Huhnburg wurde lange nach der Zerstörung des Schlosses, so geht die Sage, eine große Glocke von Schweinen ausgegraben, und diese hing man dann in dem Turm der Kirche zu Rüdlingen auf. Dieser Glocke wohnte eine sehr wunderbare Eigenschaft bei: denn so weit in der Umgegend ihr heller Schall hörbar war, gab es weder Fröste im Winter noch Gewitter im Sommer. Später aber wurde die Glocke gegen zwei andere kleinere ausgetauscht, und nach Würzburg gebracht, worauf sogleich die Umgegend dieser wohltätigen Wirkung mit verlustig ging. Nur an einem Teil des Schloßberges scheint noch der Segen zu haften, denn an dessen Ostseite bleibt niemals der Schnee liegen, sondern zerschmilzt, sowie er dorthin fällt.

Die Ritter des Ebersberges

An einer Abdachung des Ebersberges im Rhöngebirge ist ein kleiner Moorfleck; aus diesem kommen, vornehmlich zur Adventszeit und in den zwölf Nächten, große gespenstige Feuermänner mit Wehr und Waffen, die so heftig miteinander kämpfen, daß man in den nahen Höfen, welche am Fuß des Berges liegen, deutlich das Schwertgeklirr vernimmt. Dieser Kampf dauert vom Einbruch der Nacht bis tief in dieselbe, ja oft bis zur Morgendämmerung und bis zum Hahnenschrei. Gewöhnlich ziehen sich die streitenden Flammengestalten allmählich bis zur Ruine Ebersberg und den zerfallenen Türmen hinauf, wo sie endlich, immer heftiger fechtend, in dem einen offenstehenden Turme mit fürchterlichem Geprassel verschwinden. Die Umwohner sagen, daß es die noch unerlösten Geister der in wilden Kämpfen um die Burg und bei deren Verteidigung erschlagenen und gefallenen Ritter seien.

Von der Ebersburg, im Volke insgemein nur Eberszwackel geheißen, wäre viel zu schreiben, von den Fehden ihrer Ritter mit den fuldaischen Äbten, von ihrem unterirdischen Gange bis herab nach Weihers und von ihren vergrabenen Schätzen.

Knabenraub im Spessart

Zwischen Ebersbach und Soden lag eine Burg, Altenburg genannt, auf dem zwischen beiden liegenden Berge. Nur noch aus den Erzählungen der Anwohner weiß man etwas von ihrem Vorhandengewesensein. Einer der Ritter, die daselbst hausten, hatte zwei hoffnungsvolle Knaben. Zwei Räuber im Bann glaubten sich durch den Raub der beiden Kinder Begnadigung zu verschaffen und beschlossen, sie zu entführen. Sie bestachen den Pförtner, der sie auch in Abwesenheit des Ritters in das Schloß ließ, so daß sie sich leicht der Kleinen bemächtigen konnten. Bevor sie sich nun auf die Flucht begaben, beschlossen sie, ein jeder solle nach einer andern Gegend hin fliehen, und versprachen sich gegenseitig, wenn ja einer von ihnen ergriffen würde, so solle der zuerst Ergriffene nur dann den Aufenthalt des andern angeben, wenn ihm vorher neben der eigenen auch dessen Begnadigung zugesagt wäre. Der eine, der vom Fluchtwege ziemlich ermattet war, band nach einem langen Ritte durch den finstern Wald sein Pferd an einen Baum und legte sich zur Ruhe nieder, nachdem er dem geraubten Knaben aufs strengste verboten hatte, sich zu entfernen. Aber der Kleine benützte die günstige Gelegenheit zur Flucht und entlief, und lief, solange es ihm möglich war. Endlich kam er zu einem Köhler, der im Wald arbeitete und in dem Knaben sogleich ein Kind hoher Leute vermutete. Er fragte ihn aus, und der Knabe erzählte ihm den ganzen Hergang der Sache. Alsbald kehrte der Köhler mit dem Knaben an den Ort zurück, wo der Räuber noch im Schlafe lag. Der Köhler versetzte diesem mit seiner Hacke einen Schlag, der ihn betäubte, und eilte auf dem Pferde des Ritters mit dem Kinde nach dem naheliegenden Ebersbach, von woher er die Glocken, mit denen man ob des Knabenraubes Sturm läutete, hörte, und wo alles in der größten Bestürzung war. Leute von da bemächtigten sich des Räubers und brachten ihn nebst dem Knaben nach der Altenburg. Auf das Versprechen, er werde begnadigt, wenn er seinen Kameraden angeben würde, verriet er denselben treulos. Dieser wurde mit dem zweiten der Knaben eingeholt und hingerichtet. Ersterem ward Wort gehalten, er blieb ungestraft, hatte aber keine frohe Stunde mehr. Der Geist seines verratenen Bündners verfolgte ihn Tag und Nacht, bis er sich selbst den Tod des Stranges gab.

Die Ritterkapelle in Haßfurt

Am oberen Ende der Stadt Haßfurt am Main, an welcher jetzt die Eisenbahn vorbeizieht, steht die Ritterkapelle, eine geräumige Kirche und Muster deutscher Architektur. Man sagt, die gesamten Edeln des Frankenlandes haben sie erbauen lassen zu einer Grabdenkmalkapelle ihrer Geschlechter, deshalb zieht auch rings um die Kapelle ein Fries von lauter Wappen, und mag wohl kein Adelsgeschlecht in Franken geblüht haben oder noch blühen, des Wappen hier nicht mitgefunden würde. Unter dem Portal und über der Vorhalle wird ein wunderlich Steinbild erblickt, das nennen sie in Haßfurt das Wahrzeichen der Ritterkapelle. Eine männliche nackte Figur ist mit Armen und Beinen so ausgespannt, daß die Glieder die Gradrippen des Gewölbbogens bilden. Das sei des Meisters Bildnis, geht die Sage, der die Kapelle erbaute und die Gesellen betrog. Er soll an seinen Gliedern mit Gewichten also ausgespannt worden sein, die auch an der Steinfigur angebracht sind.

Noch ein anderes Wahrzeichen findet sich an der Außenseite der Kapelle linker Hand, nämlich an einem der nördlichen Pfeiler in ziemlicher Höhe ein Fisch, andeutend, daß einst bei einer Überschwemmung das Wasser also hoch gestanden.

Die Ritter vom Altenstein

Auf dem fränkischen Schlosse Altenstein saßen dreizehn Ritterbrüder des uralten Geschlechtes derer von Altenstein, die waren in Fehde mit dem Bischof Iring von Reinstein zu Würzburg. Beide Gegner, der Bischof und die Ritter, waren kriegslustig und mannlich und schädigten einander nach Herzenslust, doch kämpften nur zwölf Altensteiner gegen Iring, denn ihr dreizehnter Bruder, Seifried geheißen, ein Johanniter, war im Ausland. Der Bischof belagerte Burg Altenstein, das war sehr fest und trutzlich, und die Brüder mit ihrem Ingesinde schlugen jeden stürmenden Angriff ab. Da griff der Bischof zum unrühmlichen Mittel schnöder List, denn er wollte um jeden Preis die Ritter bändigen und demütigen; daher bot er den zwölf Brüdern friedlichen Vergleich an, und diese gewährten seinen Wunsch, öffneten dem Feind mit einigen seiner Mannen die sichere Felsenfeste und bewirteten ihn köstlich. Nach der Mahlzeit ging der Bischof in sein Gemach und heischte da mit den Brüdern zu reden und gütlichen Vertrages zu pflegen; doch mit jedem besonders. Sowie nun einer der Ritter von Stein eintrat in das Zimmer des Bischofs, war er durch einen unversehenen Schwertstreich meuchlings gefällt. So waren elf Brüder gefallen, als den letzten und mannlichsten der Ritter eine schwere Ahnung erfaßte; bewaffnet trat er ein, sah den fürchterlichen Bischof triumphierend über den Leichnamen der Gemordeten stehen und drang mit seinem Weidmesser auf den Bischof ein; da packten ihn aber schon die Mordgesellen, und er behielt nur noch Kraft, das Weidmesser nach dem Bischof mit einem Fluche zu schleudern; doch traf es nicht des Mörders Hals oder Herz, sondern nur seine Nase, die davon um ein kleines kürzer wurde. Dann sank auch der tapfere Herdegen in sein Blut. Im Kloster Langheim wurden die zwölf Ritter beerdigt, andere sagen, nur die Häupter. Noch zeigt man in den Burgruinen das Gemach, darin die schauderhafte Untat verübt worden. Der Platz, wo sie geschehen, wird Untereichelboden genannt. – Seifried von Altenstein kehrte aus der Fremde zurück, entbot, als er die grause Tat vernahm, dem Hochstift Würzburg neue Fehde und ruhte nicht, bis er in das Erbe seiner ermordeten Brüder wieder eingesetzt war; er war es, von dem die späteren Altensteiner ihre Abkunft herleiten. Man sagt, Seifried habe eine zeitlang sich unerkannt gehalten und habe als Maurer gearbeitet, und davon sollen auch die drei Hämmer im Wappen der fränkischen Herren von Altenstein herrühren. Die verkehrten Altertumsdiftler, die nicht der Geschichte in das Herz, sondern woandershin blicken, haben aber freilich des Wappens Ursprung höher hinauf gediftelt und gedeutelt und besagte Hämmer der Familie abgeleitet vom Hammer des Donnergottes Tor – die überklugen Toren. Von der grausen blutigen Tat des Bischofs an den Altensteinern leben noch alte Reime, die sagen, es wären nicht dreizehn, sondern nur zwölf gewesen, und habe der zwölfte Herdegen oder Herieden geheißen, derselbe, der dem Bischof die Nase abhieb.

Im Walde bei Altenstein steht ein hoher Fels; das Volk der Umgegend sagt, daß dieser Felsen innen hohl sei und reich gefüllt mit Schätzen der Urzeit. Zu gewissen Zeiten und Stunden wäre Sonntagskindern vergönnt, die Felsenpforte geöffnet zu finden oder mit der Glücksblume sie zu öffnen, dann liege reiche, blendende Pracht vor Augen. Eigentümlich ist es, daß auch bei dem meiningischen Schloß Altenstein ein Fels, der hohle Stein, liegt, und daß dessen Höhlung offen, diese beim fränkischen Altenstein aber verschlossen ist.

Das scharfe Eck

Hart an Baiersdorf zwischen Forchheim und Nürnberg sieht man, von Nürnberg kommend, ganz nahe der ersten Stadt zur Linken mitten in dem grünen Tale der Rednitz ein altergraues Ruinenschloß, vier Stockwerke hoch mit vielen Fenstern. Dieses Schloß hieß Scharfeneck, gehörte einst als Sommerluftort einem Abt und barg in seinen Tiefen grauenvolle Kerker, in denen mancher Gefangene schmachtete und verschmachtete, und weil diese Armen so scharf behandelt wurden, nannte das Volk Schloß Scharfeneck das scharfe Eck, und nennt es noch so. In der Ruine soll es gar nicht geheuer sein, zumal in der Mittags- und Mitternachtsstunde. Neugierige werden mit Steinen geworfen oder durch Spukgestalten erschreckt, daher meidet das Volk den öden und verrufenen Bau.

Im markgräflichen Kriege, da der wilde Brandenburger Markgraf Albrecht Alcibiades diese Lande verheerte, hatte er das Schloß Scharfeneck als Eigentum inne und drangsalte von da aus die Umgegend weit und breit. So berannte er auch Kunreuth, das Schloß, welches zwei Herren von Egloffstein verteidigten, da sie es aber nicht halten konnten, so kapitulierten sie auf freien Abzug der Besatzung und räumten die Burg; der Markgraf aber ließ achtzig Landsknechte sotaner Besatzung festhalten, berief den Burgkaplan und gebot diesem, diese Männer zu absolvieren. Als dies geschehen war, ließ er auf einem langen Gang der Burg Kunreuth die achtzig aufhenken, einen hinter dem andern, darum heißt derselbe Gang noch bis heute der Totengang. Danach nahm der Markgraf den Pfaffen und ließ ihn vor dem Schloß an der großen Linde, die noch steht, gleichermaßen auch henken; heißt noch die Pfaffenlinde. Die beiden Ritter von Egloffstein, welche glücklicherweise entkommen waren, nahmen aber für diesen schändlichen Mord eine empfindliche Rache an dem grausamen Markgrafen; sie sammelten neues Volk, ersahen ihre Zeit und berannten Schloß Scharfeneck, nahmen es und brannten es aus, daß auch nicht ein Balken darin unverkohlt blieb. Nun steht der einsame Steinbau noch immer da, und in den öden Fensterhöhlen wohnt das Grauen.

Der Rabenflug

Mit dem wilden Markgrafen verbunden und in seinem Sold und Dienst war Sigismund von Egloffstein, der führte dem Kriegsherrn eine Schar Reiter zu, als dieser Nürnberg einschloß und belagerte. Wie Sigismund nun so an der Spitze seiner Schar zwischen Erlangen und Nürnberg im Walde dahinritt, so zeigte sich über ihnen ein starker Rabenflug, und die Vögel flogen ganz niedrig und schlugen mit den Flügeln und schrien fort und fort: Zieh ab, ab, ab, ab, ab! – Deine Frau ist krank, krank, krank, krank! – Das fiel dem Egloffsteiner aufs Herz, und da er zu dem Markgrafen stieß, sagte er es diesem an und bat um Enturlaubung und wollte heim. Aber der Markgraf verlachte ihn und ließ ihn nicht von sich. Nun geschah es, daß die markgräflichen Soldaten und auch die egloffsteinischen Reiter, die nicht von den wohlgesittetsten waren, den Nürnbergern auch solche Spiegel zeigten wie die Bardewieker dem Herzog Heinrich dem Löwen, und das nahmen die Nürnberger nicht minder krumm, fielen mit Macht heraus und richteten im Heere des Markgrafen und unter den Egloffsteinern ein solches Gemetzel und Blutbad an, daß ihnen alles Spekulieren verging. Nun kehrte der Egloffsteiner heim, aber leider zu spät; es war gegangen wie bei dem Rodensteiner, die Frau war gestorben, und der Egloffsteiner war, gleich jenem, erbenlos; nur einen Bruder hatte er noch, der verließ auch keine Erben und war gar nicht daheim. Da nun Sigismund sich so einsam und verwaist sah, hielt es ihn nicht länger in der Heimat; er steckte sein Schwert in einen Winkel des Stadels (der Scheuer) und nahm das Kreuz. Nach tapfern Kämpfen und nach langen Jahren kehrte Sigismund heim; sein Bruder hatte sich's unterdessen, daß jener fort war, bequem gemacht im väterlichen Erbe, obschon er dennoch nicht gefreit, und so drohte das alte Geschlecht zu erlöschen. Mit einem Male kam ein Mann aus dem Heiligen Lande, der sagte: Ich bin dein Bruder. – Da könnte jeder kommen, sprach der Egloffsteiner, ich kenne dich nicht, woran soll ich erkennen, daß du mein Bruder bist? An meinem Schwerte sollst du mich erkennen, entgegnete der Heimkehrende, darauf unser Wappen gegraben ist, und das ich, bevor ich schied, in der Scheuer geborgen habe da und da. – Wohlan, wenn es sich also verhält, so sollst du mein Bruder sein, sprach der heimgebliebene Egloffsteiner und ließ sich von dem Fremden zur Stelle führen, wo das Schwert stecken sollte, und siehe, da stak es auch wirklich noch, und nun kam jenem das Glauben mit dem Schauen in die Hand. Darauf vermählte sich Sigismund aufs neue, und ihm entstammte der Egloffsteiner mannlich Geschlecht, das Würzburg einen Bischof gab und in zahlreichen Gliedern und auf vielen Burgen in Oberfranken fortblüht bis auf den heutigen Tag.

Der Stockenfels

Zwischen Burg Lengenfeld und Nittenau am Regen beim Dorfe Fischbach liegt eine Burgruine auf einem hohen Berge, Stockenfels geheißen, darinnen ist es nicht geheuer; verwunschene und hineingebannte Spieler sitzen drinnen und karten und würfeln und haben eiserne Karten, wie die Spieler in der Burgtrümmer von Waldstein und die Männer im Flußberg, und glühende Marken und Becher. Wer sie sieht, dem grauset. Und wer sind denn diese Männer? Ritter sind es nicht, Pfaffen auch nicht, Bauern auch nicht. Sie haben große schwarzlederne Schurzfelle und harte Köpfe. Spielen dürfen sie nicht beständig, sie müssen auch was tun. Da ist ein grausam tiefer Brunnen auf Stockenfels, der geht bis zum Bergesgrunde, da stehen sie auf einer Leiter von oben bis unterst, und der unterste schöpft Wasser und langt es herauf, und der oberste schüttelt's aus, und rastlos wandern die Eimer die ganze Woche lang, und das sind die abgeschiedenen Bierbrauer von Regensburg, von Straubing, Cham, Burglengenfeld, Landshut und andern Orten, die solche Buße tun müssen, dieweil sie bei ihrem Leben zu viel Wasser in jedes Gebräu gemischt, und werden ihrer immer mehr, »daß bald gor kani mehr in den Brunnen eini gohn«, als welches sehr schade ist, sonst wollt' einer dem Stockenfelser Brunnen die Brauer ebenfalls bestens empfohlen haben.

Der Rabe auf Stolzeneck

Von der Burgtrümmer Stolzeneck gehen viele Sagen. Ein Ritter, der diese Burg besaß, zog in das Heilige Land zum Kampfe gegen die Ungläubigen und ließ unter dem Schutz einiger treuer Diener seine einzige Schwester, eine blühende Jungfrau, allein auf seiner Burg zurück, wo sie ruhig und friedsam ihre Tage verlebte. Da erschien nach mehr als einem Jahr auf Stolzeneck als Gast ein nachbarlicher Ritter, der verliebte sich heftig in das Fräulein und warb um ihre Hand, sie aber konnte ihn nicht lieben und wies ihn ab. Ihr Liebling und Zeitvertreib war ein zahmer Rabe, den sie aufgezogen hatte, der ihren Namen rief, und der auch immer um sie war. Es dauerte nicht lange, so kam der aufdringliche Freier wieder und drang aufs neue in das Fräulein, allein sie wies seine Werbung mit noch mehr Strenge ab als zuvor. Da schwur er ihr im heftigen Zorne die grimmigste Rache, und es währte nur kurze Frist, so berannte er die Burg, die bei weitem nicht genug bemannt war, um einem Angriff zu widerstehen, ließ alle Diener des Fräuleins ermorden, ja bis auf das Fräulein alles, was nur auf der Burg lebte, und mit Not entkam der Rabe, der schnell aus dem Fenster entflog, als der Wüterich sein Schwert nach ihm schwang. Das unglückliche Fräulein ließ der Ritter in den Turm werfen und schwur, daß sie darinnen verhungern und verdursten solle, wenn sie ihn nicht erhöre. Jeden Tag kam er vor das Gitter ihres Kerkers, das nach dem Burghof sah, und fragte, ob sie ihn nun erhören wolle. Allein, obschon er ihr weder Trank noch Speise reichen ließ, so lebte sie doch und war immer kräftig genug, ihm ein Nein hinaufzurufen. Das machte, der treue Rabe brachte ihr während der Nacht Beeren, Früchte und kleine Brote, die er und seine Brüder den Bäckern in der Nachbarschaft entführten, und das währte eine lange, lange Zeit, und da kehrte ihr Bruder von seinem Kreuzzuge wieder heim. Mit Schreck und Staunen fand er seine Burg offen, unbewacht, verödet, die Diener hinweg, die Schwester nicht zu finden, aber Schwärme von Raben auf den Bäumen und den verfallenden Dächern. Da traf, als er über den Burghof wandelte und ausrief: Schwester! O meine liebe Schwester! Wo soll ich dich finden? Ein Klageton aus der Tiefe an sein Ohr, und er eilte an das Gitter und hörte das Entsetzliche, was sich begeben, aus seiner gefangenen Schwester Munde. Indem so kam der grausame und unmenschliche Freier dahergestürmt, der voll Wut einen Fremden am Gitter und seine Schandtat entdeckt sah, und wollte den Fremden durchbohren, aber da schrie des Fräuleins Rabe und flog ihm entgegen und hackte ihm nach den Augen, und ringsum schrien die Raben und flogen herbei wie eine schwarze Wolke, und schlugen mit den Flügeln, und krallten sich an ihn an, und hackten ihm die Augen aus dem Kopfe, so daß er sinnverwirrt zu Boden stürzte, und der Ritter von Stolzeneck stieß ihm sein Schwert durch das Herz und befreite seine Schwester. – Hernach haben die Raben den Getöteten gefressen, und sein Gebein ist in ungeweihte Erde verscharrt worden. Das Bild des treuen Raben aber ward in Stein zum ewigen Gedächtnis ausgehauen und blieb in einem Bogen der Burg erhalten bis auf späte Zeiten.

Der Jäger des Zollern

Einer von den alten Hohenzollerngrafen, Friedrich, zubenannt der Schwarze, hatte einen Jäger, das war kein Guter, sann vielmehr auf böse Künste und Teufelsstücklein und hatte Lust, viel lieber dem Volant zu dienen als seinem frommen Herrn, gerade wie jener Jäger des Herrn von Wangenheim, der sich zum Elbel wünschte, oder jener frevelhafte Freischütz im Dithmarschenlande. Da ließ der Jäger des Grafen von Hohenzollern sich auch von einem fremden grünen Weidmann, der ihm mitten im Walde auf einem Kreuzweg aufstieß, betören, einen gottlosen Schuß zu tun, um mit selbigem dann in den Besitz aller möglichen höllischen Weidmannskünste zu gelangen. Da stand bei der alten Heiligkreuzkapelle ohnfern Hechingen ein Bildstock mit einem Kruzifix, und danach zielte der Jäger mit seiner Armbrust und wollte drei Bolze hineinschießen; wenn ihm das gelang, so gesegnete ihm der böse Feind und Nachtjäger seinen Pfeil allezeit, daß jeder Schuß traf. Und da zielte er gut und traf das Herrgottsbild am Kreuz recht in die Seite, wohin des Kriegshauptmanns Speer auch getroffen. Und da drangen Blutstropfen neben der Spitze des Bolzen heraus, die im Bilde stak. Darauf tat der Jäger den zweiten Schuß und traf abermals, und zwar auf des Bildes Herzblatt, und es sprang ein Blutstrahl aus dem Bilde. Und da legte er zum dritten kecklich den Bolz auf und zielte nach dem Haupt voll Blut und Wunden. Indem so sank der Frevler bis zum halben Leib in den Boden ein, wie die Tänzer zu Kolbeck, und die Erde hielt den gottlosen Jäger eisern fest. So ward er gefunden und ihm alsobald kurzer Prozeß gemacht, so daß man ihn nicht, wie er ging und stand, sondern eben nur, wie er stand, um die Länge seines Hauptes kürzer machte.

Des Ritter Georg von Ehingen Reisen nach der Ritterschaft

Unweit des Bades Niedernau auf einem abgesonderten Berggipfel erhob sich einst die Burg Ehingen, der Stammsitz eines angesehenen aber längst erloschenen Adelsgeschlechtes, aus welchem eine lange Reihe von Rittern, Kriegern und Staatsmännern, Kirchen- und Staatsdienern hervorging. Unter ihren späteren Wohnsitzen war auch die Burg Hohen-Entringen. Hier saß zu Anfang des fünfzehnten Jahrhunderts Hugo von Ehingen, der, weil er selbst kinderlos war, seine Güter seinem Vetter Rudolf vermachte, der nach mehrjährigen Kriegszügen in Österreich und Ungarn sich im Jahr 1417 hier niederließ. Mit seiner Gattin Agnes, Truchsessin von Höfingen, erzeugte er neunzehn Kinder, und zu gleicher Zeit mit ihm saßen zu Hohen-Entringen noch vier andere Adelsfamilien, eine von Gültlingen und drei von Hailfingen; diese fünf Familien zusammen hatten gerade hundert Kinder. Eines davon war der obengenannte Georg, geboren im Jahr 1428, der die andern alle überlebte. Sein Vater Rudolf war ein »christlicher, redlicher und hochverständiger Mann«, welcher in Staatsgeschäften große Erfahrung besaß, und den Grafen von Wirtenberg lange treu diente. Er stand in großem Ansehen, und wenn irgend in der Gegend ein Streit entstand, wurde er gewöhnlich zum Schiedsrichter erwählt, und wußte die streitenden Parteien mit vieler Klugheit zu versöhnen. Er erreichte ein hohes Alter, mußte aber auch all seine Kinder bis auf vier Söhne sterben sehen. Die vier noch lebenden Söhne rief er im Jahr 1459 zu sich und teilte seine Güter unter sie. Dann ritt er mit ihnen nach Gößlingen bei Rottweil zum Grabe der Jungfrau Hailwig aus seinem Geschlechte, welche im Rufe der Heiligkeit gestorben war, von hier nach Ehingen am Neckar, wo er in der Pfarrkirche, in welcher er getauft worden war, sich eine Messe lesen ließ, dann weiter vorbei an seinem Schlosse zu Kilchberg gerade nach dem Kloster Güterstein, wo er schon vorher sich eine Wohnung für sich und einen Diener bestellt hatte. Hier, wie sein Lebensbeschreiber erzählt, blieb er bis an seinen Tod, aß nie mehr Fleisch und besuchte mit großem Fleiß, Ernst und Andacht jeden Gottesdienst, bei Nacht wie bei Tag, und obgleich er keine Mönchskutte trug, so lebte er doch ganz wie ein Karthäuser Mönch. Seine Söhne forderte er auf, in all' ihren Anliegen seinen treuen Rat nicht zu verschmähen, was sie auch, so lange er lebte, befolgten. Der liebste von seinen Söhnen war ihm stets Georg, der ihn auch am häufigsten besuchte, und noch in seinen letzten Tagen treulich pflegte. Kurz vor seinem Ende sagte der Vater zu ihm: »Lieber Sohn, Herr Jörg, Ihr habt große Arbeit und Mühe mit mir und darum dauert Ihr mich.« Darauf aber entgegnete der Sohn: »Lieber Vater, das soll ich billig tun, darum sollt Ihr Euch nicht kümmern.« Weiter sprach der Vater: »Lieber Sohn, ich gönn' Euch die Ehre wohl, daß Ihr bei Eures Vaters Tode seid. Nun ist die Zeit meines Sterbens da; ich hab' allweg Gott den Herrn gebeten, sofern es mir nütz und

gut wäre zur Seligkeit und sein göttlicher Willen, daß er mir dann so viel Jahre und Tage verleihen wolle, als der heilige Apostel und Evangelist Johannes gelebt hat. Solches hat Gott der Herr an mir erfüllet. Ich bin auch bereit jetzt mit Freuden zu sterben und zu scheiden von dieser Welt.« Darauf entschlief er ruhig und schmerzlos im Alter von 89 Jahren (1467). Seine Leiche ward nach Entringen gebracht und dort in der Kirche beigesetzt. Der Erbe der Tugenden seines Vaters war sein Sohn Georg, dessen merkwürdige Jugendschicksale, nach seinem eigenen Berichte darüber, hier nun erzählt werden sollen. –

»Ich, Jörg von Ehingen, Ritter, bin in meiner Jugend geschickt worden, als ein Knabe, an den Hof gen Innsbruck. Dazumal hielt Hof daselbst ein junger Fürst von Österreich, Herzog Sigmund genannt; der hatte eine Königin von Schottland zum ehelichen Gemahl. Also ward ich geordnet, der Königin zu dienen. Als ich ihr eine Zeit gedienet, ward ich derselben Vorschneider und Tischdiener. Da ich aber nun aufwuchs zu den mannbaren Jahren und meiner Stärke bewußt war, bedeuchte mich, daß es mir besser anstehe, zu einem arbeitsamen Fürsten zu kommen, mich in ritterlichen Handlungen zu gebrauchen und alle Ritterspiele zu lernen, denn also in Ruhe und Wollust in Innsbruck zu verliegen (in Untätigkeit zu leben). Nun aber war zu den Zeiten Herzog Albrecht von Österreich, des römischen Kaisers Friedrich III. Bruder, hierauf von Österreich nach Schwaben und in die hochdeutschen Lande gekommen. Zu dem half mir mein Vater selig mit drei Pferden. Derselbe Herzog Albrecht hatte viele treffliche Leute und hielt einen köstlichen, fürstlichen, ja wohl königlichen Hof. Als ich nun etliche Zeit an solchem Hofe gewesen, begab es sich auf einige Zeit, daß Herzog Sigmund heraus zu Herzog Albrecht kommen sollte. Dieweil ich nun also von Innsbruck abgeschieden war, um bei einem andern Fürsten einen etwas höheren Dienst zu erlangen, zu selbiger Zeit aber nicht mehr denn ein gewöhnlicher Mitreiter, wie ein anderer Edelmann, hatt' ich eine große Sorge, bei meinem vorigen Fürsten, Herzog Sigmund, und seinem Hofgesinde verkleinert zu werden, und daher fragte ich meinen Vater, als einen erfahrenen Hofmann, wie ich mich selbst bei dem Fürsten und Hof emporbringen möchte, denn es waren so viel und mancherlei Leute aus vielen Landen an dem Hof, daß der Leute wenig geachtet wurde. Da ich also mit ihm redete, schien mir, er habe ein besonderes Wohlgefallen daran, er bedachte sich eine kleine Weile und sagte dann zu mir: »Lieber Sohn, Du bist stark und recht geschaffen genug, das alles zu tun, was einem jungen rittermäßigen Mann zusteht. Ich verstehe auch aus Deiner Rede, daß Du solches gerne tun und darin ausharren möchtest. Nun muß ein jedes Ding einen Anfang haben; wenn Du ein Amt, wie klein es auch wäre, nahe bei des Fürsten Person haben und überkommen möchtest, so wäre das gut. Du könntest dieses Amtes fleißig warten, und würdest Dich dann desto besser viel unnützer Gesellschaft enthalten, dennoch aber darneben Dich allwegen ehrlichen Leuten und Gesellschaften nicht entziehen.« Auf das fragt' ich meinen Vater weiter, wie ich ein solches Amt erlangen möchte; dieser bedachte sich wiederum eine kleine Weile und sagte dann: »Du bist mit einer kleinen Ungnade von Innsbruck abgeschieden, denn die jungen Fürsten glauben gemeiniglich, ein jeder habe den fürstlichen Stand, und es sei aller Welt Geschicklichkeit bei ihm an seinem Hofe. Darum sollst Du als ein junger Hofmann mit Herzog Albrecht zu der Zeit, wo Du erkennen magst, daß er fröhlich und nicht betrübt ist, also reden: Gnädiger Fürst, ich bin vor etlicher Zeit an Eurer fürstlichen Gnaden Hof gnädig angenommen worden und von meinem gnädigen Herrn, Herzog Sigmund, auch seiner gnädigen Gemahlin, der ich von Jugend auf diente, kommen, in der Zuversicht, zuvörderst gnädigen Willen bei E. F. Gnaden zu erlangen, und was einem jungen Rittersmann zustünde, an E. F. Gnaden den Hof lernen. Nun vernehm' ich, wie mein gnädiger Herr, Herzog Sigmund, bald zu E. F. Gnaden kommen werden. Sollte mich denn Euer Gnaden sehen, daß ich noch kein Amt, noch so klein bei E. F. Gnaden erlangt habe, müßt' ich mich vor Seiner Gnaden und deren Hofgesinde nicht wenig schämen. Darum bitt' ich E. F. Gnaden, mir ein kleines Amt, doch nahe bei Ihrer Person zu geben, ich will mich darin ganz nach E. F. Gnaden Gefallen halten.« Also schied ich von meinem Vater und bereitete mich mit besonderem Fleiß und Aufmerksamkeit nach solcher Unterweisung vor. Auf eine Zeit redete ich dann, wie oben steht mit dem Fürsten, dieser begann mich sänftiglich anzusehen, lachte und sagte also mit einer kurzen, schnellen Red' und einem gewöhnlichen Sprichwort: »Gotts hinkenden Gans, das soll sein!« und rief einem seiner Kämmerlinge und sagte: »Geh' hin, lang' die Schlüssel zu meinen Gemächern und gib sie dem von Ehingen.« Das geschah und so ward ich von Seiner Gnaden zu andern Herren und Edlen in Seiner Gnaden Kammer angenommen. Als nun mein Herr, Herzog Sigmund, kam, nahm ich viel Schlüssel zu mir und wartete ganz fleißig, als ein Kämmerer, auf meinen gnädigen Herrn, Herzog Albrecht. Darum wurd' ich von Herzog Sigmund und Seiner Gnaden Hofgesinde desto besser angesehen. Und so mein gnädiger Herr, Herzog Albrecht, in Seiner Gnaden Gemach allein war und mich also sah herfürbrechen, das macht' Sein' Gnaden gar wohl lachen und mit mir und andern, die bei ihm waren, deswegen spaßhafte Hofworte und Schwänke üben. Also gab und nahm ich's mit Seiner Gnaden und denen, so Sein' Gnaden angenommen hatte, wie sich dann einem jungen Hofmann zu tun wohl ansteht. Aber nach diesen Dingen richtete ich mich also bei Seiner Gnaden ein, daß ich der vornehmste unter seinen Kämmerern ward. –

In dem Jahr (1453) begab es sich, daß König Ladislaus, der dann ein Fürst von Österreich (der Sohn des römischen Königs Albrecht II.) und dazu (von seinem Vater her) ein König zu Ungarn und Böhmen war, sich zu Prag zu einem König von Böhmen krönen lassen wollte. Also rüstete sich mein gnädiger Herr, Herzog Albrecht, mit fünfhundert Pferden und Markgraf Albrecht von Brandenburg, um mit meinem Herrn zu reiten, mit dreihundert Pferden. Solches gab ich meinem Vater zu verstehen. Dieweil er nun vernahm, wie ich seiner Angabe nach gehandelt, und auch meine Anstellung, so hatte er darob ein besonderes Wohlgefallen und sagte also: »Lieber Sohn, ich will dich auf diesen Zug ehrlich und wohl ausrüsten, wie denn einem ritterlichen Mann wohl ziemt, und darum sollst Du Dich in allen ritterlichen Sachen und Ritterspielen umtun, und so man dann Ritter schlagen und machen würde und andere Deines Gleichen und Höhere annehmen, so sollst Du's auch annehmen und wieder mit Dir zu Lande bringen.« Also ward ich mit einem ganzen Harnisch und Küraß, auch mit Hengsten, Pferden, Kleidern und anderem ritterlich und wohl ausgerüstet, so daß mein gnädiger Herr ein sonderlich Gefallen daran hatte.

Seine Gnaden hatten gar einen wohlgerüsteten Zug von trefflichen guten Leuten, und zogen also die beiden Fürsten mit einander bis gen Wien. Da fanden sie den König Ladislaus und wurden von ihm löblich empfangen. Von dannen zogen sie mit dem König, der viel mächtige Herren von Ungarn, Österreich und andern Landen, dazu gehörig, bei sich hatte, also auf 10000 Pferde, die mit ihm zu Prag einritten. Was aber dazwischen beim Hinabziehen auf Wien und von da dann bis gen Prag Ritterspiele und große Köstlichkeit gebraucht wurde, wäre zu viel zu schreiben. Aber zu Prag ist König Ladislaus mit vielen Fürsten und Herren eingeritten und zum König gekrönt worden, und viel Ritter geschlagen von Grafen, Herren und Edeln. Aber unter meines gnädigen Herrn, Herzogs Albrecht, Zug sind unser fünf zu Rittern geschlagen worden: Herr Jörg Truchseß von Waldsee, Herr Bernhard von Bach, Herr Konrad von Ramstein, Herr Sigmund von Thun und ich Jörg von Ehingen. Es ist auch eine Königin in einem goldenen Wagen zu Prag eingefahren. Da sind von Herzog Albrechts Zug vier Ritter in ganzen Harnischen verordnet worden, auf den vier Ecken des Wagens zu gehen, den zu heben, bin ich Jörg von Ehingen deren einer gewesen. Darnach haben wir alle vier in hohen Zügen ein Kampfstechen getan, das ging über die Maßen hart zu. Nun nach diesen Handlungen zogen mein gnädiger Herr und der Markgraf wiederum jeder heim, und kamen wir gen Rottenburg am Neckar. Da blieb Seine Gnaden mit der Hofhaltung einige Zeit.

Zu den Zeiten, als mein Vater vernahm die Ankunft meines gnädigen Herrn, verfügte er sich gen Rottenburg, und als das Einreiten geschah, auch ein Jeder in seine Herberge ritt, kam er zu mir, hieß mich gottwillkommen sein, und wünschte mir Glück zu meiner Ritterschaft. Er befahl mir auch nach etlich Tagen mich zu ihm nach Kilchberg zu verfügen, da wollte er weiter mit mir handeln.

Nun nach denselbigen Tagen kam ich nach Kilchberg. Da berief er mich in sein Stüblein, das noch auf dem Tor steht, tat eine schöne lange Rede an mich, was die Ritterschaft sei und wie ich mich halten sollte, und schenkte mir in die Ritterschaft vierhundert Gulden, die er verdeckt in einem Becken bei sich stehen hatte. Dabei redete er, daß sein Wille nicht sei, daß ich also nach dieser Zeit die Ritterschaft in diesen Landen in der Ruh' an den Fürstenhöfen und in den Herbergen also in Untätigkeit zubringen sollte, aber es würde auf den künftigen Frühling ein trefflicher Zug von den Johanniter-Rittern nach Rhodus geschehen, aus Ursache, daß der türkische Kaiser sich unterstehe, mit großer Macht, zu Wasser und zu Land, davor zu ziehen, um es zu erobern. Zu dieser Reise sollte auch ich mich als ein neuer Ritter rüsten, und wenn dann dieselbige ein Ende nehme (wo mir Gott der Herr so viel Lebens verliehe), für ihn zum heiligen Grab und Land ziehen; da er selbst stets eine große Begierde gehabt, die heiligen Stätten zu besuchen, dieses aber aus viel gewichtigen Ursachen nicht habe sein können, so wäre es ihm eine große Freude, wenn ich dahin zöge, wozu er mich nach seinem Vermögen ausrüsten wolle. Diese Reden nahm ich mit Freuden von ihm an, und gab ihm zu erkennen, daß mein Willen und Gemüt nicht anders stünde, als der Ritterschaft mit allem Ernst nachzuziehen. Ich wollte mich auch dazu vorbereiten, mit seinem Rat. Es waren mir auf dem vergangenen Zug gen Österreich und Böhmen etlich Hengste und Pferde schadhaft geworden, diese und andere meiner Pferde verkaufte ich vorteilhaft bei meinem gnädigen Herrn und sonst am Hofe. Auch zeigte ich meinem gnädigen Herrn mein Fürnehmen an, woran derselbe ein gnädiges Wohlgefallen hatte. Doch behielt ich mir allweg meine Anstellung bei Seiner fürstlichen Gnaden vor; das sagte mir seine Gnaden auch zu und beurlaubte mich. Dann nahm ich Urlaub von meinem Vater, der mir unter anderem sagte, ich sollte ihm Sankt Johannes, den heiligen Apostel und Evangelisten zu einem Pfad und Geißel geben, daß ich wieder kommen würde. Das ward allweg seine Gewohnheit, wenn ich von ihm zog. Also in selbigem Frühling zog ich allein auf meine eigenen Kosten mit den Johaniter-Ordens-Kommenturen auf Venedig zu und wollte keiner von meines gnädigen Herrn solche Reise mit mir machen. Es zog auch sonst kein Herr oder Edelmann aus hochdeutschen Landen hinein; das mir darnach gegen dem Hochmeister zu Gnaden und Gutem kam. Aber aus Frankreich und Spanien zogen etliche ritterliche Leute vom Adel auch hinein. Wir zogen nach Himmelfahrt von Venedig aus, und begegnete uns mancher Handel, bevor wir nach Rhodus kamen, was ich alles der Kürze wegen unerwähnt lasse. Aber da wir nach Rhodus kamen, ward ich sonderlich von dem Hofmeister gnädig und wohl empfangen; denn die Herren des Ordens, mit denen ich hineingefahren, hatten Seiner Gnaden gesagt, warum und welcher Gestalt ich dahin gekommen sei. Der Hochmeister war aber in großer Rüstung, da ihm viel und mancherlei Warnungen zukamen. Das verlängerte sich um etliche Zeit. In den Dingen begab sich mancher Handel zu Wasser und zu Land, daß wir uns im Krieg übten, gegen die Türken, dazu ich mich dann allwegen mit höchstem Fleiße schicken tat, da ich darum hinkommen war. Nun säumten die Türken so lange mit ihrem Heerzug, daß in diesen Zeiten der türkische Kaiser starb, und die Belagerung nicht stattfand. Als ich daher bei elf Monate zu Rhodus und da herum auf dem Meere gelegen war, beurlaubte mich der Hochmeister, sagte mir gnädigen Dank und beschenkte mich mit ehrlichen Gaben, sonderlich mit etlich Heiligtümern, darunter ein Dorn von der Krone des Herrn Christi war. Solche Verehrung ließ ich zu Rhodus, und nahm vom Hochmeister Empfehlungsbriefe an den König von Cypern, der Meinung, auf der Rückfahrt vom heiligen Land nach Cypern zu fahren. Und als ich vernommen, daß zu Beirut der heilige Ritter St. Jörg den gräulichen Lindwurm überwunden, auch den König daselbst, sein Weib, seine Tochter und das ganze Land zum christlichen Glauben gebracht, ward ich sonderlich bewegt, dahin zuvorderst zu ziehen. Also kam ich nach Beirut und besuchte die Stätten und Kirchen, wo solche Wunderzeichen geschehen waren. Von dannen zog ich mit Geleite über Land auf acht Tagreisen, und kam in etlich große Städte, mit Namen Tirus, Saphet und Naplusa, darnach gen Nazareth, von dannen gen Jerusalem, und zog also vor das galiläische Meer. Als ich nun die heiligen Stätten besucht und den Meerteil durchgangen, auch fünfzehn Tage in Jerusalem geblieben war, stand mein Gemüt weiter nach St. Katharina und gen Babylon zu ziehen, und ich gesellte mich zu etlich Kaufleuten und Barfüßer-Mönchen. Auch bekam ich einen gar ehrlichen Wallbruder, der war ein geschickter Mann und genannt der Mönch von Basel. Der war nun auch der Meinung, mit mir nach St. Katharina zu ziehen. Wir zogen also mit Geleit und kamen nach Damaskus. Diese Stadt ist groß und wohlgebaut; darin ward uns gezeigt das Haus, darin der heilige Apostel Paulus gewesen war, und sonst viel andere Stätten und Geschichten der Heiligen und Propheten. Als wir nun etliche Tage zu Damaskus waren und uns zur Weiterreise nach St. Katharina rüsten wollten, wurden ich und mein Reisegefährte gefangen und hart gehalten; doch zuletzt wurden wir ledig, es kostete uns wohl dreißig Dukaten. Also wurde unsere Reise rückgängig, denn wir vermochten vor den Heiden und Arabern nicht vorwärts zu kommen. Wir zogen auf Alexandrien zu, wo die heilige Jungfrau St. Katharina gemartert worden, ist ein Seehafen und wird trefflich von dem Sultan bewacht mit viel Söldnern und Mameluken. Daselbst fließt auch der große Nilfluß, der durch Ägypten läuft, ins Meer. Da wir nun eine Schiffsgelegenheit fanden, fuhren wir nach Cypern, aber ehe wir dahin kamen, starb mein Reisegefährte, der von Geschlecht ein Mönch von Basel war. Der wurde von der Galeere ins Meer geworfen; ob solchem Tode ward ich sehr betrübt. Gott wolle seiner Seele gnädig und barmherzig sein. Also fuhr ich nach Cypern, den Hof des Königs und sein Königreich kennen zu lernen. Zu denselben Zeiten regierte König Philipp. Also zog ich mit etlichen venetianischen Kaufleuten nach Cypern und kam in die Hauptstadt Nicosia. Da zeigte ich dem König die Schreiben des Hochmeisters und ward von ihm ganz gnädig und wohlgehalten. – Er ließ mich führen, sein Königreich zu besichtigen, und begabte mich mit seinem königlichen Orden, hierauf schied ich von ihm und fuhr nach Rhodus. Da wurde ich vom Hochmeister ganz gnädig empfangen und gehalten, aber ich ward etwas krank und mußte etliche Wochen da still liegen; Seine Gnaden aber schickten mir ihren Arzt und was nötig war, bis ich wieder aufkam. Da zog ich wieder weg nach Venedig und von dannen in mein Vaterland. Als ich nun in meines Vaters Schloß zu Kilchberg kam, ward ich von ihm fröhlich und wohl empfangen. Ich brachte ihm auch die Heiligtümer in seine Kapelle, worüber er eine besonders große Freude hatte, und blieb etlich Tage zu Kilchberg und ließ mich und meine Diener neu kleiden. Das ist geschehen in dem Jahre 1454.

Und zu der Zeit war mein gnädiger Herr, Herzog Albrecht, mit seiner Hofhaltung zu Rottenburg am Neckar. Also kann ich wieder zu Seiner Gnaden und ward gnädig und wohl empfangen, auch von dem ganzen Hofgesind und aller Herrschaft und Ritterschaft wohl gehalten. Seine Gnaden schenkten mir auch den fürstlichen Orden des Salamanders, und ich blieb ein ganzes Jahr bei Seiner Gnaden am Hofe, doch stand mein Gemüt immer, mich der Ritterschaft zu widmen. Ich ward auch von dem Fürsten vor allen anderen Herren und Edeln wohl gehalten und sein oberster Kämmerer; auch hatte er allerlei Rede mit mir von meiner Meerfahrt, und dabei zeigte ich ihm oft an, daß mein Gemüt nicht anders stünde, als so bald ich vernehmen würde, daß eine ehrliche Ritterfahrt angestellt werden sollte, ich mit seiner Gnaden Empfehlung versehen, mich wieder erheben und ihr zuziehen, auch mich dermaßen halten wollte, daß es Seiner Gnaden löblich wäre. Daran hatte der Fürst ein Gefallen. In den Zeiten aber begab sich bei keinem König oder Fürsten, so weit ich erfahren mochte, eine kriegerische Handlung, sondern es war guter Frieden in allen Reichen der Christenheit. Also dachte ich, daß es mir nicht nützlich wäre, meine Zeit also zu verlieren und stille zu liegen; denn mein gnädiger Herr hatte zu der Zeit auch nichts zu tun, als daß er zu Rottenburg oder Freiburg an seinem Hof Rennen, Stechen, Tanzen und dergleichen, auch sonst andere Übungen in Fröhlichkeit vollbringen ließ, dazu auch ich mein Bestes tat und gar emsig in solcher Arbeit war. Denn mein Vater sagte allwegen: Müßiggang sei bei Jungen und Alten ein großes Laster. Ich vermeinte auch durch solche Übungen eine Fertigkeit zu erlangen, welche mir zu meinem ritterlichen Fürnehmen ganz dienlich sein würde; denn ich gedachte, in die vornehmsten Königreiche der Christenheit zu ziehen, und so lange von einem Reich in das andere, bis ich zu ernstlichen großen Sachen und Handlungen kommen würde. Nun war zu der Zeit ein junger starker Edelmann bei meinem gnädigen Herrn am Hof, genannt Jörg von Namsiden aus dem Salzburgischen. Dieser hielt sich besonders an mich, und bat mich, ihm zu erlauben, wenn ich in fremde Lande ziehe, mit ihm zu ziehen. – Da ich ihn eines redlichen, ehrlichen Gemüts erfand, er auch gerad und stark von Leib, dazu reich und mächtig an Gut war, so erklärte ich ihm auf sein Bitten und Begehren, daß ich ihn gerne zum Reisegefährten annehmen und gar bald fortziehen wolle. Diese Erklärung hörte er mit Freuden und erklärte, er wolle mich für seinen Vater halten und bitte mich, da ich mehr gesehen und erfahren hätte, daß ich ihn unterweisen und lehren möchte, dafür wolle er all sein Vermögen darstrecken.

Also vereinten wir uns, von Kaiserlicher Majestät, vom König Ladislaus und von unserem gnädigen Herrn Schutz- und Empfehlungsbriefe zu erbitten an christliche Könige und andere Fürsten, und wo nicht besondere Handlungen und Geschäfte seien, weiter zu ziehen. Unser gnädiger Herr gab uns auch nicht nur selbst solche Briefe, sondern verschaffte uns dergleichen auch vom Kaiser und vom König Ladislaus an die Könige von Frankreich, von Portugal, welcher ein Bruder der Kaiserin war, von Spanien und England, und zugleich ein gemeinsames Empfehlungsschreiben an alle christlichen Könige und Fürsten. Auch gab er uns einen erfahrenen Herold, der viele Sprachen reden

konnte, und fertigte uns ganz gnädig ab. Also hatten wir acht Pferde und dazu den Herold und einen Troßknecht, der unsere Kleider führte. Wir zogen zunächst zu dem König von Frankreich, Karl VII., und als wir an dessen Hof kamen, geschah uns viel Ehre von den französischen Herren und dem Hofgesinde, und auf die überreichten Empfehlungsbriefe wurden wir vom König ganz ehrlich und wohl gehalten. Es war aber an dessen Hofe keinen sonderliche ritterliche Übung, denn er war ein ernsthafter Herr von gutem Alter. Als wir nun bei sechs Wochen am königlichen Hofe waren, kam eine stattliche Botschaft vom König von Spanien, der dem König von Frankreich zu erkennen gab, daß er eine große Heerfahrt wider den Heidenkönig zu Granada tun wolle, weil dieser König mit Hilfe des Königs von Tunis und anderer heidnischer Könige in Afrika Spanien zu wiederholten Malen feindlich überzogen hätte, und wenn man ihn daher nicht verhindere, es noch ferner tun würde. Sein Begehr sei daher, daß der König dieses christliche Fürnehmen in ganz

Frankreich sollte verkünden lassen, ob nicht dadurch ritterliche Leute bewegt würden, auch mitzuziehen, und daß er allen, die dazu bereit seien, Erlaubnis zum Zuge gebe. Der König bewilligte das alles, und nun gaben wir ihm zu erkennen, daß wir begierig seien, solche Reise auch helfen zu vollbringen, mit untertäniger Bitte, uns gnädig dazu beholfen zu sein. Solches unser Fürnehmen hörte der König gern und fertigte uns löblich ab. Er schenkte jedem einen schönen ganzen Harnisch und einen Hengst, dazu 300 Kronen, und gab uns einen Empfehlungsbrief an den König von Spanien, auch einen Schutzbrief durch ganz Frankreich, daß man uns ehrlich und wohl halten sollte. So zogen wir durch Frankreich, und als wir vernahmen, daß der König von Sizilien seinen Hof hielt zu Angers, so zogen wir hin, da es uns nicht weit um war und war unsere Meinung, so wir doch sonst zu Zeiten unserer Pferde stehen und ruhen lassen, wollten wir etlich Tage bei dem gedachten König still liegen. Derselbe hieß Reinhart (René) und hatte viel Güter, Städte und Schlösser in Frankreich liegen. Also kamen wir an seinen Hof in Angers und wurden ganz gnädig und wohl gehalten, wurden auch von ihm beschenkt. Dann zogen wir über Toulouse in das Königreich Navarra nach der Hauptstadt dieses Königreichs, die heißt Pampelona. Da vernahmen wir, daß der Zug gegen Granada, der Pest wegen, abbestellt worden sei, und entschlossen uns, einige Zeit am Hofe des Königs von Navarra zu bleiben und uns an das Land zu gewöhnen, und von da nach Portugal zu ziehen. Der König Johann von Navarra hielt uns wohl und ließ uns viel Kurzweil mit Jagen, Tanzen, Banketten und andern Freuden machen. Da blieben wir fast zwei Monate, und als wir hörten, wie der König von Portugal viel Krieg zu Land und Wasser mit den Heiden in Afrika hätte, sonderlich mit dem heidnischen König von Fez, dem er vor etlich Jahren die große Stadt Ceuta abgewonnen hatte, so wurden wir zu Rat, uns desto fürderlicher nach Portugal zu begeben. Wir baten den König Johann um Erlaubnis und wurden mit dem Befehl abgefertigt, daß uns in seinem Reich alle Ehre geschehen sollte.

Nun zogen wir durch das Königreich Spanien, durch Burgos und etlich andere große Städte bis nach St. Jakob von Compostella und taten etlich unserer größten Hengste von uns, da der Weg sehr lang war. Dann schifften wir uns in den Seehafen ein, den die Jakobsbrüder (Wallfahrer nach St. Jakob) in unsern Landen zum finstern Stern *(Finisterrae, Finisterre,* das Ende des Landes) nennen, und fuhren auf dem Meere 120 Meilen weit, bis wir nach Lissabon, der Hauptstadt des Königreichs, kamen. Wir ließen uns beim Könige anmelden. Sobald dieser vernahm, daß wir vom Kaiser und vom Haus Österreich waren, schickte er zu uns in unsere Herberge, ließ uns sagen, er habe unsere Ankunft vernommen, und, nachdem wir einen weiten Weg zu Wasser und zu Land gemacht, sollten wir eine Weile ruhen und uns gütlich tun, dann wollte er uns gar bald Audienz geben. Es ward auch in der Herberge befohlen, daß man uns wohl traktieren sollte. Nach wenigen Tagen aber ließ uns der König durch etliche Herren und Edelleute nach Hof führen. Da saß er gar herrlich in seinem königlichen Saal, wo etlich Fürsten und Marquis, auch viele Herren und Ritter versammelt waren, und sprach uns gnädig zu. Da wir aber die Landessprache nicht verstanden, taten wir mit Gebärden die Reverenz und Ehr und überantworteten ihm unsere, in Latein geschriebenen Briefe, die ließ der König lesen und dann durch einen Dolmetscher in niederdeutscher Sprache mit uns viel und mancherlei reden. Wir ließen ihm auch sagen, wir hätten vernommen, daß Seine Königliche Majestät einen bedeutenden Krieg mit dem König von Fez hätte, und seien erbötig, in diesem Kriege zu Wasser oder zu Land zu dienen. Das nahm der König gar gnädig an und ließ uns sagen, so es Zeit wäre, wolle er uns wohl brauchen, wir müßten noch länger bei ihm am Hofe bleiben, mit den Herren und Adeligen bekannt werden, und uns etwas besser ans Land gewöhnen. Dann ließ er uns wieder in die Herberge führen, und befahl den Herren und Adeligen, uns gute Gesellschaft zu leisten, was auch geschah; uns ward so viele Ehre erzeigt und so viel Freude gemacht, als zuvor bei keinem König oder Fürsten je geschah. Wir wurden auch zu vielen Malen in der Königin Frauengemächer geführt, wo man gar schöne Tänze hielt, auch zum Waidwerk und zu Banketten, und mit Springen, Ringe, Werfen, Fechten und Rennen mit Pferden unterhalten; fürwahr, es war gut da sein. Der König hieß Alfons V., und war ein hübscher, wohlgestalteter Fürst, der allerchristlichste, wahrhafteste und gerechteste König, den ich je gekannt habe. Er hielt auch einen königlichen Hof, hatte zwei Markgrafen und viel Grafen, Herren und Ritter bei sich und über die Maßen schöne Frauenzimmer. Wir übten uns auch täglich in allen Ritterspielen zu Roß und zu Fuß, im Einzelkampfe wie im Kampf in Scharen, darob dann der König eine besonders große Freude und Wohlgefallen hatte. Mein Gefährte war der stärkste Mann, den Stein und die Eisenstange zu werfen, keiner tat es ihm hier gleich, auch im Ringen zu Roß und zu Fuß. Im ganzen Harnisch tat ich allen Fleiß, denn in solchen Dingen war ich etwas gewandter, als mein Gefährte. In dem Königreich ist eine zahlreiche Ritterschaft, adelige, wehrliche und behende Leute. Es ist auch ein wohlangebautes Land und wachsen darin die allerbesten süßen Früchte an Wein, Korn, Öl, Zucker und Honig; auch gibt es Salz. Wir wurden auch im Königreich hin- und hergeführt in schöne Städte, Schlösser und Klöster.

In diesen Zeiten erhielt der König eilende Botschaft von dem Grandkapitano zu Genta, daß der König von Fez mit Hilfe vieler anderer Könige in Afrika stark gerüstet habe und mit einem großen Kriegsvolk vor Ceuta ziehen wolle, um es zu erobern. Darauf begehrten auch wir vom König, daß er uns gegen die Heiden abfertige, was er auch ganz gnädiglich tat. Der König gab auch jedem von uns ein starkes türkisches Pferd und jedem unserer vier Knechte einen Ringharnisch. So wurde ein gutes Volk zum Zug verordnet und wir schifften von Portugal über das Meer, das hier sehr schmal ist, und kamen bei Nacht nach Ceuta, wo alles Volk mit Harnisch und Wehr sich auf einem großen Platze lagern mußte. Auch kamen in der nämlichen Nacht viel Botschaften, daß die Heiden mit großer Macht herbeizögen. Wiewohl sie sich aber alle Tage und auch bei Nacht mit großen Haufen vor der Stadt sehen und hören ließen, war doch das Hauptheer noch nicht da. Am andern Tage, als der oberste Hauptmann und Grandkapitano die Festungswerke nach Notdurft besetzt und die Viertel der Stadt ausgeteilt hatte, ward ich von ihm zum Hauptmann über ein Viertel geordnet und es wurden mir gar geschickte Leute zugegeben, von denen viele das Niedersächsische sprachen und verstanden. Hierauf wurde befohlen, jeder Hauptmann und Rottenmeister sollte ein Fähnlein mit seinem Wappen in seinem Bezirk der Festungswerke aufstecken, was ich dann auch tat.

Hierauf beschickte der Grandkapitano mich und meinen Gefährten und begehrte, daß wir mit ihm und andern verständigen Kriegsleuten ein Schiff besteigen und das heidnische Heer, das nahe am Meere lag, besehen und schätzen sollten. Wir fuhren daher hinaus und näherten uns so viel als möglich dem Heere. Da war ein so unzählig großes Volk zu Roß und zu Fuß, daß der Kapitano und andere Herren sagten, es sei nicht möglich, es zu zählen. Daher schlug man vor, die Zelte, wie viel deren etwa sein möchten, zu überschlagen, und man zählte deren auf 10000 und schätzte demnach das Heer für unzählbar. Wir aber setzten unsere Sache dahin, wenn alle Heiden, die in der ganzen Welt wären, vor uns zögen, wollten wir lebendig und tot in der Stadt bleiben. So fuhren wir wieder zur Stadt und vereinten uns, am Morgen ganz frühe in die Kirche zu gehen, ein jeder mit seinem Volke, und hier das heilige hochwürdige Sakrament zu empfangen, was auch der Mehrteil tat. Nun ist zu wissen, daß Ceuta eine große, weite Stadt ist, von der drei Teile gegen dem Land liegen, der vierte gegen das Meer zu, und ist meines Bedünkens größer als Köln, gegen das Land hin sind mehrere Gräben, darin stand ein hoher Zwingelhof (eine Citadelle) mit etlich Türmen, unten mit Schießlöchern und oben mit Zinnen und innerhalb wohl hinein gegen die Stadt eine Ringmauer. Dieser Zwingelhof mit seinen Türmen wurde wohl besetzt und es wurden gar viele Quartiere ausgeteilt, denn es war ein weitläufiges Ding. Dazu wurde der Kapitano mit einem riesigen Zug von ringen Pferden (leichter Reiterei) und einer merklichen Zahl der behendesten Fußknechte geschickt, zum Sturm zwischen dem Zwingelhof und der Stadtmauer herumzuziehen und, wo es Not täte, herbeizueilen, was sich mehrmals als sehr gut erwies; als aber noch viele von uns bei Sonnenaufgang in der Kirche waren, erhoben die auf den Türmen den Schlachtruf, daß die Heiden mit aller Macht heranzögen. Da traten alle an ihre Wehren, und wir erblickten die Heiden, wie sie über den Berg der Stadt heranzogen und der Berg war ganz von ihnen bedeckt. Wir schossen auf sie mit Steinbüchsen, sie aber rückten ganz nahe an den Graben und hatten gar viel Schützen mit Stahlbogen, Handbogen und sonst seltsamen langen Armbrüsten aus Eibenholz. Diese Schützen und auch einige Steinbüchsen schossen den ganzen Tag auf uns, wo sich jemand eine Blöße gab. Auch hatten sie viel große und kleine Heerpauken, gar seltsame Hörner und über die Maßen viel Fähnlein und Banner. Also verbrachten wir den Tag, gar viel Heiden waren erschossen, aber auch uns viel Leute beschädigt, denn die Heiden kamen den Gräben gar nahe. Die Nacht war noch unruhiger, denn sie gruben gar nahe hinzu und hatten lange beschlagene Hölzer, runde, mit Bukkeln versehene und große, mit Eisenblech und Leder überzogene Setzschilde, viel Pickelhauen, Äxte und Laternen.

Als nun der König von Portugal die schwere Belagerung vernahm, brach er selbst mit großer Macht nach Ceuta auf, um von hier aus über die Heiden herzufallen. Da aber diese es vernahmen, stürmten sie drei Tage nach einander vom frühen Morgen bis in die Nacht. Da war wahrlich große Arbeit auf beiden Seiten und wiewohl über die Maßen viel Heiden erschossen und viele um die Stadt herum in den Gräben und an den Mauern lagen, so wurden doch auch die Christen vielmals von ihren Wehren abgetrieben und es würde uns nicht gut gegangen sein, wäre nicht der Kapitano jedesmal mit seiner auserlesenen Schar den Bedrängten zu Hilfe gekommen. Als nun die Heiden drei Tage nacheinander gar ernstlich gestürmt und bedeutend viele Leute verloren hatten, so daß ein greulicher Geruch sich von den Toten erhob, so zogen sie ab. Wir aber machten uns mit einer erlesenen Schar von 400 zu Pferd und 1000 zu Fuß auf und zogen ihnen nach. Also zu vielen Malen wandten sich etliche Heiden und scharmützten mit uns so lange, bis wir einen Berg einnahmen. Sie hatten einen andern Berg inne und dazwischen war gar ein schönes, ebenes Tal. Als es nun wohl auf den Abend war, kamen etlich der Unsern und sagten, es sei ein mächtiger Heide da, der begehre einen Zweikampf mit einem Christenritter. Alsbald bat ich den Kapitano, daß er mir diesen Kampf erlaube, denn ich war ganz regsam im Ringharnisch, auch hatte ich ein starkes wehrliches türkisches Pferd, das mir der König geschenkt hatte. Der Kapitano erlaubte es mir und ließ den Scharmützern abblasen, die nun alle zum Haufen rückten. Da macht' ich ein Kreuz mit meinem Spieß vor mich und rückte allgemach von unserm Haufen gegen den Heiden zu Tal. Da das die Heiden sahen, rückten sie auch zu ihren Haufen. Hierauf schickte der Kapitano einen Trompeter gegen der Heiden Haufen, der blies und gab ein Zeichen. Da rückte gar geschwind ein Heide auf einem schönen Berberpferd daher gen Tal der Ebene zu. Jetzt säumte ich nicht lange, sondern rückte ihm entgegen. Der Heide warf einen Schild vor sich und legte seinen Spieß auf seinen Arm, rückte gar ernstlich gegen mich her und schrie mich an: Also ließ ich auch

gegen ihn her gehen, hatte meinen Spieß auf meinem Schenkel und als ich gar nahe zu ihm kam, warf ich den Spieß in das Gerüst (den am Harnisch angebrachten eisernen Haken zum Einlegen des Speeres), und rannte ihm auf seinen Schild, und wiewohl er mich mit seinem Spieß in einen Panzerärmel rannte, traf ich ihn doch so gut, daß Roß und Mann zur Erde fielen, aber sein Spieß hing mir im Ringharnisch und hinderte mich, daß ich mich nicht sobald davon ledigen und vom Pferd kommen konnte. Indeß hatte auch der Heide sich wieder erhoben und sein Schwert gefaßt, auch ich hatte mein Schwert in der Hand, so traten wir gegen einander und jeder gab dem andern einen starken Stich, weil aber auch der Heide einen guten Ringharnisch hatte, wurde keiner von uns beiden beschädigt. Da faßten wir einander in die Arme und rangen so lange mit einander, bis wir beide nebeneinander zu Boden fielen. Aber der Heide war mächtig stark, er riß sich von mir und so kamen wir beide mit den Leibern aufrecht und doch kniend nebeneinander, da stieß ich ihn mit meiner linken Hand von mir, daß ich mit meinem Schwert zum Stich auf ihn ausholen konnte, was auch geschah. Durch den Stoß mit meiner linken

Hand kam er mit dem Leib so weit von mir, daß ich ihm einen Stich ins Angesicht geben konnte und ihn so verwundete, daß er hinter sich schwankte und geblendet wurde. Jetzt gab ich ihm erst einen rechten Stich ins Angesicht und stach ihn auf die Erde nieder, und drang also auf ihn ein und stach ihm den Hals ab. Hierauf stand ich auf, nahm sein Schwert und trat zu seinem Pferd. Da stunden beide Pferde bei einander, sie waren den ganzen Tag sehr abgearbeitet worden und daher gar zahm. Als die Heiden sahen, daß ich gesiegt hatte, rückten sie mit ihren Haufen hinweg. Von den Portugiesen und Christen aber rückten etliche herbei, hieben dem Heiden sein Haupt ab, nahmen seinen Spieß und steckten es darauf und zogen ihm den Harnisch ab, der nach heidnischer Weise köstlich und meisterlich geschmückt war. Sie nahmen auch seinen Schild und führten mich zum Kapitano, der mich über die Maßen fröhlich mit seinen Armen empfing. Es war unter dem ganzen Zug große Freude. Es wurden an diesem Tag auf beiden Seiten viel Leute und Pferde beschädigt, erstochen und erschossen. Der Kapitano verordnete, daß des Heiden Haupt, Pferd, Schild und Schwert vor mir hergeführet werden sollten, und ordnete die trefflichsten Herren, Ritter und Knechte dazu. Ich mußte neben ihm herziehen und die Trompeter vor mir. Also führte er mich mit einem großen Triumph durch die ganze Stadt und alles Christenvolk hatte eine große Freude und geschah mir die allergrößte Ehre, der ich nicht wert war. Gott der Allmächtige stritt in dieser Stunde für mich, denn in größere Not kam ich nie. Der Heide war ein ausgezeichnet starker Mann und ich merkte wohl, daß seine Stärke die meine gar weit übertraf. Gott der Herr sei inniglich gelobt!

Der Kapitano schrieb dem König diese Geschichte, welcher darob eine besondere Freude empfand und, weil man der Heiden wegen keine Sorge mehr hatte, begehrte, daß ich und mein Gefährte an seinen Hof kommen sollten! Also zogen wir wieder über's Meer gen Portugal. Wir wurden gar über die Maßen wohl vom König empfangen. Er schenkte mir einen Becher voll goldener Portugalesen und diesen Becher bracht ich mit in mein Vaterland. Ich und mein Gefährte lagen sieben Monate in der Stadt Ceuta, ehe wir wieder in Portugal zum König kamen. In der Zeit begaben sich viel ritterliche Handlungen in Afrika, da dann mein Gesell und ich das beste taten wider die Heiden und Mohren. Als wir nun eine Zeit lang beim Könige gewesen waren und uns viel Ehre geschehen, zogen wir auch zum Bruder des Königs an seinen Hof, der war ein mächtiger Fürst, hielt auch fürstlichen Hof und war sein Name Infant Don Fernando; und auch zu einem alten Fürsten, Don Heinrich, der beider Vatersbruder war und auch einen eigenen Hof hielt. Bei diesen beiden Fürsten wurden wir ganz über die Maßen wohl gehalten und beim Abzuge mit sonderlichen Ehren abgefertigt.

In diesen Zeiten begab es sich, daß König Heinrich von Spanien wieder einen großen Zug gegen den heidnischen König von Granada vor hatte. Daher baten wir den König von Portugal, daß er uns beurlaube, wir wollten, wenn Gott uns das Leben lasse, wieder zu ihm zurückkommen. Da es uns erlaubt wurde, zogen wir nach Spanien, wo wir wohl empfangen wurden. Wir hatten auch Briefe vom König von Portugal, die zeigten wir dem Könige, wodurch er bald vernahm, in welcher Gestalt wir gekommen waren. Der König war in einer großen Rüstung und wiewohl viele Geschäfte am königlichen Hof, wurden uns doch ritterliche Leute zugeordnet, die uns ganz gute Gesellschaft leisteten und uns wohl traktierten. Es ward ein großes Volk zu Roß und zu Fuß versammelt, denn es kam Kundschaft, daß der König von Tunis und andere afrikanische Könige sehr viel Volk nach Granada geschickt hätten. Also brachte der König von Spanien bis in die 70000 gute, streitbare Mann zusammen, einen solchen Haufen, den kein damals lebender Mann vom Christenvolke je gesehen hatte. Es waren auch die Ritterbrüder vom Orden St. Jakob mit einem großen reisigen Zeug beim König. Die Spanier sagten, der Orden hätte allein 1500 leichte Reiter. Also zogen wir in guter Ordnung in's Königreich Granada und was da von kleinen Städten oder Kastellen war, die gewannen wir alle mit Gewalt; denn die Heiden wehrten sich mannhaft und verließen sich auf das in Granada versammelte heidnische Volk. Darum mußten wir die Städtlein und Kastelle mehrenteils stürmen und erschlugen die Heiden alle; die Diener hatten Befehl, Weiber und Kinder tot zu schlagen, was auch geschah. Also zogen wir vor die Stadt Granada und hatten uns mit allen Haufen zum Streit bereitet, denn wir erwarteten, daß die Heiden, die mit großer Macht in der Stadt lagen, uns entgegenziehen würden. So geschah es auch, sie ließen uns nicht nahe zur Stadt kommen, sie zogen uns mit großen Haufen entgegen, aber doch nicht zu ihrem eigenen Vorteil, denn wir waren mit Feldgeschütz und sonst besser gerüstet als sie. Aber von den verständigsten Kriegsleuten und Kapitänen des Königs wurden etliche verordnet, der Heiden Haufen genau zu besehen und ihre Schlachtordnung zu erforschen. Wir hatten mehrere ernstliche Scharmützel mit ihnen, zwei Tage nach einander, bis wir erforscht hatten, daß es ihrer 50000 waren, darunter 30000 Schützen. Als wir wieder zum Gewalthaufen kamen, wurden wir, um uns zu ehren, zum königlichen Banner verordnet. Die Heiden lagerten sich zwischen der Stadt Granada und uns in einem Vorteil, daß wir mit ihnen nicht streiten konnten. Aber etlich Tage lang lagen wir gegeneinander und Tag und Nacht gab es viel Handlung und große Scharmützel, daß gar viele Leute auf beiden Seiten totblieben. Wir zogen also, neben Granada vorbei, durch das ganze Königreich, zerstörten,verbrannten und schlugen tot, was wir fanden, und sonderlich beim Abzug ließen wir nichts aufrecht stehen, es wurde alles vernichtet; also lagen wir einen Monat und etliche Tage im Königreich Granada. Mein Gefährte und ich taten das beste, wo wir's vermochten, und sonderlich vor einer kleinen Stadt, die war wohl befestigt und mit wehrhaftem Volk besetzt, die eroberten wir im Sturm, doch verloren wir daran etlich gute Leute. Ich ward mit einem Schleuderstein auf ein Schienbein geworfen und gar hart verwundet. Wiewohl ich demnach wohl geheilt wurde, brach mir doch, als ich gen Schwaben kam, das Schienbein wieder und ich behielt darin ein Löchlein und einen Fluß bis in mein Alter.

Darnach zogen wir wieder gen Spanien und blieben noch zwei Monate am königlichen Hof, wo uns viel Ehre geschah mit Bankettieren, Tanzen, Jagen, Pferderennen und anderem. Hierauf aber nahmen wir Urlaub, um zu unserem König von Portugal zu ziehen, und wurden gar gnädig abgefertigt. Der König gab uns seine beiden Orden, den spanischen, ein Halsband, bunt und geschuppt, und den kastilischen, das war ein roter Scharlachrock und ein goldenes Band, zwei Daumen breit, über die linke Achsel, vornen quer herab bis zum Ende des Rockes auf der rechten Seite und von da unten am Hinterteil des Rockes quer wieder herauf bis auf die linke Achsel, und den Orden von Granada, einen aufgesprungenen Granatapfel mit einem Stiel und etlich Blättern; auch gab er uns dreihundert Dukaten und jedem ein schönes türkisches Pferd; also schieden wir ehrlich, löblich und nützlich von diesem christlichen König Heinrich im Jahr 1457.

Hierauf kamen wir wieder nach Portugal, und als sich darauf Krieg in Deutschland erhob, so beurlaubte uns der König und schenkte uns ein goldgewirktes Tuch, zweihundert Dukaten wert, einen Karmoisinsamt und hundert Ellen schwarzen Samt; dazu sodann einen portugiesischen Hengst und dreihundert Dukaten zur Zehrung, begehrte auch dringend, daß wir wieder zu ihm kommen sollen.

Wir zogen nun durch Portugal und Spanien, und als wir kamen in eine große Stadt, Saragossa, verkauften wir das goldgewirkte Tuch und etlichen Samt, was wir nicht zur Kleidung brauchten, und lösten daraus fünfhundert Dukaten. Dann kamen wir nach Frankreich, kauften uns hier einige schwere Pferde und fuhren dann über das Meer zum König Heinrich VI. von England, der uns seinen Orden gab. Mein Gefährte zog von mir, ich aber zog zum König von Schottland, Jakob II.; dieser schenkte mir zwei Zelte und ein schwarzes Samttuch, jedem meiner vier Knechte aber zehn Dukaten, die Königin ein hübsches Kleinod, dreißig Dukaten und einen Hengst, hundert Gulden wert, und geschah mir große Ehre mit Jagen, Tanzen und Bankettieren.